《中国社会科学》

创刊三十五周年论文选

（1980—2014）

卷四

主编　张江　高翔

副主编　王利民　余新华　李红岩

孙麾　李新烽

中国社会科学出版社

卷四目录

经 济 学

经 济 学

企业本位论

蒋一苇[*]

摘要 我国经济体制的改革应当从何处入手？目前大致有三种不同的想法：有的认为主要问题不是集中过多，而是集中不够，应当先解决如何适当集权的问题；有的认为主要问题是中央集中过多，应当把更多的权下放给地方；有的则认为根本问题在于企业缺少自主权，应当先解决这方面的问题。本文作者是持第三种主张的。

本文论证了：社会主义经济的基本单位仍然应当是具有独立性的企业；而且，企业必须是一个个能动的有机体，在国家计划的指导下，按照市场供求情况，对劳动力、劳动手段和劳动对象可以自行增减、选择，具有独立经营、自主发展的条件；在局部利益服从整体利益、眼前利益服从长远利益的原则下，企业应当具有各自的经济利益；国家与企业的关系应是经济利益的关系，国家对企业的领导应采取经济手段。这样做不但不违背社会主义原则，而且能更好地体现社会主义原则。

一 经济体制的改革势在必行

党的十一届三中全会提出了改革我国经济管理体制的任务。五届人大第二次会议确定了"调整、改革、整顿、提高"的方针；其中的"改革"就是指我国现行经济管理体制的改革。

我国现行经济管理体制，有许多部分不能适应国民经济高速度发展和实现四个现代化的需要，这一点已为人们所公认。但是，体制问题的症结

---

[*] 蒋一苇，1920 年生，中国社会科学院工业经济研究所学术委员。著有《企业管理概论》等。

何在？是否必须从根本上进行全面彻底的改革？改革应当从何入手？对于这些，认识还不完全一致。

我国现行的一套经济管理体制，基本上是新中国成立初期从苏联学来的。当时虽然有效地恢复了国民经济，但是从旧社会接受下来的经济基础极其薄弱，工业在国民经济中的比重很低，重工业几乎是空白。在这种情况下开始进行较大规模的社会主义经济建设，采取苏联经济体制的模式，实行国家高度集中的领导，从当时的主客观条件来说，是必要的。实践经验也证明，在第一个五年计划期间，我国经济的发展是卓有成效的。随着经济建设的进一步发展（撇开极"左"思潮和林彪、"四人帮"的干扰破坏不说），苏式体制的极大弱点就逐渐暴露出来了。

苏式体制的特点是由国家直接管理和指挥整个国民经济和企业的活动，实行"计划大包揽，财政大包干，物资大统配，劳资大统一"，作为直接发挥生产力作用的基本单位——企业，几乎全部经营管理活动都要听命于国家，缺乏自主性。由此产生了种种弊病：由于国家计划不周，造成国民经济的比例失调，基本建设战线过长；企业在生产中单纯追求某些指标，重产值、产量，轻质量，不考虑销售与用户要求，材料和各种消耗浪费严重；物资一边积压一边匮乏；工资奖励平均化，职工用铁饭碗吃大锅饭；服务质量差；行政管理拖沓迟缓，官僚主义现象严重……

这些毛病的发生，会不会只是由于执行中的偏差，而不在于体制本身有弱点呢？我们可以从采取苏式体制的各国经验中得到答案。上述这些毛病，不仅出现在我国，同样也出现在东欧各国以及苏联本身。正因为这样，从50年代到60年代，这些国家先后都提出了改革经济体制的问题。由于政治、经济的条件不一样，改革的做法和进程不一样，取得的成效也不一样。但有一点是共同的，即都在寻找调动企业积极性的途径。问题的普遍性，说明了经济发展的客观规律性。体制的改革，不是谁主观上要改，而是客观存在的矛盾逼着人们非改不可。

建国以来，我国对经济体制做过多次改革，但主要是在中央与地方之间划分权限上做文章，只考虑如何更好地发挥中央与地方两个积极性，却忽视了一个更根本的问题，那就是如何发挥直接掌握生产力的企业与劳动者的积极性。

毛泽东同志在《论十大关系》中提出了要正确处理国家、生产单位和生产者个人的关系问题。他指出："国家和工厂、合作社的关系，工厂、合作社和生产者个人的关系，这两种关系都要处理好。为此，就不能只顾一头，必须兼顾国家、集体和个人三个方面，也就是我们过去常说的'军民兼顾'、'公私兼顾'。鉴于苏联和我们自己的经验，今后务必更好地解决这个问题。"还说："这里还要谈一下工厂在统一领导下的独立性问题。把什么东西统统都集中在中央或省市，不给工厂一点权力，一点机动的余地，一点利益，恐怕不妥。中央、省市和工厂的权益究竟应当各有多大才适当，我们经验不多，还要研究。从原则上说，统一性和独立性是对立的统一，要有统一性，也要有独立性。"①

毛泽东同志早在50年代就看到了经济体制中存在的这个根本问题。但是，这里提出的原则，后来在实际工作中并没有贯彻执行。现在大家普遍认识到，要高速度发展国民经济，不能只考虑中央与地方的积极性，而应当发挥中央、地方、企业和劳动者四个积极性。在体制改革的酝酿中，扩大企业权限，或扩大企业自主权，已成为普遍的呼声。这是思想认识上的一大进步。

毛泽东同志在1956年提出的问题，现在到了应该也可以认真解决的时候了。但是，要解决问题，必须先把问题的实质弄清楚。多年来我们在许多问题上，常吃概念不清的苦头。谁要推敲一下概念，就会被指责为"抠名词"、"搞概念游戏"等等；而由于概念不清，常常彼此说的是同一句话，却有各不相同的含义，结果争论不休，莫衷一是，使问题得不到正确的解决。

我们说扩大企业权限，究竟意味着什么？这里权限的"权"，究竟指的是什么？许多人实际上是把中央、地方、企业看成相同性质的三级组织，过去只考虑中央与地方的分权问题，现在考虑到也要适当扩大一下企业这"一级"的权限。这种看法是值得商榷的。

中央和地方政府，都是行政组织；企业则是经济组织，而不是一级行政组织。因此，把中央与地方权限的概念套用在企业身上是不当的。中央与地方政府是行使政权的机关，他们的权限是指"权力"的界限，因此有"集权制"与"分权制"之分。如果把"集权制"改为"分权制"，就要扩大地方的权限；把"分权制"改为"集权制"，就要扩大中央的权限。企业是经济组织，它不存在什么"权力"大小的问题，

---

① 《论十大关系》，《毛泽东选集》第5卷，第272、273页。

也不存在与政权机关分权的问题。作为社会主义企业，它对国家（包括中央与地方），只有"权利"与"义务"的问题。"权利"与"权力"同音不同义，是两个不同的概念（如宪法中规定公民权，指的是公民的权利，而不是公民的权力）。当我们说"扩大企业权限"的时候，这个"权限"的含义是不清的。这样说，实际上是把政权组织与经济组织相混淆了。

说"扩大企业自主权"，比较好一点，但也有含糊之处。自主权的权，指的应当是权利，而不是权力。企业的权利与义务决定于企业的性质，它是由社会主义企业作为一个经济组织的特性所派生的，它是客观经济规律所要求的、固有的东西，不是可以由主观意志来任意扩大或缩小的。当前的问题，是要根据社会主义制度的特点，确定社会主义企业的性质，同时确定其对国家的权利与义务。从这个意义和当前实际情况来看，如果提自主权，也应是确立自主权，而不是扩大自主权。

企业不仅是社会生产力的直接发挥者，而且也是社会制度的直接体现者。社会主义制度的最根本的特征，如公有制、消灭剥削、按劳分配等等，都要在企业这个经济细胞中体现出来。因此，为社会主义企业"定性"，确定它的性质及其与社会主义国家的关系，不仅是确立社会主义经济体制的根本问题，也是确立社会主义制度的基础。

经济体制的改革势在必行。经济体制与整个国民经济的组织有关，涉及的范围极广，而且一环套一环，牵一发而动全身。改革应当从何下手？最基本的环节是什么？现实的情况向我们指出，必须从确定企业在经济体制中的地位与机能入手，再进而研究整个国民经济的组织与管理，才能顺理成章，使经济体制的改革有一个牢靠的基础和依据。这是社会经济基础决定上层建筑的规律所要求的。不这样考虑问题，就不能从根本上解决体制问题。

二　有关经济体制改革的理论分析

所谓经济体制，简要地说，就是按照客观经济规律组织国民经济活动的方式和方法。

资本主义社会，客观上也存在着一定形式的经济体制，其内容也包括企业的性质、企业的组合方式，以及国家对企业不同程度的干预等等。但是，在私有制度下，经济体制的形成是自发的，不可能人为地进行体制的全面安排或改革。社会主义公有制，使人们有计划、有意识地组织整个国民经济活动成为可能，这无疑是社会主义制度优越性的重要体现。但是，人们的主观意志完全或基本上符合客观规律，只具有可能性，不具有必然性。正如恩格斯所指出的，政权对经济的干预，可能促进经济发展，也可能阻碍经济发展，或者两者兼而有之，关键在于人们能否科学地认识和适应经济发展的客观规律。

牛津大学经济学家 W. 布鲁斯认为，一切经济决策可以分为以下三种：

（1）宏观的决策，包括国民收入的分配、经济增长率、投资率、主要产品的价格、工资水平及其结构、主要投资项目、产业结构等等。

（2）企业日常经济活动的决策，包括产品品种结构与销路、生产过程的组织、小规模的投资、大修理、工资支付形式、职工构成等。

（3）个人的决策，包括职业与就业场所的选择、消费资料和劳务的购买等等。

他认为，在苏联和东欧国家的经济制度下，第一种决策必然由国家作出，第三种决策只能由个人作出，而第二种决策则可能采取两种形式，即由国家掌握或由企业自主。前者是集权型，后者是分权型。

波兰经济学者博·格林斯基认为简单分为两个类型，不能确切反映苏联和东欧国家现行经济体制的不同形式。他以计划体制为主，认为实际存在四种方式：

第一种，中央集权制。中央制订统一计划，管许多具体调节生产的事情，从生产任务到完成生产任务的手段，直到原材料供应，都由国家统一规定。50 年代苏联和东欧各国几乎都实行这种体制。

第二种，中央计划与经济组织的部分自治相结合。国家计划不像前者那么具体，着重下综合指标，采取一些经济刺激的手段，企业有一定自主权。他认为苏联目前属于这一类型。

第三种，中央计划与大大加强的经济组织自治相结合。中央计划集中在有战略意义的一些事情上，指令性的指标基本上取消，加强用经济手段管理经济，企业有较大的自主权。他认为匈牙利目前属于这一类型。

第四种，最大限度的经济组织自治。中央计划几乎不起作用，市场经济起主导作用，企业有很大的自主权，国家保留监督的职能，运用经济手段调整企业的收入。他认为南斯拉夫属于这一类型。

此外，还有一些经济学家，根据发展经济的主要方式方法来区分，把经济体制类型分为"外延"型与"内延"型：外延型着重依靠增加新的生产能力来发展经济；内延型则着重于提高效率，挖掘潜力。他们还认为，前者是强调宏观经济，后者则强调微观经济。

以上这些分析，虽然还未能构成关于经济体制问题的完整理论，但这些分析有助于我们对经济体制变化、现状及趋向的认识。从趋势看，从集权型向程度不一的分权型变化，也是明显的。

目前我国提出了经济体制改革的问题，究竟如何改，还在探讨中。不论在理论上还是设想的方案上，都还没有一个比较系统的说法。但是思想倾向是客观存在的。大致来说，目前存在着三种想法：

第一种，认为当前的问题，并不是国家集中过多，而是集中不够。这种想法虽然未见诸文字，实际上持这种看法的大有人在。

第二种，认为当前的问题，的确是集中过多，但主要是中央集中过多，应当把权力下放到地方，让一个省或一个市有独立自主权。抱这种看法的也大有人在。

第三种，认为当前的根本问题，是企业缺乏自主权，不能发挥积极主动性。

这些看法，不都是毫无根据的，不能简单地加以肯定或否定。

所谓经济体制，既然指的是组织国民经济活动的方式和方法，如果要客观分析其内在的机制，我认为首先要划分组织者与被组织者，并确定其相互关系。国民经济活动是由经济组织来实行的，无疑，所有经济组织都是被组织的对象。社会主义实行有计划的统一经济，由代表总体劳动者的国家组织统一经济活动；国家中央是最高的组织者，这也是无疑问的。现在的问题是国家政权组织与经济组织之间是什么关系。国家的组织作用，是从经济组织的外部发挥作用，还是作为经济组织内部的构成而发挥作用。

我们现在所实行的经济体制，实行中央高度集中，对企业的经营及其内部管理都直接作出规定，从组织机制作用来看，实质上是把全国作为一个单一的经济组织，国家（包括中央和地方）处于这个单一而庞大的经济组织之内，作为经济组织内部的上层机构，对其直属的分支机构（企业和其他经济组织）进行直接的指挥。这种体制，按经济单位的划分来说，实际上是把全国作为一个单一的经济体，即以国家作为经济组织的基本单位，进行内部的统一管理，统一核算。这可以说是一种"国家本位论"。

有些人认为中央集中过多，权力应当下放到地方，由省、市进行独立自主的经济活动，即以地方（省或市）作为经济组织的基本单位，进行统一管理，统一核算。如果采取这种体制，国家的中央则处于经济组织的外部，从外部对地方经济组织进行领导和监督，而地方政权组织仍然在地方经济体的内部，作为它的最上层机构，对所属分支机构进行直接的指挥。这种主张可以说是一种"地方本位论"。

我们认为政权组织（包括中央和地方）应当和经济组织分离，改变为从经济组织的外部来领导和监督经济组织活动，而不作为经济组织内部的上层机构直接发挥指挥与管理的作用。这与上述两种完全不同。我们认为，国民经济组织既不能把全国经济作为一个单一的经济单位，也不能按行政区划分解为若干地方单位，而只能以企业（包括工业企业、商业企业、农业企业等等）作为基本的经济单位。企业在国家统一领导和监督下，实行独立经营、独立核算，一方面享受应有的权利，一方面确保完成对国家应尽的义务。这种看法可以说是"企业本位论"。

社会主义经济究竟应当实行哪一种体制，需要从经济发展的客观规律来寻求答案。把问题归结为集权或分权，不能说明问题的实质，因此也不能从根本上解决问题。过去我们在中央与地方的权限划分上做文章，没有找到解决问题的途径。现在把企业加进去，企图在中央、地方、企业三者之间划分权限，这种不涉及问题本质的主观设想，仍然不会找到解决问题的途径。所谓"一统就死，一死就叫，一叫就放，一放就乱，一乱又统"的循环，必然不断再现。因为没有一个准则作依据，统与放可以凭主观意志行事，就不可避免地要头疼医头，脚疼医脚。

本文基于上述思想，试就社会主义制度下企业的性质、特征，以及国家与企业的关系等问题作一些探讨。为了行文方便，只以工业生产企业为代表来阐述，实际上所涉及的问题和原则，大部分对其他企业，包括商业企业、农业企业（农村人民公社的生产队也相当于农业企业）等等也是适用的。

三 "企业本位论"的几个主要论点

(一) 企业是现代经济的基本单位

人类是制造工具的动物，又是社会的动物。有史以来人类的生产活动总是程度不同的社会化劳动。由于生产力的发展，社会化的生产组织形式也不同。但是迄今为止，不论哪一种生产方式的社会，总有它的与生产力水平相适应的一定形式的基本生产单位。

原始社会生产力极其低弱，单个的人无法单独地同自然力和猛兽作斗争，必须集体劳动，形成由血统关系组成的氏族，作为社会生产的基本单位。随着农业的发展，生产工具的改善，一个家庭已能耕种一片土地，并取得比氏族经济更高的劳动生产率，于是氏族经济就瓦解了，取而代之的是以家庭为生产基本单位的私有制。生产力再进一步发展，产生了由奴隶主组织的强制性的奴隶集体劳动形式。随着奴隶制的崩溃，又产生了以农民家庭为生产基本单位的封建制。

从原始社会到封建社会，商品生产虽然有所发展，但基本上都是以手工劳动为基础的自给自足的自然经济，劳动社会化的程度很低。因此，社会生产以家庭为基本单位，保持了相当长的时期。随着商品生产的高度发展和现代机器的采用，出现了资本主义的生产方式，社会生产的组织形式才发生根本的变革；社会生产的基本单位不再是狭小的家庭或作坊，而是资本家雇佣大批工人，使用现代化的生产设备，组织高度社会化劳动的现代企业。

随着资本的集中和积聚，企业的规模和组织形式也不断发展，从个别企业发展为各种不同形式的资本主义公司组织。在一个公司组织的大企业内，可以包含许多小企业，或者固定联系许多小企业。但不论采取什么形式，企业终归是资本主义所创造的现代经济的基本单位。

商品具有二重性。作为商品生产者的企业，同样具有二重性。首先它是生产力的组织，同时它又体现一定的生产关系。社会主义企业与资本主义企业的区别不在前者，而在后者。就生产关系来考察，商品经济的生产关系并不等于资本主义的生产关系。商品经济可以是资本主义的生产关系，也可以是非资本主义的生产关系。

在资本主义制度下，企业作为社会生产的基本单位，毫无疑问，它具有资本主义的特征。资本主义的私有制决定了：企业的生产资料和全部财产归资本家所有；生产劳动者不是生产资料的主人，而是资本家的雇佣，出卖劳动力，受资本家的剥削；企业具有绝对的独立性，企业经营的内容与发展方向完全由它的资本主决定；经营成果好坏，盈利亏损，直接决定资本家的利益。但是，如果撇开这些由资本主义私有制所决定的特征，而从作为社会生产力组织和商品经济的基本单位来考察，企业还具有以下特征：

（1）企业是从事生产的经济组织。它集聚一群生产劳动者（包括体力劳动者和脑力劳动者），为共同的生产目的而协作劳动。

（2）它从事的是商品生产，它的产品必须能满足一定的社会需要。

（3）在极其广泛而复杂的社会需要中，它只承担一定的分工任务，根据专业分工的特点，在技术上自成一个独立的生产体系。

（4）它通过交换（原则上是等价交换）和其他生产单位以及消费者发生经济联系。

（5）它具有独立的经济权益，并为取得自身的利益而积极努力。

（6）为了取得更多、更大的利益，它主动积极发展和壮大自己的生产力。

（7）它是整个社会经济的基本单位。它客观上构成社会经济力量的基础，社会生产力是所有企业生产力的总和。

以上这些特征，归根到底是商品生产高度发展的产物。资本主义企业是资本主义社会经济几百年历史所形成的。从个别企业发展为公司组织，作为经济基本单位的这些特征并无改变，说明它与资本主义所造就的生产力是相适应的。资本主义的内在矛盾及其危机，并不是企业这种经济组织形式与生产力不相适应而引起，而是资本主义私有制所决定的全社会生产的无政府状态引起的。

社会主义制度是新生的社会制度，它消灭私有制，使社会生产有可能实行统一计划、统一管理，以克服资本主义社会生产无政府主义的盲目状态，这是社会主义制度的极大的优越性。但是，社会主义的统一经济，是否就意味着应当取消企业的独立性，而把整个国民经济变成一个庞大无比的经济整体，把整个国家变成一个大"企业"呢？显然，这只能是一种"乌托邦"式的幻想。而我们现行的经济体制，事实上正是按照这种"乌托邦"式的幻想行事的。

我们现行的经济体制，形式上也以企业作为社会生产的基本单位。但是企业缺乏独立性，特别是全民所有制的企业，一切都要由国家决定。任务由国家下达，产品由国家分配，人员由上级调派，设备由国家调拨，利润全部上缴，亏损也由国家包干。在某些条文上虽然也规定企业具有一定的独立性，实行独立核算，实际上企业只是作为国家这个独一无二的大企业的分支机构而存在。由全国几万个全民所有制企业所构成的"大企业"，国务院就好像是总经理，计划委员会就像是这个大企业的计划科，经济委员会是生产科，基建委员会是基建科，物资总局是供应科，劳动总局是劳资科，各业务主管部门类似以产品为对象的车间。当然，形成这种体制是有其历史原因的。在理论上，则是由于对马克思主义关于社会主义实行计划经济的一种误解，以为实行计划经济就必须把全国经济活动纳入一个统一的组织机构之中，而忘了马克思主义关于生产关系必须适应生产力发展的客观要求这一根本原理。人们没有从根本上考虑，在社会主义这个向共产主义过渡的历史阶段，社会生产是否还应当是由许多独立的基本单位组成，然后考虑这种基本单位应当采取什么样的形式，和资本主义的企业有什么异同。

我国生产力水平还远远落后于发达的资本主义国家。社会制度的革命，为解放生产力、发展生产力创造了更加有利的条件，运用这个优越性，我们有可能用较短的时间把生产力水平提高到超过发达的资本主义国家的水平。但这是要经过一个历史过程的。在这个过程里，生产组织形式不能脱离和超越当前的生产力水平。企业作为现代经济的基本单位，在发达的资本主义国家是适应的，在社会主义国家同样也是适应的。当然，在社会主义制度下，和资本主义私有制相联系的一些企业特征，应当按照社会主义原则加以改造，而与资本主义私有制不相联系的一些基本特征，则是可以通用的。

商品生产在资本主义社会达到了高度的发展，但商品生产关系并非资本主义所特有，不能认为从事商品生产与交换就是资本主义。社会主义社会不但不能取消商品生产，还应当大力发展商品生产，这一点在理论上是可以肯定的。由于商品生产而形成的企业的若干特征，在社会主义制度下加以继承，决不会与社会主义原则相违背，相反，它只会更有力地促进社会主义经济的发展。

基于以上认识，我们认为社会主义经济的基本单位仍然是企业，而且是具有独立性的企业。社会主义经济体系只能是由这些具有独立性的企业联合组成。企业保持独立性，并不违反社会主义原则；恰恰相反，具有独立性才能充分实现社会主义的经济民主。在社会主义国家的统一组织下，既有企业的独立性，又有国民经济的统一性，社会主义的民主集中制原则才能在经济体系中完整地体现出来。

（二）企业必须是一个能动的有机体

如果仅仅说社会主义经济应当以企业为生产的基本单位，这就没有什么新的意义。现行的经济体制不也是把企业作为一个个单独的生产单位吗？问题是这些"单位"组成国民经济体系，是像一块块砖头砌成一个庞大的建筑物呢？还是像一个个活的细胞组成有机的生物体呢？砖头是无生物，它组成的建筑物也是没有生命的。生物体内的细胞却不一样，每一个细胞本身就是有生命的、能动的有机体。它能呼吸，能吐纳，能成长，能壮大，对外界的刺激能产生自动的反应。低级的生物由比较简单的一些细胞组成；高级的生物则由多种的细胞组成十分复杂的肌体。作为现代经济基本单位的企业，决不能是一块块缺乏能动性的砖头，而应当是一个个具有强大生命力的能动的有机体。国民经济的力量既然是企业生产力的总和，国民经济力量的强弱就不仅仅取决于它所拥有的企业数量，更重要的还取决于每个企业细胞的活力大小，就好像一个人的强弱、盛衰，归根到底取决于他体内细胞的活力大小一样。

我们经常说，要充分发挥现有企业的作用，也强调了现有企业必须革新、挖潜、改造，使它们对国民经济的发展作出更大的贡献。但是有一点却并不明确，即国民经济的扩大再生产主要靠什么？是主要靠运用积累建设新企业、新基地呢？还是同时重视现有企业的更新、改造和扩展呢？也就是说，发挥现有企业的作用，是仅仅依靠它在现有的条件下挖掘潜力呢？还是把它看成是一个能动的有机体，允许并鼓励它自行增殖，自行扩大再生产呢？这正是国外学者所提到的"外延"或"内延"的问题。

多年的实践已经证明，在一般情况下，同样的投资，用于老企业的改造和扩建，要比新建同样的企业，经济效果大得多。如果我们把企业看作是一个自身能够新陈代谢的有机体，就应当给予企业以适当的自我扩充、自我发展的条件。而且，即使是新建企业，也要尽量采取细胞分裂的方式，利用原有企业人员、经验和某些物质条件，这要比凭空组织起来的效果好得多。新生婴儿从母体中来，是自然规律，也是经济发展的客观规律。

把企业看作是一个能动的有机体，就必须使企业具有能够呼吸、吐纳的条件。企业进行生产要具备三个要素，即劳动力、劳动手段和劳动对象。对这三方面都能呼吸、能吐纳，企业才会有能动性。具体地说，就是对劳动力、劳动条件、劳动对象这些要素，企业都应当有增减权和选择权。

从劳动对象来说，企业生产什么、生产多少，除了接受国家安排的任务外，应当发挥主观能动作用去承担计划外的任务，并且应当主动预测市场需要的发展，积极发展新品种或提高产品质量水平，以满足新的需要。

作为劳动对象的原材料，除了依靠国家按计划供应外，应当有市场的来源，允许它向其他企业进行计划外的订货；并且对任何方面供应的材料，有选择权和一定条件下的增减权。

从劳动手段来说，企业应当有扩建、改建厂房和生产设施的一定的自主权，有增减和选择设备和工具的自主权。

从劳动力来说，企业对职工也应当有选择权和增减权。对新职工可以择优录用，对多余的职工可以裁减。至于被裁减职工的生活问题，则应当由国家以社会保险的方式予以保证，不应当由企业包干。

三要素在价值上所形成的资金，企业同样也应当有增减权，以取得更好的经济效果。

所有这些，是企业作为能动的有机体的客观要求，是企业在国民经济运动中发挥主动积极作用的必要条件。说到底，这些都是企业的性质所决定的，而不是可以凭主观意志给多一点或给少一点的问题。

当然，作为社会主义企业，既有权利，也有义务，包括优先保证完成国家计划订货的生产任务，按规定向国家纳税，或以其他方式向国家提供积累，等等。在保证履行这些义务的前提下，企业应具有独立经营和自主发展的条件。

（三）企业应当具有独立的经济利益

所谓企业的独立性，归根到底表现在具有独立的经济利益。上一节说，为了使企业成为能动的有机体，必须给予它以应有的主动权，这是就条件而言的。有了这些条件，企业是否就会自然而然地"动"起来呢？

并不尽然。还要解决一个内在动力问题。这个动力就是企业具有独立的经济利益。

把经济利益说成是企业的动力，岂不否定了"政治挂帅"，走上"经济主义"的邪路了吗？这种疑虑现在应该不再存在了。"四人帮"曾经把物质利益划为禁区，他们制造一种谬论，似乎马克思主义是不讲物质利益的，讲物质利益就是修正主义，以致许多同志不敢触及利益二字。事实上马克思主义从来就认为，人们进行生产斗争和阶级斗争，都是直接间接为了物质利益。无产阶级革命正是为了争得无产阶级和全体劳动人民的利益。

社会主义制度消灭了私有制，消灭了人剥削人的现象，使整个社会的经济活动都是为了全体劳动人民的利益。作为社会主义经济的基本单位——社会主义企业，它的生产经营活动，毫无疑问，归根到底也是为了全体劳动人民的利益，我们把它叫作国家利益或者社会利益。但是，是不是企业的活动就只能讲国家利益，不能讲企业自身利益以及与它相联系的劳动者的个人利益呢？社会主义社会作为向共产主义过渡的历史阶段，在现有物质条件与精神条件下，要求广大劳动人民在经济生活中"有公无私"，只能是一种超越现实历史条件的空想。

在社会主义历史阶段，还不能取消商品经济。不但不能取消，而且要大力发展商品生产，才能极大地丰富社会主义的物质基础。既然要发展商品生产，就必然要充分利用价值规律，而且在消费品的个人分配上实行按劳分配原则。如果这些原则是肯定的，那么企业作为商品生产的基本单位，就必然要以一个商品生产者的身份出现，也必然有它作为一个商品生产者的独立利益。从全社会的观点来看，必须使劳动者个人所得与企业集体对社会贡献的大小相联系，才是更完整地贯彻执行按劳分配原则。

使企业全体职工的个人利益与企业经营成果好坏相联系，必然促使全体职工从物质利益来关心企业的经济效果。应当看到，企业经营成果好，不仅对本企业的职工有利，同时也对国家所代表的全体劳动人民有利，所以这种对物质利益的关心，客观上是对国家利益与个人利益的共同关心，完全符合社会主义制度下整体利益与个别利益相结合的原则，根本不存在什么走个人主义和资本主义道路的问题。

当然，在社会主义制度下，任何时候也不能放弃对广大群众进行共产主义的思想教育。这种教育决不是让劳动人民去为实现什么"理性的王国"、"永恒的正义与公平"而作殉道式的献身，而是教育劳动人民把整体利益与个别利益、长远利益与眼前利益正确地结合起来，教育劳动人民在两者发生矛盾的时候，要使个别利益服从整体利益，眼前利益服从长远利益，而决不是不讲利益，只讲抽象而空洞的精神道德。

权利和义务是矛盾的统一。讲经济权利，实际上同时也就规定了经济责任。企业具有独立的经济利益，并使它和职工的个人利益相联系，就是要求职工对所在企业的经济效果共同负责。一句话，就是要"共负盈亏"。这种"共负盈亏"的责任感，只会加强劳动群众的集体主义思想，而决不会助长个人主义。如果不与企业利益相联系，单纯地讲个人的按劳分配，倒有可能产生个人主义倾向。

现在大家都同意一个原则：应当用经济方法来管理经济，或者说应当按照客观经济规律来管理经济。究竟什么是用经济方法管理经济呢？简单地说，用经济方法管理经济，就是在经济活动中切实按价值规律办事，对经济活动的成果，用经济手段进行控制。要实行这种办法，首先必须确定企业具有独立的经济利益，并使企业职工对企业经济效果共负经济责任。否则，用经济方法管理经济只能是一句空话。举例来说，企业与企业之间实行合同制，规定不履行合同的要罚款，这应当说是一种用经济方法的管理吧？如果企业没有独立的经济利益，盈亏又与职工个人利益不联系，那么罚款起什么作用呢？无非是这个企业因付出罚款引起成本增大，上缴给国家的利润减少；另一个企业因收入罚款而降低成本，上缴给国家的利润增多。这等于说，把国家的钱从这个口袋挪到另一个口袋中去，能起多少控制的作用呢？其他类如固定资产实行有偿使用，流动资金实行贷款付息等等，也都一样。由此可见，用经济方法管理经济，其根本前提是企业必须具有独立的经济利益，而且由企业职工"共负盈亏"。

（四）社会主义制度下国家与企业的关系

国家的政权组织和经济组织应当分离。国家应当从外部领导和监督经济组织，而不是作为经济组织内部的上层机构，直接指挥经济单位的日常活动。

社会主义国家具有两种职能：一是政治职能，执行无产阶级专政的任务；一是经济职能，组织与管理社会主义的国民经济。随着社会主义社会的发展，国家的经济职能将日益成为主要的任务。现在的问题是：国家应

企业本位论

采取什么方式管理经济?

由于社会分工,现代经济不可避免地要由许许多多、大大小小的基本经济单位组成。国家可以把整个国民经济当作一个"大企业",而把许许多多的经济单位作为这个"大企业"的分支机构,而直接指挥它们的活动;也可以把整个国民经济看作一个经济联合体,由许许多多具有独立性的基本单位联合组成,在高度民主的基础上,实行集中统一的领导。后一种做法就是"企业本位论"的中心思想。

社会主义消灭了生产资料的私有制,有可能在国家的统一领导下,有计划地组织社会生产,克服资本主义盲目竞争的无政府状态,使国民经济按比例地高速度发展,这是社会主义制度优越性的重要表现。但是这只能是社会主义制度优越性的一个方面。应当看到,社会主义制度优越性更为重要的另一方面,是生产资料公有化,消除了劳动者和生产资料的隔离,劳动群众成为生产资料的主人,能更加自觉地为自身利益也为全体劳动人民的共同利益而积极劳动。发挥这方面的优越性的一个重要条件,就是把社会主义民主运用到经济上,实行高度的经济民主,创造一个比资本主义更生动、更活泼的经济发展的局面。因此,让每一个基本经济单位有充分的独立自主性,在民主集中制的原则下联合起来,受国家的统一领导,做到既有企业的独立性,又有国家的统一性,既有民主,又有集中,既有计划,又有自由,将是社会主义优越性更加全面的体现。而经济民主归根到底是政治民主的基础。

我国现行经济体制的一个重大缺陷表现为权力过于集中。其根本症结,不在于中央、地方、企业三者之间的权限划分不适当,而在于把国民经济当成一个"大企业"来管理。目前许多同志提出,国家对企业的管理应当运用经济手段,而少用或不用行政手段。但是,究竟什么是行政手段?为什么会单纯用行政手段来领导企业?没有作进一步的分析。实际上,这种现象,正是把国民经济当作一个"大企业"来管理的必然的结果。

所谓行政手段,确切一点说,就是由国家政权机关直接指挥。也就是说,用下达指令的办法指挥下属的经济活动。所谓经济手段,就不是直接指挥,而是运用经济利害的后果来影响和控制经济单位的活动。前者是在一个独立的经济体内部运用的管理手段;后者则是从外部对一个独立的经济体运用的管理手段。在一个工厂内部也是如此。如果以工厂作为核算单位，在工厂内部，一般都是用行政手段：厂部直接指挥车间，车间直接指挥班组，等等。我们不能说这种直接指挥有什么不好。如果这个工厂实行车间独立核算，并且使车间具有一定的独立经济利益，例如对达到技术经济指标的不同情况实行经济奖罚，那么厂部对车间的这项管理，也可以变直接指挥的行政手段为经济手段。因为在这项管理上，厂部是把车间作为一个独立经济体来看待的。由此可见，在被管理的对象作为一个独立的经济体而存在的时候，才产生经济手段的管理方式。否则，就必然是用行政手段。现行经济体制既然把整个国民经济当作一个"大企业"，在经济上实行统收统支，所属企业都是这个"大企业"的直属的分支机构，用行政手段直接指挥这些分支机构就是理所当然的了。

现在我们认为企业是具有独立经济利益的基本经济单位，那么国家和企业是个什么关系呢？

社会主义国家的职能有政治与经济两个方面，因此国家与企业之间也有政治关系与经济关系两种关系。就经济方面而言，国家与企业之间不应当是行政的隶属关系（某些特殊的如军工系统、交通运输系统等必须由国家直辖的部门除外），而只能是一种经济关系。这种关系，实质上是社会总体劳动者与企业局部劳动者之间的关系的体现。在经济利益上，国家代表着总体劳动者的整体与长远利益，企业则代表着局部劳动者的局部与眼前利益。当然这只是相对而言，决不是说国家可以不关心企业的局部与眼前利益，也不能说企业就可以不顾整体与长远利益。由于利益的一致性，整体利益与局部利益是矛盾统一体。但是，矛盾双方也必然有不同的代表性。国家与企业各代表着不同的一方，这是必然的。国家作为领导的一方，企业作为被领导的一方，只是局部利益必须服从整体利益的表现。

国家与企业之间的经济关系，说到底还是利益关系。因此，国家对企业的领导和管理必然要采取经济手段。它表现为多种方式，主要有以下几种方式：

（1）制定经济政策，指导和约束企业的经济活动，使企业不脱离社会主义的轨道。在社会主义制度下，企业有义务严格遵守和执行国家制定的方针和政策。企业党组织的一个根本任务就在于监督和保证企业贯彻执行各项经济政策，维护企业的社会主义性质。

（2）实行经济立法，通过法律保护企业与职工的正当权益，并监督企业执行国家的政策、法令，处理国家与企业、企业与企业之间的经济纠纷。

法律关系是经济关系的反映。经济立法实质上也是一种经济手段。首先，国家要通过制定企业法，明确规定企业的性质，规定企业对国家，对其他企业，以及企业内部职工的基本权利与义务。

企业是一个具有独立利益的经济组织，在法律上具有法人的身份。要实行企业注册制度。新企业的建立必须经过严格的审查和批准。一经注册，取得法人资格，就具有企业法所规定的权利与义务。这也是国家控制经济发展方向的一个重要手段。现行经济体制对企业的经济活动管理得很死，但对企业的建立却缺乏必要的控制，地方或公社都可以任意兴办企业。这种不符合社会主义原则的无政府主义现象，是应当制止的。

（3）制订经济计划，指导企业经济的发展。国家应着重于抓长远规划和经济区域规划。至于年度的经济计划，应当自下而上地制定，充分发挥企业的积极主动性。同时，应当按照"大计划、小自由"的原则，对国民经济活动采取"计划调节与市场调节相结合，而以计划调节为主"的方针，以适应企业进行商品生产的客观需要。

（4）运用经济杠杆调节和控制企业的经济活动。充分运用税收、信贷、利息、奖罚、价格、国家订货、政策性补贴等经济杠杆，调节国家与企业、企业与企业、生产与消费等之间利益的矛盾，并以此来引导企业的发展方向，保证国家经济计划的实现。

四 "企业本位论"与社会主义原则

以具有独立性的企业为基本单位来建立社会主义经济体制，我们传统的、习惯的组织与管理国民经济的方式方法将发生根本的变革。由于采取商品经济的一些原则，许多做法在形式上将与资本主义经济类似。这就不能不引起人们的疑虑：这样做岂不和资本主义一样了吗？我们说：不，这决不违反社会主义原则。

这里涉及一个问题，究竟什么是社会主义原则？我认为，社会主义最根本的原则无非两条：一是实行生产资料公有制；二是消灭剥削，实行按劳分配制。如果还有其他的原则，只是这两个基本原则所派生的。社会主义制度是一个新生的社会制度，只有半个多世纪的经历，尚未发展到成熟的阶段。除了上述两条根本原则外，已有的具体做法都不能看成定论，而应当在实践中进一步探索。老方式可以改变，新方式可以试验。我们决不能把并非定论的东西当作神圣不可侵犯的教条而作茧自缚。

现阶段的社会主义经济仍然是商品经济。因此，企业必然还要以商品生产者的身份出现。这种说法是否违背社会主义原则呢？前面说过，尽管资本主义的商品生产，是商品生产高度发展的形态，但是商品生产决不是资本主义所独有的经济形态。社会主义社会可以有社会主义的商品经济。它和资本主义商品经济既有某些共性，又有根本区别。作为资本主义商品经济的支柱是劳动力也成为商品，这一点在社会主义商品经济中就绝对不存在了。怎能说承认商品经济就违背社会主义原则呢？

社会主义经济应当是许多经济单位的联合体，不应当是整个国民经济成为一个单一的经济体。这种观点是否违背社会主义原则呢？在马克思、恩格斯的文献中，多次提到社会主义制度是"自由平等的生产者联合制度"，为什么以联合体代替单一体就违反社会主义原则呢？

有的同志认为，强调企业的独立自主，对集体所有制企业是可以的，对全民所有制企业就不可以，因为它会使全民所有制"倒退"到集体所有制。其实，企业的独立性与所有制并不是一回事。再者，这种论点是把全民所有制看成社会主义所有制的高级形态，把集体所有制看成是低级形态，因此只能低级形态向高级形态过渡，反之则是"倒退"，这个传统的看法只是一种设想，而决非定论。究竟全民所有制是否是高级形态，在理论上还需要探讨。但有一点是可以肯定的，不论全民所有还是集体所有，同属公有制。既然坚持了公有制，就不能说是违背了社会主义原则。

现阶段的社会主义经济既是商品经济，在流通领域必然要求有商品市场，企业之间可以竞争，价值规律也就必然要起调节生产、调节投资的作用。有的同志担心，这些必将削弱以至破坏社会主义计划经济。有的同志还认为计划经济是社会主义的经济规律，因此削弱以至破坏计划经济，就是削弱以至破坏社会主义原则。我们说：社会主义经济是一定要用计划来组织的，但它是不是一条经济规律还值得商榷。因为计划是人们的主观行为，是一种方法，它应当反映经济的客观规律（如经济结构的比例性），它本身不能说是客观规律。用计划方法组织经济活动，其目的在于使经济发展符合客观规律，克服资本主义私有制必然造成的社会生产无政府状态。但是，整个国民经济活动是一个十分复杂的有机体，决不可能事无巨细都纳入国家统一的计划之中，大量的供求关系还必须通过市场调节。国家计划应当着重于长远规划、经济区域规划等宏观经济方面，不一定要采取细目式和指令式的计划，直接安排和干预企业的日常经济活动。这是一个方式方法问题。决不能认为计划越细越好，细才是加强，粗就是削弱。在社会主义制度下，实行计划调节与市场调节相结合，决不意味着削弱计划的作用，恰恰是使计划更有可能切合实际，更加发挥它对经济发展的长远指导作用。

有的同志担心，企业具有独立的经济利益，这必将引导企业像资本主义企业一样盲目追求利润，违背社会主义企业生产的目的。前面我们已经论述了社会主义的物质利益原则。在社会主义制度下，局部利益要服从整体利益。企业争取盈利不是坏事，它的盈利不仅有利于企业本身，而且有利于国家收益。如果企业不顾国家利益而盲目追求本位利益，国家是能够通过政策、法令以及经济杠杆加以纠正的。只要确认现阶段的社会主义经济还是商品经济，就要确认商品的二重性在社会主义社会的现阶段仍然存在。企业的生产目的也就不能单纯讲使用价值，必然还要讲价值。社会主义制度下价值所反映的生产关系，包括国家整体利益与企业局部利益的关系。社会主义企业生产的目的，除了主要是为了满足社会日益增长的需要，和为国家提供收入之外，也应该包含争取提高企业自身（联系到企业的全体职工）的利益。只有这样来规定社会主义企业的生产目的，才能更直接地调动广大群众的生产积极性，也只有这样才能更好地体现社会主义原则。

我们主张企业自负盈亏，对企业全体职工来说，则是共负盈亏，使职工的个人利益和企业经营成果相联系。有的同志认为全民所有制的生产资料不归企业职工所独有，讲自负盈亏在理论上说不通。其实，国家把全民所有的生产资料交给企业所在职工使用，在规定的权利与义务条件下，可否实行"全民所有集体负责制"呢？集体负责制包括了对盈亏负责，又有何不可呢？

还有的同志担心企业自负盈亏将造成苦乐不均，以至贫富悬殊。我们认为平均主义不是社会主义。个人收益的差别，在社会主义阶段不但必然存在，而且也是激励个人积极性的不可少的条件。写在社会主义旗帜上的"各尽所能，按劳分配"原则，本身就是一个承认差别的原则。贫富"悬殊"当然还是要防止的。在改革的试验阶段和初期，可能出现苦乐不均的现象，而国家完全有可能采取必要的经济政策和运用经济手段加以调节，从中找到既保持差别、又防止悬殊的途径。

还有些同志担忧企业具有自主权，企业的领导人大权独揽，可以为所欲为，形成新的特权阶层，甚至蜕化为新生的资产阶级分子。这就涉及企业的权归谁所有的问题。恩格斯在谈到 1871 年巴黎公社的经验时指出："公社最重要的法令规定要组织大工业以至工场手工业，这种组织不但应该在每一个工厂内以工人的联合为基础，而且应该把这一切联合体结成一个大的联盟"①。我们说整个国民经济是一个联合体，正是恩格斯所称赞的这种大的联盟。而这个大的联盟的基础是什么呢？是企业内的工人的联合。所谓工人的联合，也就是说，企业应当是企业全体职工的联合体，即马克思所说的"自由平等的生产者的联合体"②，企业的权是掌握在全体职工的手里。实现这一原则的关键在于建立和健全企业的民主管理制度。企业置于全体劳动者的民主管理之下，又有共产党组织的领导和监督，发生领导人的专擅和蜕化变质只能是个别的现象，而且是可以纠正的。

我国的经济体制，过渡到以具有独立性的企业为基本单位，是经济发展的必然趋势。当然，在具体做法上，还需要在实践中探索，在探索中也会出现这样或那样的问题。改革中会有阻力，前进中可能反复，这一切都是历史进程中不可避免的现象。但是，总的发展趋势必将不以人们的意志为转移。

《中国社会科学》1980 年第 1 期

---

① 恩格斯：《卡·马克思〈法兰西内战〉一书导言》，载《马克思恩格斯全集》第 22 卷，人民出版社 1965 年版，第 226 页。

② 马克思：《论土地国有化》，载《马克思恩格斯全集》第 18 卷，人民出版社 1964 年版，第 67 页。

价值规律的内因论和外因论

——兼论政治经济学的方法

孙冶方[*]

摘要 本文概述了作者自 50 年代以来在价值理论上所坚持的基本观点，即价值规律内因论。作者认为价值规律不是商品经济所特有的规律，而是在任何社会化大生产中"根本不能取消的"规律，它不仅在社会主义社会，甚至在共产主义社会都仍然起作用。作者不同意斯大林仅仅承认两种公有制的交换中价值规律的作用，否认价值规律对全民所有制经济的调节作用的观点，认为这种观点是价值规律外因论。本文列举了价值规律外因论对社会主义经济带来的危害：不讲经济效果，不讲等价交换，取消综合平衡。

1953 年斯大林《苏联社会主义经济问题》一书的出版，引起了我国经济学界对价值规律的深切关注。20 多年来，曾先后几次形成讨论的热潮。开头分歧很大，相当普遍地认为价值规律是资本主义的经济规律，即使在生产资料公有制的基础上，它也是"野性"难除，从而要统治它、"改造"它，视价值规律若"泛滥的洪水"，"脱缰的野马"。随着讨论的深入，当然更重要的是面对着社会主义经济建设中不断重复出现的问题，人们对价值规律的认识，渐渐发生了变化。目前绝大多数同志都认为价值规律是社会主义社会客观存在着的经济规律，必须尊重它。有的同志还更鲜明地提出要按客观经济规律办事，主要就是要按价值规律办事。我从 50 年代开始宣传价值规律的客观性，主张"把计划和统计放在价值规律

---

 * 孙冶方，1908 年生，现任中国社会科学院顾问兼中国社会科学院经济研究所顾问，著有《社会主义经济的若干理论问题》等。

的基础上"。那时，很多同志不以为然。现在我们在这个问题上开始有了一些共同的语言，这不能不使我感到由衷地欣慰。

一 仍然存在着分歧

求同存异，这是外交和统一战线中所应采取的一条原则。但是，如果在科学研究中也讲求同存异，那就没有什么问题可以研究和讨论了，科学也就不会前进了。我主张科学研究应该是存同求异，互相找差异，正确地开展争论。这样才能把科学水平渐渐提高起来。"百花齐放、百家争鸣"，贵在一个"争"字。允许批判，也允许反批判。马克思 1853 年 9 月 2 日给恩格斯的一封信中说："真理是由争论确立的，历史的事实是由矛盾的陈述中清理出来的。"① 只有在争论中才能使人们对客观事物的认识逐步深化。真理并不害怕批判，它只会越辩越明。

在价值规律的问题上，我和很多同志还存在着分歧：

一是在对价值规律的尊重程度上存在着差距。有不少文章在讲到价值规律如何如何重要的时候，总要给价值规律前面加上"利用"二字。我不那么赞成"利用"这种说法。价值规律是客观存在着的经济规律，它不是大观园中的丫头，可以让人随便"使唤"、"利用"。无论是哪一门的自然科学家，似乎都不曾说他们"利用"什么规律做了什么事。是不是我们社会科学家、经济学家的主观能动性就比他们大一些呢？不是。我们只能按客观经济规律办事，顺应客观规律的要求而不能反过来"利用"。当然，现在讲"利用"价值规律的文章中，多数还都承认这个规律是存在于社会主义经济中的客观规律。我之所以对"利用"云云反感，是觉得讲"利用"还显得对客观规律不太尊重，在"利用"的背后还隐藏着另一种理论上的可能性：当着气候适宜或自己主观上觉得不再需要这个"丫头"的时候，将又不去"利用"，以至再企图把它逐出社会主义经济的园地。

二是对价值规律在社会主义经济中存在的客观必然性认识还不统一。概括来说有两种意见：一种是把价值规律同社会主义两种公有制的存在，因而同商品生产的存在直接挂钩。他们认为，价值规律是商品经济的规

① 《马克思恩格斯通信集》第 1 卷，生活·读书·新知三联书店 1957 年版，第 567 页。

律，如同斯大林所说："在有商品和商品生产的地方，是不能没有价值规律的"①，在不存在商品和商品生产的地方，就不存在价值规律了。按照斯大林的说法，全民所有制内部的交换，不是商品交换；或者确切些说，那里只存在着商品交换的"外壳"。因此，尊重价值规律之所以必要，只是由于在全民所有制外部还存在着商品的缘故；有朝一日社会上没有商品，连商品的"外壳"也脱落了的时候，那么价值规律也就不存在了。所以，对于社会主义社会中的领导经济成分来说，价值和价值规律只不过是一种外在的力量，是强加于它的。这种看法实际上是价值规律的外因论，它是多年来传统的也是最普遍的观点。另一种是，认为价值规律是社会化大生产的客观规律。在社会主义条件下，生产的社会化程度更高，因此价值规律是由全民所有制的生产关系中必然引出来的客观规律，而不是从外部、从不同所有制之间的交换中引进来的。这是我的看法。这种看法可称为价值规律的内因论。

尽管我和很多同志在价值规律问题上已经有了不少的共同语言，但既然还有这点差异，那么就需要继续争论下去，以求得到进一步的一致。

二　坚持价值规律的内因论

从 1956 年我写《把计划和统计放在价值规律的基础上》那篇文章起，一直到 1978 年写《千规律，万规律，价值规律第一条》这篇文章止，20 多年来我始终认为，价值规律是在任何社会化大生产中"根本不能取消的"规律，它不仅在社会主义社会，甚至在共产主义社会都将仍然起作用。概括起来，价值规律的作用无非有这样几条：

（一）价值规律就是商品（产品）价值由社会平均必要劳动时间决定的规律

必须强调价值规律的节约时间的作用。商品是历史的范畴。在共产主义社会以及社会主义社会的全民所有制经济内部，不存在商品生产和商品交换。在那里，社会生产的直接目的就是使用价值而不是价值。但是，这个使用价值总归是生产者花了一定量的劳动消耗为代价换来的，衡量这个

---

① 《苏联社会主义经济问题》，第 14 页。

代价大小的尺度仍然是社会必要劳动。社会平均必要劳动量的确定，毫无疑问是一个由个别劳动到社会劳动的社会化过程。社会平均必要劳动量决定商品价值，这对资本家来说，它既是作为蚀本和破产的恶魔而威胁着他们，又作为赚钱和发财的妖精而引诱着他们，从而推动资本家不断地拼命向前。但是在社会主义条件下，社会平均必要劳动量仍然决定着商品（产品）价值，对各个企业来说，它却是作为促使后进赶先进、先进更先进的经济动力而发挥作用。这就是说，社会主义经济更注重经济核算，更注重劳动生产率，更注重以最小的劳动消耗取得最大的经济效果，这是价值规律的核心问题。"不惜工本"，是违背价值规律的。但是，在过去，特别是在刮"共产风"、搞"瞎指挥"时期，以及后来陈伯达、林彪、"四人帮"进行反革命破坏的时期，时髦的口号却是"不惜工本"（实际上是不惜人民的血汗）。特别是"用最小的劳动消耗取得最大的经济效果"被当作"政治不挂帅"的修正主义口号来批判。这正是我们的经济发展速度不够理想的原因之一。

（二）价值规律是商品（产品）交换比例由价值调节的规律

必须强调价值规律的等价交换原则。商品（产品）交换在它的纯粹的形式上是等价物的交换，只有等量社会劳动的商品（产品）才可以互相交换。因此，从本质上来讲，价值规律要求价格向价值靠拢，而不是与价值背离。这种要求靠拢的趋势，不论是资本主义经济还是社会主义经济都存在。通过"背离"的形式来达到靠拢，即通过市场竞争的途径来决定价格，这只是价值规律在个体经济和资本主义商品经济时代的一种特殊作用形式。在社会主义条件下，已经不需要通过"背离"的形式，而是通过直接计算劳动成本的方法来决定价格。当然，人民币在这里已不是原来意义上的一般等价物，只不过是价值的计量单位，本质上是劳动券。

（三）由上述两种作用而产生的实现对生产的调节和对社会生产力的比例分配，价值规律是制订计划的根据和基础

按一定比例分配社会劳动的必要性，决不可能被社会生产的一定形式所取消。这里所说的"比例"，当然不能认为是使用价值的比例，而是指劳动量的比例，价值的比例。在资本主义商品经济中，由于竞争，由于价格与价值的背离，引起劳动和资本从这一个部门向另一个部门的转移，从而盲目地调节生产，自发地形成比例。而在社会主义条件下，却可以通过计算来主动地捉摸清楚活劳动和物化劳动的比例，搞好综合平衡，使国民经济有计划地发展。

上述三条是价值规律在社会主义条件下所起的不以人的主观意志为转移的客观作用，它起因于社会化大生产的要求。在资本主义商品经济中，它只不过是以另外的形式表现出来。马克思、恩格斯关于价值和价值规律的话讲了很多，但我们不要忘记，他们的研究对象是资本主义商品经济，价值规律的个性作用讲得多一些，而其共性一面则讲得不可能太多。我们更不要忘记，马克思主义不是教条，而首先是世界观和方法论。过去，不少文章对我关于价值规律的观点所作的批判，在我看来，实际上很多是抽象的批判。因为在批判者的思想上仅仅只有教科书上所讲的一个与资本主义经济、与商品经济相联系的价值规律，而没有弄清我所讲的价值规律的内容。现在还有不同意见，能够展开讨论或批判，这是值得欢迎的。但是，批判应该针对着我所说的内容来批判，而不能按照批判者自己强加于我的意见来批判。

三　价值规律外因论观点实际上是自然经济论

斯大林在《苏联社会主义经济问题》中认为：在社会主义条件下，还存在着公有制的两种形式：全民所有制和劳动群众集体所有制。这两种所有制之间的经济联系必然是商品交换，从而价值规律在这里也就起作用，国家与农民的交换要遵守等价交换的原则，就是说要承认价值规律。这个看法应该说是这本书的贡献。但从另一方面看，斯大林又认为：价值、价格这些范畴，从而价值规律的作用只是在两种所有制的边缘上、在交换的过程中才产生出来的。这就如同商品当初产生在原始公社的边缘上一样，是两个原始公社碰头，以其所有易其所无的结果。斯大林进一步提出：既然在全民所有制的外部还存在着商品和商品交换，那么全民所有制内部的生产资料产品就不得不带上商品的"外壳"，而其本身并不存在价值关系，生产资料产品不能流通。这就是价值规律外因论的主要论点。

社会主义社会总是要从低级向高级发展的，集体所有制总是要不断提高并逐步过渡到全民所有制的。应该指出，我们现在反对"穷过渡"，仅仅是反对那种不顾生产力发展水平，片面地搞所有制升级的做法。我们并不反对按生产力发展需要，在将来把集体所有制逐步提高到全民所有制。全民所有制是我们争取的目标。但是，按照价值规律外因论的观点，价值规律在社会主义社会的发展过程中，其客观作用必然是递减的，特别是当全社会实现了单一的全民所有制之后，价值规律就干脆不存在了。

斯大林所持的价值规律外因论的观点，实际上是他的自然经济论的产物。这里，还得从斯大林对生产关系的定义讲起。斯大林在对生产关系的定义中把所有制作为孤立的一项，在生产、交换、分配、消费以外来研究所有制，这对社会主义经济的危害很大。孤立研究所有制，最早是蒲鲁东。他想脱离生产关系的变革来解决私有财产问题。马克思在答复俄国经济学家安年科夫的一封信里说："所有制形成蒲鲁东先生的体系中的最后一个范畴。在现实世界中，情形恰恰相反：分工和蒲鲁东先生所有其他范畴是总合起来构成现在称之为所有制的社会关系；在这些关系之外，资产阶级所有制不过是形而上学的或法学的幻想。另一时代的所有制，封建主义所有制，是在一系列完全不同的社会关系中发展起来的。蒲鲁东先生把所有制规定为独立的关系，就不只是犯了方法上的错误：他清楚地表明自己没有理解把资产阶级生产所具有的各种形式结合起来的联系，他不懂得一定时代中生产所具有的各种形式的历史的和暂时的性质。"① 马克思还说过："在每个历史时代中所有权以各种不同的方式、在完全不同的社会关系下面发展着。因此，给资产阶级的所有权下定义不外是把资产阶级生产的全部社会关系描述一番。"② 马克思不把财产问题孤立地作为生产关系的一项，并不表示他不重视财产问题。马克思和恩格斯在《共产党宣言》中讲过："总之，共产党人到处都支持一切反对现存的社会制度和政治制度的革命运动。在所有这些运动中，他们都特别强调所有制问题，把它作为运动的基本问题，不管这个问题当时的发展程度怎样。"③ 生产关系是生产过程中人与人之间的相互关系，还有交换过程中的关系、分配过程中的关系，它们的总体形成了政治经济学中的所有制关系。所以，要讲清一种所有制，首先应当分析生产的人的要素和物的要素是怎样结合起来

---

① 《马克思恩格斯选集》第 4 卷，第 324—325 页。
② 《马克思恩格斯选集》第 1 卷，第 144 页。
③ 同上书，第 285 页。

进行生产的，人们怎样互相交换自己的产品，产品又怎样进行分配。这样来研究所有制问题，就会有血有肉地弄清楚每一个社会形态的经济关系。离开生产关系来研究所有制，恰恰是贬低了所有制问题。而且也给经济工作中的唯意志论开了方便之门。20多年来我们经济上有很多问题，特别是在农业合作化过程中，以及后来专门在所有制或者财产形态的不断升级上做文章，这不能说与斯大林对生产关系的错误定义没有关系。伴随着所有制的不断升级，价值规律的境遇每况愈下，以致被当作洪水猛兽而逐出了社会主义经济的园地。斯大林的经济观点还有一个重大错误是无流通论。他排除了交换，用直接生产过程中的交换来代替独立于直接生产过程外的交换，特别是否认全民所有制内部的交换，用调拨代替流通，用配给代替交换。说生产资料产品不是商品，国营企业与国营企业之间不是商品交换，我赞同。但是还得实行产品交换，讲等价交换原则。然而斯大林的无流通论，却完全排斥了价值规律对全民所有制生产的调节作用。

斯大林一方面否认全民所有制内部的交换，主张无流通论；另一方面又不否认全民所有制之外还存在着商品交换。在有商品的地方，不能没有价值规律。于是，以保留着集体所有制经济来解释价值规律在社会主义社会存在的理论，即价值规律外因论就站出来了。这就是说，对社会主义全民所有制的自然经济论观点派生了价值规律的外因论。

在一个时期中，苏联在与农民的关系上，也并不是那么真诚地讲商品交换的。尽管在理论上承认了国家与农民的关系还是商品交换，但他们搞的"义务征购制"，实际上是"假收购"。曾经流传过这样一个故事：斯大林在写作某一重要经济著作时，作者开始是强调工农业产品要实行等价交换的，但是别人将了他一军，说：你要实行等价交换，那我们出现财政赤字怎么办？在财政赤字面前，作者没办法，只好让步，不讲工农业产品的等价交换，只讲农业内部粮棉比价问题了。这就是说，起先还能从工农产品的交换中引出商品，引出价值规律来，可是列举具体例子时，又只举农产品与农产品之间的比价了。

四　价值规律外因论对实际工作的危害之一
——不讲经济效果

30年来，社会主义经济建设中最大的问题之一，就是不讲经济效果，或者只讲效果不讲费用，把"不惜工本"、"不计盈亏"，看作是天经地义的事。特别是在全民所有制企业中缺乏严格的经济核算，认为费用多一点、少一点，如同一个人衣服上的四个口袋，装来倒去反正总数一样多，效果好一点、差一点，反正与己无关，端着铁饭碗吃大锅饭。根源何在？否认价值规律对全民所有制企业生产的调节作用，否认按社会平均必要劳动时间组织生产的客观必要性，是重要的原因之一。

我们应该对社会主义充满信心。真正的全民所有制确实要比集体所有制优越。可是我们过去的 20 多年怎么样呢？特别是林彪、"四人帮"擅权以后，弄得许多国营企业不如集体企业。全国国营企业中有相当一部分亏损，国家要从财政中拿出钱来补贴。从事物质生产的企业，却要国家财政补贴，补贴的钱哪儿来？还不是从经营得好的、有盈利的企业，还有农民那儿拿来的！

这是事实，不能闭眼不见。现在不少同志开始强调经济核算了，也就是说开始承认价值规律对全民所有制企业的调节作用了。但是很遗憾，他们却把商品关系引进了全民所有制内部来，说全民所有制内部之所以要讲价值规律是因为这里还存在着商品交换。经济学界的一些同志，在这个问题上是从一个极端走向另一个极端：先是根本否认价值规律在全民所有制内部起着调节作用；现在承认了这种作用，却为了更强调价值规律的作用又把商品引进了全民所有制的经济关系中来了。以军工产品来说，这是全民所有制企业的产品，能说它是商品吗？不能。飞机、大炮生产出来分配给各军、兵种用，这怎么能说是商品呢？但是，它不是商品，并不是说可以不讲经济核算了。军工生产也要讲节约物资、节约劳动、降低成本、增加品种、发展生产，用最小的劳动消耗取得最大的经济效果。军工企业的固定资产和流动资金也要讲等价补偿。这正是价值规律的客观要求。

我认为，由商品关系来说明全民所有制实行经济核算的必要性缺乏坚实的理论基础。试问，难道商品关系消失后就可以不要经济核算了吗？还有一种看法，认为凡是交换的产品都是商品，因而到了共产主义也还存在着商品交换。按此说来，难道马克思所说的"互相交换劳动"，其劳动也是商品吗？难道物质生产部门和非物质生产部门的劳动者都是互相出卖劳动吗？这也是说不通的。

我认为不同所有制之间的交换是商品交换。全民所有制内虽然存在着交换，但它不是商品交换，而是产品交换。然而无论是哪种交换，都必须按照价值规律的要求办事。

有的同志称我主张价值万岁论。理由是说：价值是历史范畴，而我却把它变成了永恒范畴。这完全误解了我的观点。我一直认为，价值是历史范畴，它反映着社会化大生产中人们之间的社会关系。人类社会将经历自然经济、商品经济和产品经济。在自然经济中不可能有真正的价值观念，不可能形成社会必要劳动时间。而只有在商品经济和产品经济中才有价值观念，才能形成社会必要劳动时间。所不同的是在商品经济中，价值以交换价值的形态出现；而在产品经济中，价值才回到了"它真正的活动范围"。分清"价值"和"交换价值"这两个不同的概念是件非常重要的事情。这不是"舍本逐末"，也不是我的"独特见解"。马克思以前的政治经济学是分不清这两个概念的，因而当时习惯以"价值"这个概念来代表"交换价值"。马克思和恩格斯顺从着当时经济学界的习惯用法，为简便起见，也常常把"价值"当作"交换价值"来使用。但他们在理论上对二者是作了严格区别的，并对古典政治经济学者不会区别二者的错误作了批评。马克思说："古典政治经济学的基本特点之一，是它从来不曾能够由商品的分析，尤其是商品价值的分析，引申出价值的形态来，然而正是这个价值的形态使价值成了交换价值。正是亚当·斯密和李嘉图，古典政治经济学的最好的代表，也把价值形态看做是完全无关紧要的事，甚至于把它看作对商品本质而言是外表的事。他们所以会如此，不仅因为他们的注意力完全被吸引到价值量的分析上去了。还有更深刻的原因。劳动生产物的价值形态，不仅是资产阶级生产方式的最抽象的，并且是最一般的形态。资产阶级生产方式当作社会生产的一个特殊类型正是由于价值的形态才取得特征的，从而也取得了历史的特征。如果把资产阶级生产方式当作社会生产的永久的自然的形态看了；那么不免就会把价值形态的专门的特性看漏掉的，从而就会把商品形态的特性，甚至再进一步发展下去，就会把货币的形态，资本的形态等等特性都看漏掉的。"① 马克思在《资本论》第一卷初版序中讲到弄清交换价值的重要性时又说："对资产阶级社会说来，劳动产品的商品形式，或者商品的价值形式，就是经济的细胞形式。在浅薄的人看来，分析这种形式好象是斤斤于一些琐事。这的确是琐

---

① 作者根据俄译本转译。参阅《马克思恩格斯全集》第23卷，第98页。

事，但这是显微镜下的解剖所要做的那种琐事。"① 交换价值反映着个体经济和资本主义条件下商品生产关系的特性。因为在那样的社会中，商品所包含的社会必要劳动量不能直接地表现出来，而是要经过亿万次的交换，最后才得出一个平均线即某一商品的价值量，曲线则代表着受供求关系影响而形成的价格。供过于求，价格下降；求过于供，价格上涨。但不管供求如何不平衡，价格如何摆动，再加上投机倒把等因素，商品自身的价值必须通过另一个商品即货币才能表现出来。这反映着资本主义商品生产的无政府状态。而在共产主义社会中，价值即社会平均必要劳动量则可以直接表现出来，不再表现为交换价值。当然，在现实经济中，由于种种原因距离这一点还相差很远，其中有一点是不重视统计工作，不重视成本会计。在这种情况下，不要说对整个社会中同一行业同一产品的社会必要劳动量难于了解，就是连一个企业内单个产品的成本都算不清，说不准。列宁是非常重视统计和监督的。真正搞好统计工作，非常需要现代化的科学技术，例如电子计算机等。但就目前来说，只要每个工厂把成本会计搞好，用手工业的方式也还是可以算出全国范围内某一产品至少是去年的社会必要劳动量。既然知道了去年的，再加上今年的大体估计，这不就摸到了今年的社会平均必要劳动量了吗？当然，要做到绝对准确的计算是不可能的，即使电子计算机也不可能算得绝对准确。这是因为劳动生产率每时每分每秒都在变化，今天算出来的数字，明天就会与实际不符。但能算出一年的社会必要劳动量还是很了不起的。像 50 年代，这个月的上旬，能够算出上月的产品成本，这是很不错的。所以，价值是社会化大生产的产物，反映着社会化生产过程中的各种社会经济关系。就这一点来说，它对共产主义和资本主义都是共同的。但就两个社会的特殊性来说，在资本主义社会中，价值通过交换价值表现出来；在共产主义社会中，价值却能通过统计、会计具体捉摸到。

还有一种看法，认为全民所有制企业实行经济核算的必要性来自按劳分配。我不赞同。因为按照这个逻辑推论下去，必然会认为到了共产主义社会就可以不必讲经济核算了。因为那时按劳分配已被按需分配所代替了。请注意马克思的下述著名论述："在资本主义生产方式消灭以后，但社会生产依然存在的情况下，价值决定仍会在下述意义上起支配作用：劳

---

① 《马克思恩格斯全集》第 23 卷，第 8 页。

动时间的调节和社会劳动在各类不同生产之间的分配，最后，与此有关的簿记，将比以前任何时候都更重要。"① 显然，价值规律的作用并不来自于分配，而是物质生产过程的客观要求。

我一贯认为，在经济工作中必须强调用最小的劳动消耗去取得最大的经济效果。这也不是我的发明。马克思在《剩余价值理论》中曾肯定了李嘉图的一个看法："真正的财富在于用尽量少的价值创造出尽量多的使用价值，换句话说，就是在尽量少的劳动时间里创造出尽量丰富的物质财富。"② 这不正是我们所说的"最小最大"吗？马克思在《资本论》中同样说过："这个领域内的自由只能是：社会化的人，联合起来的生产者，将合理地调节他们和自然之间的物质变换，把它置于他们的共同控制之下，而不让它作为盲目的力量来统治自己；靠消耗最小的力量，在最无愧于和最适合于他们的人类本性的条件下来进行这种物质变换。"③ 这就是说，交换价值废除以后，价值即社会必要劳动量依然是财富的实体。这里，我还要再次重复恩格斯1844年在《德法年鉴》上的那段话，他说："价值是生产费用对效用的关系。价值首先是用来解决某种物品是否应该生产的问题，即这种物品的效用是否能抵偿生产费用问题。只有在这个问题解决之后才谈得上运用价值来进行交换的问题。如果两种物品的生产费用相等，那末效用就是确定他们的比较价值的决定因素。……不消灭私有制，就不可能消灭物品本身所固有的实际效用和这种效用的决定之间的对立，以及效用的决定和交换者的自由之间的对立；而在私有制消灭之后，就无须再谈现在这样的交换了。到那个时候，价值这个概念实际上就会愈来愈只用于解决生产的问题，而这也是它真正的活动范围。"④ 过了33年，恩格斯对此再次说明："在决定生产问题时，上述的对效用和劳动花费的衡量，正是政治经济学的价值概念在共产主义社会中所能余留的全部东西，这一点我在一八四四年已经说过了。但是，可以看到，这一见解的科学论证，只是由于马克思的《资本论》才成为可能。"⑤

有同志说我那样来论证价值是历史的范畴，只说了一头。这也是误

① 《马克思恩格斯全集》第25卷，第963页。
② 《马克思恩格斯全集》第26卷，第三分册，第281页。
③ 《马克思恩格斯全集》第25卷，第926—927页。
④ 《马克思恩格斯全集》第1卷，第605页。
⑤ 《马克思恩格斯选集》第3卷，第348—349页。

解。共产主义社会是我们的奋斗目标，不可能在当前对它就做出十分详尽的设想。但有一点我肯定，那时的物质财富也要靠劳动来创造，即使是机器人创造，也离不了人来控制，因此，只要还有活劳动、物化劳动的耗费，价值规律就得讲下去，就得讲"最小最大"的问题。从这个意义上来说，我承认我是价值规律万岁论者。

以上所述，无非是要指出在现实的经济建设中，特别是在全民所有制的企业中，不讲经济核算，不讲劳动生产率，不讲经济效果，没有用最小的劳动消耗去取得最大的经济效果的观念，这是违背价值规律的客观要求的。而其理论上的根源，正是价值规律的外因论。

五　价值规律外因论对实际工作的危害之二
——不讲等价交换

前面已经说过，无论是商品价值规律，还是产品价值规律，从本质上来说，都要求等价交换。等价交换意味着生产单位在生产过程中的劳动（活劳动与物化劳动）耗费必须等价补偿。这里，价格最重要。没有价格，就没有价值规律。所以定价的基础必须是价值即社会必要劳动。然而价值规律外因论，却是不讲等价交换的。他们把不等价交换看作是社会主义理所当然的。为此，他们有过各种各样的"道理"：

其一是说：等价交换只适用于农产品与农产品之间，即集体所有制内部。而在工农业产品之间，不等价交换是完全应该的，农产品的收购价格应该永远低于价值，而工业品的销售价格应该永远高于价值，社会主义国家要通过这种"剪刀差"的办法来从农民那儿取得建设资金。这是歪理。还在50年代，毛泽东同志在一次审查国民经济建设计划草案时，曾经向计划统计工作者提出过这样一个问题，说：全国近两亿左右的农村整、半劳动力对国家的贡献怎么只占国家财政收入的百分之十几，而人数只有一千多万的工、交部门的职工对国家的贡献却又占国家财政收入的百分之八十几，这笔账是怎么算出来的？其实问题很简单。那是因为国家对农副产品的收购价格订得偏低，按价格来计算国民收入，农民所创造的价值被价格掩盖了，或者说在工业部门的产值中实现了出来。当然，这里也有个简单劳动和复杂劳动问题，但除去这方面的因素，按当前国际市场上的"剪刀差"来计算，农民对国家的贡献，最低也要占到国家财政收入的百分之三十几。价格远远背离了价值，结果欺骗了我们大家！我们整天说农业重要，可是二亿多农业劳动力所创造的价值在账面上却很少，这怎么说得过去呢？前年我去南斯拉夫、罗马尼亚考察后曾得出一条结论：他们的工业搞得比较好，发展比较快，人民群众生活水平高，有一条原因是他们的农业早已过关。他们虽然没有什么"农业为基础"、"农、轻、重"这样一些对马列主义理论的贡献或发挥，但他们却是实实在在在做了，其中心问题是解决价格问题。他们先后几次提高农副产品的收购价格。而我们呢？尽管有不少理论，却不注意解决工农业产品上的"剪刀差"。相反，还列出些歪理，为这些历史上残留下来的东西辩解。我有句老话，主张把向农民的"暗拿"变为"明拿"。"暗拿"就是指前面所说的用"剪刀差"的办法从农民那儿要建设资金，在这种情况下，农民向国家交售农副产品的数额越多，他们的负担就越重。"明拿"就是直接税的形式，数额由政府法律严格规定，在一定的年限内不变。当农民缴纳完这个直接税后，向国家交售农副产品，通过等价交换得到全部价值。党中央决定在1979年夏粮上市开始提高粮食收购价格20%，超购部分在这个基础上再加价50%，同时还相应地提高了其他一些农副产品的收购价格。再加上农村各项经济政策的落实，农民喜气洋洋，农业渐渐活了。这不有力地说明贯彻等价交换原则，照价值规律的客观要求办事的极端重要性吗！违背它，就要受到惩处。

其二是说：等价交换就是等价格交换，否则就是不要国家积累。如果是这样，那么粮食照一角钱一斤收购是等价，压低至五分钱一斤收购也是等价；反之把价格提高至每斤一角二分、一角五分还是等价。这样离开价值谈价格，就是从根本上反对等价交换原则，纯属荒唐理论。

其三是说：价格与价值相符是经济原则，而价格与价值背离是政治挂帅。这就是说，产品定价可以不根据价值规律，而按主观要求。这就是苏联斯特鲁米林曾经说过的"理论"：价格不背离价值就没有价格政策。60年代初，刘少奇同志曾经特别强调过等价交换问题。他说：不但工农之间、全民所有制经济和集体所有制经济之间需要等价交换，全民所有制企业之间、重工业和轻工业之间、各个地区之间也要等价交换，否则再生产的必要条件——价值补偿和物质替换就无法得到满足，国民经济各部门、各地区之间的比例关系就会遭到破坏。就拿苏南与淮北、淮南交换来说，苏南都是轻工业产品，价格偏高；而淮北、淮南是产煤，煤价偏低，二者不等价，他们之间的经济关系就很难摆平，地区之间的平衡也就无从谈起。我们都知道，在铁路运输上，电动、内燃机车要比蒸汽机车先进，可是目前电动、内燃机车却很难推广开，除了产品品质差外，一个很重要的原因是煤、电、石油之间的价格不平，煤价偏低，电、石油价偏高，铁路运价又长期不变，蒸汽机车只好长期用下去。

价格问题十分重要。但是目前的价格，对价值来说却是一个"哈哈镜"，把社会平均必要劳动歪曲了。这带来了不少问题，例如，我们强调要理直气壮地抓利润，是指生产利润，为国家多提供剩余劳动。但由于价格与价值大大背离，价格畸高畸低，这就使得一些人专抓流通利润，再按利润发奖，结果又出现了不顾左邻右舍的情况，这是不行的。但要调整价格，又确实困难重重，如同某些同志所说，牵一发而动全身。在我看来，30 年来，等价交换的原则基本上没有得到贯彻，讲是讲过，那不过是在口头上。所以，价格一定要逐步调整，使价格和价值逐步相符起来。当然价格的全面调整，需要有个过程，会遇到困难，这是一回事。但道理总得说清楚，这就是价格要符合价值，而不是背离价值。

这里还得说说生产价格问题。现在对这个问题持反对意见者少了一些。但对在社会主义条件下，价值转化为生产价格的客观基础似还讲得不充分。仅仅讲社会化大生产还是不够的。因为在社会化大生产的不同发展阶段，物质技术条件的作用也是不同的。物质技术装备程度的不同，一般表现为产品资金占用量的不同。劳动生产率提高快的部门，也就是物质技术装备程度较高、产品资金占用量较高的部门，他们的产品的生产价格总额就超过产品价值总额，相反，劳动生产率提高慢或停滞的部门，他们的产品的生产价格总额就小于产品的价值总额。以生产价格来订价，必然发生有机构成高的部门取得的利润，超过它所创造的剩余产品的价值，有机构成低的部门取得的利润，低于它所创造的剩余产品的价值。按生产价格订价，这是价值规律在社会化生产发展更高阶段的必然要求。

六　价值规律外因论对实际工作的危害之三
——实际上取消了综合平衡

价格背离价值的害处，除了不利于经济核算外，重要的一条是使国民经济各部门之间的比例关系丧失真相，使国民经济的综合平衡难以搞好。

过去有人主张综合平衡是使用价值的平衡，这就是说：发一度电要消耗多少煤，炼一吨铁要消耗多少焦炭，一吨钢可以轧多少长的、一定重量的钢轨，制造一辆一定型号的机车或别种机械要多少吨钢材等，以及建立在以上各种技术定额基础上的煤、电、钢铁、机械等生产部门之间的实物比例。过去从苏联搬来的计划平衡就是这么干的。这是地地道道的技术经济学。我们要生产产品，一定要使活劳动和物化劳动平衡。而如果工农产品价格不平，轻重工业产品价格不平，综合平衡就是一句空话。因为综合平衡，归根结底是价值的平衡，而不是使用价值的平衡。

价值规律外因论把价值规律同商品"挂钩"，很容易引起大家对社会主义计划经济中价值规律作用的误解，把"价值"和"计划"对立起来。有不少同志就这样讲：我们现在的计划还不能控制全部产品，所以要留点余地让给价值规律来调节。通过价格与价值的背离来刺激计划管不到的生产、消费，调节供求。这种观点实际上是把社会主义的统一计划经济分成了两块：计划与市场，似乎社会主义的计划管不到市场，而照顾了市场，就得放弃计划。这样的提法我不赞同。

首先，我认为不能把计划与市场看作是不相容的。在社会主义条件下，无论商品价值规律，还是产品价值规律，都要求有统一的全面的直接或间接的计划，而不能搞"板块论"。据南斯拉夫的经济学家介绍：从70年代开始，在计划与市场问题上，也曾经有过激烈的争论。我们从南共盟几次代表大会的文件和经济学家的著作中都可以看出，那不仅是两种经济思想的争论，而且也是两种不同经济政策的争论。一种思想比较强调市场的作用，把计划的作用降低到最低限度；另一种思想强调计划的作用，把市场的作用降低到最低限度。但是两种意见都承认计划与市场必须共存。现在越来越多的人主张，在社会主义经济中，必须承认市场的作用，然而这个市场是在计划指导下的市场，因而是有组织的市场。经济学家辛迪奇院士还特别对我强调说："我们南斯拉夫的市场是没有自发势力的市场。"这就是说，他们的商品交换是在计划控制下的交换，生产者要为消费者服务，实行以需（市场）定产，而不是以产定需。在这种思想指导下，南斯拉夫非常强调供、产、销三方的合同关系，允许在一定限度内的竞争和自由选择，允许一定幅度内价格的涨落。但是当合同签订以后，双方都必须严格遵守。1956年我写的《把计划和统计放在价值规律的基础上》就是这个意思。强调计划要能正确地反映价值规律。现在我还是主张把计划放在客观经济规律特别是放在价值规律的基础上，而不赞同"板块论"。

关于计划经济问题，我听到南斯拉夫的同志还有这样一个观点，这就是他们不承认计划经济是社会主义的主要特点。他们说：把计划经济看作是社会主义的主要特点，是不对的。我觉得这不是没有道理的。过去，资本主义社会只是在工厂内部实行计划，而整个社会是不可能有计划生产的。而现在，资本主义国家按照凯恩斯学说，对全国的经济通过一些经济手段进行干预、影响，开始有了我们平常所说的间接计划。不仅国内，就是跨国公司，包括好几个国家，都是有计划地做买卖。总而言之，资本主义也是搞计划的。关于这一点，列宁曾说过："现在资本主义已经直接发展到具有高度计划性的形式。"[①] 南斯拉夫同志认为，社会主义的本质特点在于工农群众当家作主，劳动者直接对生产、交换和分配过程进行管理。

所以，我觉得把统一的社会主义计划分作两块是不对的。那是用价格调节供求的办法来取消全国统一计划。我也觉得仅仅把计划当作社会主义经济的主要特点也是不对的。但这并不是说就可以不要计划了，而关键是要改变计划的方法，是自上而下，依靠"长官意志"；还是自下而上，依靠群众，按照客观经济规律办事。

七　要运用科学的研究方法

我在价值规律上所持的内因论观点，是从全民所有制出发来研究整个国民经济的问题，这就涉及对政治经济学研究方法的讨论。

政治经济学的方法，是辩证法对客观经济运动及其规律性进行研究和表述的运用。过去，经济学界有个看法，认为不把当前复杂的现实的多种所有制的社会主义生产关系列为研究对象并分析清楚，却从纯粹的全民所有制出发来研究价值规律和社会主义的其他经济规律，这是脱离实际。其实问题并不是这样。马克思早就讲过："分析经济形式，既不能用显微镜，也不能用化学试剂。二者都必须用抽象力来代替。"[②] 对社会主义经济的客观运动过程的研究，必须在占有大量资料的基础上，对经济现象加

---

① 《列宁全集》第24卷，第274页。
② 《马克思恩格斯全集》第23卷，第8页。

以分析、研究和概括，从中找出主要的本质的东西来先研究清楚，而将次要的非本质的东西暂时置之不顾。待把主要的本质的东西研究清楚了，再把那些次要的非本质的东西加进来。但是对研究成果进行说明和表述时，则必须在形式上从研究结果所形成的相对单纯的概念和相对简单的规定开始，逐步具体化，回到整体，即从抽象到具体、简单到复杂、局部到整体。例如：《资本论》从价值到价格、剩余价值到利润展开论述。所以，研究的过程是抓本质，采取"脱衣法"，表述的过程即历史的发展，采取"穿衣法"。我国解放初期还有奴隶制和农奴制的生产关系，如果把它和社会主义生产关系搅在一起，这怎么能研究清楚呢？这10年的所谓文化大革命，使得许多封建的东西又还魂了，如果把它和社会主义生产关系搅在一起，也是研究不清楚的。全民所有制是社会主义生产关系的本质，它决定着现实中各个生产关系发展的方向。马克思曾经说过："在一切社会形态里，都有某种生产决定一切其它生产底地位和影响，因而这种生产的关系也决定一切其它生产关系底地位和影响。它是一种普照之光，在这光里，一切其它事物都黯然失色了，并且依照它们的特殊性而改变色调。它是一种特殊的以太，它决定一切在它里面占有地位的东西底比重。"[1] 全民所有制对与之并存的其他生产关系正是起着"普照之光"的支配作用。如果说人体的解剖将会给我们更好地认识猴子身体结构提供钥匙，那么在纯粹的意义上研究清楚了全民所有制生产关系，将会使我们更深刻地认识现实，为我们解决现实问题提供钥匙。这就是我为什么先着手研究全民所有制，同时一再坚持价值规律内因论观点的重要原因。

另外，在研究经济问题时，还不能搞规律排队。我曾经讲过，千规律、万规律，价值规律第一条。其实这不是我的本意，而是在一次批判会上，我的批判者迫我脱口而讲出的，为的是把话说得尖锐一些，提醒"左派"先生在客观规律面前诚实一点。把规律排队，说哪个大哪个小，哪个老大哪个老二，这种办法是我所反对的。《资本论》并没有把规律一条一条地来排队，而是从生产过程、流通过程、社会生产的总过程进行分析，把资本主义社会发展的各条规律讲得清清楚楚。所以，我们对社会主义生产关系的研究也要以历史发展的客观经济过程为对象，从具体事实出发，揭示问题的本质。

---

[1] 《政治经济学批判大纲》第一分册，《导言》第32页。

　　有的同志说我讲的价值规律，只是计量问题。这是误解。我讲的价值规律不是量的问题，或者主要不是定量问题。价值固然不能离开量，但还有一个质，这个质就是社会平均必要劳动，它蕴含着具体劳动和抽象劳动、局部劳动和社会平均劳动的矛盾；包含费用和效用的比较。一句话，这里有劳动二重性、产品二重性问题。这不仅是量的问题，而且也是社会生产关系的重大问题！有同志说我讲的价值规律，还不如叫节约劳动的规律。不错，价值规律的核心问题是讲求经济效果，是节约。但是，讲节约也不能离开增产，不能离开费用和效用的比较。所以叫价值更能揭示问题的本质。有同志说价值决定不是价值规律。其实这是不能分开的。价值决定正是价值规律的基础，也是价值规律的起点。价值规律是价值实体即社会必要劳动存在和运动的全部过程的规律。"决定"在俄文中同"定义"是一个字（определение），而在德文中的"决定"（Bestimmung）也具有"定义"的意思，如果我们从"价值定义"的含义上来理解，那么"价值决定"就更带有规律的意义了。

《中国社会科学》1980 年第 4 期

试论物价的若干问题

黄　达[*]

摘要　这篇论文反映了我国学术界对物价问题的又一种观点。本文认为，不合理的比价必须调整，而调整比价往往使物价水平有所提高。所以，物价水平会在时而平稳，时而有所提高的交替过程中呈现逐步上升的趋势。只要把物价水平的变动控制在调整比价所必需的限度内，则不会成为发展社会主义经济的障碍。反之，如果硬要使物价水平长期不动，既会使比价不合理的矛盾越积越多，又会使财政背上沉重的包袱。

本文还认为，允许物价水平有所提高同通货膨胀政策是两回事。但是如果流通中货币过多，最优的安排只能是力争稳定货币流通的现状并逐步使之好转，同时，慎重地进行价格改革。

一

物价问题实际上已存在多年。现在全面研究经济体制的改革，问题就更突出了。

为了实现四个现代化，经济体制的改革势在必行。改革的关键一环是要调动生产单位的积极性。为此，从经济上说，就要使生产单位在改进生产和改善生活方面的需求与其经济活动的成果挂钩；要尊重价值规律并按价值规律的要求办事；要允许有点竞争；等等。要做到这些，合理的物价是绝对不可缺少的。否则，种种改革的设想和方案都会难以付诸实施。

物价问题基本包括两个方面：一是各种商品、各类商品相互之间的比

---

　[*]　黄达，1925 年生，中国人民大学财政系主任，教授，著有《我国社会主义经济中的货币和货币流通》等。

价；二是物价的水平。

比价问题实质上是不同商品之间的价值对比和价值通过价格再分配的问题。在理论上，特别是在价值再分配方面，争论很多。但现实的比价——主要是工农产品的比价以及原材料工业产品与加工工业产品的比价——颇不合理，则几乎是一致的看法。要把比价搞得合理一点，经常碰到的问题是，把比价偏低的商品价格向上调的要求比较强烈，而要把比价偏高的商品价格向下调则不那么容易。

我们可以先看工农业产品"剪刀差"的问题。据调查，1950年工业品换取农产品的指数，与1930—1936年的平均比，高31.8%。但战前30年代的那几年正是历史上工农比价"剪刀差"几次高峰之一。如果把这几年的工业品换取农产品的指数与战前"剪刀差"最低水平的1926年比，据天津、上海两种物价指数估算，分别要高出33%和23%。所以，如果与1926年比，1950年的差价要高出百分之六七十。恢复国民经济的三年和"一五"期间，我们在缩小"剪刀差"方面的成绩很突出。但1958年以后几经曲折，矛盾又扩大了。去年对粮、棉、油、猪等主要农副产品的收购价格虽有较大幅度提高，但农产品的价格仍然偏低。而且从历史上"剪刀差"的变化情况来分析，就是不出现1958年以后的曲折，恐怕"剪刀差"也不会直线缩小，而只能是在缩小和扩大的交替中逐步缩小，因而解决这个问题将是一个相当长时期的任务。

缩小"剪刀差"无非是两条途径：或主要是提高农产品价格，或主要是降低工业品价格。当然也许可以说，如果农业劳动生产率的提高速度超过工业，相对说来农产品价值降低得快，那么，即使农产品价格不提高（或工业品价格不降低），工农产品比价不合理的问题也会逐步解决。这有道理，但问题不这么简单。就我国情况来看，至少在一个相当长的时期内，农业劳动生产率的提高速度不可能超过工业。所以，比较现实的还是调整比价。除去单独降低农业生产资料价格的措施外，如果要一般地降低工业品的价格，立即就碰到工人职员的实际收入水平问题。只要从全面考虑，职工实际收入水平还没有普遍调高的客观条件，那么，如果降低工业品价格，就必须相应降低货币工资。当然，这根本行不通。出路看来只能是提高农产品价格。而实际上，解放以来解决这个问题的主要途径也是提高农产品的收购价。

我们从旧中国接受下来的价格体系中还有一笔遗产，即原材料工业产品与加工工业产品的价格对比不合理。解放以后，这种矛盾在某些方面甚至有所加剧。煤价偏低是最突出的例子，铁价偏低也是长期存在的问题。不调价，违背价值规律，矛盾很多。如果调价，由于它们是大宗产品，对物价水平会发生直接的影响，纵然一时能予控制，但迟早总要反映出来。是否可以把盈利较大的其他生产资料的价格调低以适当均衡一下煤、铁等向上调价对物价水平的影响呢？抽象地说，在主要由国营企业组织生产的条件下，问题似乎不难解决。因为降价对国家的损失可以由使用这些生产资料的部门的盈利增加（或亏损减少）来抵补。1956 年我们就实行过生产资料的降价。但实践证明，问题并不像抽象推论那样简单：产品降价的企业向国家缴纳的税款和利润立即核减，可是使用这些产品的到底有哪些单位，各使用了多少，对于提高利润有何影响，如此等等实际上是算不清的账。因而，由于采取这样的措施，国家收入减少是现实的，而国家收入必然等量增加的指望却是落空了。很清楚，在一般情况下，是不能贸然采取这种办法的。

当然，某些产品的价格还是有降价的可能的。比如石油工业产品、半导体工业产品等等都存在着巨大的降价潜力。但全面衡量起来，在调整价格以使各种比价适应客观要求的过程中，价格调高的面和量往往是大于价格调低的面和量。至少在可以瞻望到的前景中也还没有改变这一趋势的迹象。

只要价格调高的面和量大于价格调低的面和量，物价水平当然会因之提高，而且前者大于后者的状况只要短期不能改变，物价水平必然会出现不断提高的趋势。物价水平是经济生活中特别敏感的问题。人民的生活，企业的经营管理，计划的制订和实施，均与之息息相关。在这方面，我们从 1950 年制止通货膨胀以来年年强调的方针就是稳定市场，稳定物价。一方面是比价调整会引起物价水平提高，另一方面是物价水平要稳定，矛盾如何解决？我们的主要做法是用财政的力量来平衡。大家知道，一是农产品，如粮、棉、油、肉等产品的收购价提高时，销价不动，商业亏损由财政补贴；二是工业品，硬压着不合理的比价不动，工业亏损也由财政补贴。长期、大量地采用这种办法，只能使包袱越背越重。但如果予以宣泄，那就提出一个大问题：稳定市场、稳定物价的方针是否还要坚持？如果允许物价水平提高，那是否等于要搞通货膨胀？后果如何？这个问题应该回答，也必须回答。

二

如果说调整商品价格之间的对比关系必将引起物价水平的上升，那么我们就必须衡量轻重。假如无论怎样的物价水平上升都坏得不得了，要不得，在二者不可得兼的情况下，我们自然可以考虑宁可硬压着不合理的比价不动也不要使物价水平变动。因此，它到底是否根本不能接受，需要分析。

物价不稳很坏，这在新中国成立初期已经记事的人的头脑中是根深蒂固的。在西方国家的公众中也是这样。当然，我们反对把通货膨胀说成是福音的那种理论，但只是一厢情愿地谈论长期稳定的理想境界而不作现实的冷静的分析也不可取。

要分析这样的问题，首先应该看事实。不妨扯得远一点，先看看资本主义国家的情况。根据第二次世界大战后主要资本主义国家，如美、日、英、法、西德等国 50 年代以来的统计数字，可以大体得出这样一些概念：(1) 在物价水平不断上涨的情况下，以固定价格计算的国民总产值指数和工业生产指数仍然可以有程度不同的增长，有时增长的幅度还相当大。(2) 当物价水平上涨幅度较小时，国民总产值和工业生产指数上升的速度较快；反之，则较慢。但各国情况也不尽相同。如日本，当物价指数增长率达到两位数左右的时候，国民总产值与工业生产指数的递增率才明显下降，而西德刚超过 5%，生产增长速度即明显降低。(3) 货币工资的增长率超过物价上涨率。

当然，资本主义国家的统计资料掩盖着不少矛盾，但结合我们很多人实际考察所形成的概念，至少可以说明：(1) 物价的上涨与生活的改善可以并存；(2) 较小的物价上涨率同较快的国民经济发展速度可以并存。

这个论点也可以从南斯拉夫的统计数字得到证明。在物价水平不断上升中，它的国民生产总值（按不变价格计算）的年增长率，20 年来，平均在 6% 以上。货币工资的年平均增长率，在消费品价格上涨较慢时，快于物价上涨率；在消费品价格上涨较快的 60 年代末和 70 年代的前半，则与物价上涨率持平。

就我国的情况来说，"一五"期间在零售物价指数年递增 1.7% 的同时，工农业总产值年递增 10.9%，国民收入年递增 8.9%，职工年平均工资年递增 7.4% ，农民收入年递增 5.1% 。即当时工农业的发展，国民收入的增长和人民生活的改善是在一个年递增 1.7% 的物价水平下取得的。

各种类型国家的统计数字都不足以用来对物价水平存在不断上涨趋势所起的各种作用进行过细的分析。比如，结合着其他有关资料，有的人可能作出这样的判断：如果物价稳定，经济的发展和人民生活的提高会更显著。也有人可能作出相反的判断，即假如没有这种物价不断上涨的刺激，则不可能取得这样的经济成就。但有一点是难以否认的，即物价水平的趋于上涨如果规模有限，它确确实实没有成为使经济发展取得较好成就的障碍。

现在可以稍为具体地分析一下，为了要使比价合理而造成物价水平上升的得和失。

比价从不够合理改到比较合理，这是"得"。这个"得"很大。它有利于改进经营管理，有利于计划安排，有利于处理工农之间、部门之间的关系等等。这个问题，在目前成为关系到整个经济体制改革能否顺利进行的关键之一。

"失"则主要集中表现在不利于处理国家与职工之间的关系。一般说来，物价水平上升，总会引起不满。比如最近一段，对物价上升的反映即极为强烈。但是，一般说来，只要名义收入的增长能超过物价水平的上升，矛盾还是可以解决的。"一五"期间的情况就是明证。那时，人们建设社会主义的热忱并没有因为物价每年上升 1.7% 而受到挫折。而只要劳动生产率提高，生产发展，那么名义收入增长率超过物价指数增长率的要求就有可能实现。所以，这个"失"不是绝对不能克服的。

再说维持物价长期处于大体不变的得和失。

物价水平不变的"得"，首先是它便于处理国家同职工的关系。在这方面，上述物价水平上升的"失"就是物价水平不变的"得"。就目前来说，它是保证职工生活之所必要——工资水平长期以来没有显著提高，物价再不断上涨如何得了。但生产真正上去了，劳动生产率提高了，只要实际工资能够提高，恐怕广大职工也不会抽象地抱住物价不变的理想不放。

至于维持物价水平不变的"失"，主要有两方面。一是它使比价的合理调整受到有时难以克服的障碍。应该说，多年来为了强行维持一个表面稳定的价格水平，很多比价应调的不调，以致把价格体系搞得问题成堆，极不合理，几乎陷入想调也很难调的境地，后果是严重的。

二是国家财政要为稳定物价水平承担着巨额价格补贴的重负。价格补贴的形式多种多样，是管理经济的方法之一，世界上许多国家都曾采用过或正在采用着。在我们这里，主要是对农产品购销差价倒挂的补贴。这种形式适当采用则可，死走这条路则危险甚大。经验说明，有些国家硬要维持一个不变的价格水平，结果都是财政补贴的包袱越背越大，越大越卸不下来，实在背不动了再想卸，势必只有大涨价。所以有的刚要卸还未曾卸下来就出了乱子。我们走的同样是这条路子。现在的问题不在于过去已经背了包袱，而在于还可能背更大的包袱。去年，我们一方面适当调高对粮、棉、油、猪等主要农副产品的收购价，同时，除粮食、食油在城镇的销售价不动外，有些农副产品的销售价适当调升，而由此引起的职工实际收入的降低，则采取适当增加职工货币收入的办法来解决。这种做法，从方向来说，无疑是正确的。今后，除了实在无法卸下的包袱外，也应该采取类似的办法别再背新的包袱。

所以，全面衡量起来，物价水平的上升倒不一定是绝对的坏事，而单纯拘守长期把物价基本稳定在一个水平上的路子，就我们的现实矛盾来说，却是失大于得。既然这样，那么当我们要把价格调整得更合理一些的时候，就不要怕物价水平会因之有所提高而止步不前，只要工资水平上去就行。

当然，需要指明，我们所主张的只是应该允许由于极其必要的价格调整所引起的物价水平的上升，而绝不是主张放任物价水平自由的、大幅度的摆动。

三

纵然说物价水平在一定约束条件下的上升是得大于失，那仍然有一个问题需要回答：假如既能使比价合理，又能使物价水平不变，那不是更好吗，为什么做不到这点呢？抽象想来，社会主义经济是计划经济，按理说可以做到这点；否则，似乎一定是计划工作出了什么毛病。其实，问题远非如此简单。

价格这个范畴比较复杂。马克思主义认为，价格是价值的外在表现，是价值的相对表现。又是"外在"，又是"相对"，因而就有其独特的规律。通常谈论价格时，往往说劳动生产率提高，价值就会下降，从而价格也应下降。而现在价格不仅不下降反而提高，似乎完全违背了客观规律。实际上不仅纸币流通条件下没有这种规律，就是在金属铸币流通的条件下也没有这种必然性。

在金属铸币流通的条件下，一种商品的价格取决于：（1）该商品的价值；（2）货币金属的价值；（3）货币单位的含金量，或叫作价格标准（当然，进一步分析还有价值的再分配和市场供求等等）。假设价格标准不变，当商品价值因劳动生产率提高而降低时，只有货币金属的劳动生产率不变，价格才会相应下降。要是把货币金属的劳动生产率变化考虑进去，价格或下降的幅度更大，或下降的幅度较小，或不下降，甚或会提高。要是把价格标准的变化再加进去，又会有更多的组合。翻翻西方国家在实行金本位制度时的物价史，也可看出物价指数并非是按照劳动生产率的变化而变化的。

现今的世界，早已是纯粹的纸币流通。流通中是用纸印制的钞票和以银行存款为依据的支票等结算凭证。只要纸币把金币完全排除出流通之外并基本割断了与它们的直接联系，在流通中直接相互发生作用的则基本上是四个因素：商品价格、商品数量、纸币供给量（包括纸币发行和据以签发结算凭证的银行存款等）和货币流通速度。表示为关系式则是：

商品价格×商品数量＝纸币供给量×货币流通速度

当劳动生产率提高，商品数量增大时，假设货币流通速度不变，如果纸币供给量随商品数量增大而相应增大，物价水平则不会发生变化；这时，只是由于各部门劳动生产率提高的幅度不同而决定商品之间的比价要发生变动。当然，如果纸币供给量不变，物价水平则会随劳动生产率的提高而下降；但这只不过是这个关系式中诸因素所有组合中的一种可能情况，而且在现实生活中还找不到明显的例证。

在纸币流通条件下，这几个因素的相互制约关系，通常我们是以"供求平衡"的观念来表达的：等号的前面是商品的可供量，等号的后面是社会的购买力。这是一个由客观实践反复验证了的规律，其本身没有疑问。但从这个规律，我们往往作出进一步的推断：在计划经济中，如果（1）在调整价格时照顾到物价水平不变的方针，（2）按照以这种价格表为基础的供应总额来计划社会购买力，那么物价水平则会稳定不变。似乎计划经济保证实现这两点要求不会发生什么困难。实则不然。

前述第（1）点如果孤立起来说，似乎只是个技术问题。当劳动生产率的变化和价值再分配的要求使得商品之间的原有比价显得不合理时，那只要把偏低的调高、偏高的调低，调高、调低相互均衡，物价水平可以基本不变。在实际工作中我们叫作"基本不动，个别调整，有升有降"。问题是这点并不是孤立的，它还要以第（2）点为条件：社会购买力相当于商品供应量，第（1）点的要求可以实现；如果社会购买力大于商品供应，物价水平必然受到使之上升的压力，这时"有升有降"则难以付诸实施，而行得通的却会是"多升少降"，甚至是"有升无降"。所以现在应该分析一下社会主义的计划经济到底能否保证这个第（2）点的要求实现，即把社会购买力的形成严格限制在按原有价格所确定的商品供应总额之内。

为了简化分析，可以把有关生产资料补偿的流通过程暂且抽象掉。这样，等式的左方是不包括补偿部分的商品供应总额；右方，如果把用于补偿的购买力去掉，则由两部分组成：用于消费的购买力和用于积累的购买力。于是等式变成了消费、积累和商品供应这三者之间的关系。在现实生活中，这三者各有其特定的计划渠道，而通过各自有关的渠道所计划出来的结果摆在等式上绝不会自然而然地平衡。单就等式看，当商品供应量已经打足时，消费与积累的合计如果大于供给，或把消费削减、或把积累削减、或把这两者都削减一点，也就平衡下来了。终归不过是消费大点，积累小点；或者积累大点，消费小点；等等。然而经济生活中存在着很多难以逾越的客观条件，把这些条件考虑进去，矛盾就不那么容易解决了。

（1）关于劳动生产率，如果不是随便举一个假设数字，而是从现实世界中看一个几年、十几年、二三十年的长期趋势，那么年平均提高的速度不会是一个很大的百分比。一般说来，提高百分之几就很不错了。劳动生产率的提高（当然还要考虑到劳动者人数的增加）决定着商品数量的增长幅度，同时也决定着实际积累和实际消费的增长界限。正是由于劳动生产率的提高幅度有其客观限度，也就使得调节积累和消费这两者之间的对比关系往往碰到困难。

（2）消费的购买力主要是由劳动者货币收入构成，这里可就货币工资作些分析。货币工资要随劳动生产率的提高而提高，否则，就不能处理好国家与个人的关系，难以保证劳动者的持续建设热忱。一般说来，如果物价不变，货币工资的提高应低于劳动生产率的提高，只有这样，积累的增加才能有较快的速度。但只有在劳动生产率提高较快的情况下才能做到这点。如果劳动生产率提高幅度很小，即使不是全面调整工资，而只是进行一些不得不进行的最低限度的调整，也往往会使货币工资的提高逼近劳动生产率的提高。这时积累的绝对额虽然有可能加大，它与消费的对比却只能维持原有水平。但不论出现了什么情况，比如劳动生产率出现了下降的情况，职工的货币工资也是不能降低的。这不是什么理论问题，而是根本行不通。因而，消费购买力，就其金额来说，一般情况下只会增加而不会减少。

（3）劳动生产率的提高，在现代生产的条件下，以有机构成的提高为其必要条件之一。因而国民收入中的积累比重，总的来看，必然要求有所扩大。第二次大战后世界主要工业发展国家固定资产投资增长的速度，平均说来都大大快于劳动生产率的增长速度，这说明伴随着高速的生产发展，对于增加积累的压力是很大的。当然，在"左"的路线干扰下贸然大幅度提高积累比重的主观主义做法绝对不应重复。但努力增加积累还是摆在我们面前的艰巨任务。增加积累，源泉在于劳动生产率，如果劳动生产率已定，更直接的问题还在于能把工资增长速度控制到怎样的程度。只要劳动生产率没有突破性的提高，在物价不变的条件下，如果想较大幅度地增加积累，只能压低工资增长的速度。显然，这里的矛盾是很大的。

所以，总起来看，要想平衡上述等式，矛盾主要是：消费和积累这两方面所要求形成的购买力，其合计经常大于商品可能供应的量，即等式的右方大于左方。但在等式左方中的商品数量是既定的：在我们的分析中是假设它已达到最高限；在实际工作中所谓出现了矛盾，也总是指生产和供应的计划数量已经是挖掘了各种潜力而尚不能满足需求的数量。要是找有弹性的，在等式左方就是价格。只要把价格订死，商品供应总额则成为给定的；要是非得叫供应总额加大，除了提高价格则别无他途。等式的右方则都有弹性，但如上指出，它们又都有客观界限。经常碰到这样的情况：劳动者货币收入提高的幅度，经过一压再压，已经压到正确处理国家和个人关系所要求的最低界限，但还是相当逼近劳动生产率增长的幅度，或在劳动生产率的增长幅度中占有相当大的比率；同时，积累在国民收入中所占的比例，经过一压再压，已经压到保证劳动生产率提高所要求的最低界限，但国民收入减去提高消费的需求之后，所剩下余额仍然不能满足这个最低限度的积累要求。在这种情况下，等式能否平衡就会处于相当紧张的状况。如果这只是偶然情况，自然问题不大。但至少在我们这样一个生产水平不高，劳动生产率不可能一下子有很大突破，而国内国际形势又要求必须争时间、抢速度的国家里，这样的矛盾不能不是一个相当长期的矛盾。

还有一个我们不能不予以考虑的因素，那就是人口。从现在起，至少20多年间，只从城镇来看，每年就业人员的净增加是要用百万作为计算单位的。净增就业人员必须增添技术装备。原有的技术装备必须不断加以改进，这已经提出了增加积累的要求。再加上为净增人员准备技术装备，那么国民收入分配中的矛盾自然会更加突出。当然，大量新人员就业，会把货币工资水平的提高速度往下拉，但与之同时，却也会相对减低劳动生产率提高的速度。不管怎样，当把这个人口问题估计在内时，必然会使供求平衡再加进一个紧张因素。

但无论如何紧张，经过多方调节，还是有可能使之大体平衡下来。集中统一的计划经济有可能自觉地统筹兼顾，全面安排，这就是优越性。不过这个优越性却不能把客观矛盾所造成的紧张状态取消，它是人们主观愿望所难以改变的客观存在。既然如此，那么等式左方的那个有弹性的价格因素则不能不经常受到迫使其上涨的压力。假如价格方面不存在什么因为价值对比变化等等原因而引起的调价要求，在和平的经济建设过程中，只要不胡乱扩大积累，使价格永远不变也许是可能的。遗憾的是，比价却经常需要调整。既然要调整，那么这种紧张的平衡状态所引起的迫使价格上涨的压力就会起作用。由于涉及价格问题的任何财政经济部门都不可能摆脱这个背景进行活动，所以在具体计划价格时，要求把比价偏低的产品价格予以调高的呼声就强烈，而要调低偏高的价格则会遭到多方面的反对。所以，只要存在这个背景，比价不调则已，一调就会是调高的面和量偏大，调低的面和量偏小，从而使物价水平或多或少地趋于上升。

四

把上面简单归结一下，就是比价的合理调整必将引起物价水平的某些提高；这还不是偶然的、短暂的现象，至少在一个相当长的阶段它是一种趋势；对于这种趋势只要控制得当，有把握不搞成猛烈的、不能控制的大幅度波动，也不会阻碍社会主义经济建设的正常进行，而且合理的比价还会起有利的促进作用。既然是这样，那么，"基本稳定"的物价方针还要不要？要当然要，但对它要做合理解释。

基本稳定这个提法是针对"完全稳定"的提法而来的。当我们在1950年制止通货膨胀之后，曾一度提完全稳定。实践说明，这个绝对化的提法不科学，因而改为提基本稳定。这当然完全正确。但从这个背景也可看出，"基本"针对的是"绝对"和"完全"，至于它的数量界限何在，长期的趋势为何，在当时则并未明确。

"基本稳定"这个概念不能不包括数量含意；不管说明不说明，其数量界限总是客观的存在。自然，要定一个1%、2%或3%之类的升降幅度作为"基本"的界限，那很困难。但经验的数据还是有的。比如，"一五"期间物价水平每年平均递增1.7%，人们就普遍承认它没有超出基本稳定的要求范围。所以就一个短时期（一年或几年）来说，对于如何理解基本稳定，大体上有个统一的认识。

至于从长期的趋势来说，基本稳定如何理解，应该承认还模糊不清。比如，物价基本稳定的"一五"期间，指数年平均递增1.7%。如按这个比例推算，1979年的物价水平要比1952年提高58%。那么，这个58%算不算基本稳定？58%同"基本稳定"直接对比，似乎有点格格不入。但这个58%却是从"基本稳定"累积来的。

自然，58%是推出来的。实际上我们这些年是几经波动："一五"期间的基本稳定；困难时期的物价大幅度上涨；调整时期的物价回降；等等。至于几经波动之后到现在，物价指数是个什么状况，恐怕按规定的统计方法算出的数字同群众的切身感受会有所出入。这点可以暂且不去管它。为了说明这里的问题，分析一下58%这种推论方法是否能成立就可以了。

过去往往这样设想：有的年度，甚至连续几年，物价水平有些许提高；有的年度，甚至连续几年，也可能有些下降。有升有降，从长期看，不是还可以保持基本稳定吗？但我们前面分析，趋势并不是有升有降、相互均衡，而是经常存在迫使物价水平上升的压力。而且从过去的实践看，总的来说，也是一个上升的趋势。不错，"文化大革命"前的调整时期曾有物价回降的事实。但这是对比三年困难时期的物价上涨而言的。而三年困难时期物价之所以上涨，其原因人所共知，显然今后不应重蹈覆辙，也完全有可能不重蹈覆辙。所以58%这种推论并不是数学游戏，而是说明这样一种客观必然：只要允许一些年度的物价水平有些许提高——不超出基本稳定要求的提高，那么，把短期内虽不明显的变化逐步累积起来，就会相当突出。

因而，对于基本稳定的物价方针我们是否需要区分为短期和长期来理解，作为短期的物价方针，那就是说在调整不合理的比价时，尽可能控制物价水平变动——主要是上升——的幅度，不使相邻年度之间有跳跃性的波动；作为一个长期的物价方针，则应理解为允许物价水平在有时有些许调升和有时基本持平的交替过程中平稳地、小幅度地逐步提高。

五

允许物价水平徐徐上涨，是不是说要搞点通货膨胀？

通货膨胀这个概念用法甚多，界说纷繁。为了便于说明下面还要继续探讨的问题，有必要简单地作些约定。

在资本主义的书刊中，物价上涨和通货膨胀是作为一而二、二而一的概念来使用的；物价指数提高的比率，他们就称之为通货膨胀率。在我们的日常生活中，人们也往往这样用。但是，把物价问题同通货膨胀完全等同，则嫌过于笼统。

在这篇文章里，我们暂且约定把通货膨胀的概念限定为发行到流通中的各种通货（包括纸币以及可以用于签发各种结算凭证的活期存款）超过了流通所必需的货币量，而不问引起这种现象的原因何在。按照这样的概念，可以说，允许物价水平在一个较长的期间平稳上涨与执行通货膨胀政策是两回事。下面简要地分别说明这两种不同的情况。

假定我们的市场和货币流通状况是正常的，并假定下年度要调整某些比价，而通过比价的调整，物价水平要有所提高。那么在计划货币投放时就要考虑两个因素：一是在生产提高的基础上由于可供销售的商品数量增多所引起的对货币的追加需求；二是由于物价水平提高所引起的对货币的追加需求。只有当增加的货币投放能满足这两方面的需求时，经过调价后的商品才能售出。这时，合理的物价和活跃的市场必将对改善经营管理，加速经济建设发挥积极作用。反之，如投放不足，则会出现货币资金供应紧张和商品滞销等现象。从上述情况我们可以看出：一方面是物价的调整提出增加发行货币的要求；而另一方面，增加发行则是满足周转过程中的货币需要，是保证调整后的物价得以实现的条件。

　　同样假定我们的市场和货币流通状况是正常的。现在如果财政出现了赤字，那就会迫使增加货币发行来弥补赤字；或者出现了错误的信用政策，造成了信用膨胀，也会使过多的货币投入流通之中。过多的货币发行形成了追加的购买力，却没有商品供应与之相适应，于是流通中出现了有钱买不到东西的现象。如果没有其他适当的途径把这部分过多的货币吸收，最终的结果只能是迫使价格上涨。显然，这种情况与上一种情况是不同的。第一，不是物价的调整提出增加周转中货币量的要求，而是超过流通需要的过多发行迫使物价上涨；第二，不是用增加发行来保证调整后的物价得以实现，而是不得不用提价的办法来吸收过多的货币以便使供求恢复平衡。

　　按照我们所约定的界说，后一种情况是通货膨胀，但这种情况与我们所提出的允许物价水平平稳提高的主张毫无共同之处。我们所主张的是前一种情况，即货币发行服从调整比价、调整价格水平的需要，而这种情况与约定的通货膨胀界说也毫无共同之处。所以，我们所主张的是应该允许物价水平平稳地提高，而不是主张搞通货膨胀。

　　如果联系我们上面提到的积累同消费之间以及它们同商品供应之间的矛盾，可以进一步看出这两者的区别。允许物价水平平稳地上升，是指在努力使积累、消费和商品供求之间实现综合平衡的条件下，只是由于客观矛盾决定平衡必然处于紧张状态，所以在不得不进行的调整比价过程中物价水平会有所上升。物价水平的上升会改变积累和消费的对比，主要是使积累比重有所加大。但由于这种物价水平的上升，是在人们经常自觉注意保持平衡的条件下出现的，不仅上升的幅度有其限度，对其后果也必然会有所估价。因而在一般情况下不会使积累与消费的对比关系遭到破坏。而通货膨胀，则是由于不怎么认识，甚至不承认积累、消费和商品供求之间的客观规律性，一味地盲目扩大积累，或通过赤字预算，或通过膨胀信用，创造过多的积累购买力，从而人为地把客观比例关系破坏。在这种情况下，纵然企图来用种种行政手段把物价拉住，但最后维护原有物价水平的堤防终归会被突破。虽然也会出现新的平衡，但这是物价被迫上涨后的平衡，它必然造成消费比重乃至消费水平的明显下降，并从而使国家与广大群众之间的关系遭到损害。所以，很明显，这两者的区别是关系到认识不认识、尊重不尊重客观规律的区别，是建设社会主义的指导思想正确与否的区别。

当然，在实际生活中要把这两者截然分开也许不很容易，但它们毕竟是性质不同的两种方针，是性质不同的两种经济过程，并会产生不同的经济后果。

六

在调整价格的过程中允许物价水平有些许提高虽然与通货膨胀不是一码事，但由于配合物价水平的提高总会相应地扩大一些货币投放。所以，当决定调价政策时必须考虑客观是否存在着以货币投放超过客观必要量为特征的经济现象。

所以提出这个问题，并不是出于一种抽象的推论，而是由于在我们的经济生活中十几年来实际地存在着这种经济现象。就是说，钱多了。那么，钱是怎么多出来的，下面试图作些分析。

钱，在我们这里，一是钞票——人民币；一是企业、机关、部队、学校在银行的存款，凭存款可取钞票，也可开出支票和各种结算凭证来付款。钞票是银行独家发行的，存款的增长则是来自银行贷款的增长。所以银行是唯一出钱的口子。但是，并不能由此简单推论，钱多了就是因为银行没有把住口子。从发钞票来说，不是银行高兴就可以发，第一必须有向它要求提取现金的单位，第二这个单位在银行要有存款，第三要符合现金使用范围的规定，等等。但只要符合上述条件，不管人家要提多少现金，银行就得照数发出。既然提现金必须有存款，那就是说钱已经存在了，只不过是把存款形态的钱变成钞票形态的钱，钱的总数并没有变。至于银行贷款的情况就有些复杂。在这方面，银行有个特殊的本领。比如甲企业向银行贷款 10 万元用来购买乙企业生产的材料，那么银行就为甲企业开个贷款账户，记上贷款 10 万元，这 10 万元成为乙企业销货收入，银行则在乙企业的存款账户上记入 10 万元，而乙企业就可用这 10 万元买东西，发工资，等等。这就是说，银行只要分别在一个贷款账户和一个存款账户上各画出几个阿拉伯数码——100000，10 万元的钱就增加到流通中去了。那么钱多了的漏洞是否就在这里呢？不错，画几个数码子确实不费吹灰之力，然而银行贷款却应该遵循一个大的原则，那就是贷款必须与相应的物资相对应，否则不得贷款。以上例来说，由于给甲企业贷款，10 万元出去了，但这 10 万元是购入了材料，而这批材料经过加工又会投入流通并可能卖更多的钱。所以从总体上说，这10万元并不是过多的。再如，对于农产品收购，银行还会通过贷款直接投放现金。但这样投出的钞票是用来购买农产品的。农产品直接就是这些钞票的保证，所以也不会出现钱多的问题。那么，实际上有没有突破这个原则的情况呢？有。如果根本没有，过多的通货便不会出现于流通之中。

到底是怎样的情况引起了无物资对应的信用投放呢？应该说，它首先是由国家财政状况决定的。

财政有赤字，则需银行信用弥补，从而流通中一定会出现过多的通货，这是规律。所以，只要财政收支在账面上出现较大数额的赤字，把钱多了的原因主要归之于财政不会有何歧义。问题是过去这十多年，大多数年份账面上是平衡的，有些年份虽然收不抵支，但差额也不大。因而把通货长期过多的原因归之于财政似无根据。但问题在于，十多年来财政账面上的基本平衡并非真正的平衡。

先看收入有没有不实之处。

一种情况是年终大力追缴欠交利税，千方百计组织收入，以完成收入计划的问题。"文化大革命"中有过要求用银行贷款来完成财政收入的事情。还有，一些工厂应交利税的钱由于种种原因被挤占了，到年终欠税、欠利颇多，甚至影响当地财政收入的完成。可是企业一时又确无其他正当收入，这时，有些"道道"就出来了。比如没有装配完成的产品硬作为成品入库，并依据成品的超储请求银行贷款，然后企业就把借入的这些钱补交了税利，而那些成品过了年还得从成品库退回车间再加工。至于何时才能成为成品，或者能否成为成品，则毫无碍于财政用这笔收入来解决支出并立即形成货币购买力。显然，这是没有物资基础的信用膨胀构成了财政收入的一部分，实属弄虚作假。"四人帮"被粉碎后这类情况定会减少，但是否全然绝迹，则怕未必。

另有一种情况在目前还相当严重。有些产品，如有的通用机床，某些电子元件，某些质次价高的消费品等等，本来不应生产那么多，或干脆就不应继续生产，生产出来也无用处。然而，减产或停产，工人的工资谁发？当没有一个明确的办法时，谁也负不起这个责任。于是生产还得照旧进行。既然生产，成品就得给它找出路：或叫商业部门收购，或叫物资部门包下来，或硬压某些有关工厂把它作为零配件、原材料进货，等等。这些产品卖出去了，于是也交税，也交利。但与这部分税利收入相对应的，有的将来还可能派些用场，有些则注定要报废。由于收购这些所谓成品，归根结底，资金要靠银行贷款提供，所以这部分财政收入实质上不过是银行对财政的间接贷款。

还有一种类似的情况。比如钢材，它自然不是废物，而且供不应求。但钢材的积压却异常严重——大大超过生产增长的速度。在积压之前，钢材的价值实现了，于是要上交税利，可是同税利相对应的则是不能把它的价值转移到新产品之中并从而扩大供应量的积压物资。就这点来说，这种收入纵然不是虚假的，按理也是不能使用的。

再看支出。从扩大货币投放来说，首先有一个增拨流动资金和增拨信贷基金的问题。要说清这个问题，我们应该先从这里考虑，即任何一个独立经营的企业要扩大再生产，它必须把利润中的一部分用来增加必要的流动资金，否则扩大再生产则无法实现。由于流动资金的使用时多、时少、有先、有后，所以各企业可以把预定用于增加流动资金的款项存入银行，由银行通过有借有还的放款方式灵活调剂。这既能保证各企业流动资金的需要，又可使资金节约。但不论是企业自己掌握，还是由银行调剂，由于企业用于增加流动资金的钱是利润的一部分，利润又是实现了的产品价格的一部分，所以这些钱是与相应数量的物资相对应的。也就是说，用这些钱可以买到东西，它们不是过多的。而我们现行的制度是：企业的利润交财政；企业扩大再生产所需要的追加流动资金，按原则来说，一部分由财政拨，作为企业的自有流动资金，余下的那一部分需要则由财政拨给银行的信贷基金来满足。姑且不论绕这么个大圈子的必要性何在以及是否应该予以改革。假如财政能够根据需要拨足，就我们现在所讨论的问题来说，是不存在矛盾的：财政把本来可以留在企业手中的钱收进来，然后再放出去，钱数不变，那么钱与物资的原来对比关系也不变。但问题是，对于这部分资金需要，财政几乎从来没有拨足过，为了说明方便，假定财政只满足30%，由于企业没有必要的流动资金，生产和流通的扩大根本无法实现，这就迫使银行不得扩大信贷来满足余下的70%的需要。但同时财政本来应该拿出而并未拿出的那70%并不是放在那里不用，而是要派别的用场。这样，财政的钱还是百分之百地花出去了。但流通中却又增加了由于银行扩大信贷以满足那70%的需要而投放的货币。或许可以再明确一点，即财政派到其他用场的那70%的钱实际靠的是银行扩大贷款来支持。于是流通中的钱成了原来应有钱数的170%。钱与物资的对比必然随之改变：钱多了，物资少了。当然，实际情况比这个例子要复杂得多。比如，财政如果有结余，结余自然成为银行放款的资金来源；再如，银行本身有积累，本期的积累也是本期扩大放款的资金来源；还有流通中对于货币量的追加需要（包括需要增加的现金和活期存款这两方面）也是扩大信贷的正常来源，等等。考虑进这些因素，上例中超过流通需要的扩大发行可能不是70%，而是60%、50%、40%等等。但谈到我们的实际状况，把一切因素都考虑进去，流动资金的供需脱节还是十分严重的。

综合上面的分析，一方面是收入有虚假，另一方面是存在着应支未支。这样，恐怕应该承认，过去多数年份财政账面上的基本平衡并非真正平衡，而是事实上存在着相当规模的赤字。账面如有赤字，则真正的赤字是账面赤字同隐蔽赤字之和。同时也可很清楚地看出，赤字靠的是银行信用膨胀所形成的过多货币投放来弥补的。

财政之所以出现赤字，从"文化大革命"直到粉碎"四人帮"以后的一两年，关键是在贪大图快的指导思想下基本建设投资安排得过大。一方面它压收入，使收入打得超过生产实际可能增长的速度。这不能不是促成虚假收入的原因。另一方面是它把应该安排的支出给挤掉了，从而造成应支未支的矛盾。结果，相当部分的基本建设投资实际上是来自赤字。用赤字搞投资，对整个经济发展的后果如何，这是一个需要专门研究的问题。不过，只要是搞基建，那就意味着对应的物资要从流通中取走，并且往往要经过几年、十几年才能流回。更何况我们现在有相当一部分基本建设问题很大。或是建设工期奇长，或是浪费惊人。有的项目长期形不成生产能力，有的项目形成了生产能力却又会由于种种原因起不到推动经济发展，增加商品供应的作用。所以，财政支出虽然是当作生产性资金投入这些项目的，实质上变成了非生产性支出；或纵然可以称之为生产性支出，却要很长时期以后才可能产生生产效益。显然，它所造成的后果，只能是过多的货币充斥流通。

除了由于国家财政存在着事实上的赤字而引起无物资对应的信用膨胀之外，是否也存在着由于错误的信用政策而引起的信用膨胀呢？这个问题似乎更复杂一些。"大跃进"时期我们曾经有过一种所谓"哪里收购，哪里贷款"的方针。当时商业部门不管工农业生产部门生产出什么样的产品，均一律收购，而银行对这种盲目收购则一律充分供应货币资金。这当然是信用膨胀并造成了过多的货币投放。但它很快就被纠正了。至于过去这十几年，如前指出，银行支持收购那些本来不是社会所需要的产品而贷出的款项是不少的，即同样性质的问题又出现了。此外，当企业挤占流动资金搞基本建设而迫使银行增加贷款以补足挤占的流动资金时，这也同样是信用膨胀，等等。所以，造成通货膨胀的，除了财政原因之外，也有信用上的原因。只是应该指出，这一些与其说是信用政策问题，不如说是我们的现行的体制迫使银行本来不想这么做而又不得不这样做。然而，现在形势有些变化，随着企业自主权的加大，银行通过吸收存款可以支配的资金也将不断增多。在这个基础上，银行不仅可以扩大短期贷款，同时也可能扩大基本建设性质的长期贷款，而且后者已得到多方面的鼓励。在这种情况下，银行如果不能根据客观所允许的扩大贷款的限度来确立恰当的信用政策，特别是中长期贷款的政策，则不是没有可能出现与财政矛盾并无直接联系的信用膨胀并使过多的通货充斥于流通之中。这是一个新的问题，值得认真摸清它的规律性。

七

总括前面的分析，可以看出，现在摆在我们面前的是两个问题：一是物价需要调整并很难避免物价水平的上升；二是消除十多年来在流通中所累积下来的过多货币购买力。

要解决这两个问题，它们之间的矛盾很多。比如，从财政收支来看，调整物价会引起减收增支，也就是说，使财政收支的矛盾加大；而要克服通货膨胀则必须增收减支，即不仅要消除赤字，而且应有节余。因而，人们自然而然地会考虑作出如下的安排：先改善财政收支，消除流通中过多的通货，以便为贯彻合理的物价方针创造必要的前提。

问题是，这样的设想能否轻而易举地实现。我们目前的经济形势虽然在迅速好转，但要在短期内解决通货投放过多的问题则很困难。必须看到，我们今后几年经济建设的活动，往往是过去几年、甚至十几年给确定下来的。不合理的方面当然应该调整，但必须在客观所允许的限度内进行。在经济发展顺利时，建设项目的上马要量力而行；在经济发展需要调整之时，"关停并转"也要量力而行。操之过急，则会造成难以克服的后遗症，不利于长远。因而财政收支和信贷收支上的矛盾恐怕不会很快地缩小，从而实现紧缩货币投放的任务恐怕也是一个较长的过程。如果是这样，那么价格体系中的矛盾是否只能推迟解决呢？按照上面所提到的那种安排，似乎应该是这样。但实际是不可能的。目前物价的问题很尖锐，有些已直接影响生产，特别是对体制改革关系更为直接。虽然目前改革尚未全面铺开，但动的面已很广泛。价格不动，不少改革难以进展，所以反过来，改革的进行也必然不能允许价格矛盾的解决过于拖延。这就使我们很可能不得不面对着既要调整价格，又要克服通货膨胀这样两个任务并进的局面。因而，我们必须考虑在这种形势下的对策，不能只设想一种理想的安排。

如果两个任务并进，情况将会如何？由于调整物价必将要求适当地增加货币投放，而要消除通货膨胀却是必须把货币投放适当地加以紧缩。抽象来说，矛盾的理想解决途径应该如下：假设调高物价水平将引起增加货币投放 X%；再假如按原来的物价水平估计，流通中存在着 Y% 的过多货币量。那么，要把调整物价和克服通货膨胀结合起来，就应该（1）设法把相当于原来货币需要量的 Y% – X% 予以回笼（当 Y > X）；或者（2）使新投放的货币量相当于原来货币需要量的 X% – Y%（当 X > Y）。这样，流通中的货币量即与价格调高后的货币需要量相符合，供求即可协调，全部社会产品的交换过程则可保证既顺畅，又稳定。

如果既要调高物价水平而又不能控制通货膨胀，那将是一种怎样的局面呢？比如在过多的货币量 Y% 之上又增发了 Y'%，那么流通中新增发的货币则为 X% + Y'%。本来 X% 反映的是调价后的客观需要，但在超过需要的货币数量又进一步加大的条件下，X% 与 Y'% 再加上原来的 Y%，就会完全混在一起成为不断增大的破坏力量。任其下去，则会是调整物价加剧通货膨胀，通货膨胀又会迫使物价进一步上升。如此恶性循环不已，任何持久地按比例地高速度发展经济的设想和计划都要受到挫折。

前一种理想的配合，我们一时达不到，因为那是以有力量实行通货紧缩为条件的。不过它却说明，如果配合得好，两个任务不是没有可能并进。之所以往往强调它们两者不能并进，是只看到矛盾的方面，没有看到有可能协调的方面。比如对调整物价所造成的物价水平上升只看到它要求投放通货的一面，却忽视了它可以吸收通货的一面，等等。

后一种情况对我们来说是现实的威胁。因为过多的通货至少一时是难以消除的；是否还会有所发展，那要看我们的工作如何。在这样的条件下调整物价，恶性循环的担心就不是杞人忧天。

看来，我们的最优安排大体应该是这样：一方面全力控制货币投放过多的现象，纵然一时不能克服，但必须力争先稳定现状，然后逐步使之好转；另一方面则是物价政策应持重，必须改的坚决改，但以稳妥谨慎为上。这样，则有可能避免恶性循环，并逐步向上述的理想配合接近。当然，过程中必然还会有矛盾，但没有矛盾的路，如先把货币流通完全稳定下来再开始改革物价的路，实际上是不存在的。

1979 年 3 月初稿

1980 年 6 月修改

《中国社会科学》1980 年第 6 期

论生产资料生产比消费资料
生产增长更快的规律

王梦奎*

摘要 国内外经济发展的历史表明，在技术进步的过程中，生产资料生产比消费资料生产增长更快。对此不能作绝对化的理解，要看到同时存在着起相反作用的因素，即抑制和抵消这一规律的作用的因素，使它只具有趋势的性质。本文建议按照列宁的提法，把这个规律表述为"生产资料生产比消费资料生产增长更快的规律"。作者不赞成把国民经济的比例失调归咎于对这一规律的肯定，认为两大部类的协调发展是这一规律本身所固有的要求。

在近年来关于再生产理论的讨论中，有一些同志否认生产资料生产增长更快的规律，或者认为这只是资本主义的经济规律，在社会主义条件下已经不起作用了。有的同志甚至提出："应当彻底抛弃生产资料生产优先增长的教条。"我认为，这些意见是值得商榷的。在这篇文章里，我想根据经典作家的论述，结合对于中外经济发展历史的考察，谈点粗浅的看法，以就教于同志们。

一

在经济思想史上，第一个把物质资料的生产划分为生产资料和消费资料两大部类，并且揭示出在技术进步的条件下生产资料生产比消费资料生产增长更快的发展趋势的，是马克思。

---

* 王梦奎，1938 年生，中共中央书记处研究室副研究员。

早在 1857—1858 年，马克思在《经济学手稿》中，就指出了在资本主义条件下"越来越大的一部分生产时间耗费在生产资料的生产上"[1] 的事实，认为："固定资本的规模和固定资本的生产在整个生产中所占的比重，也是以资本生产方式为基础的财富发展的尺度。"[2] 在 1861—1863 年写的经济学手稿，即后来整理出版的《剩余价值理论》中，马克思明确指出："随着资本主义生产的发展，投在机器和原料上的资本部分在增加，花在工资上的资本部分在减少，这是不容争辩的事实。"[3] 显然，这里已经孕育着生产资料的生产比消费资料的生产增长更快的思想。

尔后，马克思在《资本论》第 1 卷中，揭示了资本有机构成提高的规律，即随着资本主义生产方式的发展，可变资本同不变资本相比，从而同被推动的总资本相比，会相对减少；或者说，由于社会劳动生产率的提高，花越来越少的人力就可以推动越来越多的生产资料。马克思说："随着积累的进程，资本的不变部分和可变部分的比例会发生变化；假定原来是 $1:1$，后来会变成 $2:1$、$3:1$、$4:1$、$5:1$、$7:1$ 等等，因而随着资本的增长，资本总价值转化为劳动力的部分不是 $1/2$，而是递减为 $1/3$、$1/4$、$1/5$、$1/6$、$1/8$ 等等，转化为生产资料的部分则递增为 $2/3$、$3/4$、$4/5$、$5/6$、$7/8$ 等等。"[4] 因为不变资本的实物形态是生产资料，可变资本的实物形态是消费资料，所以，不变资本比可变资本增长更快的规律，实质上已经显示了生产资料生产比消费资料生产增长更快的趋势。所谓生产资料生产增长更快，只不过是把有机构成提高的规律运用于社会总生产时的另一种说法而已。

诚然，按照《资本论》第 2 卷第 3 篇所列的再生产公式，两大部类是平行发展的，得不出生产资料生产增长更快的结论。其所以如此，是因为马克思在这里对技术进步的因素未予考虑。这绝不是说，马克思未曾注意到资本主义时代技术的巨大进步。马克思总是把科学技术视为在历史上起推动作用的革命力量，总是以极大的热情注视着科学和技术的发展。在《资本论》中，就有不少地方论及技术的进步。在论资本主义积累的一般规律时，写道："在正常的积累进程中形成的追加资本，主要是充当利用

---

① 《马克思恩格斯全集》第 46 卷下册，人民出版社 1980 年版，第 220 页。

② 同上书，第 223—224 页。

③ 《马克思恩格斯全集》第 26 卷第 3 册，人民出版社 1974 年版，第 402 页。

④ 《马克思恩格斯全集》第 23 卷，人民出版社 1972 年版，第 690 页。

新发明和新发现的手段，总之，是充当利用工业改良的手段。但是，随着时间的推移，旧资本总有一天也要从头到尾地更新，要脱皮，并且同样会以技术上更加完善的形式再生出来，在这种形式下，用较少量的劳动就足以推动较多量的机器和原料。"① 在论固定资本的补偿时写道："劳动资料大部分都因为产业进步而不断革新。因此，它们不是以原来的形式，而是以革新的形式进行补偿。"② 在说到资本主义同以往社会的区别时，又写道："资本主义社会把它所支配的年劳动大部分用来生产生产资料（即不变资本），而生产资料既不能以工资形式也不能以剩余价值形式分解为收入，而只能作为资本执行职能。"③ 列宁在自己的著作中曾经不止一次地引述这段话，认为可据以证明生产资料生产比消费资料生产增长更快这个结论。可见，马克思的再生产公式之所以没有考虑技术进步的因素，正确的解释只能是：马克思在那里所要着重说明的，是社会总资本再生产和流通的最一般的规律，即社会产品的各个部分是如何在价值上和实物上得到补偿的，为了在最纯粹的形态上进行研究，舍弃了技术进步的因素，假定可变资本与不变资本之比（$\dfrac{V}{C}$）不是逐渐缩小，而是不变的。这是科学的抽象。

列宁在反对民粹派和"合法马克思主义者"的斗争中，发展了马克思的再生产理论。列宁所研究的课题与马克思不同。他要回答的是这样的问题：在人民贫穷的条件下，资本主义能否在俄国发展？是否已经在俄国发展？所以列宁着力分析市场问题，即资本主义在其发展进程中是如何为自身开拓市场的，因而不能不特别注意生产资料生产在实现论中的地位。他把技术进步的因素纳入马克思的再生产公式，从而明确地得出了"生产资料的生产比消费资料的生产增长得更快"的结论。这就是人们通常所说的生产资料生产优先增长的规律。列宁说："这个结论是直接根据这样一个尽人皆知的原理得出来的：资本主义生产创造了无可比拟地超过以往各个时代的高度发展的技术。"④

如果把生产资料进一步分解为生产生产资料的生产资料和生产消费资

---

① 《马克思恩格斯全集》第23卷，人民出版社1972年版，第689页。
② 《马克思恩格斯全集》第24卷，人民出版社1972年版，第190—191页。
③ 同上书，第489页。
④ 《列宁全集》第1卷，第72页。

料的生产资料两个亚部类，那么，"增长最快的是制造生产资料的生产资料生产，其次是制造消费资料的生产资料生产，最慢的是消费资料生产"①。这是上述结论的合乎逻辑的引申。

人们对于这个规律的内涵的理解，至今诸多歧议。据我的理解，这个规律是生产资料生产和消费资料生产增长速度对比关系的规律。我认为，"生产资料生产优先增长规律"这样一种表述，并不十分精确。列宁在《论所谓市场问题》中，有"第一部类比第二部类占优势"② 的提法。"优势"俄文作 преобладание，含有优势、优越地位之意。但列宁在使用这个概念时特别提醒人们，要弄清楚"优势一词究竟应当如何理解"③。按照列宁自己在这篇文章以及其他文章中所做的阐述，他指的显然只是"生产资料的生产比消费资料的生产增长得更快"这样的含义。列宁只在"生产资料增长最快这个规律"④ 的提法中明确地使用了"规律"这个概念。"生产资料生产优先增长的规律"这种表述，来源于斯大林《苏联社会主义经济问题》一书中关于"在扩大再生产下生产资料生产的增长占优先地位"⑤ 这样的概括。"生产资料生产优先增长"和"生产资料生产的增长占优先地位"，俄文均作 преимущественный рост производства средств производства，只是汉语译文不同而已。斯大林在《苏联社会主义经济问题》中，还有"生产资料的生产对消费资料的生产占首要地位"⑥ 的提法。这里的"首要地位"，俄文作 примат，含有首位、首要意义、主要作用诸义。不论是"优势"、"优先"，或者是"首要地位"，在某种意义上都不是不可以使用，但都难以确切地反映这个规律所包含的内容，反而容易产生生产资料生产与消费资料生产何者首要、何者次要，以及在计划安排上必须从生产资料出发，必须先安排生产资料生产、后安排消费资料生产之类的误解。我认为，应该根据列宁的提法，表述为"生产资料生产比消费资料生产增长更快的规律"，或简称"生产资料生产增长更快的规律"。由于"生产资料生产优先增长的规律"这种表述已经为

---

① 《列宁全集》第1卷，第71页。
② 同上书，第69页。
③ 同上书，第68页。
④ 同上书，第88页。
⑤ 《苏联社会主义经济问题》，第64页。
⑥ 同上书，第60页。

人们所熟悉，只要说明了它的确切含义，继续使用亦未尝不可。

如果上述理解不错，那就可以回答这样的诘难：生产资料生产增长更快使生产资料生产在社会生产中所占的比重愈来愈大，以至于会没有极限；而消费资料在社会生产中所占的比重将愈来愈小，以至于会趋向于零。这是一种误解。列宁似乎预感到有发生此类误解之可能，所以他在做出上述"增长最快的是制造生产资料的生产资料生产，其次是制造消费资料的生产资料生产，最慢的是消费资料生产"这个结论之后，立即解释道："也许还应当照此推下去吧？既然我们认为 V 与 C＋V 之比愈来愈小，为什么不可以认为，V 会等于零，认为原有数量的工人在生产资料数量增多时仍旧够用呢？这样，额外价值的积累部分将直接加到第一部类的不变资本中去，社会生产将在第二部类完全停滞的情况下单纯依靠制造生产资料的生产资料来增长。"① 他指出："这已是滥用公式了，因为这样一个结论是建立在不可思议的假设上面的，因而是不正确的。怎能设想使 V 与 C 之比日益缩小的技术进步只表现在第一部类上，而让第二部类完全停滞不前呢？"② 列宁反对用公式"证明结论"的做法，他认为："公式本身什么也不能证明；它只能在过程的各个要素从理论上解释清楚以后对过程绘图说明。"③ 一些试图用数学公式的演绎来否定生产资料生产比消费资料生产增长更快规律的论文的作者，大概是忽视了列宁的上述告诫。

有的同志断言，生产资料生产增长更快是资本主义社会所特有的规律，在社会主义条件下已经"失去作用"了。这种意见是不正确的。生产资料生产比消费资料生产增长更快的结论，是从技术进步、劳动生产率提高引起生产过程中活劳动和物化劳动量的比例关系发生变化，即更少的活劳动可以推动更多的生产资料这一发展趋势得出来的，对于建立在高度技术基础上的、以不断的扩大再生产为特征的社会主义再生产，无疑也是适用的。苏联经济学家雅罗申柯在 50 年代初期曾经提出："马克思的再生产公式不符合社会主义社会的经济规律，不能作为研究社会主义再生产的基础。"否则，就是"对马克思学说作教条主义理解"④。斯大林批评了这种观点，指出："马克思的再生产公式决不只限于反映资本主义生产的

---

① 《列宁全集》第 1 卷，第 71 页。
② 同上书，第 71—72 页。
③ 《列宁全集》第 4 卷，第 48 页。
④ 转引自斯大林《苏联社会主义经济问题》，第 63 页。

特点；它同时还包含有对于一切社会形态——特别是对于社会主义社会形态——发生效力的许多关于再生产的基本原理。"① 在斯大林所列举的这类基本原理中，就包括了"关于在扩大再生产下生产资料生产的增长占优先地位的原理"②。斯大林的意见是正确的。毫无疑问，在资本主义条件下，这个规律的作用不能不反映出资本主义生产关系的特点，但是，不能不看到，它所反映的社会生产力发展的规律性，其存废是不以社会制度为转移的。

有的同志说，生产资料生产比消费资料生产增长更快的原理，是列宁在 19 世纪末阐述的，他并"没有说他的论断适用于行将诞生的社会主义社会"。这是不符合实际的。事实上，列宁在对罗莎·卢森堡《资本的积累》③ 一书所作的批注中，明确说过："在社会主义制度下，生产资料比消费资料（本应）增长得更快一些。"④ 列宁为写评论《资本的积累》的文章所准备的提纲草稿和材料中，也对这个问题作了肯定的回答。按照列宁所制定的再生产表式，在奴隶制和农奴制的二千年间，因为技术进步十分缓慢，生产资料的生产和消费资料的生产发展速度相同，都增长了100%；在资本主义的二百年间，生产资料生产增长 9 倍，消费资料生产增长 1 倍；在社会主义的一百年间，生产资料生产增长 19 倍，消费资料生产增长 9 倍。⑤ 当然，这里都是假设的数字，经济发展的进程比这里假设的增长速度快得多。但是，这些假设毕竟表达了列宁对社会主义条件下两大部类增长速度的见解，也是符合于一般技术进步的历史趋势的。

应该指出，生产资料生产比消费资料生产增长更快的规律，绝不意味着第一部类可以脱离第二部类而孤立地发展。生产最终是不能脱离消费的。在资本主义条件下，生产目的是为了攫取剩余价值而不是满足人民群众的需要，生产资料生产在某种程度上有独立增长的趋势，但归根到底，也是不能脱离消费资料生产而孤立发展的。马克思说："不变资本和不变

---

① 《苏联社会主义经济问题》，第 64 页。

② 同上。

③ 中译本译作《资本积累论》，生活·读书·新知三联书店 1959 年版。

④ 《列宁文集》第 22 卷，俄文版，第 364 页。

⑤ 列宁：《论罗·卢森堡〈资本的积累〉一书的文章的提纲草稿和材料》，《列宁文集》俄文版，第 38 卷。译文见《经济学译丛》1979 年第 2 期。卢森堡在她这本著作中也曾没有根据地断言，似乎列宁是把生产资料生产比消费资料生产增长更快的规律仅仅看成是资本主义条件下的经济规律。

资本之间会发生不断的流通（甚至把加速的积累撇开不说也是这样）。这种流通就它从来不会加入个人的消费来说，首先不以个人消费为转移，但是它最终要受个人消费的限制，因为不变资本的生产，从来不是为了不变资本本身而进行的，而只是因为那些生产个人消费品的生产部门需要更多的不变资本。"① 列宁也强调："社会产品的第一部类（生产资料的制造）能够而且应当比第二部类（消费品的制造）发展得快。但是决不能由此得出结论说，生产资料的生产可以完全不依赖消费品的生产而发展，也不能说二者毫无联系。……生产消费（生产资料的消费）归根到底总是同个人消费联系着，总是以个人消费为转移的。"② 比例性是社会生产发展的客观要求，而消费是比例的因素之一。只有保持两大部类比例关系协调，社会再生产才能正常进行。无论是马克思在《资本论》第 2 卷中所制定的简单再生产和扩大再生产的公式，也不论是列宁在《论所谓市场问题》中纳入有机构成提高的因素后的扩大再生产的公式，实质上都表明了社会生产发展所要求的两大部类的平衡关系。当然，这种平衡只是理论上的假定（抽象的实现论需要而且应当这样假定），而不是资本主义的现实。实际上，在资本主义私有制和生产无政府状态下，狭隘的消费界限同社会生产力无限膨胀的趋势之间存在着尖锐的对立，平衡只是一种偶然现象，常常要经过危机来建立被破坏的平衡。社会主义公有制的建立，消灭了这种对立的基础。因此，在组织社会主义生产时，更应该把消费品的生产当作出发点和归宿，在两大部类比例关系协调的限度内，求得消费品生产的最大值。

二

近代世界经济发展的历史，证明了生产资料生产比消费资料生产增长更快的原理的正确性。在转入进一步的分析之前，我想把如下两点作为前提稍加说明。

马克思关于物质资料生产两大部类的划分，是科学的抽象。由于社会产品种类繁多，以及许多产品使用价值的多样性和不确定性，加之统计和

---

① 《马克思恩格斯全集》第 25 卷，人民出版社 1974 年版，第 341 页。

② 《列宁全集》第 4 卷，第 44 页。

计划工作的困难，在实践中如何真正按照马克思关于社会生产两大部类的科学划分来安排社会再生产两大部类的问题，至今并未完全解决。传统的轻工业和重工业的分类，给人们提供了某种方便。在经典作家中，列宁最先使用这种分类方法。时间是在1922年底。列宁指出："要挽救俄国，单靠农业的丰收还不够，而且单靠供给农民消费品的轻工业的情况良好也还不够，我们还要有重工业。"① 可见，列宁所说的轻工业，是指生产消费品的工业。至于重工业，按照列宁的说法，"是那种用科学的政治经济学术语来说应当叫做生产资料（矿产、金属等）的生产"②。应当注意到，在生产实践中，重工业产品不都是生产资料，轻工业产品也不都是消费资料。而且，工业愈发达，重工业和轻工业的划分同工业生产中两大部类的划分的差距就愈大。这会使我们的考察的精确性受到影响。但是，考虑到在工业还不太发达的情况下，重工业和轻工业的划分毕竟可以在某种程度上反映工业中生产资料生产和消费资料生产的关系，我国在经济实践中至今还沿用着这种划分方法，国外一些经济统计资料也使用这样的分类标准，因此，在以下的分析中，在只有按重工业和轻工业分类的资料的场合，也沿袭这种传统的分类方法，来近似地表明工业中生产资料生产和消费资料生产。这是第一点。

第二点，在以下的分析中，我们只对比了工业中生产资料生产和消费资料生产的增长速度，而没有涉及农业。对于说明生产资料生产比消费资料生产增长更快的趋势来说，这样做也许就可以了。把农业包括在内，不仅不会使这种趋势钝化，反而会使它更清晰。这是因为，迄今为止，就世界范围来说，农业的增长速度慢于工业增长速度的状况还没有改变。即以农业的发展而论，在以机器生产代替手工劳动的情况下，农业生产的增长速度，也是慢于农业生产资料的增长速度的。例如，据统计，在资本主义世界农业中，1939年至1972年，拖拉机拥有量由196万台增至1282.9万台，增长5.5倍（由于拖拉机的大型化，总马力数增长更多）；1938年至1973年，化肥施用量增长6.5倍。而农业生产指数，如果以1952年至1956年平均为100，则1934年至1938年平均为76，1973年为162，只增

---

① 《列宁全集》第33卷，第385、369页。

② 同上。

长 1.1 倍。[①] 与此同时，农业工人的数量却不仅相对地减少，而且绝对地减少了。农业工人的技术装备程度急剧提高。这正标志着机器使用的普遍化，也是生产资料生产增长更快的规律的实证。

下面，我们用不同类型国家经济发展的历史，来说明在近代工业发展过程中两大部类的发展速度问题。先看苏联。苏联甲类工业（生产资料生产）和乙类工业（消费资料生产）在工业总产值中所占比重及其消长变化，如表 1 所示。

表1

年份	整个工业产值	其中	
		甲类工业（%）	乙类工业（%）
1913	100	35.1	64.9
1928	100	39.5	60.5
1932	100	53.4	46.6
1937	100	57.8	42.2
1940	100	61.0	39.0
1945	100	74.9	25.1
1950	100	68.8	31.2
1955	100	70.5	29.5
1960	100	72.5	27.5
1965	100	74.1	25.9
1970	100	73.4	26.6
1975	100	73.7	26.3
1980（计划数）	100	74.9	25.1

资料来源：《工业生产的经济和组织》1979 年第 4 期；《一九七八年苏联国民经济统计年鉴》第 117 页。

从革命前的 1913 年到 1980 年，甲类工业在工业总产值中所占的比重由 35.1% 上升到 74.9%，乙类工业则相应地从 64.9% 下降到 25.1%。如果以 1913 年为 1，则 1976 年工业总产值中生产资料生产为 328，消费资

---

① ［苏］伊·普·法明斯基：《科学技术革命对资本主义世界经济的影响》，北京出版社1979 年版，第 61—68 页。

料生产为 43。① 这清楚表明，生产资料生产增长速度超过消费资料生产增长速度。当然，苏联在工业化的过程中，发生过片面发展重工业而忽视农业和轻工业的错误，这使得重工业的增长有一部分是在合理需要之外的。但是，当时的苏联是处在帝国主义的包围之中，斯大林特别强调重工业的发展，对于苏联经济的发展和国防的巩固，对于取得反法西斯战争的胜利，是起了不可估量的作用的，不能一概否定。

再看美国。1880 年至 1975 年这 96 年间，美国工业总产值中重工业和轻工业所占的比重及其消长变化情况，如表 2 所示：

表2 1880—1975 年美国工业总产值中重工业和轻工业所占的比重及其消长

年份	整个工业产值	其中	
		轻工业（%）	重工业（%）
1880	100	65.4	34.6
1890	100	60.0	40.0
1900	100	55.8	44.2
1921	100	49.4	50.6
1929	100	44.3	55.7
1939	100	47.1	52.9
1967	100	36.5	63.5
1969	100	35.7	64.3
1975	100	34.3	65.7

根据《美国统计摘要》有关年份数字计算。

这表明，从美国工业近百年来的发展趋势来看，在轻工业和重工业都有长足发展的情况下，也是重工业所占比重大幅度上升，而轻工业所占比重则大幅度下降。这同样是生产资料生产增长速度快于消费资料生产增长速度的结果。1880 年至 1975 年，美国工业生产总产值增长 218 倍，其中重工业产值增长 415 倍，轻工业产值增长 114 倍。美国经济学家 A. 伯恩斯计算了 1870 年至 1929 年美国许多种生产的发展情况，也得出结论说：

---

① 苏联部长会议中央统计局编：《苏联国民经济六十年》，生活·读书·新知三联书店 1979 年版，第 8 页。

"整个生产资料的生产比消费资料的生产增长得更快。"[1]

再看日本。1909年至1970年这半个多世纪，日本工业结构的变化，如表3所示：

表3　　　　　　　　　1909—1970年日本工业结构的变化

年份	整个工业生产	其中	
		轻工业（%）	重工业*（%）
1909	100	80.4	19.6
1920	100	72.8	27.2
1930	100	64.6	35.4
1940	100	30.0	70.0
1947	100	43.5	56.5
1950	100	55.8	44.2
1960	100	43.6	56.4
1970	100	37.8	62.2

注：*重工业只包括金属、机械、化学三个部门。

资料来源：[日]《经济月报》1972年第4期，第40页。

日本的工业发展，同苏美两国呈现出同样的趋势。我们还可以考察日本的几个主要工业部门，见表4：

表4　　　　　　　　　1935—1971年日本五工业部门发展情况

部门 / 年份	工业生产总指数	钢铁工业	机械工业	化学工业	纺织工业	食品工业
1935	100	100	100	100	100	100
1946	26.4	22.2	55.2	26.2	12.9	31.0
1951	103.3	158.4	214.3	120.3	53.4	74.4
1959	303.1	386.1	984.4	363.9	122.1	166.4
1969	1271.9	1834.0	6614.7	1393.3	290.8	386.9
1971	1554.9	2016.6	8724.1	1684.2	336.2	—

资料来源：[日]《日本统计年鉴》1961年、1970年；[日]《日本统计月报》1972年2月号。

---

[1]　A.伯恩斯：《一八七〇年以来的美国生产趋势》，转引自《现代垄断资本主义政治经济学》上册，上海译文出版社1978年版，第377页。

钢铁、机械、化学等重工业部门的增长速度，都高于整个工业的增长速度，而纺织、食品工业虽然也有很大增长，但速度却远低于整个工业的增长速度。

再看发展中国家。据日内瓦大学经济史教授保罗·贝罗赫在其《1990 年以来第三世界的经济发展》一书中所做的计算，所谓"全部非共产党欠发达国家"1938 年至 1970 年重工业和轻工业的产量指数，变化情况如表 5 所示。[1]

表 5　　　　1938—1970 年第三世界轻、重工业产量指数变化情况　　　　1963 年 =100

年份 类别	1938	1953	1958	1970
轻工业	37	60	82	144
重工业	18	39	67	179

总的来看，1938 年至 1970 年间，重工业平均每年增长 7.4%，轻工业平均每年增长 4.4%，重工业的增长率比轻工业高出 70% 以上。[2] 如果从这些国家的主要工业部门来看，则其产量变化指数见表 6 所示：[3]

表 6　　　　1938—1970 年第三世界主要工业部门产量变化指数　　　　1963 年 =100

年份 类别	1938	1953	1958	1970
全部制造业	29	50	73	158
其中：				
食品	36	63	83	146
纺织	44	63	84	140
服装、鞋类	53	65	80	133
木材制品	31	47	70	149
造纸、印刷	11	35	69	157
化工产品	21	41	70	174
非金属矿产品	18	49	75	171
基本金属	24	42	59	159
金属制品	14	33	61	193

---

① 保罗·贝罗赫：《1900 年以来第三世界的经济发展》，上海译文出版社 1979 年版，第 102 页。

② 见前引保罗·贝罗赫《1900 年以来第三世界的经济发展》，第 101 页。

③ 同上书，第 102 页。

论生产资料生产比消费资料生产增长更快的规律

食品、纺织、服装和鞋类等轻工业部门低于整个制造业的增长速度，化工、矿产、基本金属等重工业部门则高于整个制造业的增长速度。第三世界经济发展的历史，同发达国家的经济发展显示了同样的趋势。

有的同志用产业革命的历史，来否定生产资料生产比消费资料生产增长更快的规律。在他们看来，似乎产业革命的历史过程证明轻工业比重工业增长更快。他们忽视了这样的事实：马克思主义经典作家正是根据产业革命以及尔后机器大工业发展的历史，得出了生产资料生产比消费资料生产增长更快的结论的。他们没有明确把握这个规律发生作用的时期的上限，即它是从何时开始发生作用的，而且把产业革命过程中两个不同性质的问题混同了：一是哪个部门先广泛地使用机器进行生产，一是生产资料生产和消费资料生产何者增长得更快。

先说生产资料生产增长更快的规律发生作用的时期的上限。如上所述，这个规律是在技术进步的条件下，特别是在以机器生产代替手工劳动的技术进步条件下的经济规律。诚然，在数千年的人类历史上，技术总是在进步的，在各个社会形态下都存在着不同程度的扩大再生产。但是，在前资本主义社会，技术进步极其缓慢，规模极其有限的扩大再生产基本上是外延型的。列宁说："资本主义技术发展的低级阶段（简单协作和工场手工业）还没有制造生产资料的生产资料生产，只是到了高级阶段（大机器工业）这种生产才开始出现并得到巨大的发展。"① 因此，考察生产资料生产比消费资料生产增长更快的规律只能从机器大工业出现以后开始，而不能从"还没有制造生产资料的生产资料生产"（这里显然只是说还没有制造机器的机器）的简单协作和工场手工业时期开始。拿机器大工业出现以前，比如简单协作和工场手工业时期的经济史，来否定生产资料生产比消费资料生产增长更快的规律，是悖于这个规律的真谛的。

再从产业革命的过程来看。产业革命的发祥地是英国。英国的资本主义经济，最早是建立在简单协作和工场手工业的基础之上的。当时虽然资本主义的生产关系已经发展起来，但仍然是手工劳动。作为产业革命起点和标志的，是机器的发明和使用。并不是因为纺织工业的发展，而是使用机器的纺织工业的发展，标志着产业革命的开始。1735 年，英国人约翰·淮亚特宣布他的纺纱机的发明，揭开了 18 世纪产业革命的序幕。18

① 《列宁全集》第 1 卷，第 88 页。

世纪六七十年代，纺纱机被普遍采用。18 世纪末，瓦特发明的能够实用的蒸汽机①推广之后，产业革命迅速扩展到各工业部门，推动了各个部门的机械化，英国各主要工业部门相继完成了从手工劳动到大机器生产的历史性的转变。机器制造业发展的需要，又推动了煤炭工业和冶金工业的发展，一个是燃料，一个是原料。19 世纪初，开始用机器制造机器，大工业掌握了它特有的生产资料，即机器本身，方才因建立了与自己相适应的技术基础而得以自立，从而进一步加快了产业革命的进程，并于 19 世纪三四十年代完成了这个伟大的历史性变革，真正进入了机器大工业时代。从开始用机器制造机器到产业革命完成这有决定意义的几十年间，英国几个有代表性的工业部门的发展情况，如表 7 所示。

表 7　　　　　　　　19 世纪前 35 年英国代表性工业部门发展情况

部门 年份	纺织工业棉花 耗用量（万磅）	蒸汽机（台）	铁（吨）	煤炭（万吨）
1800	5200	50	125079 *	760 **
1835	31800	1935	1020000	3000
1835 年比 1800 年增长	5.1 倍	27.7 倍	7.2 倍	2.9 倍

注：＊为 1791 年数字，＊＊为 1790 年数字。

资料来源：樊亢、宋则行主编：《外国经济史（近代部分）》上册，人民出版社 1963 年版，第 72—74 页。

蒸汽机和铁的增长速度，都远远高于棉纺织业的增长速度。煤炭在这段时期内的增长速度慢于棉纺工业，乃是因为此前已经有了比较大的发展，产量早已占世界第一位。即使如此，由于煤炭工业不能满足工业发展的需要，燃料缺乏，曾经造成英国森林的严重破坏，甚至殃及欧洲大陆。再从 1761—1890 年这 130 年间英国几个主要工业部门在工业总产值中所占的比重来看，除食品工业外，纺织、皮革等轻工业部门都呈下降的趋势，而采矿、钢铁和机器制造等重工业部门则呈上升的趋势。② 这也是生

---

① 早在 1698 年，萨维利就发明了用蒸汽力转动的抽水机，但没有得到改进和推广。瓦特经过改进，1769 年制成单动式蒸汽机，1788 年又制成复动式蒸汽机，1785 年应用于棉纺工业，1789 年应用于棉织工业。

② 根据《英美法德日百年统计提要》数字。

产资料生产增长更快的必然结果。

　　德、法、美等国的产业革命，也显示了同英国产业革命相同的趋势。比如德国，从 19 世纪 30 年代初进入产业革命时期，1848 年资产阶级革命以后，资本主义迅速发展起来。1850 年至 1870 年产业革命取得决定性的进展。在这 20 年间，轻、重工业都得到迅速发展，但重工业增长速度比轻工业更快。表 8 是德国几个主要工业部门的发展情况：

表 8　　　　　　　　1850—1870 年德国主要工业部门发展情况

部门 年份	纺织工业棉花 耗用量（吨）	蒸汽机总动力 （万马力）	铁（万吨）	煤炭（万吨）
1850	17800	26	22.5	520
1870	81000	248	139.0	3400
1870 年比 1850 年增长	3.6 倍	8.5 倍	5.2 倍	5.5 倍

　　资料来源：樊亢、宋则行主编：《外国经济史（近代部分）》上册，人民出版社 1963 年版，第 157—158 页。

　　当然，任何经济规律都不是孤立地起作用的，必然会有某些起相反作用的因素来抑制和抵消它的作用，使它只具有趋势的性质。马克思在《资本论》第 3 卷中论述利润率变化的规律性时，不仅研究了规律本身，而且分析了起相反作用的各种因素，考察了规律的内部矛盾的展开，并且恰当地把他发现的利润率变化的规律称之为"利润率趋向下降的规律"[1]（着重号系引者所加）。列宁在《农业中的资本主义》一文中，批评"合法马克思主义者"布尔加柯夫用农业发展中的个别事实否定资本主义国家农业生产中资本有机构成提高的总的经济规律时，指出："我们强调'总的'一词，因为无论马克思或他的学生，始终只认为这个规律是资本主义总趋势的规律，而决不是一切个别情况的规律。"[2] 我们考察生产资料生产比消费资料生产增长更快的规律，应该学习马克思和列宁的方法论，把它理解为一种发展趋势，而不能作绝对化的理解。这个规律既不规定两大部类比例关系的具体数字，也不要求每年或者每一个五年，生产资料生产的增长速度都必须超过消费资料生

────────────

① 《马克思恩格斯全集》第 25 卷，人民出版社 1974 年版，第 235 页。
② 《列宁全集》第 4 卷，第 93 页。

产的增长速度。每个国家在不同时期两大部类增长的速度，必须根据自己所处的政治环境、经济条件和技术条件来确定。比如苏联，从 1928 年实行第一个五年计划到 1978 年这 51 年中，有 44 年是甲类工业增长速度超过乙类工业，有 7 年是乙类工业增长速度超过甲类工业。后者大体上是进行经济调整所造成的。例如，由于"一五"时期甲类工业增长过快，乙类工业显得落后，"二五"计划就规定了乙类工业的增长速度超过甲类工业。虽然因为落后的农业扯了后腿，这个计划未能实现，但在第二个五年计划期间毕竟缩小了乙类工业同甲类工业增长速度的差距，有的年份乙类工业增长速度还超过了甲类工业。又如上面所引日本的材料，30 年代由于进行侵略战争的需要，重工业急剧膨胀，战后转入和平经济，轻工业比重就上升了；美国侵朝战争爆发后，日本的重工业再次膨胀起来。

还应该看到，随着机器生产代替手工劳动这一历史过程的完成，机器大工业建立了雄厚的基础，其后的技术进步，将会更多地表现为以高效率的机器体系代替低效率的机器，以及新材料、新工艺的采用。因此，经济效果不仅表现在生产单位产品所消耗的活劳动量的减少，而且表现在生产单位产品所消耗的物化劳动量的减少，即固定资产、原材料和能源的节约。这就有可能使劳动生产率提高的速度快于劳动者基金装备程度提高的速度，工业生产的增长速度快于投资的增长速度。美国 1943 年至 1960 年投资增长 1.2 倍，而工业生产却增长 1.6 倍。西德 1950 年至 1960 年固定资产增长 102%，而工业生产却增长 150%。随着耐用消费品的发展，一些传统的重工业部门，例如机械制造部门，越来越多地生产直接供人们消费的产品，人们物质文化生活消费品中由重工业部门生产的产品所占的比重日益提高。这都是对生产资料生产增长更快的趋势起抑制和抵消作用的因素。在这种情况下，第一部类增长速度的领先系数，会趋于缩小，或者说，两大部类的增长速度有接近的趋势。苏联自 60 年代末以来，甲类工业增长速度同乙类工业增长速度大大接近，一些年份乙类工业甚至超过甲类工业。这同样是带规律性的现象。无视这种现象是不对的。

看到起相反作用的因素，不能否定总的发展趋势。在当代科学技术飞跃发展，整个社会财富急剧增长，社会生产的物质基础空前雄厚的条件下，两大部类的增长速度出现了接近的趋势；但是，如果从一个比较长的时期来考察，总的来说，发达资本主义国家也还是重工业的增长速度超过轻工业的增长速度。一些论文的作者援引战后发达资本主义国家经济发展的情况，来否定生产资料生产比消费资料生产增长更快的规律。这是站不住脚的。即以 50 年代以来的情况而论，1955 年至 1974 年发达资本主义国家工业生产的动态和结构见表 9 所示：①

表 9　　　　1955—1974 年发达资本主义国家工业生产的动态和结构

工业部门	年平均增长速度（%）	在工业总产值中所占比重（%）			
		1955 年	1963 年	1970 年	1974 年
所有部门	5.0	100	100	100	100
采掘工业	1.9	8.3	6.6	4.9	4.2
煤炭工业	-1.9	2.7	1.8	1.2	0.8
石油和天然气开采	2.9	3.3	2.7	1.8	1.7
矿石采掘	3.1	1.0	1.0	0.9	0.7
电力和煤气的生产	7.4	4.3	5.4	7.1	7.6
加工工业	5.0	86.3	86.3	88.0	88.0
重工业	5.7	54.9	56.5	59.0	60.4
机器制造业	5.6	31.3	32.2	35.6	36.2
冶金工业	3.9	8.5	7.0	7.3	7.2
化学工业	8.0	9.0	11.7	12.2	13.2
轻工业	3.8	31.5	29.8	29.0	27.7
纺织	3.2	5.2	4.7	4.0	3.7
缝纫和制鞋	2.7	4.3	4.1	3.5	3.1
食品	3.7	11.4	10.8	9.7	9.3

如表 9 所示，虽然在重工业内部和轻工业内部，各个行业的增长速度参差不齐，但总的发展趋势，是重工业的增长速度快于轻工业，因而重工业在工业总产值中所占的比重也相应地上升了。②

———————

①　参见［苏］伊·普·法明斯基《科学技术革命对资本主义世界经济的影响》，北京出版社 1979 年版，第 54 页。

②　从表上的材料看，采掘业所占比重下降了。采掘业是传统的重工业部门，只有比较低的发展速度，乃是更节省和更合理地使用燃料和原料，以及新的合成材料广泛使用的缘故。在不少国家，采掘业的增长速度都降低了。

之所以如此，是因为在现代科学技术进步的条件下，除了上述对生产资料生产增长更快的趋势起抑制和抵消作用的因素外，还有促使生产资料生产增长更快的因素。这些因素也是不能忽视的。我们至少可以举出下述诸项：

（1）任何新的生产力都会引起社会分工的进一步发展，而社会分工的深化必然导致生产专业化的发展，新的生产环节、生产单位和生产部门的产生。社会分工和生产的专业化，正如同技术进步一样，是没有止境的。列宁说："这种发展的趋势是：不仅把每一种产品的生产，甚至把产品的每一部分的生产都变成专门的工业部门；不仅把产品的生产，甚至把产品制成真正消费品的各个操作都变成专门的工业部门。"① 这就需要有大量的机械设备来装备这些新的生产环节、生产单位和生产部门。

（2）以机器生产代替手工劳动是个不断向纵深发展的历史过程。工业愈发达，科学技术愈进步，则机器的使用范围也愈益深入到更为广泛的领域。新的机械设备从发明到投入生产的间隔时间也愈来愈短。这对于机械设备以及制造机械设备所必需的机器和原料的大量生产和广泛应用，也是一个有利因素。

（3）虽然在科学技术进步的条件下，生产过程中物化劳动的节约使得单位产品的生产资料消耗大为降低，或者说，单位资本的产品量大为增加，从而延缓了资本有机构成提高的过程，使某些时期有机构成处于停滞状态，甚至出现下降的情况，但是，整个来说，为马克思所揭示的有机构成提高的趋势，仍然是不容否认的客观事实。以经济发达的资本主义国家美国为例。据苏联学者的计算，从 1869 年至 1969 年这 100 年间，前 50 年，美国加工工业中劳动者的资本装备程度提高了三倍以上；后 50 年则只提高了 35% 左右。② 虽然提高的速度减缓了，但毕竟仍在提高。我国对外贸易部国际贸易研究所根据美国官方的材料计算的结果，美国制造业的资本有机构成从 1963 年的 3.18，提高到 1976 年的 4.19，虽然这种提高并不是直线的，但总的趋势是在提高。有机构成的提高正是列宁论证生产

---

① 《列宁全集》第 3 卷，第 17 页。

② 参见 H. H. 伊诺泽敏诺夫等主编《现代垄断资本主义政治经济学》上册，上海译文出版社 1978 年版，第 386 页。

资料生产增长更快的基本前提。

（4）科学技术发展的日新月异，加速了机器设备的无形损耗，缩短了固定资本更新的周期。据美国机床合理化联合会的资料，机床"精神磨损"的平均周期，40年代为10年，50年代为8年，60年代为5年，70年代缩短到5年以下。这就增加了对生产资料的需求。

（5）武器的制造需要大量的而且往往是最先进的生产资料。虽然武器本身既不是生产资料，也不是个人消费品，但世界范围内大规模的军备生产，对于两大部类生产增长速度的对比关系有着不可忽视的实际影响。

生产资料生产增长速度的实际状况，就是上述两种起相反作用的因素，即起抑制、抵消作用的因素和起促进作用的因素共同作用的合力，或者说，是两种作用力的平行四边形。

三

旧中国经济十分落后。1949年，农业占工农业总产值的70%，工业占30%，其中轻工业占22.1%，重工业占7.9%。在工业总产值中，轻工业占73.6%，重工业占26.4%。当年几个主要重工业部门的产量是：钢15.8万吨，不到世界总产量的0.1%；电43亿度，只占世界总产量的0.5%；煤炭3200万吨，只占世界总产量的1.9%；原油12万吨，水泥66万吨，化肥6千吨。机械制造工业多数是不到15人的小工厂，一般只能从事机器修理。飞机、汽车、拖拉机以及许多重要的工业设备都不能制造。因此，当经过三年经济恢复，于1953年开始大规模经济建设的时候，实行优先发展重工业的方针是很自然的。这是国家政治独立和经济繁荣的必由之路，是全国人民的根本利益所在。实践证明，尽管发生过不少失误，遭到了几次严重的挫折，我们的经济建设还是取得了举世瞩目的成绩。1980年同1952年相比，几种主要工业产品的年产量及其增长情况是：棉纱增长3.5倍，达到293万吨；原煤增长8.4倍，达到6.2亿吨；发电量增长40倍，达到3006亿度；石油增长近400倍，达到10595万吨；钢增长26倍，达到3719万吨；机械制造工业产值增长53倍，达到1270亿元，其中金属切削机床产量增长8.8倍，达到13.4万台。汽车、拖拉机等工业从无到有，也有了可观的生产能力。许多重要的工业设备已经能够制造。1980年的全国工业固定资产总额，按原值计算，达到4100

多亿元，比 1952 年增长 26 倍。从 1953 年到 1980 年，工农业总产值年平均增长 8.2%，其中，农业为 3.4%，工业为 11.1%（轻工业为 9.5%，重工业为 13%）。我们已经逐步建立了独立的和比较完整的工业体系和国民经济体系。如果不是生产资料生产比较快地增长，我们就不可能有今天这样强大的基础，进一步的发展是难以设想的。

有的同志认为，承认生产资料生产增长更快的规律，必然使消费资料生产远远落后于生产资料生产，整个国民经济的平衡和比例关系就会遭到破坏。我国经济建设的历史证明，这是两回事，两者之间并无必然的联系。

我们在第一个五年计划期间，就是生产资料生产比消费资料生产增长更快。从国民经济恢复到"一五"结束，每个年头重工业的增长速度都高于轻工业。在 1950 年至 1952 年的国民经济恢复时期，轻工业平均每年增长 29%，重工业平均每年增长 48.8%；在 1953 年至 1957 年的"一五"期间，轻工业平均每年增长 12.9%，重工业平均每年增长 25.4%。由于重工业的增长速度快于轻工业，因而使重工业在工业总产值中所占的比重稳步上升，见表 10。

表 10　　　　　　1949—1957 年中国轻、重工业发展情况

年份	工业总产值	其中	
		轻工业（%）	重工业（%）
1949	100	73.6	26.4
1950	100	70.7	29.3
1951	100	67.8	32.2
1952	100	64.5	35.5
1953	100	62.7	37.3
1954	100	61.6	38.4
1955	100	59.2	40.8
1956	100	57.6	42.4
1957	100	55.0	45.0

结果如何呢？众所周知，当时工农业生产迅速发展，人民生活也有明显改善。"一五"时期，工农业总产值平均每年增长 10.9%，其中农业平

均每年增长 4.5%，工业平均每年增长 18%；全民所有制工业企业全员劳动生产率提高 52.1%，职工平均工资提高 42.8%。整个国民经济的比例关系是比较协调的。

当然，"一五"时期并不是没有缺点的。当时已经察觉到农产品供应紧张，有的年份轻工业增长速度过慢，以及基本建设规模过大等问题。毛泽东同志在《论十大关系》中总结了我国"一五"计划执行中的经验和教训，指出："重工业是我国建设的重点。必须优先发展生产资料的生产，这是已经定了的。但是决不可以因此忽视生活资料尤其是粮食的生产。……重工业和轻工业、农业的关系，必须处理好。"① 周恩来同志在"八大"所作的关于发展国民经济的第二个五年计划的建议的报告体现了这一精神。根据这一报告，在"二五"期间，生产资料工业和消费资料工业都将有很大增长，但生产资料工业的增长速度仍将快于消费资料工业的增长速度；到"二五"结束的 1962 年，在工业总产值中，生产资料工业和消费资料工业将各占 50% 左右。这是一个既积极又稳妥可靠的计划，但可惜后来被"大跃进"所中断，未能实现。在 1958 年开始的"大跃进"中，盲目地追求高速度，提出了不切实际的高指标，钢铁工业孤军突出，基本建设规模恶性膨胀，整个国民经济比例关系失调，综合平衡遭到破坏。结果，"二五"期间轻工业和重工业的发展，都显示出陡升陡降的不正常状态，见表 11：

表 11   "二五"期间中国农业、工业增长情况

类别 年份	农业总产值 （比上年增长%）	工业总产值 （比上年增长%）	其中	
			轻工业 （比上年增长%）	重工业 （比上年增长%）
1958	2.4	54.8	33.7	78.8
1959	−13.6	36.1	22.0	48.1
1960	−12.6	11.2	−9.8	25.9
1961	−2.6	−38.2	−21.6	−46.6
1962	6.2	−16.6	−8.4	−22.6

① 《毛泽东选集》第 5 卷，第 268 页。

在和平时期经济发展中罕见的这种暴起暴落，是从搞钢铁生产"翻番"开始的。但紧接着，包括农业和轻工业在内的各个部门，都相继提出了不切实际的高速度和高指标。1958 年至 1959 年，轻工业和重工业都显示了可以说是病态的高速度。因为建设规模超过了国家的财力物力，超过了农业所能负担的程度，很快就出现了国民经济全面紧张的局面。农业首当其冲，从 1959 年起连续三年大幅度下降；轻工业从 1960 年起连续三年大幅度下降；重工业勉强维持到 1960 年，从 1961 年起也连续两年下降，而且下降幅度比农业、轻工业更大。这种破坏性的后果，同人们对于生产资料生产增长更快的规律的片面理解有关，特别是同"以钢为纲"的错误口号有着直接的关系。但是，应该说，这并不是坚持生产资料生产增长更快的原理的必然结果。如前所述，生产资料生产增长更快的规律，只是反映两大部类增长速度的对比关系的趋势，并不要求重工业孤军突出，更不要求某项重工业产品（例如钢铁）孤军突出。相反地，两大部类协调发展倒是规律本身所固有的要求。当时国民经济的全面紧张和比例关系的失调，与其说是坚持生产资料生产增长更快的规律的结果，不如说是建设规模超过了国家的财力物力所能负担的程度所造成的。1958 年到 1960 年，基本建设投资总额、基本建设投资占国民收入的比重、基本建设支出占国家财政支出的比重以及积累率的增长情况，如表 12 所示：

表 12　　　　　1958 年到 1960 年，基本建设投资总额、基本建设投资
占国民收入的比重、基本建设支出占国家财政支出的
比重以及积累率的增长情况

项目 年份	基本建设投资 总额（亿元）	基本建设投资占 国民收入（%）	基本建设支出占 国家财政支出（%）	积累率 （%）
1957	138	15.2	40.7	24.9
1958	267	23.9	56.0	33.9
1959	345	28.2	54.7	43.8
1960	384	31.5	54.2	39.6
1960 年为 1957 年的（倍）	2.78	2.07	1.33	1.59

论生产资料生产比消费资料生产增长更快的规律

基本建设规模如此恶性膨胀，积累率如此急剧提高，必然会造成建设物资供应的紧张，导致钢铁、机械、建材等重工业部门的膨胀。即使没有"以钢为纲"这一错误口号的提出，国民经济的全面紧张和比例关系的破坏也是不可避免的。

60 年代初期，贯彻执行"调整、巩固、充实、提高"的方针，下决心压缩基本建设战线，动员 2000 多万职工下乡。经过调整，协调了比例关系，带来了 1963—1965 年经济的恢复和发展。但在 10 年"文化大革命"的动乱中，经济发展再次失去常态，重新出现了比例关系严重失调的状况。这 10 年间，轻工业增长速度有两年是负数：1967 年为 - 7.1%，1968 年为 - 5.1%；重工业增长速度却有三年负数：1967 年为 - 20%，1968 年为 - 5.1%，1974 年为 - 1.6%，而且下降幅度比轻工业大。重工业在工业总产值中所占的比重，1964 年是 55.7%，1976 年是 55.8%，只提高了 0.1%。同 1966 年的 51% 相比，也只提高了 4.8%。而 1966 年比 1964 年却提高了 4.7%；可见，这 10 年的比例失调，也很难说是由于坚持生产资料生产增长更快的原因所造成的。

从新中国成立以来经济发展的历史来看，1950 年至 1980 年这 31 年中，头 8 年，即恢复时期和"一五"时期，重工业的增长速度都是快于轻工业的。相反地，1958 年至 1980 年这 23 年中，重工业增长速度快于轻工业的只有 12 年。其余的 11 年，轻工业的增长速度快于重工业的有 6 年，即 1965 年、1973 年、1974 年、1976 年、1979 年、1980 年；轻工业增长速度和重工业相同的有一年，即 1977 年；轻工业和重工业增长速度都是负数，但轻工业下降幅度小于重工业的有 4 年，即 1961 年、1962 年、1967 年、1968 年。如果说生产资料生产比消费资料生产增长速度快必然带来种种弊端，那就很难解释，为什么头 8 年每一年都是重工业增长速度超过轻工业，并没有产生这些弊端，相反地，后来几乎有一半的年份重工业的增长速度并不比轻工业快，甚至慢于轻工业，却产生了许多毛病。

再从重工业增长速度超过轻工业增长速度的程度来看，各个时期重工业增长速度的领先系数如表 13 所示[①]。

---

① 重工业增长速度的领先系数 = $\dfrac{\text{重工业增长速度}}{\text{轻工业增长速度}}$。

表 13　　　　　　1950 年至 1980 年各个时期中国工业发展情况

时期 ＼ 类别	整个工业年平均增长速度（％）	其中		重工业比轻工业增长速度的领先系数
		轻工业（％）	重工业（％）	
恢复时期	34.8	29.0	48.8	1.68
"一五"时期	18.0	12.9	25.4	1.97
"二五"时期	3.8	1.1	6.6	6.00
1963—1965 年	17.9	21.2	14.9	0.70
"三五"时期	11.7	8.4	14.7	1.75
"四五"时期	9.1	7.7	10.2	1.32

　　除了"大跃进"时期的暴起暴落，以五年计算重工业增长速度的领先系数不正常的急剧上升之外，1963 年至 1965 年因为进行经济调整，轻工业增长速度快于重工业，"三五"和"四五"时期重工业增长速度的领先系数都小于"一五"时期。

　　无论是"生产资料"这个概念还是"重工业"这个概念，都是一种抽象，它本身包含着众多的生产部门和为数更多的产品。在现实经济生活中，同是重工业产品，有的短缺，有的积压。比如，煤、电、油是薄弱环节，而钢铁却大量积压。同是钢材，普通钢材积压，不少特种钢材还需要进口。以机械产品来说，机床是长线产品，大量积压，但积压的多是普通机床，许多精密机床还需要进口。因此，不能简单地、笼统地讲重工业增长速度过快，而应该具体分析重工业的产品结构和服务方向，看哪些是过快的，是长线，应该压缩或者调整；哪些发展是正常的，应该坚持；哪些发展不够，是短线，应该注意发展。在这方面，也不能"一刀切"。

　　经过长时间的"左"倾错误，特别是"文化大革命"十年动乱的破坏，我国经济发展受到严重阻碍，比例关系失调，加之人口急剧增长，致使人民生活方面积累了大量问题，亟待解决。面对这种情况，党中央和国务院于 1979 年提出以调整为中心的"八字方针"，调整积累和消费、生产性建设和非生产性建设、农轻重以及农业内部、轻工业内部和重工业内部的比例关系等等。这是完全正确的。三年来所进行的调整是有成效的。农业生产有比较显著的增长。各方面的比例关系得到了初步的调整。从轻工业和重工业的增长速度来看，1979 年工业总产值比上年增长 8.5％，其中轻工业增长 9.6％，重工业增长 7.7％；1980 年工业总产值比上年增长

8.7%，其中轻工业增长18.4%，重工业增长1.4%；1981年工业总产值比上年增长4.1%，其中轻工业增长14.1%，重工业下降4.7%。由于轻工业的增长速度连续三年超过重工业，工业总产值中轻工业和重工业所占的比重发生了明显的变化，如表14所示。

表14 1978—1981年中国轻、重工业发展情况

项目 年份	工业总产值	轻工业所占比重 (%)	重工业所占比重 (%)
1978	100	42.7	57.3
1979	100	43.1	56.9
1980	100	46.9	53.1
1981	100	51.5	48.5

这样，轻工业和重工业的比例关系已经大体上恢复到经济发展比较协调顺利的1965年的状况。[①] 由于1981年重工业增长速度是负数，今后几年速度也不可能高，预计到1985年，重工业在工业总产值中所占的比重可能会下降到46%。在目前经济调整时期，适当放慢重工业的发展速度，使轻工业的增长速度高于重工业，是必要的。但是，对近两年重工业生产下降比较多的情况，需要作具体分析。有一些重工业企业停止了能耗很高、严重积压的产品的生产，腾出能源和原材料来保证消费品工业生产的需要，这种下降正是经济调整的要求，是完全合理的。在经济调整中，由于压缩基本建设投资，一些重工业企业订货相应减少，而调整产品结构和服务方向又需要一定时间，因而生产下降了，这也是难以完全避免的。还有一种情况，就是对于重工业的调整认识不足，行动迟缓，措施不力，不该下降的也下降了，或者可以少降的多降了，这是应该引起注意的。

由于进行经济调整，强调大力发展消费品工业生产，使一些同志产生了一种误解，似乎重工业所占的比重越小越好。有的同志甚至把生产资料生产同社会主义生产目的对立起来，认为生产资料生产比消费资料生产增长速度快同社会主义基本经济规律"在本质上是相矛盾的"。这种观点是不正确的。毫无疑问，社会主义生产的目的是满足人民群众的物质文化需要，我们任何时候都应该十分重视消费品的生产，把它放在经济发展的战

---

① 1965年，轻工业占工业总产值的51.6%，重工业占48.4%。

略地位来考虑。消费品工业有着广阔的领域和巨大的潜力，在这方面是可以大有作为的。但是，我们不仅应该讨论生产的目的，也必须具备达到这一目的的手段。如果说生产消费资料以满足群众需要是生产的直接目的，那么，生产资料的生产就是达到这个目的的手段。在社会主义条件下，人民群众的需要能满足到何种程度，归根到底是取决于社会主义的物质技术基础壮大的程度；而社会主义的物质技术基础的形成和壮大，在很大程度上又取决于劳动资料的改进和发展。如果不注意改进和发展生产资料的生产，消费资料的生产迟早要蒙受影响，社会主义生产的目的也就不能很好地实现。从短时期来看，生产资料生产比消费资料生产增长更快，对消费品生产是个限制因素。但从长远来看，却是促进消费品生产发展的积极因素。如果没有积累和扩大再生产，单纯由于人口的增长就会对社会造成愈益沉重的压力，更不用说提高生活水平了。在某种意义上可以说，生产资料生产和消费资料生产的关系，也就是国家建设同人民生活的关系，人民的长远利益同眼前利益的关系。我们必须兼顾国家建设和人民生活，把长远利益和眼前利益很好地结合起来。必须看到，如果生产资料生产长期停滞甚至下降，必然会给国民经济的发展带来严重的后果。我们应该有发展经济的战略眼光，在继续大力抓好消费品生产的同时，对生产资料生产的改进和发展给予足够的注意，否则就有可能犯错误。

应该看到，虽然新中国成立以来我们的现代工业有了很大的发展，但整个说来，我国还是一个在经济上和技术上比较落后的国家，以机器生产代替手工劳动的历史过程还远没有完结。不仅广大农村基本上还是手工劳动，而且工业中也还存在着大量的半机械化生产和手工劳动。要把整个国民经济转到大机器生产的基础上来，就必须发展能源工业、机械制造工业和冶金工业等重工业部门。交通运输业的发展也有赖于这些重工业部门的发展。同时，我国不少企业设备陈旧，技术落后，造成产品质量低，消耗高。要提高经济效果，就要逐步进行技术改造。这就必须发展生产资料生产。当然，由于我们国家大，底子薄，各个地区、各个部门的发展又很不平衡，加上人口多，存在着采用新技术和劳动就业的矛盾，这就决定了整个国民经济的技术改造不可能一蹴而就，从手工劳动到大机器生产的转变必然要经历一个比较长的发展过程，在相当长时期内只能是自动化、机械化和半机械化乃至手工劳动同时并存。因此，生产资料生产增长速度的领先系数不能太大，就是说，生产资料生产的增长速度不能高出消费资料生产增长速度太多。但是，从国家的长远经济发展方向来看，用机器生产代替手工劳动毕竟是大势所趋，也是我们应该努力争取实现的目标。因此，从经济发展战略来考虑，还是应该自觉地坚持生产资料生产增长更快的原理，经过经济调整之后，使生产资料生产保持高于消费资料生产的增长速度。不然的话，就只能吃"老本"，就不可能顺利进行现有企业的设备更新和整个国民经济的技术改造，不可能顺利进行新的生产部门的开创和新的企业的建立，整个国民经济都会蒙受不利的影响，消费资料生产的进一步发展也将会因为技术装备落后（以工业品为原料的消费资料生产还会因原料的不足）而遇到很大困难。我们应该努力避免此种情况的发生，保证国民经济健康地向前发展。

《中国社会科学》1982 年第 4 期

论联产承包责任制

——中国社会主义农业合作经济的新形式

林子力[*]

摘要 本文考察了我国社会主义农业合作经济的联产承包制发展演变的过程，对集中劳动和按工分计酬的旧有模式进行了批判性的分析，从中揭明中国农业的两重特性及其所导致的两方面的要求，即劳动者分散独立的劳动和联合体对生产过程的统一控制、协调。

作者认为，说明联产承包制的经济性质，关键在于对集体所有制的合作经济内部劳动分散独立进行，劳动报酬不通过工分而直接为个人从产品中获得这两个使人迷惑的独特经济现象，作出科学的解释。为此，通过一定的逻辑线索，对这两个现象作了剖析。其中，分别劳动方式和生产关系，阐明了联产承包制统分结合、两层决策的生产过程的实质；提出"标准产量"这一范畴，揭示了联产承包制按标准产量计酬的分配形式的特征。

本文最后还有一个部分，论述联产承包之后的农村经济及其发展趋势，并由此出发探讨我国农业社会化的发展道路。为篇幅所限，独立出来，将作为本文的续篇发表。

一场极其广泛、深入的变革正在中国农村进行。这场历史性的伟大的变革，引起农村经济内在生机的焕发，导致生产的方式和结构的更新。中国农业的社会化和现代化，将由此开拓宽阔的道路。

农村变革的基本潮流，就是被泛称为农业生产责任制的社会主义农业合作经济新形式的形成和发展。它的具体形式不一，主要的是联产承包；

---

[*] 林子力，1925 年生，理论经济学家。

联产承包又有多种形式。它们经历了实践的锤炼和不断演变，正在趋于成熟，走上稳定发展的轨道。

胡耀邦同志代表党中央在党的第十二次代表大会上所作的报告中指出："多种形式的生产责任制，进一步解放了生产力，必须长期坚持下去，只能在总结群众实践经验的基础上逐步加以完善，决不能违背群众的意愿轻率变动，更不能走回头路。"

农民群众热烈期望农业生产责任制稳定发展和完善。但是由于过去许多年的宣传，集中劳动和按工分计酬的社会主义农业的模式在人们心目中形成了比较凝固的观念；尽管人们对于这种模式丧失信心，却不敢断定对它的扬弃是否离开了社会主义原则。因此有不少人感叹：联产承包好是好，只怕长不了。"怕变"，即怕走回头路，是农民群众中相当普遍的心理。这种心理状态使得他们当中一些人的行动带有盲目性。

广大干部当中认识也不一样。不少同志认为旧的模式才是社会主义正道，因而在变革中处于被动地位，对于群众选择合作经济新形式的行动"先挡后放，最后不得已认了账"。现在，面对增产增收的大好形势，他们不能不肯定联产承包效果显著，然而又认为"表现虽好，成分可疑"，"产量虽喜人，方向实愁人"，心里仍然结着疙瘩。

理论工作者中对于我国农业经济的新形式存在着观点分歧。有的同志用现成概念和模式来衡量联产承包的创造性实践，认为属于非社会主义性质；而反对这种意见的同志由于未能从实践中概括出新的理论，反驳显得比较软弱无力。

联产承包所显露出来的分散劳动、劳动报酬不通过工分而直接为个人从产品中获得这样一些现象使人迷惑，迄今还缺乏科学的解释。这不能不给实践带来某些消极的影响。

适应这样的形势的需要，对于联产承包这种从我国国情出发而创造的社会主义农业合作经济的特殊的新形式的存在根据、性质和发展完善的规律性作出科学的说明，已成为一项迫切的任务。

在当代社会主义的世界性实践中，农业经济形式的创造和抉择，一直是个难度较大的问题。对于我们所进行的牵动8亿人的范围宽广、内涵深邃的实践进行科学研究，不仅为这一实践的继续向前所必需，而且在科学社会主义理论的发展上，也具有重要的意义。

一 社会主义农业合作经济新形式的形成和对于旧有模式的扬弃

联产承包责任制的发展及演变

农业生产责任制的多种形式，以及同一形式中的具体差异，人们说是"繁花似锦"。但是，如果把那些非实质的东西舍去，那么，可以划分为三种类型：

一种是不联产的责任制，即过去多年搞过的小段包工、定额计酬等形式。从普遍的情况看，几年来，这种形式所占的比例不断下降，目前已经很少。据我最近调查，湖北省在 1979 年以前，全省实行小段包工的生产队占 80%，由于包工不包产，社员不对产量负责，农活质量问题长期得不到解决；又由于合理的定额不易制订，计酬上的平均主义严重，难以发挥群众的积极性。到今年 5 月，这个省采取这种形式的社队只剩下 2.8%了。而且，一些采取这类形式的社队，也在酝酿着作新的选择。贵州、安徽等省，不联产的责任制已经基本上不存在了。

另一种是保留工分的联产责任制。联产是党的十一届三中全会以来逐渐普遍兴起的农业生产责任制区别于过去不少地区实行过的种种责任制的标志。保留着工分的联产责任制，简单地说就是：把土地或其他生产手段包给劳动者耕种或使用，由承包产量指标决定工分，经集体提留后再按工分分配。"联产"也叫"定产"、"包产"。其具体形式有"定产到组"、"包产到户"、"联产到劳"等。这里的"定"、"包"、"联"，在群众中是通用的，讲的是一回事。

联产到劳、到户与联产到组是有区别的。由于不少社队在实行联产到组以后，仍然存在着组内的平均主义，群众称之为"二锅饭"。在我最近调查的地方，种植业中以组为单位承包的形式已经少见，湖北还有1.2%，贵州、安徽等地更少。从全国看，也是以一个劳力或一家一户为单位的承包占绝大多数了。

关于包产到户和联产到劳，人们曾看作是两种不同的责任制形式，这似乎是由于到户意味着按各户的人口包种土地，而到劳则意味着按劳动力包种土地。可是，在实践中可以清楚地看到，被叫做包产到户的形式里，土地既有按各户的人口数包种的，也有以一部分按人口、以另一部分按劳动力，即所谓按人劳比例包种的。反过来，被叫做联产到劳的形式里，也都加进了人口的因素，搞成按人劳比例包种。所以，种植业中包产到户和联产到劳实际上并无区别。现在，有的地方已经不用"包产到户"的叫法，把两种实际相同的责任制形式统用一个名称，即"联产到劳"。

再一种就是取消了工分的联产责任制。这就是被称为"大包干"或"包干到户"的形式。它的特征是直接由承包产量指标决定承包收入，即直接的联产计酬，不再拐工分这个弯。

现在，包干与联产到劳相比，后者所占的比例在缩小，前者所占的比例则不断增大。拿湖北省来说，1981年8月，包干到户在全省农村还只占5.2%；年底就增加为30.6%；今年5月又达到46.8%。目前全省联产到劳还占42.1%，加上包产到户共为46.5%。据省里同志估计，包干在实际上所占的比重比统计数字还要大，并且还在进一步扩大中。至于贵州、安徽等地，联产到劳或包产到户则已经很少。贵州省目前包干占98%，安徽滁县地区则占99%。

这种或那种责任制，是生产关系的具体形式。上述三种类型，就是以此来划分的。此外，对于责任制的类型，还有以劳动方式的不同来划分的，这就要讲到专业承包了。分工和专业化生产，属于劳动方式，不能与生产关系混为一谈。向来人们都把专业承包与联产到劳、包干到户等并列，其实它们是不能并列的。不论是联产到劳、包干到户或其他形式，只要有分工和专业化生产，都可以有专业承包的内容；也可以完全是专业承包。反过来，同是按专业承包，可以采取包干、包产，以及包到组、包到劳、包到户等等不同的承包形式。这在实践中可以看得很清楚，从理论上讲也是这样。专业承包意味着分业分工和多种经营的发展，所以它是承包经济中的一种比较高的类型。不过目前我国农村分业分工毕竟还不发达，一般所讲的专业承包，实际上大多是兼业承包，真正的专业承包还是很少数，它有着广阔的发展余地。

以上所述，不仅表明责任制多种形式的各自特点，更重要的是反映了责任制各种形式发展演变的必然过程。这个过程的特点是：从不联产到联产，从联产到组到联产到劳、到户，从通过工分拐个弯联产到直接联产。直接联产越来越多，目前在全国，它已经以70%以上的比例数成为一种普遍的形式。直接联产责任制在自身的发展中，也吸收了其他一些形式的特点；特别是由于它在一些经济比较发达地区的实行，以及分工分业的发展，承包的内容越来越丰富。在一些专业中，包干也不一定都是到户了，也可以到劳、到组。包干由于是直接联产，它实际上是联产承包的纯粹、完整的，因而也是典型的形式。其实，"包干到户"这个名称，已经越来越难以概括实际，不如就叫"联产承包"更为确切。

责任制发展、演变的这种过程，在许多地方大体上都是一致的。笔者曾以贵州和湖北两省作为经济比较落后和比较发达的两种典型，对其责任制发展的历史过程进行比较。尽管时间有先后，细节有差异，但就其历程的基本方面来说，却十分相似。这说明，责任制的发展和演变，有其自身的规律，不以人们的意志为转移。它作为一个历史的潮流，是不可阻挡的。

我国农村生产力和我国农业的特性及其要求

上面只是从事实上说明了联产承包责任制发展的必然过程。需要进一步深入思考和探究的是，这个过程为什么是必然的，其内在根据是什么？弄清这个问题，对于认识我国社会主义农业的发展道路，具有非常重要的意义。

农业合作化把我国广大农村的个体经济改造成为社会主义的集体经济。这是具有伟大历史意义的。农业合作化以后，我们的集体经济在相当的程度上沿用了集体农庄制度，其中主要是：（1）集中劳动；（2）"劳动日"即工分制度。合作经济刚刚建立起来，由于缺乏经验，沿用这种制度是很自然的。可是时间长了，在人们的观念中，它似乎成了社会主义农业的固定模式。尔后虽然有过若干调整，但集中劳动和劳动日制度始终没有根本的变动。这样的具体制度在外国实行的利弊得失如何，这里且不评判。只就我们自己实行的结果来说，经验证明，它不适合我们的国情，不适合中国农业的情况。

把握中国农业的情况，首先需要对现阶段我国农村的生产力有一个总的、恰如其分的估计。

第一，从生产工具和设施以及种子、肥料等生产物质条件来看。

一般地讲，在我国农村，社会化的生产工具还很少，基本上仍须依靠耕畜和犁、耙等手工工具，水利排灌设施亦非普遍、完整，至于整个农村的基础结构，包括交通、通讯等等手段，则更为薄弱。但是，作这样的基本估计，并不排斥以下的事实：经过30年建设的我国农村，毕竟还是积累了一部分先进的生产手段。主要的是：（1）兴修了大量的水利工程，灌溉面积扩大到耕地的45.2%。（2）拥有了一些大中型机械，并在相当的范围使用了电力。农业生产的某些环节上，机械作业占了一定比例，如机耕面积占到41.3%，机播也有一些；另外还拥有联合收割机近3万台，载重汽车近14万辆；农村年用电量320.8亿度；农村公路也修建了不少。（3）良种培育、化肥、农药等的应用，也有明显进展。如杂交水稻、鲁棉一号等良种的推广范围扩大，获得大幅度增产的效果；每亩耕地施用化肥从1952年的0.1斤增加到目前的17斤。这说明我们也并不是两手空空，什么也没有。

这是总的来说。各个地方很不平衡，差别是显著的。迄今为止，确实还有不少农村社队，固定资产很少，水利、种子、肥料、农药等条件非常落后，除了一些牲口和简单农具之外再无长物。在贵州毕节地区等处就可以看到这种情形。不过，完全属于这种类型的地方并不很多。比较多见的是，先进的生产手段有一些，但为数不多或者很少。像贵州遵义、安顺等地区，安徽滁县等地区都属于这种类型。再一种就是比较发达富庶的地方，像湖北省江汉平原，那里的农村，排灌系统完整，大中型农业机械也比较多，铁路、水路、公路四通八达，生产和流通条件都比较优越。其他省区有不少地方与此相类似。所以，我国农业上有一个关于落后、中间、先进地区的分类，其中，生产物质条件的区别，是一个重要的内容。这样的分类是合乎实际的。不过也还可以看到，属于先进水平的一类中，水利、机械等也往往尚未全盘配套，手工劳动仍然占很大比重；而一般不发达状态的类型中，往往也拥有某些先进机具或设施，即使为数较少或很少。不仅从全国，而且从一个地区，甚至一个合作经济组织，也可以看到现代的与古老的、先进的与落后的两种生产手段同时并存，这是当前我国农村生产力结构的一个重要的特征。

第二，从分工的发展状况来看。

分工是生产力发展的表现。总的说，在我国农村，长时期来，分工没有获得广泛和显著的、具有本质意义的进展，至今仍处于不发达的状态。这又有两层意思，首先是经营单一，主要为种植业，其他如养殖业、畜牧业等等基本上是作为家庭副业存在，很少分离出来成为专门的产业；其次，在种植业的内部，生产过程的若干环节，如良种培育，耕、播、收割，植保措施等，很少基于工具、技术的进步而成为专业。与这种状况相适应，过去农业生产的商品率一直很低。每个农业人口平均提供的商品农副产品（包括粮食），1957 年为 40.2 元，1978 年为 68.85 元，21 年只增长 71.3%。粮食的商品率一般只达 15% 上下。就是说几乎全体农民都在种粮食，种出粮食的绝大部分都是农民自己吃掉了。当然，总起来作这样的描述，并不等于否认也有相当一些地区，分工有了较多的发展。在湖北省荆州、孝感等地区可以看到，种植业之外，养殖业和一些手工业等不仅作为家庭副业存在，而且正逐渐形成独立的行业；种植业内部一些生产环节如管水、制种、机耕机播、植保，也显露独立出来成为专业的趋向。

第三，从生产者的文化技术知识、经营能力和组织管理水平来看。

同生产物质手段的落后、分工的不发达和生产的自给性相对应，干部和群众的文化程度低、科学技术知识缺乏、经营和组织管理能力薄弱，是较为普遍的现象。据安徽滁县地区 91 个公社的调查，在公社、大队和生产队三级干部中，文盲占 9.7%；小学程度 50%；初中 33.2%；高中以上 7.1%。再据吉林省辽源 4 个公社调查，大队一级干部中，文盲占 13%；小学程度 57%；初中 28%；高中 2%。另据广西梧州地区 8 个县 94 个生产队的调查，在全部劳动力中，文盲占 17.1%；小学程度 54.9%；初中 14.2%；高中 8.7%。在普遍的水平较低的情况下，确实也有一些知识、能力较高的人们，如某一行业的内行，各种能工巧匠，精明强干的经营者，等等。只是为数不多，分布也很不平衡。如在贵州不发达的、闭塞的农村里，有较高知识、技能，善于经营者，只能偶尔见到，相当显眼。在湖北省的一些地方，如应城、洪湖等县，情形有所不同。各业人才，如养殖鱼苗、幼鱼和成鱼的能手等，就比较容易见到。干部的经营管理，也显然具有一定水平。这些地方的社队干部当中，知识广泛，思路清晰，对于责任制的内部经济关系和外部经济交往，对于种植业、养殖业和其他多种经营以及分业分工的发展趋势等等，具有比较明确的见解者，确非个别。

从农村生产力的上述状况中，可以概括出两个层次的特征：一个层次是物质生产手段的落后，分工的不发达和生产者文化科学知识和经营管理能力的缺乏。对于这样的生产力特征，只采取协同劳动的生产方式，是不能与之相适应的。广大农村的基层干部和群众都很清楚，像耕牛和中小型农具这样一些物质生产手段，一家一户完全能够驾驭操纵，适合于分散独立使用，硬要把这些东西"归大堆"，反而不易饲养或保管维修不善，降低其使用效果。而没有较为发达的分工，也就不会发生许多建立在分工基础上的协作的需求。在这种情况下，如果一定要实行协同劳动，那就只能是简单协作。我国农业合作化以来，大多数地方实行的，基本上就是这种简单的协作。虽然经典著作中讲过简单协作也有优于独立劳动的地方，但那说的是一定的场合；我们的农业生产中也有这样的场合，如抢收抢种，一家一户可能较难及时完成，但也只要临时性的换工互助便可解决，并无必要一年到头进行简单的协作。

然而，如果由此而认为我国农村只能实行个体经济，那是完全错误的。因为以上只说了农村生产力的一个层次的特性。此外还有一个层次，这就是：在生产手段普遍落后的同时，又有一部分先进的工具和设施与之并存；在分工普遍不发达的同时，又有多种经营和生产过程某些环节成为专业的趋势；在生产者的文化科学水平普遍不高的同时，又有不可忽视的一些技术和经营能手的存在。农村干部和群众也都清楚，一些大型的、社会化的生产设施和装备，是不能分的，需要集中由专门的人员去驾驭操纵和保管维修。这也并不是说，在农业中一家一户绝对不能使用现代化的先进工具进行耕作，有的国家就这样做了。然而，这种做法对于我们来说，不仅当前不可能普遍实行，而且将来也不可取。因为，我们在一个时期内不可能有那么多的现代化工具及其所需耗费的能源供给所有的农户；农民也没有那么多资金来获得这些装备；在农村文化和科学技术还没有提高到一定程度时，普遍掌握和使用这样的装备也不可能。即使都能获得和掌握使用了，在一家一户的范围内，利用率也很低，闲置浪费很大，会使农产品成本大大提高、效益大大降低。因此，一些现代、先进的生产手段，主要还得依靠联合即集体的经济力量去获得，并通过专业化，使这些生产条件得到合理的使用，以充分发挥其效能。这就是说，在土地以及耕畜、手扶拖拉机一类的小型机械和普通农具分散使用，相应地生产过程独立进行的同时，需要集体统一使用某些生产要素，统一组织若干生产环节的专业化以及分工基础上的协作。在有了宜于统一使用的大型、先进生产手段，有了分工的某些发展的地方和社队，一般也具备担负这类职能的某些干部条件。

还需要看到，我们的农业是以整个国民经济的大系统为宏观背景的。对于农村的生产力，不能只是孤立地观察其本身的要求，还必须把它同城市工业联系起来加以考虑。城市工业中，现代装备已经有了相当的规模和数量，科学技术和组织管理也已具有一定的水平，实行分工基础上的协作，是社会化的生产方式。它所需要的大量的粮食和多种原料的供应必须依赖农业，它必须与农业建立紧密的经济联系。这就要求国家不仅对工业，而且对农业的生产也要进行自觉的、有计划的控制。而这种紧密的经济联系和对生产的自觉控制，不通过劳动者的联合即合作经济组织这个层次，就很难进行。这也就是说，即使在那些还没有什么大型、先进的生产设施需要统一使用，也还没有什么分工基础上的协作需要统一组织的地方和单位，在分散、独立劳动的同时，集体对于生产过程的自觉控制也是完全必要的。

把握中国农业的情况，除了分析生产力的特性之外，十分重要的是考察它作为与工业不同的产业，因受耕地、人口、地理位置、气候类型等等因素的影响而形成的特性。

农业作为通过植物和动物的生长繁殖以取得产品的一种产业，其与工业的不同，如分布的空间广，生产的周期长等等，是人们所熟知的。这里需要说到的是，有生命的劳动对象，需要劳动者在整个生产过程中，不论劳动时间或非劳动时间，都给以关怀；并且根据其生长、繁殖情况和自然条件变化，随时作出符合实际需要的决策和采取相应的措施。这一点对于我国农业来说，特别需要考虑。由于大部分地方耕地少、人口多，必须集约经营、精耕细作，劳动者对其劳动对象的照管以及根据不同情况采取独立决策和措施，具有更为重要的意义。过去的那种简单协作把农民天天集中在一起，使其无法根据劳动对象和自然气候的变化情况独立地采取各项措施，一切决策权往往全由少数干部掌握，特别在如前所述干部的经营管理水平一般不高的条件下，瞎指挥、"大呼隆"所造成的后果往往会是相当严重的。

然而，我们的农业不仅有赖于精耕细作和灵活的对策；而且，地理位置、气候特点以及上溯千年的开发历史，造就了我国农业在许多地方具有灌溉农业的特点。为了对付频繁的旱、涝、虫灾，就相当广大的地区来说，水利是命脉，防虫治病也至关重要。这就使得人工改善生产条件，进行农田水利基本建设的任务较大，并且在日常生产中需要某些生产要素的统一使用和某些生产环节的统一安排，如用水、植保就非统一不可，而用水的统一又要求作物种类安排上的统一等等。

可见，不论从生产力的状况来看，还是从耕地、人口、地理位置、气候类型等对我国农业的影响来看，都可以归结出两重特性。把握中国农业的情况，关键就在于把握两重特性及其所导致的两个方面的客观要求：一方面是分散独立的劳动；另一方面是国家和集体对于生产过程的控制协调。因此，分田单干，个体经济的路子当然走不通；而那种排斥分散独立的劳动，只要集中统一的模式，也是不适合我国国情的。

和集中劳动相适应的分配方式，就是劳动日或工分制度。这个制度在我国农村的实行，已有多年的历史，要考察其利弊得失，最好先听一听农民的评判。为此，我曾经同基层干部和群众着重讨论过工分的问题。他们回顾了多年的实践，一致认为这是一个很不成功的制度。"我们搞过的花样多了，固定工分，死分活评，定额工分，大寨工分，没有一样搞得好的。""工分工分，男十女八姑娘七，姑娘一出嫁，七分变八分。""死分活评，评到半夜，不欢而散；你们干部评工资还闹矛盾哩，何况我们农民？""我是生产队长，对于工分这件事，就不能认真，太认真了，将来我家死了人，也没人来管。""定额工分，我搞过，花了很大气力，干什么活，干多少，得多少工分，一项一项规定。如犁地，有用壮牛，有用弱牛，还有用中等牛的，各不一样；同样的牛，地又不同；同样的地，下雨和干旱又不同……项目之多，无穷无尽，印成书也有厚厚的一本，烦琐哲学，农民不感兴趣，还是行不通。""那些耍滑的、吵闹的，你不给他满分不行；老实巴交的农民，分少了也不闹，但是干活的心劲就提不起来了。""工出了，分评了，七除八扣，分值怎么出来的你也搞不清，最后钱粮到个人手里，就没有多少了。"

本来，不同种的，特别是不同质的，即不同复杂程度和熟练程度的劳动直接衡量和比较，就是很困难的。"劳动日"是劳动时间的概念，它本身不易表现实际提供的劳动量，尤其难以表现劳动的质。事实上它并没有起到尺度的作用，而只是一种"筹码"。要知道实际劳动量和劳动的质，还要依靠人们来"评"，或者依靠定额。而多年的经验又证明，评是很难评好的。由于农业劳动基本上还是手工劳动，劳动条件复杂多变等等特殊性，合理的定额难以制定。农民限于文化水平，过于复杂的东西不容易弄清，难以搞好。因此，如果说集中劳动往往产生瞎指挥和"大呼隆"，那么劳动日制度则往往造成"大锅饭"。再者，因为劳动日只是筹码，农民干活只知道得多少工分，而不知道工分的实值。到了年终算账，生产经营上的浪费，一些干部多吃多占，都可以成为劳动日值的扣除。这些，都对农民的积极性发生严重的影响，使我国的农业生产长时间缺少内在的动力。

社会主义生产关系并不存在一套固定的模式。我们的任务是根据我国生产力发展的要求，在每一个阶段上创造出来与之相适应和便于继续前进的生产关系的具体形式。集中劳动和劳动日制度既然已被实践证明并不适合我国农业和我国农民的实际情况，那么就需要创造出新的形式来代替它。新的形式已经被广大农民创造出来，这就是联产承包责任制。

联产承包责任制恰恰适应了我国农业的两个方面的要求：一方面是分散独立的劳动；另一方面是国家和集体对于生产过程的统一控制。用现在大家习惯的语言，即一方面是"分"，另一方面是"统"。作为联产承包制的核心的"包"，是分和统的结合体，没有分就不能包，没有统就不是包。包，把分和统巧妙地联结起来。"统"又有两重涵义：对生产过程的控制是第一重涵义的统，凡是包就必须有这种统；某些生产要素的统一使用，或某些生产环节的统一安排是第二重涵义的统。这种统的有无或多少，主要依社会化生产手段的有无或多少而定，具有很大的灵活性。这种灵活性使得联产承包制适用的范围宽广。能够适用于经济落后的地区，也能适用于比较发达的地区，这正说明它是一种便于继续前进的生产关系具体形式。

二 "统""分"结合的生产过程

联产承包制作为适应我国国情的社会主义农业合作经济的新形式，具有一定的特殊性和复杂性，它所呈现出来的一些经济现象，尤其是劳动分散到一家一户进行，劳动报酬不通过工分而直接为个人从产品中获得这样两个独特的经济现象，容易使人迷惑。因此，为说明这种经济形式的性质及其规律性，必须对它的内在过程进行剖析。

土地的包种，是采取这种形式的农业合作经济生产过程的出发点。

土地的包种

集体所有的土地之所以要按劳或分户包种，如前所述，是由我国农业生产力的两重特性及其导致的"统"与"分"两个方面的要求决定的。

各地实行责任制，在土地的包种上采取的方法，一般有这样三种：（1）按人口包。即把集体所有的全部包种土地按人口来平均，再按各户人口的多少决定其包种的亩数。（2）按劳力包。具体做法又有两种，一种是把全部包种土地按自然的劳力人数来平均，凡能够常年从事劳动的都算一个劳力，再按各户劳力人数的多少决定其包种的亩数；还有一种做法是所有劳力都要按其强弱评分，满分为一个劳力，如果一户人家有三个自然劳力人数，评分结果只得 25 分，那么就按 2.5 个劳力来包。（3）按"人劳比例"包。即在全部包种的土地中，以一部分按人口包，以另一部分按劳力包；比例又各不相同，如人七劳三、劳七人三、人劳各半等。还有一种做法是把全部包种土地区分为口粮田和责任田，种植自给部分的粮食所需的土地为口粮田，种植其他作物和商品粮食的土地为责任田，口粮田按人口包种，责任田按劳力包种。

为了考察上述种种承包办法的实际差别，笔者曾根据对一些生产队的调查材料，作了如下的比较：（1）计算出全生产队的，亦即各户平均的人口与劳力之比，也可以叫做每一劳力的"负担系数"，如五口之家两个劳力，则每一劳力负担 2.5 人，如三口之家两个劳力，则每一劳力负担 1.5 人；（2）再计算出每一户的实际负担系数；（3）分别照五种承包办法，即按人口、按人七劳三、按人劳各半、按劳七人三、按劳力等承包办法，计算出各户实际包种的土地亩数，进行比较。结果是：凡属负担系数接近于平均水平的户，无论采取以上哪一种承包办法，其实际包种的土地亩数都不会发生显著的变化。这样的户，就所调查的生产队看，一般占 20%—30%。负担系数与平均水平有明显差别的户，则有两种情况：一是劳多人少，即负担系数小的户，如果采取上述第一种，即全按人口承包的办法，其实际包种的土地数量，虽然按家庭人口来平均会等同于全队的平均水平，但是按家庭的劳力来平均则要显著地少于全队的平均数，从调查材料看，可以只有全队平均数的一半以至更少；假如采取第五种，即全劳力承包的办法，其实际包种的土地数量，按家庭人口平均可以达到全队平均数的一倍以上，然而按家庭的劳力平均则只等同于全队的平均水平。二是人多劳少，即负担系数大的户，则完全相反，在采取第一种承包办法时，包种的土地虽然按家庭人口平均仍然会与全队的平均数相等，但按家庭劳力平均则会显著多于全队的平均数；在采取第五种承包办法时，包种的土地按家庭人口平均会显著少于全队的平均数，而按家庭劳力平均则又与全队的平均数相同。由此可以看到，采取不同的承包办法所产生的实际差别是值得注意的。倘若采取上述五种承包办法中的一些中间的办法，这种差别可以在不同程度上缩小。

通过以上的比较分析，可以看到，在当前条件下，有这样两个比较合理的界限：第一，要使得人多劳少户不至于发生口粮问题。为此，就得根据集体所拥有的土地数量和土地的单位面积产量，来决定按人口包种的土地在全部土地中所占的比例。一般来说，集体人均拥有的土地少，按人口包的比重就要大些，反之，比重就可以小些；在集体拥有的土地面积既定的条件下，单位面积产量低，按人口包的比重也要大些，反之也就可以小些。第二，要使人多劳少户实际包种的土地不至超过其劳力所能承担的限度。为此，还得考虑生产工具的状况和劳动的集约程度。生产工具和设施较好，劳动效率较高，每一劳力所能承担的土地面积就较大，反之则较小；劳动集约程度较低，每一劳力承担的面积就较大，反之则较小。

这两者只是原则界限。在实践中，土地究竟如何包种，还要涉及种种具体情况，如种植业之外多种经营门路的开辟是否困难，农民的习惯和观念，等等。

对于土地，一般都认为，按人口包种是一种落后的办法；只有按劳力承包才是合理的，因为它有利于劳动者与土地这一重要的物质生产条件的充分结合。从原则上讲，这种看法当然是正确的。然而，实际的情况比较复杂。目前，按人口包种还是相当大量的。贵州省就是全按人口。安徽滁县地区一般是按人劳比例，也有按人口的。湖北荆州、孝感地区的情况就不同了，一般是按人口包种口粮田，按劳力包种责任田，也有全按劳力包种的。看来，在经济比较落后的地方，按人口包种或以按人口包种为主，有它的必然性。

我国大多数地方人口多耕地少，按人口平均的耕地面积很有限，按劳力平均的土地也显著地少于一个劳力所能承担的数量。其中经济比较落后的地方，农业经营又甚为单一，基本上是种植业，种植业中又基本上是粮食的种植，而粮食的单位面积产量又不高，甚至还相当低。因此，在很大程度上是自给性生产，产品除了生产者自身的消费，所余无几。在这种状况下，如果土地按劳力包种，可能使人口多劳力少的户不能解决口粮问题；而劳力多人口少的户则仍然存在劳力的剩余。如果按人口包种，对于人多劳少的户来说，它的劳力一般也足以承担其所包土地上的工作量，有的甚至还有余；对于劳多人少的户来说，劳力的剩余当然会更多。出路在于开展多种经营。不论人多劳少户还是劳多人少户，大家都解决了口粮问题，从单一经营逐步走向多种经营，也就有了可能性。带着口粮去搞多种经营，多种经营才建立在可靠的基础上，才搞得起来。贵州省的经验说明了这一点。可以说，土地按人口包种虽然是一种落后的办法，但生产力本来就落后，与其相适应，落后的承包办法也具有其合理性。而且，许多农民有长期形成的"靠田吃饭"的传统习惯和牢固观念，按劳力承包他们不接受，按人口承包却为他们所欢迎。所以，在人多地少而经济落后的地区，一般地讲，按人口承包几乎是个必经的过程。

生产有了增长，口粮完全解决，商品粮食多了一点，多种经营有所发展，农民从多种经营中获得利益，事实上不再完全靠田吃饭，他们的习惯和观念也会改变。在这种情况下，土地按适当的人劳比例包种以至全按劳力包种，就会为群众所选择和接受。安徽滁县地区，特别是湖北荆州、孝感地区的情况，证明了这一点。

已经谈到的种种承包办法，包括人们认为合理的土地全按劳力包种，都还是"家家包地，户户种田"。其实，从发展的角度看，这种状态仍然是不合理的。更为合理的承包办法，应该是只由从事种植业的劳力来包种土地，进行种植业以外多种经营的劳力放弃种地而专门从事自己的行业。这样不仅有利于分工和专业化的发展，而且使得劳动效率继续提高以后的种植业劳力，能够有较大面积的土地与之相结合，从而大大提高种植业的商品率。

目前有些地方，如湖北江汉平原，已经实行一种办法，即从事多种经营的劳力只包口粮田，不包责任田，这可以说是一种过渡的办法。但要完全实行由种植业劳力包种土地，其他专业劳动者与土地分离，除上述生产方面的条件，如多种经营发展成为常年稳定的专业以外，还需要流通方面的条件，其中主要是对种植业以外专业劳动者的商品粮有稳定和可靠的供应，以及粮食品种上基本符合需要和价格制度上的合理。

以上所述，无论从原则和实践来看，都可以得出这样的大致结论：越是在人多地少而经济落后的地方，越是需要将土地按人口来包种；随着经济的发展，特别是单产提高，口粮解决，商品增加，经营多样，人们就会要求按人劳比例以至全按劳力包种土地；经济条件进一步具备，才有可能进到全部耕地由种植业劳力包种。后者当然是最为合理的，但达到这种状态，需要一个发展过程。

到此，还只是考察了承包者与土地的数量上的关系，这当然是其中最重要的关系。但是还有一个土地质量的问题，即地貌、土质、水利条件、距离远近等。实行土地包种，一般地说，无论是按人口、按劳力，或按人劳比例，都要依据这些来对土地分等划级，加以搭配，这就是说，承包者既种好地也种坏地。于是，不免把土地分得比较零碎，不利于连片耕作。当然，有的地方基本上不存在这样的问题，如贵州的山地，本来地块一般都不大；但在平原地区，这个问题就较为突出。因此，有的同志认为，这是联产承包制的局限性。其实，联产承包制并不注定如此。开始时，土地分得比较零碎的现象也许难以避免，然而，随着承包以后经济的发展，这种现象是完全可以并且必然要改变的。第一，当农业经济的发展使得这种现象成为它的障碍时，农民就会要求加以改变。第二，改变的办法，一些地方已在创造，概括起来讲，主要是把质折合为量。例如湖北应城县一些公社所实行的，即依据地貌、土质、水利条件，以及历史上的产量等情况，来测定每一块土地的常年产量或基本产量。承包时，不再按耕地的自然面积，而是按常年产量或基本产量来计算，这样质就折合为量，好地坏地也就无须搭配了。第三，如上所述，当农民在事实上已经不是完全靠田吃饭的时候，他们对于土地的观念也必然随之发生变化，越来越不那么计较了，这样，也就易于实行土地的连片。加上前面提到的非种植业者不断从土地上分离出去，种植业者包种土地面积扩大的前景是可观的。

概括起来，无论是按人口、按劳力还是按人劳比例，无论是从土地的数量还是质量来看，都必须是均等的。当然，这里包涵着从不同角度来看的均等，有从人口角度来看的均等，凡人都要吃饭，都包给一份口粮田；有从劳动者角度来看的均等，凡劳动者都要与物质生产条件结合，从事种植业者，都包给一份责任田。从前一种含义的均等过渡到后一种含义的均等，即物质生产条件分配上的均等，或劳动者与物质生产条件结合上的均等，是生产力进步的表现。这种均等作为联产承包经济生产过程的出发点，对于整个生产和分配过程，具有深刻的影响。这在后面的分析中将会看到。

资金的使用

投入土地的资金，是农业的重要物质生产条件。

首先是固定资产。大致可以分为两类：一是耕畜和普通农具，如牛、马、驴、骡、犁、耙、板车、木船等，手扶拖拉机、小型喷雾器，以及其他一些小型机具也包括在这一类中。二是大型的农业机械、运输工具和水利设施等等。前者属于一家一户完全能够驾驭操纵，适合于分散独立使用的一类；后者则为社会化的生产手段。

前面曾经指出，当前我国农村生产力结构的重要特征，就是现代的与古老的，先进的与落后的两种生产手段同时并存。现代的、先进的，亦即社会化的生产手段，在各个地区以至各个集体经济之间的分布，是很不平衡的，有的多些，有的很少，有的没有。然而，即使在那些社会化的生产工具和设施较多的地方，耕畜和普通农具也远未被淘汰，而仍然占很大比重。至于那些现代的、先进的生产手段很少或没有的地方，耕畜和普通农具就更是主要的东西了。

毫无疑问，随着土地的分散使用，这些不适合于集中使用的生产手段，必须同时分散使用。

各地在实行联产承包中，对于这些固定资产的处置办法多种多样，其中主要的有两种：一种是作价归户，即将集体的耕畜、农具逐一按现值作价，然后根据各户包种土地面积的大小等情况，分别归于他们。比如，包种土地较多的户，可以把大的牲口分给他，而包种土地较少的户，可以分给一头小的；如果集体原有耕畜不多，还可以采取"专户饲养、联户使役"等办法，几家合用一头牲口。各承包者拥有耕畜之后，分期向生产队交付价款，或由生产队每年提取折旧费，到提完为止。另一种办法叫做"折价保值"，与作价归户不同之处，在于耕畜归承包者之后，暂不向生产队交付价款或折旧费，而只是由承包者保值使用，就是说，牲畜养得壮大了或生了幼畜，增添的价值归承包者，减值或死亡由承包者赔偿。其他农具的分散使用办法，和耕畜大致相同。耕畜、农具等物质生产条件的分配，和土地的包种一样，各个地区各个集体经济组织都十分注意通过折价和互相调剂而达到大体均等。

相当一些地区和社队，在联产承包之后，除了从集体分散到各承包者的耕畜农具之外，各承包者又自己补充购置了一些。近两年来，农户自行购置耕牛以及手扶拖拉机一类小型机具的，已经常见。其中，有由信用社贷款（有的地方信用社曾专项发放"耕牛贷款"）购置的，也有农户用自有资金购置的。

根据以上这些情况，有的同志提出，联产承包以后耕畜、农具基本上是归承包者个人所有了。应该说，事实的确是这样。问题在于，面对这样的事实，应当如何来看待？

这里，我想引用贵州一位农民的一句话，他说："耕牛犁耙这些东西，就算私有吧！我们大家吃饭，还都得有一双筷子哩。"意思是说，这些耕者必备之物，家家户户都有，而且相差无几，从中体现不了多大的占有差别。这位农民讲得精辟，事实确是如此。

还要进一步指出的是，我们的农业发展到今天，能够产生显著增产效果，带来土地级差收益的，基本上已经不是耕畜和普通农具这些东西了，而主要是像水利设施、良种（如杂交水稻）、复合化肥等等。而水利设施、良种培育等，一般由集体掌握，或者集中经营，或者专业承包，既不能分到各家各户，也不能归个人占有或垄断。因此，耕畜和一些普通农具不仅如前所述按其本性宜于个人占有，而且这些东西的个人占有，对于整个合作经济的性质并不会发生什么影响。

还要谈一下流动资金的问题。联产承包以后，用以购买种子、化肥等等投入土地的流动资金，一般来说，是各承包者自有的。各承包者拥有流动资金的多少，主要取决于他们自己的积累。因此，在拥有量上是有差别的，而且差别可能还会逐渐明显。一些农户手里的钱多了，还可以转为购置固定资产，如小型拖拉机等。

于是，人们还要提出，对于各个承包农户拥有资金的这种明显的差别，又应当怎样看待呢？回答这个问题，关键在于把握如下两个往往被人们忽略的界限。

第一，资金的拥有量和投放量是两回事，其间的界限必须分明。各个农户手里的货币拥有量有的多，有的少，差别比较明显，这是事实。然而，那些拥有货币较多的人，如果把货币放在家里，存在银行或信用社里，那么，他们的这些货币实际上并没有执行资金的职能，起到资金的作用。马克思在讲到资本的职能时曾指出："资本在它不执行职能的时候，不剥削工人，也不是同劳动处于对立之中。""执行职能的资本家不是从他对资本的所有权中，而是从资本同它只是作为无所作为的所有权而存在的规定性相对立的职能中，得出他对企业主收入的要求权，从而得出企业主收入本身。"[①] 各个农户手里的货币当然不是资本，不过，马克思所讲

---

① 《资本论》第 3 卷，载《马克思恩格斯全集》第 25 卷，人民出版社 1974 年版，第 426 页。

的上述重要道理，在这里也是适用的。农民手里的货币，不是用来购买种子、肥料、农药等等，即没有转化为生产资料的部分，与工人及城市居民的储蓄没有什么不同，它可以转化为生活资料，如用以购料建房或购买其他耐用消费品（实行责任制后的农村，这方面的需求相当可观），从严格意义上讲，这不能算作资金。所以，考察各承包户在资金量上的差别，必须着眼于转化为生产资料，与劳动结合，即投入生产过程，并从而取得效益的那一部分。

在农业技术没有发生质的变化的条件下，流动资金在土地上的投入量，是有限度的，超过合理的限度，效果就会降低，甚至会是无效果的。特别是在联产承包以后，哪一个承包者也不会去做这种无效益的事情。而一个合理限度的投入，一般地说，各个承包户都能做到。当然，也可能会有少数困难户，由于资金缺乏，一个合理限度的投入也做不到，对于这种问题，集体就要通过信贷、扶贫等措施，来帮助他们解决。还有一种办法，像笔者在湖北应城等县所看到的，由集体规定每亩地流动资金的平均投入量，并由集体提供实物或货币。这样，困难户的资金投放问题，也就可以解决。

所以，从资金的投放量来看，各承包户之间的差异不会是显著的，由此可能带来的级差收益，也就很有限了。

第二，承包经济和农民在承包以外的自营经济也是两码事，其间的界限同样必须分明。在实行联产承包以前，在广大农村里也存在着农民的个人经营，即自留地和家庭副业。这些个人经营一向都被看作集体经济的必要补充，但它本身并不是集体经济，其间的界限是清楚的。现在实行了联产承包，农民在从事承包生产之外，有剩余劳动力和资金，仍然要从事个人经营，这就是自营经济。联产承包之后自营经济发展的问题，诚然引人注目，需要进行研究；但是这里考察的是联产承包制，即承包经济，如果将自营经济与之混同，只会妨碍我们对承包经济的剖析，结果弄不清其内部关系。所以要把自营经济暂时撇开，另作专门的探讨。这样，对于各承包户的资金投放，就要着眼于投入承包经济的那一部分。

上面曾提到农户用自有资金购买小型拖拉机的问题，这里就以之为例。据统计，目前我国农村，小型拖拉机每年一般只有两个月左右的时间用于农田作业，余下的时间用于其他活动。农民购买小型拖拉机后，为它安排的用途十分广泛，不仅用于生产，而且用于生活，诸如婚丧嫁娶，探亲访友，接送病人等等都能用上，但主要的还是用于从事营业性运输。这种营业性运输，无疑属于自营经济。不少同志就是以一些农户购买拖拉机进行营业性运输，从而取得较多的收入为根据，来说明承包之后，各承包户由于握有资金量的差别造成收入上较大的差异。这里，他们恰恰是把自营经济与承包经济混同起来，从而导致对联产承包制的经济关系的曲解。其实，农户的拖拉机，虽然既用于承包经济，又用于自营经济，但在其资金的价值量上，仍然是可以分别开来考察的。如上所述，农户用以购买拖拉机的资金，实际上只有六分之一左右是投入承包经济的。当然，使用小型拖拉机耕作，效率可能要比耕牛高一些，然而，农活的项目很多，仅此一点差别，对于成本、产量和收益来说，并不具有重大意义。

因此，在划分了以上两个界限之后，可以看到，承包经济中，各承包者之间，在土地以外的物质生产条件上，也是基本均等的。

分散、独立的劳动和劳动者的联合

生产手段的分散使用，同时也就是劳动成为分散、独立的劳动。这是联产承包之后出现的非常明显、突出，并且引人迷惑的经济现象。过去，社员每天到生产队集中，听候队长派活，大家一起下大田，今天锄这块地，明天挖那条沟；现在，分散固定在各自的承包地里干活，作物从种到收，基本上由自己独立完成。有人正是据此而非难联产承包为分田单干。因此，这里面临的问题是，对于这种酷似单干的独特现象，如何作出科学的解释？

为了解决这个问题，首先要来区分一下劳动方式和生产关系这样两个不同的概念。

按照马克思的学说，像独立劳动、协同劳动，协同劳动中的简单协作、分工协作，以及分工协作的不同发展形态等，都是属于劳动方式；而像奴隶劳动、徭役劳动、雇佣劳动、联合劳动等，则是所有制形态，即生产关系。根据前面的分析，我们过去的集体经济中所实行的集体劳动，在大多数情况下，其实质基本上是简单协作，即大家集中在一起，干一样的活。可是，长时间来，这种简单协作的劳动方式，却被人们当作社会主义的生产关系的特征。这是一个很大的误解！而要消除这种误解，不能不对理论上混淆劳动方式和生产关系这两个不同概念的状况，加以澄清。

简单协作在历史上早已有之，它同社会主义实在没有什么必然的联系，既不是社会主义社会劳动方式的特征，更不能代表社会主义的生产关系。

科学社会主义理论认为，社会主义生产的基本特征是劳动者的联合，即联合劳动。这里谈的是一个一个集体范围的联合劳动。联合劳动的组织，马克思的著作中叫做联合体。在我国农村曾经叫做生产合作社、集体经济，现在叫做集体所有制的合作经济，其实质都是劳动者的联合。如果把联合劳动用一句最简单的话来归结，那就是：劳动者用公共的生产资料劳动，并把个人的劳动力作为联合体总劳动力的一个组成部分来支出。那么，联产承包之后分散、独立的劳动，与联合劳动的最基本的特征是否冲突，特别是分散、独立的劳动怎么能够成为联合体总劳动的一个组成部分？

对于土地包种和资金使用的分析已经表明，在承包经济中，各承包者使用的正是公共的土地和一部分社会化劳动手段，非社会化的生产条件由于其本身不带关键性，在使用上又属均等状态，因此个人的占有并不具有本质意义。

问题还是集中在分散、独立的劳动与其作为联合体总劳动的组成部分的矛盾现象上。深入考察联产承包的实践可以发现，正是在这个矛盾现象当中，包涵着实质上的统一。个人把劳动提供给联合体，作为联合体总劳动的组成部分这件事，从联合体方面来看，也就是它根据共同的需要，去支配每一个人的劳动，安排每一个人去负担某种生产活动。因此，判别个人劳动是否属于联合体总劳动的一个部分，就要看他们的劳动是否受共同需要的制约，是否受联合体的支配。在承包以前，个人劳动完全受集体支配，这种支配达到具体而微的程度，队长每天派活，安排这部分人干什么，那部分人干什么；上面曾经论证了这种做法不适合我国农业的情况。承包以后大不一样了，承包者不再完全被动地每天听候队长指点干这个，干那个，他们在具体的生产活动上有了很大的主动性。然而，从整个生产过程的基本方面来看，仍然要受共同需要的制约和受集体的支配。讲得具体一点，一个承包户，包哪块地，多大面积，主要种什么作物，应该达到多少产量，秋后交多少提留，交些什么东西，完成多少统购、派购任务，都要在承包时确定下来。这样，集体对于整个生产过程的基本方面，也就控制起来了。特别是确定了秋后必须向集体、向国家缴纳或交售多少和什么产品，承包户就要据此进行种植。比方说是种水稻吧，他必须进行像耕地、整地、灌水、育秧、插秧、施肥、中耕、灭虫、收割等等一系列的工作。这些工作具体怎么做，如采取什么办法育秧，施用的不同肥料怎样配合，中耕几次，等等，他可以自主，当然是要根据作物生长的规律和气候变化的情况，并非随意。他把这些工作做好了，就可能超产，获得较多的收入，否则就可能欠产，总之他必须积极认真地去做这些工作。在承包以前，社员参加集体种稻，同样也是要做这些工作，只不过是每天在队长的分派下去做罢了。因此，可以这样说，过去由生产队长天天给每一个社员派活，现在借助于定作物定产量，特别是定提留定交售，把全年的生产任务都一次派给他们了。这就说明，在承包经济中，每一个承包者的劳动，仍然是联合体总劳动的一个组成部分。

既然整个生产过程的基本方面受着集体的制约和支配，个人的劳动在基本的方面必须符合集体的共同需要，成为集体总劳动的一个部分，这就具备了联合劳动即社会主义生产过程的特征。

上面区分了劳动方式和生产关系这样两个不同的概念，通过这种区分，说明了联产承包具备联合劳动的特征，是联合劳动的一种形式。然而一些同志可能还会提出，劳动方式与生产关系就没有什么关联吗？是有关联。不过，首先需要把这两者区别开来，然后才谈得上关联；如果首先就把它们混为一谈，也就无所谓两者之间的关系了。

劳动方式是由生产物质条件，特别是生产工具和设施，以及生产者的能力，包括操作技能、文化和科学技术知识、组织和经营管理水平所决定的；它是生产力的表现形式。在农业中，劳动方式还在相当程度上受到地理位置、自然环境、气候特点，以及动植物的生长、繁殖规律的制约。

人类社会的原始阶段，生产工具的极其粗陋和劳动能力的十分薄弱，使得人们不集合在一起就无法生产和生存，简单协作遂为基本的劳动方式。经过多少世代的经验积累，工具有了进步，劳动能力获得增进，人们能够独立地进行生产了，简单协作才越来越多地为独立劳动所取代，这是原始社会解体时期的现象。生产力的这种进步突出地表现在分工的发展上，如畜牧业单独分离出来，手工业脱离农业，以及商业的出现等。然而，在人类进入近代社会以前的漫长岁月中，分业生产和分工协作一直没有得到充分的发展，在依靠人力、畜力和手工工具的情况下，独立劳动以及或多或少与之并存的简单协作，始终是普遍的劳动方式。独立劳动有两种形态：一是基本上与外界隔绝，自给自足，只能以一点有限的剩余产品去进行交换的小农劳动；二是从事某种行业，产品进入市场并从市场取得生产资料和生活资料的小商品生产。第二种形态的充分的发展和繁荣，是人类逐步进入近代社会的标志，在此之前，基本上处于第一种状态。这样的自给性的生产方式，也叫做自然经济。

近代社会生产力的迅猛的发展，特别是机器大工业的出现及其不断革新，使得生产活动的领域越来越扩展，生产门类的划分越来越细密。马克思、恩格斯认为："任何新的生产力，只要它不仅仅是现有生产力的量的扩大（例如开垦新的土地），都会引起分工的进一步发展。"① 分工基础上的协作构成近代劳动方式的特征。它也有两种形态。一种是按行业的分工，如农业分为种植业、养殖业、畜牧业等，各业之中又分许多门类，如种植业又分粮食和经济作物，粮食和经济作物又各分许多种，等等。按行业分工的劳动方式，可以是上述独立劳动的第二种形态。它的发展，并不以大机器为前提，但生产者必须具备一定的专业知识、技能和经营能力。在这种分工的基础上，协作的方式是通过商品交换，即生产为别人的消费，消费（包括生产消费）依赖别人的生产，是社会化生产方式的初级发展形态。另一种是不仅按行业分工，而且在一个生产过程内部各个环节之间分工，这种分工一般来说要以机器或其他社会化生产设施为基础，并实行协同劳动。它标志着社会化生产方式进一步的、较高的发展。

劳动方式是由生产力决定的；生产关系必须与一定的劳动方式，或者说表现为这种劳动方式的生产力发展状况相适应。这就是三者之间的一般关系。

从总体上说，社会主义生产关系必须以社会化的生产方式为其基础。现在具体地说，在当前我国的农业中，社会主义联合劳动又怎么能够与非社会化的独立劳动的方式相适应呢？前面在对旧的经济模式的批判分析中，实际上已经阐述了这个问题，现在从生产关系与劳动方式的关联这一角度，再作如下的简单概括：

第一，如果单纯地只就农村中非社会化的劳动方式来说，那么，个体经济是能够与之相适应的。然而，我们整个社会生产的主体部分，即国营工业，是以社会化的生产方式为基础的，它不仅需要本身的各个部门、行

---

① 《德意志意识形态》，载《马克思恩格斯选集》第1卷，人民出版社1972年版，第25页。

业之间的协作，而且要求农业与之保持紧密的经济联系。因此，国家不仅对工业，同时对农业的生产也要进行自觉的、有计划的控制，这种紧密的经济联系和对生产的自觉控制，又需要通过劳动者的联合即合作经济组织而得到实现。所以，如果不仅是从农村中非社会化的生产方式来看，同时又从整个社会经济中占主导地位的社会化生产方式来看，联合劳动又是与后者相适应的。联产承包制既保留了独立劳动，又实行了劳动者的联合，是能够适应两个方面要求的一种联合劳动的特殊形式。

第二，劳动者的联合，决不仅仅是农业外部的要求。从前面对于我国农村生产力的两个层次的分析中可以看到，与大量的非社会化劳动方式并存，若干生产项目和生产环节的专业化和分工基础上的协作，在相当一些地区，已经有所发展，只是在数量和水平上很不一样，上述联合劳动的特殊形式，是符合这种发展要求的。

两层决策

分散、独立的劳动和劳动者的联合，在合作经济的实践中，表现为经营上的"统"、"分"结合，两层决策。

不少同志以为，联产承包制，特别它的比较纯粹和典型的形式即"大包干"，不存在集体的统一经营。事实并不是这样。什么叫经营？经营就是对生产、分配、交换等经济活动的决策，以及组织这些决策的执行。据笔者考察，包括"大包干"在内的联产承包制，其经济活动的基本的决策，是由集体统一作出的。例如，在贵州、安徽等省都可以看到，实行包干到户的集体，规定种植作物的主要品种、面积，规定产量、产值，规定收入中集体提留多少，其中用于公共福利、公共积累、管理开支各多少；规定向国家的交售任务；等等。这些，都落实在与各户订立的承包合同中，还采取种种措施保证其执行。这难道不是集体的经营？在湖北省可以看到，实行包干到户的集体，都要统一考虑如何严格地划分土地的等级，并且把强弱不同的劳力折合为统一的标准劳力数，使土地的包种更加合理；还要统一考虑如何细致地开辟养殖业、工副业等等多种经营门路，如何精确地安排集体提留的使用，如何全面地筹划抗旱排涝和水利建设。这难道不是集体的经营？所到之处都可以看到，集体的决策，即集体的计划落实到各个承包户，成为与各户签订的承包合同；各户承包合同的汇总，就是一个集体的完整的经济计划。而且比之实行联产承包之前，决策、计划只能更周详，更符合实际，而不能更粗糙，更带主观的因素，否则会遇到各承包户的反对，不能落实为与各户签订的承包合同。而在合同签订之后，除了检查执行之外，还有若干农事活动要统一安排。例如，在那些有排灌系统的地方，还要决定什么时候放水，放多少水；在遇有虫情的时候，还要组织测报，统一配制农药，决定喷洒的适当时间，等等。这些都不是一家一户所能独立从事的，都必然属于集体的统一决策。总之，包干以后，集体经营不仅没有消失，而且在那些搞得比较好的地方，质量更加提高了。

除了以上一些基本的决策之外，还有许多具体的决策，如不由集体统一决策的作物种植，全年生产的具体安排，采取哪些增产措施，等等。在生产过程的进行中，根据气候变化和作物生长等情况，还需要许多临时的决策。这些决策，都由各承包户独立作出。

总之，劳动者的联合与独立劳动的统一，或者说"统"、"分"结合，两层决策，都是一样的意思，表明联产承包经济的生产过程的基本特征。

应当指出，上面的分析，是就联产承包的比较正常、比较成熟的状态作出的。实际的经济生活当然十分复杂。一些地区、一些社队，承包以后，分的成分很大，统的因素很小，有的甚至近乎不统。发生这种现象，有经济文化水平的客观因素，也有工作没有抓好、领导涣散无力的主观因素。至于少数边远地带，情况就更特殊了。如笔者调查所见，贵州赫章县团结生产队，地处高寒山区，苗族、彝族混居，生产和生活都极为落后。分开干以后，集体提留不交，国家公余粮免掉，除了土地还属于公有之外，其他同单干相比，确实已看不出什么区别。本来，我们这么大一个国家，这样广阔的农村，在联产承包制实行的过程中，各种情况都有可能出现。那种基本上是个体经营的状态，在少数地方也是有的。正视这样的问题，并不妨碍我们认为，联产承包统分结合的本质，是要求集体和个人两层决策两层经营的。事实上，只要工作跟上去，特别是随着生产力水平不断提高，集体的经营只会越搞越好。

三　联产计酬的分配形式

联产承包制以其典型的形式即"大包干"为代表，呈现出来使人迷惑的经济现象，莫过于产品的大部分不通过工分而直接为个人获得。在农业生产责任制发展的进程中，开始阶段，人们对于物质生产条件的分散使用和劳动过程的独立进行，十分注目，以为这就意味着分田单干。但是，当时保留着工分的联产承包制如包产到户、联产到劳等，还占大多数，这又使得人们逐渐地感觉到，既然工分还保留，那么似乎集体的"统一分配"依然存在，因此也许还可以勉强算作社会主义集体经济吧。然而，客观形势的发展却是：抛弃工分的联产计酬形式即"大包干"所占的比重越来越大，工分这个人们心目中的集体经济"最后防线"也瓦解了，个人直接获得产品的现象越来越普遍，这种现象遂成为人们疑虑的焦点。而对于这种现象的科学的解释，迄今为止，仍然作为一个难题摆在人们的面前。

这个难题需要突破，需要解决。

对于个人直接占有产品这一现象的种种解释

近年来，不少理论工作者，特别是研究农村问题的同志，曾经对联产承包中产品直接由个人占有的现象作过探讨。

当人们谈到这种现象时，常常引用流行的"三句话"，即"交够国家的，留足集体的，剩下是自己的"。然而，对于这三句话，却有截然不同的解释。一种是认为，它恰好说明了农户各自占有其产品，并不存在什么分配，更谈不上按劳分配，而这正是单干即个体经济的特征。过去单干或租种地主的地，不也要交税、交租吗？不也是交完之后剩下的是自己的吗？所以至少是和单干没有多大差别。另一种是认为，正由于承包者各自取得其产品，除了明文规定的上交以外，不能平调，因而谁劳动得多，干得好，他的收获就多，自己的所得也多，多劳多得，所以是按劳分配的进一步实现。

对于前一种说法的谬误，将在后面通过对整个联产承包制分配过程的分析予以证明。这里需要首先加以澄清的倒是后一种说法。

当然，按劳分配的结果肯定是多劳多得，少劳少得，不劳不得。但是，不能反过来说，凡是付出的劳动多，得到的收入也多，就是按劳分配。多劳多得并不一定就等于按劳分配。如果多劳多得就是按劳分配的话，那么，个体劳动者收获自己劳动的产品，干得多、干得好就可以多收获，也属于"按劳分配"；甚至资本主义企业里的工人多干一天活便多得一天工资，也可以叫做"按劳分配"了！这显然是不对的。其所以不对，是在理论上混淆了等量劳动交换和等价交换这样两种不同的经济关系。等量劳动交换是在劳动者之间进行的劳动的直接互换，这种活劳动的互换，只涉及不同种的和不同质即不同复杂程度和熟练程度的劳动，并且一般地说，只存于联合劳动共同体中，存在于生产和分配过程的内部；它不同于等价交换，即商品持有者之间进行的通过物的劳动交换，这种物化劳动的交换，还涉及不同物质生产条件下的劳动，并且一般地说，只存在于不同的经济主体之间，存在于生产和分配过程的外部。个体劳动者之间除了有时进行的换工互助带有劳动直接互换的特点之外，通常可以进行商品等价交换，而并不发生等量劳动交换的经济关系。至于工人作为自己劳动力的所有者与资本所有者之间，只是劳动力买者和卖者的商品等价交换关系，而工人相互之间，也根本谈不到等量劳动交换，"工人作为独立的人是单个的人，他们和同一资本发生关系，但是彼此不发生关系。他们的协作是在劳动过程中才开始的，但是在劳动过程中他们已经不再属于自己了。他们一进入劳动过程，便并入资本。作为协作的人，作为一个工作机体的肢体，他们本身只不过是资本的一种特殊存在方式"①。

按劳分配是等量劳动交换在分配领域的表现，说得更确切些，是从生产领域开始的等量劳动交换这一经济过程在分配领域的完成或继续（在商品生产条件下，这个过程还要通过商品交换才最后完成）。如前所述，等量劳动交换只存在于联合劳动共同体中，因此，按劳分配是以联合劳动为前提，由联合劳动所决定的。分配形式如何决定，关键要看劳动者怎样与物质生产条件结合。个体劳动者以自己的劳动力与自己所有的物质生产条件结合；雇佣工人把自己的劳动力卖出去，并入资本，作为资本的一种形式，才与作为资本另一种形式的物质生产条件结合；而联合劳动的成员，是把个人的劳动力当作社会或集体总劳动力的组成部分与公共的物质生产条件结合，也就是把个人的劳动作为一份加到社会或集体的总劳动里面去。马克思说过，"参与生产的一定形式决定分配的特定形式，决定参与分配的形式"②。个体独立的生产，直接取得自己劳动的产品；出卖劳

① 马克思：《资本论》，载《马克思恩格斯全集》第23卷，人民出版社1972年版，第370页。

② 马克思：《政治经济学批判·导言》，载《马克思恩格斯全集》第12卷，人民出版社1962年版，第745页。

动力参与生产，换取的是劳动力的价格；以劳动的份额参与生产，所得是劳动的报酬；到了可以根据需要取得消费品的共产主义社会，劳动力的支出、使用与消费资料的分配就没有量的联系了。那种不与生产联系起来说明分配，只是根据某种"多劳多得"的现象，判定其为按劳分配的说法，是肤浅的。用这样的说法，不仅不能驳倒"大包干是个体经济"的论点，反而在实际上支持了这种论点，因为持这种论点者可以指出：你说的多劳多得，不正是个体经济所存在的现象吗？

对于"交够国家的，留足集体的，剩下是自己的"这个经济现象，还有一种解释，即认为：这个现象正是说明产品要在国家、集体、劳动者个人之间进行分配。这当然和前面两种解释不同。然而，由于没有能够发现"交"、"留"、"剩"的数量是以什么为依据，是由什么决定的，因此不能说明这种分配的实质。有不少同志说交、留、剩的数量是由合同规定的，"大包干"的分配是"按合同分配"。这同样只是现象的描述。合同又是根据什么来规定交、留、剩的数量？特别是，交、留、剩也只能体现国家、集体、个人三者的关系，各个承包者个人之间在分配中又是什么样的关系呢？所有这些，都没有得到说明。

可见，联产承包制的典型形式，即"大包干"的独特分配形式及其实质，迄今为止，还没有被揭示，更谈不上得到充分的论证了。

最近，在一些研究农村问题的同志中，有这样一种说法：联产承包责任制的经济性质，特别是其分配关系，是弄不清楚的问题，也不需要去弄清楚，只要有好处，有利于生产的发展就行了，管它是按劳分配还是什么分配哩！持这种主张的人，不懂得也不愿意懂得马克思主义者如何重视人们对于自己的社会关系的认识。马克思主义者认为，人类不仅要力图自觉地控制人与自然的关系，并且要力图自觉地控制人们自己的社会关系，从而做到自觉地创造自己的历史。持这种主张的人不懂得也不愿意懂得今天中国的国情。正如前面已经指出的，社会主义农业合作经济的新形式的创造、推行、完善和稳定发展是一场规模宏大的社会实践，它的性质如何，是全国上下都很关切的。在部分地区，正是由于某些干部和群众尚未认清联产承包的性质，而在思想上和工作中出现了这样那样的问题。因此，弄清它的性质，并从而掌握它的发展规律，对于科学社会主义理论和我国社会主义实践的发展，都是迫切需要而且有重要意义的。

从"劳动日"制度到"联产计酬"

联产承包责任制的分配形式是"联产计酬"。所谓"交够国家的，留足集体的，剩下是自己的"，不过是联产计酬的一种现象形态。

如果说，按"劳动日"即"工分"计酬是与集中进行协作的生产过程相适应的分配形式，那么，联产计酬则是与承包制即统分结合的生产过程相适应的分配制度。承包是联产的前提。不承包就不能联产，这是很明白的。假如没有物质生产条件的分散使用和劳动的独立进行，那就分不清楚谁的劳动产品多，谁的少，联产计酬也就无从进行。同时，承包也必然联产，不联产就不成其为承包，这也是很明白的。倘若物质生产条件分散使用、劳动独立进行了，仍然不把产量作为计酬的依据，仍然吃大锅饭，承包也就没有实际意义。所以，伴随着承包制的实行，联产计酬取代劳动日制度是一个必然的过程。

可是，在实践中，这个必然的过程却表现出曲折。许多地方，当实行了土地包种，耕牛和一般农具作价归户，分散独立进行生产，并且由合同规定承包地亩的产量指标之后，仍然保留着按劳动日即工分计酬，这就是包产到户、联产到劳等形式。其具体分配过程是：（1）各个承包者按照合同的规定，把产量交给集体，再由集体按照合同规定的折合比例把交来的产量折合为他们应得的工分，简称"交产定工"；（2）集体从各承包户交的全部产量中按一定比例提留公积金、公益金、管理费等，简称"集体提留"；（3）将提留之后剩下的部分折算为工分值，再依各承包者所得工分的多少来分配，简称"按工分配"。可以看出，这一过程的基本的特征在于，虽然还保留着工分，但是工分已经由产量来决定，而不是评工记分评出来的。这就是说，基本上已经是联产计酬，工分退到了不起决定作用的次要地位。这种保留着工分的联产计酬，可以说是不纯粹、不完整的，非典型的联产计酬，是从按劳动日分配到联产计酬的一种过渡性的形式。

这种不纯粹、不完整的联产计酬形式，由于呈现出集体按工分统一分配的现象，一直被人们视为承包制的一种比较"高级"的形式，而那种实质上是纯粹、完整的联产计酬形式，则由于取消了工分，似乎也就没有集体的统一分配，就被看作承包制的"低级"形式，即与单干相差不远了。

实践的进一步向前，使得不纯粹、不完整的联产计酬分配形式越来越暴露出它与生产过程的矛盾。生产过程已经是统分结合，两层决策，分配形式却仍为单纯的统一，这就是矛盾。这个矛盾使得分配过程本身呈现出一些悖理的现象：如前所述，承包户分散独立生产出来的东西，要归到集体大堆里，由集体提留后，再把各户应得的一份分给他们。其所以要这样"拐个大弯"，不过为的是通过一下工分；但是，在大多情况下，并没有这种必要。既然已经定了承包地亩的产量指标，定了完成指标得多少工分，超产全奖，欠产全赔，又定了提留比例，有了这几个数字，工分值也就算出来了，各承包户除了超产附加和欠产扣减之外的应得收入量也知道了。比如说，一个承包户，他向集体包了五亩地，合同规定产量指标为4000斤稻谷，每100斤记50个工分即5个劳动日，集体提留再加国家农业税共为25%。于是便可一下子计算出每一劳动日值为15斤稻谷或其折价；进而又可以一眼看出这个承包户完成产量指标的收入为3000斤稻谷或其折价。这里一切都很清楚。那么，为什么不能由产量指标即4000斤稻谷，直接扣除25%的农业税和集体提留，即1000斤稻谷，而这1000斤稻谷由承包户交纳，余下3000斤稻谷或其折价即为承包户的收入呢？既然如此，还要工分干什么？还"拐个大弯"干什么？完全是多余的。

正是因为这样，越来越多的农民要求将保留着工分的，"拐个大弯"的联产计酬形式加以"简化"，变成由承包户交农业税、交集体提留，通过合同保证统购、派购任务的完成。用农民的话说，变成"直来直去"。这样也就成了纯粹、完整的联产计酬形式，即"大包干"。近一年来，由于这种"简化"越来越多地被实行，"大包干"已经无可争辩地成为普遍的形式。

其实，把"大包干"仅仅看作是一种"简化"的形式，并不确切。由于它扬弃了工分，消除了分配形式与生产过程的矛盾，克服了分配过程的那些悖理现象，具备了纯粹性和完整性，因而是联产承包制的典型形式。

关于这一点，迄今为止还没有被人们所普遍认识和承认。这是因为，人们对于联产计酬作为一种新型的分配形式，还缺乏深入的理解；而对于联产计酬的缺乏理解，又与在劳动日即工分制问题上牢固的传统观念有着相当明显的关联。

因此，今天考察联产计酬的分配形式，还不能不首先对劳动日制度进行剖析。

前面通过对于社会实践的调查和分析，已经证明劳动日制度不适合我国的国情，不适合我国农业的情况。这里研究分配形式，还要作些进一步的、较为细致的研讨。

如上所述，按劳分配是等量劳动交换在分配领域的继续。科学社会主义经典文献在论及等量劳动交换的实行时，曾作了一些设想性的描述，如劳动者提供了劳动之后，领得一纸"证书"，证明他提供了多少劳动，然后凭这张证书向社会领取消费品。我们集体经济中采用了多年的工分本之类，可以说大体上相当于这个证书，其中记载的，当然不是各个社员不同种、不同质的具体劳动，而是经过衡量折合后的抽象劳动。工分本上并没有记载你锄了多少地，我撒了多少肥，而只是记载你得几分，我得几分。这就是说，劳动的各种不同具体形态被舍掉了，劳动的质上的差别也被折合了，只剩下一个量，即几分几分。这个"分"是用来表现抽象劳动的，即不同种、不同质的劳动的抽象。

然而，劳动日或工分却并不是理想的能够表现这样的抽象劳动的东西。等量劳动交换与商品等价交换不同。商品的价值（即包括不同物质生产条件的劳动的抽象）找到了一个理想的能够衡量和表现它的东西，即货币。货币之所以能够成为价值的尺度，因为它本身就是价值物，正如尺子之所以能够衡量长度，因为它本身具有长度一样。而劳动日虽然能够表现劳动时间的长度，却往往不能表现同一时间内实际付出的不同劳动量，尤其不易表现劳动的质，即不能起到不同复杂程度和熟练程度的劳动互相折合的作用。而农业中又恰恰存在着农活质量难于检验等特点，因而它实际上始终难以起到尺度的作用，而一直只是充当"筹码"的角色。

对于不同种的，特别是不同质的，即不同复杂程度和熟练程度的劳动的衡量和比较，迄今也还没有能够找到一个合乎理想的、普遍适用的尺度。因而，这种衡量、比较，采取着种种不同的手段。例如，一种手段是通过对于劳动能力的测定来衡量其所能付出的劳动量（包括质折合为量）。一个劳动者的劳动能力，是可以根据其对某种工作是否胜任以及考试等来加以测定的。但是，劳动能力还不等于实际付出的劳动量。于是还有一种手段，即制定各种工作的平均定额，根据其是否完成或是否超额来衡量其实际付出的劳动量。还有，那就是由人们来"评"，等等。工分本身不能起到衡量尺度的作用，就依靠类似这些手段，再以工分这一筹码来计量。然而，前面分析过的事实表明，由于现阶段我国农业的特点，这些手段基本上都不适用，可以说，种种办法都尝试过了，从大多数地方来看，效果都不显著。经过多少年实践的探索，我国农民终于创造出来联产计酬制，并且已经在相当广大的范围内替代了工分制。

工分既然实际上只是一种计量的工具，它就不能代表按劳分配的经济关系，至少不是实现这种经济关系的唯一手段。因此，把工分制当作社会主义农业的固定分配模式，是个很大的误解。

联产计酬的"产"——"标准产量"

我认为，说明联产计酬这种分配形式的特征，必须提出一个新的经济范畴，即"标准产量"。

什么是联产计酬？迄今为止，一般的解释只限于，"产"即"产品"，或"最终产品"。按劳动力分配是以劳动的潜在形态为尺度；按劳动日分配是以劳动的流动形态为依据；而联"产"计酬则是按照劳动的凝结形态，即物化形态来分配。由于农业生产中农活的质量不易检验等特点，只有最终形成了产品，才能证明付出劳动的有效性。所以，"产"的涵义就在于它是"产品"，是"物"。应该肯定，以上说明是有意义的。但是，它仅仅指出了"产"的质的方面，却没有揭示其量的方面。而任何分配，没有量的规定，都无法进行，在这里，量的规定性是更具重要意义的。因此，仅仅把"产"说成"产品"，还远远不够。那么，把"产"解释为"产量"或"产值"是否就有量的界限了呢？仍然没有。因为产量又可以有多种意思，是实际产量或产值，是计划产量或产值，还是别的什么，仍然不清楚。广大农民在实践中创造了联产计酬，其中的"产"，实际上是一种特定的"产"，具有特定的含义，只不过他们还不可能对它作出科学的规定，形成精确的概念。

联产计酬的"产"，不是实际产量，也不是计划产量。可以把它叫做"标准产量"。笔者在最近进行调查中，曾向基层干部提出"标准产量"这个概念，征求他们的意见。意外地发现他们非常容易懂得和容易接受。这是因为与他们的实践相吻合。下面对这一概念作些说明。

（1）标准产量是依据承包地亩在正常状况下过去几年的平均实际产

量加可靠的增产潜力来规定的。如湖北省洪湖县的一些生产队即按照三年平均产量加5%作出规定。

（2）标准产量的实质，是在一个集体内耕种承包地亩必须付出的平均劳动量。这是由联产承包制的特殊条件所决定的。前面关于土地包种和资金使用的分析，已经证明各承包者在物质生产条件上的均等性。据此，土地和资金对于产量的影响便可排除，而把劳动（当然也包括经营）当作决定产量的唯一因素。虽然这并不完全准确，因为资金的因素事实上不可能完全排除，但在前述如信贷、扶贫，以至由集体规定资金的平均投入量并统一提供资金等等条件下，基本上可以这样肯定。所以，标准产量可以视为耕种承包地亩所需付出的平均劳动量。

（3）标准产量不同于作为计量筹码的工分或劳动日，它本身就是一个客观的尺度，既不用定额也无须"评"，用它本身就可以直接衡量，并且非常简便：

标准产量乘上集体提留的百分比，即是集体提留的量。

标准产量扣去集体提留量，再减农业税，即等于承包者额内劳动的报酬；如果他超产，加上超产数，亦即超额劳动的报酬量，就等于他的全部承包收入；如果他欠产，则须减去欠产数，才是他的全部承包收入。

标准产量规定下来之后，不仅集体提留和社员承包收入的量由其衡量决定，而且集体义务的承担和其他一些分配项目，也以它为依据。如湖北应城、洪湖等县，大量的非承包用工，就是这样分摊的。

总起来说，标准产量是联产计酬的中心环节。联产计酬就是按标准产量计酬。

按标准产量计酬与按劳分配

既然标准产量是衡量劳动的尺度，那么按标准产量计酬即是按劳分配，这已是必然的结论。然而，如果要进到问题的更深层次，那么，仍需继续进行一些探讨。

首先，联产计酬以土地包种和资金使用上的均等性为条件。可是，这种均等性又并非绝对的，尤其资金对于产量和收益的影响，不可能完全排除。所以各承包者的收入中可能包含一点非劳动的，即物质生产条件的因素。对此，究竟应持何种看法？我认为，不充分、不完全的按劳分配，正是当代社会主义实践的一个重要特征。这是历史的必然，不以人们的意志为转移。

当代社会主义实践中的按劳分配的具体做法，和马克思当年设想的并不完全相同。经典文献所讲的联合劳动，是全社会范围的，全社会就是一个经济主体，劳动和物质生产条件由它直接分配，产品也是由它直接分配的，那里不存在商品生产和商品交换，价值范畴已经消失。然而，我们实践中的联合劳动，却存在着两个层次：首先是全社会范围的联合劳动；其次是一个一个生产单位局部范围的联合劳动。因而生产单位具有相对独立的经济地位。它们在劳动、经营和物质生产条件上各不相同，它们的产品必须作为商品来生产和交换。一个生产单位的自然条件优越，技术装备先进，由此带来的较大收益，除了通过国家征税等形式归于社会之外，本单位和本单位的每一个劳动者也会获得一部分，尽管是不大的甚至很小的一部分，这不是由于他们的劳动，而是由于物质生产条件带来的。同时，一个生产单位，如果其劳动产品不符合社会需求，在交换中价值得不到实现，从而降低其效益，也会影响劳动者的劳动报酬，这也属于非劳动因素的影响。总而言之，在当代社会主义实践中，按劳分配不可能是纯粹和精确的，它的实现不能是充分和完全的，而只能是近似的。就这一点而言，国营经济中如此，合作经济中的联产计酬也必然如此。不过可以肯定，比之过去按工分即按劳动日分配的制度，按标准产量计酬，其近似于按劳分配的程度要高得多。

其次，联产计酬以土地包种和资金使用上的均等性为条件。然而，类似的均等现象在其他经济形式如个体经济中，也可能存在。个体生产者之间，在物质生产条件的占有上通常总会存在差别，有的甚至差别还比较大。但也不排除这样一种可能，在一个较低的发展水平上，一些个体生产者之间占有差别不明显，土地差不多，农具差不多，其他条件也差不多，从而对收益的差别影响也不大，以至出现和联产承包相近的结果，即"多劳多得"。当然，这样的情况不可能是普遍的，但只要存在，就有可能混淆，使联产承包与个体经济界限不清。这又涉及等量劳动交换了。前面提到按劳分配是等量劳动交换在分配领域的继续，劳动者在生产过程中把自己的劳动提供给联合体，再在分配领域作了扣除之后等量地领取回来。正是通过"提供"和"领取"两个环节，各自的劳动已经在联合体的范围直接地互换过了，这是不同种、不同质的活劳动的直接互换。而个体生产者彼此之间并不进行这种活劳动的直接互换。个体经济尽管可以出现和联产承包相近的结果，但两者仍属于性质不同的经济形式。

但是，人们还会提出这样一个问题，联产承包以后，既然劳动已经分散独立进行，各种各的，谁种谁收，各承包户的生产物都是自己劳动的结果，其中并没有加入别人的劳动，哪有什么劳动的互换？

这里暂且撇开承包经济也存在某些协同劳动（特别是在有了分工分业之后更是明显存在）的事实，假定完全不存在协作。即使如此，各承包者之间，就其实质来讲也在进行着劳动的互换。只从现象上看，劳动互换是不存在的，因此人们也看不见。然而，重要的是实质。劳动交换的实质，就在于不同种、不同质的劳动互相折合，互相较量，使这些不同的、具体的劳动得到一般的表现，以达到每个劳动者在分配中取得的收入，同他在生产中付出的劳动相对应。或者讲得更简单些，它的实质就在于劳动的抽象，在抽象形态上互相比较。你做了 500 个工，我也做了 500 个，你收的是 4000 斤稻谷，我只收了 3200 斤，在集体内部用标准产量衡量的结果，我的 500 个工只能顶你的 400 个，这就等于我用 500 个工只"换"得你的 400 个，而你用 400 个工就"换"得我的 500 个。这就是实质上的"互换"。在这个简单的例证中，两人都是种稻，因而没有涉及不同种的劳动互相较量，而只说明不同质即不同复杂和熟练程度的劳动相互折合，即质折合为量。如果换一个例证，假定你种稻，我种棉，那么，就不仅是不同质的劳动互相折合，而且要涉及不同种的劳动相互较量了。比方说，生产 1 斤皮棉所费的劳动会等于 8 斤稻谷的所费，这样，原有例证中的数字就要据此换算而加以更动和补充。如果说这种"互换"是观念上的东西，那么这种观念是反映了事物的本质的。人们知道，商品价值就是一种抽象，是观念形态的东西，它看不见、摸不着，要通过另外一种物，一种尺度，如货币才能衡量和表现出来。直接的劳动交换中的抽象劳动，也是一种观念的东西，它也要借助于一种尺度来衡量，来表现。在联产计酬的承包经济中，尺度就是标准产量。各承包者的劳动经过集体统一用标准产量衡量以确定它的量，各承包者据以取得劳动的报酬，这就是实质上的等量劳动交换，亦即按劳分配。

联产计酬的分配过程在形式上的独特性

一般说来，合作经济中的产品分配，总是表现为集体先占有产品，经过扣除，然后分配给个人。可是联产计酬特别是直接联产计酬以后，却反过来表现为个人先占有产品，然后向集体交纳。这种形式的独特，是由于劳动过程的分散。按照联产承包制，生产过程开始之前，就要把标准产量定下来，把集体提留比例定下来，这两者一定，承包户的收入除超产附加或欠产扣减之外，也定下来了，这些都表现在承包合同中。可以说，分配过程是伴随着合同的制定而预先进行的；到生产周期终了，作物收获时，只有合同的执行这件事了，是极其简单的。既然劳动过程由一家一户分散独立进行，过程终了时产品就自然而然先到了承包户的手里。如果为执行合同，承包户要先把全部产品交给集体，由集体按合同规定的比例提留，再把剩下的部分分给承包户，正如前面所说，那完全是悖理的。把这个过程一"简化"，只由承包户交纳集体提留，就变成合理的了。所以，和生产过程的特殊形式相适应，分配过程的独特形式是必然的。联产承包制的生产过程表现着统和分的统一，这里看到的分配过程也同样如此。先是集体统一制定标准产量和提留比例，后则表现为各承包户按合同分别交纳。因此，说"大包干"即直接的联产计酬完全取消了集体的统一分配，是不符合实际的。

既然标准产量一定，提留比例一定，承包户的标准报酬量也就定下来了，那么，有的联产承包形式如联产到劳，为什么在有了标准产量的情况下，还要保留工分呢？有些农村干部和社员认为，可能有这样的原因：（1）保留着工分，似乎符合社会主义的固定模式，名声上好听；（2）保留着工分，分配上还"拐个弯"，某些平均主义和干部多吃多占就仍有残留的机会。显然，这两点都算不上合理的根据，是站不住脚的。

然而，还有一种情况必须加以考虑。在商品生产条件下，集体内部的等量劳动交换，要通过外部的等价交换来实现，因而必然要受商品交换中价格与价值悖离等因素的影响。在价格与价值长期大幅度悖离的情况下，需要设法排除这种影响。当前，由于工农业产品比价以及各类农产品比价的不合理，从事各业生产的人员，其所得收入的多少，是在相当程度上受着价格因素的影响的。用标准产量定承包总收入，然后结合价格因素定提留量（价高利大的承包项目多提留，如工副业；价低利小的项目少提留，如种粮食），一般地说也能达到利益的平衡。不过，在某些各业收入差别很明显的地方，特别是那些农业成本很高，工副业利润很大，前者基本上依赖后者补贴的社队，保留工分这一计量的"筹码"，对于更方便地平衡各业报酬，可能还是一个手段。在这样的场合，工分起一个类似"内部价格"的作用。若就这点来讲，保留工分是有意义的。目前采取不通过工分而直来直去的责任制形式的越来越多。而且，即使保留着工分，只要实行联产承包，决定收入的就还是标准产量而非其他。只不过，如果考虑到有利于平衡各业收入等因素，当地干部群众确实感到工分留着更好、更习惯，那当然就不必取消。仅仅作为一种具体的计算手段，工分的有无对联产承包制的实质，是不发生什么决定性影响的。

合作经济内部的按劳分配与社会范围的等价交换

联产计酬，是实行承包制的合作经济内部按劳分配的具体形式。前面提到过，按劳分配是从生产领域开始的等量劳动交换在分配领域的继续，在商品生产条件下，按劳分配还必须通过等价交换才能得到最后的实现。按劳分配是一个一个生产单位内部进行的活劳动的互换，等价交换则是社会范围的劳动产品的交换，即商品流通。对于商品生产来说，流通是一个非常重要的环节，它对于生产和分配起很大的作用。实行联产承包以后，这一点显得突出了。

实行联产承包，一个明显的变化是，一家一户独立地与外部发生的经济联系即流通活动增多了。一些原来由集体统一进行的，如向国家交售农产品等活动，现在由各承包者分别进行。特别是承包以后，由于效率提高，劳动节约，剩余劳动力更多了；又由于产量超额，收入增长，也有了一些剩余的资金。这样就必然会增加养殖、畜牧及其他各业的经营。在开展多种经营中，与承包经济发展的同时，农民的自营经济也大量发展起来，其产品除了家庭自给的有限数量，都要出售。就是说，农产品的商品率大大提高，同时，农民需要购买的生产资料和消费品也增多。于是，流通对于生产和分配的作用，会越来越突出。

现在，承包户与外部的经济联系，一般来说，首要的部分还是完成国家的统购、派购任务。国家的统购、派购任务，是通过集体与承包户订立的承包合同而落实的。这些任务，一项一项明确地写在由集体和承包户双方签字盖章的合同书中。在那些合同搞得好的地方，国家对于农业，特别对农产品的统购、派购计划，从来没有像这样落实过，它不仅落实到合作经济组织，而且落实到一家一户。正是因为这样，合作经济组织就不能不加倍认真，周密计算安排，否则就落实不下去。过去国家的统购、派购计划只是作为指令下达给集体；现在作为合同的内容，对各个承包者来说，不仅是执行计划指令，而且是履行合同的经济义务。目前的缺陷在于，承包合同一般还是单方面的，只规定承包户所要承担的经济义务，没有或很少规定国家和集体所要承担的经济义务，因此有人把承包合同叫做计划任务书。一时之所以还不能改变这种状况，原因在于我们国家整个经济体制中存在的一些问题。如果撇开这些，单就联产承包制来说，它的实行，不是使国家对于农业和农村经济的计划削弱了，而是加强了。

除了一些重要农产品如粮食、棉花、油料等的统购、派购任务属于具有指令性的指标之外，对于其他农产品，需要充分运用价格、税收、信贷等经济杠杆来指导农民的生产和经营，并调节其收入。要通过这种指导性的计划，把农民的经济活动与整个社会经济的发展要求衔接起来；并注意发挥市场的调节作用。因此，价格体系、价格管理办法以及税收制度等的改革，各种经济杠杆的健全，将成为农业经济发展的重要条件。

总之，联产承包之后，伴随着农业生产的发展和商品率的提高，我国农业将越来越普遍地脱离自给和半自给性的经济状态，向社会化的生产方式迈步。它与整个社会经济生活的联系将越来越紧密。流通条件的健全，国家通过上述不同方式对农业生产的控制和指导，使农民的经济活动与整个国民经济的运转协调一致，将越来越明显地具有关键的意义。

到此为止，本文还只是剖析了联产承包的合作经济内部关系，即生产和分配，基本上尚未涉及其外部的交往，即流通；尤其只是考察了这种经济的现实存在形态，而尚未涉及其发展的趋势。

胡耀邦同志代表党中央在党的第十二次代表大会上所作的报告中指出："随着农业生产的发展和农民经营管理能力的提高，必然会提出新的各种联合经营的要求。我们要真正按照有利生产和自愿互利的原则，促进多种形式的经济联合。可以预料，我国农村在不太遥远的将来，一定会出现有利于因地制宜地发扬优势，有利于大规模采用先进生产措施，形式多样的更加完善的合作经济。"

与这样的发展趋势相适应，我们还要探讨如下一些问题：（1）联产承包以后农村经济的新局面，包括农业生产的方式和结构的更动，即商品生产和多种经营的发展，以及农村经济多样形式的出现，即承包经济、自营经济中的个体专业户（或兼业户，即"重点户"），和从中产生的新的联合体。（2）承包经济的完善和自营经济的发展趋向。（3）流通条件的完备和计划管理形式以及经济杠杆的健全。（4）从联产承包和农村其他经济形式的发展看我国农业社会化的道路。原来，本文还有一个第四部分：《联产承包制的发展和我国农业社会化的道路》，就是探讨以上这些问题的。因为刊物的篇幅有限，所以把它独立出来，将作为本文的续篇发表。

《中国社会科学》1982 年第 6 期

马克思的生产劳动理论

卫兴华[*]

摘要 本文认为，马克思从三种不同的角度考察和阐述了生产劳动和非生产劳动问题：（1）从单纯劳动过程考察；（2）从资本主义生产过程即劳动过程（物质产品的生产）和价值增殖过程（剩余价值的生产）的统一考察；（3）从资本主义生产关系的单纯表现形式考察。作者认为，马克思所说的斯密关于生产劳动的两个定义，其实是斯密对同一个定义的不同方面的说明；在马克思后来的著作中就不再提斯密的两个定义，不再批评斯密把生产劳动同时看作是物化在商品中的劳动的见解了；马克思的生产劳动理论也有一个发展的过程，应全面地和历史地予以把握。

近几年来，在生产劳动与非生产劳动问题的讨论中各派意见都引证马克思的话作为立论根据，因而怎样比较准确地把握马克思理论的原意，是讨论中应该首先弄清的问题。我谈一点粗浅的理解。

一 马克思从三种不同的角度考察和阐述了生产劳动和非生产劳动问题

首先，从单纯劳动过程来考察，凡是生产物质产品（使用价值）的劳动，都是生产劳动。马克思说："如果整个过程从其结果的角度，从产品的角度加以考察，那末劳动资料和劳动对象表现为生产资料，劳动本身

---

* 卫兴华，1925 年生。1952 年毕业于中国人民大学政治经济学教研室研究生班，现为中国人民大学政治经济学系主任。

则表现为生产劳动。"① 这是"从物质生产性质本身中得出的关于生产劳动的最初的定义"。②

从单纯劳动过程来考察生产劳动，又分为两种情况：一种是个体生产者的劳动过程。这里，劳动的一切职能结合于一身，劳动者要参加劳动的全过程。另一种是社会化的集体劳动过程。这里，劳动的不同职能，分配给不同的劳动者担任；产品成为总体劳动者（有的译作"总体工人"）协作劳动的产物。因而，生产劳动和生产劳动者的概念也随之扩大。从事生产劳动的人，不一定都亲自动手将劳动直接加之于劳动对象，而是只要完成总体劳动中的某一职能就行了。这样，凡是参加物质生产过程的一切成员，包括体力劳动者，也包括脑力劳动者——如工程技术人员、管理人员等，都是生产劳动者。马克思指出："在特殊的资本主义生产方式中，许多工人共同生产同一个商品；随着这种生产方式的发展，这些或那些工人的劳动同生产对象之间直接存在的关系，自然是各种各样的。例如，前面提到过的那些工厂小工，同原料的加工毫无直接关系；监督直接进行原料加工的工人的那些监工，就更远一步；工程师又有另一种关系，他主要只是从事脑力劳动，如此等等。但是，所有这些……劳动者的总体进行生产的结果——从单纯的劳动过程的结果来看——表现为商品或一个物质产品。""物质产品是所有这些人的共同劳动的产品。"③ 在另外的地方又说：在总体劳动过程中，"有的人多用手工作，有的人多用脑工作，有的人当经理、工程师、工艺师等等，有的人当监工，有的人当直接体力劳动者或者做十分简单的粗工，于是劳动能力的越来越多的职能被列在生产劳动的直接概念下。"④

从马克思的上述说明中可以看出，总体劳动并没有改变单纯劳动过程的性质，它依然只是从生产物质产品的角度考察的。这样的总体劳动，既存在于资本主义社会化生产中，也存在于社会主义的社会化生产中。没有离开直接物质生产过程的脑力劳动者，也包括在总体劳动者中。对所谓"直接物质生产过程"，也不能理解得狭隘了。例如，工矿企业以外的产品设计人员；铁路、桥梁设计人员；建筑物设计人员；以及为生产服务的

---

① 《马克思恩格斯全集》第23卷，第205页。
② 同上书，第556页。
③ 《马克思恩格斯全集》第26卷第一分册，第443—444页。
④ 《马克思恩格斯全集》第49卷，第100—101页。

科学研究人员等，也是物质生产的参加者，从而也是生产劳动者。但如果从总体劳动者的概念中引出物质生产领域以外的歌唱家、教师等等都是生产劳动者的见解，那就离开了马克思的原意。在总体劳动者中，有的直接加工于劳动对象，有的离得远一些，有的则离得更远。但不论离得多远，都是在直接物质生产领域中起作用。有的同志以为，既然马克思讲离劳动对象的加工远一些的劳动者也是生产劳动者，就等于讲离开物质生产过程无论多远的劳动者都是生产劳动者。这是对马克思的"整体劳动"这一概念的误解。

其次，从资本主义生产过程来考察，资本主义生产的实质是剩余价值生产，因而凡是生产剩余价值的劳动，便是资本主义生产劳动。马克思说："因为资本主义生产的直接目的和真正产物是剩余价值，所以只有直接生产剩余价值的劳动是生产劳动，只有直接生产剩余价值的劳动能力的行使者是生产工人，就是说，只有在直接生产过程中为了资本的价值增殖而消费的劳动才是生产劳动。"① 在这里，没有提物质产品的生产，那是因为，作为生产使用价值的劳动过程，只是价值增殖过程的手段或条件。

不能把生产剩余价值的劳动，同生产物质产品的劳动割裂开来和对立起来。生产物质产品的劳动不一定是生产剩余价值的劳动，但生产剩余价值的劳动必然是在物质生产领域中进行的劳动。不应忘记，商品生产过程是"劳动过程和价值形成过程的统一"，而资本主义生产过程是"劳动过程和价值增殖过程的统一"。② 离开了生产物质产品的劳动过程，也就不存在价值形成过程和价值增殖过程。这里所讲的"劳动过程"，并不包括精神生产的劳动过程。马克思的全部剩余价值学说表明，剩余价值来源于产业雇佣工人的剩余劳动。《资本论》第一卷讲"资本的生产过程"，就是讲产业资本的生产过程。而产业资本则是在物质生产领域中执行职能的资本。

《资本论》第一卷中对资本主义生产过程的全部分析，包括绝对剩余价值生产、相对剩余价值生产、资本主义简单再生产和扩大再生产等，实际上也是对资本主义生产劳动的分析。这种分析是把生产物质产品的劳动过程作为不言而喻的前提的。事实上，在《资本论》第一卷第五章中已

---

① 《马克思恩格斯全集》第 49 卷，第 99 页。
② 《马克思恩格斯全集》第 23 卷，第 223 页。

经说明了劳动过程和价值增殖过程的关系。以后的分析都是以此为基础
的。顺便提一下：在三卷《资本论》特别是在专门考察资本主义生产的
第一卷中，没有专门章节讲资本主义生产劳动，只是在两个地方（《资本
论》第一卷第五章和第十四章）简略地提到过。而早在《资本论》第一
卷定稿以前写的《剩余价值理论》（1861—1863）第一册中，则用专门的
一章——第四章以 180 多页的篇幅讲"关于生产劳动和非生产劳动的理
论"，并在《附录》中以一节的篇幅讲"生产劳动和非生产劳动"。在马
克思原准备作为《资本论》第一卷的结尾部分的《直接生产过程的结果》
一章中，还有专门一节讲"生产劳动和非生产劳动"。只是在出版时，这
一章被删去了。在《资本论》中不再用专门章节讲生产劳动和非生产劳
动问题，并不意味着马克思对这个问题越来越不重视，而是因为整个
《资本论》第一卷已经系统地阐明了资本主义生产劳动，也附带阐明了简
单劳动过程的生产劳动。同时，在三卷《资本论》中事实上也阐明了非
生产劳动。马克思反复说明，流通过程（不包括生产过程在流通领域中
的继续）不创造价值和剩余价值。商业利润和利息无非是商业资本家和
借贷资本家比例于各自的资本从产业资本家榨取的剩余价值中分得的一
份。恩格斯指出：三卷《资本论》分别讲剩余价值的生产、流通和分配。
我们知道，剩余价值的流通和分配，并不增加剩余价值，它们是以剩余价
值生产为基础的。从《资本论》的体系、结构和全部内容可以看出，资
本主义生产劳动（生产剩余价值的劳动），就是《资本论》第一卷所阐述
的直接生产过程中的劳动，也就是在物质生产领域中生产剩余价值的
劳动。

　　马克思认为，"从简单劳动过程的观点得出的生产劳动的定义，对于
资本主义生产过程是绝对不够的"。① 这里讲的是"不够"，就是说还需要
补充另外的规定，而不是说与资本主义生产劳动"无关"。这层意思，在
《直接生产过程的结果》中讲得很明确："从单纯一般劳动过程的观点出
发，实现在产品中的劳动，更确切些说，实现在商品中的劳动，对我们表
现为生产劳动。但从资本主义生产过程的观点出发，则要加上更贴近的规
定：生产劳动是直接增殖资本的劳动或直接生产剩余价值的劳动。"② 这

---

① 《马克思恩格斯全集》第 23 卷，第 205 页（注⑦）。

② 《马克思恩格斯全集》第 49 卷，第 99 页。

就是说，资本主义生产劳动，是在生产商品（指物质的商品）的基础上，"加上"一个"更贴近的规定"。后一个规定并不否定或排除前一个规定，而是以前一个规定为前提的。

资本主义生产劳动是生产物质使用价值的劳动和生产剩余价值的劳动的统一。非物质生产部门的资本也要获得剩余价值，但这只是物质生产部门所生产的剩余价值的分割，如商业资本和借贷资本所获得的商业利润和利息，就只能来自产业资本所转让的一部分剩余价值。

有些文章断言，马克思认为不生产物质产品的劳动如商业买卖劳动也是生产劳动，也创造价值和剩余价值。这与马克思的原意正好相反。如果纯粹流通过程也创造价值和剩余价值，资本总公式的矛盾就不存在和不会提出来了。而马克思在分析资本总公式的矛盾时指出："如果是等价物交换，不产生剩余价值；如果是非等价物交换，也不产生剩余价值。流通或商品交换不创造价值。"① 马克思要我们离开嘈杂的流通领域，跟随货币所有者和劳动力所有者进入生产场所，在那里才会看到剩余价值怎样生产出来。紧接着马克思考察了劳动过程和价值增殖过程，从物质生产领域，说明了剩余价值的产生。

在《资本论》第二卷中，马克思不仅阐明商业利润是由产业工人所创造的一部分剩余价值，而且连商业雇佣工人的工资，即商业可变资本也是由剩余价值补偿的。商业买卖劳动不生产价值和剩余价值，不是因为它不必要存在，而是因为它的性质是非生产的。"在商品生产中，流通和生产本身一样必要，从而流通当事人也和生产当事人一样必要。……然而，这并不是把流通当事人和生产当事人混淆起来的理由。……流通当事人必须由生产当事人支付报酬。"② 如果商业买卖劳动也是生产劳动，创造价值和剩余价值，流通当事人的工资，就不应是由"生产当事人支付"了。

有的文章为了论证商业工人的劳动也创造价值和剩余价值，引证马克思的这样一句话："正如工人的无酬劳动为生产资本直接创造剩余价值一样，商业雇佣工人的无酬劳动，也为商业资本在那个剩余价值中创造出一

---

① 《马克思恩格斯全集》第 23 卷，第 186 页。
② 《马克思恩格斯全集》第 24 卷，第 144 页。

个份额。"① 其实，这句话的本意不过是说，商业雇佣工人的无酬劳动，为商业资本从"那个剩余价值"即产业工人生产的剩余价值中占取一份，这并不意味着商业雇佣工人也创造剩余价值。马克思在考察商业资本和商业利润时，曾反复地、明确地指出，流通领域和商业买卖劳动不创造价值和剩余价值。"流通过程是总再生产过程的一个阶段。但是在流通过程中，不生产任何价值，因而也不生产任何剩余价值。"② 这是因为，流通过程不过是商品形式的变化，是同一价值的形式变化，这种变化同价值和剩余价值的创造毫无关系。如果商品出售时，所有者获得了剩余价值，那只是因为剩余价值已存在于商品中，因而是由生产商品的劳动创造的，流通不过是剩余价值的实现而已。

既然流通过程不创造价值和剩余价值，因此，商品买卖职能无论由谁承担，也不会改变它的非生产性质。"如果商品的买和卖，……是由产业资本家自己进行的、不创造价值或剩余价值的活动，那末它们也不可能因为由别的人而不是由产业资本家来完成，就成为创造价值和剩余价值的活动。"③ 当商人代替产业资本家完成商品买卖职能时是这样，当商人把买卖职能交给商业雇佣工人去完成时，也是这样。"商人作为单纯的流通当事人既不生产价值，也不生产剩余价值，……所以，他雇用的执行同样职能的商业工人，也不可能直接为他创造剩余价值。"④ 马克思把这个问题讲得如此清楚，怎么能不顾这些论述，不顾马克思关于商业资本和商业利润的整个理论，硬说马克思认为商业买卖劳动也是创造价值和剩余价值的生产劳动呢？

有的文章中把马克思的下述一段话作为商业劳动是生产劳动的论据："对产业资本来说，流通费用看来是并且确实是非生产费用。对商人来说，流通费用表现为他的利润的源泉，在一般利润率的前提下，他的利润和这种流通费用的大小成比例。因此，投在这种流通费用上的支出，对商业资本来说，是一种生产投资。所以，它所购买的商业劳动，对它来说，也是一种直接的生产劳动。"⑤ 把握这段话的原意，需注意这样两点：第

---

① 《马克思恩格斯全集》第 25 卷，第 328 页。
② 同上书，第 311 页。
③ 同上书，第 313 页。
④ 同上书，第 326—327 页。
⑤ 同上书，第 337 页。

一，这段话是在《资本论》第三卷第十七章《商业利润》的末尾讲的，前面已经系统、深入地论证了商业买卖劳动的非生产性质和商业利润的真实源泉，不可能在结尾时提出同前面的全部论证、同马克思的整个经济理论体系相矛盾的论点来。第二，这段话中包括两层意思：（1）对产业资本家来说，流通费用"确实是非生产费用"，因而商业买卖劳动也是非生产劳动。因为产业资本家需要从自己首先占有的剩余价值中分出一部分作为商业利润并支付商业劳动的报酬，从而减少了自己的剩余价值。（2）对商人来说，流通费用"表现为他的利润的源泉"。显然这是从表现形式来讲的。实际上，如马克思已指明的，商业纯粹流通费用本身都需要由剩余价值补偿，它不可能是商业利润的真实源泉。只是对商人来说，他靠商业资本（流通费用）获得利润，而且利润的大小同资本或流通费用的多少成比例，因而流通费用也就表现为他的利润的源泉了。这是本质关系被歪曲了的假象。在这种表现形式下，对商业资本家来说，商业劳动，也就成为直接的生产劳动了。我们决不能抛开马克思关于商业利润来源和商业劳动性质的本质说明，而抓住马克思对现象形式的表述，把它当作事物的全部内容和本质。

最后，从资本主义生产关系的单纯表现形式来考察，凡是能给资本家（包括产业资本家、商业资本家、银行资本家等）提供利润的雇佣劳动，就是生产劳动。虽然剩余价值或利润是产业雇佣工人生产的，但是，非生产部门的资本也要获得利润。利润表现为资本的产物，因而一切资本都成为利润的源泉。为资本获得利润服务的一切雇佣劳动，对雇主来说，也就都表现为生产剩余价值的劳动即生产劳动。尽管这是资本主义关系的现象形式，但它依然是资本主义关系的产物。它同样表明，一切资本运动的目的，就是追求利润。表明"劳动的买者和卖者之间的一个十分确定的关系"。[①] 这种生产劳动只是从劳动的一定社会形式来看的，是衍化或派生出来的。正因为这样，某种劳动按其自身性质来说，不创造价值和剩余价值，不是生产劳动，但从社会形式来看，是生产劳动。因此，马克思说："同一种劳动可以是生产劳动，也可以是非生产劳动。"[②] 例如，密尔顿创作《失乐园》，得到五镑，这五镑既不是在单纯物质生产过程中产生的，

---

① 《马克思恩格斯全集》第26卷第一分册，第426页。
② 同上书，第432页。

也不是在资本主义生产过程中产生的，因而"他是非生产劳动者"。但是，当一个作家被书商雇佣而为书商增加资本的价值即获取利润服务时，他就成为书商的生产劳动者。正是在这个意义上，马克思说："为书商提供工厂式劳动的作家，则是生产劳动者。"同样，"一个自行卖唱的歌女是非生产劳动者。但是，同一个歌女，被剧院老板雇用，老板为了赚钱而让她去唱歌，她就是生产劳动者，因为她生产资本"。① 与此相同的内容，在《直接生产过程的结果》中也有。而且进一步举例说：给别人上课的教师不是生产劳动者，但是如果一个教师同其他人一起作为雇佣劳动者被聘入一个学院，为学院的老板增殖货币，他就是生产劳动者。②

　　有的同志引证马克思讲的这类话，得出结论说：马克思认为在资本主义社会关系中，作家、歌女、教师以及医生、演员……都是生产劳动者，都创造价值和剩余价值。有的文章中甚至由此推论说：在旧中国，为帝国主义资本、官僚资本和民族资本服务的银行、工商企业的一切知识分子，包括经理等高级职员，都是生产剩余价值的产业工人。以此类推，在社会主义社会中，上述一切非物质生产领域中的工作者，更是创造价值和剩余产品的生产劳动者。按照这种观点和逻辑，妓女为老板赚钱，是"摇钱树"，马克思也把她们看作创造价值和剩余价值的生产劳动者或产业工人了。同样，夜总会的舞女和歌女，哪怕是搞黄色的一套，只要能为老板赚钱，就是创造价值和剩余价值的生产劳动者了。反动文人不管是宣扬迷信、恐怖、色情、颓废，还是宣传反马克思主义反社会主义的思想，只要能为书商赚钱，就是生产价值和剩余价值的生产劳动者了。难道这会是马克思的正面观点吗？

　　其实，关于所谓歌女、教师等是生产劳动者的说明，并不是马克思从正面进行科学分析得出的理论，而是从资本主义生产关系现象形式的角度所做的说明。而且，作家只是对书商来说，歌女只是对剧院老板来说，教师只是对学校的老板来说，才是生产劳动者。因为他们作为雇佣劳动者，给雇主提供了利润。而他们对于雇主以外的其他一切人来说，并不是生产劳动者。这个道理，马克思也做过清楚的说明："教师对学生来说"不是生产劳动者，"但是对雇佣他们的老板来说却是"。因为老板通过用资本

---

① 《马克思恩格斯全集》第26卷第一分册，第432页。
② 见《马克思恩格斯全集》第49卷，第106页。

同教师劳动能力的交换可使自己发财。同样，"演员对观众说来，是艺术家"，而不是生产劳动者，但对雇主来说则是生产劳动者。① 这与前面所讲的商业买卖劳动的性质是一样的。商业劳动对产业资本家和其他人来说，是非生产劳动，只有对商业资本家来说，才是生产劳动。既然这样，难道能够说，歌唱家、教师、演员、商业雇佣工人等，对马克思来说统统都是生产劳动者吗？

不应忽视马克思的这样一个重要说明：演员（哪怕是丑角）只要被剧院老板雇用，为老板提供利润，就是生产劳动者。但"这里，生产劳动和非生产劳动始终是从货币所有者、资本家的角度来区分的，不是从劳动者的角度来区分的"。② 而有些同志竟把从资本家的角度对生产劳动和非生产劳动的区分，当作从马克思的科学的角度的区分了。

资本主义生产劳动的特点，是生产剩余价值。因而生产剩余价值便成为规定资本主义生产劳动的根本标准，而物质生产劳动本身则不能作为规定的标准（不仅物质生产劳动本身不能反映生产的资本主义关系，而且这种劳动在同收入而不是同资本相交换时就不会成为资本主义生产劳动）。基于上述情况，下面的这样的劳动也会表现为生产劳动，即某些非物质生产领域的劳动，当其作为雇佣劳动能够为老板提供剩余价值，反映资本主义关系时，其表现形式便同物质生产领域生产剩余价值的情况一样。因此，就必然导致这样的结果：从表现形式来看，非物质生产领域的服务活动，如"剧院、歌舞场、妓院"等处的"演员、音乐家、妓女"等，能为老板赚钱，对老板来说，就成为生产劳动者。

本来的规定是：资本主义生产劳动是同资本相交换并生产剩余价值的劳动，它以生产物质产品为前提。现在变成了：凡与资本相交换能为雇主获得剩余价值的劳动就是生产劳动，而不以生产物质产品为前提。前一种生产劳动是科学的规定，后一种生产劳动是前一种的转化形式，是由前一种衍化而来的派生意义上的生产劳动。而一些同志却用后一种转化形式的生产劳动否定科学规定的生产劳动，用派生意义上的生产劳动否定本来意义上的生产劳动。这就误解了马克思的生产劳动理论。

---

① 见《马克思恩格斯全集》第 26 卷第一分册，第 443 页。
② 《马克思恩格斯全集》第 26 卷第一分册，第 148 页。

二 从马克思对斯密的生产劳动理论的评论 和维护,看马克思的生产劳动理论

马克思的生产劳动和非生产劳动的理论,是在评论资产阶级经济学关于生产劳动理论的过程中,不断发展和完善的。

在《剩余价值理论》中,"关于生产劳动和非生产劳动的理论"一章,是从评论斯密的见解开始的。马克思认为,斯密对生产劳动有两种见解,或两个定义:(1)生产劳动是直接同资本相交换的、生产剩余价值的劳动,而非生产劳动则是直接同收入(工资、利润等)相交换的劳动;(2)生产劳动是物化在商品中的劳动。第一种见解是正确的,第二种见解是错误的。①

一些同志据此断言,资本主义生产劳动与生产物质商品无关。谁把生产劳动同物质生产相联系,就是重复被马克思批评过的斯密的第二个定义的错误。

应当历史地、全面地把握马克思对斯密的生产劳动见解的评论。

斯密在《国民财富的性质和原因的研究》一书中,在"论资本积累并论生产性和非生产性劳动"的标题下,用专门一章阐述了自己的生产劳动和非生产劳动的理论。细读斯密的原文,并把它同斯密的劳动价值学说相联系去理解,可以看出,斯密关于生产劳动的见解是一贯的和统一的,并不存在相互矛盾的两种见解或两个定义。

斯密所考察的是资本主义制度下的生产劳动。因此这种劳动必然是生产商品、生产价值和剩余价值的劳动。商品,自然是指物质商品。马克思在《资本论》中也是把物质商品作为资本主义的经济细胞的。斯密的定义(马克思所认为的第一种定义)中说:"有一种劳动加到对象上,就能使这个对象的价值增加,另一种劳动则没有这种作用。前一种劳动因为它生产价值,可以称为生产劳动,后一种劳动可以称为非生产劳动。"② 这里所讲的"劳动加到对象上",就是加到物质对象上。在商务印书馆出版的斯密原著的中译本中,就译作劳动"加在物上"。生产出物质商品,才

---

① 见《马克思恩格斯全集》第26卷第一分册,第146页。
② 同上。

能生产出价值和剩余价值。这既是斯密的见解，也是马克思在《资本论》中的见解。

斯密认为，生产价值的劳动，就是劳动者"把自己的生活费的价值和他的主人的利润，加到他所加工的材料的价值上"。斯密把制造业工人的劳动作为生产劳动的例子，而把家仆的劳动作为不生产价值的非生产劳动的例子。"要是雇佣许多制造业工人，就会变富；要是维持许多家仆，就会变穷。"马克思把斯密的这个见解，概括为第一种见解，即生产劳动是生产剩余价值的劳动，或同资本相交换的劳动。显然，斯密在这个见解中，已经包括它是物化在商品中的劳动这个前提了。因为这里不仅要把"劳动加到对象上"，而且是把生活费的价值和利润加到所"加工的材料的价值上"。演员、教师、歌唱家、医生等的劳动并没有这样的特点。

马克思所概括的斯密的第二见解，即生产劳动是物化在商品中的劳动，其实并不是斯密另外提出的一个独立的定义。它不过是用来解释为什么家仆的劳动不能像制造业工人的劳动那样使价值增加。制造业工人所以能够增加价值提供利润，是因为他的劳动"固定和物化在一个特定的对象或可以出卖的商品中"。而"家仆的劳动不固定或不物化在一个特定的对象或可以出卖的商品中。他的服务通常一经提供随即消失，很少留下某种痕迹"。①

如果斯密真的把物化在商品中的劳动作为一个独立的生产劳动的定义，那确实是错误的。这是因为：首先，它本来讲的是资本主义经济中的生产劳动，却离开了生产剩余价值或利润的规定，离开了生产的社会形式。"这里就越出了和社会形式有关的那个定义的范围，越出了用劳动者对资本主义生产的关系来给生产劳动者和非生产劳动者下定义的范围。"②其次，叫到家里来服务的裁缝、家具工人、厨师等，也会把自己的劳动固定在某种物上。但这种劳动并不是生产劳动。因为它是同收入而不是同资本相交换的。最后，有些劳动虽然不物化在商品中，但在劳动结束后，并不像斯密所说的那样，"很少留下某种痕迹或某种以后能够用来取得同量服务的价值"。当演员、音乐家等被老板雇佣，为顾客提供服务时，也可

---

① 前两段和这一段所引斯密的话，都是马克思在《剩余价值理论》中所引用的，见《马克思恩格斯全集》第26卷第一分册，第146、152页。

② 《马克思恩格斯全集》第26卷第一分册，第153页。

为老板补偿工资并提供利润。马克思从这些方面批评斯密第二个定义的错误，是认为斯密离开了资本主义生产的社会形式，把生产劳动说成是物化在商品中的劳动。可是，事实上斯密是把物化在商品中的劳动作为生产价值和剩余价值的前提来讲的，因而并不存在什么"错误"。要知道，《资本论》中也是把生产物质产品的劳动过程作为剩余价值生产过程的前提的。而斯密正是把两者统一起来说明资本主义生产的规定性的。

这样考虑问题，有助于我们进一步全面理解和把握马克思的有关论述。例如，它既然批评斯密关于生产劳动是物化在商品中的劳动是错误的，为什么后面又说："把'生产劳动'解释为生产'商品'的劳动，比起把生产劳动解释为生产资本的劳动来，符合更基本得多的观点。"① 其实，后面的话表明，马克思正是把生产商品的劳动作为生产剩余价值或资本的劳动的物质基础的，所以它"更基本得多"。马克思所不赞成的只是，把生产商品的劳动独立地作为资本主义生产劳动的定义。在《剩余价值理论》附录中马克思还专门指出：在物质生产的一切领域都属于资本主义生产方式的条件下，"可以认为，生产工人即生产资本的工人的特点，是他们的劳动物化在商品中，物化在物质财富中"。② 他把这一规定作为生产劳动的"补充定义"。由此可见，马克思并没有把生产物质商品的劳动，排除在资本主义生产劳动的概念之外。而且，在《直接生产过程的结果》和《资本论》中，马克思没有再讲斯密的生产劳动有两种见解，没有再批评斯密的所谓第二种见解。因为在这些后来写作或定稿的著作中，马克思自己把两者有机地统一起来了。

在《直接生产过程的结果》中，马克思明确地指出，资本主义生产劳动是"物化在商品"中的劳动和"直接创造剩余价值的劳动"的统一。"资本主义劳动过程并不消除劳动过程的一般规定。劳动过程生产产品与商品。只要劳动物化在商品即使用价值与交换价值的统一中，这种劳动就始终是生产劳动。可是劳动过程只是资本的价值增殖过程的手段。……直接创造剩余价值的劳动即直接增殖资本的劳动，是生产劳动。"③ 在《资本论》中，更明确地表明了这一见解。它把资本主义生产规定为"使用

---

① 《马克思恩格斯全集》第 26 卷第一分册，第 165—166 页。
② 同上书，第 442 页。
③ 《马克思恩格斯全集》第 49 卷，第 100 页。重点为引者所加。

价值的生产和剩余价值的生产"的统一①，或劳动过程与价值增殖过程的
统一。因此，资本主义生产劳动自然是既生产使用价值又生产剩余价值的
劳动。这里讲的使用价值是物质使用价值。由于生产使用价值是生产剩余
价值的手段或前提，资本主义生产的实质是剩余价值生产，因而资本主义
生产劳动，也可以说是生产剩余价值的劳动。

　　这里有必要分析一下一些同志常用来作为自己的有力论据的几段
引语。

　　其一，"劳动的物质规定性，从而劳动产品的物质规定性本身，同生
产劳动和非生产劳动之间的这种区分毫无关系"。② 这段话并不是说，生
产劳动不以生产物质产品为条件。而是说仅仅用劳动的物质规定性，并不
能"区分"资本主义的生产劳动和非生产劳动。马克思紧接着举例解释
了这段话。例如，饭店里的厨师是生产劳动者。如果这些人作为资本家的
家仆去当厨师，尽管他们生产同样的物质产品即食品，也是非生产劳动
者。可见，生产同样物质产品的劳动，如果同资本相交换，生产剩余价
值，便是资本主义的生产劳动。如果同收入相交换，不生产剩余价值，便
是非生产劳动。

　　其二，"对资本来说，构成生产劳动的特殊使用价值的，不是生产劳
动的一定有用性质，也不是物化着生产劳动的产品的特殊有用属性。而是
生产劳动作为创造交换价值（剩余价值）的要素的性质"。③ 这里讲的根
本不是生产劳动要不要以生产物质产品为条件，而是讲资本主义生产劳动
的"特殊使用价值"，不是它物化在产品中的劳动的有用性质，而是它创
造剩余价值的性质。

　　其三，"生产工人的概念决不只包含活动和效果之间的关系，工人和
劳动产品之间的关系，而且还包含一种特殊社会的、历史地产生的社会关
系"。④ 这段话并没有把生产物质产品的劳动排除在资本主义生产劳动的
概念之外，而是包含在其中的。"不只包含"，不等于"不包含"，而是
说，除包含这个内容之外，"还包含"一种特殊的社会生产关系。

　　其四，"由上述一切可以看出，生产劳动是劳动的这样一种规定，

---

① 见《资本论》法文版，第165页。
② 《马克思恩格斯全集》第26卷第一分册，第150页。
③ 《马克思恩格斯全集》第49卷，第105页。
④ 《马克思恩格斯全集》第23卷，第556页。

这种规定本身同劳动的一定内容，同劳动的特殊有用性或劳动所借以表现的特殊使用价值绝对没有关系"。① 这段话是从"上述一切"论述中衍化出来的。这里讲的"劳动的一定内容"或"劳动的特殊有用性"，既包括物质生产劳动的内容，也包括非物质生产劳动的内容。并不是专讲与物质生产劳动的内容无关。这是从资本主义生产劳动的表现形式来说明"同一内容的劳动可以是生产劳动，也可以是非生产劳动"的。就是说，"同一内容"的物质生产劳动或非物质生产劳动，在与资本相交换时是生产劳动，否则便是非生产劳动。马克思为说明这个意思，还接着举了几个例子。比如，同一个歌女，她像鸟一样地自由歌唱，是非生产劳动者，但若被雇用为老板赚钱歌唱，她就成为生产劳动者。上述两种情况下的歌唱，是"同一内容的劳动"。可见，把"与劳动的一定内容无关"理解为生产劳动"不以物质生产劳动的内容为条件"，就离开了马克思的原意。

其五，"力图用劳动的物质内容来确定生产劳动和非生产劳动的这种企图，有三个来源。（1）资本主义生产方式所特有的和从资本主义生产方式的本质中产生出来的拜物教观念：这种观念把经济的形式规定性，如商品，生产劳动等等，看成是这些形式规定性或范畴的物质承担者本身所固有的属性。（2）就劳动过程本身来看只有以产品（即物质产品，因为这里只涉及物质财富）为结果的劳动是生产的。（3）在实际的再生产过程中……就财富的形成等等来说，表现在再生产性物品中的劳动与仅仅表现在奢侈品中的劳动之间有很大差别"。②

原文本来是说"力图用劳动的物质内容来确定生产劳动和非生产劳动的这种企图，有三个来源"。可是在一些引证者笔下竟变成了：马克思具体剖析了政治经济学史上"力图用劳动的物质内容来划分生产劳动与非生产劳动这一错误理论的三个来源"。来源中的第（2）项内容，也变成了"单纯从简单劳动过程的结果（即物质产品）出发来把握生产劳动"。然后用以批评把生产劳动与生产物质产品的劳动联系在一起的中外学者的"错误"。这也离开了马克思的本意。

这段话的本意究竟是什么呢？联系前后文来看，它根本不是讲"用

---

① 《马克思恩格斯全集》第49卷，第105页。
② 同上书，第108页。最后一句中的"有很大差别"似应为"没有很大差别"。

劳动的物质内容来划分生产劳动与非生产劳动的错误"的来源。试问：把物质生产劳动作为资本主义生产劳动的条件，同第一个"来源"即"拜物教观念"有什么内在联系呢？没有，丝毫扯不到一起。其实，马克思这里提及拜物教观念，不过是要说明，由于资产阶级经济学把资本主义生产方式看作是永恒的生产方式，便把商品看作是产品的属性，把生产的资本主义形式，看作是物质生产的一般属性，从而把资本主义生产劳动看作是劳动的物质内容的属性。总之，把"经济的形式规定性"，看成是这些形式规定的"物质承担者本身所固有的属性"。这正是拜物教观念的表现。在《资本论》第一卷第一篇脚注（32）中，在讲古典政治经济学的缺点时就讲过："如果把资产阶级生产方式误认为是社会生产的永恒的自然形式，那就必然会忽略价值形式的特殊性，从而忽略商品形式及其进一步发展——货币形式、资本形式等等的特殊性。"在生产劳动问题上，资产阶级经济学（包括古典经济学和庸俗经济学）同样忽略了资本主义生产劳动的特殊性。

至于第二和第三个"来源"，也是要说明资产阶级经济学不知道资本主义生产劳动的特殊的历史性质，而把它看作是劳动的物质内容的自然属性。拿第二个"来源"说，由于劳动过程确实是生产物质产品的过程，生产劳动会产生物质产品，因而就把资本主义生产劳动看作是生产物质产品的劳动属性了。例如，重农学派就把资本主义生产劳动同农业劳动划了等号，将其看作是农业劳动自身所具有的属性。

一些同志硬说，马克思认为演员、音乐家、歌唱家、教师、医生、作家等等，都是生产劳动者，甚至幼儿园、婚姻介绍所，也是生产部门。但是，从马克思对斯密的生产劳动理论的全部评论和对其正确观点的维护来看，从他用大量篇幅反驳和批判庸俗经济学对斯密的生产劳动理论的攻击来看，马克思的见解同这些同志的断言正好相反。

马克思赞同斯密不把训练、保持劳动能力的教师、医生服务看作生产劳动。他说："在任何情况下，医生的服务都属于生产上的非生产费用。"医生和教师劳动的非生产性质，可以从下面的情况看出来：当劳动生产力降低，总价值和使用价值下降时，"如果资本家和工人还想以物质产品的形式消费原先那样大的价值量，他们就要少购买医生、教师等等的服务。如果他们对医生和教师必须继续花费以前那样大的开支，他们就要减少对其他物品的消费。因此，很明显，医生和教师的劳动不直接创造用来支付他们报酬的基金"。① 连自己所得的报酬基金也不能直接创造出来的劳动，显然是非生产劳动。这同"宽派"断言教师、医生也是创造价值的生产劳动者正好相反。马克思还进一步指出：斯密把直接"生产、训练、发展、维持、再生产"劳动能力的教育、医疗等劳动"从他的生产劳动的项目中除去了；……他受某种正确的本能支配，意识到，如果他在这里把后一种劳动（指教育劳动等——引者）包括进去，那他就为各种冒充生产劳动的谬论敞开了大门"。② 马克思讲得如此明确，而有的文章却只引用教育是"直接把劳动能力本身生产、训练、发展、维持、再生产出来的劳动"这半句话，来论证马克思认为教育是生产劳动。把马克思所否定的会为各种谬论敞开大门的错误见解，说成是马克思的正面意见，岂不颠倒了是非吗？

庸俗经济学家们一起攻击斯密关于非生产劳动的这种规定：某些最受尊敬的社会阶层的劳动，不生产任何价值，是非生产劳动。如"君主和他的全部文武官员、全体陆海军，……列入这一类的，还有……教士、律师、医生、各种文人；演员、丑角、音乐家、歌唱家、舞蹈家等等"。③马克思在《剩余价值理论》第四章中的绝大部分篇幅，都是用以反驳各个庸俗经济学家对斯密的攻击的。

例一：加尔涅说："从劳动对支付其代价的人提供某种享受、某种方便或某种效用来看，一种劳动和另一种劳动一样，都是生产劳动。"他反问道：为什么"诱惑我的嗅觉的香水制造者"应当认为是生产劳动者，而"陶醉我的听觉"的音乐家应当是非生产劳动者呢？马克思借斯密的话回答说："因为一个提供物质产品，另一个不提供物质产品。"不能用道德观念来规定生产劳动，劳动的"功绩"，同生产劳动的规定无关。④

加尔涅又说：认为提琴制造者、风琴制造者是生产的，而以他们的劳动为"准备阶段"的职业（如提琴或风琴演奏员），则是非生产的，难道这不是矛盾吗？马克思反驳说："如果这样来谈问题，那就会得出结论说：吃粮食的人和生产粮食的人一样，也是生产的。因为，为什么生产粮食呢？就是为了吃。……吃粮食的人会生产脑子、肌肉等等，难道这不是

---

① 《马克思恩格斯全集》第 26 卷第一分册，第 159 页。
② 同上书，第 164 页。
③ 同上书，第 151 页。
④ 同上书，第 177—179 页。

象大麦或小麦一样贵重的产品吗?"①

　　马克思还说:"开药方的医生不是生产劳动者,而配药的药剂师却是生产劳动者,这看起来好象是奇怪的。同样,制造提琴的乐器制造者是生产劳动者,而演奏提琴的提琴师却不是。"这里明确肯定医生和提琴师不是生产劳动者。这并没有什么可奇怪之处。"这只能证明,某些'生产劳动者'提供的产品,其唯一的目的是充当非生产劳动者的生产资料。……归根到底,一切生产劳动者,第一,提供支付非生产劳动者的资金,第二,提供产品,让不从事任何劳动的人消费。"②

　　例二:施托尔希错误地看待物质生产和精神生产的关系,把一切精神生产都看作是生产劳动。他认为,医生生产健康,教授和作家生产文化,诗人、画家等生产趣味,道德家生产道德,君主的劳动生产安全,等等。马克思以嘲讽的语言反驳说:"同样完全可以说,疾病生产医生,愚昧生产教授和作家,乏味生产诗人和画家,不道德生产道德家,迷信生产传教士,普遍的不安全生产君主。"③ 马克思的意思是说,按照施托尔希的观点,凡是能产生现实的或想象的使用价值的活动或服务,都是生产劳动。那么,疾病、愚昧、不道德、迷信、不安全等也该是生产劳动了。

　　例三:西尼耳反对斯密的生产劳动理论。他说:"照斯密看来,犹太人的立法者是非生产劳动者。""一个医生开药方把病孩治好,从而使他的生命延续好多年,这个医生难道不是生产持久的结果吗?"④ 关于立法者,马克思说,西尼耳等"如此拘守于自己的资产阶级固定观念,以致认为,如果把亚里士多德或尤利乌斯·凯撒称为'非生产劳动者',那就是侮辱他们"。⑤ 显然,马克思认为亚里士多德一类学者,不管多么伟大,也都是非生产劳动者,这丝毫不包含轻视他们的劳动的意思。关于说医生也是生产劳动者,马克思说:"胡说八道!如果孩子死了,结果同样是持久的。如果孩子的病没有治好,医生的服务还是要得到报酬的。"⑥ 这又明确地肯定:医生是非生产劳动者。

------

① 《马克思恩格斯全集》第26卷第一分册,第179—180页。
② 同上书,第180页。
③ 同上书,第298页。
④ 同上书,第299页。
⑤ 同上。
⑥ 同上。

马克思的生产劳动理论

西尼耳还问道：钢琴制造者要算是生产劳动者，而钢琴演奏者倒不算，虽然没有了钢琴演奏者，钢琴也就成了毫无意义的东西，这不是岂有此理吗？马克思回答说：事实的确如此。钢琴演奏者生产了音乐，满足了我们的音乐感。"但他的劳动并不因此就是经济意义上的生产劳动。"① 我们讲生产劳动和非生产劳动都是从经济意义上讲的。精神生产，如音乐、诗歌，都不是经济意义上的生产。

例四：在《剩余价值理论》"附录"中，马克思批判了关于一切职业都具有生产性的辩护论见解。马克思讥讽他们说，罪犯还生产罪行呢！"罪犯不仅生产罪行，而且还生产刑法，因而还生产讲授刑法的教授，以及这个教授用来把自己的讲课作为'商品'提到一般商品市场上去的必不可少的讲授提纲。"② 罪犯还生产警察、侦探、法官、刽子手等。还生产艺术、文艺等。按照辩护论者的逻辑，罪犯也是生产劳动者了。这里马克思明确否定"哲学家生产观念，诗人生产诗，……教授生产提纲"因而是生产劳动者的错误见解。

我这样转述马克思的论述，是因为在一些同志的著作中，对这些讲得十分清楚的论述竟避而不讲，反而把马克思所一再反驳的见解加给马克思。

这并不是说，在关于生产劳动和非生产劳动问题的讨论中，只能重复马克思讲过的话。不，我认为，第一，马克思的有关论述，在多数问题上比较系统、充分，但在有的问题上只是提了一下，并没有展开，需要进一步进行探索。例如，马克思在反驳罗西曲解斯密的意见（说斯密只把体力劳动者作为生产劳动者）时指出："亚·斯密不是这样看的。他认为从事写作、绘画、作曲、雕塑的人是第二种意义的'生产劳动者'，虽然即兴诗人、演说家、音乐家等等不是这样的劳动者。"③ 这里讲的是作家写的书，画家完成的画，音乐家发表的歌曲，艺术家完成的雕塑等。这种精神产品也表现为物，同物质产品结合在一起。马克思自己在讲生产商品、生产物质产品的劳动时，也讲过"一切艺术和科学的产品，书籍、绘画、雕塑等等，只要它们表现为物，就都包括在这些物质产品中"。生产商品

---

① 《马克思恩格斯全集》第46卷（上），第264页。
② 《马克思恩格斯全集》第26卷第一分册，第415页。
③ 同上书，第307页。

的劳动，"包括一切以物的形式存在的物质财富和精神财富，既包括肉，也包括书籍"。①"第二种意义的生产劳动"同第一种意义的有什么区别，这种生产劳动怎样创造价值，价值量怎样决定等问题，都需要进行研究。而一些同志虽然大讲精神生产劳动创造价值，却没有对这类问题做出任何科学说明。第二，马克思在一百多年前考察生产劳动问题时，非物质生产部门还不很发展，在国民经济中的地位和作用不显得很重要。现在情况变化了。经济发达国家中的精神生产部门和服务性行业大大发展了，非物质生产劳动的比重日益增长。在发展了的新的社会经济条件下，马克思的生产劳动理论怎样具体化，需要进行研究。随着生产社会化的巨大发展，生产劳动的概念似乎也要扩大。例如，为生产服务的某些新兴的行业的生产性质，自不必说。发展了的修理行业（包括对劳动资料的修理和耐用消费品的修理）虽属服务部门，但应当说也是生产性的。第三，在社会主义制度下，生产劳动和非生产劳动怎样划分，马克思没有专门研究过，需要我们进行探讨。第四，如果谁愿意把生产劳动的概念规定得很宽，甚至借鉴于西方，那就讲自己的见解好了，不必去引证马克思的某些实际上并不相关甚至意思相反的话作为根据。不应当把自己的见解强加给马克思。

三　讨论生产劳动和非生产劳动的实际意义

对于生产劳动和非生产劳动问题，不管持何种见解，都应提出一个明确的划分界限或客观标准。

重商学派认为，只有其产品出口给国家带回的货币多于这些产品在国内所值的货币的那些生产部门，才是生产的；重农学派认为，只有农业劳动才是生产的；斯密认为，只有同资本相交换、将劳动物化在商品中并为雇主提供利润的劳动，才是生产劳动；马克思认为，从单纯劳动过程看，生产物质产品的劳动，就是生产劳动，从资本主义生产过程看，以生产使用价值为前提的直接生产剩余价值的劳动，才是生产劳动。上述关于生产劳动的不同见解，也是规定生产劳动的不同标准。这些标准，不管是哪一派提的，都容易把握并用以划分生产劳动和非生产劳动。如果不提出一个

---

① 《马克思恩格斯全集》第26卷第一分册，第165页。

明确的、容易把握和运用的标准，只笼统地说，资本主义生产劳动就是为雇主提供剩余价值的劳动，而与是否生产物质产品无关，那么，妓女、反动文人等为雇主赚钱，是否也属于生产劳动？如果不是，界限是什么？有些文章论述社会主义的生产劳动时，断言这种劳动是生产劳动，那种劳动是生产劳动，几乎包括了一切服务行业和精神生产领域，却没有明确说明划分社会主义生产劳动和非生产劳动的标准究竟是什么。有的表面上提了个标准，但实际上可以任意解释，不好把握。例如，说凡是以满足社会日益增长的物质和文化的需要为目的的劳动，就是社会主义生产劳动，而不管是否生产物质产品。按此定义，教育、文化、卫生、体育、商业以及其他许多方面的劳动，都被规定为生产劳动。可是，在社会主义制度下，有哪一种劳动和工作会脱离满足社会日益增长的物质文化需要这一根本目的呢？我们的党政干部不也是在为此而工作吗？要知道，党和政府的政策正确与否，对广大劳动人民物质和文化生活需要的满足程度如何，关系极大。按照一些同志的见解，实际上就几乎不存在或很少存在非生产劳动了，从而也就没有什么必要划分生产劳动和非生产劳动了。

社会主义生产劳动的规定，同社会主义生产目的的规定应是一致的。正如同资本主义生产劳动的规定同资本主义生产目的的规定相一致一样。但讲社会主义生产目的时，"社会主义生产"的内涵究竟是什么，难道不是指工业、农业、交通运输业等物质资料的生产，而是还包括一切科、教、文、卫、体以及商品买卖等各方面的"生产"吗？我们讨论社会主义生产目的，难道还包括教育、文艺、电影、戏剧、卫生、商品买卖等目的吗？没有包括，因而也没有讨论过。

我认为，社会主义的生产劳动，就是为充分满足劳动者的物质和文化生活需要而生产物质资料的劳动。是在社会主义生产关系下进行的物质生产劳动，包括体力劳动和脑力劳动，包括从生产单位内部或从外部为直接生产过程提供服务的劳动，如设计、科研等劳动。这种劳动创造的价值既补偿劳动者的生活消费品的价值，又为社会提供一个余额。

不应当把社会所必需的劳动同生产劳动等同起来。不应当用某种劳动的必要性或重要性来论证这种劳动的生产性。这个道理，连斯密都讲得很清楚。在资本主义制度下如此，在社会主义制度下亦如此。说某种劳动是非生产劳动，丝毫不包含对这种劳动贬低的意思。同样，说某种劳动是生产劳动，也不包含这种劳动比非生产劳动高贵的意思。马克思甚至还这样讲：在资本主义制度下，"成为生产劳动者不是一种幸福，而是一种不幸"。①

怎样划分生产劳动与非生产劳动，各派见解都有其理论目的，而且也确实有它的实际意义。重农学派认为，只有农业劳动才是生产劳动，就是主张要特别重视发展农业。斯密克服了重农学派的局限性，认为农业和工业等一切产业部门中与资本相交换的劳动都创造价值和利润，都是生产劳动。因而主张多积累资本，多雇工人，多发展产业部门，因为"雇佣许多工人，是致富的方法，维持许多家仆，是致贫的途径"。② 马克思从物质劳动过程和价值增殖过程的统一中规定资本主义生产劳动，是要揭露剩余价值的真实来源，揭露产业资本与雇佣劳动的本质关系，揭露以此为基础的资本主义各个剥削集团之间分割剩余价值的关系以及他们同各种雇佣劳动之间的关系。主张通过革命手段使劳动者占有自己生产劳动的成果。

我们讨论生产劳动和非生产劳动问题，也服从于一定的目的。那就是怎样安排我们的国民经济，怎样处理和安排好物质生产、精神生产、劳务以及其他活动之间的关系，怎样统计我国的国民收入及其分配。物质资料的生产是社会生活的基础。没有工业、农业、交通运输业、建筑业等物质生产部门的首先发展，其他部门是难以迅速发展的。在过去"左"的错误下，我们的商业服务和科、教、文、卫等精神生产部门发展得很不够，有必要重视和促进它们的发展。但是，在"左"的错误下，首先是物质生产部门没有获得应有的发展，因而更加延缓了对社会必要的那些非物质生产部门的发展。今天我们如果脱离开我国物质生产发展的现有状况，想按照经济发达国家的比重发展所谓"第三产业"（这是个不科学的概念）的情况，去发展我国的非物质生产部门，这种发展如果超出了物质生产部门能够承担的限度，那将会走向反面。

把托儿所、幼儿园、影剧院、银行、信托业、保险业、广告业、婚姻介绍所，以及教育、体育等部门，统统规定为创造国民收入的生产部门，既无理论根据，又无实际意义。发展这些行业不管怎样必要和有益，它们并不能增加国民收入，而是需要从国民收入的扣除中获得补偿。是属于国民收入的再分配问题，而不是属于国民收入的创造问题。如果在我们的经

---

① 《马克思恩格斯全集》第23卷，第556页。"生产劳动者"原译作"生产工人"。
② 斯密：《国民财富的性质和原因研究》上卷，商务印书馆1972年版，第303页。

济统计工作中，把许多非物质生产领域甚至非经济领域的收入也作为国民收入，那势必会夸大国民收入总额，把国民收入再分配，当作国民收入本身。不应忘记，马克思在《哥达纲领批判》中讲到共产主义社会中的社会总产品分配问题时，曾强调要从物质生产部门的收入中进行多项社会扣除，其中就包括用于"学校、保健设施等"方面的扣除。如果像一些同志所断言的那样，这些非物质生产部门的劳动同样是创造使用价值和国民收入的生产劳动，那么用于它们的费用就可以从自己创造的国民收入中获得补偿，而不需要从物质生产部门创造的收入中扣除相应的部分了。这与马克思的论述显然是相矛盾的。归入生产部门显然是不适当的。

《中国社会科学》1983 年第 6 期

新技术革命与我国对策

宦 乡[*]

摘要 本文认为，在世界新技术革命的形势下，我国必须采取"迎头赶上"的方针；根据我国的实际情况，"赶"的重点先要放在微电子工业（包括电脑工业）和生物工程这两个方面。为了说明这个思想，作者在文中分析了国内外经济和科技形势，研究了技术发展的一般规律，并提出一系列具体建议，例如改革管理体制，打破"部门所有制"，实行国家领导、统一规划，以及建立我们自己的"硅谷"等等。

一 要采取迎头赶上的方针

当前，世界上正在酝酿一场新的技术革命的高潮。面对这样一个挑战，我国应当采取什么方针呢？

我认为，根据目前的形势，我们只能采取"迎头赶上"的方针，而不能采取别的什么方针。中央领导同志提出要在 2000 年达到中等发达国家的水平，人均收入达到 800—1000 美元；工农业生产和科学技术的一般水平达到最先进国家 80 年代初的水平，在某些领域要达到当时世界最先进的水平。这样我们才有"起飞"的基础，才能实现邓小平同志最近同英国外交大臣杰佛里·豪谈话中所明确的第二个目标，即"要在三十至五十年内达到或接近发达国家的水平"（1984 年 4 月 19 日《人民日报》第 1 版）。我们不能总是落后 15—20 年。提出"迎头赶上"可以使我们有一种紧迫感。从现在到 2000 年时间已经不多，我们应该快马加鞭，而不可四平八稳地踱步。

---

* 宦乡，1909 年生，中国社会科学院顾问，国务院国际问题研究中心总干事，北京大学教授。

赵紫阳总理关于迎接新技术革命挑战的设想，就是考虑到世界经济形势、世界科技形势而提出来的。我们应当在中央的领导下，集思广益，提出切实可行的方案，有步骤、有计划、有科学根据地去追赶世界发达国家的生产水平包括科技水平。

在当前的世界经济政治形势下，我们必须清醒地认识到：

——科学技术现在已经成为发达资本主义国家压榨乃至重新统治第三世界的工具。过去，帝国主义主要靠超经济手段，甚至直接军事占领来掠夺、剥削殖民地。第二次世界大战后，帝国主义在反殖民主义运动的强大冲击之下，不得不给予殖民地国家以政治独立，可是却采取了新殖民主义手段来维护自己的利益，这主要是通过不平等交换的手段来压榨、剥削发展中国家。现在开始转到利用科学技术进行剥削，这样剥削的范围更宽，程度更深，如果我们的科学技术老也达不到世界先进水平，我们就可能在科学技术方面成为人家的"殖民地"。

——我们周围的国家都在改组经济结构，引进新的技术，建立新的技术密集的工业。在这方面我们已经落后了，如果再不奋起直追，那么，在亚太地区，我们就有可能比别的国家落后更多。我们必须鼓足那么一股干劲，努力迎头赶上去。

因此，我们提"迎头赶上"，正是从自己的国情、从我们的发展需要出发的。当然，我们说"赶"，并不是要像"大跃进"那样，违背科学常识，不经慎重研究，乱上乱搞，而是要有计划、有领导、有组织、有科学根据地"赶"。以往那种盲目乱赶所造成的错误不是不可以避免的。

二　迎头赶的总目标是什么？

我们迎头赶上的总目标是什么？我认为应该是，在未来的 20 年内：

（1）分期分批把我们的主要企业用新技术改装起来，使其现代化；（2）建立一两个科学研究、生产、教育相结合的新工业基地，对技术研究、开发，产品制造，人才培养，基础科学研究都能起推动作用；（3）生产进一步实现社会化，使物资不但丰富，而且多样化、标准化、优质优价化，从而提高人民生活水平，形成一个发达活跃的国内市场；（4）生产出一批具有国际竞争力的、附加价值高的"拳头"产品，能为国外市场所欢迎和适销；（5）生产出一批先进的国防军工产品，使国防真正实现现代化。

"赶"，本身不是目的，要达到上述五个目标才是目的。这五个目标也就是推动我们迅猛前进的动力。在这一点上，我们可以清楚地看到我们同美国、日本这类资本主义国家的根本不同。美国是靠军备竞赛作动力，日本是靠争夺国际市场上的优势作动力，来推动它们各自国家的发展，而我们则是依靠大力提高全国人民的物质文明和精神文明的水平，来推动我们国家的现代化发展。

三　迎头赶的重点在哪里？

当前发达国家和一些发展中国家正在进行结构调整，其主要内容是：

（1）把传统的劳动密集工业关闭、压缩、转产，或者向第三世界转移。这个过程已经开始。（2）对传统的资本密集工业，一方面进行压缩、控制生产或转移（如钢铁，发达国家之间已达成协议，要压缩生产20%，其中还有一部分要转移到发展中国家）；另一方面对继续经营的这种企业进行技术改造，以实现设备的现代化、生产的自动化和能源、材料、空间、人力等方面的节约化。这个过程首先从美、日开始，继而扩大到英、法、西德等所有发达国家。比如，钢铁产量在这些国家正在减少，而质量和品种却在提高和增加；经过技术改造的企业用人少，耗能低，自动化程度高，有人说它们已变成技术密集工业。（3）正在大力发展知识技术密集工业，主要是微电子、光导通讯、生物工程、核能和新材料等工业。当前所说的新技术革命，主要是指以信息产业为中心的上述新兴工业，其中，尤为突出的是电脑工业的发展。近年来，电脑工业发展速度快、波及范围广、影响大，非常引人注目。生物工程、新能源、新材料等领域虽然也有很大发展，但关键技术还停留在实验阶段，大多没有形成大批量的商品生产。看来，这些领域的重大突破，还有待于电脑技术的进一步发展和运用。

我们所说的"赶"，主要是在上述新技术领域里"赶"。其中，首要重点是研究在微电子工业（包括电脑工业）方面如何在二三十年内赶上或接近世界先进水平。如果我们首先在这方面打好基础，那么其他方面的"赶"也就有了有利条件，传统工业的调整、改造也就有了基础。此外还有生物工程。我们在这方面是有基础的。这门科学对我们也是特别重要的，也应该列为"赶"的一个重点。这两个方面是新技术革命的关键，是我们"赶"的首要任务。

但是，这并不意味着对其他的新技术可以置之不顾。一些我们有条件、有基础的新技术，例如激光、新能源、新材料、海洋开发、空间开发等，应该继续发展下去。只是目前的重点应当摆在微电子学（包括电脑）和生物工程这两方面。

四　当前世界经济形势有利于我们迎头赶上

当前西方经济正在复苏中，虽然复苏是不稳定的、脆弱的、不平衡的，各部门、各国都不平衡。从 1983 年初至今，经济回升已经一年多了，估计今年回升还将继续下去。但是，这种回升是暂时的，估计最多可能维持到 1985 年。

西方经济目前面临的有利条件是：

（1）通货膨胀已经压下去了。美国 1983 年通货膨胀率降到 3.4%。今年一季度，通货膨胀有些回升，在 5% 以上。但从政策看，今后依然是以压缩通货膨胀为基调。（2）石油价格趋于稳定。主要原因：a. 节约能源是很大因素；b. 加紧研究替代能源和新能源，虽然没有达到商业应用，但已取得一些进展；c. 各国都在挖掘本国能源的潜力。在未来一段时期内，石油价格将基本稳定，虽然还会有些波动，但上升幅度不会太大。（3）军火贸易。军火贸易对西方国家，包括美国在内，都是一个重要财源。它们都靠军火贸易弥补贸易逆差，维持国内经济某种程度的繁荣。预计军火贸易将继续发展。（4）世界大战在 5—10 年内发生的可能性很小。发达国家内部劳资之间的对立在几年内不会严峻到发生大规模冲突的程度。

与此同时也存在一些对西方发达国家经济不利的因素：

（1）失业问题无法解决。有些人认为，失业问题之所以严重，主要是由于经济结构调整引起的结构性失业。从统计资料分析，这种观点不全面。确实，在传统工业进行压缩、转移时，会排挤部分工人，但这批工人中包括两类：一类是年轻的，他们的失业是暂时的，经过一段改行的培训，又可以找到就业机会；另一批是 45 岁以上的工人，他们习惯于自己原有的职业，不愿意改行，难以学习新技术，许多人情愿靠领失业救济金生活；如果他们愿意改行，不少人也还是可以重新就业的。现在有一种错觉，认为技术革新必然会造成大量的失业。美国、英国的情况并不完全如此。新技术革命一方面造成了结构性失业，另一方面又创造了新的就业机会。美国的汽车城、钢铁城失业率很高，特别是黑人、青年、妇女。而西部从旧金山到洛杉矶，还有南部一些地方则招收大量的工人。因此高失业率的存在，我认为主要是资本主义基本矛盾造成的周期性危机和萧条的产物，这在资本主义制度下是没有办法解决的。（2）贸易保护主义的发展。（3）发展中国家的债务现在已经达到8000亿美元，可能要不了多久就会突破1万亿大关。这迫使发达国家不得不加以维持。因为发展中国家的大部分债务最终还得由西方银行背着，必须债权国出面解决，否则债权银行也难以维持。如美国不采取措施，美国20多家大银行可能会倒闭一半。（4）庞大的财政赤字引起的高利率。美国的名义利率最高时曾经达到20%以上，后来降到11%。问题是通货膨胀率也下来了，实际利率依然很高，现在大致为7.5%左右。据西方报刊分析，利率很可能还将上升。（5）货币不稳定。（6）投资利润率低，很难刺激投资者的热情。据今年初的报告，美国公司的利润率稍有上升，但还没有达到足以引起企业进行大规模投资的程度。一般分析认为，这个问题很难解决。（7）资本主义固有的矛盾，即生产的社会化与私有制（包括分配关系）的矛盾无法解决，因此不能避免周期性的经济危机。

基于以上估计，我认为从现在到80年代末，西方经济增长将是缓慢的，不会出现大的下降，也不排除可能出现小的"繁荣"，但不可能出现50年代和60年代那样的"大繁荣"。

综上所述，在未来十几年中，（1）固定资本投资很难形成高潮，机器大规模更新难以做到；（2）对旧有技术的改造，由于害怕引起劳资纠纷，步子不会很快；（3）资本主义的固有矛盾使新技术革命的发展呈现出两种趋势：一方面竞争迫使科技向前发展，另一方面又妨碍科技的实际应用。后一种趋势还相当强。这样就使科技成果的广泛应用受到阻碍而限制在一定的范围内，不能很快形成广大的市场。因此在未来的十几年中，买方市场还是主要的。这在一定程度上会成为我们引进新技术的某种有利条件。

值得注意的是日本的发展。日本在西方国家中应作为一个特殊的例子。日本除了上述有利条件外，还有一些独特的条件：（1）国民储蓄率高，占国民总收入 18% —19%。因此动员资金发展建设是有条件的。
(2) 失业率不高，劳资关系比较缓和。(3) 政府与民间合作，相互协
商推动产业的发展。同时，政治上也比较安定，这无疑是日本战后经济
发展成功的重要因素。这些优势目前依然存在。(4) 全国上下，技术
革命的劲头很足，特别是提出从贸易立国转向技术立国以后，更加有意
识地进行技术革新。最近日本又开始扩展"筑波科学城"，使科学城成
为科学带。此外，新技术的实际应用比美国强，如机器人日本现在有 4
万台，美国还不到 1 万台。

当然，日本也有不利因素：(1) 缺乏资源；(2) 基础理论研究落
后；(3) 财政危机严重，因而不能创造吸收投资的环境；(4) 日美、
日欧间的贸易摩擦日益激烈。全面权衡，从短期看，日本经济比西方其
他国家可能要好些。但是，买方市场为主的情形，即使在日本也不会有
太大的不同。

五　科学技术发展的周期也说明
我们可以迎头赶上

每一个技术从发明到应用都有一个过程，这个过程是很长的。蒸汽机
时代大约是 100 年，内燃机时代大约是 50 年，二次大战后缩短到大约 30
年。现在这个过程更加快了，但也需要一定的时间。微电子、能源、新材
料、空间开发、海洋开发等新技术，除微电子的发展比较成熟外，都还处
于研究开发阶段，新的重大突破还需要若干时日。微电子计算机在美国是
1971 年才真正开始生产，日本是 1972 年开始，目前都还处于发展时期。
微电子计算机和光导纤维我们虽还处于较低的研究阶段，但也有了一定的
基础；从科学发展的周期看，我们还是有条件经过一定时间的追赶，达到
世界先进水平的。

六　"赶"到什么样的规模？

综观全世界，现在的科学技术带主要集中在太平洋地区。美国人士认
为，全世界目前只有两个技术带：西边是美国；东边是日本。美国的技术
带从加利福尼亚到得克萨斯、波士顿、纽约、芝加哥，以美国硅谷为中

心，周围有许多尖端技术研究所，密集的工厂、航天设施、导弹基地，以及良好的交通系统。日本目前正在设计一个既有尖端技术工业、又有相应的研究机构和大学的中心，与这个中心相连的有高速公路、新干线、航空线；沿线设立应用新技术的工业。现在西方为什么强调技术带呢？因为他们认为这是新技术革命引起的一个高级科学技术的综合群。

开发新技术，发展到最大规模就是建立像美国、日本那样的综合技术群（或称技术带）。除美国、日本外，现在西欧也开始策划技术带。英国已经有了一个规模较小的技术群，联邦德国、法国、比利时准备共同建立综合技术群。另外，西欧现在有一个以电子计算机为中心的十年开发计划。这就需要欧洲共同体成为一个有效的机构，使各国通过共同协商达到一致。目前看来条件还不太成熟；但欧洲各国技术比较发达，估计经过一段时间，是能够实现它们的目标的。

我们现在还不能希冀在二三十年内就建立起来这样的技术带；但我们一定要在几个主要领域建立起具有一定规模的研究体系。

七　研究各国新技术发展情况可以给我们以启示

要迎头赶上，就必须了解世界各国的情况。不了解他人的情况，"赶"就无从谈起。

美国、日本现在站在新技术革命的前列。美、日相比，各有短长。可以说美国是捷足先登，日本是后来居上。现在日本是美国的主要竞争对手，成为对美国的威胁。美国在新科学技术上对日本限制得很死。总的来看，美国的基础科学研究、军事技术、综合应用水平，一般优于日本。但另一方面，美国在实际生产应用的某些主要方面不如日本，如电子计算机硬件、机器人、民用工业方面就不如日本。从现在起到本世纪末，日本竞争的优势主要在实际应用方面。在国际市场上，日本仍然构成对美国的威胁。

西欧的基础科学研究在美国之上。二次大战后，全世界发表的科学论文，美国占第一位，西欧占第二位，但美国许多论文的思想是从西欧来的。所以西欧的基础科学研究不可轻视。西欧的弱点在于技术普及应用的水平较低，生产和研究结合不如美国，在新产品的批量生产方面态度保守。如 60 年代初英国发明了用于游戏的电子计算机，但没有真正把电子计算机引向广泛的应用。如果西欧各国能够很好地协调起来，就会很快赶上去。

值得注意的问题是西欧从美国、日本大量进口电子元件、电子计算机，结果冲击了本国、本地区电子计算机工业的发展。现在一些西欧国家制订电子工业发展计划，打算发挥自己的优势，但能否做到还需要观察。

苏联在 50 年代不重视新的科学技术、特别是电子计算机的发展。60 年代曾把信息论、控制论当作资产阶级的东西加以批判，结果阻碍了电子计算机的发展。60 年代中期以后，苏联改变了过去的看法，开始发展电子计算机，但仍然不够重视。70 年代中期，苏联看到美国在这方面的发展，才开始追赶，制订了优先发展新技术，特别是电子计算机技术的政策。目前西方很重视苏联的发展，它们认为苏联现在已经建立起以用途广泛的系列机、微型机、大型机为主的先进的电子计算机体系，并注重生产自动化，在把电子计算机用于生产方面取得了很大成就。苏联这些年工业变化之大，与电子计算机的发展大有关系。西方认为苏联在这方面存在的主要问题是：（1）军用、民用不平衡；（2）重视大企业技术的发展，轻视中小企业及轻工业的技术改造；（3）通讯与服务方面落后；（4）微电子产品种类少、成本高，影响微电子技术的普及。

东欧也在发展微电子技术，但成绩还不大。虽然苏联通过经互会与之有一定的合作、交流，但总的看来水平不高。东欧国家中值得注意的是匈牙利。匈牙利发展电子计算机主要目的是在国际市场上竞争，它也具有参加这种竞争的经验和技术，对西方的信息很了解。它对西方的工厂自动化、办公室自动化、家庭自动化研究较深。

第三世界最值得注意的是印度。印度独立以来，在工业、科学技术方面发展得都很快，在高精尖技术方面如航空、国防、电子等工业都具有较先进的水平。近些年来印度重视新技术的研究开发，特别是为电子计算机的发展专门提出了十年发展规划。印度注意扶植民族工业，能自己生产的尽量自己生产。另外，印度科技人才数量占世界第三位，质量也较高。

香港地区电子计算机工业在东南亚占第一位，但它的电子计算机工业不是基本工业，主要是为外国子公司装配和制造某种零配件的工业。台湾地区在近几年有可能形成比较完整的电子计算机生产体系。南朝鲜在电子计算机储存器方面已达到比较先进的水平。新加坡提出了成为"东南亚信息中心"的目标，电子计算机、机器人也有一些。他们在新技术领域有一个根本的弱点，即他们的新工业以及新技术都是外国公司的，是外国公司的附属厂，缺乏独立的设计、生产能力。而且这些产品以对外销售为主，因而基础不牢固。

我们清楚地了解了别人和自己的短长，才能知道自己应当怎样努力。

八 迎头赶的人才问题

中国是有人才的，在许多新技术的开发方面是有所发明创造的。研究和开发新技术，中国人并不缺乏聪明才智。但我们现在成熟的人才很不够。我们全国电子计算机方面的人才才有 8 万—10 万人（苏联电子计算机专业的毕业生一年就有 8 万人）。这与我们国家的地位和需要太不相称。就是现在的这点人才，在使用上也存在很多问题。其一是人才分散；其二是人才配置不合理；其三是人才积压浪费。当然，这些都只是暂时的现象，相信在中央正确领导下能够逐步得到解决。

为了"迎头赶上"，我们的人才培养也要与此相适应。如专业调整问题、课程设置问题、教材内容问题、实验手段问题、招生比例问题，以及提高现有职工队伍的科学文化程度问题、技术知识更新和技术培训问题等等，都需要研究，尽快找出解决矛盾、适应形势的办法。

九 我们的问题在哪里？

我们要"赶"世界先进水平，不能不看到我们的困难和问题。就电子计算机来说，我们起步并不太晚，已有 20 多年的历史了。但是，技术上的进展却异常缓慢。搞了 20 多年，我们与外国的差距反而拉大了。这要从我们自己身上找原因。我认为，主要问题出在我们的管理体制上。我们发展电子工业，可以说存在着"散、乱、差"的问题。

所谓"散"，就是人力分散、资金分散、目标分散。我们就那么多资金、那么多人才，却没有能够抓住关键技术，集中人力、财力和物力，重点突破，一步一步地向深度发展。全国布点很多，缺乏横的联系，缺乏相互合作，形成"上无强有力的指挥，下无协调合作"的局面。

所谓"乱"，就是乱上马、乱布点、乱开题目、乱投资。结果是，在资金、人力和物力上争，在生产经营或研究上"守"，搞"小而全"，守自己的小摊摊。全国 25 年只生产了 2600 多台计算机，而机型竟有 200 多种。

所谓"差"，就是质量差、可靠性差、配套差、外部设备差。这是上述两方面问题所必然导致的结果。据 1982 年调查，我们生产的电子计算机平均每年运算 100 小时的不到 60%，1000 台中用户认为根本不能用的占 10%。

我们要迎头赶上世界新技术革命的步伐，上述现象再也不能继续下去了。当然，我讲这些问题，并不是否定我们电子工业的成绩。我们在外国封锁的条件下，使原子弹、氢弹、卫星、导弹相继发射成功，是靠我们自己的技术，其中包括电子工业技术，这些是无须多说的。我指出这些问题，旨在强调我们为了"赶"，必须进行体制改革。其他方面也多少存在着类似的问题，急待解决。我相信，在中央的正确领导下，上述问题是可以解决的。我们要看到差距、找出问题、寻求解决的办法。不然光说"赶"，障碍重重，又不能排除，那也不能成功。

十　如何迎头赶上？

第一条，要确立优先发展、重点扶持的政策。所谓优先发展，就是发展微电子技术、光导通讯、生物工程等新兴工业。这不是说别的工业不要了。对于基础工业，特别是交通工业、能源工业，一定要发展。劳动密集的工业也要发展。例如，我国的纺织工业在可以预见到的一个相当长的时间内，将仍是我国主要外汇收入的来源之一。可以用这些工业创的外汇购买技术。但这些传统工业本身也要改造，因为国际市场上的竞争会越来越剧烈。要重新考虑我们的产品结构，逐渐减少附加价值低的产品。

要经过充分调查研究，把资金相对集中到最有前途的尖端产业上，使之得以优先发展。因为这些新产业的迅速发展是加速改造和带动其他工业发展的关键。

第二条，发展新技术与目前面临的企业改造要结合起来。要运用微电子技术，使原有的企业实现省能源、省资源、省空间，提高产品质量，实现标准化，降低成本，并且适应国内外市场的需要。

第三条，电子计算机技术要急"先行官"之所急。"先行官"首先是通讯工业，其次是机械工业。通讯如果不大加改进，全国信息化就不能实现。要使电子计算机在全国范围内普遍运用，发挥其应有的作用，就必须使现行的电讯系统（电报、电话、电传等）现代化。这一点是极其重要的。此外，一切工业离不开机械，机械自动化（数控化）后，其效率就可以大大提高。为了提高我们各种轻重工业产品的质量数量，微电子学同机械工业的结合是十分重要的。

第四条，实行以应用促生产的方针。

第五条，全面进行管理体制的改革，光靠零敲碎打不行。为此，我建议：一要加强国家领导，二要统一规划，三要明确分工，四要鼓励互相联系。

发展新技术靠国家领导。现在全世界都如此，包括资本主义国家在内。美国是通过国家订货和国家科学技术发展委员会来实现领导的。日本在前年发表了《电子工业振兴法》、《生物技术四年规划》，由中曾根首相亲自领导节约能源和发展新工业、新技术的高度信息社会恳谈会。所谓恳谈会，实际上是决定方针政策的领导机构。法国密特朗总统曾提出优先发展电子工业的计划，由国家领导和支持。英国新成立了一个信息技术工业部，专门管理各种技术的发展。欧洲共同体最高政治机构理事会提出了信息技术研究和发展的十年规划。印度、南朝鲜、东盟等都有这方面的国家领导机构。可见，由国家来领导发展新技术是世界上一个共同趋势。我们社会主义国家更应该如此。我们要参考其他国家的经验，进行我们的体制改革。苏联在这方面的经验是特别值得我们参考的。

要解决过去分工不明确，各地方、各部门"割据"的问题，要破除"部门所有制"。大的公司、工厂应当采取联合的方式；中小企业应该采取扩大自主权的方式。现在西欧也是采取这样的办法，大的企业、公司实行联合，鼓励小厂和私人发展电子产品，鼓励下面相互联系。根据这种情况，我提出一个建议：对我们国家的大工厂应该进行彻底的改造并加强它们之间的横向联系，同时鼓励个人和集体发展电脑（电子计算机）方面的软硬件产品。我还建议，银行设立一笔"风险基金"，帮助小厂和私人搞实验，帮助它们承担实验失败的风险。当然，每个实验的设想都先要经过一定的、有权威的技术部门的论证、鉴定和批准。此外，还要多方设法来鼓励人们的积极性，例如规定多少年内不收税等等。匈牙利就是这样，鼓励办小型厂。这样做，好像是脱离国家计划的轨道了，其实不然。为了发展我国的电子工业，应该鼓励这样做，以充分发挥国家经营、集体经营和个人经营的积极性。当然，破除"部门所有制"，不是一下子就能完成的，要逐步地、分阶段地进行。在第一阶段，可以先搞松散的联合，分工合作；第二阶段，再实行集中统一的领导。

第六条，要建设我们自己的"硅谷"。开始时，希望利用像上海及其附近地区的有利条件来建设我们的"硅谷"。当然，上海也有它的缺点和问题。但是还没有一个地方的条件比它更好些，所以应该在上海地区逐步建立起来一个把研究、开发、设计、推广、生产和国内外推销结合在一起的新技术群基地。

第七条，引进技术，引进外资。最先进的新兴技术人家是不会卖给我国的，但是我们买进一般认为是先进的技术是完全可能的。现在世界上先进技术的更新速度非常快，稍微过时一点的先进适用技术我们可以买，但是老的技术我们就不应当买了。

台湾在引进技术和外资方面有些教训很值得我们注意。现在他们在新竹科学园一共引进53家外资工厂，资金不多，才一两亿美元，真正使用先进生产技术，生产产品（电脑、机器人、精密仪器）的，不过三家，也不是真正制造，基本上是装配，或者只制造某些不太关键的部件、零件。此外都是推销点，或是为了逃税而设立的公司。这些教训我们在吸收外资时应该十分注意。

第八条，我们要大力引进人才，赶快解决科技队伍方面的问题。前些时候有一个材料说，根据1982年的调查，我们科技队伍的规模很小，全国只有1000万人，而且他们之中的高级人才太少，全国只有几万人，和全国人口的比例很不相称，还有使用不合理的问题。这些问题都需要解决。更加重要的是大力培养搞新技术的人才，同时也要轮训技工。总之，人才是个大问题。

第九条，要和我们整个的经济、社会发展计划联系起来加以考虑。从目前各国的情况看，搞了自动化或电脑控制以后，必然会有一些人被从原来的工作岗位上排挤出来，暂时成为待业者。但我们国家与资本主义国家不同，我们有强有力的国家机构，有计划经济制度，可以预先估计到每年可能有多少人要离开原先的工作岗位，对这些人如何安排。这就可以减轻技术改造过程中的"阵痛"。从长期看，每一项新技术的应用都会产生许多新的就业岗位。所以不要怕新技术的发展和旧技术的改造会引起结构性失业。不能因为怕发生结构性失业就不敢使用新技术，因为如果不使用新技术就会落后，而落后就得挨打。

总之，我们还是要有点"赶"的精神。当然不是过去那种灵机一动的"赶"法。我们现在提倡的是有领导、有科学根据的"赶"，有秩序、有步骤的"赶"。有这么好的党政领导，有这么多的人民群众关心这个问题，我们对使用新技术推动中国四个现代化迅速发展的前途是充满信心的。

《中国社会科学》1984 年第 4 期

关于增强全民所有制
企业活力的问题[*]

董辅礽[**]

摘要 本文认为，要增强全民所有制企业的活力，必须使企业具有自主经营的能力，具有改善经营、自我改造和自我发展的内在动力，并且创造企业得以发挥活力的外在环境和条件。在经济体制改革中，要使企业有自己的独立的目标。这个目标就是利润。它同满足人民的需要完全可以一致起来。这样，追求利润自然就成了企业经营的动力。为此国家要加强各方面的管理和引导。从企业的市场环境和条件看，重要的是使资金、物资、劳动力和产品能够自由地流动。

增强全民所有制企业的活力，是中国经济体制改革中必须紧紧抓住的中心环节。因为企业是国民经济的细胞，企业有了活力，国民经济有机体才会有盎然的生机。

增强企业活力，概括地说，要从三个互有联系的方面入手，这就是：

（1）使企业具有自主经营的能力。否则企业是不会充满活力的。

（2）激发企业改善经营、自我改造和自我发展的内在动力。如果企业缺乏内在的动力，企业也不会充满活力。

（3）创造企业得以发挥活力的外在环境和条件。否则即使具备了上述两方面的条件，企业也不能充满活力。

下面分别从上述三个方面作一些概括和论述。

---

[*] 本文是作者提交给由中国社会科学院经济研究所和世界银行共同在北京召开的"国营工业企业管理体制国际学术讨论会的论文。

[**] 董辅礽，1927 年生，中国社会科学院经济研究所所长，研究员。

一

全民所有制企业是否应该有自主经营的能力？如何使其具有自主经营的能力？这是经济体制改革中的一个异常重要的问题，它主要涉及三个问题：

第一个问题：企业是否应该有自己的独立的目标？

企业自主经营是为了实现自己的独立的目标，如果企业没有或者不应有自己的独立的目标，那就不需要或者不应该自主地经营。私营企业的目标是确定而又单一的，即获取更多的利润。对于全民所有制企业来说，问题就复杂了。全民所有制的建立，使国家可以从社会的偏好出发，确定全社会的目标。这样就产生了一个问题：除了社会的目标以外，企业是否有或应该有自己的独立的目标？

按照传统的理论，国家代表着全社会的共同利益，国家从对全社会的共同利益的考虑出发，确定社会的共同目标。这样做可以使资源的配置得以实现社会的共同目标，使资源得到最佳的利用，并使国民经济按比例地发展。而企业则不应该有自己的独立的目标。企业如果有什么目标的话，那就是实现国家确定的目标，或者说实现社会共同的目标分解给企业的部分。如果除了国家确定的目标以外，企业还有自己的独立目标，就会使目标多元化，妨碍社会的共同目标的实现，造成生产的无政府状态，破坏国民经济的有计划按比例的发展，使资源的配置失当。在同这种理论相适应的经济体制下，企业没有也不能有自己的独立的目标。企业的唯一任务就是执行作为指令下达的、体现国家偏好的、作为社会共同目标分解给企业的部分的计划指标。国家给企业规定的指令性指标越具体、越多，企业的活动就越能纳入国家计划的轨道。实物指标必然成为计划的主要指标。国家企望通过指令性指标的执行保证社会的共同目标的实现。由这样一种目标直接控制的经济体制，在保证资源的合目标（社会的共同目标）的配置和有效使用上，在保证国民经济有计划按比例发展上，无疑有其优点。但是这样的体制也带来严重的弊病，主要是：

第一，企业的活力受到压抑，企业只是被动地执行国家下达的指令性计划，不能也不必自主地经营。

第二，国家本希望通过控制各种指标，来实现自己的计划目标，并使企业的各种活动能纳入实现共同目标的轨道，但正如我们所了解的，由于产品品种众多，主管部门检查企业执行计划的实绩不易，往往偏重抓总产值指标，企业往往也把完成总产值指标作为第一位的任务，为了完成或超额完成总产值指标往往不顾其他指标的完成与否，甚至以牺牲其他指标（如产品质量和品种、可比成本、劳动生产率、利润等）为代价。这样做的后果是人们熟知的，企业往往挑选产值大、物质消耗多、易于生产的产品生产，而不愿意更新产品，也不考虑产品是否适合需要。结果是，社会的共同目标并不能全面地有效地实现，总产值的增长目标可能是达到了甚至超过了，但是投入太多了，仓库里堆放着一堆堆只有计算总产值意义的产品。

第三，在上述体制下，国家总是倾向于把目标定得一年比一年高，这样就产生了通常所说的"棘轮效应"。由于企业没有自己的目标，只是被动地完成国家规定的目标分配给自己的部分。企业为了易于完成下达的指令性任务，往往采取两个办法：（1）对国家隐瞒、低报自己的实际生产能力，强调生产中的种种困难；（2）向国家多要各种投入。这样，或者国家规定目标实现了，但付出了额外的投入；或者本可达到更高的目标而实际不能达到。

为了增强企业的活力，在经济体制改革中，必须使企业有自己的独立的目标，并且为实现自己的目标而努力。这里有两个问题需要研究：

第一，企业的独立的目标是什么？企业的目标应该是单一的还是多个的？

第二，企业的目标和社会的共同目标之间的关系如何？二者如何协调一致？

这是两个十分复杂的问题，这里只能简单地讨论。

先讨论第一个问题。

为了使全民所有制企业具有充分的活力，企业必须能自主地经营，必须有自己的独立的目标。这种目标不能是别的，而只能是利润。因为一方面，在相同的条件下，利润的多少集中地综合地反映企业的经营状况。为了取得更多的利润，企业必须用尽可能少的投入得到相同的产出，必须尽可能使产品适合购买者的需要，必须尽可能采用新技术，改进产品质量，开发新产品，等等。另一方面，利润总额的多少决定了企业自己能够留用的利润额的多少，而后者又决定了企业自我改造和自我发展的能力和前景。

那么，全民所有制企业除了获取利润这个目标以外，是否还应该有其他的目标呢？换句话说，企业的独立的目标应该是单一的还是多个的？按照有些人的看法，企业不应该把利润作为自己的单一的目标，企业的目标应该是多个的，至少应该有两个，即满足人民的需要和增加利润，其中满足人民的需要又是第一位的目标，因为这是社会主义生产的目的。为了实现这个目标，企业应该把产品的使用价值问题放在第一位，而不应该把利润放在第一位，否则企业就会为了追逐利润而置人民的需要于不顾。这种看法的不当在于：把满足人民需要同增加利润对立起来了。

自主经营的企业必须时刻关心自己的产品的使用价值，关心产品是否适合人民的需要（在发挥市场机制的体制下表现为市场的需要），因为企业的产品只有适合人民的需要才能畅销，从而企业才能获取更多的利润。因此，企业把获取利润作为自己的目标实际上已经包含了满足人民需要这个前提。不仅如此，为了更好地满足人民的需要，企业不仅仅应该使产品适合人民的需要，而且还要用尽可能少的投入来取得同样多的产出；当企业把获取利润作为自己的目标时，就必须努力这样做，这是把产品的使用价值作为企业的目标甚至是第一位的目标所做不到的。把满足人民的需要（产品的使用价值）和利润都作为企业的目标，并使获取利润的目标服从于生产产品的使用价值的目标，实际上并没有摆脱原有经济体制的框架。因为，为了使企业把产品的使用价值作为第一位的目标，势必要由国家向企业下达各种产品的产量、品种、规格等实物指标。这样，企业仍旧像过去那样没有自主经营的能力。

那么，是否会出现企业获取更多的利润的行为同满足人民的需要的要求相矛盾的情况呢？这是我们将讨论的第二个问题。

对于每个企业来说，确实它只能从自身的角度来考虑自己的产品是否适合人民的需要。企业为了获取更多的利润而作出的决策有可能同人民的需要不一致。例如，当市场行情好的时候，企业为了获取更多的利润，扩大了某种产品的生产，很可能生产过多了。但当出现这种情况时，企业出于对利润的考虑，在市场机制的作用下会迅速地作出反应，加以纠正，不会像在原有体制下那样，企业只管完成国家计划指标，不管自己生产的产品是否适合人民的需要。当然，企业不可能考虑国民经济的全局，企业为获取更多的利润而采取的行动也不可能自然地符合社会的共同目标。这就需要国家按照社会的偏好对企业的行动加以引导。国家可以利用各种手段（主要是价格、税收、信贷这样一些经济手段）影响企业的利润额的增减，使得企业的获取利润的目标同社会的共同目标相协调，使企业实现自己的目标的努力导向社会的共同目标的实现。这当然是很复杂的事情，但却是可能做到的。

第二个问题：企业应该有哪些决策权？

这个问题是同第一个问题即企业的目标问题相联系的。企业是否应该有决策权，取决于企业是否应该有自己的独立的目标，因为不仅决策权是实现目标所需要的，而且目标（特别是目标结构）的确定本身就是决策权的重要内容。

改革经济体制的主要内容之一，就是要使企业具有日常的经营决策权，以便自主地经营。问题是，哪些经济决策权应该交给企业。这个问题很复杂，因为很难对国家和企业在经济决策权上画一条明确的界线，这个问题也不可能一劳永逸地解决，而要取决于许多因素和变化。这里有几个主要问题值得研究：

固定资产的基本折旧基金的使用权是否应该交给企业的争论已经得到解决，今年国家不再提取折旧基金了。

企业是否应该享有部分投资权？这是争论很久的一个问题。对于社会主义经济来说，国家掌握投资的决策权是很重要的，掌握了投资的决策权，国家就可以实现社会共同目标，就可以调整生产的部门结构和地区结构，克服经济中的不平衡，使生产结构适应需求结构；就可以调节就业的比例，并在一定程度上调节人们的收入水平（例如通过投资在两大部类之间的分配等），同时还可以调节和控制企业的发展方向。但是，企业是否也应该拥有一部分投资权呢？有些经济学家（例如孙冶方）反对企业拥有投资权，认为这会造成经济的混乱，出现盲目投资的现象。这几年，企业有了一定投资权，除了利用一部分留用利润形成的企业基金外，还可以向银行借款用于投资，确实也出现了一些盲目投资的现象，有些企业甚至把国家用于技术改造的拨款改用于扩大企业规模。这种情况似乎证明了上述理论的正确。但是，对这种情况的出现需要作具体分析。对于企业来说，是否具有部分投资权，在颇大程度上决定了它是否具有充分的活力，能否自主地经营。要是没有部分的投资权，企业就没有自我改造和自我发展的能力，就无法实现重大的技术进步，无法适应市场需要的很大的变化，并主动地开拓市场。企业有了部分投资权自然也可能产生盲目性。这就需要国家加以引导和监督。同时也要看到，让众多的企业具有一部分投资权，各个企业对于投资风险慎重的考虑反倒有可能使投资取得更好的效果。前几年出现的投资的盲目性不应该归罪于企业有了部分投资权，因为事实上由企业进行的投资为数是不多的，何况一些企业的盲目投资是由于扭曲的价格提供了错误的信息，因为未形成市场竞争的条件以及由企业承担投资风险的机制，同时也因为国家未能很好地利用一些经济杠杆（信用、利率、税收、价格等）根据社会的偏好去引导企业的投资。只要改变了这些条件和情况，加上其他一些控制和监督措施（如银行的控制和监督），虽然还可能出现企业投资的盲目性，但却可以减弱这种盲目性，即使出现了盲目性也易于纠正，国家可以纠正，企业自己也会纠正。而社会经济的发展则可以从企业有了部分投资权，具有了自主经营的能力获得裨益。

企业是否应该有价格决定权？这也是一个有争论的问题。在经济体制改革前，国家对价格的控制很严格，除了一些无特殊重要性的小商品外，价格都是由国家决定的。这种体制使价格基本上失去了调节经济的职能。在改革经济体制后，国家管理价格仍然是很重要的，因为，当企业把利润作为目标的条件下，价格成了企业选择各种抉择的指示器，价格可以引导企业去实现国家选择的目标。所以，由国家掌握一定范围内价格的决定权，价格可以成为国家调节企业活动的调节器。但是，如果一切产品的价格都由国家来决定，由于价格不能灵敏地反映生产商品的劳动生产率的变化、商品的供求关系的变化，企业就会按照价格提供的不真实的信息行动，导致供求的不平衡，而在企业把利润作为目标的条件下，后果会更严重。所以，除了少数产品价格由国家决定以外，应该让市场机制来调节价格，也就是让企业、让市场中的各个活动主体参与价格的决定。企业参与市场价格的决定不仅有助于价格调节供求关系，而且有助于开展竞争，通过价格的变动推动企业改进技术、提高劳动生产率。现在企业对价格决定权的要求是相当强烈的。例如，由于价格高，手表已经滞销，有些企业手表的生产成本低，本可通过降低价格来扩大销路，但由于企业没有价格决定权，不能自行降价，使生产发生了困难。近来，为了减少在经济体制改革中由于物价的波动给人民的生活带来不利的影响，人们强调国家要加强对价格的控制，这是可以理解的。但是，要改革现有的经济体制，建立新的经济体制，作为一种目标，则应该使企业具有价格的决定权。如果产品的价格都由国家决定，企业无权参与决定，就不能发挥价格在调节经济活动中的作用，原有的经济体制的弊病也就无法从根本上克服。

企业还应该有其他的决定权，例如用人权等等，这里就不谈了。

第三个问题，企业是否应该从行政机构的直接管辖中独立出来？

原有经济体制有一个特点，是由国家行政机构直接管理企业。企业隶属于各级行政机构，成为行政机构的下属单位。企业的行动要经过上级行政机构的批准和决定。因而手续繁杂，公文长途旅行，文牍主义、官僚主义、效率低下成为这种体制的必然产物。甚至企业建一个厕所都要由各级行政部门盖十几个图章。这种"政企合一"的经济体制使企业没有自主管理的能力。实行政企职责分开，使企业摆脱作为行政机构的附属物的地位，是增强企业活力的一项重要改革。但在实行政企职责分开中，也产生了来自两个方面的困难：

一个方面的困难来自国家行政机构，人们担心实行政企职责分开以后，国家失去了管理经济的职能，无法控制企业的活动，企业的活动会脱离国家计划的轨道。这种担心产生于人们习惯了由国家行政机构运用行政手段直接管理企业、指挥企业活动的管理方式，不懂得如何主要运用经济手段去管理经济，间接地调节企业的活动，因此常常自觉地或不自觉地想用原来的一套办法去管企业。由于这个原因，这几年涌现了许多称为"行政性公司"的组织（事实上是变相的行政机构）。它们以"公司"的面目出现，但仍按行政机构的老一套办法去直接干预企业的日常经营活动。企业同行政机构非但没有分开，反而"结合"得更紧了。企业除了请示、报告等一套手续照旧不变以外，还得向它所属"公司"交管理费、服务费。

另一个方面的困难来自企业自身，一些企业长期在过去的体制下活动，产生了对行政机构的依赖性，凡事向上级请示并按上级的指示行动，无须为自己的行动承担风险，无须为经营操心。因此，虽然企业抱怨各种行政机构束缚了自己的行动，但是，当实行政企职责分开时，有些企业却又感到茫然不知所措，认为主管它们的行政机构多了虽然不好，但是一个没有也不行，希望能有一个行政机构来"管"它们。

来自上述两方面的困难都阻碍着企业从行政机构的管辖中独立出来。对于社会主义经济来说，为了使经济有计划地协调发展，实现社会的共同目标，国家管理经济是重要的，但是必须使"管理"具有不同于在过去的经济体制下的内容、手段和方法。这种管理不应该是干预企业的日常经营活动，更不能作为企业的上级机构对企业发号施令，而应该是确定企业的行为准则，对企业的活动进行指导和引导，只有在必要时才做行政干预，否则就会回到由行政机构直接管理和经营企业的老路上去，使企业失去自主经营的能力。

<h1 style="text-align:center">二</h1>

全民所有制企业是否应该有改善经营、自我改造和自我发展的内在动力，如果应该有，如何使这种内在动力激发出来？这是使企业充满活力的重要课题。这里要讨论的问题是企业应该以什么为动力？

对于私营企业来说，它的动力是很清楚、很确定的，这就是追求更多的利润。对于社会主义全民所有制企业来说，问题就不是那样清楚和确定。在原有经济体制下，企业没有自己的独立的目标，它的任务就是实现社会的目标所分配给它的部分，企业及其职工的动力是政治的使命感和责任感，即把完成和超额完成国家下达的计划指标作为自己的政治使命和政治责任。国家依靠政治动员来激发企业和职工的政治使命感和责任感以及由此产生的政治热情，并以此来推动企业和职工全面完成和超额完成国家的计划指标。与此相适应，国家经常运用开展具有政治性质的运动的方式，如增产节约运动、质量月、为某个重大事件或节日献礼、评选劳动模范等等来激发企业和职工的政治热情。运用这类政治动力在特定情况下确实能起作用。但是这种动力终究是有限度的，靠上述方式激发的政治热情不可能持久；在政治热情衰减后，又要重新激发。例如，开展质量月活动，会使企业关心产品的质量，但这种关心不能持续下去，变成企业一项经常性的活动内容。所以，每年都要开展一次质量月活动。除此以外，国家还依靠具有强制性约束力的行政命令、指令、决定等行政手段来推动企业以及整个经济活动。这类行政手段作为推动企业活动的动力存在着很大的缺点，这就是不能调动企业的内在的积极性。它们虽然具有强制力，但企业往往可以采取各种办法来对付。例如，为了对付计划部门下达的高指标，企业就把自己的实际生产能力压低，对年底实际可能达到的生产量做若干保留，或者生产一些原材料消耗大、没有销路的产品来实现总产值指标，不顾经济效益。

实践证明，全民所有制企业必须有自己的内在的经济动力，这种动力就是经济利益。如果企业没有自己的经济利益，或者企业的经济利益不同自己的经营状况相联系，职工的经济利益不同企业的经济利益相联系，企业就不能有持久的自主经营的积极性，从而也就没有活力。在过去，国家也为企业规定了利润指标，但是，利润并不能对企业起内在的动力作用，因为利润全部上交，企业不能从利润的增长中得到实际的利益，职工也不能从中得到实际的利益。只有当企业留用的收入同利润建立了直接的联系，而职工的收入又同企业留用的收入建立了直接的联系，经济利益才能成为推动企业自主经营的内在动力，企业及其职工才能关心合理经营。

那么，在这种情况下，企业的利益是否可能同国家的利益不一致呢？这是可能的。近来我们看到，企业乱发工资、奖金和津贴的现象相当普遍。但是，出现这种情况不能归因于经济利益成为企业的内在动力，而在于没有形成各种经济利益关系之间相互制约和相互促进的关系。例如，当企业靠牺牲国家的利益、减少国家的收入来给职工增加工资、奖金、津贴时，却没有相应的严格的税收制度去控制这种现象的发生，尽管制定了奖金税，但税制不严密，实行的效果也不明显。此外，个人所得税制起征点太高对绝大多数人实际上不起作用，企业所得税制也很不健全，一个企业一个税率实际上使税收不能发挥其特有的作用，等等。建立和形成各种经济利益关系之间相互制约和相互促进的关系，正是经济体制改革所要解决的困难而又重要的课题。只有解决了这项课题才能激发企业自主经营的内在动力并使这种动力导向正确的方向。

在我们调查的企业中，有两个企业的例子很能说明激发企业内在动力的重要性。

重庆钟表工业公司是四川省最早实行扩大企业自主权的企业之一。通过扩大企业自主权，公司有了销售产品的权利，以往商业部门对公司实行的统购包销制为产品选购制所代替，在商业部门选购之后，公司可以自销产品；公司也有了自己的经济利益，可以从利润中留用一部分，如果出现了亏损，则要设法自己弥补。在上述情况下，过去靠指令性计划指标调节生产的一套制度开始失效了，企业开始关注市场的变化和盈亏。1982 年，在制订下一年度计划时，公司考虑到闹钟已经滞销，向主管部门上报缩减了的生产计划，可是主管部门下达的指令性计划指标仍然很高。过去，闹钟由商业部门实行统购包销，由国家统负企业的盈亏，公司按照主管部门下达的指标生产，即使闹钟生产过剩，公司也没有直接的损失；可是现在，由于进行了上述一些改革，企业和职工关注自己的经济利益，如果闹钟生产过剩，商业部门不收购，企业就会遭到损失。因此，虽然主管部门下达了指令性计划指标，企业也没有执行，而是按照自己的计划生产。实行的结果证明企业的决策是正确的。另一个例子发生在青岛锻压机械厂。这个工厂一向生产锻压机械，产品供不应求，生产计划一向是指令性的。1980 年国民经济进行调整，国家压缩了锻压机械的生产，没有给这个工厂下达生产指标，工厂处于异常困难的境地，连工资也发不出。困难迫使工厂自己寻找产品市场。工厂发现一些集体所有制企业是锻压机械的新主顾，过去它们不可能从国家分到短缺的锻压机械，于是工厂就向这些集体企业供应产品。有了主顾以后，还得寻找生产锻压机械所需的钢材和燃料。过去这些生产资料是由国家计划分配的，现在国家不给工厂生产锻压机械的任务，自然也不给这些生产资料了。但经过工厂努力，困难还是得到了克服，工厂继续生产，工厂和职工也都得到了利益。这两个例子说明，只要使企业和职工从经济利益上关心企业的生产和经营，激发了企业的内在动力，企业就会主动地克服困难，力求合理地经营；而当国家的决策失误时，企业还会自动地加以校正。

对于社会主义全民所有制企业来说，要使经济利益成为它们的内在动力，有一个很不容易解决的问题，这就是使企业的软预算变为硬预算。因为全民所有制企业的生产资料是全民所有的，企业的收入的大部分要交给社会支配使用，企业对亏损不承担风险，亏损了可以通过财政补贴的形式将亏损转嫁给社会。在原有经济体制下，就是这种情况。这种软预算不能使经济利益成为企业的内在动力。改革经济体制，使企业自负盈亏，是使经济利益成为企业的内在动力的必要条件。但是，如何做到变软预算为硬预算，使企业真正自负盈亏，不至于使企业及其职工的经济利益只同企业盈利发生联系，而与企业的亏损不相干，还是有待解决的问题，这同私营企业和集体所有制企业都不相同。对于一些中小型的全民所有制企业来说，目前正在试行的改革，例如改为集体所有制，实行职工承包经营，或租给职工经营，无疑有助于解决这个问题。但对于大型企业或不宜于这样做的中小型企业来说，是否可以通过改革所有制形式，实行股份制来解决这个问题，还有待实践来回答。

三

全民所有制企业要有充分的活力还必须具备能够自主经营的外在环境和条件。这里最重要的是市场的环境和条件。

自主经营的企业是要在市场中活动的。没有能够使企业自主经营的市场的环境和条件，企业就不可能发挥自主经营的能力，也无法激发企业自主经营的内在动力。从市场的环境和条件看，应当主要解决以下几个问题：

第一，资金、物资、劳动力和产品能够自由地流动。这是企业自主经营的重要的外部环境。原有的经济体制阻碍了这种市场环境的形成。因为原有的经济体制是按行政系统的划分（即按部门的行政系统和按地区的行政系统的划分）来管理经济的。这种体制使得统一的国民经济被这些系统分割，产生了各级行政部门之间和各个地区之间的壁垒，阻隔了资金、物资、劳动力和产品的流动。企业的活动颇大程度地被限制在特定的部门和地区之内。要使企业能够自主地经营，发挥活力，就得撤掉这些壁垒，破除这些阻隔。为此，必须使企业同行政机构相分离，改革按行政系统管理经济的体制。

最近几年，这种按行政系统管理经济的体制已有所突破。例如，重庆钟表工业公司突破了地区的限制，同云南省合作，共同投资，在昆明建设了昆明手表厂；重庆钟表工业公司向昆明手表厂提供大部分手表零部件，昆明手表厂自制小部分零部件，在昆明装配成手表。这种跨地区的资金和物资的运动对于增强企业的活力起了好作用，同时也促进了经济落后地区的发展。又如，不少工厂开始突破部门的界限，实行跨行业的生产，像有的国防工厂在生产任务不足的情况下开始生产民用产品，生产生产资料的工厂开始生产消费资料。青岛锻压机械厂就准备安装一条生产线，生产啤酒罐，劳动力的跨地区、跨部门的流动也在发展。但是，地区间、部门间的壁垒和阻隔还存在，开放的统一的国内市场还没有完全形成。近几年，地方保护主义还有所滋长，有些地区为了保护本地区的落后企业，对其他地区产品的流入进行封锁，本地区的某些原料（如烟叶）首先用于本地区的企业，限制调往其他地区，等等。企业在经营中遇到的这类障碍很多，必须在改革中破除。

　　要使资金、物资、劳动力和产品能够自由地流动，需要形成生产资料、资金和劳动力的市场。就生产资料来说，必须有越来越多的生产资料进入市场，使企业在适应市场变化而调整自己的生产时能够迅速取得所需的生产资料。目前，进入市场的生产资料的数量还很有限，资金市场问题已经提出来了。资金的横向运动正在日益扩大，这是很有意义的。但是除了农村中个人之间的借贷以外，严格地说，资金的自由市场还不存在。目前兴办合股企业已经成为一种趋势，但没有资金市场相配合，合股企业很难发展。发展资金市场，对于增强企业的活力有重要作用，这是可以肯定的。但是，在社会主义经济中在形成了股份的资金市场以后会产生一些什么问题，特别是社会问题（例如，投机问题、股息收入问题等），还需要研究。劳动力市场更是一个未经研究的问题。在社会主义经济中，劳动力不是商品，何来劳动力市场？但是，如果没有劳动力市场，劳动力的供求如何调节？劳动力的计划分配不能成为普遍的调节方式，市场的调节应该包括对劳动力供求的市场调节的内容。因为企业的自主经营要求能够自主地吞吐劳动力，从而要求有相应的劳动力市场来供给和储备劳动力。至于社会主义的劳动力市场如何来组织以及它同资本主义的劳动力市场的组织的区别，也还需要研究。

　　第二，要形成正常竞争的市场条件。

　　正常竞争的市场条件对于增强企业的活力和自主地从事经营具有多方面的意义：它们使企业具有正常的活动环境，可以激励企业合理地经营并迫使企业不断前进，永不满足和停顿。为了形成这种正常竞争的条件，有以下几个问题要在改革中解决：

　　（1）把给企业的特殊照顾、特殊待遇和特殊"关系"等从经济活动中排除出去，这些东西的存在阻碍着正常的竞争的开展。在原有经济体制下，企业从属于行政机构，行政机构的等级划分使企业也有等级的划分，例如有中央直属企业与地方直属企业（其中还有省属企业、地县属企业等）之分，有重点企业与非重点企业之分，甚至还有部级、厅局级、处级等之分。这些不同的企业在资金、物资、劳动力（包括技术人员）、产品销售、对外经济活动、原材料的价格等方面都有不同的待遇，如果不把这些照顾待遇、"关系"等从经济活动中排除出去，各个企业就不能在市场竞争中处于平等的地位。一些受特殊照顾、有特殊待遇和"关系"的企业，就不必兢兢业业地改善经营；另一些没有特殊照顾、特殊待遇和

"关系"的企业则处于不利的地位，难以同前一类企业竞争。仅就原材料价格来说，得到国家计划供应的企业和靠自己设法买原材料的企业，二者为了得到同样的原材料而支付的价格可以相差几倍，这是很不正常的。

（2）防止垄断。在经济体制改革过程中，出现了一种情况，为了推进生产的专业化和协作，把许多企业组合成少量的公司。这是必要的。但要防止少数公司垄断市场。垄断不利于技术进步，不利于促进企业改善经营。出现垄断还会引起市场价格的扭曲。防止垄断对于增强企业活力是重要的条件。

（3）市场一方面要开放，一方面又要受到引导。如果市场不能开放，那么一些使市场机制发生作用的经济杠杆（如价格、信用、税收等）就不能正常地运动，从而不能正常地发挥调节经济的作用。市场机制的作用并不能自然地导致社会共同目标的实现，因此对于市场的作用要引导，使其作用能导致社会共同目标的实现。这是使企业具有活力，能够自主地经营，同时又使企业的目标同社会共同目标相协调所必需的市场条件。就目前来说，这两方面的条件都未基本形成。市场既未充分开放，也未得到有力的引导。这就使得有些企业不能正常地经营。例如，同样一种钢材有着多种价格，相差可达几倍，使得企业产品的成本极不稳定，企业也就很难合理经营，很难预计经营的成果。同时也使得另一些企业不在改善经营上下功夫，而靠利用巨大的价格差来获取利润。这一切都阻碍着企业发挥自己的活力并把活力引向正常的轨道。

第三，要有灵敏的、充分的、准确的经济信息。这是企业发挥活力、自主经营的必要条件。在原有的经济体制下，企业不能自主地经营，缺乏内在的动力，信息条件不显得多么重要。同这种高度集中的决策系统、调节系统和管理系统相适应，信息的收集、传输、储存、处理以垂直的系统为主，并且是按行政系统进行的，因而信息的收集和传输缓慢，对信息作出的反应迟钝，企业也不关心信息。在新的经济体制下，当企业有了自主经营的能力，有了内在的动力之后，及时地获得充分的、正确的经济信息就变得异常重要了。为此，就要改革以往的信息系统，即由以纵向为主的信息收集、传输、储存和整理的系统改革为以横向为主，使企业可以从四面八方获得它所需要的信息，同时要由少渠道的信息源改革为多渠道的信息源。价格是企业的重要的信息源。企业要根据价格的变化所提供的信息判断市场的动向，判断自身经营的状况，因此价格必须提供准确的信息。

目前，价格严重扭曲，提供的信息失真，这是一个突出的问题，因而改革价格已成为我国经济体制改革成败的关键。除了国内市场的信息以外，对于企业，特别是一些生产出口产品的企业，以及经营进出口贸易的企业来说，迅速获得国际市场的充分的、准确的信息变得越来越重要了。

目前，如何增强全民所有制企业中大型企业的活力问题是一个突出的问题。这不仅是因为大型企业在国民经济中具有重要的地位和作用，而且主要的是因为同中小型企业相比，大型企业只具有较少的自主经营的能力。现在大型企业的活动一般地是由国家的指令性计划规定的，它们基本上不能有自己的独立的目标，只有在它们完成国家的指令性计划以后，才能根据市场的需要和自己的多余的生产能力自主地决定计划以外的生产。大型企业基本上仍旧要按原有经济体制的准则行动。经济利益在这里还不能成为内在的有力的动力。尽管大型企业在资金、物资、劳动力等方面得到计划的保证，并享有价格上的优惠，使它们比中小型企业具有更为有利的地位，但由于它们缺少自主经营的能力，实际它们竞争不过中小型企业，因为后者可以灵活地经营。当有些中小型企业实行职工承包、租赁以后，大型企业无法同中小型企业竞争的情况还会更加明显。因此，在增强全民所有制企业的活力时，目前需要着重解决增强大型企业的活力的问题。上面谈到的问题，对于大型企业来说，是还没有或基本上还没有解决的问题。

综上所述，要增强全民所有制企业的活力，需要从多方面着手。上面所说的一些问题涉及整个经济体制，由于问题涉及面太广，我不能就每个方面和问题作深入的研究。这里还没有涉及企业内部如何发挥劳动者的主人翁的地位和作用问题，虽然这也是增强企业活力的重要方面。但是，从上面的概述中，我们可以看到，经济体制改革必须围绕增强企业活力这个中心来进行，抓住了这个中心环节也就抓住了经济体制改革的整个链条。

《中国社会科学》1985 年第 6 期

关于发展社会主义商品经济问题

刘国光[*]

摘要 本文比较全面地论述了发展社会主义商品经济的有关重要理论和实践问题，包括社会主义商品经济的必然性和必要性，社会主义商品经济的特点，商品经济同经济体制改革的关系，以及发展商品经济中调整所有制结构、完善市场体系、二元经济结构向一元经济结构转化、造成松宽的改革环境等问题。文章认为，发展商品经济对我国社会主义经济建设将起重大的促进作用。但如何发展社会主义商品经济，不能从马克思主义经典著作中找到现成答案，必须通过实践，不断地进行探索。

发展社会主义商品经济，是社会主义国家经济体制改革中的一个带根本性的问题。它牵涉的方面很多，范围很广，这里只谈三个方面的问题。

一 在社会主义条件下搞商品经济是马克思主义的新问题

（一）社会主义经济是商品经济的认识来之不易

党的十二届三中全会通过的《中共中央关于经济体制改革的决定》明确指出，社会主义经济是在公有制基础上的有计划的商品经济。这是在我们党的决定和文件中，第一次对社会主义经济的性质和特征作出的全面性概括和规定。这个深刻的概括，不但对今后我国社会主义建设具有根本性的指导意义，而且是对马克思主义政治经济学的重大贡献。

马克思主义创始人生活在19世纪的资本主义社会，他们看到了当时

---

* 刘国光，1923 年生，中国社会科学院副院长，研究员。

发达的商品经济，分析了资本主义商品经济中的矛盾，认为随着私人资本主义转化为社会主义公有制，商品生产将不复存在。马克思在《哥达纲领批判》中说："在一个集体的、以共同占有生产资料为基础的社会里，生产者并不交换自己的产品；耗费在产品生产上的劳动，在这里也不表现为这些产品的价值。"① 恩格斯在《反杜林论》中也说："一旦社会占有了生产资料，商品生产就将被消除……。社会生产内部的无政府状态将为有计划的自觉的组织所代替。"②

列宁对于商品经济在社会主义社会的命运的认识，有一个发展过程。在《国家与革命》这本著作中，他设想未来的社会主义社会是一个辛迪加，也就是一个大企业。十月革命胜利后，列宁和俄共开始按照这种构想来组织社会主义经济，他们想创造条件消灭货币，用产品交换代替商品交换。随着内战的发生，实行了战时共产主义。布哈林在回顾这一过程时说："我们当时并不是把战时共产主义看作是一种军事制度，即国内战争这一特定阶段中主要实行的制度，而是把它看作是胜利了的无产阶级普遍应采取的政策。"③ 但是列宁很快发现，这样做是行不通的。他说："我们在这方面犯了很多错误，做得过分了：我们在贸易国有化和工业国有化方面，在禁止地方周转方面做得过分了。"④ 以后转而实行新经济政策，鼓励商品生产，扩大商品流通，发挥税收、价格等经济杠杆的作用，在国营企业中实行经济核算制，"从国家资本主义转到国家调节商业和货币流通。"⑤ 从而使新生的社会主义经济很快摆脱了困境。但由于列宁的过早去世，没有来得及总结新经济政策的经验，对于发展商品货币关系究竟是权宜之计还是提示了长远的发展方向，没有作出明确的回答。

斯大林执政后，随着工业化和农业集体化的实现，重新强调高度集中统一和采用行政手段管理经济，计划管理范围很宽，管得很死。斯大林在完成农业集体化以后曾经指出，有两种公有制即全民所有制和集体所有制并存，就存在工人和农民两个阶级，就需要有交换。但是对于两种公有制之间的交换是不是商品交换，斯大林长期以来没有明确的说明和论证，理

---

① 《马克思恩格斯选集》第 3 卷，第 10 页。
② 同上书，第 323 页。
③ 布哈林：《论今日的取消派》，载《布哈林文选》，人民出版社 1981 年版，第 109 页。
④ 《列宁全集》第 32 卷，第 208 页。
⑤ 《列宁全集》第 33 卷，第 73 页。

论界也一直在争论。1943 年，斯大林开始承认社会主义制度下存在价值规律，但却认为这个规律是"经过改造"的。只是到 1952 年，他才在《苏联社会主义经济问题》一书中，肯定社会主义经济中还存在商品生产和价值规律，但是，他认为商品生产的存在是由于全民所有和集体所有两种形式的并存，认为全民所有的国营经济内部不存在商品交换，认为生产资料不是商品并且强调价值规律对生产不起调节作用，生产资料"脱出了价值规律发生作用的范围"。对于两种所有制之间存在的商品交换，斯大林主张用产品交换来取代，以此作为经济发展的目标。这样看来，斯大林还是把整个国营经济当作一个大工厂、一个辛迪加。苏联的高度集中的计划经济模式，正是建立在这样的认识基础之上的。

马克思主义的经典作家关于社会主义社会将不存在商品生产和商品交换的构想，在实践中继续不断地受到检验。50 年代以后，高度集中的传统计划经济模式的弊病日益显露出来，社会主义各国陆续开始走上改革的道路，对于社会主义经济性质的理论认识也逐步深化。可以这样说，发展商品货币关系是当今世界上各个社会主义国家进行经济改革中面临的共同课题。南斯拉夫如此，匈牙利如此，苏联也同样如此。尽管各个国家的经济体制改革按照各自选择的方向发展，他们对社会主义经济中商品货币关系的理论概括，也有差别，但是他们的共同特点正是在不同程度上承认与发展了社会主义的商品经济。

我们中国对于社会主义条件下发展商品经济问题，也经历了曲折的认识过程。新中国成立初期多种经济成分并存，存在商品经济是很自然的事情。斯大林的《苏联社会主义经济问题》出版后，我们学习这一理论并且按照苏联的模式建设我们的经济。1956 年提出"双百"方针后，对于商品经济的讨论活跃过一阵子。但接着是反右派和大跃进、公社化，"共产风"刮了起来，商品经济消亡论也流行起来。那时候毛泽东同志指出，我国商品生产还很落后，还要大发展，商品不限于个人消费品，有些生产资料也属于商品，在完全社会主义的全民所有制中，有些地方仍要通过商品来交换；他还指出价值规律"是一个伟大的学校，只有利用它，才有可能教会我们的几千万干部和几万万人民，才有可能建设我们的社会主义和共产主义。否则一切都不可能"。可惜这些正确的思想并未很好地贯彻在实践中。毛泽东同志晚年出现了理论上的倒退，认为社会主义社会商品生产和货币交换跟旧社会没有多少差别，只能在无产阶级专政下加以限制。在"文化大革命"中，"四人帮"别有用心地把商品生产和资本主义等同起来，借口"堵资本主义的路"、"割私有制的尾巴"，竭力限制商品货币关系和价值规律的作用，商品经济的发展自然更加困难了。

这种状况，直到党的十一届三中全会以后才开始根本扭转。我国的经济体制改革是从农村开始的，传统的排斥商品货币关系的经济体制首先是在农业上被突破的。但是在开头一段时间里理论界一般只提发展商品生产和商品交换，讳言发展商品经济，理论界对于商品经济是不是社会主义经济的属性问题，对于计划与市场的关系问题，前几年认识上有较大的反复。有的同志曾经认为，在我国，尽管存在着商品生产和商品交换，但是决不能把我们的经济概括为商品经济。如果作这样的概括，那就会模糊有计划发展的社会主义经济和无政府状态的资本主义经济之间的界限，模糊社会主义和资本主义的本质区别。这种看法实际上仍然把商品经济等同于资本主义经济。这些同志还认为，只有指令性计划，才是计划经济的基本标志，而把扩大引用市场机制的指导性计划的主张，看成是削弱计划经济、削弱社会主义公有制。这些看法，都还是没有跳出把商品经济同计划经济对立起来的老框框。这个重大理论问题的争论，直到党的十二届三中全会，才作出明确的科学的答案。中央的《决定》确认社会主义经济是有计划的商品经济，这就在理论上突破了传统经济思想的束缚。这一认识是很不容易得来的，说明我们在社会主义条件下发展商品经济，的确是马克思主义的新问题，只有通过实践，进行不断的探索，才能逐步得到解决。

（二）商品经济是社会经济发展不可逾越的阶段

为什么社会主义经济必然具有商品经济的属性呢？这是因为，一方面，这里存在着广泛的社会分工，这是商品经济存在和发展的一般前提条件。另一方面，在现阶段，不仅存在公有制的不同形式，存在以公有制为主体的多种所有制形式，它们之间需要通过商品交换来建立彼此的经济联系；而且在全民所有制经济内部，由于个别劳动和社会劳动的差别还存在，由于劳动还主要是人们的谋生手段，社会还要承认不同劳动者的能力是"天然特权"，因此，人与人之间、企业与企业之间，仍然存在根本利益一致前提下的经济利益差别和矛盾，不可能把整个社会经济的运行当作一个辛迪加、一个大工厂来对待，必须按等价交换的商品经济原则来调节，从而必然存在商品货币关系。

理论界有人认为，用利益差别来论证社会主义商品关系存在的客观必然性，不符合马克思主义经典著作对商品关系的解释。的确，马克思主义经典著作反复讲过，商品首先是私人生产品，私有制一旦消灭，商品关系将不复存在这些话。但是，商品关系并非起源于私有制，这一点马克思早就讲过。例如，他在《资本论》第一卷开头就说过，商品关系体现的是在经济上"彼此当作外人看待的关系"，只要"彼此当作独立的人相对立就行了"。他还说，在古代，"商品交换是在共同体的尽头，在它们与别的共同体或其成员接触的地方开始的。"① 可见，只要存在经济上的你我界限，彼此当作外人看待，就存在商品关系的根源。因此，用利益差别来说明社会主义商品关系存在的必然性，是符合马克思主义经典作家论述过的精神的。

发展商品经济，对于像我们这样一个原来经济不发达的社会主义国家十分重要。发展商品经济将在如下几个方面对我国社会主义经济的发展起重大的促进作用。

第一，增强价值观念，讲求经济效益。在商品关系中，价值是评价各项经济活动效果的社会共同的尺度。企业生产的产品，不管你的个别劳动消耗是多是少，社会都用同一的社会必要劳动时间进行评价。商品经济的基本规律——价值规律，是优胜劣汰的天然评判者。这就使它成为一种无声的力量，督促着每一个企业努力节约活劳动和物化劳动，促进技术的进步和社会劳动生产率的提高。

第二，增强人们的市场观念和顾客观念。商品是为市场、为顾客而生产的。发展商品生产，要求每个企业都按照市场的需要生产。如果产品不适销对路，商品就卖不出去，它的价值就实现不了。所以，这种机制能够促进产需衔接，有助于在社会生产和社会消费之间建立紧密的联系。

第三，社会主义商品经济的发展，还将冲破自己经济的种种束缚，打破条条块块的分割和封锁，促进社会分工和专业化协作的发展，促进劳动和生产的社会化。所有这些，将有力地推动我国社会生产力的发展，加速现代化的进程。

---

① 《马克思恩格斯全集》第 23 卷，第 105—106 页。

（三）发展商品经济不是发展资本主义

我国进行经济体制改革，发展商品经济，引起了国内外各种各样的议论和猜测，在国内，有些好心的同志担心会走上资本主义道路；在国外，有些朋友也存在一些疑虑和误解；有些人则希望中国沿着资本主义方向进行改革。中国香港一位教授发表文章说，中国经济体制改革的结果将是渐渐地靠近资本主义。美国国务院一份题为《改革后的大陆中国经济展望》的参考文件认为，改革对中国现代化确有好处。要使改革真起作用，就必须冲破现有种种限制，"更坚定地沿资本主义方向前进"。之所以会有此类议论，就多数人的认识来说，是因为他们看到的商品经济，都是建立在私有制经济基础上的，以致误以为发展商品经济就要发展私有经济。再就是我们在相当长的时间里，曾经强调社会主义是一大二公，越"大"越"公"越好，不断搞所有制的"升级""过渡"，不断割资本主义私有制"尾巴"，结果使所有制形式越来越单一化，而商品经济也越来越受到限制。这两种情况都容易使人们把发展商品经济和发展私人资本主义经济当作是一回事。其实，商品经济可以建立在公有制基础上。马克思早就说过："商品生产和商品流通是极不相同的生产方式都具有的现象，尽管它们在范围和作用方面各不相同。"[①] 商品关系产生在原始社会末期，远远先于资本主义而存在，在资本主义社会之后的社会主义社会仍将长期存在。所以，发展商品经济，并不等于发展资本主义。

在我国，现时存在着多种所有制，因而存在着多种性质的商品经济，但居主导地位的，是社会主义商品经济。社会主义的商品经济不同于资本主义的商品经济，它有哪些特点呢？首先，这种商品经济是建立在公有制基础上的，这是社会主义商品经济的最根本的特点。事情也正是这样，近些年来通过所有制结构的改革，个体经济和集体经济有了很大的发展，但是从个体经济中分泌出来的带有资本主义性质的私人企业，只是极少数。另外，随着对外开放，还发展了一些外资企业，也是受我们国家管理和控制的。从总体来看，全民所有制和集体所有制之外的非公有制经济在整个国民经济中所占的比例（据 1984 年统计，在工业总产值中，不到 2%；在社会商品零售总额中，不到 15%）并不很大，而且其中绝大部分是自

---

① 《马克思恩格斯全集》第 23 卷，第 133 页。

食其力，靠自己劳动为生的。我们坚持所有制结构的多样化必须以公有制为主体。因此，非公有制经济是在公有制占绝对优势的条件下活动的。那种认为经济改革和发展商品经济的方向就是使原来的公有经济私有化，使集体经济个体化的看法，是没有根据的。

社会主义商品经济的第二个特点是计划性，即它是有计划有控制的，而不像资本主义商品经济那样基本上是无政府状态的。商品经济就其本性来说有其盲目性，容易带来社会劳动的浪费。但社会主义国家可以制订发展国民经济计划，作为协调和控制整个宏观经济的依据。

当然，我们必须实事求是地认识到，在存在着商品经济的条件下，我们的国民经济计划就总体来说只能是粗线条的和有弹性的，而不可能是无所不包的和僵死的，因为那只能是官僚主义的空想。在计划的指导、调节和行政的管理下，我们就可以避免和大大减轻商品经济的盲目性和自发波动，使各项经济活动符合社会的整体利益和总的发展战略目标。

社会主义商品经济的第三个特点在于实行等量劳动交换和等价交换相结合的原则，走共同富裕的道路。发展社会主义商品经济，必然使一部分人先富起来，这是支配商品生产的价值规律发生作用的必然结果。我们不能通过限制商品经济的发展来限制经济差别的扩大，而要在坚持建立统一市场和平等竞争的原则、发挥价值规律的优胜劣汰作用的同时，采取适当的影响收入分配的政策，特别是土资政策、税收政策等，来对不同企业、部门、地区劳动者的收入水平，进行适当的调节，既承认差别，又要使收入差别控制在适当的范围内，达到共同富裕的目的。

总之，社会主义商品经济的发展，并不会像有些人担心、有些人指望的那样，恢复私有制，走向资本主义，而将有力地推动社会主义现代化的进程。

二 发展商品经济与改革经济体制的关系

（一）发展商品经济必须进行经济体制改革

我国建国 30 多年来，商品经济得不到应有的发展。这是因为传统的经济体制严重地阻碍和限制了商品经济的发展。这种传统经济体制是一种高度集中的排斥市场机制的计划经济体制。它具有以下特点：（1）经济成分和所有制形式日益单一化；（2）经济决策权力高度集中于国家机构手中，企业的经营活动主要听命于上级领导机构；（3）经济活动的调节主要依靠直接的行政手段，由行政机构对企业下达指令性投入产出指标来进行；（4）在收入分配上实行企业吃国家的"大锅饭"和职工吃企业的"大锅饭"的平均主义制度；（5）在组织结构上政企职责不分，纵向隶属关系为主，部门、地方、企业都追求自成体系，形成了分割化和封闭化的组织结构。

这样的经济体制从三个方面阻碍了商品经济的发展。（1）企业等基本生产单位没有独立的经济利益，不负盈亏，不是相对独立的商品生产者。（2）市场机制受到很大的限制。由于否认生产资料是商品，商品市场残缺不全，更不存在资金、劳动等生产要素的市场，不尊重价值规律的作用，价格严重扭曲，基本上不存在市场对经济的协调。（3）国家对生产经营进行直接管理。不仅国营企业的生产和交换要按指令性计划进行，城乡集体经济的绝大部分生产经营也都纳入统购包销的系列，条块分割切断了商品经济固有的横向经济联系。

对于传统经济体制模式的指导思想是什么，理论界有不同看法。有的同志认为是产品经济论，有的同志则认为是自然经济论。所谓产品经济论就是指马克思和恩格斯曾经预言的社会主义革命胜利后，商品货币关系将会消亡，社会将实行直接的资源分配、劳动分配和产品分配的思想，按照这种指导思想建立起来的旧经济体制就属于产品经济的计划经济模式。所谓自然经济论，简单地说就是不要商品交换的、自给自足的、封闭自守的思想，按照这种思想建立起来的旧经济体制就属于自然经济性质的计划经济模式。正如孙冶方同志所说，过去我们把社会主义经济"看作是象原始共产主义社会一样的实物经济"，只不过是"一个统一集中的计划机关代替了原始部落经济中的首脑，领导着全社会的经济活动"。[①] 这两种思想就其排斥商品货币关系、排斥流通来说，是一致的。但产品经济论要在未来产品极大丰富的条件下才有可能实现，对现在来说带有空想的成分。而自然经济论则是过去长时期经济落后闭塞的产物，带有浓厚的封建色彩。对于我国传统经济体制来说，产品经济论和自然经济论两方面的思想影响都有，但自然经济思想的影响更为严重。从我国的实际情况看，自然经济延续了几千年，鸦片战争的炮声虽然冲击了自然经济，但是商品经济

---

① 孙冶方：《社会主义经济的若干理论问题》，人民出版社 1979 年版，第 60 页。

发展缓慢，自然经济观念仍在顽强地束缚着人们的经济行为。我国的经济体制中条块分割、自成体系，追求"小而全"、"大而全"，以及因循保守，闭关锁国、缺乏时间观念和价值观念、讳言盈利、害怕竞争等等，所有这些都正是自给自足的自然经济思想的影响和表现；许多单位都办成了把生老病死、吃喝拉撒、文教政法全管起来的小社会，颇有庄园式的自然经济的味道。我国财政经济管理中吃"大锅饭"，捧"铁饭碗"等，也带有某些供给制因素，它同样是自然经济的一种反映。当然，马克思恩格斯关于未来社会直接管理产品生产与产品分配的思想，列宁关于把整个社会经济当作一个大工厂、一个辛迪加来管理的观点的传入和被误解接受，也给我们过去以自然经济思想为主导的传统经济体制披上了产品经济论的外衣。总之，传统经济体制中的产品经济论的影响，主要是从书本和概念上来的；而自然经济论的影响，则是实际生活的表现。

我国在党的十一届三中金会前的近30年的长时间里，经济体制曾有过这样或者那样的演变，但是，借产品经济论面貌出现的自然经济思想始终笼罩着经济运行的各个方面。它排斥分工、市场、竞争，使得商品经济发展不起来，使本来应当生机勃勃的社会主义经济日益僵化，不能充分发挥其应有的优越性。所以，不冲破自然经济论的思想束缚，不进行经济体制改革，商品经济是发展不起来的。

（二）进行经济体制改革必须遵循发展商品经济的要求

我们进行经济体制改革有一个向什么方向使劲、改向何处的问题，也就是人们常说的经济体制改革的目标模式问题。关于这个问题，人们历来有不同的见解。比如对于我国的经济体制改革，应当是局部性的修补改良，还是根本性的模式改造？应当保留指令性计划为主，还是要以指导性计划为主？过去都有过不同看法。党的十二届三中全会《关于经济体制改革的决定》出来后，大家的意见统一到社会主义经济是有计划的商品经济，应当按照有计划的商品经济的方向进行改革这一点上。但是，对于究竟什么是有计划的商品经济，人们的理解还有不少的差异，有的强调"商品经济"一面，有的强调"有计划"的一面。比如北京大学一位教授，最近在一篇文章中讲，"改革的基本思路是：社会主义经济首先是商品经济，然后才是有计划发展的商品经济"，重点放在商品经济上。而人民大学一位教授，在最近一篇文章中则强调"计划经济或计划调节，应始终在社会主义经济中占主导地位"，"社会主义经济只要实行公有制和计划经济，以计划调节为主导，则无论怎样发挥市场机制的作用，都不会向资本主义靠拢"，把重点放在计划经济这一面。强调的重点不同，改革的目标模式也会有差异。有的在目标模式的设想中强调市场的间接协调，有的则强调政府的间接协调。在国际上对于社会主义国家经济体制改革的构想，也存在着类似的认识分歧。比如匈牙利的改革，目前已形成间接的行政协调为主的模式，有的经济学者满足于这种模式，认为只要进一步完善就行，但也有经济学者如柯尔奈，则认为必须将现有的间接行政协调的模式进一步改革为有宏观控制的市场协调模式。这类认识上的分歧是很自然的、正常的，只有通过百家争鸣才能推动认识的提高。要看到在计划经济与商品经济、计划与市场的关系上，绝对地通过计划的行政协调或者完全放任的市场机制，在实际上都不可能做到，因而讨论的实质是在寻觅两个极端之间的比较适宜的结合点，这要根据具体情况作具体分析。在我国，总的说是要为发展社会主义商品经济开辟道路，逐步建立起有计划指导和有宏观控制的市场协调机制。

我们的改革在于为社会主义商品经济发展扫除体制上的障碍。要围绕增强企业作为商品生产者和经营者的活力这一中心环节，创造有利于社会主义商品经济健康发展的外部条件和内在机制。循着这样一条思路，体制改革目标模式的基本要点有以下几个方面：（1）所有制单一化的旧格局不利于发展商品经济，应当向以公有制经济为主体的多种所有制并存、多种经营方式共同发展的新格局使劲，特别是要改变国营大中型企业无权的状况，使企业真正成为相对独立的、自主经营、自负盈亏的社会主义商品生产者和经营者；（2）高度集中的决策结构和父爱式家长式的国家与企业关系，是束缚商品经济发展的桎梏，应当向形成国家、企业和家庭个人各按自己职责范围多层次决策和负责的体系方面转变，国家主要管理宏观经济决策，而微观经济活动应尽可能下放给企业和家庭个人决策；（3）过去实行的指令性计划排斥了市场机制的作用，应缩小其范围，相应扩大指导性计划和市场调节的范围，从直接指挥企业活动转向利用价格、税收、信贷等经济杠杆来调节企业活动，在计划指导下利用市场机制和价值规律的作用来协调经济运行；（4）吃"大锅饭"的平均主义分配是和发展商品经济的要求相背离的，改革需要形成新的国家对企业、企业对职工的分配关系，使收入分配同经济效益、劳动贡献联系起来，真正贯彻多劳多得的原则，使优胜劣汰的竞争开展起来，形成能促进效率提高和技术进步的利益动力体系；（5）行政性分权造成的条块分割、相互封锁，是商品经济发展的严重障碍，应实行简政放权、政企分开，根据发展横向经济联系和形成全国统一市场的要求，进行企业的改组与联合，形成纵横交错的网络式的经济组织体系。总起来说，通过以上几个方面的改革，要逐步形成一个把计划与市场、微观搞活与宏观管理、集中与分散有机地恰当地结合起来的新经济机制，并保证不断地再生产出公有制为主体和共同富裕的社会主义生产关系。这样的经济体制将从企业、市场和国家对经济的管理这三个环节促进社会主义商品经济的健康发展。随着企业日益成为真正相对独立的商品生产者和经营者，随着统一市场体系的逐步形成和市场机制的日益完善，随着国家对经济的管理从直接干预企业的生产经营活动逐渐转向在控制宏观总量的条件下利用经济杠杆调节微观经济活动；总之，随着新的充满生机与活力的经济体制的形成和完善，我国社会主义商品经济会得到更大的发展，我国社会主义现代化建设会取得更大的成绩。

（三）新旧两种体制并存的双轨制问题

从旧体制转换到新体制，有两种不同的转换方式，一种是一揽子式的转换，另一种是渐进式的转换。哪一种转换方式为好？这也是国内外经济理论界长期争论的一个问题。当然，一揽子转换方式，有一个全面配套、避免"交通规则错乱"的好处。但是就我国的情况来说，我们没有采取一揽子改革方式，使整个经济体制实行一次性的突变，而是采取了渐进的改革方式。这是考虑了中国地大人众，经济文化相对落后，发展极不平衡等国情特点；还考虑到在经济体制改革过程中要避免利益关系的过猛变动。由于采取了渐进的改革方式，不免有一个由旧体制向新体制转换的过渡过程。在这个过渡时期，新体制方生，旧体制未死，新旧两种体制同时并存，商品经济和非商品经济同时并存；企业机制、市场机制、国家管理机制，无一领域能摆脱双重体制并存的局面。企业有了一部分经营自主权，但它仍被条条块块的各种行政绳索捆住，因而不得不用一只眼睛盯住市场一只眼睛盯住上级。国家在减少对经济的直接控制的同时间接的宏观控制手段未能有效启用，因而不得不时而用行政手段时而又搞市场协调。这样就出现了企业行为双重性和国家宏观调控行为的双重性。

在双重经济体制并存现象中，引人注目的是，计划内调拨价和计划外议价的双重价格或双轨制价格并行。这种现象实际上反映了许多方面的双重体制问题。在计划体制上就存在着计划内产品和计划外产品的双重管理体制，甚至在同一企业里生产同一种产品也有着计划内和计划外的区别；在物资分配方面有统一调拨分配的部分和市场上自行销售部分，形成非市场渠道和市场渠道的双重物资流通体制：在建设投资上，有国家拨款无偿供给的部分，又有部门、地方、企业自筹资金的部分，还有银行贷款的部分，并且从市场筹集资金的形式也正开始发展，这样便形成了纵向和横向的双重投资体制。特别是同种生产资料实行计划内外两种价格，是我国实行渐进式的改革条件下的特殊产物。当然，在物资紧缺、计划价格偏低而又得不到调整的情况下，必然会出现计划外价格。但是，生产资料计划外价格的合法化，从而双轨制价格被肯定下来，则是最近几年的事情。

双轨制价格改革的基本思路是：逐步放开国营企业的一部分计划内产品，让其进入市场，用加大计划外比重的办法降低原来比较高的市场价格水平，同时用逐步调整的办法使计划内价格升高，让两种价格接近起来，最后趋于统一。生产资料价格双轨制的实行，利弊都很明显，因此引起了经济学界的剧烈争论。主张双轨制价格目前是必要的同志，强调它的以下长处：（1）可以刺激起计划和计划外的生产；（2）可以使计划照顾不到的领域比较易于取得生产资料；（3）计划外高价可以促进节约，抑制低效益的需求；（4）可以通过调整产品的分配调拨部分与市场自由流通部分的比例，控制价格水平，使生产资料的计划分配带有经济调节的色彩等等。反对实行双轨制价格的同志则强调它的以下弊病：（1）易于冲击国家计划，影响国家重点建设项目和重点发展部门的物资保证；（2）易于造成商品流通的紊乱，增加市场管理的难度；（3）破坏货币作为一般等价物的职能；（4）一物多价使企业核算复杂化，造成企业管理的混乱；（5）计划内外的价差，刺激小企业的发展，保护落后技术，恶化企业的规模结构和技术结构。此外，计划内外价差过大，还为投机倒把造成可乘之机，于社会风气不利，等等。

所以，对于双轨制，既要看到它积极的一面，也要看到它摩擦与矛盾的一面。前些时由于投资饥渴和消费膨胀并发，宏观失控，计划外的需求过于庞大，拉开了牌、市价的差距，造成扭曲的低价和扭曲的高价并存，把矛盾激化了，对于双轨制的责难多了起来。今年总需求有所控制，不少紧缺物资的牌、市价差距缩小，矛盾又缓和下来。目前改革开始不久，企业活力刚刚在加强，自我调节和自我控制的机制还没有成熟，侧重于追求局部的和短期的目标，往往会出现这样或那样的弊端，而这又往往和当时的具体条件有着联系。为此必须认真分析产生弊端的根源，看到事物的积极方面。由于我们不能一下子从旧体制转换到新体制，实行双轨制有它的客观必然性，这就不能因为存在着摩擦和矛盾，而退回到单一的旧体制去。鉴于双轨制带来的问题很多，有些学者认为必须尽早取消双轨制价格，实行统一价格。去年9月在长江巴山轮上举行的宏观经济管理的国际讨论会上，许多中外经济学者认为，生产资料双轨制价格可能是中国价格改革的一个创造，但应尽快缩短其存在时间，使双轨制过渡到单轨制。总之，由于新体制和旧体制之间存在着摩擦和由此带来的种种弊病，两者长期并存是不可能的，这就要求我们积极创造条件，推动旧体制向新体制转换，从而推动非商品经济向商品经济转换。

三 进一步发展商品经济的几个理论问题

为了进一步推动旧体制向新体制转换，从非商品经济向商品经济转换，有一系列理论问题需要探索。

（一）关于所有制关系改革问题

前面已经讲过，发展社会主义商品经济的一个重要途径是把不利于商品经济发展的所有制单一化的旧格局转向以公有制为主体、多种所有制形式并存的新格局。中国的经济体制改革应当包含两个相互关联方面，一是经济运行机制的改革，一是所有制关系的改革。几年来改革的实践表明，经济运行机制的变革，包括决策结构的调整、市场机制的加强和调节控制体系的变革等，无不涉及财产关系或所有制关系的变动。所以，理论界一些同志提出，所有制改革是整个经济体制改革的关键，是有一定道理的。同时，所有制关系的改革也是进一步发展社会主义商品经济的关键。

"以公有制为主体，多种所有制形式并存"的提法，包含着三个重要涵义：第一，在社会主义条件下改革所有制，并不是像有些人想象的那样要改掉公有制，从公有退回到私有，而是要从实际出发，构造适应生产力发展水平、符合商品经济发展需要的新型公有制体系，完善和发展社会主义公有制。第二，在所有制改革目标模式中，所有制形式不是一种，而是多种，不是彼此隔离，而是互相交织、互相连接的。近几年来，跨越所有制界限而实行的经济联合和企业群体的纷纷出现，是一个值得注意的新情况。第三，在新型的所有制模式中，允许非公有制形式有一定的发展，但无论怎样，总是以公有制为主体，以国有制为主导。

那么，如何理解"以公有制为主体"和"以国有制为主导"呢？理论界有两种观点：一种观点认为，这要看公有制特别是国有制经济在整个经济中是否占最大比重；另一种观点认为，国有制的主导地位，并不等于它在整个经济中占最大比重，关键要看它是否掌握着国民经济的命脉部门，和能否在发展社会生产力的基础上增强它对其他所有制形式的有机联系和影响，发挥自己的优势。看来，判断公有制是否主体和国有制是否占主导地位，既要考虑到数量方面，即它们在整个经济中所占比重，更要考虑到它们能否以其质量和效益的优势，在经济联合体中以及在整个国民经济中发挥其牵头和主导作用。

近几年来，由于对集体经济、个体经济等从各方面实行了扶植的政策，而对国有企业特别是大中型企业放活的步伐相对较慢，形成了不平等竞争，出现了落后技术挤先进技术，小企业挤大企业，在收入分配中出现了国营不如集体、集体低于个体等不正常现象。这种情况并不是实行多种所有制形式并存的必然的结果，而是改革措施不配套造成的。国营企业竞争不过其他经济成分，出路在于改革国营企业的经营管理制度；各种经济成分之间的不平等竞争，需要通过价格改革并通盘考虑调整税收、信贷和其他各项经济政策来解决。至于所有制结构中的数量界限问题，鉴于公有制经济特别是国有成分目前在比重上占压倒地位，非公有制经济所占比重甚微，似乎不必忙于定出一个不同所有制之间的合理比例，而应在政策措施上把非国有经济置于与国有企业同等地位，在平等的竞争中考验各自的效益和生命力。这对于国有经济不但不是一个威胁，相反却是促使其加速改革和提高效益的强大动力和压力，从而可以一直保持国有经济在整个经济中的优势地位。

对非公有制成分的发展，理论界争论较大的是雇工经营问题。目前雇工经营在全国农村经济中所占比重还小，雇工户占农户的1%左右，雇工人数占农村总劳动力的2%—3%，超过7个雇工的户数占雇工户总数的25%，其中出现了少数资产超过10万元以上，雇工人数超过几十人到百人的。多数同志认为，雇工经营是发展商品经济的必然产物，它有利于我国社会生产力的发展，应允许存在，加强管理。对雇工经营的性质，基本上有两种意见。一种意见是根据马克思的剩余价值理论，认为雇工经营属于带有资本主义剥削的私人企业，应同家庭劳动基础上雇请少数几个帮工的个体经济区别开来；主张公开明确地承认这类企业的合法地位，承认它同个体经济一样是社会主义经济的必要补充，以便于进行分类管理。持这种意见的同志还认为，目前中国有一点资本主义企业并不可怕，可怕的是人为地割资本主义尾巴，或者把资本主义的东西当作社会主义的东西来推崇。另一种意见则认为，不能套用马克思一百多年前的理论来说明我国目前的雇工经营，在社会主义经济包围之下，现在农村雇工企业的资金只要处于经营之中和运动之中，它就事实上属于社会所有，社会将来还可以立法规定雇主把经营所得的绝大部分转入投资，这样就赋予雇主以积累职能；转化为积累的收入不能算作剥削收入。因此他们认为农村雇工经营是没有剥削的非资本主义经济；雇工应改称招工，雇主应称为经营者。杜润生同志不久前说，雇工经营有可塑性，带有资本主义因素，又不等于资本主义。当然这是就中国当前的情况来说的。现在社会上议论较多、反感较大的是利用职权和钻我们管理制度上的漏洞而暴富起来的极少数雇工大户。有的同志担心，允许存在雇工大户会引起两极分化。当然，只要发展商品经济，雇工大户的产生也是难免的。而其存在和某种程度的发展可以影响周围的个体经济户的行为，促使他们把收入更多地转入投资而不是用于消费，从而有利于社会生产力的发展。同时，我们的商品经济是以公有制为主体的有计划的商品经济，国家掌握着重要的经济命脉和宏观管理手段，有能力对雇工经营进行调节和管理，两极分化的担心是不必要的。对雇工大户，也要作具体的调查分析，找出一个收入调节参数，通过税收和加强工商管理手段，进行干预，做到收益分配的合理化和企业行为的合理化。同时，要在总结实践经验的基础上，探索把私营经济引导到合作经营或者国家参股的股份经济的途径，逐步纳入有计划的商品经济的轨道。这些问题，都有待经济理论界和实际工作者通力合作，共同研究加以解决。

在整个所有制关系的改革中，国家所有制应当是今后改革的一个重点。因为国有经济在整个经济中要发挥主导作用。国有制经济改革的难点不在于为数众多的适合于分散经营的小型企业。实践表明，对一部分条件适合的国有制小型企业实行"包、租、卖"，即承包、租赁和出售给劳动者集体和个人经营，不仅对于整个经济的运行，而且对于这些企业本身的经营来讲，都是既可行，又有益的。改革的真正难点在于企业个数虽然不多，但占资产和产值比重很大的大中型企业。它们直接反映和影响整个经济运行的活力和效率，从 50 年代后期到改革前，它们愈益走向僵化，其基本特征是：政企不分、效率低、有增长而无发展、"大锅饭"严重。为了搞活大中型国有企业，使其成为相对独立的商品生产者和经营者，理论界和实际工作同志进行了认真探索。概括起来，大体有如下几种设想和做法：

第一类设想是，从强化物质利益刺激着手进行改革。前几年，我们先从奖金、工资、管理决策权力和企业领导体制方面着手作了一些改革，这对于打破职工吃企业的"大锅饭"、提高劳动积极性起了积极作用，但没有真正解决企业吃国家的"大锅饭"问题。相反，不少企业运用国家下放的权力，利用种种名目给职工发钱发实物，想方设法增大职工在短期内的收益，结果出现了奖金膨胀。这就表明，单从利益刺激着手改革大中型国有企业，是行不通的。

这几年在实践中还试行了"企业留利递增包干"和"利改税"等办法来改变国家同企业的关系。这种办法基本是要使国家在生产、交换和分配上不对企业进行直接干预，可以解决企业短期内的活力问题。但是，由于价格体系不合理以及各企业之间生产条件的不均衡，这些办法只对那些条件好、价格上占优势的企业有利，而对那些条件不好、价格上占劣势的企业不利。同时由于单纯的对产出和收益的驱动，加上没有投资风险感，企业总想扩大投入，这就不能解决企业投资饥渴和投资膨胀的问题，而且企业只负盈不负亏，只注意短期行为，不注意长期行为，仍然是吃国家的"大锅饭"。

第二类设想是，从根本上放弃国家占有，使原来的国有企业的生产资料由某些社会集团来掌握和控制，实行社会占有或实际上的集团所有或企业集体所有，以实现劳动者和生产资料在生产单位的直接结合，充分发挥劳动者的主人翁积极性。但有的同志根据国外的经验教训，认为社会占有或集团占有问题很多，难以在我国推行。

第三类设想是实行所有权同经营权的分离，这又有几种不同的做法：

（1）建立资产经营责任制，即在不改变资产的国家所有权的前提下，通过重新评估企业占有资产的价值，重新规定考核企业经营成果的指标，确定国家与企业分利的统一比例，同时，让企业拥有充分的资产使用权，自主决定企业资产更新、重置及使用方向。实行这种主张的最大难度是资产评估问题，因为面对成千上万个企业很难用一个合理的尺度来评估复杂多样的资产价值，不合理的评估不仅解决不好国家与企业的关系，而且会引起企业间利益分配的不均等。不过，资产的评估是在国家和企业之间建立财产制约关系难以回避的问题，对此还需要进一步的实践和探索。

（2）实行股份化。这也是当前理论界热烈争论的一个问题。近几年来，各种类型的集资合股联营等股份经济雏形的出现和少数企业中让职工购置少量股票的试验，给人们以启示，是否可以把股份制作为所有制结构中的一种重要形式。但有些同志不赞成实行股份化，把股份制经济同资本主义国家股票交易所中的买空卖空、投机倒把活动等同起来，认为股份制是资本主义的东西。

我倾向于股份所有制的设想。股份制和资本主义没有必然联系。马克思在《资本论》中曾把资本主义经济中的股份制当作建立社会主义公有制的一个前提来论述。我们完全可以探索出社会主义股份所有制道路。股份制不仅适用于合作经济和跨越所有制界限的合资、联营经济，而且也可以作为国有制企业改革的一个重要途径。一般来说，股份经济有以下几点好处：（1）所有制关系可以具体化，改变过去全民所有制企业那种谁都是所有者但谁都对企业资产不负责任的状态；（2）在企业的所有者、经营者和生产者之间建立起互相制约的关系，促使企业经营行为的合理化；（3）可以筹集社会上的闲置资金，促进资金横向流动和资金价格的形成，从而有助于抑制投资膨胀并有利于社会资源配置的优化；（4）职工购买本企业的一部分股票，能够使职工关心改进企业的生产经营活动。

严格地说，股份制仅仅是所有制关系的外部形式。同样是股份经济，其主要股份是掌握在国家手中，还是掌握在集团手中或是个人手中，它的所有制内涵截然不同。如果国有企业实行股份制是以个人股份为主体，股票的大头归个人所有，那么这会使公有制占主导的目标落空。而且，国营企业几千亿元资产由个人收入认股吸收，目前事实上是做不到的。将来即使能做到，也可能因股票集中在少数人手中而产生食利者阶层，这也不符合我国的社会性质。如果国有企业股份制以企业股份为主体，股票的大头由企业集团所有，这并不改变公有制性质。现在企业购股很有潜力，特别是随着企业留利的增大，这种潜力越来越大。但是，如果把现有国有企业资产转化为企业集团化的资产，其中也包括企业间的相互投资，就会发生一个问题，即对新参加企业职工的劳动报酬和财产权利是否等同于原有职工的问题，如果等同，那就事实上与全民所有没有区别；如果歧视，就会造成企业内部集团的分裂。并且这种做法不仅阻碍劳动力的合理流动，而且也排斥资金的横向流动。

这样看来，国有企业股份制应以国家股份为主体，由国家掌握股票的大头，在法律上保持对大部分生产资料的所有权，国家股东通过其在董事会中的代表，参与企业的主要决策，保证国家作为资产所有者的利益，而不干预企业的具体经营，具体经营交给企业经理人员负责，让他们以有偿的形式占用企业的生产资料。问题在于：国家并不是一个抽象的单位，应该由哪种机构来代表国家持股，行使资金所有者的职能？是行政性的专业部门，还是综合性的职能部门，还是企业性的金融机构？还是专门成立一个国家财产部来管？这个问题，要本着一方面防止对企业经营的行政干预，一方面又能切实保证国家资产所有者的利益的原则来解决。这有待继续从理论上进行探讨，并在实践中进行试验。

（二）关于建立和完善社会主义市场体系的问题

进一步发展社会主义商品市场，逐步完善市场体系，是"七五"期间三大改革任务之一，也是发展商品经济不可缺少的基础条件。市场是商品经济的范畴。列宁说："哪里有社会分工和商品生产，哪里就有'市场'"①。市场随着商品生产和交换的发展逐步扩大，同时又促进商品货币关系的发展。

对于社会主义商品关系和市场体系的理论认识的发展，大致可以分为三个阶段：最初，人们只承认社会产品中的消费品部分是商品。价值规律的"调节"作用，只发生在消费品的交换中，对生产只起影响作用，只具有核算的职能。因此认为市场主要存在于消费品的交换中。当然，从50年代中期起，我国理论界就有人写文章论证生产资料也是商品，但是这种意见长期以来不占上风。第二阶段从社会主义经济的内在属性论证社会主义经济中存在商品生产和商品交换，确认成为商品的不仅是消费资料，而且包括生产资料，价值规律不仅调节消费资料的生产和交换，而且

---

① 《列宁全集》第 1 卷，第 83 页。

调节生产资料的生产和交换，从而提出要完善和发展商品市场。在这个阶段，有些同志仍然坚持生产资料不是商品的观点，但随着经济改革的深化，生产资料价格双轨制的出现，实践中，生产资料的商品属性愈加明显，"生产资料是商品"成为绝大多数理论工作者的共同认识。第三阶段，在明确了社会主义经济是有计划商品经济后，提出建立社会主义统一市场体系的思想，认为市场规律不仅作用于生产资料和消费资料的生产和交换，而且作用于资金、劳动力、技术和信息服务等的交换。就是说，社会主义的市场，不仅包括商品市场，而且应当包括资金、劳动、技术、信息等生产要素的市场，形成统一的市场体系。这一认识，目前还在继续研究和探索之中。

为什么发展社会主义商品经济必须建立和完善社会主义市场体系？首先，从经济运行的统一性来看，如果产品的生产和流通按照商品经济的原则来组织，而资金、劳动、技术和信息等生产要素的配置完全按计划安排，按纵向分配，那么企业作为商品生产者和经营者在选择生产要素投入方面的自主权将受到很大限制，而在调节体系方面就会出现彼此独立的两块：一块是受市场调节的商品市场，一块是由计划调节的生产要素的分配。这种板块结构，割裂了商品生产和生产要素流动之间的内在联系。其次，在发达的商品经济中，生产要素的直接分配很难实现资源的有效配置，这是国内外实践所证明了的。虽然在社会主义条件下，某些生产要素还不是完全意义上的商品，但可以利用商品形式，借助市场机制按照价格的变化，确定生产要素的流向，这样才可能实现资源配置的优化。总之，市场体系的形成有利于经济的协调运行，有利于资源的有效配置，有利于利益结构的灵活调整，从而有利于社会主义经济的稳定增长。

下面着重讲讲对资金、劳动力、土地等生产要素市场的一些理论认识问题：

关于建立资金市场（或金融市场）的问题。随着经济体制改革的进展，企业财权扩大，由企业掌握的资金有了很大增加，城乡劳动者收入增加，有了较多的余钱；而国家财政集中的资金相对减少，单靠财政纵向拨款满足不了现代化建设的巨额资金需要。人们提出开放资金市场，以便更好地筹集和利用社会资金，而跨地区、跨部门的横向经济联合的发展，又自然地带来资金的横向流动，这股势头是不可阻挡的。不过在开放资金市场的具体做法上，人们还存在着不同的认识。

（1）是否允许多种融资渠道同时并存，何者为主？

目前，金融市场上存在着多种融资渠道：国家银行系统（包括农村信用社和各种投资公司、保险公司在内）；以企业集资为主的各种社会融资；企业之间的商业信用；私人金融组织，如私人钱庄，温州地区的"摇会"等。近年来，随着经济体制改革和商品经济的发展，非国家银行系统的各种金融组织发展很快，尤其去年紧缩信贷之后，民间资金市场很活跃。鉴于这种情况，有的同志认为，发展金融市场主要依靠扩大银行的经营业务范围，由银行担当起组织横向资金流动的任务。对于各种民间融资渠道，要适当加以限制，以免民间金融盲目发展，出现民间金融组织与国家银行系统争存款的现象，以保持国家银行作为宏观调节机构的有效性。由于银行是高盈利的货币经营单位，不应允许成立私人金融组织。有的同志则认为，应该允许资金市场中多种经济成分并存，中央银行对国有、集体和其他民间金融组织一视同仁，在加强监督的同时，鼓励各种金融组织竞争发展。通过不同融资渠道之间的竞争，促使国有银行系统的改革，以发展国有银行的主导作用，逐步实现专业银行的企业化经营。

现在看来，多种融资渠道并存符合社会主义条件下多种经济成分并存的要求，不能简单地用行政办法加以限制，而要加快金融体制改革，强化中央银行的职能，灵活有效地利用存款准备金制度和利用平等手段，例如逐步实行浮动汇率。这样既能增强银行的活力，又能引导社会集资、商业信用和民间信用的正常发展，以适应商品经济发展的需要。

（2）资金融通手段的选择。

资金融通手段主要包括银行存放款业务、商业票据、债券和股票的发行和交易。资金市场也可以根据融资手段的不同而区分为短期资金市场（或货币市场）和长期资金市场（或资本市场）。目前，银行信用是主要的融资手段，债券和股票的发行还处于初始阶段，股票交易还没有出现。国内外学者根据金融市场发展的历史规律，建议先搞短期资金市场，后发展长期资金市场；而在长期资金市场方面，先发展债券和股票的发行，再开放债券和股票的流通。这些意见有一定的参考价值。我们应根据中国的具体情况，发展各种融资手段，作出恰当的选择，推动资金市场的发展。

关于劳动市场，这是争论较多的问题。

我国传统经济体制中最僵死的部分是劳动人事制度。长期以来，劳动就业统调统配，劳动者缺乏选择职业的自主权，企业缺乏聘任和解雇职工的权力，劳动力基本上处于不流动状态，劳动效率难以提高。同苏联和大多数东欧国家相比，我们的"铁饭碗"、"大锅饭"更为严重。因而必须改革劳动管理体制，在劳动就业领域引进市场机制，促进劳动力的合理流动。但是，在这个问题上存在着不同的观点。一种观点认为，在社会主义条件下，不存在也不应该存在劳动力市场，不能把劳动者与企业之间的自由选择和劳动力的合理流动称之为市场。另一种观点则认为，开放劳动市场是改革统包统配的劳动制度的必然趋势，是完善社会主义市场体系的一个重要组成部分，是社会主义有计划商品经济发展的客观要求。上述两种意见争论的焦点是社会主义条件下的劳动力是否具有商品属性。

不少同志认为，一般地说社会主义条件下劳动力是商品，是不妥当的。因为，从总体上分析，社会主义社会的劳动者是公有的生产资料的共同所有者，这里不存在资本主义社会那样财产占有和劳动相分离的情况，劳动者一般不会把自己的劳动力让给不劳而获的单纯占有者。即使存在劳动力个人所有或部分个人所有，劳动力仍然不是商品，也不存在劳动力的买卖。因为社会主义工资不是劳动力的价格，它不随劳动力供需变化而变动。工资体现的是按劳分配关系。所以，社会主义不存在劳动力市场，不单纯是用词问题，而是反映我们不存在劳动力价格，劳动力并不是商品的经济关系。但是社会主义一般消除了劳动者和占有者之间的劳动力买卖现象，并不意味着劳动力不能流动了，苏联和东欧一些国家的劳动力流动比较自由，约束很少，但在他们那里，劳动力在理论上也不叫作商品，当然这并不排斥劳动力分配采取市场方法。这也就是说，劳动力虽然不是商品，但其分配流通可以采取商品化的形式和方法。

另有一些同志则主张干脆承认社会主义经济中的劳动力也是商品，认为这并不会改变劳动力的社会主义性质。它并不等同于资本主义制度下的雇佣劳动。劳动力是商品主要包括两重含义：第一，劳动力只有通过与工资交换才能和生产资料相结合。在社会主义条件下，劳动力进入生产过程也是通过生产资料所有者或使用者同劳动者之间的交换来实现的。第二，在劳动还是个人谋生手段的社会主义社会，劳动力的个人所有制是劳动力成为商品的根本原因。劳动者有权支配自己的劳动力，付出劳动力时有权要求获得报酬。资本主义雇佣劳动的性质，不在于劳动力是商品，而在于生产资料的资本家私有制，在于劳动所创造的剩余价值全部归资本家所有。而在社会主义条件下，劳动力虽然是商品，但它创造的价值，除弥补劳动力价值外，剩下的归全社会所有，归根结底归劳动者自己所有。因此，社会主义劳动的性质并不因劳动力成为商品而有所改变。

关于劳动力是否具有商品属性的问题，现在理论界讨论得很热烈，看来还要继续讨论下去。但这并不妨碍我们在"七五"期间为促进劳动力合理流动而进行的劳动人事制度的改革，如推广劳动合同工和聘任制等，并逐步建立社会保障制度。

城市房地产商品化也是完善市场体系的一个重要内容。土地是重要的生产要素，住宅是最基本的生活消费品。可是长期以来，城市土地无偿使用，住宅成为福利设施，带来很大的浪费以及许多的问题。

现在，住宅商品化问题在理论上已经没有多大争论，要研究的主要是住宅商品化的实施途径。但对于土地商品化经营问题，目前还有不少争论。

城市土地无偿使用，不仅降低了城市土地资源的使用效率，使国家失去了一笔重要的财政收入，而且造成不同地段企业之间非经营性收入的过大差距。有些单位和居民，通过闲置土地的转让，取得大量的不合理的收入。好地劣用，大地小用，非法占用，非法出租转让国有土地的现象，以及土地的"部门所有制"等问题，普遍存在。理论界许多同志认为，无偿使用国有土地等于国家放弃了土地所有权，同时也不利于城市土地的有效利用。解决城市土地问题的出路是国有土地的有偿使用和商品化经营。这个思路的主要内容有：（1）为了实现国家对土地的所有权，国家对城市土地征收土地费，并且不同地段应设立不同的收费级差，使一部分地租转为国家的财政收入。（2）土地的使用权可以转让，转让收入除一部分按所得税归国家所有之外，其余可以归使用权的出让者所有。这样就能促进使用权的互相转让，促进土地使用效率的提高。

但是，对于土地商品化和土地商品化经营的提法，是有不同意见的，争论的焦点在于，土地是不是商品，土地是不是劳动产品，有没有价值。一种意见肯定土地是商品，是投入了人类劳动的产品，因而有价值。持这种意见的同志都赞成土地商品化经营的提法。另一种意见认为，要把作为自然存在的土地与人类对土地的开发改造即土地投资区别开来。土地本身并不是劳动产品，没有价值，因而也不是商品。持这种意见的同志，又有两种不同观点。一种认为土地自身尽管不是商品，但可以利用商品经济规律，按照商品原则，采用商品的形式进行经营；另一种观点则认为，不是商品的东西不能商品化。但是这种观点也承认土地是经营对象，国家可以出租土地，或对土地进行开发经营。不过这不能称之为土地商品化经营。因为对出租的土地收取的地租，并不是土地价值的补偿（因土地本身没有价值），不是等价交换，而是单纯凭土地所有权取得的收入。至于经营开发土地，虽然征收的地租或土地使用税中包含着开发费用的补偿，但这不是土地本身价值的补偿，而是回收投入土地的资本和获取相应的合理利润。所以这也不是土地本身商品化，而是投入土地的资本的商品化。看来，不管持哪种意见哪种观点，在城市土地是否有偿使用，是否经营对象和应否按商品经济规律经营这些问题上，各方面意见基本上是一致的。

（三）关于二元经济结构向一元经济结构的转化

所谓"二元经济结构"是当代发展经济学对发展中国家经济发展中的特点的理论分析。它指出，一方面许多发展中国家迅速发展了城市现代工业，另一方面广大农村中仍旧是自然经济，现代工业和落后农业并存，农业人口大量涌向城市，形成严重的就业问题，出现了城乡对立、工农对立等一系列尖锐的矛盾。在我国，也同样有落后农业和现代工业并存的二元经济结构现象。实现从二元经济结构向一元经济结构即现代化经济结构的转化，是我国商品经济发展的至关重要的问题，也是我国现代化的核心问题，因而对于从我国特点出发如何加速这一转化更需要认真研究。

在社会主义国家里，城乡经济的发展程序，从二元经济结构到一元经济结构的转化，通常实行的是苏联模式：即先从农业中汲取城市和工业发展的资金，然后在城市和工业发展的基础上，通过对农业的财政补贴、技术援助和吸收农村劳动力的途径，提高农业的集约程度，实现农业现代化。这一模式曾给苏联农民带来过比较艰难的遭遇，但结构转换还是取得了显著的进展。苏联农业劳动力占全部劳动力的比重，1960年为42%，1980年降到14%。同期城市人口从占总人口的49%，提高到63%。

然而在我国，这条路并没有走通。由于农业人口数量十分庞大，也由于我国从1958年以来经济发展经历了曲折，造成工业投资效益低下，致使城市工业的发展连城市人口自然增长所出现的新就业需求都满足不了，农村人口向城市转移就更困难了。因此不得不采取比苏联更严格的城乡隔绝政策，实行严格的户口管理和统购统销、实行定量供应等办法，避免了农村人口大量涌向城市。在1952—1978年长达26年的时间里，我国乡村人口占总人口之比从 87.5% 降为 82.1%，年均下降仅 0.25%。农业劳动力占总人口之比只由 31.7% 降为 31.5%，农业劳动力占社会劳动力之比也只是由 88% 降为 76.1%。研究发展理论的同志指出，我国出现的这种二元经济结构凝固化的现象，在发展中国家里是罕见的；是不重视发展农村商品经济，使农村面貌长期没有改变的重要原因。

党的十一届三中全会以后，我国广大农村不仅在所有制方面冲破了传统的禁区，而且也冲破了农民只能种田不能经商做工搞副业的禁区，推动了农村从自然经济向商品经济的转化。1985 年农村工农业产品的商品率达到 63.9%（1978 年农副产品商品率只占三分之一左右），农村面貌有了较大的改观，农村现代化有了良好的开端。我国理论界的同志总结了这方面的经验，探索了从二元经济结构到一元经济结构的转化中主要有以下三个问题。

（1）农村经济结构变革和提高社会劳动生产率的关系。由于我国农村人口数量很大，潜在的过剩劳动力众多（目前农业劳动者需要转化为非农业劳动者的人数有上亿人），而我国又缺乏足够的资金，因此不得不走投资少用人多的路子。这样就出现了企业小型化、低技术化和劳动生产率降低的趋向。一些同志担心：这将同我国经济发展模式从单纯追逐数量增长转向重视经济效益、从外延型扩大再生产转向内涵型扩大再生产的目标发生矛盾。但也有些同志认为，这样做从某些部门、某些行业看可能出现劳动生产率的下降，但是，把转移前农业劳动生产率计算在内，整个社会劳动生产率仍然是上升的。至于哪一部门采用什么样的技术水平，很难凭想象作出判断，而应通过国内市场和国际市场的竞争来抉择。

（2）要不要继续保持城乡隔离发展的政策？多数同志认为，现代化过程中农业人口流入城市，会使得大城市出现臃肿的病态，特别是我国农村人口数量大，过多地涌向城市，非城市所能承担。因而今后主要应采取就地消化、就地向非农业劳动转移的办法，不能鼓励农民进城。也有一些同志认为，在强调就地消化的同时，还要看到在现代化过程中人口的城市化是不可阻挡的趋势。我国现在实行的城乡隔离政策，是不得已的政策；在条件允许时应当适当放宽对农民进城的限制，允许农民进城兴办第三产业。要更多地采用经济手段来调节城乡间人口和劳动力的移动。

（3）对于发展乡镇企业的认识。过去在相当长时间里，许多人对原来的社队企业与后来的乡镇企业，只看作是辅助性的补充农业的经济，想把它限制在拾遗补阙、就地、就资源、就人力和为农业生产自身服务的范围。担心它发展壮大了会与国营大企业争原料、争市场，因而过一段时间就限制一下。直到最近农村经济结构和整个国民经济结构改造的问题提出来以后，人们才逐渐认识到乡镇企业在吸纳农村多余劳动力从农业向非农业的转移，实现二元结构向一元结构过渡的重大历史作用，是使农村从自然经济转向商品经济，改变农村面貌的希望所在。

乡镇企业的发展同商品经济的发展是密切不可分割的，它们的活动空间一般是计划之外的市场。由于长期受自然经济束缚的农民缺乏从事商品生产的经验，在乡镇企业的发展过程中，难免存在着某些盲目性和混乱现象。克服这些毛病的办法在于使乡镇企业纳入国民经济大系统，给乡镇企业的发展以计划指导和信息咨询服务，运用经济手段进行调节，而不是限制。这正是发展有计划商品经济的重要方面。

应当看到，随着乡镇企业的进一步发展和二元结构向一元结构转化，将从农村中释放出极大的能量，使农民收入较快提高，从解决温饱问题逐渐走向温饱有余。这样在8亿农民的广阔市场上，将出现消费需求的巨大变化，形成对消费品生产和消费品产业投资的动力和压力，对宏观经济平衡带来新的问题。同时，随着收入和消费水平提高而出现的消费需求结构的变化，将推动产业结构的不断改组。对此应该及早加以重视，作出符合实际的估计并提出相应的对策，以便在整个国民经济商品化和现代化的大变动中，保持住供需总量和结构大体平衡。

（四）造成一个供给略大于需求的买方市场，为改革和发展商品经济提供良好环境

长期以来，我国物资商品供应的增长落后于有购买能力的需求的增长，往往形成求大于供、市场被卖方支配即所谓卖方市场的局面。这是过去实行片面追求数量增长即追求产值速度的传统经济发展战略的结果，也是实行排斥商品货币关系、吃"大锅饭"的传统经济体制的结果。反过来，持续的供应短缺和卖方市场又成为强化传统经济模式的原因。因为供应紧张的短缺经济，往往要求高度集中的行政管理和统一调拨与配给式的分配。这恰恰是与发展商品经济背道而驰的，并且不利于经济体制改革的顺利进行。正因为如此，不少中外经济学家都认为，为了给经济体制改革和发展商品经济提供一个良好的经济环境，必须努力创造一个总供给略大于总需求的宽松局面，造成一个有限的买方市场。

1978 年以来，在两次三中全会决议以及中央一系列方针政策指引下，我国经济生活正经历着多方面的深刻变化，我国的经济发展战略和经济体制正在由旧模式向新模式转换中。"六五"初期，由于农村改革和农业生产的高涨，由于认真贯彻调整的方针而带来的对社会总需求的约束，整个经济初步出现了比较宽松的局面，甚至出现了某些买方市场的好势头。但是，由于新旧模式转换过程中双重体制并存，传统体制中追求产值速度的惯性时时冒头，投资饥渴、数量扩张的欲求仍然存在，而过去长期对消费的禁锢约束又被冲破，加上宏观管理的改革未能配套跟上微观放活的改革，因此，前几年曾经出现的买方市场势头时起时伏，一直不很稳固。特别是 1984 年第四季度到 1985 年，随着投资加消费的总需求猛增和经济发展的超速，国民经济又出现了过热的紧张局面，使改革所需的良好环境有所逆转。这样，我们不得不把很大的精力用在稳定经济、治理环境上，致使改革的步子在近一两年受到一定的影响。经过去年和今年的努力，现在过热的经济已开始趋步走向稳定，但总需求超过总供给的国民收入超额分配的状况仍未扭转过来。因此，"七五"计划提出的第一项基本任务就是要进一步为经济体制改革创造良好的环境，努力保持社会总需求和总供给的基本平衡，使改革更加顺利地展开。

对于"七五"计划提出的努力使总需求与总供给保持基本平衡，按照经济学界不少同志的理解，就是要以解决国民收入超额分配的问题为契机，实现留有余地、留有后备、留有机动的平衡。东欧一些经济学家也主张在进行经济改革的时候，要保持一定的资金、物资、外汇等后备，以应改革过程中利益调整和其他不测之需。这种留有后备、留有机动的平衡，也就是马克思在《资本论》第二卷论固定资产再生产时所说的，社会主义社会的生产应超过每年的直接需要。这种超过直接需要的社会生产和供给略大于需求的平衡，表现在市场上就是有限的买方市场。当然，这样的基本平衡是不容易做到的，但我们必须以此作为明确的方针和努力的方向。只有在这样的基本平衡和市场状况下，才能出现卖方的竞争，迫使生产经营者改进技术、改善经营，改善服务态度，企业才有改革的动力和压力。在相反的情况，即卖方市场的情况下，市场紧张，"皇帝的女儿不愁嫁"，企业根本不必去改进技术、改善经营、改善服务态度。而且在物资、资金、外汇等供应都绷得很紧的情况下，改革过程中利益关系调整对于资金、物资、外汇等需要和其他不测之需，就难以解决，改革的进程也会遇到障碍。

也有些同志对于造成一个供给略大于需求的有限买方市场的主张，持相反意见。30年代以来，苏联就有一个理论，后来传到中国，就是社会主义国家的需求增长总是超过生产增长，并说这是社会主义优越性的表现。这等于说，短缺经济、供应紧张、配给排队等，都是社会主义优越性的表现。这种理论过去有其实践的背景，现在看来是可笑的。然而直到今天，还有人认为社会主义制度解决不了短缺问题，买方市场是一个幻想。但是，如果社会主义制度解决不了短缺问题，那我们还要社会主义干什么？我总觉得这里面还是有一个对社会主义制度的信心问题。当然，绝大多数同志认为，短缺问题不是社会主义制度本身带来的，而是僵化的经济体制和传统的发展战略造成的，是可以通过改革经济体制和转变发展战略来解决的。

另一种意见认为，为了保持一定的经济发展速度以实现现代化的任务，需要采用一种温和的通货膨胀政策来刺激经济的增长，而货币供应量的超前增长和物价的缓缓上涨，对于发展商品经济和改革经济体制来说，是不可避免的。这几年不断有人鼓吹中国要有一点财政赤字、有一点通货膨胀，以刺激经济的发展。这实际上是把凯恩斯主义拿到中国来应用。这种意见没有看到我国同许多西方发达国家和一些发展中国家不同的情况。对于西方有效需求经常不足的经济来说，赤字财政和通货膨胀可以起到增加有效需求的作用，常常被用来作为反萧条的措施，冀以阻滞危机的出现或刺激经济回升。非社会主义的发展中国家在经济处于停滞状态时期，也需通货膨胀的刺激，才能从沉睡中苏醒。但是社会主义经济经常处于亢奋状态，对于我国这样一个供不应求的大国来说，从长期来看，制约增长的主要是资源不足而不是需求不足，货币的过多供应只能加剧经济的紧张程度，并使长期存在的卖方市场难以向买方市场转化。这样就不利于形成一个使市场机制能够充分发挥作用的经济环境。当然，在发展商品经济的过程中需要货币供应量一定程度的超前增长，改革过程中由于调整不合理的价格结构而导致物价水平一定程度的上升，也是不可避免的。但应严格控制，稳步进行，以免震动过大。至于不是由于调整价格结构而发生的物价上涨，应尽力在调整中加以控制，避免纯属票子过多造成的物价上涨，努力为改革创造良好环境。

还有一种反对建立买方市场提法的意见是：总供给略大于总需求的宽松环境，只能是改革的结果，而不应当是其前提。认为"供给略大于需求在目前是不可能的"，当前我们只能"适应需求略大于供给的形势，进行社会主义建设"。

当然，比较稳定的买方市场现在世界上只有在比较发达的商品经济中才能看到。在社会主义经济中，它的最终形成和确立，要在对传统体制进行彻底改革，彻底消除了造成追求数量膨胀和投资饥渴顽症的体制原因以后才有可能。它确实属于改革的结果。但是我们不能坐等宽松的环境出现后再进行改革。应当看到，通过发展战略的逐步转换、经济计划的适当松动和经济体制改革的推进，某种买方市场的势头不是不可能出现，事实上，在"六五"初期就出现过这种势头。当前通过继续加强宏观控制和改善宏观控制，也将使我国的经济进一步宽松，这将有利于明后年大步改革设想的实现。正因为我国经济发展战略和经济体制正处在从旧模式向新模式转换的过程中，旧模式的影响时时遏制着买方市场势头的伸展、逆转改革所需的适宜环境，我们就更要保持清醒头脑，自觉地运用新旧体制所提供的一切手段，认真控制投资需求和消费需求的增长，努力创造出有限的买方市场的势头，以便顺利开展经济改革和经济建设，推动旧模式的消亡和新模式的成长，然后在新体制下形成自我控制调节的机制来实现需求的约束，使买方市场的势头逐步得到巩固与发展，从而有利于新的经济体制和新的发展战略的最终形成和稳固的确立。如果我们采取另一种方针，即因为实现买方市场在目前有一定的困难，就认定"供给略大于需求在目前是不可能的"，从而满足于"学会如何适应需求略大于供给的形势"（其实几十年来我们早就适应求大于供的形势，用不着什么学习），那么我们就会自觉或不自觉地放弃对造成买方市场势头的努力，放松对总需求的管理控制，我们就很难从长期困扰我们的国民收入超分配和卖方市场的困境中摆脱出来，从而不能为改革创造一个良好的经济环境，致使改革拖延或受挫。这是我们应该竭力避免的。

回顾 1979 年，尽管党中央已经提出我国的经济体制需要改革，但是，由于当时国民经济存在严重的比例失调，所以把经济调整放在首位，而把改革放在次要地位，提出改革要服从于调整，有利于调整。以后，国民经济展现了良性循环的前景，良好的经济环境初步形成，党中央才于 1984 年 10 月作出《关于经济体制改革的决定》。随着"六五"计划的胜利完成，全面改革的社会经济条件业已成熟，改革上升为主要任务，"七五"计划已提出把改革放在首位。因此，就要更加重视保持进行改革和发展商品经济的良好环境，在改革与建设发生矛盾的时候，生产建设的安排要服从改革，切莫因追求经济增长速度而放松对需求的控制。对于今年因前期经济增长基数过高而出现增长速度的暂时下降现象，要沉得住气，继续采取正确的政策措施，为体制改革、为结构调整创造良好的环境，促进社会主义商品经济繁荣昌盛地发展。

（这篇文章在准备过程中得到张卓元、戴园晨、边勇壮、陈东琪同志的协助，谨此致谢——刘国光）

《中国社会科学》1986 年第 6 期

社会主义初级阶段的经济

于光远 *

摘要　本文分析了社会主义初级阶段这个概念的形成过程，认为社会主义初级阶段的提出有重大的理论意义和实践意义。文章着重论证了社会主义初级阶段经济中的多种经济成分并存和一部分人先富起来这两个重要特征，并且阐述了有关社会主义初级阶段的几个理论问题。

社会主义初级阶段经济是一个很大的题目，要全面地论述这个题目，就要讨论：

第一，整个来说社会主义究竟是一个怎样的历史阶段？它是否可以和应该分做若干历史阶段？如果回答是肯定的，那应该根据怎样的原则来划分？在这个问题上世界各国会有怎样的共同性和差异性？

第二，在中国提出社会主义初级阶段的历史背景是什么？社会主义在中国要经过这样一个阶段有无必然性？在明确中国处于社会主义初级阶段的过程中都有哪些理论问题提出？它们解决得怎么样？今天人们对这个问题的注意和研究状况如何？在这方面我国学者提出了一些怎样的问题，有些怎样的重要见解？

第三，中国社会主义初级阶段的经济是怎样的？其中包括：（1）决定这一阶段之成为阶段的社会生产力；（2）这一阶段社会经济结构，其中又包括社会主义经济体制、多种经济成分并存、对外经济关系；（3）总起来说，中国社会主义初级阶段的生产、交换和分配的特点。

第四，中国社会主义初级阶段的经济发展的任务、方针、政策、重大措施应该是怎样的？其中包括：（1）"四个现代化"的历史任务与两步走

---

* 于光远，1915 年生，中国社会科学院顾问。

的战略目标的提出；（2）发展中国社会生产力的任务、方针和政策；（3）社会主义经济体制改革；（4）对非社会主义经济成分的政策；（5）对外经济政策。

此外，对社会主义初级阶段的经济进行的研究，不能与对社会主义初级阶段的政治、文化的研究分离开来，不能把对生产力、生产关系的考察与对上层建筑的考察分离开来。

在这篇文章中，不可能对这个题目作全面的论述，只讲有关的几个重要问题。

一　社会主义初级阶段这个概念的提出

社会主义初级阶段这个概念，是在党的第十一届六中全会总结新中国成立以来党的历史经验时第一次提出来的，它被写进 1981 年 6 月 27 日全会通过的《中国共产党中央委员会关于建国以来党的若干历史问题的决议》的第 33 节里。这一节的文字是这样的："只有社会主义才能救中国。这是中国各族人民从一百多年来的切身体验中得出的不可动摇的结论，也是建国三十二年来最基本的历史经验。尽管我们的社会主义制度还是处于初级的阶段，但是毫无疑问，我国已经建立了社会主义制度，进入了社会主义社会，任何否认这个基本事实的观点都是错误的。我们在社会主义条件下取得了旧中国根本不可能达到的成就，初步地但又有力地显示了社会主义制度的优越性。我们能够依靠自己的力量战胜各种困难，同样也是社会主义制度具有强大生命力的表现。当然，我们的社会主义制度由比较不完善到比较完善，必然要经历一个长久的过程。这就要求我们在坚持社会主义基本制度的前提下，努力改革那些不适应生产力发展需要和人民利益的具体制度，并且坚决地同一切破坏社会主义的活动作斗争。随着我们事业的发展，社会主义的巨大优越性必将越来越充分地显示出来。"

这个决议虽然没有着重阐明处在社会主义社会初级阶段的意义，但是有这样几点意思是很清楚的：

第一，它肯定了我国当前的社会主义究竟处在怎样的阶段。大家知道，社会主义是共产主义的初级阶段，因此社会主义的初级阶段就是共产主义初级阶段的初级阶段。社会主义是区别于共产主义高级阶段而言的共产主义，而社会主义初级阶段则是区别于社会主义的中级和高级阶段的社会主义。它是社会主义的一个特定的阶段。

第二，它肯定了社会主义初级阶段是比较不完善的社会主义，而且肯定："社会主义制度由比较不完善到比较完善，必然要经历一个长久的过程。"这就是说，社会主义初级阶段不是短暂的历史时期。

在以往党的文件中从来没有讲过，在社会主义改造基本完成后，我国社会主义处在什么阶段，只是一般地说中国已经进入了社会主义阶段。这就是说，在以往党的文件中，对我国处于怎样的历史阶段的提法是比较一般的。十一届六中全会作出的这个论断比起以往来就具体得多了。

现在越来越看得清楚，社会主义是一个很长很长的历史阶段。笼统地说一个国家进入了社会主义阶段，对于一个社会主义国家中的党正确地认清本国的国情和现阶段的历史任务，制定适合于本国历史发展阶段的经济政治文化社会的基本方针来说，是很不够的。因此，几乎所有社会主义国家都关心如何评估本国究竟发展到社会主义的怎么样的一个阶段的问题。对中国来说，也应该是这样。十一届六中全会决议虽然没有着重阐述这个问题，但是作出了明确回答，这是具有非常重要的意义的。

在党作出这个决议的一年又两个月之后，在党的十二大报告中再一次写进了我国还处在社会主义初级阶段这个提法。有关这个提法的文字是这样的："社会的改造，社会制度的进步，最终都将表现为物质文明和精神文明的发展。我国的社会主义社会现在还处在初级发展阶段，物质文明还不发达。但是，如同有了一定程度发展的现代经济，有了当代最先进的阶级——工人阶级及其先锋队共产党，社会主义革命就有可能成功一样，在建立起了社会主义制度以后，我们就能够在建设物质文明的同时，建立起高度的社会主义精神文明。"这是党对这个提法的再一次明确。由于这个报告是在党的代表大会上作的，这个提法的权威性就更加提高了。

不过在十二大报告中，我国还处在社会主义初级阶段的这个论断，是在讲精神文明将与物质文明并行发展时讲的。所以未作生产关系方面的描绘。

1986年9月党的十二届六中全会通过的《关于社会主义精神文明建设指导方针的决议》，把我国还处于社会主义初级阶段这个论断，放到比前两个中央文件中所说的更为重要的地位上。《决议》中有关的文字是这样的："我国还处在社会主义的初级阶段，不但必须实行按劳分配，发展社会主义的商品经济和竞争，而且在相当长的历史时期内，还要在公有制为主体的前提下发展多种经济成分，在共同富裕的目标下鼓励一部分人先富裕起来。"这一论述与前两个文件中有关的论述相比，又前进了一步。第一，它对这个论断作了正面的论述；第二，它明确指出这个阶段是一个"相当长的历史时期"。"相当长的历史时期"这样的语言，在我们党的文献中曾多次使用。它虽然没有指明多少年，但大家知道这个时间决不是10年、20年这样短暂的时间，而要比这长得多；第三，它明确指出中国社会主义初级阶段某些生产关系方面的特征。从《决议》的文字表达来看，在上引这段话的"不但"和"而且"两词中间讲的那两条——"实行按劳分配"和"发展社会主义商品经济和竞争"是整个社会主义阶段（即共产主义初级阶段，区别于共产主义高级阶段）的特征。在"而且"两个字后的那两条，即"在公有制为主体的前提下发展多种经济成分"和"在共同富裕的目标下鼓励一部分人先富裕起来"，则是社会主义初级阶段区别于社会主义比较高级的阶段的特征。这两种情况在现实生活中早已存在。现在在党中央的《决议》中对此作出了明确的肯定是具有重大意义的，应该受到理论界和各界的高度重视。

二　社会主义的初级阶段与多种经济成分并存

《中共中央关于社会主义精神文明建设指导方针的决议》把"在公有制为主体的前提下发展多种经济成分"作为社会主义初级阶段在中国与它以后的发展阶段相区别的一个特征。那么，多种经济成分是一个怎样的概念呢？

《决议》是这样说的："在公有制为主体的前提下发展多种经济成分。"这包括两个意思：第一，在这个社会主义初级阶段，在整个社会所有制结构中，公有制的经济成分居于主体的地位；第二，在社会主义的初级阶段的社会所有制结构中，同时存在非公有制的经济成分，而且这种非公有制的经济成分还不止一种。非公有制的经济成分有哪些？对这个问题我国理论工作者有各种说法。有一条总是可以肯定的，那是就这些经济内部的关系来说的，它们既然都不是建立在公有制的基础之上的，因此它们要么不是社会主义性质的经济，要么至少不完全是社会主义性质的经济。因此公有制经济与非公有制经济多种经济成分的并存，它的含义也就是社会主义性质的经济成分与非社会主义性质的或不完全是社会主义性质的多种经济成分的并存。

在 1982 年十二大的报告中"关于坚持国营经济的主导地位和发展多种经济形式的问题"这一节，有关文字是这样的："社会主义国营经济在整个国民经济中居于主导地位。巩固和发展国营经济，是保障劳动群众集体所有制经济沿着社会主义方向前进，并且保障个体经济为社会主义服务的决定性条件。由于我国生产力发展水平总的说来还比较低，又很不平衡，在很长时期内需要多种经济形式的同时并存。在农村，劳动人民集体所有制的合作经济是主要经济形式。城镇手工业、工业、建筑业、运输业、商业和服务业，现在都不应当也不可能由国营经济包办，有相当部分应当由集体举办。城镇青年和其他居民集资经营的合作经济，近几年在许多地方发展了起来，起了很好的作用。党和政府应当给以支持和指导，决不允许任何方面对它们排挤和打击。在农村和城市，都要鼓励劳动者个体经济在国家规定的范围内和工商行政管理下适当发展，作为公有制经济的必要的、有益的补充。只有多种经济形式的合理配置和发展，才能繁荣城乡经济，方便人民生活。"这段话所讲的多种经济形式里面包括非公有制的经济成分，也包括劳动人民集体所有制的合作经济。这段话是从各行各业都不能由国营经济包办着眼，而不是从我国现阶段的经济不能是单一的公有制经济着眼。在那个报告中未提多种经济成分而说多种经济形式，可以看出是经过一番斟酌的。

在 1984 年十二届三中全会通过的《关于经济体制改革的决定》中使用的仍然是"多种经济形式"，并且加了一个"多种经营方式"。文件中有关这个意思的那段话是："我们要迅速发展各项生产建设事业，较快实现国家繁荣富强和人民富裕幸福，必须调动一切积极因素，在国家政策和计划的指导下，实行国家、集体、个人一起上的方针，坚持发展多种经济形式和多种经营方式。"从"国家、集体、个人一起上"这点来看，讲的还是十二大报告中所讲的多种经济形式的意思，在多种经济形式后加上"多种经营方式"的意思是：即便是同一种经济形式，在"经营方式"上还可以有多种多样；经营方式变化可以不涉及经济形式的变化。

可以看出，十二大报告和十二届三中全会决定中讲的多种经济形式，与多种经济成分相比含义是比较宽的，从上引十二大报告的那段话和从三中全会决定中接着"国家、集体、个人一起上"来讲多种经济形式这些文字来看，在"多种经济形式"这个概念中虽然包括了多种经济成分的含义，但是没有使用"多种经济成分"这个提法。

在"七五"计划的文件中开始使用"多种所有制形式"这个提法。在《关于第七个五年计划的报告》中有这么一段话："企业自我改造、自我发展的能力逐渐增强，社会主义市场不断增大，多种所有制形式和经营方式显著发展，各种形式的横向经济联系日益加强，整个国民经济的运行机制发生了有利于搞活经济的许多变化，有效地调动了广大职工群众的积极性和创造精神。经过'七五'期间的实践，特别是经过中共中央作出《关于经济体制改革的决定》以后这一年多来的实践，建立有中国特色的社会主义经济体制的轮廓越来越明晰了，路子越来越清楚了。"这段话中第一次用"多种所有制形式"代替了以前说的"多种经济形式"，但仍旧未使用"多种经济成分"的提法。①

第一次使用"多种经济成分"这个提法的党中央重要文件，是十二届六中全会的决议。当然"多种经济成分"是在 50 年代早就使用过的。但那是对从中华人民共和国成立到生产资料所有制的社会主义改造基本完成前这个期间社会所有制结构的一个科学的描绘。而 1956 年对生产资料的社会主义改造基本完成后，就不再使用"多种经济成分"这个提法了。这是很自然的，因为在 1957 年后到十一届三中全会这 20 多年中，我们的确实现了单一的社会主义经济，资本主义经济被消灭了，个体经济被改造了，剩下的一些也被看作资本主义尾巴去割。在那些年中，的确不存在多种经济成分并存的情况。但是实践证明，这种单一的社会主义经济成分的状况，并不适合中国现阶段的国情。20 年来我国经济停滞不前当然有多种原因，这种单一的公有制经济不适合于我国当前社会生产力发展的要求，就是一个很重要的原因。于是在十一届三中全会实行拨乱反正，恢复实践是检验真理的唯一标准这个马克思主义的思想路线之后，就改而实行对外开放对内放宽的政策，允许个体经济和其他对发展我国社会生产力能起积极作用的非公有制经济成分的存在和一定范围内的发展，甚至允许外国资本家到中国来与我国合资甚至独资办企业。于是，多种不是建立在公有制基础上的经济成分，便重新登上中国的历史舞台。而对多种经济成分并存的研究也重新成为我国理论工作的课题。

---

① 1981 年 7 月《国务院关于城镇非农业个体经济若干政策性规定》（见经济科学出版社出版的《个体工商户应用法律知识读本》第 155 页）中就已经使用"多种经济成分"了。

关于"多种经济成分"，有几个问题需要进一步探讨。首先的一个问题是：

在社会主义初级阶段究竟存在哪些不是公有制经济的成分？

我认为这个问题比较容易回答，主要是个体经济、本国人经营的资本主义经济、外国人在中国经营的资本主义经济，可能还有一些比较复杂的非公有制经济形式。

个体经济，今天不论在城市或乡村都有。城市中的小个体手工业者、个体小商贩、个体运输业者、个体服务业者、个体小商店等一切靠个人或者他们的家庭成员运用自己所有的生产资料、流通资料来从事生产和经营以取得收入的，都属于个体经济。农村中的情况有点复杂。实行包干到户之后的农户究竟属于个体经营还是属于个体经济，这个问题在理论界并没有完全解决。几年来我一直说包干到户后农户经营的经济不是个体经济，理由是：（1）土地在这里不是户所有而是集体包给他们种的，集体有权改变包干者使用土地的状况。（2）他们对集体担任承包的义务——最低限度完成多少农产品的生产，向集体交纳的承包费也是由集体决定的。（3）农户接受集体办的事业的服务，有些地方农户事实上不能离开集体办的这些事业的服务。（4）农户在相当大的程度上依靠集体办的工业企业。总起来说，在这样条件下的农户经济，是建立在集体所有制基础上的，因此不属于个体经济。但这么说也有些问题，因为农户与集体的联系有时可以很紧密，有时也可以很松散，在各个地区有不同的情况，在联系非常松散的情况下，个体经济与集体经济的界限如何划分，在理论上还没有说清楚。

关于本国人经营的资本主义经济，我认为在中国今天典型的形式是私人雇佣大量的工人进行经营。这种中国人经营的资本主义性质的经济，近年来有些发展，在整个国民经济中占有多大的比重，我没有了解到这方面全面的资料。我估计目前占的比重很小。不论占有一个怎样的比重，还是应该肯定在多种经济成分中有这样一种。

还有外国人在中国经营的资本主义经济。我们欢迎外国资本家到中国来投资。外国资本家到中国来投资，在我们马克思主义政治经济学的语言中叫作"资本输出"。外国资本家也不忌讳这个词语。大家知道，资本是生产剩余价值的价值。外国资本家把钱投到中国来生产剩余价值，这很明显是在中国经营资本主义经济。

除了上述三种可以说是基本的形式以外，还有各样中间状态的和复杂的形式。

我国在政策上和法律上允许这些非公有制经济的存在和一定范围内的发展，这是因为这么做对我们的社会主义建设能起积极作用。

另一个问题是：

如何分析各种非公有制经济成分的性质？

上面讲过实行包干到户以后农户经营的性质是一个没有解决的问题。雇工经济成分性质的讨论，更是这几年的一个"热门"。弄清楚这些非公有制经济的性质，不仅对于理论研究，而且对于实际工作都有很大的影响。对社会主义公有制经济为主体的情况下非公有制经济成分的性质如何确定的问题，在马克思主义者中间很早就有过讨论。研究这样的问题，涉及如何确定一种经济成分性质的政治经济学的理论和方法的问题。早在俄国十月革命胜利后不久，列宁就提出过在社会主义国家中的"国家资本主义"问题。这种"国家资本主义"有一个特殊的含义，就是它是在社会主义制度下，在一定范围内允许其存在并接受社会主义国家监督而有利于社会主义的那种资本主义。有这样的一个问题：外部的条件——社会主义国家同这种资本主义经济成分的联系，是否会改变或者影响这种经济的资本主义性质？我记得，社会主义制度在波兰建立后，波兰最早的一位党的领导人哥穆尔卡，用魏斯拉夫的笔名在40年代末写过一篇文章，认为在社会主义国家中的个体经济，因为在流通过程中与社会主义国营经济相联系，所以就带有社会主义性质。这篇文章发表后不久我就看到了。记得当时研究这篇文章时，我认为确定一种经济成分的性质，应由这种经济成分内部的经济关系即这种经济成分内部的所有制和经济利益关系来决定，不能从个体经济在流通过程中与社会主义国营经济有联系来看就说它有社会主义性质。这样的问题在研究今天我国的非公有制经济成分的事情上又提出来了。

我认为应该承认这个问题的复杂性。现在我的想法与那时一样，我仍然主张一种经济成分与外部的关系不是决定它的性质的根据。这就是说，个体经济就是个体经济；外国在中国经营的资本主义经济就是外国在中国经营的资本主义经济；本国人经营的资本主义经济就是本国人经营的资本主义经济。至于这些经济成分的地位和作用，则同它们的外部条件密切相关，外部条件在这里可以起决定性的作用。同时，这些经济成分的活动也会受到外部条件的制约。

我们要把所有制作为生产关系的基本点。但是，马克思的确强调，"财产"如果不能给它的主体带来经济利益，就根本没意义。因为"财产"（或"所有制"，它同"财产"在德文中是一个字）是一个复杂的问题。尤其是在社会主义制度下，非公有制经济成分——比如资本主义经济成分——与社会主义经济成分——比如社会主义国营经济，它是社会主义所有制的一种形式——发生各式各样的利益关系。但是如果说这种利益关系，例如向国家交纳税金，或者向银行支付利息，都会改变非社会主义经济成分的性质，那么在社会主义制度下，"多种经济成分"这个概念就没有意义了。当然有某些带合作性质的经济，比如资本主义经济（不论是外国人经营的或是本国人经营的）与社会主义的公有制经济之间常有各种各样的合作，就不能简单地说这样的经济属于上面说的那几种社会主义的经济成分或非社会主义的经济成分。这样的经济成分的性质可以说是具有复合性的。而这种复合性质（即在它的本身中就有两种或两种以上经济成分的性质）仍是由它们的内部的经济关系决定的，而且只能从它们的内部关系来判断这种合作经济是以公有制经济为主体，还是以资本主义经济和个体经济为主体。当然，还有一些合作经济很难说以何种经济为主体。

非公有制经济在社会主义初级阶段的地位和作用

前面说过，社会主义初级阶段的个体经济和资本主义经济成分，与过渡时期的个体经济和资本主义经济成分，它们的地位、作用和意义有很大不同。认识这种区别，是很重要的一个理论问题和实际问题。

首先是两者的历史背景不一样。在过渡时期，有句流行的话：社会主义与资本主义之间谁战胜谁的问题还没有最后解决，或者用列宁在《无产阶级专政时代的经济和政治》中的话说："在资本主义和共产主义①中间隔着一个过渡时期……这个过渡时期不能不兼有这两种社会经济结构的特点或特征。这个过渡时期不能不是衰亡着的资本主义与生长着的共产主义彼此斗争的时期，换句话说，就是已被打败但还未被消灭的资本主义和

---

① 这里和下面几行中所用的"共产主义"一词，指的是共产主义初级阶段与共产主义高级阶段共同的那个共产主义。因此，发展到了共产主义初级阶段，也就发展到了这样含义的"共产主义"。在"大跃进"到"文化大革命"的年代里曾把列宁在这里说的共产主义理解为共产主义高级阶段，那是不正确的。

已经诞生但还非常脆弱的共产主义彼此斗争的时期。"[①] 处于这样的历史阶段的多种经济成分之间的关系，当然同处于社会主义初级阶段的多种经济成分之间的关系很不相同。在我国社会主义初级阶段，"共产主义"（列宁所说的"共产主义"）不是非常脆弱的，旧时的资本主义已经被消灭，而现在的资本主义则是我们有意识地让它们发展起来的，斗争虽然存在，但是斗争的态势发生了变化。这就是说，社会主义初级阶段尽管是很低的发展阶段，但毕竟不再是已经成为过去的过渡时期。

这里我介绍一些数字。在我国过渡时期开始的 1952 年，全民所有制工业和集体所有制工业产值在全部工业总产值中所占比例为 41.5% 和 3.3%，两者合计为 44.8%。在过渡时期结束时的 1957 年，分别为 53.8% 和 19%，两者合计为 72.8%。而在第六个五年计划结束时，这两种公有制所占比重分别为 70.4% 和 27.7%，两者合计是 98.1%。可见过渡时期社会主义公有制的力量远远不能和现在相比。虽然在两个时期多种经济成分中公有制都是主体，但作为主体的状况还是有质和量的差别的。

这两个历史时期的情况如此不同，非公有制经济的地位、作用和意义当然也就很不相同。衡量非公有制经济的地位、作用、意义的标准，首先要看它们对社会主义经济的巩固和发展是起消极作用还是起积极作用。在过渡时期，基本上认为它们是起消极作用的（这个看法今天看来不完全正确），认为资本主义经济甚至个体经济如果不减少，社会主义经济就上不去。两者间是"消"与"长"的关系（可是列宁却又说过：如果国家资本主义在俄国能够在半年内发展起来，社会主义就可以在一年内得到巩固，这样的话）。[②] 所以资本主义经济和个体经济在过渡时期是改造、消灭的对象。我们当时曾经说过"利用、限制、改造"，但只"利用"了很短一段时间，而整个来说，则是改造和消灭。这是我国过渡时期的现实状况。社会主义初级阶段发展到今天，公有制经济已经强大到这样的程度，我们就可以很有把握地把个体经济和资本主义经济在社会主义公有制经济占据主导地位下的存在和适当发展，看作是有利于社会主义公有制进一步巩固和发展的东西。这些非公有制经济在今天并不是现在就要去改造和消

---

① 《列宁选集》第 4 卷，第 84 页。

② "国家资本主义较之我们苏维埃共和国目前的情况，是一个进步。如果国家资本主义在半年左右有望在我国建立起来，那就是一个很大的胜利，那就真正能够保证社会主义一年以后在我国最终地巩固起来，立于不败之地。"（《列宁选集》第 3 卷，第 540 页）

灭的对象。

如果现在就要去改造和消灭它，也就不会在本来已经不存在的情况下让它们又登上历史舞台。在讲到非公有制经济的发展时，我们总是没有忘记加以"适当的"、"一定范围内的"等字样，这表示我们是十分注意坚持整个国民经济沿着社会主义方向前进的。有了这一条，我们就可以使社会主义初级阶段中的资本主义成分，起有利于社会主义经济发展的作用，而这一历史阶段也就不再是列宁说过的那种"衰亡着的资本主义与生长着的共产主义彼此斗争的时期"。也就是说，我们今天的资本主义经济和社会主义经济之间的关系不应是"消""长"之间的关系，而是非公有制经济补充公有制经济的关系。这种关系不是短时期的，而是整个社会主义初级阶段这个历史时期的事。我认为，只要指明存在这种关系，就可以说明，我们不能再用那时看待个体经济和资本主义经济的眼光来看待它们。我们应该从社会主义的根本任务是发展社会生产力这个马克思主义原理出发，肯定允许个体经济和资本主义经济在我国社会主义初级阶段长期存在。

现在不妨对多种经济成分并存这种现象不只在人民革命胜利后的过渡时期中存在，而且也在社会主义初级阶段长期存在有何异同，多说几句。对于这个问题，我是这样来看的：

（1）关于社会主义改造时期的情况，党的十一届六中全会通过的《关于建国以来党的若干历史问题的决议》是这么写的："在过渡时期中，我们党创造性地开辟了一条适合中国特点的社会主义改造的道路"；"在改造过程中，国家资本主义经济和合作经济表现了明显的优越性。到1956 年，全国绝大部分地区基本上完成了对生产资料私有制的社会主义改造。这项工作中也有缺点和偏差。在1955 年夏季以后，农业合作化以及对手工业和个体商业的改造要求过急，工作过粗，改变过快，形式也过于简单划一，以致在长时间遗留了一些问题。1956 年资本主义工商业改造基本完成以后，对于一部分原工商业者的使用和处理也不很适当。但整个来说，在一个几亿人口的大国中比较顺利地实现了如此复杂、困难和深刻的社会变革，促进了工农业和整个国民经济的发展，这的确是伟大的历史性胜利"。

《决议》是从总结经验的角度来写的。人们在回顾历史时当然可以问：在实现了如此复杂的社会变革，而又发生了上述缺点和偏差的情况下，1956 年宣布"社会主义改造已经基本完成"是否符合历史事实？我认为应该说基本符合历史事实。但是我们这里说的"基本"不同于当时以及后来常说的那个"基本"。那时所说的"基本"，意思是在实现单一的社会主义经济方面还不彻底，还不充分，而不是指十一届六中全会《决议》中说的存在那些缺点和偏差。这些缺点和偏差，在 1957 年后的 20 年中不但没有纠正，而且更加发展了，直到 1978 年。而十一届三中全会后的工作，在一定意义下就可以看作是对这些错误和偏差的纠正。实行放宽政策等，可以说正是为了解决这些错误和偏差所采取的正确措施。

（2）但是，如果把十一届三中全会后的放宽政策、发展多种经济成分，只看成上面所说的解决社会主义改造的遗留问题，就把这件事情的意义估计低了。

我认为在社会主义初级阶段的多种经济成分并存与社会主义改造时期的多种经济成分并存是很不相同的。那时，社会上存在的多种经济成分，有的是旧中国原有的所有制形式，他们被带到社会主义革命胜利后的新社会来。这就是资本主义经济和个体经济。有的是新产生的从旧社会遗留下来的所有制形式向社会主义的所有制形式过渡的形式。这就是国家资本主义经济和带过渡性质的合作社经济，如互助组、初级社等等。当然还有社会主义的国营经济，它已经强大到在整个社会经济体系中居于主体地位的程度。但同今天相比，其地位又大大不如。那时我们的政策服从于一个总的改造计划。这就是社会主义改造时期或过渡时期多种经济成分并存的状况。

当我国进入社会主义建设时期，历史的任务是发展社会主义经济。这时，在社会主义建设中不但需要用最大的力量发展占主导地位的公有制经济，而且还需要非公有制经济的存在和一定范围内的发展，作为公有制经济发展的补充。这些非公有制经济可以帮助解决许多仅仅靠公有制经济所不能较快地解决的经济问题和社会问题，因而它们对于公有制的巩固和发展可以起到积极的作用。1957 年到 1978 年的历史经验已经向我们表明了这一点。1979 年以来的经验又进一步表明了这一点。比如城市居民的充分就业问题就是一个实例。现在在公有制经济中，每解决一个劳动力的工作岗位问题，国家平均要投入一万元以上的资金，而发展个体经济，国家就可以不投资。采取这种办法解决就业问题，国家就可以腾出更多的财力用于重点建设，使社会主义公有制经济得到更好的发展。

社会主义建设对非公有制经济的需要，可以看得很清楚，不会是短期的。因此如果用前两个时期中的老眼光来看待今天新的历史条件下的多种经济成分并存，仍把非社会主义经济成分看作现在就要对之进行改造或消灭的旧社会遗留下来的东西，是不正确的，它有了新的含义。它是社会主义建设时期的多种经济成分并存，它是社会主义初级阶段条件下的多种经济成分并存。

当然这些非社会主义经济成分到遥远的将来就不会再存在了。它们只是中国社会主义初级阶段中的东西。非社会主义经济决不会"万岁"。在社会主义初级阶段中多种经济成分并存的格局是渐渐会发生变化的。那些非社会主义经济会自然地转化为社会主义经济。多种经济成分并存也会自然转化为单一的社会主义经济。非社会主义经济成分的消失将是在社会主义经济的发展中自然而然地实现的，与过渡时期的情况是不一样的。

三 社会主义初级阶段与鼓励一部分人先富起来

《关于社会主义精神文明建设指导方针的决议》指出的社会主义初级阶段在中国的另一特征，是在共同富裕的目标下一部分人先富裕起来。应该看到，这里说的先富裕起来，在相当大的程度上指的不是按劳分配而带来的富裕，如果指的只是由于实行按劳分配而带来的一部分人先富裕起来，就用不着作为社会主义初级阶段的特征紧接着发展多种经济成分来说了。

当然，如果真正贯彻按劳分配的原则，现在存在于不同的劳动者之间的收入上的差别就会有所扩大。现在高水平的科学家、有成就的艺术家、善于经营的企业家等，都没有能够切实依照按劳分配的原则，取得与他们劳动相适应的比较高的收入。如果真正贯彻执行按劳分配原则，这些人是可以先富裕起来的。但在社会上这样的人毕竟只是很少数。对于大多数劳动者来说，实行按劳分配，一般只能拉开一些收入的差距，很难做到一部分人先富裕起来。

应该承认，在社会主义初级阶段，消费品的分配并不都是按照劳动来进行。这种情况早就存在。全国各地农民的收入差别就是一例。依我看，我国工农差别的程度比不上农农差别。在沿海富裕地区从事同样的劳动的农民所得的收入，比在边远贫困地区的农民高得多。这种区别的产生或者因为土地肥沃程度（这是级差地租ⅠA）、交通条件（这是级差地租ⅠB），或者因为经济力量上的差异，贫困地区的农民没有钱买机器、买化肥等等。他们也没有力量去比较好地发展副业。在这里也存在级差地租Ⅱ的问题（当然这里说的级差地租都是社会主义制度下的级差地租）。在级差地租中很大一部分归农民所得（国家也通过农业税和征购等手段取得一部分）的情况下，高产地区与贫困地区的农民收入差别，就不是实行按劳分配造成的。进一步说，即使在同一个地区，而且同是在农村，并且不论是在实行经济改革前或者在实行经济改革后，农村中实际上也不完全是按劳分配。比如这个村和另一个村、户与户之间的贫富差别，在很大程度上就取决于所占有的生产资料的差别。这就是说"按生产资料占有状况来分配"的原则一直在起作用。

所以，超出实行按劳分配原则的一部分人先富裕起来，是新中国成立以来一直存在的现实。但是过去一直不敢正视这个现实、承认这个现实。过去对按劳分配原则尚且不能够贯彻执行，尚且用平均主义的思想来歪曲按劳分配甚至反对按劳分配，经常用平均主义来裁判生活，当然更谈不到在原则上承认超出按劳分配原则的分配。在这种思想的压力下，怕冒尖不敢致富的思想，长期支配着广大劳动者。邓小平同志提出的"一部分人先富起来"这个指导思想，使原先在客观上存在的东西得到了承认，改变了一些认识上存在的糊涂观念。这对于解放生产力起了很大的作用。

当然，作为社会主义初级阶段特征之一的"一部分人先富裕起来"，不只是对已经存在着的事实的确认，而且有重要的新的历史内容。它同十二届三中全会上确认的社会主义经济仍然是一种商品经济这个指导思想有着密切的联系。

在商品经济的条件下，不仅劳动是一种致富的手段，而且经营也是致富的手段。善于商品经营，可以收到致富的效果。谁能及时掌握到准确的、大量重要而又有用的市场信息，并且善于利用这种信息，谁能正确掌握好社会主义的关系学，与有关方面建立对于发展自己从事的社会主义事业有必要的各种经济联系，谁能搞好生产和流通，谁就能取得好的经济效益。经营当然是一种劳动。进行经营活动当然要付出辛勤的劳动。一个人是否善于经营，作为努力学习的结果，也要付出劳动。经营者在同样的时间内投入的劳动量，也可以看作是有差别的。这里也有一个社会承认某个人的劳动数量的问题，即实行按劳分配原则就要给经营者以符合其劳动量的报酬。但是经营的效果好坏，并不完全取决于经营中付出的劳动量。主观上的决策的正确以及某种有利的条件和机会带来的收入，就有按劳分配以外的分配原则在起作用。此外，圣西门的"按能力分配"的原则，在社会主义初级阶段（恐怕不仅在初级阶段）也是起作用的。当然能力的取得是要耗费劳动的，能力强的人由于劳动的复杂程度高，同样长的劳动时间，付出的劳动量就大。但按能力分配与按劳动分配，终究是两个不完全相同的概念。有能力并不等于好好劳动。

进一步说，一部分人先富裕起来又同发展多种经济成分发生密切的关系。只允许发展多种经济成分，而不允许一部分人可以先富裕起来，就会发生这样的问题：一部分人去发展非公有制经济本来的目的是想富起来，如果不让他们富，他们就没有了或者失去了致富的动力，也就没有发展多种经济成分的积极性。反过来，如果只允许一部分人先富裕起来，同时却不允许发展多种经济成分，在致富的手段中就少了很重要的一个方面。

总之，如果只有按劳分配，一部分人先富裕起来就不成其为一个有独立意义的方针，就不成其为社会主义初级阶段的一个特征。

当然，社会主义初级阶段是属于社会主义的一个阶段，按劳分配仍是这个阶段中的基本的分配原则。不仅多种经济成分是在公有制占主导地位的前提下的多种经济成分，而且一部分人先富起来也是共同富裕目标下的一部分人先富起来。共同富裕是我们的目标。共同富裕的前提是以按劳分配作为基本的分配原则。一部分人先富起来可以使得全体劳动者有致富的积极性、创造性，可以使全体劳动者学到更多致富的经验。共同致富并不意味着绝对同步。一部分人先富起来可以起把全体劳动者带动起来共同致富的作用。一部分人先富起来不但与共同富裕不矛盾，而且是达到共同富裕的一个重要手段。由于我们坚持走社会主义的道路，由于我们在实行一部分人先富起来这个方针的时候，一定要正确处理好它同全社会共同富裕的关系，纠正有些地方和部门追求本地区有多少个富裕户的数字和把贷款集中贷放给极少数几个富裕户等倾向，一部分人先富起来的方针是不会导致发生私有制社会下的那种贫富两极分化的。

四 有关社会主义初级阶段的几个理论问题

第一个问题：在社会主义初级阶段既然还存在非公有制经济成分与公有制经济成分并存的局面，既然一部分人和另一部分人在富裕程度上有相当大的差别，那么社会主义初级阶段同过渡阶段究竟有什么区别？为什么不干脆说我国还处在走向社会主义的过渡时期？

我认为，从总结历史经验的角度来说，1956年宣布过渡时期结束进入社会主义社会，也许早了一些。上面我们引用《关于建国以来党的若干历史问题的决议》的那一段话，就有这样的意思。"事后诸葛亮"，如果我们把"从新民主主义到社会主义的过渡时期"多延长一些年，对于我国长期的发展，也许会好一些。今天有这样看法的同志很多。但是我国的历史已经是这样走过来了。我认为，说我国还处在过渡时期，与历史事实不相符合，因而应该采用"社会主义初级阶段"这个提法。在今天使用社会主义初级阶段这个概念更为适合中国今天的国情，对于我国的建设来说也有更大的好处。

为什么呢？

我的一个理由在上面讲多种经济成分时已经说到了，那就是，过渡时期多种经济成分并存的局面的形成，是由于一方面无产阶级领导下的人民革命的胜利产生了新的社会主义经济，另一方面旧社会里的个体经济和资本主义经济也遗留给了新社会。于是经过一个比较短的恢复时期后，全面改造旧经济的任务就提出来了。由于对旧经济成分进行改造需要一个过程，于是在历史的发展中就出现了一个社会主义改造时期，社会主义改造时期当然是带过渡性质的，因此把这叫作过渡时期也就是完全正确的。对我国历史上必经的这个过渡时期，当时理论界没有很好地研究，许多同志只知马克思列宁关于从资本主义社会到社会主义社会过渡时期的理论，但没有能很好地结合当时中国的实际来进一步研究这个理论，解决我们自己的过渡时期的理论问题。今天重新研究这个问题，我们可以这么来说：马克思当年指出在无产阶级夺取政权后社会主义取代资本主义在经济上要有一个转变时期，指出与这个转变时期相应，在政治上要有一个无产阶级专政时期，这对于当时处在无产阶级革命过程中的资本主义国家来说的确是非常精辟的论述。这说的是从资本主义到社会主义不是推翻资产阶级政权就可以一下达到的。在夺取政权之后，还有一个激烈的相互较量的时期，一个已经上升到统治地位的无产阶级与已被推翻但未消灭的资产阶级进行斗争的时期，一个新诞生的社会主义经济与从旧社会那里带来的资本主义经济进行斗争时期。这是完全合乎历史规律的。列宁在十月革命前后，考虑到俄国当时阶级斗争的形势，强调在革命胜利后要有这样一个时期，说了前面引述过的关于过渡时期的那样的话。我认为列宁的这个论断对当时俄国来说是完全正确的。那么对于我国来说，马克思和列宁的这些说法是否适合呢？如果今天要我们来回答，对这个问题我想可以这么说：这要从两方面看。一方面要看到在我国人民革命刚刚取得全国性胜利以后的那些年，帝国主义、官僚资本主义、封建势力在我国还有相当强的力量，国内外敌人正在对新诞生的中华人民共和国进行破坏活动，无产阶级和民族资产阶级间的矛盾也有一定的尖锐程度。从政治上说，在那些年阶级斗争的确是很尖锐的；从经济上说，那时刚建立起来的社会主义经济成分的主导地位也亟须加强。因此在那个时期强调阶级斗争和社会主义改造应该说是必要的。那时中国历史进入的那个阶段，同马克思、列宁所说的过渡时期有相似之处。这是一方面。另一方面，中国毕竟有自己的历史特点。中国资本主义很不发达。中国民族资本主义与帝国主义、官僚资本主义之间的矛盾又相当尖锐，这种尖锐的矛盾使得中国民族资产阶级可以成为我们团结改造的对象。新中国成立前夕第一次全国政协通过的共同纲领，集中说明了中国的这个特点。因此在中国这样的条件下，马克思列宁提出的过渡时期的理论既有适用的成分，又有不完全适用的成分。在新中国成立初期，我们没有马上提出进入过渡时期。在中国，过渡时期的概念是1953年才提出来的。在1953年12月制定的《中共中央宣传部关于党在过渡时期总路线的学习和宣传提纲》（这个提纲的题目叫作《为动员一切力量把我国建设成为一个伟大的社会主义国家而斗争》）中，引用了马克思、列宁关于从资本主义到社会主义的过渡时期的论述，而且说我国目前的现实也证明了马克思和列宁的这些论断的正确。不过1953年党提出的还是"从新民主主义到社会主义的过渡时期"。可是到1955年9月毛泽东在《中国农村的社会主义高潮的序言》中改为"从资本主义到社会主义的过渡"。当时对马克思、列宁的过渡时期只是简单地引用，而没有去分析中国的过渡时期有哪些地方有自己的特点。这一条能否看作在理论上的一个重要缺点？以后中国历史发展中出现的理论上的问题同这个时期我们没有把马克思、列宁关于我国的过渡时期的理论同中国的实际很好地结合起来，或者说把这个理论直接地搬了过来，是否有关系？那时我们在掌握中国社会发展历史阶段问题上是否存在着问题？我国历史学家应该对这些问题进行仔细的研究，取得科学的结论。也许"无产阶级专政下继续革命"的"理论"的形成，应该追溯到 50 年代上半期。当然马克思、列宁关于过渡时期的理论和"无产阶级专政下的继续革命"的"理论"根本不是一回事。但是回想在宣传"无产阶级专政下继续革命"的那些年，要大家反复学习的马克思、列宁的语录主要就是那些条，因此不能不去研究其中有没有关系。因为有这样的想法，所以在 1979 年我觉得马克思、列宁关于"过渡时期"那些论述同我国的实际不完全对得上号。经过反复思考，我认为"社会主义初级阶段"这个提法比较好。它同马克思、列宁对过渡时期所下的定义、所指出的质的规定性等等不发生直接关系，因而可以根据马克思主义的理论和方法，完全从中国的具体实际出发来研究有关的理论和实际问题。

至于在今天中国出现的非公有制经济成分，是在消灭了旧有的资本主义经济和改造了个体经济以后，为了社会主义事业的需要而主动地让它们发展起来的。这个考虑问题的角度，与 50 年代初考虑问题的角度是不一样的。在"过渡时期"把改造和消灭旧的经济成分放在首位是很自然的事。如果在今天再使用"过渡时期"的提法，就会使人们误会我们要继续按照那个时候的思路来处理问题，还要把改造和消灭非社会主义经济成分作为直接的历史任务。当然，经过很长的社会主义初级阶段，多种经济成分并存的局面总有一天会不存在的，但只要我国还处在社会主义初级阶段，就会是多种经济成分并存。到将来社会主义初级阶段快要结束，那些非社会主义经济成分成为没用的东西的时候，它们就会自然而然地退出历史舞台（当然也要做点催化的工作），这就使得类似过渡时期的改造任务的提出成为不必要的事情。

以上是我不主张说今天我们仍处于过渡时期的第一个理由。还有一个理由，那就是过渡时期给人的印象总是比较短暂的。过渡时期把对非公有制的改造作为自己的历史任务，总是越快完成越好。社会主义初级阶段这方面的情况就很不相同。社会主义初级阶段的历史任务是实现四个现代化，把我国建设成为社会主义强国。过渡时期总的目标是在革命和改造方面，而社会主义初级阶段总的目标是在建设方面。在社会主义初级阶段，多种经济成分的并存是服从于建设的，是服从于发展社会主义生产的，不像过渡时期，对非公有制经济成分的改造本身就是任务。在社会主义初级阶段，只要对发展社会主义生产有利，非公有制经济成分存在得长一些就不会被视作不好的事情。从这方面来考虑，社会主义初级阶段的提法也比过渡时期的提法要好。

由于我们在1956年已经宣布社会主义改造基本完成，宣布中国已经进入社会主义，如果说今天仍处在过渡时期，会在社会上引起波动。这一点虽然不属于原则问题，但也是应该考虑的。使用社会主义初级阶段的提法，当然就不会发生这个问题。

第二个问题：是不是一切国家在社会主义革命胜利后都一定要经历社会主义初级阶段这样一个历史时期？

对这个问题，我的回答是否定式的。如果在比较发达的国家中社会主义取得胜利，这些国家有可能都要经过一个马克思所说的从资本主义到社会主义的过渡时期。但是它们却不会经过我们说的社会主义初级阶段。因为我们的社会主义初级阶段的基本特征是社会生产力水平很低，这是同发达国家的状况很不相同的。当然，如果在比较发达国家中社会主义取得了胜利，社会主义的发展也是会分阶段的，也会由比较低级的阶段向比较高级的阶段前进。但是这里说的比较低级的阶段，同原先是落后国家取得社会主义胜利后的情况会大不一样。由于今天世界上还没出现这样的社会主义国家，而且由于当前我们还看不到在发达国家中社会主义即将取得胜利的形势，因而也就难以对在这样的国家社会主义发展阶段作出科学的推断。

但是我也不认为社会主义初级阶段只是中国一个国家才有。在第二次世界大战后建成的社会主义国家中，有的国家同中国一样，原先也是经济文化很落后的，很可能他们也要经过一个社会主义初级阶段。但是社会主义初级阶段在别的国家中，它的特征和面临的问题，不会同我国完全相同。我国理论工作的任务是集中力量研究社会主义初级阶段在中国的特征，研究中国当前面临的问题。

第三个问题：社会主义初级阶段这个概念在马克思主义经典著作中有什么根据？

社会主义初级阶段作为社会主义国家发展的一个特定的阶段，这样一个概念在马克思主义著作中没有提出过。但是大家知道，社会主义是一个很长的历史阶段，一个很长的历史阶段必然会再分做若干个阶段。不过，历史未发展到某个时期，某个阶段的历史的规定性是显示不出来的，人们只能对它作一些抽象的讨论，而不可能作出具体的辨析。苏联声明过渡时期结束以后，苏联学者和政治家们也常常讨论苏联社会主义社会发展到了什么阶段。如以前曾肯定苏联处于"发达的社会主义"阶段，最近又改为处于"发展中的社会主义"阶段。1959 年到 1960 年初毛泽东在我国南方谈论关于苏联政治经济学教科书的意见时，也讲过社会主义发展要分阶段。但是社会主义初级阶段这一概念是中国共产党在 1981 年开始使用的一个崭新的概念。我们可以而且应该对它进行研究，并作出马克思主义的新的解释。这种解释是属于创造性地发展马克思主义的范畴之内的。

列宁在俄共（布）第十一次代表大会上对国家资本主义问题讲了这样的话，他说："我们的报刊和我们的党都犯了一个错误，就是染上了知识分子的习气，堕入了自由主义，自作聪明地来理解资本主义，往往去看旧书本。可是旧书里写的完全是另一回事，写的是资本主义制度下的国家资本主义，没有一本书提到过共产主义制度下的国家资本主义。连马克思对这一点也只字未提，没有留下一段可以引证的确切的文字和无可反驳的指示就去世了。因此现在我们必须自己来找出路。"[1] 在马克思列宁的著作中只有从资本主义社会到社会主义社会过渡时期的论述，只有共产主义初级阶段的一般论述，他们只字未提社会主义的初级阶段，也没有留下一段可以引证的确切的文字和无可反驳的指示就去世了。因此我们也必须自己来找出路。在马克思主义的经典著作里找不到"根据"，我们党却提出了这个概念。我们在理论上再予以发挥，就是马克思主义结合中国实际的一个发展。这个理论就是邓小平同志提出的建设具有中国特色的社会主义这个总的理论问题中的一个主要问题。

《中国社会科学》1987 年第 3 期

---

[1] 《列宁全集》第 3 卷，第 244 页。

关于社会主义经济的若干理论问题

薛暮桥*

摘要 本文根据历史经验，系统地探讨了社会主义经济的一些理论问题。文章认为，政治经济学应该是阐明社会经济发展规律的理论经济学，但现有的研究社会主义经济的理论，只能算作政策经济学，还不能科学地阐明社会主义经济发展的客观规律。由于迄今还没有一个成熟的社会主义经济模式，因而尚不具备建立完善的社会主义政治经济学体系的条件。但是这并不意味着对社会主义政治经济学的研究因此就无所作为，相反，通过总结社会主义经济发展与改革的历史经验，深化与拓展对社会主义经济问题的研究，有可能真正认识到社会主义经济发展的客观规律，为建立社会主义政治经济学的科学体系积累材料。沿着这样的思路，作者探讨了社会主义经济中的商品、货币、价格、市场和商品流通、计划经济、生产资料所有制、劳动工资制度、财政制度、银行金融制度、企业管理制度等问题，提出了自己在所有这些问题上的见解。

政治经济学本来是一门理论经济学，是说明各种社会经济形态的客观发展规律的科学。马克思的《资本论》是理论经济学的典范，它对资本主义社会作了高度的抽象，所以它适用于任何资本主义国家的任何发展阶段。现在苏联和我国的所谓社会主义政治经济学，实际上是政策经济学，没有深入说明社会主义经济发展的客观规律，只是说明特定国家的特定阶段的基本经济政策，有些部分甚至只是经济工作发生某些偏差时所采取的对策。深入说明这些政策和对策是十分必要的，但不应当把它们同理论经

---

* 薛暮桥，1904 年生，国务院发展研究中心名誉主任。

济学混淆起来。

就我自己的经验来说，在 70 年代后期，我很想写一本《社会主义政治经济学》（当时社会上的《社会主义政治经济学》已有很多版本），但写了 7 稿，写不成一本理论经济学，只能写出一本政策经济学，所以把书名定为《中国社会主义经济问题研究》。这本书对我国旧的经济管理体制作了比较全面的检讨，企图建立一套新的管理体制，所以曾被相当重视，被作为经济院校的教科书，但这只是政策经济学，只能说明改革初期的经济政策。随着改革的逐步发展，需要不断修改补充，现在其中有些部分已经过时了。

我国的社会主义政治经济学，在很大程度上受苏联教科书的影响，把党的政策作为理论，是政策经济学。苏联许多书籍尚把政策、制度当作理论，所以政策、制度稍一改变，理论也要随之改变。现在我国的政治经济学教科书，也还停留在政策经济学的阶段，随着党的政策的不断发展，需要不断修改，有些教科书把不同时期的政策合在一起，以致自相矛盾。

党的十一届三中全会以来，我国改革的指导思想是不断发展、不断创新的，这主要表现在计划与市场的关系方面。十一届三中全会以前，一般认为社会主义经济是计划经济，不存在市场调节，所以当时有些经济学家指出，"社会主义不同于资本主义，就在于以计划代替市场"。党的十二大报告提出，在计划经济以外还有市场调节，计划经济为主，市场调节为辅，在计划与市场的关系上跨出了第一步。报告还说，计划经济要分指令性计划和指导性计划，后者依靠价格、税收、信贷等经济杠杆进行调节。因此当时有些论者把社会主义经济分割为指令性计划、指导性计划和市场调节三块，仍把计划与市场割裂开来。

党的十二届三中全会指出，实行计划经济同运用价值规律、发展商品经济不是互相排斥而是统一的，这比"为主、为辅"的提法又前进了一大步。与此同时，又提出我国的社会主义经济是在生产资料公有制基础上的有计划的商品经济，这比十二大只提要大力发展商品生产和商品交换，避而不提商品经济，也旗帜更鲜明了。党的十三大更进一步提出"计划和市场的作用范围都是覆盖全社会的"，并指出必须把计划工作建立在商品生产和价值规律的基础上，这样就把传统的旧观念一笔勾销了。理论上的不断突破，使我国以政策经济学为特征的政治经济学需要不断修改。

计划和市场都是覆盖全社会的，不但扩大了市场的覆盖范围，同时也扩大了计划的覆盖范围。过去认为，纳入计划的生产和建设就不能实行市场调节，属于市场调节的部分就不能纳入国家计划，这种观点看来应当改变。我的认识是，国民经济的宏观控制必须实行计划管理，微观活动则应广泛采取市场调节。所谓宏观控制，主要是社会总需求与总供给的平衡，国民经济各部门的比例关系，即过去所说的综合平衡，具体表现为财政收支、信贷收支的平衡，建设规模与生产资料供应的平衡，消费基金与消费品供应的平衡，在对外经济往来中还要保持外汇收支的平衡。计划管理必须抓住这些方面。至于各类产品的生产和流通（互相交换），这是属于微观方面的事情，应当充分利用价值规律，实行市场调节。党的十二届三中全会通过的《中共中央关于经济体制改革的决定》中提出，大的方面要管住管好，小的方面要放宽放活。1985 年以后的宏观失控，不是由于我们过分扩大了市场调节的范围，而是由于我们放松了宏观方面的计划管理，不会利用经济手段（主要是财政税收和银行信贷）来进行宏观控制。在这方面我已写过几篇文章，这里不多说了。

人类社会为什么要从资本主义社会再发展到社会主义社会？按照马克思的观点，是由于资本主义从商品经济发展到高度的社会化大生产，必然会同生产资料私人占有发生矛盾，爆发经济危机。当经济危机发展到无法克服的时候，历史就要求用生产资料公有制来代替私有制，产生社会主义、共产主义。因此马克思当时设想，社会主义革命将在资本主义最发达的国家首先爆发。可是历史发展的因素是很复杂的，由于各种原因，社会主义在资本主义中等发展的国家俄国首先爆发。由于更复杂的原因，接着在资本主义开始发展、封建主义还占主导地位的旧中国也发生了反帝反封建的新民主主义革命，并在革命胜利后直接改造成为社会主义国家。由于这些原因，我国的社会主义经济就必然要保留更多的资本主义的遗迹，处于社会主义的初级阶段。

在各种资本主义的遗迹中，最重要的就是商品经济，这不仅存在于社会主义初级阶段，可能要在整个社会主义时期占重要地位。这不仅由于社会主义社会还存在着两种不同的公有制和其他经济成分，更重要的是国营企业还必须改变统负盈亏、吃"大锅饭"的状况，成为独立核算、自主经营、自负盈亏的商品生产者。看来，社会主义社会不仅必须保留按劳分配原则，而且必须保留等价交换原则。

马克思曾设想在共产主义高级阶段，将没有商品，没有货币。苏联十月革命胜利后,曾有很短一段时期实行战时共产主义政策。在内战结束后,很快改行列宁主张的恢复商品货币关系的新经济政策。由于列宁过早去世,新经济政策究竟是权宜之计,还是社会主义的必经阶段,没有作出定论。30 年代斯大林建立计划管理体制,形式上还存在商品货币关系,但除少数小商品外,各类产品都要实行计划生产、计划分配、按照国家规定的计划价格互相交换,实际上从商品经济退回到产品经济。在这时候,苏联理论界开展了社会主义社会是否存在商品、价值规律是否还发挥作用的争论。1952 年,斯大林发表了《苏联社会主义经济问题》,承认社会主义社会还存在商品交换,价值规律还会发挥作用。但在这本书中,他又认为生产资料已经不是商品,农产品的价格不受价值规律支配。剩下来的在市场上交换的消费品,重要部分都要计划供应,按照国家所规定的计划价格进行交换。计划价格名义上是自觉运用价值规律制定的,实际上常常背离价值,价值规律实际上已经不起作用了。这样僵化的计划管理制度,必然使市场商品品种很少,数量不足,重要商品常常排队抢购,这样的社会主义还有什么优越性呢?

党的十一届三中全会以来,我们从改革的实践中发现,社会主义社会必须发展商品生产,让价值规律对各种商品的价格在市场上进行调节,把原来建立在产品经济(计划生产、计划分配、按照计划价格互相交换)基础上的计划管理制度,逐渐转移到商品经济和价值规律的基础上来。这个转移现在还没有完成,所以我们还没有一个成熟的社会主义经济模式,有许多理论问题尚待继续讨论。马克思写《资本论》的时候,资本主义制度已经有一个成熟的模式,可以探索它的发展规律,而且有资产阶级古典经济学家的著作可供参考。现在社会主义经济还不具备这样好的条件,我们对社会主义经济的发展规律还处于探索阶段。党的十二届三中全会通过的关于经济体制改革的决定和十三大报告开始有一些理论上的突破,但还需要在实践中使它逐步完善。要有几个(至少我们自己)改革完全成功的社会主义国家,才能写出一本完善的社会主义政治经济学来。

当然,我们不应当因此就无所作为,现在就应当提出若干理论问题来进行研究。

我想到的问题主要有以下 10 个方面。

一 商品问题

马克思写《资本论》是从商品开始的，他说商品是组成资本主义经济的细胞，资本主义经济是按照商品经济的客观发展规律自发地运行的。如前所述，斯大林所制定的计划管理制度，是把商品经济变为产品经济，不让价值规律在市场上自发调节价格，而只能由国家自觉运用价值规律来制定计划价格。而实践证明，所有社会主义国家制定的计划价格都背离价值，所谓"自觉运用价值规律"实际上是抛弃价值规律，因而难免要受到客观经济规律的惩罚。党的十二届三中全会通过的《中共中央关于经济体制改革的决定》指出，理顺不合理的价格体系，是整个经济体制改革成败的关键。在这之后，我们逐步放开了价格，以逐步理顺价格体系。不幸的是，此后发生了通货膨胀。为了制止物价上涨，不得不管住价格，使价格体系又发生了新的扭曲，使我们在深化改革方面遇到了困难。目前我国的理论家正在讨论，社会主义有计划的商品经济，究竟应该自觉运用价值规律来为各类商品制定计划价格，还是应该让价值规律在市场上自发调节价格？我认为这是政治经济学教科书首先必须认真讨论的问题。

自50年代我国在苏联专家帮助下建立计划管理制度以来，我们一直认为社会主义国家应当自觉运用价值规律来制定计划价格，而不应当让价值规律在市场上自发调节价格，认为计划价格是社会主义，市场价格是资本主义。我是长期主管过物价工作的，实践告诉我，各类产品在生产中所消耗的社会必要劳动（即价值）的计算非常复杂，现在没有一个社会主义国家能够正确计算出来。而且，由于几乎所有社会主义国家为了加速发展重工业，都自觉或不自觉地压低农产品的价格，以增加建设重工业的资金积累，以致严重地影响了农业的发展和农产品的市场供应。为了保障供应，只能采取配给办法，国家还为此而付出大量的价格补贴。党的十一届三中全会后，国家大幅度地提高了农产品的收购价格和城市副食品的销售价格（同时提高工资）。此后副食品的提价仍由国家规定计划价格，由于各地情况不同，有些城市价格偏低，供应仍不充足；有些城市有一时期价格偏高，供过于求。根据以上的调价经验，1985年再次提高副食品价格时，把价格放开了，让价值规律自发调节，效果很好。现在城市副食品供应比较充足，不再需要限量限价，价值规律真正发挥了调节作用。服装也放开了价格，敞开供应，很快变得丰富多彩起来。

二　货币问题

现在的货币已与马克思写《资本论》的时候大不相同，那时实行的是金属货币，币值固定，不会发生通货膨胀。现在世界各国都用纸币代替了金属货币，纸币本身没有价值，它所代表的价值随着发行数量的多少而变化。为了稳定币值，必须按照市场流通的需要来控制货币发行数量。

西方国家直到70年代初期才放弃金本位制。在30年代初的世界经济大危机时，物价下落，生产连续4年下降。1934年美国罗斯福总统用降低美元的法定含金量的办法来增发货币，使连续4年下落的物价突然回升，市场恢复繁荣。1936年英国的凯恩斯发表了用适度的财政赤字和通货膨胀来克服经济危机的著作《就业、利息和货币通论》，形成了所谓凯恩斯主义，被资本主义各国视为对付经济危机的灵丹妙药。70年代初，各国逐步废除金本位制以后，他们仍未充分认识到通货膨胀必然引起物价上涨，到物价上涨超过两位数（10%）时，就会破坏市场的稳定。到70年代末期，因物价上升过猛，发生货币的信用危机，美国经济学家弗里德曼的货币主义就起来代替凯恩斯主义。

凯恩斯主义对社会主义国家是根本不适用的。资本主义国家由于存在社会化大生产与生产资料私人占有之间的矛盾，经常发生生产过剩，引起投资萎缩，因此，可以采取轻微的通货膨胀的办法来刺激投资，避免周期性的经济危机。与此相反，社会主义国家很容易急于求成，产生"投资过热症"，市场上出现的不是供过于求，而是供不应求，因此有些人误认为社会主义经济必然是"短缺经济"。在这样的情况下，我们需要的不是刺激投资，而是严格控制投资总额，以此来抑制需求，保持总需求与总供给的平衡。当总需求超过总供给的时候，就往往会使生产超高速增长，引起经济过热，建设规模过度膨胀，以致引起通货膨胀，物价猛烈上涨，国家不得不用强制办法来压缩建设规模，进行国民经济比例关系的调整。70年代末期，国民经济比例失调，我们自觉地在改革以前进行调整，压缩建设规模，恢复总需求与总供给的平衡，为改革创造条件。不幸的是，1984年第四季度又出现经济过热，建设规模猛烈膨胀。1985年初，国务院虽然实行紧缩政策，但因生产超高速增长，过热的心理很难平息下来。1986年第一季度工业生产增长速度下降，这是与上年同季的超高速比较而来的，本来是正常的增长速度，但许多同志惊呼生产滑坡，要求放弃紧缩政策。有些理论家甚至主张用凯恩斯主义来恢复生产的超高速增长，影响了决策。此后连续两年通货膨胀，物价上涨愈演愈烈，到1988年7—8月出现提存抢购，中央立即召开了十三届三中全会，提出"治理经济环境，整顿经济秩序，全面深化改革"，这实际上是在宏观失控后再来一次调整，以此为今后深化改革铺平道路。

三　物价问题

物价一是要求稳定，二是要求合理。由于各类产品的生产成本不断变化（农产品、矿产品相对上升，加工产品相对下降），价格也应当随之变化，使价格的变化能对各类商品的供求起调节作用。在不发生通货膨胀、币值保持稳定的状况下，各类商品的价格有升有降，物价总水平可以保持稳定。所以稳定物价的根本办法，是管住货币，不发生通货膨胀，在此基础上可以有步骤地放开价格，让价值规律自发调节，使各类商品的价格自发地趋向价值。供不应求的商品价格上升，生产就会增多，需求就会减少；供过于求的商品价格下降，生产就会减少，需求就会增加。在价值规律的自发调节下，各类商品的供求会趋向平衡，从而保证各类商品的按比例发展。这是最理想的办法。

如前所述，社会主义国家很容易发生经济过热、通货膨胀、物价大幅度地上涨。在这时候，理想的办法是压缩社会需求，控制货币发行，使物价停止上涨。但经济过热现象是难于扼制的。在经济过热的气氛下，往往不是从根本上管住货币，而是简单地采取限制价格上涨的政策，有些容易管的产品（主要是农产品、矿产品）价格偏低，发展迟缓；许多种类繁多、因而管不住的产品（主要是加工产品）价格偏高，迅速发展，以致原来快要理顺的价格体系又发生新的扭曲，引起产业结构、产品结构失衡，使市场发生混乱。人们往往认为市场混乱是放开价格所引起的，因而往往采取更严厉的管住价格的办法，结果使价格更扭曲，产业、产品结构更不合理，市场更混乱。世界各国的经验都告诉我们，正确的政策应当是管住货币，放开物价，从而理顺价格，平整市场，以此来促进改革的深化。

管住货币是坚持计划管理，放开价格是实行市场调节，必须把这两者很好地结合起来。这是抽象原则，具体执行起来，社会主义与资本主义国家有着重大区别。资本主义国家几乎所有商品（甚至包括军工产品）都掌握在私营企业手中，它们的价格不受政府干预。社会主义国家国营企业占主导地位，特别是重要商品的批发经营，有相当大一部分掌握在国营商业（供销合作社和物资管理部门也包括在内）手中，它们对价格的涨落可以起诱导作用。对于具有垄断性的工业产品和服务收费（如电价和铁路运价等），价格涨落应经国家批准。在宏观失控、市场供应严重短缺的时候，对某些商品的定价限量供应是难以避免的，就连资本主义国家也在战时对某些商品实行配给。但应加强宏观控制，在此条件下逐步调整价格（还是计划价格），最后做到把尽可能多的商品的价格放开。

四　市场和商品流通问题

市场是商品流通的领域，也是企业竞争的场所。只有在各类商品自由流通，它们的价格在价值规律调节下保持合理关系的时候，市场才是平整的，企业才能在平整的场地上公平竞争。市场必须是开放的，让商品自由流通，让企业公平竞争，这样才能把经济搞活。过去我国从苏联引进的经济管理体制，认为各种经济活动都应纳入统一的国家计划，实行集中管理。由一个机关来统一管理当然是不可能的，重要的企业由中央统一管理，次要的企业由地方分区管理。中央统一管理的企业，也只能区分行业，委托各业务部门去分别管理。这样的管理制度，把统一的市场变成条条分割和块块分割，把社会化大生产所依托的统一市场破坏了。这显然不利于发展社会化大生产（这是产生社会主义的物质基础）和生产力的迅速发展。

在旧的经济管理制度下，生产企业按照国家计划生产，而不是按照市场需要生产。产品生产出来以后，按照国家计划交给商业部门销售，商业部门也是按国家计划进货和销货，可以不考虑市场的需要，因此必然在相当大的程度上同市场需要脱节。随着生产水平的提高和人民生活水平的提高，人民的生活需要越来越复杂。要满足丰富多彩的需要，就要不断创新，旧的经济管理体制的缺点越来越明显地暴露出来了。从生产方面来讲，随着科学技术的发展，各个企业都需要不断革新技术，不断创造出有竞争力的新产品，在社会主义各国的计划管理体制下，企业没有扩大再生产和技术革新的自主权，由于盈利全部上交，技术革新所需要的资金都依靠国家拨付，连试制新产品的费用也需要经上级批准。资本主义国家在技术革新中进行激烈竞争，我国在 50 年代建设的新企业在当时是技术比较先进的，但到了 70 年代面貌依旧，变得十分落后了。

在 70 年代，我国的城市商业是由国营商业部门独家经营，农村商业由供销合作社独家经营，生产资料由物资部门独家经营。国营商业设一、二、三级批发站，不按商品流通渠道而按行政区划进行购销活动。供销合作社主要收购国家计划收购的产品，它们无力收购的产品又不准农民或农村集体企业贩运到城市里销售（把长途贩运当作资本主义对待）。物资管理部门的物资都按计划分配，每年召集一两次订货会议来签订供销合同，不设常年经营的生产资料交易机构。这样就把商品流通的渠道大部分堵塞了。商品流通的渠道必须是开放的，80 年代的改革取消了城乡商业的独家经营，国营、集体、个体一齐上，互相竞争。钢材等生产资料也开始在各主要城市设立交易市场，让产销双方自由交换。这样就开始建立商品市场，并使它不断发展，从而把经济开始搞活了。

社会主义必须建立在社会化大生产的基础上，而社会化大生产是以商品生产高度发展，进而建立开放的商品市场和开放的市场网络为其必要条件的。旧的经济管理体制把由商品流通自然形成的社会化大生产的经济网络破坏了，用国家计划来人工塑造一个条条分割、块块分割的"社会化大生产"，这是不符合经济发展的客观规律的，80 年代的改革，打破了条块分割，发展了各行业之间和各地区之间的横向交流，重新组成了以大中小城市为中心的、多渠道、多层次的全国性的经济网络，恢复了社会化大生产的本来面貌。现在还进而发展国际经济联系，实行对外开放。开放不仅限于对外，对内也要开放，地区封锁、行业分割是违反改革的大方向的。

五　计划经济

肯定计划与市场都是覆盖全社会的，就必须对计划与市场赋予新的涵义。即使是列入指令性计划的产品，也应当逐渐从计划分配过渡到商品交换。国营企业的生产，也应当从面对计划转变到面对市场。过去是国营工厂按计划生产，产品全部卖给国营商业，商业按计划收购和销售。因此生产往往同市场的需要脱节，也不会随着市场需要的变化而使产品不断创新。现在应当是国营商业按市场需要向国营工厂订货，国营工厂除按合同生产外，还应当按市场需要生产各种商品。这样，就从计划调节变为市场调节了。

过去认为，凡是按市场需要生产和销售的商品，都不纳入国家计划。生产的发展速度决定于建设规模。过去基建投资都由计划统一安排，现在有计划内的投资和计划外的投资，后者所占比例已经显著地超过前者。计划外的建设项目，超过一定限额的要经国家审批，一般中小项目特别是技术革新项目可以不经国家审批，似乎已在计划之外。其实，建设投资总量仍应当由国家严格控制。由于社会主义国家很容易犯"投资饥饿症"，因而投资总额的控制是国家计划必须严格管理的部分。除投资总额外，投资在国民经济各部门的分配，国家也通过财政税收、银行信贷来予以间接控制。投资决定生产、生产决定销售，从这个意义上来讲，计划是覆盖全社会的，包括过去所说的市场调节部分在内。

所谓计划经济，不仅是指令性的计划，更重要的是指导性的计划（类似日本的诱导性计划）。70年代以前，我们只会利用指令性计划，不会利用指导性计划，以致把经济管死了。十一届三中全会以后，我们缩小了指令性计划的范围，计划内的投资逐步减少，计划外的投资逐步增加。在这种情况下，就应当及时加强指导性的计划。遗憾的是，我们没有学会有效地运用指导性计划，在每年的计划报告中虽然都提出要实行"双紧政策"，实际执行的却是财政减税让利，银行用通货膨胀来保持生产的超高速增长，这就使得指令性计划缩小了，而指导性计划又没有建立起来，在计划经济中出现一块空白，以致宏观失控。治理整顿实际上是实行双紧政策，应当通过这种措施，把指导性计划很快建立起来。并且要针对社会主义经济的特点，预防"投资饥饿症"卷土重来。

社会主义国家是以生产资料公有制为主体的，所以不能没有指令性计划。许多大型的煤矿、油田、电站、钢铁工业以及铁路、远洋运输、民航、邮电等等，投资大、回收慢，地方无力举办，更不会有私人资本来承办，只能列入中央的指令性计划，有些可以中央与地方、地办与地方联合举办。这些企业的生产和服务的大部分，必须列入指令性计划。目前重要生产资料的生产和分配，仍有相当大一部分列入指令性计划，将来随着建设规模的控制，这些产品的产销趋向平衡，可以逐渐从计划分配转变到市场交换。为了保证必要的基础工业和基础设施的建设，指令性计划必须保持一定的比例。为此，国家的财政收入应当在国民收入中占一定的比例，现在的比例已经小于不负担生产性建设投资的资本主义国家，以致影响了基础工业和基础设施的建设，这是必须设法纠正的。

六　生产资料所有制

生产资料公有制是社会主义社会的基本特征，一般教科书都把社会主义公有制的产生即生产资料所有制的社会主义改造放在第一章，这是合乎逻辑的。我前面先讲商品、货币，是仿效《资本论》，把成熟了的社会主义作为研究对象，抽象了社会主义的产生过程，在写《社会主义政治经济学》教科书时，我同意仍按原来的排列次序。

关于社会主义的所有制，马克思在《哥达纲领批判》中作了高度的抽象，认为只有全社会公有制，这是社会主义的最高阶段。斯大林的《苏联社会主义经济问题》比较接近现实，认为存在全民所有制和集体所有制两种形式，我国在十一届三中全会以前也是如此。1980 年，我们承认了在这两种公有制外还存在个体所有制。十三大提出了社会主义初级阶段理论，除个体经济外还可以存在雇工经营的私营企业，作为社会主义公有制的补充。对后一类企业的性质问题，还存在不同看法。有人对私营企业甚至有一种恐惧心理。实际上，我们既然不怕引进规模较大、技术先进的外国资本主义，为什么要害怕这些小而土的中国资本主义呢？刘少奇同志在 1957 年就说过，社会主义公营企业不可能满足全国人民多种多样的需要，留下许多空子，可让私营企业去钻，空子钻得大了，公营企业就去填补，让私营企业再去钻新的空子。这对满足全国人民多种多样的需要是很有好处的。

过去我们一直把社会主义公有制划分为全民所有制和集体所有制，我认为这种划分并不确切。所谓集体所有制，一是指从中央、地方到乡村的农村供销合作社。这种合作社并不是由农民集资创办的，干部也不是由社员选举的，盈利也不向社员分红，实际上是国家投资创办并派干部管理，由中央逐级规定供销任务（完成任务之后可自主经营）的"第二商业部"

（或称"农村商业部"）。二是指各大中城市的第二轻工业局（它的前身是手工业合作总社，现又改称工业合作总社）所办的工厂，这些"合作工厂"也不是由社员集资创办的，盈利也不向社员分红，干部也不是由社员选举的，实际上由二轻局投资创办并派干部管理，盈利除按规定上交外，余留部分二轻局可用作扩大再生产的投资。所以二轻局的合作工厂被称为"大集体、小全民"，实际上同一轻局相仿，都是地区范围的全民所有制。

过去农村经济被认为都是集体所有制的。现在农村人民公社已经取消了，改为家庭承包制，许多地区代之而起的是农村社队工业和其他社队企业。在人民公社取消以后，改称乡镇企业，实际上是由乡（公社）和村（大队）分级管理的。这些乡村企业也是由乡和村两级的地方政权投资创办并负责经营管理的，盈利由乡村政权统一支配，实际上是乡或村范围内的小全民所有制。所以现在的集体所有制，实际上是从中央、省、市、县、乡、村分级管理的多层次的全民所有制。传统的概念把集体所有制和合作社所有制混淆起来，这是不确切的。北欧的合作社所有制是由社员集资创办的，合作社自主经营，盈利全部按股份分给社员，需要扩大再生产时再向社员招股。这种合作社是建立在私有制的基础上的，而我们的集体所有制是建立在大小范围不同的公有制的基础上的。

公有制有很大的优越性，它能够集中全国、全省、全县、全乡、全村的力量来有计划地保证重点建设。我国在第一个五年计划时期集中力量进行苏联援助的156项重点工程建设，为社会主义工业化打下了初步基础。大规模的水利建设、核弹爆炸、卫星上天，都是集中全国力量、自力更生所取得的成果。现在高、精、尖的重大科学技术研究，仍非全国通力合作不可。在乡村中，所有乡镇企业比较发达的地区，不但生产发展很快，而且公共建设、教育、保健和其他社会事业也都办得很好，还能以工支农，促进农业生产的发展，这充分显示了社会主义的优越性。

当然，在过去旧的经济管理体制下，公有制的积极作用不能很好发挥。受旧制度束缚较严的计划内的大中型国营经济，发展速度不如计划外的地方国营经济，而省、市、县国营企业又不如完全自主经营的乡村企业。解决的办法，不是放弃公有制经济，而是改变对国营经济的计划管理制度，使它们从吃"大锅饭"转变为企业独立核算、自主经营、自负盈亏、公平竞争、优胜劣汰的商品生产者和经营者。

七　劳动工资制度

社会主义社会的生产资料由社会公有，在这种情况下，劳动力是归社会公有还是劳动者自己所有呢？过去城市劳动力由劳动部门统一调配，不准自找职业；农村劳动力由人民公社、大队、生产队统一调配，家庭副业特别是城乡贩运都被当作资本主义的尾巴而受到严格的限制。宪法规定全体人民都有"劳动权"，因此一般认为劳动力也是归社会公有的。我在1979年写《中国社会主义经济问题研究》的时候，研究了过去的争论，提出社会主义社会生产资料已归社会公有，劳动力仍归劳动者自己所有的看法。一时曾经引起争论。由于劳动力仍归劳动者自己所有，所以接着我又提出城市劳动者除劳动部门统一安排外，待业人员可以自找就业门路或者组织起来就业（组织合作社或合作小组）；农村应当发展家庭副业，准许农民在城乡之间长途贩运，这曾引起争论。1980年国务院正式颁布法令，规定除劳动部门安排就业外，鼓励待业人员自找就业门路。当时城市中有待业人员约近1000万人，加上乡村插队青年约近2000万人；农村中由于地少人多，农业吸收不了全部劳动力，不少人处于半失业状态。实行国务院颁布的新政策后，到1988年，城乡个体经济和私营企业的就业人员已经超过2000万人，多数地区的失业问题得到解决。

我国从1958年起，由于"大跃进"和"文化大革命"，国民经济受到严重破坏，所以有20年时间，除了少部分职工以外，没有增加工资，职工平均工资不但没有上升，反而略有下降。粉碎"四人帮"后几次增加工资，都规定百分之几十的职工工资提升一级。由于许多职工生活困难，提升时都主要照顾困难户（许多优秀职工仍拿原来的工资），违反了按劳分配原则，平均主义越来越严重。

1985年实行工资改革后，情况有所改善。为了奖励先进职工，国务院规定可按企业盈利情况在工资以外，奖励有特殊贡献的职工，以更好地体现按劳分配原则。但因缺乏健全的考核制度，经营不好的企业也发奖金，而且多数企业把奖金平均发给职工，成为附加工资，平均主义更为严重。这个问题至今没有解决，有待进行研究。

长时期以来，我国为了避免失业，实行"三个人的饭五个人吃"的低工资多就业政策。与此同时，又实行"铁饭碗"制度，职工能进不能出，能升不能降。许多机关企业人浮于事，工作效率很低。近年来恢复合同工制度后，工作不称职的职工可以解雇。但因过去"铁饭碗"的思想根深蒂固，许多机关、企业仍人浮于事，工作效率很低的情况还远没有解决。只有中外合资企业、外资企业和极少数改革比较彻底的国营企业解决了这个问题，劳动生产率大大提高，职工工资也高于其他企业。看来，"铁饭碗"的问题必须解决，不解决这个问题，就不可能实现经济的现代化。

解决"铁饭碗"制度的一个重要措施，是建立社会保障和社会福利制度。我国机关、企业中有健全的福利制度，从托儿所、公费医疗、公共食堂、职工宿舍到退休金和老年人福利都由机关、企业负担，本应由社会办的事也由机关、企业来办。但是，除少数城市和有乡镇企业的农村外，在社会的其余地方，还没有建立社会保障和社会福利制度，因此机关、企业不能解雇多余的职工，特别是企业难以宣告破产，因为企业破产了，所有职工都可能会流落街头，无人照顾。因此应当迅速建立社会保障和社会福利制度，把大部分原来由机关、企业办的事交给社会来办。现因不能宣告企业破产和解雇工人，财政负担的企业亏损补贴数额巨大，1989 年高达 600 亿元，几乎占财政收入的 1/3。在解决社会保障和社会福利问题后，财政上可把亏损补贴的相当大一部分用于这些事业。除国家出资外，还可以规定通过把企业工资基金和职工工资的一部分上交给国家（地方政府）的办法，承担失业、养老等补助费用，同时建立专门的社会福利管理机关。有些西方资本主义国家有一套完备的制度可供我们参考。机关、企业把一大部分社会福利事业交给社会负担后，就能精简机构，大大提高工作效率；也可以在公平竞争中优胜劣汰，彻底打破现在的"铁饭碗"制度。

八　财政体制问题

党的十一届三中全会以前，我国的财政体制是统收统支，企业的盈利全部上交（连折旧费也要上交50%），开支（包括重大设备更新、改建、扩建甚至新产品试制费等）全部向上要。地方与中央的关系也与此类似。80 年代初期推行先在江苏省试验的"分灶吃饭"制度，即地方财政收入按一定比例（江苏是42%）上交中央，其余部分地方自己支配，可以用作扩大再生产的地方经济建设。企业的盈利也按比例上交，自留部分可以用于改建扩建。地方和企业有了自留资金，在国家计划外可以按市场需要扩大再生产，取得的经济效益常常高于计划内的部分，所以发展很快。但也带来消极作用，即税收对产业结构的调节作用随之消失了，而且变为反调节。前几年国家提高了烟酒税，其目的是为了限制烟酒的生产和消费。但"分灶吃饭"后，烟酒税变为地方财政收入，产烟叶的地区竞相办小纸烟厂，用一等烟叶制成丙级纸烟，而上海等地的大纸烟厂由于收不到一级烟叶，甲级纸烟大大减产。各地竞相办小酒厂，生产低质土酒，浪费粮食。与此同时，中央财政收入在财政总收入中所占比例大大减少。1983年改革财政制度，实行"利改税"，即按产业政策对各类产品制定不同税率的产品税，以体现国家的产业政策。与此同时，国家按企业盈利征所得税。各税种有的上缴中央（如产品税和大部分所得税），有的归地方征收（如营业税、房地产税和屠宰税等）；与此同时，划分中央和地方的财政开支。

当时，由于物价尚未理顺，因而实行"利改税"后各行业苦乐不均。为了适应物价扭曲情况，产品税不按产业政策，而按利润征税，价高利大的产品多征税，价低利小的产品少征税；这不但使税收不能体现产业政策，而且妨碍了物价的合理调整。用产品税来缓解物价不合理的矛盾仍难奏效，因为产品税只能按产品大类征收，同类产品中，不同的品种、规格，价格有高有低，企业仍然苦乐不均，因此对盈利特多的企业加征调节税，往往"鞭打快牛"，一时怨言很多。其后又把利改税改为地方财政逐级包干制度，不但重新削弱了税收的调整产业结构的作用，而且各级地方政府为了增加财政收入，竞相用本地的原料办小加工厂，用高档原料生产低档产品，并使技术水平高的大工厂因为缺乏原料被迫减产，或用低档原料而降低产品质量。与此同时，财政收入在国民经济中的比例从30%以上降到20%左右，中央财政收入在全部财政收入中所占比例从三分之二降到二分之一左右。因此，现在又在讨论财政体制的改革。新的设想是"分税制"，实际上同"利改税"大体类似。

财政税收是国家宏观调控的重要工具之一（另一重要工具是银行信贷），因此必须认真执行国家的宏观调控政策。首先是总量控制，在经济过热时，财政上应采取紧缩政策，即增收节支，力求财政收支平衡。在前几年经济过热时期，虽然财政预算要求增收节支，但各级政府纷纷减税让利，以期保持生产的超高速增长。由于中央财政收入逐步减少，因而预算内的基建投资控制得比较严，但预算外的投资猛烈膨胀，以致基础工业落后于加工工业，引起比例失调。财政税收的另一个调控作用，是用不同的税率来体现国家的产业政策。如前所述，由于产品税成为地方财政收入，这一调节杠杆丧失了作用，甚至变为反调节。在研究财政体制改革的时候，应当特别重视财政税收的宏观调控作用。

九 银行金融制度

党的十一届三中全会以前，由于固定资产投资统统列入国家计划，中国人民银行和其他专业银行都既无资金也无权力发放固定资产投资贷款，连国营企业的定额流动资金也由财政拨付，银行只经营临时性的周转资金信贷业务。中国人民银行实际上成为财政部的代理金库，负责管理财政收支的上缴和下拨。建设银行负责固定资产财政拨款的发放，发放后不收息，不还本。这笔固定资产只列入国家统计局的统计，产权原则上属于财政部，当时财政部也未设专职机关进行管理，实际上这些固定资产有的增值（特别是在企业用自留资金扩大再生产后），有的报废，一直没有清理，谁都不清楚各企业现在有多少固定资产。中国银行负责外汇管理和外币兑换，农业银行负责发放和回收收购农产品的贷款，并发放少量的农业生产贷款。70 年代以前，由于农民贫困，很多贷款有去无回。

党的十一届三中全会以后，随着财政体制的改革，地方和企业有了可以用作扩大再生产投资的自留资金。这些自留资金通常存入银行，再加上城乡人民储蓄增加，银行可以发放金额少、回收快的固定资产贷款，开始发挥银行应有的作用了。过去货币发行由中国人民银行负责，各专业银行需要货币仰赖中国人民银行，以致经常发生矛盾。为此国务院在 1983 年决定成立中央银行，负责控制货币发行，保证信贷收支的平衡。国务院决定把中国人民银行作为中央银行，把它原来负责的工商业信贷和储蓄业务转给另设的工商银行管理。中国人民银行只与各专业银行发生关系，不面向社会，真正成为银行的银行。这是金融制度上的一大改革。此外，财政部的固定资产投资拨给建设银行以后，建设银行可以作为贷款贷给建设单位，要求付息还本，这对于督促建投单位节约使用贷款也起了重要作用。

1983 年各专业银行还采取存款向上交、贷款向上要的制度，没有建立以存支贷和横向拆借关系，因此仍未充分发挥银行的应有作用。1984
年10月，扩大了银行贷款的自主权，并宣布以1984年的贷款总额作为
1985年的贷款基数。各专业银行为了增加贷款基数，纷纷增发固定资产
贷款，甚至送款上门，以至第4季度的货币发行额比上年同季大幅度增
加，全年合计增加49.5%，引发了通货膨胀。这表明中央银行仍无力量
控制货币发行，正规的金融制度还没有建立起来。1985年以后建立了以
存支贷制度，储蓄存款迅速增加，并建立了各专业银行之间、各地区之间
的横向拆借关系，金融市场又有了新的发展。但是直到现在，多数票据仍
以现金支付，票据交换市场尚未很好建立起来，以致在1989年抽紧银根
以后，发生了大量的三角债，使流动资金的周转遇到重重困难。在经济发
展中，必须进一步发展金融市场。

前面说到，银行是与财政并列的另一个宏观调控工具，今后它的作用
还要超过财政。在发生经济过热时，中央银行紧缩货币流通数量，使各专
业银行不得不减少发放固定资产贷款。目前增减货币发行数量，主要依靠
行政命令（贷款基数），今后应当逐步改用利率政策。经济过热时提高存
贷利率，使贷款减少，存款增加，货币回笼；反之则降低存贷利率。特别
是在物价上涨时，存贷利率必须按物价上涨的幅度灵活变动，这是宏观调
控的一个重要手段。此外，银行贷款还是应当执行产业倾斜政策，国家扶
持的行业多贷款、利率低，必要时财政给以贴息；反之则少贷款或不贷
款，提高贷款利率。当然，银行贷款还必须注意企业盈利状况，盈利多的
企业多贷款，亏损企业则相反，以迫使企业改进经营管理。

财政税收和银行信贷都是采用经济手段进行宏观控制，其中只有指令
性计划内的财政拨款是行政手段。用指导性计划即采用经济手段来进行宏
观控制，这仍是我国计划管理体制最薄弱的环节。

十　企业管理制度

前面说过，商品是组成资本主义经济的细胞，这是小细胞，此外还有
大细胞，就是企业。细胞是有生命力的，能够自己生长、繁殖，不像没有
生命力的建筑物上的砖瓦。我曾说过，80年代以前的旧的经济管理体制，
把企业当做没有生命力的砖瓦，而不是有生命力的细胞。从50年代到70
年代，几次讨论集权还是分权，都只讨论给地方以一定的自主权，而没有

讨论给企业以一定的自主权。直到 80 年代初期，才提出除给地方一定的自主权外，还要给企业一定的自主权，办法是让它们保留一部分自留资金，可以按照市场需要扩大再生产。这是继农业体制改革以后，在城市工业体制改革中迈出的第一步，效果是很好的。

但是，这时大中型国营企业还是按国家计划生产，按计划调拨，用产品调拨来代替商品流通，供销价格都由国家规定，是产品经济，不是商品经济，以致生产常常背离市场需要。商品和市场的关系，可以说是鱼和水的关系，离开了水，鱼就难以生存。再加上"大锅饭"、"铁饭碗"制度，尽管国家多方扶持，这样的企业也是不会有生命力的。在计划外的国营企业特别是乡镇企业产生以后，虽然它们的资金、机器设备、技术力量不如国营大中型企业，但它们如鱼得水，适应市场需要，反而生动活泼，发展速度明显地超过了大中型国营企业。

今后对大中型国营企业的管理制度仍要改革，改革的方向是使它们能够成为独立核算、自主经营、自负盈亏、公平竞争、优胜劣汰的商品生产者和经营者。要做到这一点，先决条件是理顺物价。物价严重扭曲，市场就高低不平，就不能有正确的经济核算，也难于公平竞争，这就必然负盈不负亏，不能实现优胜劣汰。在这种情况下，就难于同计划外的地方企业、乡镇企业竞争，更不能同西方国家的企业竞争。我国企业的劳动生产率远远低于西方国家，是靠低工资来维持生存的。理顺价格，平整市场，使所有的企业能够在同一起跑线上公平竞争，这是目前深化改革所需要解决的重要问题。

以上写了 10 个问题，都还不能算是理论经济学，至多是向理论经济学迈出一小步。这里讲的都是对党的基本政策的探讨，甚至是对工作中出了偏差所采取的对策的探讨。我所追求的只是总结我国社会主义经济体制改革中的历史经验，试图从实践、认识、再实践、再认识的发展过程中捕捉社会主义经济发展的客观规律，为将来编写社会主义政治经济学积累一些历史资料。如果在这方面有所贡献，我就心满意足了。

《中国社会科学》1991 年第 1 期

论我国经济的三元结构

李克强*

摘要 本文认为，中国传统经济中二元结构的特点，决定了我国不能走从传统农业社会直接转变为现代工业社会的发展道路，而必须经历一个农业部门、农村工业部门与城市工业部门并存的三元结构时期。这种三元结构已在中国形成。由二元结构转变为三元结构，并不意味着距离国民经济结构一元化的道路更漫长了，而是加快了结构转换的进程。作者分析了三元结构在我国形成的客观条件、意义及其相互关系，分析了推动三元结构向一元结构转换的条件，并且提出了相应的对策。

迄今为止，世界上众多国家的经济发展历程表明，现代化的实质就是实现由传统农业社会向现代工业社会的演化，由农业国变成工业国。因此，一个国家在走向现代化的进程中，首先必须实行工业化。但是，在不同的国家，推进工业化可以有不同的道路；一个国家在不同的历史条件下也会表现出选择的差异。10年来中国农村工业化的兴起与发展，使中国走上了独特的工业化道路，国民经济呈现出崭新的局面。分析与研究其演化的历史进程和趋向、生成的特定条件、发展中的特殊课题以及可能选择的对策，无疑具有十分重要的意义。

一 中国工业化进程的新变化

如果将中国的工业化放到40年的历史进程中进行考察，那么不难发现，它经历了阶段性的变化。由于阶段性目标不同，衡量标准不同，也就

---

* 李克强，1955年生，经济学硕士，共青团中央书记处书记，全国青联副主席。

自然会有道路与方式的不同选择。

中国在 50 年代开始的工业化进程基本上是以城市为依托、以争取工业最大产出的增长为目标的。在 20 多年以至更长的时间里,中国工业以相当高的速度增长。然而,上述过程是与农村相分离的,中国农民实际上没有直接参与。一方面,城市工业所能提供的职业非常有限,大部分新增劳动力不得不安置在农村,并且主要是从事种植业;另一方面,由于采取了城乡分割的社会体制,特别是推行十分严格的户口政策,限制人口的自由迁移,使得农村人口不可能大量地流向城市。

不仅如此,中国工业化的进程还是在农业生产率很低的条件下发动的,可以说,工业的高速增长是用牺牲农业来实现的。在这段时间里,国家通过工农业产品的不等价交换和税收等形式,为工业化提供了大量的资金积累。这种以农业支付工业增长的方式使得农民的负担过重,其结果必然是,农业生产率的增长极为缓慢,甚至出现负增长,从而使农业人口的收入十分低下,再加上政策的限制,在农业不可能出现大规模发展包括工业在内的非农产业的势头。中国农村不仅被排斥在工业化进程之外,而且城市与农村的差距也相对扩大了。

因此,可以这样说,从新中国成立初开始的中国工业化进程,虽然推行了近30年,发展速度也不慢,但由于只直接涉及少部分人,并未进入全面推进工业化的时期。或者说,虽然建立了比较完整的工业体系,为实现工业化奠定了一定的基础,但工业部门只是处于建立阶段,尚未进入扩张阶段,还远未实现工业化。如果说这种工业化的方式在争取工业最大产出的增长方面是成功的话,那么这种增长的内涵则是相当贫乏的,在带动农村经济的变革和国民经济的整体改造方面也是不成功的。

诚然,应当注意到,在 70 年代末以前,从某种程度上说,中国已经开始在农村中兴建农村工业,但其所占国民经济总体活动水平的比重并不明显,发展目标又不明确,且几起几落。因此只能看作是为未来中国农村工业化的发动作了必要的准备。

中国工业化进程的新变化发生于 70 年代末期。这一新变化的发生条件是以家庭联产承包制为主要内容的农村改革的推行。联产承包制实行后,保证以农业支付工业增长方式的基本手段之一——统购统销体制被打破了,加之农产品收购价格的大幅度上升,使农民释放了长期受到压抑的生产积极性,农产品产量迅速上升。农业生产率的较大幅度提高导致农村中出现了大量的公开化的剩余劳动力。在比较利益机制的驱动下，农民自然开始面向收益较高的非农产业。而在城乡经济和社会体制依然分割的情况下，兴办乡镇企业就成了农民进入非农产业的主要甚至是唯一的选择。乡镇企业的崛起，标志着中国农民开始了直接进入工业化的进程。

中国农民通过进入乡镇企业直接参与工业化进程的势头之迅猛是空前的。到 1988 年，乡镇企业职工已占到全部农村劳动力的近 1/4，职工总数达 9500 多万人。就在中国农村剩余劳动力为利益机制的驱动大规模转向乡镇企业的同时，国家也逐步确立了农村工业化的目标，改变了 70 年代末期以前单一依托城市推进工业化的方针，并且提供种种优惠政策来扶持乡镇企业的发展。从某种意义上说，是采用了工业利润返还的方式，从而促成了乡镇企业以超常的速度增长。

乡镇企业的崛起形成了中国工业化全面发展的新局面。它已成为农村工业化的主导方面和基本途径，而农村工业化又是中国工业化的关键。中国工业化进程由此出现新的生机，国民经济结构也由此而发生了重大变革。

二　三元经济结构的形成

在中国农村工业化发展的过程中，农村工业部门得以生成，从而使国民经济结构呈现崭新的局面。推进工业化的实质就在于使国民经济结构发生变革，最终实现现代化。因此，从某种意义上说，对工业化进程的分析也就是对结构转换过程的分析。

（一）中国二元经济结构的特性

阿瑟·刘易斯等西方经济学家提出，在发展中国家存在着二元经济结构，即城市的现代工业部门与农村的传统农业部门并存，这无疑是一种相对落后的国民经济结构。推进工业化的结果就是要使这种经济结构发生变革，使异质的二元结构转换为同质的一元结构。

中国在推行农村工业化之前，二元经济结构是国民经济结构的基本特征。但是，中国的二元经济结构还有其自身的特点。如果对一般的二元经济结构进行横向解剖的话，可以发现，其中包括三个重要方面：（1）产值构成；（2）就业状况；（3）居住方式。中国二元经济结构的特性就在于，农村劳动力和农村人口的数量巨大，从而使得在工农业产值构成较为迅速地变动过程中，劳动力的就业状况高度稳定，农村居民居住方式的变迁则基本停滞。

与发达国家相比，二元经济结构的一个特征是，农业份额显著地大，而非农产业的份额显著地小。中国在 50 年代初推进工业化之时正是呈现这样的特征。据统计，1952 年中国工农业总值构成状况是：农业总产值占 56.9%，工业总产值占 43.1%。在 70 年代末期以前的近 30 年里，随着以城市为依托的工业化的高速推进，中国的产值结构发生了明显的变化，按照我国的统计，到 1978 年，农业总产值占 24.8%，工业总产值占 75.2%。按世界银行研究报告的统计，取 1977—1979 年的平均数，农业所占比重为 37%，工业则占到了 50%。[①]

那么，是否可以说中国的二元经济结构已经发生了整体性的变动呢？答案是否定的。因为在二元经济结构转换过程中，劳动就业结构的改变和居民居住方式的变迁有着决定性的意义。而在 70 年代末以前，中国农业产值份额的下降一直是在农业劳动力份额基本不变的条件下发生的。在 1952—1978 年长达 26 年的时间里，我国农业劳动力份额保持了惊人的稳定，农业劳动力占总人口之比由 31.7% 略降至 31.5%；农业劳动力占社会劳动力之比由 88.0% 降为 76.1%，年平均也只下降了 0.56%。如果从农业人口份额变动情况看，则同样具有超常的稳定性特征。据统计，1949 年我国城镇人口在总人口中占的比例是 10.6%，农村人口占 89.4%；到 1978 年，城镇人口占总人口的比例为 17.9%，农村人口仍多达 82.1%。在工业总产值占工农业总产值比重上升 45 个百分点以上的过程中，城镇总人口比重的增长却不到 8 个百分点。

根据二元经济结构理论，二元经济结构的核心问题是剩余劳动力的转移，剩余劳动力的消除是由二元结构转换为一元结构的最基本标志。但由于 70 年代末期以前的中国工业化的战略重点是放在发展资金程度较高的重工业，能够吸收的农业剩余劳动力数量甚微，而且由于农业人口增长迅速，农村劳动力总数非但没有减少，反而增加了。正因为中国的人均耕地数量逐年减少，且大大少于世界平均值，因而与其他具有二

---

① 资料来源：世界银行《中国：社会主义经济的发展（主报告）》，中国财政经济出版社 1982 年版，第 87 页。

元经济结构的发展中国家相比，农村中存在大量剩余劳动力的问题就更为严重。在1952—1977年的25年中，中国农村人口增加了55.6%，而耕地面积却减少了1.3亿亩，全国农业人口对耕地的人均占有量从3.29亩减少到1.85亩。这就使得中国农业中的剩余劳动力不仅以潜在形式存在，而且数量巨大。这种典型的劳动力供给的无限性也从客观上造成了转换二元结构的困难，而大量剩余劳动力的存在又决定了农业的劳动边际生产率极低，甚至为零。可以说，这也是中国的二元经济结构特性形成的根本原因所在。

应当承认，产值变化仍是衡量国民经济结构变动的一个重要度量指标。但即便如此，如果进行国际比较的话，中国的情况同一些低收入的发展中国家水平相似，只是略高一些。据世界银行统计的数字，1979年中国农业产值份额在国内生产总值中所占的比重为34%，而印度为38%，低收入国家一般在38%左右。中等收入国家为15%，发达国家则一般在5%以下。[①] 可见，中国同已经改变或正在改变二元结构的国家相比，仍有相当的差距。

诚然，对产值结构进行国际比较是不足以说明中国二元结构的特性的，但如果对就业结构和居住方式进行比较的话，便可以比较清晰地看出它的特性了。据统计，在70年代，亚洲一些主要国家和地区的农村非农就业比重介于25%—45%之间，其中印度为24%，南朝鲜为25%，印尼为27.7%，马来西亚为37%，菲律宾则为40%。这些数字均不包括季节性和临时性非农活动。[②] 这些国家比我国农村当时达到的非农就业比率要高得多。仅就与我国生产结构中农业比重相似的印度来看，也超出我国10个百分点以上。中国二元经济中产值结构与就业结构的偏差，恰恰说明了它自身的强度。与此同时，人口结构也存在着相当的差距。世界银行《1985年世界发展报告》提供的资料表明，中国人口城市化的水平远远低于发达国家，大体只相当于低收入国家水平，而且处于平均线以下。据统计，1983年，世界上低收入国家城市人口占总人口的比例为22%，当年中国则为21%，还低于印度3个百分点。中国城市化的速度也低于低收

---

① 资料来源：世界银行《中国：社会主义经济的发展（主报告）》，第88页。
② 资料来源：世界银行《农村的非农业发展：亚洲的经验与中国的前景》，气象出版社1988年版，第3—4页。

入国家的平均发展速度。中国人口城市化进程缓慢的事实，从另一个方面说明了二元经济结构的刚性。

当然，中国二元经济结构的优劣也是具有相对性的。它优于处于最不发达状态的经济，因为它毕竟已经建立起了现代工业部门。但是，随着中国城市工业经济的高速增长，二元经济结构在某种意义上说是被强化了，经济上已形成了分野程度明显的两极。如果依旧发展下去，工业产值份额也可能会继续上升，但其结果只能使二元经济结构愈加强化，从而延缓二元结构向一元结构转换的进程。

（二）结构转换方式的选择

经验表明，以城市为依托、以争取最大产出为目标来推进工业化，是不可能实现中国二元经济结构的整体改造的。那么是否可以一举打破城乡分割的体制，建立起两个系统间在劳动力转移和居住方式变迁方面的紧密联系，从而使二元结构直接向一元结构转换呢？

根据刘易斯的理论，二元结构可以直接向一元结构转换，这种理论也称为"两部门经济发展理论"，它大致符合许多已经工业化的国家的历史经验。至今一些发展中国家也在效仿这一转换方式。然而，采用上述直接转换方式的许多不发达国家的工业化至今并未取得多大进展，因为事实并不是像"两部门经济发展理论"描绘的那样，城市现代工业的容纳力和吸引力要比预想的小得多，特别是由于在现代化进程中资本集约化程度提高等原因，城市现代工业的就业增长率必然大大低于生产力增长率。而且，城市也不仅仅存在着现代工业部门，同时还存在着城市传统部门。城市传统部门的收入水平之低相当于农村的最低生存费用，但由于毕竟没有土地条件的制约，因而也还是有大量的农村人口进入这种城市传统部门。西方经济学家对拉丁美洲和亚洲一些发展中国家的考察表明，在这些国家确有大量人口从农村流出，但所流出的大部分却未被现代工业吸收，而是被城市中的传统部门或贫困部门吸收了。这可以说是在农业部门与工业部门间劳动力转移尚未展开的条件下，提前开始了农村与城市间的人口转移。这种人口向城市传统部门的集中形成了城市贫困社会，二元经济结构固然因此得到了某种程度的改变，但并非向良性循环的方向发展，从一定意义上说，是恶化了。

如果中国走上上述道路的话，后果将更加严重。因为经过强化的二元结构使得城市工业的吸纳力更小，甚至不足以容纳城市本身新增的劳动力。同时由于农村的土地资源缺乏，农村人口向城市的流动，将不仅是受比较收益机制的推动，还要受到农村排挤人口机制的驱动。其结果会使城市传统部门恶性膨胀，"城市病"的特征将更加显著。问题还在于，这样做在客观效果上不可能将两种经济部门有机地联结起来，反而会增加二元结构转换的复杂性。

当然，也可以用行政性的强制方法将剩余劳动力只是导向城市工业部门。实际上，中国在推进工业化的进程中曾不同程度地采用过这种办法。但向工业企业中硬性安排劳动力，往往是以牺牲效率为代价的，而且随着工业增长的波动，也会产生就业增长的波动。例如 50 年代末曾有过一次将农业剩余劳动力向城市工业部门的集中转移，而伴随着农业总产值的大幅度下降，工业生产也出现了负增长。因此，60 年代初，又不得不将1800 万已进入城市工业部门的劳动力强制遣返农村，结果显然是适得其反。

据上所述，不论从怎样的角度论证，理论和事实都证明，在中国直接由二元结构向一元结构转换是不可能的，这也与中国二元经济结构的特性有着直接的关系。换句话说，不论是通过农业人口大量涌入城市，还是依靠在城市中扩张工业部门来转换二元结构，都不仅是不可取的，也是不现实的。那么，只能把注意力转向农村，就地实现剩余劳动力的转移，通过弱化二元结构的强度，来打破固有的平衡，形成国民经济结构的新局面。

（三）农村工业部门生成的依据及其变革性意义

乡镇企业的崛起使中国农村工业部门逐步生成，它既不同于现代工业部门，又有别于传统农业部门，成为介于两者之间的新兴部门，从而使中国的二元经济结构发生了历史性的变革，中国国民经济呈现出了三元结构的新局面。

在一定意义上说，农村工业部门等同于乡镇企业，这是因为乡镇企业的主体是工业企业，而农业企业所占份额特别小，又在生产流程中与工业企业有直接联系，乡镇企业在运作和经营方式上还是自成体系的。因此，通过对乡镇企业的分析，完全可以得出农村工业部门成立的基本依据。

论我国经济的三元结构

从国民经济发展的全局来考察，乡镇企业经过 10 年的高速增长，已成为社会总产值增长的重要推动力量。在 1980—1988 年间，全国乡镇企业总产值每年平均递增 33.2%，而同期全国社会总产值平均每年只递增 11.8%，乡镇企业总产值的增长速度远远高于社会总产值增长速度。在这期间，全国社会总产值增量中乡镇企业的贡献占 31.3%。乡镇企业在社会总产值中所占份额愈来愈大，已从 1980 年的 7.7% 增加到 1988 年的 26%，成为国民经济中不可替代的经济部门。

作为在农村推进工业化的结果，乡镇企业的发展改造了农村的产业结构，也变动了劳动力就业结构，并且呈现出与农业经济异质的特征。这些都表明，它不仅是中国农村经济结构的变革性力量，而且已使农村工业从农业的母体中分离出来，成为一个相对独立的经济部门。

在我国这样的农业国，农村经济仍然是国民经济的基本成分，乡镇企业的兴起则打破了我国农村生产结构一直保持以农业为主的传统格局。1978 年，在农村社会总产值中，农业产值的比重高达 70%，随着农村工业部门的发展，1988 年农业产值的份额已在农村社会总产值中下降到 46.5%，非农产值由 1978 年的 31.5% 上升到 1988 年的 53.5%。农村经济中非农业产值超过了农业，这显然标志着农村产业结构发生了质的变化，农村工业部门已经生成。

农村工业部门的发展极大地改变了农村生产结构的同时，又使劳动力就业结构产生了重大变化，它打通了农村剩余劳动力向工业转移的通道，农业就业份额的下降明显加剧。据统计，农业劳动力占全国社会劳动力的比重由 1978 年的 71.4% 下降到 1988 年的 57.8%，下降了 13.5 个百分点，下降速度是 1952—1979 年平均下降速度的 $\frac{1}{2}$.65 倍，在这 10 年间，乡镇企业职工占农村劳动力的比重又由 9.2% 提高到了 23.82%，提高了 14.6 个百分点。这说明我国农业产值和农业劳动力份额下降的趋势正在从异常状态转向正常状态。

乡镇企业不仅以它不同于农业的劳动运作方式，而且以它不同于农业的劳动生产率表明，它确实是一个脱离出农业经济的自成系统的新兴经济部门，只要将农村工业与农业的劳动生产率进行比较，便可以看出两者之间的明显差距。

表1 　　　　　　　　农村工业与农业劳动生产率比较 　　　　　　　单位：元/人

项目 ＼ 年份	1980	1985	1987
农业劳动力创造的产值	869.6	1138.2	1486.0
农村工业劳动力创造的产值	2800.7	5863.7	10207.0

资料来源：根据国家统计局《中国农村统计年鉴·1988》资料计算。

从表1中可以看出，每个农村工业劳动力创造的产值是农业劳动力创造产值的4倍以上。这种劳动生产率方面的明显差距，表明了存在着两种不同的经济运作机制。

由于农村工业部门是在农村工业化的过程中产生的，它从农业部门分离出来以后便进入了中国工业经济运行的流程，因此，在中国现行的统计方法中，乡镇企业的产值是列入工业总产值之中的。然而，由于乡镇企业是在农村就地生长起来的，这一农村工业部门虽然不同于农业部门，但从总体上说也尚未进入现代工业的行列。它与城市工业部门有着明显的区别。

首先，从劳动生产率水平看。根据结构转换的理论，两种经济结构在很大程度上表现为劳动生产率的差异，而乡镇企业的水平与城市工业企业则有较大的差距（见表2）。

表2 　　　　　　农村工业与城市工业劳动生产率比较① 　　　　　单位：元/人

项目 ＼ 年份	1980	1985	1987	1988
乡镇企业全员劳动生产率	2231.9	3944.0		7351.9
城市工业企业全员劳动生产率	12081	15080	26889	

资料来源：根据农业部乡镇企业司《全国乡镇企业统计摘要·1990》第4页和《中国统计摘要·1989》第48页资料计算。

从表中可以看出，虽然乡镇企业劳动生产率提高较快，但即使以1988年乡镇企业全员劳动生产率与1987年城市工业企业相比较，还不及其一半。如果从纵向比较，只相当于城市工业企业70年代中期的水平。

---

① 城市工业企业是指全民所有制独立核算工业企业。

其次，从装备情况看。企业的物质装备程度是与劳动生产率呈正相关关系的，1987 年城市工业企业人均固定资产原值约 1.88 万元，是 1988 年乡镇企业的 5 倍。目前乡镇企业人均固定资产规模只相当于城市工业企业 50 年代中期的水平。乡镇企业的装备基本上是城市工业提供的，一般来说，是在城市工业采用了较为先进的设备后，将其淘汰下来的设备转让给乡镇企业的。从总体水平上看，乡镇企业的物质装备水平明显低于城市工业。但为了扩大乡镇企业的基本建设规模，在这一过程中不可避免地仍要继续接受一定数量的城市工业的旧设备。

最后，从建立的方式看。乡镇企业基本上采用以劳动来替代资本的方式。据测算，在城市工业部门，每增加一个劳动力，重工业需要投资 2 万元，轻工业也需投资 6250 元，而在乡镇企业，每安排一个劳动力就业，约需投资 1500 元，只相当于城市工业部门平均数的 15% 左右。差距如此之大，说明乡镇企业进入劳动密集型行业的程度很高，进入技术密集型行业的程度很低。当然，也正是由于这一原因，乡镇企业的发展才扭转了劳动力转移滞后的趋势，适应了乡镇工业劳动力技术素质较差的特点。

农村工业部门与城市工业部门的另一个更重要的差别在于，它的就业人口基本上仍属于农村人口。在中国农村工业化所导致的就业结构迅速变动的过程中，农业人口的下降速度却仍然相当缓慢，目前我国农业人口仍高居 80% 以上。[①] 这种现象可以表述为农村工业化超前和城市化滞后。从发达国家结构转换的历程看，它不仅表现为社会经济结构中工业部门的建立和扩张，而且表现为农村人口的城市化。在一般情况下，这两种变化是同步进行的。由于城市化从某种意义上说就意味着现代化，因而以农村人口为其基本成分的中国农村工业部门就不可能具备现代化的基本条件。

当然，也应该看到，乡镇企业在中国的迅猛发展，促进了小城镇的蓬勃兴起。由于农村工业有共同使用能源、交通、信息和市场等其他公共设施的客观需要，以及实行专业化协作的客观要求，因而乡镇企业自然地向原有的和近年来形成的以农村贸易为主的集镇集中，而这种集中又促进了集镇基础设施和社会服务事业的发展。据统计，从 1980—1987 年，中国

---

① 按现行统计方法，1988 年市镇人口总数为 56208 万人，乡村人口总数为 53406 万人，但这是把市镇辖区内的全部人口计算在市镇人口之内的，而没有把其辖区内的农村人口计算在乡村人口之中。

的建制镇总数由 2600 个增加到 10200 多个，7 年间增加了近 3 倍，建制镇人口也由 0.58 亿人增加到 2.43 亿人，增加了 3.2 倍。建制镇人口占全国人口的比重，已由 5.9%上升为 22.4%。此外，农村还有未建制的乡级集镇 5.8 万个，也是农村小城镇的组成部分。这就使得农村工业部门的就业人口呼吸到了现代生活方式的气息。但是集中在建制镇的人口还不是严格意义上的城市人口，因为其中的绝大部分还只是兼营土地的兼业户，仍然是实行粮食自给。这就使得中国的人口结构呈现较为复杂的局面。

通过将农村工业部门同农业部门和城市工业部门进行比较，我们不难发现，农村工业部门既具有推行工业化的特征，又不具备已经现代化的条件，因此可以把农村工业部门看成是具有近代工业性质的部门。这样，中国国民经济的总体结构就呈现三种系统并存的局面，即传统农业系统、近代工业系统和现代工业系统。

由二元结构转换为三元结构并不意味着距离国民经济结构一元化的道路更漫长了，恰恰是使向一元结构的转换在中国的条件下成为可能与现实，加快了结构转换的进程。因为作为第三种结构的农村工业部门是以转换结构的形式出现的，它的中间性质使其成为传统产业与现代产业之间的桥梁。中国农村工业部门的形成，首先是改造了中国农村经济的产值构成，其次是扭转了就业状况的变化严重滞后于工业产值份额上升的趋势，最后是为中国农村城市化提供了客观需求和可能性。

已有的经验表明，基于主要依靠在农村就地转移劳动力、推动农村城市化的给定条件，农民要大规模地直接参与工业化进程，只能通过进入农村工业部门来实现，只能走从农业部门到农村工业部门再到城市工业部门的转移路线，因此，走三元化道路就成为中国国民经济结构转换的唯一选择。

三　三元经济结构的相互关系

中国农村工业部门是在很短的时间内形成的，而且从某种意义上说，是在农村农业部门和城市工业部门的夹缝中生长起来的，它与农业的相互作用和与城市工业的相互联系决定着其自身的演变过程和发展方向，关系到国民经济结构的转换。因此，以农村工业部门为基点对三元结构的相互关系进行深入分析，有助于比较准确地把握新的工业化进程中的成果、问题和难度。

（一）农村工业部门与农业部门的关系

根据经济学所揭示的一般规律，农业中因劳动生产率的提高而出现剩余劳动力和剩余产品，应该是农业中的劳动力向工业流动的先决条件。要使中国工业扩张，不仅需要将隐蔽的剩余劳动力表面化，而且需要农业提供必不可少的农产品。因此，农业对工业的增长不只是消极地输送劳动力，而且还有着积极的意义。

中国农村工业部门的生成正是以农业劳动生产率的大幅度提高为前提条件的。然而，中国农业部门与农村工业部门的作用并不是单向而是双向的，后者也反过来直接促进了农业的进一步增长。这是因为，农村工业部门是在农村就地生成的，不同于已经工业化国家所采取的直接向一元结构转换的方式①。农村工业部门与农业的千丝万缕的联系，使得它顺乎自然地给农业增长以多方面的贡献。

农村工业部门对农业增长有着直接的贡献。在 1978—1988 年的 10 年间，乡镇企业用于以工补农、建农的资金达 162.8 亿元，相当于同期乡镇企业实现利润的 6% 以上。这在近些年国家对农业投资不断减少的情况下，就成为支持农业发展的重要因素。有趣的是，乡镇企业在其刚刚勃兴之时对农业的支持更为有力：1980 年以前乡镇企业以工补农资金每年高达 20 多亿元，1978 年至 1983 年间平均每年也都在 13 亿元以上。② 乡镇企业的发展还增加了农民的收入，逐渐成为农民收入增长的主要来源，而其中的相当一部分又通过作为农业生产主体的农户转化为农用资金。统计分析表明，农业发展与农民的收入水平是具有高度相关关系的。乡镇企业中还有一部分是生产农用产品的。在整个国家农用工业发展迟缓的情况

---

① 一般来说，已经工业化的国家在农业部门与工业部门的关系上经历了 3 个阶段。初始阶段的基本特征是：工业化的推进以农业积累为主，农业与工业的关系是农业支援工业，工业受到保护，发展政策以保护工业为特征。中级阶段的基本特征是：农业不再为工业提供资本积累，农业的积累用于自身的发展，工业的进一步发展则依靠工业自身的积累，两大产业的联系基本上通过产品交换来实现。高级阶段的基本特征是：工业支援农业，发展政策是使农业受到保护。

② 从理论上说，乡镇企业以工补农是不符合价值规律的。从乡镇企业方面看，以工补农资金等于其创造价值部分的一种额外扣除，这就降低了乡镇企业新创造价值的实现和补偿程度。从农业方面看，农产品价值应当全部从消费者（包括收购者）那里得到补偿，但是由于价格的扭曲，农产品价值的一部分必须由乡镇企业来补偿。这在经济上是牺牲多种效率。

下，乡镇企业中这些产品的生产无疑是增加了市场的有效供给。

另一方面，农村工业部门通过支援农村建设来促进农业的现代化，相对间接地支持了农业的增长。乡镇企业对农村集镇建设、教育事业和集体福利事业等的资金投入，逐步改变着农业生产和农民生活的环境。又由于乡镇企业与外界的联系与交往迅速增加，必然在更大程度上带动交通运输业和商业服务业的发展，这也就会使农业生产越来越大程度地超出狭小地域的限制，更加扩大农业与非农产业之间的交换，促进农业生产的商品化。

但是，农村工业部门对农业部门的作用，不只是正效应，同时也有负效应。由于中国农村工业是从农村母体中脱胎而出的，而传统的中国农业又十分的孱弱，这就使得农村工业从诞生起即可对农业进行"反哺"。但另一方面，正因为农村工业部门与农村所依赖的资源基础几乎完全相同，而传统农业过于落后，农村工业也有可能更多地吸引农业的养分。

从资金方面看，乡镇企业与农业使用相同的银行系统和其他资金来源，因而利用资金的竞争是不可避免的。据统计，1986 年和 1987 年两年，乡镇企业贷款额大幅度增加，从而使得农业贷款减少。农民对生产的决策也有改变，在农业与农村工业间作出投资决策的选择时，农民更多地把收入剩余转向了后者。

从劳动力方面看，中国固然存在着大量的农村剩余劳动力，但劳动力的无限供给也是存在一定条件和范围的。由于中国农业长期以来是采用传统的操作方式，它要求有相对高体质的劳动力，而农业劳动力向农村工业部门转移时，首先转出的是劳动素质较好的劳动力，这是因为农村工业部门对劳动力素质的需求高于传统农业部门，而农村中的青壮劳力在观念上又更易受非农产业的吸引，这样就在某种意义上造成了"人力资本"的流失，使得农业部门存在剩余与"不足"并生的情况。

从土地方面看，由于是就地办企业，因而几乎所有地区的乡镇企业的发展都不同程度上占用了农用耕地。全国乡镇企业在吸纳 9000 多万农业劳动力的同时，也占去 1 亿亩耕地。而且因为在乡镇企业生产活动中土地的获利率远远高于农业的获利率，在比较发达的地区，乡镇企业正不惜占用大量的优质农田，结果导致本来已十分紧张的农用土地资源更趋紧张。此外，由于农村工业部门的技术、规模等方面的原因，还使环境污染在农村扩展，对土地及其农作物产生危害。

对农村工业部门对农业负效应的严重程度作出准确评价是十分困难的，但是从总体上看，它对农业部门的正效应是大于负效应的，因为它的生成与发展毕竟大大提高了农村经济的整体效率，增加了农村的财富量，而且成为 10 年来农村经济增长的主动因。更为重要的是，它成功地实现了农业剩余劳动力的转移，而这恰恰是衡量利弊程度的主要尺度。

（二）农村工业部门与城市工业部门的关系

农村工业基本上是复制城市工业，两个系统在产业结构上存在着高度的同构性。由于乡镇企业发生与发展的分散化，使之覆盖了和整个工业部门范围相同的工业行业。在国家确定的 40 个行业中，除了石油和天然气开采业外，农村工业部门都进入了。虽然参与程度不高，而且在一些行业所占份额特别小，但毕竟占有一席之地。

中国的经济长期以来属于短缺经济，乡镇企业的发展在一定意义上弥补了城市产业结构和产品结构方面的某些不足，增加了有效供给。从消费品供给方面看，由于日用消费品的生产多属劳动密集型产业，而在乡镇企业中轻工业又占有较大比重，因而乡镇企业的产品已成为消费品市场的一个不可或缺的重要来源。从生产资料供给看，乡镇企业的发展在增加市场的生产资料供给方面也成为一个重要支柱。不仅如此，乡镇企业本身还是工业品市场的消费者。就全国范围看，在构成乡镇企业的大部分工业生产的那些产品类别中，城市工业均占决定性的份额。从需求导致供给的意义上说，农村工业部门也是促进城市工业尤其是制造业发展的一支推动力量。

虽然农村工业部门和城市工业部门在地理位置和部门管理上基本是分割的，但两个部门之间仍然有着直接的联系。许多乡镇企业与城市工业企业之间存在着多种类型的合作关系，它们通过合资经营、签订转包合同或其他协议等手段来进行生产方面的协作。农村工业部门对城市工业部门的这种合作方式，显然有利于工业经济流程的合理化。

然而，正如对农业部门存在着正负方向的影响一样，农村工业部门与城市工业部门之间的关系也有不协调的一面，两个系统在产业结构方面的高度同构性造成了大量摩擦的产生。

首先，两个部门之间争夺资源的矛盾十分突出。能源和原材料本来就是制约我国工业经济发展的"瓶颈"，而乡镇企业在某些特定行业中的进入度过大。在城市工业加工能力已经饱和的情况下，过多地兴办超过可利用资源总量的重复加工项目，就必然挤占本来应该属于城市工业的部分资源。再由于乡镇企业的经营管理水平差，资源利用率低，又造成能源和原材料的严重浪费，这就使得两个部门之间的资源争夺战加剧。

其次，两个部门之间争夺资金的矛盾愈益明显。作为新生成的农村工业部门，特别是在其迅速扩张的过程中，不仅不可能完全依靠自身积累解决全部资金问题，而且对银行信贷资金有着更大的依赖性。可以说，乡镇企业资产的形成，主要是来自企业信用的扩张。1984 年以来，乡镇企业之所以形成超高速增长的态势，银行贷款资金（包括农村信用社）的大量增加起着主要推动作用。就农村工业部门信贷资金来源的走向看，目前在一些乡镇企业发达的地区，银行储蓄早已更多地来自工业收入，农业剩余的积累作用已越来越不重要。而在落后地区，虽然农村工业化的进程仍然在很大程度上依赖着农业剩余，但在农业不发达的情况下，这种积累也是很有限的。这就更为直接地推动了农村工业部门与城市工业部门争夺资金趋势的形成。

最后，两个部门之间争夺市场的矛盾较为激烈。由于乡镇企业生产了范围广泛的各种工业产品，并且已经进入了中国的绝大部分国内市场，就自然要与城市工业企业争夺市场。在农村工业部门生成之初，由于城市工业部门留下许多不能填补的需求缺口，加之城乡居民收入急剧提高又产生额外需求，使得乡镇企业在市场上呈现很强的活力。然而，随着乡镇企业的发展使其已不再只是拾遗补阙的部分，而成为重要的经济部门，它广泛进入与城市工业部门相同的行业所造成的对市场的激烈争夺，不仅加剧了结构性失衡的矛盾，而且对乡镇企业自身的发展甚为不利。因为在十分拥挤的市场中，较晚进入者很难占据有利位置。从总体上看，目前在许多工业品市场上，乡镇企业曾居于的决定性地位或能起的重要作用，正逐渐衰落或减退。一个生成不久的经济部门却面临可进入的市场领域并不宽广的局面。

毫无疑问，农村工业部门对城市工业部门既有补充又有争夺，但从10 年的发展过程来看，总体上是补充大于争夺，这不仅在于农村工业部门的发展弥补了城市工业部门在产业结构和产品供给方面的某些不足，扩大了对城市工业部门产品的需求，推动了工业产品总量的增长，而且在于农村工业部门的发展成功地进行了丰富的劳动对稀缺的资本的替代。在中国工业化进程中，资金极端短缺和劳动力极为丰富是两个基本的特征。因而，能否实现丰富的劳动力要素对稀缺的资金要素的替代，以及替代程度的大小便成了决定工业经济增长的关键。而农村工业部门的生成与发展则是充分地进行了丰富的劳动要素对稀缺的资本要素的替代，这种大规模的替代，总体上说是提高了要素的利用程度和利用效率。

（三）对三元经济结构的总体考察

如果进一步对三元结构进行总体性考察，那么不难发现，由于农村工业部门的生成与发展使现代工业和传统农业之间建立起了结构性联系，弥补了断裂层，因而也就必然造成国民经济流程发生有利于结构转换的变化。但由于居三元结构关键部位的农村工业部门正处于成长过程之中，它所引发的矛盾与体制上的冲突交织在一起，又很容易使结构转换产生新的难度，使其自身发展较易陷入困境。

首先应当看到，由于农村工业部门是在农业部门和城市工业部门之间生长起来的，它使不同质的部门在生产流程中形成了明显的关联性，为结构转换创造了十分有利的条件。在农村工业部门生成以前的旧有的工业化模式中，国家是直截了当地在国民收入初次分配中进行高积累，然后集中向高有机构成的重工业方向发展，结果从产业联系的角度看存在着很大的断裂层。这是因为，农业部门的后向联系效应较低，但农业部门可能引发的前向联系却与重工业的后向联系几乎无法衔接。而农村工业部门生成后则大大改变了这一状况，它的前向联系和后向联系作用均较强。一方面，它大力发展了以农业部门产品为原料的加工业，以农产品为原料的乡镇轻工业企业就占到乡镇企业总数的一半以上，从而大大增强对农业部门原料产品的需求；另一方面，农村工业部门比较偏重于为城市工业部门提供原料和半制成品。这就使得农村工业部门基本上可以与农业部门和城市工业部门的联系相衔接，从而在很大程度上增强了产业之间的联系效应。

然而，正由于农村工业部门是在农业部门和城市工业部门的夹缝中生成的，这种特性又使它在发展过程中不可避免地要与其他两个部门发生矛盾和冲突。值得注意的是，经过 10 年的发展变化，三元结构之间已开始出现新的偏差。一方面，由于中国的农业部门过于落后，在农村工业部门经过几年的迅猛发展以后，农业部门很快就不足以为其提供可靠的基础了，而且农村工业化的高速推进也使农业部门表现出难以承受的现象；另一方面，近些年来，乡镇企业的增长速度远远高于城市工业企业的增长速度，没有形成适当的比例增长，而在乡镇企业中，发展最快的又是重加工工业，这种向重加工工业的倾斜发展，又给基础工业造成更大的压力，使工业经济结构全面扭曲的现象更为严重。从问题的表象上看，一系列矛盾冲突的焦点在于乡镇企业的超高速发展，它作为一把双刃剑，与农业部门和城市工业部门相争夺，一方面造成了农业发展的停滞，另一方面又推动了工业经济发展波动状况的加剧。但最直接的后果还是农村工业部门自身的发展产生波动，甚至受阻。据统计，1989 年乡镇企业的单位数比 1988 年减少了 1.04%，企业职工人数下降了 1.87%。这些征兆表明，农村工业部门的发展已经面临困境。

三元结构的深层次的矛盾和冲突还表现在各个部门有着不同的运营机制。由于市场体系发育的滞后和计划与市场机制未能有机结合，使得三元结构之间正常的商品化联系尚未建立。

农村改革后，农业部门的发展在很大程度上受市场机制的调节，但出于种种原因，国家对农产品的价格仍然起着决定性的调控作用。正是因为农产品与工业产品比价不合理的状况仍然存在，而且近年来"剪刀差"缩小的速度又减缓，因而农业发展与工业发展之间的正常的市场联系并未建立。在这种条件下，农业部门和农村工业部门存在的两种不同的利益机制所造成的驱动作用便过于有力，加之新的生活方式和工作方式的示范效应，农民又自然会把过量的资金、土地和劳动投向农村工业部门。从这个意义上说，虽然农业直接向工业"纳贡"的方式已经改变，但间接地支付农村工业部门增长的潜在问题仍然存在。农村工业部门与城市工业部门则在经营机制上存在着重大差别。城市工业部门基本上是由计划机制调节的，而农村工业部门则是受市场机制调节的。问题的复杂性在于，两种不同经营体制的部门之间的竞争很容易发生畸变。农村工业部门的优势在于企业经营方式的灵活性，但由于市场体系的不完善，其竞争方式往往是不规则的；同时，在计划指导下的商品经济发展过程中，国家对资源的调配仍然具有控制权，也很容易使基本上受计划体制支配的城市工业部门占据极有利的地位，而且随着城市经济体制改革的进展，农村工业部门在体制上的某些优势也会逐渐减弱。

从总的趋势看，农村的生产要素在相当程度上仍将不断地流向农村工业部门，农村工业部门也必然要向城市工业所显示的方向发展，这说明比较利益机制在发挥其正常作用的一面。但是，由于发展过程中的矛盾冲突与体制上的弊端，使得这种走向出现了某种偏差，从而可能导致新的断裂现象发生。

四 推动三元结构发生转换的条件与对策

（一）推进三元结构的发展

继续推进三元结构的发展，也就意味着仍然要促使农村工业部门不断扩张。三元结构不发展，向一元结构转换就无从做起。从总体上看，劳动力的无限供给作为一个基本事实将会较为长期地存在。按照一般的说法，中国农村剩余劳动力现时仍有 1 亿人左右，约占劳动力总数的 1/3。而且庞大的人口基数和轻型的年龄结构，使今后一二十年内将面临劳动力增长的新的高峰。据预测，农村每年要新增劳动力 1000 万个左右，因此，到本世纪末，每年至少要转移近 1000 万个劳动力。但即使是在农村工业部门迅猛发展的 10 年间，平均每年也只能吸收 500 多万人，相当于应容纳劳动力的一半左右。由此推断，在相当长的时期内，农村劳动力的增量必然大于转移量。

即便从国际比较来看，农业劳动力的转移也是一个长期而缓慢的过程。日本从 1871 年的明治维新开始到 1971 年农业劳动力所占的比重由 84.9% 下降到 17.4%，花了 100 年的时间。俄国则用了 110 年的时间使农业劳动力由 77% 下降到 1982 年的 20%。而中国在巨大的人口压力下，就业结构的转换就更加呈现落后性。由于中国农村工业化真正兴起的时间并不长，与农村工业化进程的特定条件相联系，三元结构作为一个历史性的发展阶段，将会较长时期地存在，但相对而言，又是加快了实现结构转换的进程。因此，农村工业化并不是一个暂时性的过渡措施，在宏观政策上也不能把乡镇企业只是看作农村经济的一个方面，而应从结构转换的高度继续推进农村工业部门的发展。

（二）促进三元结构的演化

诚然，三元结构局面较为长期存在是出于现实的需要，是在中国实现工业化的可能选择，但这并不是绝对合理的，最终还是要转变为一元结构。因此，在三元结构发展过程中，还必须把它看成是结构转换中的一个转换性结构，从而尽可能地为向一元结构过渡创造条件。

不可否认，结构转换的最根本问题还在于占中国人口 80% 的农村居民的现代化。城市化的实现可以看作是三元结构转换成为一元结构的最终标志。但在中国的特定条件下，城市化的滞后发展又是不可避免的，这是因为城市化的费用高昂和农村人口的绝对数量过大。然而，如果没有人口不断地较大规模地向城市转移，农村工业部门效率低下、技术落后、信息闭塞的特征就不可能根本改变。不仅如此，还会制约农村土地规模经营的形成，影响农业收益的提高，并且造成对环境的污染和资源的较大浪费，其结果，很可能是三元结构出现新的刚性特征，给国民经济结构的最终转换带来新的难度。

因此，既要看到农村工业部门的生成为劳动力结构转换开辟了现实途径，也应该重视它所提供的人口结构转换的可能性。这种可能性在农村工业部门发达地区已表现得十分明显，甚至已成为现实性。这就需要根据农村工业部门趋向于集中分布的产业特点，因势利导，使农村人口顺乎自然地向小城镇集中，并不失时机地进行交通运输等设施的建设，逐步发展中小城市。与此同时，农村工业部门的扩张，也必然会推动城市之间、地区之间商品经济的发展，促进包括劳务市场在内的市场体系的发育，从而使已经进入农村工业部门的农村人口继续向现存的城市转移。当然，要促成这一状况的发生与发展，还必须逐步打破城乡分割的社会体制，使户口政策等随之松动。

向城市化方向发展，还有利于农村工业部门自身产业结构的改善和扩大就业容量。从国际比较来看，在发展中国家工业化的进程中，只有工业与第三产业大体保持相似的就业份额，才能保证工业化进程的顺利进行。中国的农村工业化也应基本符合或相对适应这一发展规则。但目前中国乡镇企业中的工业与第三产业的份额是不成比例的。1988 年乡镇企业的就业份额中，工业占 60%，而第三产业仅占 22.4%，两者相差约 38 个百分点，过于悬殊。但在推动城市化逐步发展的过程中，必然会产生对包括交通运输业、商业、饮食业和服务业在内的第三产业较大的需求，促使第三产业就业份额和人数稳定上升，从而有利于农村工业部门向现代化的方向演进，使其在发展趋向上更符合结构转换的要求。

城市化的逐步推进及其所促成的农村工业部门自身产业结构的变化，从根本上说将有利于中国农村工业化从"数量型"过渡到"质量型"。从某种意义上说，这也是对 10 年来中国农村工业化目标的修正，使这一过程注入较多的现代化因素。但这并不等于说，农村工业部门的发展可以迅速由数量型模式转为质量型模式。问题的关键不在于就业结构的转换与人口结构的转换完全同步，而在于两者之间需要有一个合适的比例，呈现相同的趋势，从而促进三元结构的不断演变，使之走上相互融合的良性循环的轨道。

从推进农村人口的城市化流程来看，也应当是多层次发展的。目前乡镇企业的职工总数虽然有 9500 多万，但完全脱离土地的不到其中的一半。也就是说，大部分还是兼营土地的兼业户。无疑，随着农村工业部门的发展和向城市化推进，这些兼业户将会逐步放弃土地，但后继的兼业户仍会不断出现。这是因为中国农村有着庞大数量的剩余劳动力，而从农业生产的特点看，生产时间与劳动时间又不一致，农业剩余劳动力中必然有较大一部分是季节性剩余，不可能都离乡转移。这一流程从一个方面说明，农村人口向城市转移注定是个不断演进的过程。

（三）协调农村工业部门与农业部门的关系

农业是工业发展的基础，更是中国农村工业化的基础。10 年来，中国农村工业部门的迅猛发展，主要是基于农业发展的支撑，但农村工业部门的扩张并未能获得稳定提高的农业劳动生产率的支持。农业部门的低速发展甚至停滞和农村工业部门的高速推进形成鲜明对照，已成为中国农村工业化过程中的一个基本矛盾，协调两者间的发展关系愈益显得刻不容缓。

那么，能否说农村工业部门的发展在总体上看已经过量了呢？不能。如果与一些发展中国家相比，目前中国农村工业部门的发展还远不充分，在一些农村非农产业发达的发展中国家，非农就业人口早已达到农村就业人数的 70% 左右，农村制造业人口占农村非农就业人口总数的比重也已达到 50% 左右。而在中国，1988 年全部非农产业劳动力仅占乡村劳动力总数的 23.8%。因此，问题并不在于农村工业部门是否应继续得到长足的进展，而在于农业生产率的提高应该与之相协调，在发展速度上应当保持适度的比例。但是使两者在速度差距上呈现逐步缩小的趋势，主要不应依靠减缓农村工业部门的增长速度，更不能一味扼制其增长势头，而应该侧重提高农业的增长率。从总体上说，后者的提高也不能采用以农村工业部门反哺农业部门的方式，就两者的发展关系而论，应当是逐步实现各自基本上依靠自身的积累获得自我发展。

应当看到，在总的格局上，农业为工业发展无偿提供积累的状况仍然存在。农民受比较利益机制的驱动转向农村工业部门在方向上是正确的，问题在于，农业的比较利益过低，这主要表现在工农业产品比价不合理。因此，必须调整工农业产品的价格，逐步实现工农业产品的基本等价交换。考虑到提高农产品价格可能引发的通货膨胀压力和政府的财政承受能力，可以不采取一次性消除"剪刀差"的方式，而是使之不断缩小。与此同时，国家还应用增加对农业投入的方式来补偿农业的利益损失，至少应当把从"剪刀差"中抽取的支付城市发展的资本转化为农业投资，从而为农业的增长增加动力，为农业依靠自身积累发展创造基本条件。由于中国区域经济发展的不平衡，因而协调的方式也不能是整齐划一的。对于乡镇企业刚刚起步的地区尚不能排除依靠农业进行积累，对于乡镇企业发展已经具有相当雄厚基础的地区，也不应断绝企业利润向农业的回流。

农业依靠自身积累发展的实现还有赖于土地产权体制的改革。现有土地关系下农业经营的规模不经济问题迟早要得到解决。从为未来农业的发展创造环境条件的角度考虑，对那些大量占用耕地、严重污染环境、给农业生态造成破坏的乡镇企业，必须进行严格限制。只有农业得到长足的进展，农村工业部门与农业部门协调发展的局面才能完全形成，其结果将是对农村工业部门的扩张形成更加强有力的推动。

（四）加强城市工业部门对农村工业部门的带动

从某种意义上说，农村工业部门和城市工业部门同属于中国工业经济的组成部门，因此，协调两者之间的关系，不仅要看到它们的异质性，也要注意它们具有同质的因素，而且从结构转换的角度看，应该是向着同质的方向发展。

就启动方式而言，农村工业部门的生成主要是依靠农业增长的推动，改革使农村所释放的能量形成了农村工业部门高速增长的势头。由于这一进程的出现，主要不是因为城市工业部门向农村的扩散，而是由于产业政策调整的滞后，农村工业部门和城市工业部门在产业结构上的趋同局面便自然而然地形成了。这种结构趋同必然妨碍两个部门的正常发展，给国民经济带来不利影响。因此，必须促进两个部门的合理分工。虽然乡镇企业在全国工业总产值中所占比重将继续趋于上升，但从国民经济发展的全局和结构转换的目标看，农村工业部门在整个工业经济领域仍将长期处于第二位。鉴于农村工业部门的近代工业性质，为了保证资源和资金的更有效利用，需要在优先考虑城市工业部门发展的前提下，对资金来源和资金的利用范围进行划分，通过这种划分来引导乡镇企业在某些工业行业的进入度。与此同时，还有必要从利用层次上进行划分，也就是按产品的生产和加工阶段进行分工。一般来说，农村工业部门应主要从事劳动密集型和初级加工型的产业，城市工业部门则主要从事技术密集、资本密集的产业，城市工业部门在大力发展新兴产业的同时，也可逐步从传统产业中退出来，为农村工业部门提供空间，减少两者在层次上的过度竞争。从表面来看，这样似乎会降低农村工业部门的层次，但实质上却会形成与城市工业部门的有机联系，由低层次的竞争转变为生产流程中的密切合作。

如果说，范围上的划分有利于促进生产要素的合理配置，从而可以间接地带动农村工业部门经济效益的提高的话，那么，层次上的划分最终会使农村工业部门进入符合规则的发展阶段，有利于城市工业部门增加对农村工业部门在技术等方面的辐射，从而带动农村工业部门持续地扩张，为其比较顺利地向现代化方向发展和实现结构转换创造条件。这样，农村工业部门对工业行业的进入就可以由自然的"释放式"逐步转变为在很大程度上是城市工业部门对其的"带动式"发展，从而推动农村工业部门的现代化，加速实现异质向同质的转变。

要使城市工业部门对农村工业部门的带动呈现良性循环的势头，还有一个极为重要的问题，就是要使两个部门在运营机制上逐步呈现相互协调的局面。这只能依赖于经济体制的改革。改革的趋向之一不是把农村工业部门纳入计划体制的轨道，虽然可以增强对乡镇企业的计划机制导向，但更重要的是增强城市工业企业的市场性。与此同时，对农村工业部门和城市工业部门的产权体制都有必要进行改革。因为乡镇企业，和大多数城市工业企业一样，具有相似的企业对政府的行政依附关系，只是层次不同而已。只有随着改革的深化，才能为农村工业部门和城市工业部门之间的合理分工、平等竞争和经济流程中的契合建立深厚的基础，从而形成新型的协调机制。三元结构向一元结构的顺利转换无疑将有赖于这种局面的形成。

　　总而言之，中国农村工业化的发动及其所导致的三元结构的生成与发展，已成为中国国民经济成长过程中必须经历的一个历史性阶段，是经济结构转换中的必然选择。只要准确把握其发展趋向，不断解决结构转换中的各种矛盾，那么，传统落后经济向现代经济的成功转变，就会最终在我国实现。

《中国社会科学》1991 年第 3 期

论作为资源配置方式的计划与市场

吴敬琏*

摘要 本文认为，一切较为发达的商品经济都必定要靠市场机制来配置稀缺资源，因而现代商品经济必然是市场经济。所谓市场经济，是从运行方式的角度讲的，是指在这种经济中，资源的配置是由市场导向的，它与从运行状态的角度讲的计划经济并不处在同一层次上，任何把计划经济（按比例发展的经济）同商品经济或市场经济（以市场配置资源为主的经济）看作互相排斥、有此无彼的观点都很难成立。当前在计划与市场关系问题上的争论，并不是主张"纯粹的市场经济"与"纯粹的计划经济"之争，分歧的焦点，在于以行政（计划）手段来配置资源还是由市场来配置资源。作者指出，目前我国的经济体制已经越过了通向商品经济道路上的临界点，不可能再退回到旧体制去了，摆脱经济困境的根本出路，在于进一步推进市场取向的改革。

自从近一个世纪以前提出公有制经济的运行问题以来，市场与计划的关系就几乎成了社会主义经济学的"永恒主题"。近年来，我国经济界又就计划与市场、计划调节与市场调节、计划经济与市场经济（商品经济）的关系等问题反复进行了热烈的争论。撇开语义上的分歧，争论主要集中在作为稀缺资源配置方式的计划与市场之间的关系问题上。本文所要着重讨论的，也是后一问题。

一　资源配置与社会生产

在计划与市场关系问题的讨论中，参与讨论的人们往往从不同的角度

---

* 吴敬琏，1930 年生，国务院发展研究中心研究员。

提出问题。例如，从它们的所有制基础，或者从它们的作用后果提出问题；也有不少人认为，问题的本质在于资源配置方式。在相当多的场合，从不同角度提出的问题是混杂在一起的，因而不时发生"三叉口"式的争论，陷于低水平的重复。这种讨论很多而进展不大的情况，促使我们把讨论集中到实质性问题，即资源配置问题上来。

我们觉得，这样来处理问题，不仅可以使讨论少生枝节，使讨论能步步深入，更重要的还是资源配置问题无论对于理论还是对于实践都至关重要，有必要进行深入的探讨。

以计划经济能否与市场、市场调节、市场经济兼容的问题为例。人们一接触这个问题就会注意到，讨论文献中的"计划经济"一词往往有双重含义：第一重含义从经济的运行方式立论，指明这种经济靠人们预先规定的计划在各经济行为主体之间配置社会资源。第二重含义则从经济的运行状态立论，指明在这种经济中，社会能够有意识地保持国民经济平衡的即按比例的发展①。从词义的历史演变看，第一重含义显然更具有本源的性质。本文着重从前一个角度讨论问题，同时在使用概念时尽量给以明确的界定，希望避免由概念不清产生的混乱。

稀缺资源的配置问题，在经济学的研究中历来有着重要的地位，其原因大体是：经济学的研究对象首先是物质财富的生产，而对生产一般进行的分析，又离不开两个公理性的假设：一是资源的稀缺性，二是目标函数的最大化。这样，为了在既定资源条件的约束下生产尽可能多的产品来满足需要，就要根据当时特定的技术条件和经济发展水平，在各种可能的用途之间最有效地配置稀缺资源。为此，社会需要作出一定的制度安排和设定一定的竞技规则，即建立一定的经济体制。所以说到底，经济体制是由处理生产问题的需要产生的，它的首要功能，在于有效地配置资源。由此可以得出结论：衡量各种经济体制和经济政策长短优劣的最终标准，乃是它们能否保证资源的有效配置，提高经济效率。

从原则上说，在社会性、协作性的生产中，资源可以通过两种方法和手段来配置：一种手段是行政命令，例如，不论在哪一种经济体制下，在

---

① 所以，为了避免经济的运行方式和它的运行状态这两种含义的混淆，人们往往用"集中计划经济"、"命令经济"等用语来反映上述运行方式方面的特征；而用"按比例发展"、"持续稳定协调发展"之类的用语来反映上述运行状态方面的要求。

一个经济行为主体（如一个生产单位）内部，通常运用行政手段来配置资源；另一种手段是市场力量，即通过商品在市场上按照价格进行的交换，在不同的经济行为主体（部门、地区、企业、个人等等）之间配置资源①。按作用的范围划分，资源配置可以分为一个厂商（firm）内部的微观配置和厂商之间的社会配置。就后者而论，按照基本的配置方法，可以划分为两种社会资源配置方式：（1）以行政手段为基础的行政配置；（2）以市场机制为基础的市场配置②。

对于市场资源配置的机理，古典作家只作过十分原则的说明，其中最为著名的，首推斯密（Adam Smith）关于市场这只"看不见的手"引导商品生产者为了自己的利益去满足社会需要的论述。从现代经济学的眼光看来，斯密的上述论述，也许只能算是一个天才的"猜想"，而不是严密的证明，因为它并没有具体说明"看不见的手"是怎样实现稀缺资源在各种需要之间的有效分配的。马克思比斯密进了一步，他在论述"另一种意义"的"社会必要劳动耗费"时，指出了在货币经济中，社会劳动资源可以用于各个特殊生产领域的份额的数量界限，是由价值规律决定的③，这就触及了资源配置问题的症结。不过，他也没有作更详细的说明。同时，他对于依靠价值规律这个"盲目的自然规律"维持的经济平衡，总的来说是评价不高的，认为这种平衡和协调，始终只是"通过经常不断地消除经常的不协调"来实现的，不可能经济和有效，而且本身就蕴含着危机的可能性。在资本主义基本矛盾的推动下，这种可能性必然变为现实。

马克思和恩格斯设想过采取行政资源配置方式的"自由人的联合体"，"他们用公共的生产资源进行劳动，并且自觉地把他们许多人的劳动力当作一个社会劳动力来使用。在那里，鲁滨逊的劳动的一切规定

---

① 就像高斯（R. H. Coase）所说，行政机制和市场机制是"两种可以相互替代的协调机制"。在市场经济的条件下，"在企业之外，价格运动调节着生产，对生产的协调是通过一系列市场交易来实现的。在企业内部，这些市场交易不存在了，与这些交易相联系的复杂的市场结构，让位于调节生产的企业家——协调者"。企业家运用一套计划和组织机制，在企业内部配置资源（高斯：《企业的性质》，《经济社会体制比较》1988 年第 2 期）。

② 采取市场配置方式的经济通常被称作"商品经济"或"市场经济"。采取行政配置方式的经济往往被称作"计划经济"。但由于前面提到的歧义，为了避免混淆，在本文中按比较经济学的通行叫法，把后者称为"统制经济"或"命令经济"。

③ 《马克思恩格斯全集》第 23 卷，第 394 页；第 25 卷，第 995、716 页。

都重演了，不过不是在个人身上，而是在社会范围重演"。① 马克思和恩格斯说，在行政配置的情况下，社会必须按照生产资料，其中特别是劳动力，来安排生产计划。各种消费品的效用（它们被相互衡量并和制造它们所必需的劳动量相比较）最后决定这一计划。人们可以非常简单地处理这一切，而不需要著名的"价值"插手其间。② 但是，他们没有对市场配置资源的过程作更具体的分析。

对于市场机理较为精密的分析，是 19 世纪 70 年代以后由以马歇尔（Alfred Marshall）、瓦尔拉（Leon Walras）、帕累托（Vilfredo Pareto）等人为代表的新古典经济学家作出的。新古典经济学把自己的研究重点放在稀缺资源的有效配置这一经济运行的根本问题上，对市场机制如何配置资源进行了具有数学精确性的分析。这些分析证明：在完全竞争的条件下，由市场供求形成的均衡价格，能够引导社会资源作有效率的配置，使任何两种产品对于任何两个消费者的"边际替代率"都相等、任何两种生产要素对于任何两种产品的"边际技术替代率"都相等和任何两种产品对任何一个生产者的"边际转换率"同"边际替代率"都相等，从而达到任何资源的再配置都已不可能在不使任何人的处境变坏的同时，使一些人的处境变好的所谓"帕累托最优"（Pareto optimum）状态。

新古典经济学家尤其是其中的新福利经济学家，不但对保证市场资源配置有效率的前提条件作了精密的分析，还对保证计划资源配置有效率的前提条件作了细致的研究。帕累托在 1902—1903 年出版的《社会主义制度》和 1906 年出版的《政治经济学手册》两书中已经肯定，由一个"社会主义的生产部"来实施经过科学计算的计划，是可以实现资源的优化配置的。1908 年，帕累托的追随者巴罗尼（E. Barone）在著名论文《集体主义国家的生产部》中详尽地分析了计划配置实现有效性的前提条件。他指出，只要这个"生产部"能够求解经济均衡方程，据此确定各种稀缺资源的价格，并使各个生产单位按照边际成本等于价格的原则安排生产，则经济计划也可以达到市场竞争力量所导致的相同结果，即稀缺资源

---

① 《马克思恩格斯全集》第 23 卷，第 95 页。
② 参见《马克思恩格斯全集》第 1 卷，第 605 页。

的有效率的配置。① 两种资源配置方式的区别仅仅在于求解上述方程的方法有所不同：一个通过市场竞争求解，一个通过计划计算求解。所以，两者只在解法上有孰优孰劣或可行不可行的比较，而与社会制度的本质特征没有直接联系。

二　对社会主义条件下资源配置方式的
传统理解与现代发展

在从生产一般的角度考察了计划与市场的关系以后，让我们进一步研究社会主义条件下计划与市场的关系。

马克思和恩格斯创立的科学社会主义，把关于社会主义的理论和政策放置到了社会化大生产的基础上。因此，我们的讨论也从马克思主义经典作家上世纪 40—80 年代对社会主义经济运行机制的设想谈起。

古典观念

按照马克思主义经典作家的历史分析方法，他们在说明社会主义经济资源配置方式的特征时，处处与资本主义生产即"发展到最高阶段的商品生产"相对比。概括起来说，马克思和恩格斯认为，资本主义的运行方式和与之相对应的运行状态是：第一，按一定比例分配社会劳动和其他资源的职能，是由随供求情况的变化而经常发生波动的市场价格承担的；第二，这种资源配置方式所必然导致的运行状态，则是生产的无政府状态和反复出现的严重经济危机。而对于商品生产和货币经济已经消亡的社会主义经济的运行方式和运行状态，他们的预想则是：第一，代替市场价格机制的，是社会对社会劳动和其他资源按照预定计划进行的直接配置；第二，社会按统一计划配置资源，将消除由于商品生产和市场竞争带来的无政府状态，实现国民经济无危机的按比例发展。

这样，马克思主义经典作家把他们设想的未来社会的经济运行方式

---

①　J. A. 熊彼特就此评论道：对于社会主义计划经济是否可行的问题，"在巴罗尼以前已有一打以上的经济学家暗示了答案。其间有这样的权威如维塞尔、帕累托。他们两人都观察到，经济行为的基本逻辑在商业社会和社会主义社会是一样的，答案是由此推出来的。但是帕累托的弟子巴罗尼是第一个完成答案的人"。（参见《资本主义、社会主义和民主主义》，商务印书馆 1979 年中译本，第 215 页）

（按预定计划配置资源）同运行状态（按比例发展）看作合二而一的事情，而同资本主义经济（商品生产或货币经济）的运行方式（通过市场价格制度配置资源）和运行状态（生产无政府状态）截然对立。根据这种理解，古典社会主义经济理论得出了社会主义公有制与资本主义私有制之间、计划经济与商品经济之间、两种运行方式之间以及两种运行状态之间一一对应的体系。

应当指出，马克思主义的经典作家一向不拘泥于他们曾经作出的个别结论，而总是根据时间、地点、条件的变化来修正自己的原有论断。拿资本主义经济能否具有计划性的问题来说，当19世纪末生产社会化已推进到较高程度、资产阶级也不得不在事实上承认生产的这种性质而采取托拉斯的形式来组织生产时，恩格斯就指出过，在存在着支配和垄断性的托拉斯的情况下，资本主义生产的"无计划性也没有了"①。

这里需要对马克思和恩格斯所用的概念作一点说明。马克思主义的奠基人既没有用过"商品经济"，也没有用过"市场经济"来称呼他们称之为"商品生产"或"货币经济"的经济形式。首先，"商品经济"是一个表达和"货币经济"同样内容的俄语词。其次，马克思主义的奠基人之所以没有使用"市场经济"这样的词语，则是因为他们同自己的先行者——古典经济学家一样，把分析的重点放在商品关系的质的方面，而没有对货币经济的资源配置机制作细节的研究。

"市场经济"一词，是在19世纪末新古典经济学兴起以后才流行起来的。新古典经济学细致地剖析了商品经济如何通过市场机制有效地配置资源，市场被确认为商品经济运行的枢纽，从此，商品经济也就开始被通称为市场经济。所谓市场经济（marketeconomy），或称市场取向的经济（market-oriented economy），顾名思义，是指在这种经济中，资源的配置是由市场导向的。所以，"市场经济"一词，从一开始就是从经济的运行方式，即资源配置方式立论的。它无非是货币经济或商品经济从资源配置方式角度看的另一种说法。

列宁的发展

列宁是一位不断用实践来检验和修正原有结论的革命实践家。在他的

①《马克思恩格斯全集》第22卷，第270页。

一生中，对于社会主义经济运行方式的认识有很大的变化。

从列宁从事革命活动的早期到苏维埃国家建立后的相当长时期中，他一直坚持社会主义者对于计划和市场的传统看法。具体说来，有以下几个方面：（1）社会主义要在生产资料公有制的基础上，把整个社会组织成为"一个全民的、国家的'辛迪加'"，"成为一个管理处，成为一个劳动平等、报酬平等的工厂"①；（2）"社会主义就是消灭商品经济"，"组织由整个社会承担的产品生产代替资本主义商品生产"②；（3）"实行巨大的社会化的计划经济制度"，"实行全国范围的经济生活的集中化"，"把全部国家经济机构变成一整架大机器，变成一个使几万万人都遵照一个计划工作的经济机体"③。

在这样的思想背景下，列宁曾于1906年使用过"市场经济"作为"商品—资本主义制度"的同义语，来同"社会主义计划经济制度"相对比。他说："只要存在着市场经济，只要还保持着货币权力和资本力量，世界上任何法律也无力消灭不平等的剥削。只有实行巨大的社会化的计划经济制度，同时把所有土地、工厂、工具的所有权转交给工人阶级，才可能消灭剥削"④。

10多年后，在战时共产主义时期，他用不同的语言阐述了同样的思想。与此相适应，列宁也始终坚持他早年对社会主义经济的计划性所作的界定："经常的、自觉地保持的平衡，实际上就是计划性，然而这并不是'仅仅从经常发生的许多波动中确立的平均量'的平衡。"⑤这就是说，他只把"计划性"限定于完全靠预定计划来建立平衡的场合，排除了建立在商品生产和价值规律基础上的平衡。

1921年春开始实行的新经济政策使列宁的思想发生重大转变。在此以前，战时共产主义造成的巨大灾难，使许多人认识到，那种"直接用无产阶级国家的法令，在一个小农国家里按共产主义原则来调整国家的生产和产品分配"⑥的做法是错误的，需要重新探索建设社会主义经济基础

---

① 《列宁选集》第3卷，第258页。
② 《列宁全集》第15卷，第112页；第6卷，第11页。
③ 《列宁全集》第10卷，第407页；第27卷，第295、78页。
④ 同上书，第406页。
⑤ 《列宁全集》第3卷，第566页。
⑥ 《列宁选集》第4卷，第571页。

的途径。经过试行"产品交换"、恢复"商品交换"，到发展"适应社会主义建设需要的商业"，一切工商企业都实行"商业化原则"，新经济政策在社会主义经济占主导地位的条件下，恢复了市场制度。列宁直言不讳地指出："我们不得不承认我们对社会主义的整个看法根本改变了。"①

在这种情况下，对计划和市场的关系的看法也不能不改变。1922 年 4 月俄共（布）第十二次代表大会《关于工业的决议》的分析是："既然我们已经转而采取市场的经济形式，就一定要给各个企业在市场上从事经济活动的自由"；"计划原则，按范围来说，同战时共产主义时期的差别不大，但是按方法来说，已经截然不同了。总管理委员会的行政手段已经为机动灵活的经济手段所代替。"②

这样，我们看到，如果说在酝酿采取新经济政策的时期列宁还曾坚持认为，"周转自由就是贸易自由，而贸易自由就是说倒退到资本主义去"，而"真正的计划"必然是"完整的、无所不包的"，在引入市场机制的情况下，"真正的计划"会变成"空想"③；那么，在新经济政策正式施行以后，列宁的想法发生了变化，他明确指出，通过市场机制实现统一的国家计划同计划经济并不矛盾："新经济政策并不是要改变统一的国家计划，不是要超过这个计划的范围，而是要改变实现这个计划的办法"④。这就是说，他已经明确地把"计划经济"的两重含义区分开来，认为国家可以以市场为基础，再加上自觉的协调，实现国民经济的"计划性"，即按比例地发展。

斯大林时代

列宁的过早去世，使新经济政策的延续受到了挑战。20 年代末期，在苏联领导层中就新经济政策的存废问题进行了一轮新的论战。争论的一个主要问题，就是应当继续通过市场还是改用直接计划去配置资源。在这场论战中，以斯大林为首的主流派在政治上和组织上彻底击溃了"左派"和"右派"，在理论和政策上，则采取"左"的方针，否定了新经济政策。于是，掀起了批判"迷信市场自发力量"的理论风浪，说是新经济

---

① 《列宁选集》第 4 卷，第 687 页。
② 《苏共决议汇编》第 2 分册，人民出版社 1964 年版，第 259—261 页。
③ 《列宁全集》第 35 卷，第 473 页。
④ 同上书，第 534 页。

政策已经过时，需要根除它的影响。在这场政治运动的基础上，建立了斯大林的集中计划经济模式。

在当时苏联所处的国际环境和经济发展阶段上，集中计划体制是否有它存在的合理性，这是一个学术界还在讨论、迄今无定论的问题。但是，有一点是可以肯定的，就是把一种在特定情况下采用的资源配置方式凝固化，并且把它说成是唯一符合社会主义本性的体制，是没有根据的。在斯大林的影响下建立起来的"社会主义政治经济学"把国民经济的运行方式与运行状态混为一谈；同时，把集中计划经济当作社会主义经济的同意语来使用，而把商品经济或市场经济当作资本主义特有的经济形式，这样，市场力量和价值规律的调节（作为"竞争和无政府状态"的同义语）就完全失去了在社会主义经济中的合法性；而苏式僵化体制，则成为不可触动的神圣之物。战后时期的苏联和其他社会主义国家的体制失灵和经济停滞，显然同这种僵化理论和建立在这种理论基础上的资源配置方式有直接的关系。

当代的认识

由于命令经济的缺陷在经济进入内涵（集约）成长阶段以后变得日益突出，因而从50年代中期开始，社会主义各国陆续开始对原有的经济体制进行改革。这些国家经济改革的具体做法虽然各个不同，但它们的基本方向却是一致的，这就是引进市场机制，更多地发挥市场力量的作用。在最初的阶段，人们只是在命令经济的基本框架不变的条件下增加某些市场的因素，以便强化对生产单位和劳动者个人的物质刺激，来推动国家计划的贯彻。后来发展到在国民经济中分出一小块领域，让市场去调节（"板块结合"）。甚至考虑在市场机制的基础上进行计划指导（"胶体结合"），实现按比例发展。不过后一种想法在苏东各国的理论讨论中始终没有取得支配地位，在实践中也没有取得实质性的突破。当代社会主义经济理论的进展，我们留待下一节去考察，这里只就我国改革工作中的认识提高过程作一概括。

根据"实践是检验真理的标准"的原则，我国80年代中期在处理计划与市场关系的问题上取得了重大的突破。这集中地表现在中共十二届三中全会《关于经济体制改革的决定》的有关论述中。首先《决定》作出了一个意义深远的论断："改革计划体制，首先要突破把计划经济同商品经济对立起来的传统观念，明确认识社会主义计划经济必须自觉依据和运用价值规律，是在公有制基础上的有计划的商品经济。"

这就是说，社会主义计划经济就是有计划商品经济：自觉保持平衡的计划经济这种运行状态，是完全可以同通过市场机制配置资源的商品经济这种运行机制兼容的。十二届三中全会的这一论断，显然是对在社会主义政治经济学中长期占统治地位的传统观念的革命，它表明，我们对于"计划经济"的认识根本改变了。《决定》关于"我们的国民经济计划就总体来说只能是粗线条的和有弹性的"，关于应当"使价格能够比较灵敏地反映社会劳动生产率和市场供求关系的变化"，以及"国家机构"不应"直接经营企业"，而应"实行政企职责分开"，保证"企业有权选择灵活多样的经营方式"、"安排自己的产供销活动"、"自行任免、聘用和选举本企业的工作人员"、"自行决定用工办法和工资奖励形式"，使之"成为自主经营、自负盈亏的社会主义商品生产者和经营者"等等规定，为我们描绘了一幅具有中国特色的计划经济，即建立在公有制基础上的有计划商品经济的新图画。1987 年党的第十三次代表大会对有计划商品经济的资源配置方式作了进一步的说明，指出我国"新的经济运行机制，总体上来说应当是'国家调节市场，市场引导企业'的机制。国家运用经济手段、法律手段和必要的行政手段，调节市场供求关系，创造适宜的经济和社会环境，以此引导企业正确地进行经营决策"。

把上面这些概括起来，可以得出两点结论：

第一，社会主义经济是建立在公有制基础上的商品经济。传统社会主义经济理论认为社会主义公有制的建立意味着商品生产和商品交换的消亡，或者即使承认在社会主义的特定阶段还不能不容许商品货币关系在有限的范围内存在，也认为商品是社会主义经济中的异物。这些过时的观念已为上述党的正式文件所否定。既然事情正像《决定》所说，"社会主义经济同资本主义经济的区别不在于商品经济是否存在和价值规律是否发挥作用，而在于所有制不同"，再要把商品经济或市场经济看作资本主义的专有物，同资本主义"画等号"，就是很难讲得通的。

第二，计划经济的两重含义是可以分离开的。就像同是市场经济，其运行状态也可以很不相同一样；作为一种运行状态的计划经济，其运行方式也是多种多样的。行政配置不一定能够确保国民经济的"计划性"，我国在几十年中采取指令性计划制度并未能避免一再发生经济大起大落的波动；经济的"计划性"完全有可能通过计划指导下的市场机制来保持。

三　分歧的实质是什么

现在摆在我们面前的问题是：在当前计划与市场问题的讨论中，双方意见的实质性分歧是什么，他们在社会主义经济定义上的区别，反映着什么样的经济体制取向上的区别？认为社会主义经济只能定义为计划经济，而不能定义为商品经济或市场经济的同志所要肯定的和反对的，是些什么主张？

显然，分歧产生的根源，并不在于对社会主义经济的运行状态有两种不同的认识。这是因为：一方面，几乎所有讨论的参加者都认为，社会主义作为一种公有制占主导地位的经济，有必要自觉地保持国民经济的平衡的、按比例的发展。从这个意义上说，社会主义经济是一种"计划经济"，这是没有疑义的。另一方面，既然所谓"市场经济"是从运行方式即资源配置方式的角度上讲的，它同从运行状态的角度上讲的计划经济，并不处在同一层次上，无法加以对比，因而任何把计划经济（按比例发展的经济）同商品经济或市场经济（以市场配置为基础的经济）看作互相排斥、有此无彼的观点都很难成立。

不过换一个角度看问题，情况就不同了。从社会资源的配置方式这一特定的角度看，以行政配置作为社会资源的基本配置方式（命令经济）同以市场配置作为社会资源的基本配置方式（市场经济）之间，的确存在彼此排斥或相互替代的关系。不少反对说社会主义经济是市场经济的经济学家，正是从资源配置的角度立论的。所以，问题的焦点在于：社会主义经济是否只能按照预定计划在社会范围内配置资源，让指令性计划成为稀缺资源的主要配置者。

在目前的争论中，反对以市场机制作为资源的基本配置者的同志常常把问题归结为对方主张搞"纯粹的市场经济"。事实上，这种所谓的"纯粹的"市场经济，是根本不存在的，即使在所谓的"自由资本主义"时代也并不存在。从17世纪末到19世纪，西方某些政治家倡言自由放任主义（Liasezfaire），主张政府只应起"守夜人"的作用，保境安民，而不干预经济。这个口号所针对的，是当时仍然严重存在的封建主义和重商主义的行政干预，因而是资产阶级先驱人物的一种理想。但是，这种完全竞争的"理想状态"，终 19 世纪之世也没有实现过。进入 20 世纪以后，"原子式"的市场竞争不能适应现代产业的发展已变得如此明显，市场有所不能和多有缺失已为社会所公认，因而市场经济各国的政府不能不更多地负起责任来，弥补"市场失灵"和"市场失误"，加强对宏观经济的管理，并在许多方面对企业的经济活动进行干预和管制。这就是凯恩斯主义取代老自由主义的历史背景。尽管 60 年代以后西方新自由主义思潮重新抬头，但是他们也无非要减少一点政府不必要的干预，并不是要搞什么"完全、彻底"的自由放任。这在"新自由主义"占优势的国家，例如联邦德国的"社会市场经济"中，也表现得十分明显。所以，萨缪尔逊的广为流行的《经济学》教科书一进入本题就明确指出，资本主义的市场经济从来没有达到过完全自由放任的境地。它指出，在资本主义发展的历史上，"在削减政府对经济活动的直接控制的倾向达到完全的自由放任的状态以前，潮流就开始向相反的方向转变。自从 19 世纪后期，几乎在我们所研究的所有国家中，政府的经济职能都在稳步增加"。可见，即使在萨缪尔逊这位"自由企业制度"的倡导者看来，当代西方经济也是一种建立在竞争性市场和价格制度基础上、"国家机关和民间机构都实施经济控制"的"混合经济"①。

在一些后进国家的市场经济中，政府在赶超西方先进国家的过程中有效地发挥了"行政指导"的能动作用，在市场经济的基础上实施强有力的计划诱导和行政干预，对这些新兴工业经济（NIEs）的发展起了良好的作用。这种"市场经济 + 行政指导"的模式，被一些人称作"亚太模式"②。

现代经济学早已观察到了市场失灵（market failure）的现象，即市场在某些领域中不能发挥作用或不宜发挥作用的情形，论述了在一定范围内进行社会的宏观（总量）管理、计划指导或所谓"行政指导"的必要性。在发展中社会主义国家的条件下，由于"市场失灵"，因而需要进行宏观管理和行政干预的领域大体如下：（1）由于市场调节是一种事后调节，从价格形成、信号反馈到产品产出，有一定的时滞，所以调节过程中往往发生"蛛网原理"（cobweb theorem）所描述的波动。这在那些生产周期较长的产业部门中表现得更为明显。为了减少经济波动，保持经济的稳定发展，

---

① P. A. 萨缪尔逊：《经济学》第 10 版，商务印书馆 1986 年中译本，第 59—67 页。
② 陈光炎：《亚太经济模式及其对中国的含义》，《经济社会体制比较》1990 年第 1 期。

除了要在市场制度的范围内寻求改进的办法外，国家还可以在中、长期预测的基础上制订宏观经济计划，并提供其他有关经济当前状况和发展趋势的信息，为企业和其他经济行为主体的微观经济决策提供指导。(2) 某些宏观经济变量，如财政收支总额、信贷收支总额和外汇收支总额，对于市场经济的稳定运行具有决定性的意义。然而，这些宏观总量的确定和控制，却不是市场自身力所能及的，或不是市场力量能够单独决定的。它们只能由有关的宏观经济当局根据市场动态和稳定经济的需要进行管理。(3) 当所谓外部性（externalities）存在，即某些经济活动导致外部其他人受益（外部效益）或受损（外部负效益）、而没有计入有关产品的价格或成本之中时，市场机制有效率地配置社会资源的前提便在一定程度上受到了破坏。这时便需要政府进行干预，采取行政规制（administrative regulation）或经济奖惩的办法来加以处理。至于那些具有极强外部性，而在享用上又不具有排他性的所谓"共用品"（Public goods），如社会治安、国防等的"生产"，一般更应由社会负责。(4) 在规模经济意义显著的行业，市场有产生垄断的倾向，垄断又反过来抑制市场机制的有效运作，妨碍效率的提高。因此，反对垄断和非公正竞争是政府的重要职责。政府应当通过司法和行政的办法防止垄断产生和保持竞争秩序。(5) 公正的收入分配，是社会主义的重要社会目标。然而，市场不可能自动实现这一社会目标，保证收入分配的相对平等。因此，需要政府采取行动，通过实施正确的税收政策和收入政策来维护分配的公正性。(6) 一个经济的动态比较优势（dynamic comparative advantages）不能像静态比较优势那样，在市场上自动地表现出来。所以，政府特别是发展中国家的政府要通过自己的产业政策，创造条件，使这种潜在的比较优势得以发挥。

总之，现代市场经济无例外地是有宏观管理、政府干预或行政指导的市场经济，或称"混合经济"。就是说，这种经济以市场资源配置方式为基础，同时引入政府等公共机构通过计划和政策对经济活动进行的调节。显然，我国的社会主义有计划的商品经济具有与此相类似的运行机制。在这种情况下，很难设想有哪位严肃的经济学家会建议在我国实行"纯粹的市场经济"。恰恰相反，不少主张我国经济应当以市场机制作为资源配置的基础手段的经济学家，对于如何在市场取向的改革中加强宏观管理和行政指导，提出了积极建议或作出了具体的设计。

同主张以市场调节为基础的人们的情况相似，主张指令性计划应成为基本的资源配置者的同志所主张的，也并不是"纯粹的命令经济"（用他们的语言，应当叫作"纯粹的计划经济"），而是在保持命令经济用国家计划来配置资源的基本框架的条件下，吸收某些市场的因素（所谓"自觉利用价值规律"①）来刺激人们的积极性的体制。真正"纯粹的计划经济"，大概只存在于苏联战时共产主义的短暂时期，甚至斯大林在 30 年代初期建立的集中计划经济模式，也在一定程度上利用了商品关系，在全民所有制经济内保留了商品—货币的"外壳"，实行"经济核算制"，所以也算不得"纯粹的计划经济"。

所以，当前在计划与市场关系问题上的争论，并不是主张"纯粹的市场经济"和"纯粹的计划经济"之争。事实上，争论双方都是主张把计划手段同市场机制结合起来的，只不过各自设想的结合方式完全不同：一部分经济学家主张保持传统命令经济的基本框架，以预先编制、以命令形式下达的计划作为社会资源的基本配置者，同时运用某些市场因素作为贯彻计划的辅助手段，甚至还可以开放一点无关紧要的经济领域，让市场力量去进行调节；另一部分经济学家则主张以市场—价格机制作为社会资源的基本配置者，同时用社会管理和行政指导来弥补市场的缺失。

在 1981—1982 年计划与市场关系问题的讨论中，反对说社会主义经济是商品经济的同志们已经这样提出过问题："实行指令性计划是社会主义计划经济的基本标志，是我国社会主义全民所有制在组织和管理上的重要体现。完全取消指令性计划，……取消国家对骨干企业的直接指挥，……就无法避免社会经济生活上紊乱，就不能保证我们的整个经济沿着社会主义方向前进。"②

在新近的讨论中，我们也读到：如果我们……让市场成为资源的主要配置者，不重视乃至削弱和否定计划经济的重要作用，必然会导致社会主义公有制经济的瓦解③。

---

① 这是一种很不确切的说法。我国的杰出经济学家孙冶方说过，"利用价值规律"，是一种唯意志论的提法。他指出，这样说，就"好象价值规律是一个可以随便听从使唤的'丫头'、'小厮'"（《孙冶方选集》，山西人民出版社 1984 年版，第 418 页）。

② 《红旗》出版社编辑部：《计划经济与市场调节文集·前言》，红旗出版社 1982 年版，第 3 页。

③ 参见《中国不能完全实行市场经济》，《光明日报》1989 年 10 月 28 日；《中国的改革决不是完全实行市场经济》，《北京日报》1990 年 11 月 3 日。

这两段论述表明，反对实行社会主义商品经济或市场经济的论者，其主张的要旨在于让指令性计划成为"资源的主要配置者"。

以下，我们就来从资源配置这个特定的角度考察这两种观点——"行政（计划）配置论者"和"市场配置论者"之间的分歧，比较前者所主张的命令经济和后者主张的商品经济或市场经济两者的长短优劣。

在命令经济的资源配置方式下，稀缺资源是这样进行配置的：首先，中央计划机关掌握有关稀缺资源的状况、生产的技术可能性和生产与消费需求的各种信息；然后计算稀缺资源应当怎样在不同部门、不同地区和不同生产单位之间配置，才能取得最佳效益；最后根据计算结果，编制统一的国民经济计划，并把这个计划层层分解下达，一直到基层执行单位。上级主管机关直接掌握企业的人、财、物、供、产、销（即十二届三中全会《决定》所批评的，"国家机构直接经营企业"）；下达到执行单位的计划对它们生产什么，生产多少，用什么技术生产，投入品从哪里来，产出品到哪里去，开发几项新产品，追加多少投资，建设哪些项目，等等，都应有明确具体、一般是实物量的规定。如果计划规定的指标完全正确，执行单位又能全面地加以完成。就能使国民经济协调而有效率地运转，否则就会出现比例失衡和经济波动。

从上面的说明可以看到，行政资源配置的要点，是用一套预先编制的计划来配置资源。主观编制的计划能否反映客观实际，以及它能否正确地执行，决定了这种资源配置方式的成败。因此，它能有效运转的隐含前提是：第一，中央计划机关对全社会的一切经济活动，包括物质资源和人力资源的状况、技术可行性、需求结构等拥有全部信息（完全信息假定）；第二，全社会利益一体化，不存在相互分离的利益主体和不同的价值判断（单一利益主体假定）。不具备这两个条件，集中计划经济就会由于（1）计算不可能准确无误，（2）计划不可能严格精确地执行，而使经济系统难以有效率地运转。问题在于，至少在社会主义阶段，这两个前提条件是难以具备的，因此，采取这种资源配置方式，在作出决策和执行决策时，会遇到难以克服的信息方面的障碍和激励方面的困难。

从信息机制方面说，在现代经济中，要保证资源配置决策正确，必须解决信息的收集、传输、处理等问题。在我们的时代，同马克思、恩格斯设想社会主义经济体制的时候不同，人们的需求极其复杂，而且变化极快。层出不穷的新产品刺激了新的消费需要，由此产生的巨量信息，是任何一个中央计划机关也无法及时掌握的。与此同时，现代经济的生产结构也极为复杂。而且由于科学技术一日千里的进步，新产品、新材料、新工艺不断涌现，为满足一种需求所可能采取的生产方案和工艺流程何止千百种。总之，在我们这个"信息爆炸"、瞬息万变的时代，要把在社会的各个角落里分散发生的巨量信息收集起来，及时传输到中央计划机关去，是很难做到的；而且即使中央计划机关掌握了所有这些信息，要在以日、月计的时间内求解一个含有几千万、乃至上亿个变量的均衡方程组，将计算结果变成一个统一的、各个部分间相互衔接的计划，并把它层层分解下达，直到基层执行单位去，也是根本不可能的。

从激励机制方面看，采用行政资源配置方式的困难更大。我们知道，在任何一种资源配置方式下，都必须有一定的激励机制，以保证正确的资源配置决策能够得到贯彻执行。在社会主义国家的行政资源配置方式下，资源配置决策是由代表社会全体成员整体利益的中央计划机关集中作出，并通过按层级制（hierarchy）原则组织起来的"整个社会"去执行的。这就要求全社会的一切组织，包括所有的基层组织、中介组织乃至计划机关自己，都要像马克思描绘的"社会鲁滨逊"的肢体或者像 M. 韦伯所说的理想科层组织（bureaucration organization）那样行动。这些组织除了不折不扣地完成行政任务之外没有自己的任何特殊利益，因而在执行社会的统一计划时，不会有任何偏离。事实证明，这一条件在社会主义条件下也是不可能得到满足的。在社会主义阶段，每一个经济活动当事人，包括计划的制定者和执行者，都有他们自身的利益。这种利益同社会的整体利益经常有矛盾。于是它们在提供信息、编制计划和执行计划的过程中，免不了有意识地或无意识地受到自身局部利益的影响而发生偏离。所以，虽然曾经有人设想，现代信息—计算技术的发展，将使我们得以解决用预定计划配资源在信息方面的困难①；却没有人能够提出，在行政资源配置体制下协调众多经济活动当事人之间的利益矛盾的妥善办法。且不说在生产发展和技术进步的过程中，信

---

① O. 兰格在他生前的最后一篇论文《计算机和市场》中写道："如果我今天重写我的（1936 年的）论文，我的任务可能简单得多了。我对哈耶克和罗宾斯的回答可能是：这有什么难处？让我们把联立方程放进一架电子计算机，我们将在一秒钟内得到它们的解。市场过程连同它的繁琐的试验似乎都已过时。我们大可以把它看作电子时代以前的一种计算装置。"（兰格：《社会主义经济理论》，中国社会科学出版社 1981 年版，第 183—186 页）

息量的增长必然快于计算技术的发展，企求靠计算技术的提高来克服信息方面的困难是注定不能实现的幻想，即使信息问题得到解决，行政资源配置方式的激励问题也是不可能得到解决的。

那么，用什么样的社会资源配置方式取代这种行政资源配置方式呢？如同前面所说，对于社会化的经济，只有两种可供选择的社会资源配置方式，除了以行政手段为基础的方式，就是以市场机制为基础的方式，既然如此，所谓经济体制改革，就无非是用后一种方式取代前一种方式。后一种配置方式的优点是，稀缺资源配置是通过市场这个由千千万万商品经营者之间按一定规则进行的交易活动交织而成的灵巧机器实现的，因而既能克服传统体制下决策权力过分集中的缺点，又不致出现混乱无序的状态。第一，从信息机制看，通过市场交易和相对价格的确定，每个经济活动的当事人都可以分享分散发生在整个经济各个角落的供求信息，从而解决了社会化大生产中信息广泛发生同集中处理的需要之间的矛盾。第二，各种资源配置决策不是靠行政权力由上到下地贯彻，而是由追求效用最大化的经济活动当事人根据市场信号（这个市场信号已经含有社会调节的因素），通过自己的计算自主地作出并自愿执行的，从而能够使局部利益同社会利益协调起来。

市场经济的有效运转也有两个必须满足的前提条件：第一，企业的数目足够多并能自由进入，不存在垄断（完全竞争假定）；第二，价格足够灵活，能够及时反映资源的供求状况，即它们的相对稀缺程度（价格灵敏性假定）。这两个条件不具备，市场制度也难以发挥有效配置资源的作用。以上两个前提条件也不可能完全满足。和集中计划经济下情况不同之处在于，它们有可能近似地得到满足。例如，在现代的条件下，完全竞争的市场不可能存在，但垄断竞争、寡头竞争等不完全竞争的市场，或称竞争性市场还是有可能建立的；价格对资源的供求状况作瞬时反应是做不到的，但是在竞争性市场的条件下，它们是能够大体上反映各种资源的相对稀缺程度的，如此等等。除此而外，还有前面说过的其他"市场失灵"和"市场失误"的情况。但是，这些缺陷是可以在一定程度上由政府干预和"行政指导"来弥补的。特别是在社会主义的条件下，国家拥有多种手段进行干预和指导，就更有可能运用自己的影响，改善资源的配置状况。

总之，两种资源配置方式前提条件不具备，有很不相同的情况：前者的前提条件是完全不可能具备的。特别在现代经济中，科学技术飞跃进步，新的生产可能性层出不穷，需求结构极其复杂而且瞬息万变，在这种情况下，就更是这样。后者的前提条件不可能完全具备，但它们有可能基本上具备。因此，这种资源配置方式是相对地有效的。

以上这些，不仅仅是从定义演绎出的结论，事实上，它已为本世纪经济发展的实践所证明。这些难于解决的困难，正是传统体制下五光十色、纷然杂陈的消极现象产生的根源。要消除这些消极现象，必须从根本上改变用行政方法配置资源的方式。

实行命令经济各国的僵化的体制极大地妨碍了社会主义潜力的发挥，使经济效率难于提高，说明这种运行机制存在着根本性的缺陷。不仅苏联70年经济发展的经验宣告了作为命令经济原型的体制完全不能适应现代化的要求，有些东欧社会主义国家企图在命令经济的总框架不变的条件下通过有限发挥市场因素的作用的办法，来改善它的运行状况，这种零敲碎打的"改革"努力，也几乎毫无例外地以失败告终。

在我国，自从1956年提出集中计划体制必须进行改革以来，由于对于改革的实质在于改变资源配置方式这一根本问题认识得不够深刻，以为在不改变行政配置资源的总格局的条件下，只要放权让利、调动各方面的积极性，就能根本改善国民经济的运行状态，因此在改革上走过不少弯路，甚至陷入"放—乱—收—死"的"改革循环"。

粉碎"四人帮"以来，在认真总结历史经验的基础上，我国对社会主义经济运行机制的认识有许多重大突破。十一届三中全会以来的改革开放路线，就是建立在这种科学认识的基础上的。党和政府的历次重要决议，为我国的经济改革指出了正确的方向。1979—1988年这10年改革的巨大成就，证明了十一届三中全会以来的路线的正确性；同时，由执行改革开放路线不够系统和不够果断带来的通货膨胀、分配不公和腐败现象蔓延等消极结果，也从反面说明，不坚决走这条道路定会产生种种严重问题。

四　争论的现实意义

在当前，计划和市场关系的问题再次引起人们的注意，是同近期经济发展提出了迅速改善我国的经济运行机制的要求有关的。

论作为资源配置方式的计划与市场

1988 年秋季中共中央决定进行经济调整，治理经济环境，整顿经济秩序。依靠 10 年改革所激发出来的活力和强有力的行政手段，经过一年的努力，到 1989 年秋季，通货膨胀得到明显的缓解。但与此同时，又出现了市场疲软，生产能力闲置，企业收益下降，国家财政困难等问题。从 1989 年 10 月开始放松银根，力图"启动市场"。在那以后的一年多时间里，银行大量注入贷款，但国营大中型企业仍然回升乏力，而通货膨胀的潜在压力却迅速积累。

面对这种情况，不少经济界人士正在努力探索，寻求一条走出当前困境的坦途。

从当前的经济和社会情况出发进行分析，大致上有三种可供选择的路子：（1）在基本上维持现有经济体制和发展格局、只作某些小的修补和调整的条件下，主要靠不断调整宏观经济政策，保持经济社会的稳定和一定速度的增长。（2）强化对资源的集中计划控制，主要采用行政手段整顿秩序，调整结构。（3）大力推进市场取向的改革，依靠市场竞争力量和依托于统一市场的宏观调控，促进企业潜力的发挥、整个国民经济效率的提高和国家财力的增强。解决办法取向上的这种差别，在相当大的程度上是由人们对于计划与市场关系的不同认识产生的。

认为行政配置方式与市场配置方式可以平起平坐地"结合"的人们，大概会选择第一种路子。但是，理论的分析和实际经验都证明，社会的资源配置机制必须是一个有机的组织、一个控制论系统，把行政手段和市场机制板块拼合起来，只会造成大量漏洞和严重摩擦，是不可能长期维持的。现有的指令性计划和市场机制都不能有效地发挥作用的"双重体制"，是目前我国经济整体效益低下、经济秩序混乱和国营企业缺乏活力的深刻体制根源①，只要这种"体制失灵"的状况不作根本改变，就很难增强我国经济的活力并保证整个国民经济的持续、稳定、协调发展。因而许多经济学家在深入研究了我国经济的现状后一致认为，这种思路是不足取的。

主张采取坚决措施改变目前状况的人们大体上都认为，"体制失灵"的原因在于：当前的体制既非集中计划经济、又非有计划的商品经济，是

---

① 参见本文作者在《通货膨胀的诊断和治理》（《管理世界》1989 年第 4 期）一文中对我国近年来经济困难的体制根源所作的分析。

一种上述两种体制都不能有效发挥作用的混乱体制。可是怎么改，朝哪个方向改，却存在两种完全对立的想法。

一种是"行政集权解决法"。认为社会主义条件下社会资源配置应以指令性计划为主的同志大都持有这种主张。他们认为，改革从一开始就有一个"取向"问题。当时选择了市场取向，造成了目前的种种混乱现象，这是政治经济学所说"市场经济的竞争与无政府状态"的典型表现。现在应当纠正这个错误。解决问题的办法是实行行政性的再集权，把主要企业、主要投资和主要物资掌握到中央部门手里来，由指令性计划调节；对企业的管理以"条条"为主；金融恢复到单一银行体系，强调专业银行的政策调节职能；等等。凭借这一套行政协调体系和严整的计划纪律，就可以有效地进行结构调整（资源再配置），提高经济效率。

从原则上说，行政集权解决法是可以在一段时间里恢复经济的稳定的，在我国的历史上也有过运用这套办法取得成功的先例。60年代初期调整国民经济就使用了这种办法。当时由于1958年的行政性分权（体制下放）和大跃进，国民经济陷于极端困难的境地。1960年提出"调整、巩固、充实、提高"的八字方针。1962年1月召开了"七千人大会"，统一了思想，作出了加强计划纪律的"十项规定"和一系列行政性集权的决定，收回了下放给"块块"的企业，对金融、财政和统计实行"比1950年统一财经时管得更严更紧"的体制。在这套高度集中的体制建立起来以后，经济调整便雷厉风行、令行禁止地贯彻下去，只经过几个月的时间，就度过了1962年初最困难的阶段。虽然没有根本解决问题，到1970年又因为"统得过多、管得过死"而不得不再次进行大的行政性分权"改革"，但至少在1962—1965年这一段时间内，保持了经济的稳定增长。

在1988年开始的这次调整中，不少同志赞成采取行政集权解决法。不过从1989年秋季以来，虽然尝试了多次，却没有取得预期的成果。有的同志认为，之所以未能取得成功，是由于部分人具有本位主义思想和缺乏全局观念，只要采取坚决的步骤，还是可以把过于分散的权力收回来，重振计划纲纪的。对此，我有不同看法。我认为，根本的问题不是实行行政性再集权在政治上是否可能，而在于这种资源配置方式在经济上是否可行。在我国目前的经济发展阶段上，回到集中计划体制已经很少有可能性了。原因有二：一是我国目前的经济，其复杂程度已经比50、60年代高得不可比拟。二是利益主体多元化也已经走得很远。对于如此复杂多样、正在迅速变化的经济，恐怕是根本无法用指令性计划体制或指令性计划为主的体制有效地加以管理的。

另一种主张是采取"市场整合（一体化）解决法"，即推进市场取向的改革（包括价格改革、企业改革、流通体制改革、财税改革、金融改革、外贸改革、社会保障体制改革等等），把目前被切割得十分零碎、价格信号又严重扭曲的市场，比较快地整合为竞争性的国内大市场，在此基础上加强国家的宏观管理和行政指导，靠平等竞争来调动各方面的积极性，以增强活力，改善结构，提高效率。

从解决资源有效配置问题的角度分析，采取这种办法是可以在一个不长的时期内见到成效的。但是目前对于采取这种解决办法，存在几方面的顾虑，或者说，有几种反对意见：

第一，政治方面的顾虑。一些同志怀疑市场取向的改革是否能够同巩固公有制的大方向兼容。的确，市场的形成以利益主体的多元化，即独立商品经营者的存在为前提，因此它同任何独家垄断的所有制形式不相容。但是，公有制并不注定要采取目前这种政府一元化管理的形式。我认为，把适应于社会化大生产的需要产生的法人组织形式（股份有限公司）移到公有制为主体的产权关系的基础上，就能创造社会主义大企业的崭新组织形式。把我国大中型国营企业改组为公有制法人（包括各种社团法人、金融机构、政府组织）持股为主、个人持股为辅的分散持股的股份公司，政企分开，所有权和经营权分开，是有可能在社会主义公有制的范围内做到的。这样做，既增强了企业活力，提高了效率，也加强了社会主义经济的整体力量。

目前西方有些政治家利用社会主义国家近期遇到的挫折，正在宣传一种社会主义注定要失败的理论。这种理论的论据主要是两条：（1）现代经济只有以竞争性市场导向才能有效率。（2）市场经济同西方民主、财产私有是"三位一体"的，三者或者全要或者全不要，二者只居其一。也就是说，如果要搞好经济，就必须全面否定社会主义；反之，要坚持社会主义，经济就不可能搞好。许多人反对这一结论，但是，他们反驳的角度有很大的不同。比较常见的一种是在上述两条论据中，肯定后者，否定前者。这就是说，承认市场经济的确同西方民主、财产私有不可分割，共同组成资本主义的社会体系，因此我们决不能走这条路。另一方面，认为社会主义经济不实行市场取向的改革，而以指令性计划为主，也完全能够搞好，因此应当三者全不要。这种说法不能不使人感到担心。因为几十年来许多国家在保持指令性计划体制占支配地位的总框架下改善社会主义经济运行状况的努力，并没有一个取得成功。把对社会主义的信心建立在依靠命令经济体制改善经济的运行状况这个不牢靠的基础上，恐怕未必是明智的态度。在我看来，上述西方政治家的第一个论点，即只有在市场经济的条件下现代经济才能有效地运转，是并不错的。他们的错误在于，武断地认定市场经济只能存在于资本主义的社会框架下，而注定不能与社会主义相结合。事实上，正如商品生产和商品交换可以存在于不同的社会中一样，市场经济也并不是资本主义的专有物，并不必然要以财产私有和西方民主为前提。市场经济是可以建立在实现形式经过改革的公有制的基础上和以社会主义民主制为政治外壳的。

第二，经济方面的顾虑。主要有两个方面：其一，担心采用市场整合的解决办法，建立以市场调节为基础的资源配置机制，会损害我国经济发展的"计划性"，使它陷入混乱状态。其实，这种把经济的按比例发展同以市场机制为基础的资源配置方式看成互相排斥的，把商品经济同无政府状态划等号等传统观念早就被事实否定了。我们已经分析过，从运行状态上说的"计划性"（自觉保持平衡），完全可以通过在市场配置的基础上加强国家的宏观管理和行政指导的办法来实现。第二次世界大战后一系列国家在后一种体制的基础上实现了持续、稳定的高速度发展，就是对市场配置资源必然使经济陷于无政府状态的成见的最好回答。我国经济改革的目标，是建立"国家调节市场，市场引导企业"的社会主义有计划商品经济体制，这种经济体制肯定是能够保持经济持续、稳定、协调发展的。其二，担心价值规律的作用将引起我国社会中贫富两极分化。其实，所谓价值规律，只是反映了商品经济中的等价交换行为，它本身并不能引起收入分配的两极化。收入分配的差别，首先取决于财产初始分配的差别。如果我们在改革的过程中能注意防止初始分配出现的严重不公现象，这种差别就不会过大。同时，对于交易过程中出现的差别，国家还可以运用各种政策手段（如累进所得税、高额遗产税等），进行再分配调节。可见，在大力发展商品经济的同时防止个人收入过分悬殊是完全有可能做到的。与此相反，对于货币经济过分的行政管制，倒是大量非生产性的"寻租收入"的真正基础。这是早已为我国"双重体制"下"寻租行为"猖獗、腐败蔓延的事实无可辩驳地证实了的①。

第三种疑虑同上面两种有原则的不同。它并不认为推进市场取向的改革有什么原则性的错误，而只是觉得目标虽好，但很难实现。这种疑虑是有一定道理的。由于从以行政协调为主的经济向以市场协调为主的经济的平稳过渡，不但需要有良好的经济环境（总供给同总需求的对比越是宽松，过渡的震动也就越小），而且取决于企业主体和市场体系的发育程度。因此，在这一类过渡过程中，"长期稳定论"（日本战后初期）或渐进过渡论（东欧近年改革）往往容易得到多数人的支持。如果条件允许从容地过渡，假以时日当然并无坏处，问题在于，进行改革的社会主义国家通常都面临由旧体制造成的恶劣经济环境，这种恶劣的经济环境，只能靠建立新经济体制来加以根治，而不可能有别的出路。因此，经济体制越是失效，经济环境越差，就越有必要加快改革的进程，否则经济情况会越拖越糟，终至陷于恶性循环而不能自拔。相反，倒是在创设必要条件的前提下，采取"短期稳定"（二战后的西德和日本）或"一跃而进入市场"战略（东欧某些国家），却相对地比较容易取得成功。如果久拖不决，恐怕倒反不能避免被迫进行"休克治疗"（shock therapy）的痛苦和牺牲。

回头来看中国，在多种经济成分并存、非国有成分放得比较活的情况下，想用强化指令性计划的办法来加强、支持公有制经济，恐怕难免落空。12 年来，全民所有制企业在工业总产值中所占的比重每年下降 2—3 个百分点，国营工业同非国营工业产值的对比，1990 年已从改革初期的 75：25 降为 54：46。国营企业在传统体制下日益相对萎缩的事实说明，固守传统体制绝非出路。从总体上说，国有企业的技术力量、装备、经营者的素质比乡镇企业、个体企业等要强得多，问题只在于机制缺陷。我们应当确信，搞好了改革，它们是能够在国内外市场的竞争的压力下不断增强活力，并带动整个国民经济腾飞的。但是，如果继续把全民所有制企业用指令性计划、或变相计划捆死，那么，作为国家经济骨干力量的全民所有制只能相对萎缩下去。这怎么可以说是在加强社会主义经济呢？

① 东欧一些国家和我国的经验都证明，在有严重行政干预的货币经济或 J. 柯尔奈所谓的 IB 模式下，最容易出现"分配不公"和腐败行为（参阅拙著《"寻租"理论与我国经济中的某些消极现象》，见《腐败：货币与权力的交换》，中国展望出版社 1989 年版，第 1—5 页以及同书中的其他论文）。

同时，在公共经济部门效率很低、浪费很大的条件下，经济增长在很大程度上是靠大量贷款支撑的。大量地贷款而没有造成严重的物价上涨，又是靠居民储蓄实现信用回笼的。1989 年居民储蓄存款余额增加 1300 亿元，1990 年增加 1900 亿元。贷款是国家资产付出，其中一部分由于变成呆账、烂账而不再流回；而储蓄存款则同钞票发行一样，是国家的负债。这样一出一进，资产变成了负债。目前国家的负债同国有资产总额大体相当，如果上面所说的趋势继续发展下去，国家负债将很快超过国有资产。所以，想用强化对公有经济的指令性计划控制加"输血""启动"的办法去巩固公有经济，结果会适得其反。所以，这种办法并不那么可取。

从另一方面看，大步推进市场取向改革的条件，似乎也并不像人们想象的那样坏。首先，经过从 1988 年 9 月到 1989 年 9 月的治理，物价涨势迅速回落，甚至出现了所谓"市场疲软"的现象，这就给了大步推进改革以十分难得、稍纵即逝的机会。与此同时，对于 10 年改革中我国企业家素质以及竞争意识、盈利意识等的提高也不能估计过低。经过 10 年改革，目前在我国已经涌现出许多具有管理才能和企业家精神的专业人才。只要建立起竞争性的市场和贯彻执行十二届三中全会关于政企职责分开的决定，取消行政机关对企业的微观干预，大批社会主义的企业家就会脱颖而出，在竞争的舞台上大显身手。此外，虽然目前我国国内市场还被条块行政系统切割得相当零碎，市场信号也因行政定价制度在相当大的范围内保留和多种行政干预而严重扭曲，但是市场已在命令经济的大量漏洞和缝隙中蓬勃成长，这是不可否认的事实。特别是在一些改革开放进展得比较快、受行政指令约束较小的地区和部门，市场因素的成长势头强劲，它们一年来在经济调整中的优异表现，有力地说明了市场力量作用的发挥对于稳定局势和繁荣经济的重大意义。

当然，实行"市场整合解决法"也有不少的困难需要切实地加以解决。例如通过所谓"衰退的优化效应"奖优汰劣，迫使病态企业关、停、并、转，会伴生短期失业现象。对这种负效应的控制和救助，也需要作专门的研究。商业组织的发展和社会保障体系的建立，也是一项十分繁重的工作。但是应当相信，这些问题是可以解决的，大步改革必然带来的风险，也是可以控制在人民能够承受的范围之内的。如果能够抓住有利时机，按照十一届三中全会以来历次党的中央全会、代表会议和代表大会指出的方向，大力推进改革，那么，我国社会主义经济的振兴是大有希望的。

　　总之，理论推导和国际经验都证明，以市场配置为基础的商品经济运行方式是一种适合于社会化大生产、能够保证有效率地成长的经济体制，因而它的确立，是不可逆转的历史趋势。1978 年 12 月中共十一届三中全会以来，我国经济体制改革的长足进步，不仅使我国经济建设取得了举世瞩目的成果，而且使我们对于社会主义经济运行机制有了比较透彻的认识。目前我国的经济体制已经越过了通向商品经济道路上的临界点，不可能再退回到旧体制去了。因此，"八五"计划和"十年规划"建立新经济体制的目标是或迟或早一定会实现的，问题只在于通过什么方式去实现。显然，我们应当争取走行程更短、代价较小的路，以造福我国人民。

《中国社会科学》1991 年第 6 期

市场经济与政府干预

——评西方经济学新古典学派和新凯恩斯学派的论战

吴易风[*]

摘要 本文评析了西方经济学新古典学派与新凯恩斯学派已经和仍在进行的论战，认为这是 30 年代凯恩斯经济学和古典经济学分歧与对立的再现，且具有时代赋予的新内容。论战围绕着资本主义市场经济周期性波动这个中心展开，争论的焦点是市场出清还是非市场出清、政府失灵还是市场失灵、政策无效还是政策有效。文章首先分别考察了新古典主义货币经济周期理论、新古典主义实际经济周期理论和新凯恩斯主义理论，在解释资本主义经济周期波动的根源与传导机制时所提出的假设、前提、命题、模型以及它们的政策含义；之后指出，各派在阐述自己的理论时都在工资价格的灵活性或黏性的分析上刻意求新，提高分析的技术，建立了许多数学模型，然而都没有提出多少真正有科学依据的新见解，都不敢深入到资本主义制度内部去揭示其经济周期波动的根源。在如何看待资本主义市场经济的功能这个问题上，两派各执一说，争论还会有起有伏，然而由于新古典学派存在着浓重的理想主义色彩而新凯恩斯学派较为直面现实，因而无论从社会需要还是从统计经验看，未来都将有利于新凯恩斯学派，在今后某个时期它占上风是有可能的。

从 70 年代初到 90 年代初的大约 20 年中，西方宏观经济学发生了巨大变化。凯恩斯主义独领风骚的历史已经结束，代替它的是新古典宏观经济学和新凯恩斯主义经济学论战的新局面。他们两派之间的分歧和对立，自然会使人们回想起 30 年代凯恩斯经济学和"古典"经济学的分歧和对

---

* 吴易风，1932 年生，中国人民大学经济系教授。

立。前者实际上是后者在当代的再现。但是，历史不会简单地重演。今天的国家干预主义和自由主义都具有时代赋予的新的内容。

一 新古典宏观经济学：货币经济周期学派

新古典宏观经济学是在70年代初发展起来的一个重要学派。起初，这一学派因使用理性预期这一术语而十分引人注目，曾被称为理性预期学派。但是，现在西方学者普遍认为，理性预期概念不能反映出这种宏观经济学的本质特征，只有用新古典宏观经济学这一名称方为恰当。原因是：第一，这种宏观经济学是从"古典"经济学的最大化原则出发的，即从消费者追求效用最大化、厂商追求利润最大化原则出发的；第二，这种宏观经济学是以"古典"学派的市场连续出清为前提的，即以经济连续处于均衡状态为前提的。一句话，新古典宏观经济模型的出发点和前提同"古典"宏观经济模型是一致的。

"新古典宏观经济学"这一术语是萨金特首先使用的，他在1979年出版的《宏观经济理论》一书中首次用新古典宏观经济学作为其中一章的标题[①]。

新古典宏观经济学简称为新古典经济学。"新古典宏观经济学"在英语中是 new classical macroeconomics，"新古典经济学"在英语中是 new classical economics。应注意，这里的新古典经济学在英文文字上和含义上都不同于也曾译作新古典经济学的 neoclassical economics。后者在西方经济文献中的基本含义是指包括瓦尔拉斯、马歇尔、庇古在内的边际主义学派的经济理论；其另一个含义是指新古典综合（neoclassi-cai synthesis），即包括萨缪尔森、托宾、莫迪利安尼、索洛的学说在内的新古典—凯恩斯主义综合体系，也就是后凯恩斯主流经济学。

新古典宏观经济学派又简称为新古典学派。它拥有一大批经济学家，其主要代表有：芝加哥大学的罗伯特·卢卡斯，斯坦福大学的托马斯·萨金特，哈佛大学的罗伯特·巴罗，明尼苏达大学的爱德华·普雷斯科特和尼尔·华莱士，以及卡内基—梅隆大学的罗伯特·汤森。

新古典宏观经济学家由于在经济周期理论方面的分歧又分为两派：一

---

① 萨金特：《宏观经济理论》，纽约，1979年，第36页。

派是以卢卡斯为首的货币经济周期学派，另一派是以普雷斯科特为首的实际经济周期学派。

（一）新古典宏观经济学的基本假设

新古典宏观经济学有三个关键性假设：经济当事人的最大化原则、理性预期和市场连续出清。

第一个基本假设是指经济当事人为了自身的利益而理性地行动：家庭追求效用最大化，厂商追求利润最大化。

第二个基本假设是指，经济当事人要实现最大化原则，就必须以更精明的方式形成自己的预期。他们头脑中都有作为经济行为的依据的经济模型。他们根据所获得的信息运用头脑中的模型对未来经济变量的精确数值进行估计。这种估计同职业经济学家运用经济数学模型解出的结果不相上下。以对通货膨胀的预期为例。如果经济中不存在随机的、不可预测的事件，而且人们知道通货膨胀是如何发生的，即知道通货膨胀的真正模型，那么，他们对未来通货膨胀率的预测就是正确的。但是，事实上，经济中存在许多随机的、不可预测的事件，会对通货膨胀发生正向的或负向的影响，这意味着模型对它低估或高估了。然而平均来说理性人头脑中的模型是正确的，人们不会始终一贯地犯同样的预测错误。理性预期假设暗示，人们最终会了解政府将采取什么政策。因此，政府不可能在长时期内欺骗大多数人。

市场出清是新古典宏观经济学所有基本假设中最重要的假设。新古典宏观经济学认为，工资和价格具有充分的灵活性，可以进行迅速调整。只要厂商和工人通过工资和价格的调整能够使双方的境况得到改善，他们就会进行这种调整。这样，通过工资和价格的不断调整，供给总是等于需求，市场连续出清。这一假设意味着产品市场和劳动市场都不存在超额供给。当商品市场出现超额供给时，价格就会下降，直至商品价格低到使买者愿意购买时为止；当劳动市场出现超额供给时，工资就会降低，直至工资低到使雇主愿意为想工作的失业者提供工作为止。这一假设暗示，不存在非志愿失业的可能性。

（二）对凯恩斯主义的批判

70 年代初，凯恩斯主义既受到经验上的批判，又受到理论上的批判。

首先是对凯恩斯主义的经验批判。70 年代初仍占据统治地位的凯恩斯主义是新古典综合的宏观经济学体系。这种传统的宏观经济学主要是由 IS 曲线、LM 曲线和菲利普斯曲线构成的（如果不用 IS – LM 模型而用 AS – AD 模型，那么，新古典综合的宏观经济学体系主要就是由总供给曲线、总需求曲线和菲利普斯曲线构成的）。原来表示工资增长率和失业率之间关系的菲利普斯曲线被新古典综合派用来表示通货膨胀率和失业率之间的替换关系：失业率高时，通货膨胀率下降；失业率低时，通货膨胀率上升。可是，70 年代出现的滞胀意味着高失业和高通货膨胀同时并存。这就从根本上动摇了菲利普斯曲线，从而从根本上动摇了新古典综合的宏观经济学体系。因此，滞胀的现实从经验上批判了占统治地位的凯恩斯主义，使新古典宏观经济学得到了发展的机会。"就像 30 年代大萧条推动了凯恩斯主义的发展一样，70 年代的滞胀也有助于促进新古典经济学的形成。"①

其次是对凯恩斯主义的理论批判。在新古典宏观经济学出现以前，货币学派和其他一些非主流学派就已经对凯恩斯主义的一些方面进行了理论批判。70 年代，被称为"洗劫凯恩斯神庙的造反派"的新古典宏观经济学派"对（凯恩斯主义）这一清单上的每一个项目都提出了反对意见"②。

新古典宏观经济学从理论到政策全面地批判凯恩斯主义，宣布凯恩斯主义是错误的，已经过时，应当抛弃。这种批判是以微观经济学为基础，认为传统宏观经济学是一个充满矛盾的体系。例如，凯恩斯经济学中的当事人不以追求最大化为目标，这就同微观经济学中关于理性人的最大化原则相矛盾。再如，在凯恩斯主义经济学中，同一经济人在不同函数或方程中具有不同的行为，这就违背相容性原则。新古典经济学还指出，传统的宏观经济学把就业和价格水平作为评价政策的标准，而不以微观经济学关于增进福利的标准为依据，这就失去了一致性。凯恩斯模型的关键取决于名义工资刚性的假设，而这种假设是武断的。新古典宏观经济学不仅同货币学派一样认为政府干预经济的政策在长期中无效，相反是导致经济困境的主要原因，而且进而认为在短期内也是如此。

新古典宏观经济学还着重批判了凯恩斯主义关于预期的观点，凯恩斯虽然也反复讲到预期，但是他的预期只是适应性预期，并且是随机的，难

---

① 凯斯、费尔：《宏观经济学原理》，新泽西，1989 年，第 476 页。
② 布林德：《争论中的宏观经济学》，纽约，1989 年，第 103 页。

以用理性加以解释。适应性预期是一种后向预期，是根据过去各期的实际平均值来估计下一期变量的数值的预期。例如，人们根据过去的通货膨胀来预期未来的通货膨胀。如果预期通货膨胀和实际通货膨胀率不符，他们就会按照上期预期通货膨胀率和上期实际通货膨胀率与上期预期通货膨胀率之差来确定下期通货膨胀率。新古典宏观经济学认为，适应性预期很像这样一种气象预报：因为今天下雨，所以明天也将下雨。这种预期同微观经济学是矛盾的。按照微观经济学的假设，追求最大化的经济当事人是理性人，会是前向预期而不是后向预期，会积极地利用可获得的信息以更精确的方式预测未来，而不是朴素地根据过去推测未来。

当凯恩斯主义在实践上和理论上都陷入困境时，新古典宏观经济学不仅获得了发展的机会，而且试图从批判中找到理论和实践的新出路。

（三）货币经济周期模型

新古典宏观经济学的经济周期模型要回答的两个基本问题是：经济波动的初始根源是什么；其传动机制又是什么。

关于经济波动的原因，卢卡斯模型的观点是，货币对产量和其他经济变动具有重要影响，货币因素是波动的初始根源，货币供给的冲击即货币存量的随机变动引起经济波动。由于货币供给的增加是通过总需求曲线移动引起经济波动的，所以货币经济周期学派又常常说需求冲击或需求干扰导致经济波动。

关于传动机制，卢卡斯模型的特点是引进信息因素。如果不存在信息障碍，即如果经济当事人获得完全信息，相对价格和价格总水平就不会存在差异，货币存量的随机变动也就不会导致产量的持续波动。但是，事实上存在着信息障碍，经济当事人获得的是不完全信息。这样，相对价格和价格总水平就存在差异。在这种情况下，货币存量的随机变动就会引起经济波动。可见，在卢卡斯模型中，货币冲击是同信息障碍或不完全信息结合在一起的。正因为如此，卢卡斯经济周期模型又被称为不完全信息模型。

卢卡斯的不完全信息模型试图根据微观经济学的厂商供给理论来解释经济波动。价格总水平提高时，相对价格不一定发生变化。如果厂商产品的相对价格提高，厂商就会增加产量。如果厂商产品价格提高的幅度和价格总水平提高的幅度相同，厂商知道相对价格没有变化，因而就不会增加产量。厂商的供给决策虽同价格总水平的运动联系在一起，但是他们对价格信息的了解是不对称的。通常的情况是，厂商购买品种很多的投入，出售品种很少的产出。厂商对自己的产品价格信息、自己的产品市场发生的情况，了解得很充分、很及时；但是，对不属于自己的其他产品价格信息、其他市场发生的情况，了解得很少、很不及时。这种信息不对称或不完全信息就成了卢卡斯说明经济周期的传动机制。由于信息障碍，经济当事人不能获得完全信息，因而对经济变量的变动有预期到的，也有没有预期到的。预期到的货币存量的增加，不会引起实际产量的变动。但是，没有预期到的货币存量的增加，会引起实际产量从而引起其他有关总量的变动。

现在通过一个典型厂商的供给曲线来观察完全信息和不完全信息同价格和产量的关系。

$$Y_i = Y^* + h\ (P_i - P) \tag{1}$$

式（1）中 i 表示一个典型厂商，Y 表示产量，P 表示价格。这一等式的经济含义是：这家厂商的产量（Y_i）等于它的正常产量（Y^*）加上常系数 h 乘以厂商的产品价格（P_i）与价格总水平（P）之差（$P_i - P$）。当厂商的产品价格高于价格总水平即高于其他所有产品价格时，也就是当相对价格提高时，厂商就会增加供给；当厂商的产品价格和价格总水平上升的幅度相同时，即当相对价格不变时，厂商就不会增加供给。

现在假设由于存在信息障碍，厂商不知道其他市场的价格信息，而只能进行预期，即只能用预期价格总水平 P^e 代替价格总水平 P，于是式（1）可以改写为：

$$Y_i = Y^* + h\ (P_i - P^e) \tag{2}$$

由于对价格总水平只能进行预期，当货币供给的冲击使所有价格都按同一幅度上涨时，每一家厂商都只看到自己的产品价格上涨，误以为是自己的产品相对价格提高，而看不到价格总水平的提高。在此情况下，厂商自然会增加供给。当所有厂商都这样行动时，实际产量就会超出正常产量，从而导致经济波动。

上述供给函数是个别厂商的供给函数。对整个经济的所有厂商的供给函数加总，便可得到总供给函数：

$$Y = Y^* + h\ (P - P^e) \tag{3}$$

式（3）的经济含义是：整个经济的总产量（Y）等于它的正常产量

（Y^*）加上常系数 h 乘以实际价格水平（P）与预期价格水平（P^e）之差（$P-P^e$）。实际价格水平与预期价格水平之差（$P-P^e$）被称作"价格意外变动"。价格意外变动是没有预期到的价格变动。

卢卡斯较早研究了产量和没有预期到的价格变动之间的正相关关系，这种关系被称为卢卡斯供给函数或卢卡斯供给曲线。卢卡斯供给曲线表示，实际产量对正常产量的偏离取决于实际价格对预期价格的偏离。换句话说，卢卡斯供给曲线表示，全体厂商愿意供给的总产量随实际价格水平对预期价格水平的比率的提高而提高。

卢卡斯断言，就像厂商在没有预期到的价格水平上会比在预期到的价格水平上供给更多的产品一样，工人在没有预期到的价格水平上会比在预期到的价格水平上供给更多的劳动。和厂商一样，工人在购买和出售之间也存在不对称现象。一个工人需要购买衣食住行等各方面的商品和劳务，但出卖的只有劳动。由于信息不完全，工人只知道自己的劳动价格而不能确切知道其他商品和劳务的价格。当货币供给的冲击提高了价格总水平时，工人误以为提高的只是自己的劳动价格即工资率，因而增加劳动供给。

总之，只有没有预期到的货币供给的冲击或价格意外变动才影响实际产量。当价格出现没有预期到的上升时，厂商就会增加产量，工人就会增加劳动供给；当价格出现没有预期到的下降时，厂商就会减少产量，工人就会减少劳动供给。这就是卢卡斯供给曲线的基本原理。

货币经济周期模型是以复杂的数学形式出现的，基本内容可以用简单的图形表示。图1纵横两轴分别表示价格水平和实际产量。向下倾斜的原总需求曲线和向下倾斜的原卢卡斯供给曲线的交点决定经济的初始位置为 E_0，这时的价格水平为 P_0，实际产量为 Y^*。现在货币当局增加货币供给，货币存量增加。这时，总需求增加，原总需求曲线上升到新总需求曲线。如果中央银行的货币供给是事先宣布的，或者是可以从中央银行的过去的行为中加以预测的，那么公众了解到价格水平上升的原因，对价格水平的预期就会向上调整，即预期发生变化。这时卢卡斯供给曲线就随需求曲线的提高而提高。新卢卡斯供给曲线和新总需求曲线的交点决定的经济的新均衡点为 E_1，现在的产量仍为 Y^*，但价格水平已从 P_0 上升到 P_1。这就是说，预期到的货币冲击只影响价格水平而不影响实际产量。如果中央银行的货币供给没有事先宣布，也无法从中央银行的过去的行为中加以预测，那么，公众对价格水平的预期就不会随之向上调整。这时，新总需

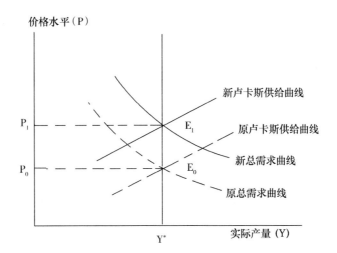

图1　货币经济周期模型

求曲线和原卢卡斯曲线的交点决定的产量和价格水平都发生变化：产量增加，价格水平提高。这就是说，没有预期到的货币冲击不仅影响价格水平，而且影响产量。

　　从图1中可以看出，由于预期的作用，增加货币供给对产量的作用等于零。这就是货币经济周期模型的政策含义。

　　只要将这里的图1同西方经济学教科书中表示"古典"宏观经济模型的总供给—总需求图形略加比较，就不难看出，新古典经济周期模型实际上就是加上卢卡斯供给曲线的"古典"宏观经济模型。

（四）政策无效性命题

　　卢卡斯的不完全信息模型的政策含义，主要是政策无效性命题。其中心内容是：预期到的货币供给的变化只影响价格水平，而不影响产量；只有没有预期到的货币供给的变化才影响产量。

　　货币经济周期模型的政策含义最初是由萨金特和华莱士在《理性预期、最优化货币工具和最优化货币供给规则》一文[1]中提出的。这一命题的提出"震惊了（西方）经济学界"[2]。尽管货币经济学派只从货币

---

① ［美］《政治经济学杂志》第83卷，1975年。
② 戈登：《宏观经济学》，伦敦，1990年，第20页。

政策的角度论证政策无效性命题，然而这一命题通常都被加以一般化，认为政府失灵，政府赖以干预经济的宏观经济政策无效。典型的说法是："政府于事无补而且危害很大，因此政府不过多地卷入经济是最好不过的了。"[1]

政策无效性命题可以用式（3）加以说明。政策的变动会以同样的方式影响实际价格水平（P）和预期价格水平（P^e）。货币当局增加货币供给时，实际价格水平会受到影响。如果政策是公开宣布的，或者，如果公众从政府过去的行为中可以预见到现在的政府行为会发生的影响，那么，预期价格水平也会受到影响。只要货币供给是被预期到的，P^e 就会同 P 一样提高，二者之差因而等于零。这样，$Y = Y^*$。政策对产量的影响等于零，因而是无效的。

政策无效性命题也可以用图 1 加以说明。在图形中，货币供给的增加使总需求曲线向上移动。由于公众预期到货币供给的增加会发生什么影响，因而卢卡斯曲线也向上移动同样的幅度，结果是实际产量没有发生变化。这也说明政策对产量的影响等于零，因而是无效的。

新古典宏观经济学十分强调公众对未来政策的预期。政策制定者可以选择不同性质的政策规则：刚性政策规则或反馈政策规则。刚性政策规则是无反馈政策规则，它要求始终一贯地实行一种不变的政策规则，例如货币供给固定增长率规则。不管经济情况如何变化，都不容许改变政策工具。反馈政策规则是根据经济状况按正常方式调整货币供给增长率，以适应宏观经济事件的政策规则。例如，失业率上升时，按照一定幅度提高货币供给增长率；反之，则按照一定幅度降低货币供给增长率。新古典经济学认为，由于政策变化时预期也随着变化，反馈规则所要求的货币供给的任何提高或降低都会被公众所预期，而预期到的货币供给又不影响产量，因此，货币供给的反馈规则是无效的。

新古典宏观经济学的政策观点还包含这样一层意思：政府如果公开宣布一项反通货膨胀政策，并始终一贯地执行，有很高的可信度，那就能无痛苦地消除通货膨胀。他们的逻辑是这样的：如果货币当局宣布奉行反通货膨胀政策，实现零通货膨胀，公众就会调整预期，降低预期通货膨胀

---

[1] 卡特、麦道克：《理性预期：80 年代的宏观经济学?》，上海译文出版社 1988 年版，第 160 页。

率。这时，实际通货膨胀率就会立即下降为零，而不需要以衰退作为反通货膨胀的代价。但是，如果政策缺乏可信度，没有连续性，首尾不一贯，公众就不会降低对通货膨胀的预期，不相信政府反通货膨胀政策能贯彻到底而不中途变卦。这样，就会导致衰退。新古典经济学认为，事实上，政策制定者常常在政策宣布之后背离所宣布的政策，失信于公众，结果是反通货膨胀政策难以奏效。所以他们赞成刚性政策规则，因为这样可以捆住政府的手脚，约束政府的任意政策行为，使政府不得不保持政策的一贯性，提高可信度。

（五）分析和评论

新古典宏观经济学是现代西方经济学中一种值得重视的学说，其影响不可低估。同凯恩斯主义相比较，新古典宏观经济学的优势在于它保持了微观经济学和宏观经济学的一致性和相容性，并为分析宏观经济问题提供了新的理论依据。它对西方经济学界的青年学者所以能产生很大的吸引力，其主要原因就在于此；而凯恩斯主义的统治地位之所以严重动摇，原因也在于它在这些问题上留下了罅隙。新古典宏观经济学的积极意义是它对凯恩斯主义的系统批判。虽然这种批判只是从西方经济学营垒内部按照西方经济学基本原理展开的，然而它已经在相当大的程度上动摇了凯恩斯主义。

新古典宏观经济学的理性预期概念对在经济研究中确定预期的重要地位起了不小的作用，并在西方经济学中已被广泛采用，甚至也被它的论敌新凯恩斯主义所采用。新古典宏观经济学的分析方法对西方宏观经济学也产生了重要影响。西方经济学家现在对消费、投资、外汇汇率的分析方法明显地受到了新古典宏观经济学的影响。其方法已被广泛应用于股票市场、债券市场和外汇市场的分析，并且，新古典宏观经济学现在已经成为西方国家大学经济系的核心课程。

但是，新古典宏观经济学的影响主要在学术方面，而不是在政策方面。西方学者承认："理性预期的征服主要发生在理论层次上。迄今为止，它对实际政策制定者的影响极小，仍然缺少有说服力的经验支持。"①

---

① 比文：《是谁扼杀了凯恩斯？——经济政策演进中的冲突》，霍姆伍德，1989 年，第65—66 页。

新古典宏观经济学就其中心内容而言，不过是凯恩斯以前的"古典"宏观经济理论在新的历史条件下的再现。例如，新古典经济学的基本假设除了理性预期外同"古典"经济学一样；货币供给量的改变只影响价格水平而不影响产量的结论也和"古典"经济学相同。对此西方经济学家实际上也是承认的。托宾说，这个学派的灵活价格模型只不过是前凯恩斯主义观念的巧妙翻版①。比文也说，新古典宏观经济学在"凯恩斯《通论》以前曾经是经济学家共同财产的古典经济学的翻版"②。

新古典宏观经济学在经济周期问题上的根本缺陷在于把周期的根源归结为预期失误，否认生产无限扩大和劳动群众购买力相对缩小的矛盾是资本主义经济危机的直接原因，否认资本主义基本矛盾是经济危机的根本原因。对于新古典宏观经济学关于经济周期根源的见解，一些西方经济学家也认为是不可信的。美国宏观经济学家戈登说："预期错误看来是一种经济周期理论所依靠的一根难以置信的脆弱的芦苇。"③

当然关于预期到的政策变化和没有预期到的政策变化的区别，对研究政策变化的影响不是没有积极意义的。但一些美国经济学家对新古典宏观经济学提出的没有预期到的货币供给会影响产量，而预期到的货币供给不会影响产量的论断进行了大量的统计检验。很多检验证明，这种论断是不符事实的。尽管西方学者的检验不乏相互矛盾之处，然而，多数统计检验表明，货币经济周期理论不能解释实际情况，无法说明现实的经济周期。

货币经济周期理论关于经济周期传动机制的说明也是经不住批评的。在西方国家，货币供给量和价格指数一般是定期公布的，公众通过电视、广播、报纸等新闻媒介可以迅速得到每月、甚至每周的有关信息。如果说存在信息障碍的话，只不过是存在于两次公布之间，即几天或几周而已，以此解释为期几年或十几年的经济周期，显然是缺乏说服力的。还有，按照货币经济周期理论的逻辑，只要厂商和工人对现行价格总水平具有完全信息，经济周期便可以消除。这也是不可能的。果真如此，那就不仅不必改变资本主义制度，就连西方政府奉行的旨在消除经济波动的各种宏观经济政策都是多余的了。

---

① 参见谢弗林《理性预期》，商务印书馆 1990 年版，第 59 页。

② 比文：《是谁扼杀了凯恩斯？——经济政策演进中的冲突》，霍姆伍德，1989 年，第 189 页。

③ 戈登：《宏观经济学》，伦敦，1990 年，第 475 页。

由于理论的根本缺陷和实践上缺乏经验支持，从 80 年代后期起，货币经济周期学派便逐渐失去支持者。一方面，实际经济周期学派从内部批评货币经济学派，提出了另一种经济周期理论；另一方面，新凯恩斯主义从外部批评货币经济学派，重新表述了政府干预思想。

二　新古典宏观经济学：实际经济周期学派

"实际经济周期"这一术语起源于朗和普洛塞 1983 年的《实际经济周期》一文①。后来，持实际经济周期主张的新古典宏观经济学家就被称为实际经济周期学派。人们又称它为新古典宏观经济学的第二代。

实际经济周期学派的代表人物是美国明尼苏达大学的爱德华·普雷斯科特、卡内基—梅隆大学的芬恩·基德兰德、罗彻斯特大学的查尔斯·普洛塞和哈佛大学的罗伯特·巴罗。巴罗编的《现代经济周期理论》是一部有代表性的实际经济周期论文集，"这本书概述了新古典经济学第二代的主要贡献"。②

（一）实际经济周期模型

实际经济周期理论和货币经济周期理论是按新古典宏观经济学家对经济波动的初始根源的不同看法来区分的。同以卢卡斯模型为代表的货币经济周期理论形成鲜明的对照，以基德兰德—普雷斯科特模型为代表的实际经济周期理论认为，货币对产量没有重要影响，引起经济波动的不是货币因素，而是实际因素。不是货币存量的变化引起产量的变化，而是产量的变化引起货币存量的变化，货币数量是适应产量的变化而调整的。产量增加时，货币需求也增加，银行对此作出的反应是制造和发行更多的货币。反之，也就相反。因此，货币存量变动不是产量变动的原因，而是产量变动的结果。

在否定货币因素是经济周期的原因之后，实际经济周期学派必须在理论上回答两个问题：一是实际因素是怎样冲击或干扰经济，从而引起产量波动的；二是实际冲击波及整个经济的传动机制是什么。

---

① ［美］《政治经济学杂志》1983 年 2 月。

② 巴罗编：《现代经济周期理论》，马萨诸塞剑桥，1989 年，第 13 页。

现在先考察实际经济周期学派对第一个问题的说明。这个学派认为，引起经济波动的实际冲击包括很多因素，其中最重要的是生产率的变化。技术的变化、气候的变化、新产品的开发、原材料和能源价格的变化等都会引起生产率的变化。生产率的变化属于供给的变化。因此，实际冲击属于供给冲击。在总供给曲线和总需求曲线图形中，实际产量变动的原因在于总供给曲线的移动，而不是总需求曲线的移动。这同那些认为产量变动的原因在于总需求变动的宏观经济模型恰恰相反。

同货币经济周期理论一样，实际经济周期理论也假定市场连续出清。按照这一假设，市场总是处于均衡状态。实际经济周期模型是根据均衡方法建立的，因此，这种模型是均衡实际经济模型。实际经济周期模型假设实际冲击或供给冲击具有连续性，经济对持续的实际变化或供给变化作出反应。厂商适应这些变化来变动价格和工资，以生产想要生产的数量，雇用想要雇用的数量。工人适应实际工资的变化来提供想要提供的工作时数。

在实际经济周期模型中，生产率的变动表现为生产函数的变动。生产函数的变动导致反映劳动边际生产率变动的劳动需求曲线的变动，从而导致劳动市场供求均衡点的变动，即实际工资和就业量的变动。如图 2 所示。

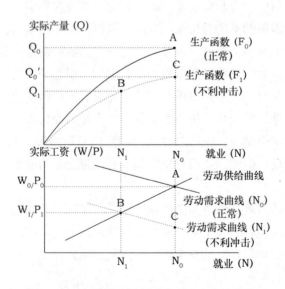

图 2 生产函数的变动导致劳动需求曲线的变动

在图 2 中，上图的 F_0 表示正常状态下的生产函数，F_1 表示出现不利冲击时的生产函数。当发生不利冲击时，例如当出现恶劣天气时，生产函数从 F_0 下降到 F_1，这表示每个工人的生产率都下降了。同上图中的生产函数从 F_0 下降到 F_1 相适应，下图中的劳动需求曲线从 N_0^d 下降到 N_1^d。具有正斜率的劳动供给曲线同正常状态下的劳动需求曲线（N_0^d）的交点 A 决定的实际工资为 W_0/P_0，就业量为 N_0。这条劳动供给曲线同出现不利冲击时的劳动需求曲线（N_1^d）的交点 B 决定的实际工资为 W_0/P_1，就业量为 N_1。图 2 说明，在正常状态下，经济在 A 点上运行，产量为 Q_0，就业量为 N_0，实际工资为 W_0/P_0。不利冲击使均衡点从点 A 移动到点 B，引起衰退，产量从 Q_0 下降到 Q_1，就业量从 N_0 下降到 N_1，实际工资从 W_0/P_0 下降到 W_0/P_1。如果劳动供给曲线不具有正斜率，而是位于 N_0 上的通过点 A 和点 C 的一条垂线，发生不利冲击时的均衡点就不在点 B 而在点 C，这时就业量不下降，产量下降的幅度较小。

现在再来考察实际经济周期学派对第二个问题的说明。传动机制的说法是要解释为什么一次冲击或干扰会波及整个经济，尤其是要解释为什么还会产生长期影响。在这一学派关于传动机制的各种说法中，"跨时期闲暇替代"说是影响较大的一种。

所谓跨时期闲暇替代，是指工作和闲暇二者之间的替代关系是跨时期的。按照这一说法，工人什么时候用工作替代闲暇，什么时候用闲暇替代工作，取决于工资率的高低。经济高涨时，工资较高，工人愿意在这一时期多提供劳动而少享受闲暇。因此，这一时期就业率高，工作时数多。经济衰退时，工资较低，工人愿意在这一时期多享受闲暇而少提供劳动。因此，这一时期就业率低，工作时数少。这样，工资的微小变动造成了产量和就业量的巨大变动。这就是实际经济周期理论的结论。

（二）分析和评论

实际经济周期理论和货币经济周期理论都承认经济周期的存在。同货币经济周期模型相比，实际经济周期理论在这个问题上前进了一步。货币经济周期理论暗示，一项温和的货币政策例如货币存量固定增长率规则，就可消除经济波动的根源。实际经济周期理论则认为，经济周期不是温和的货币政策所能消除的，即使货币存量保持固定不变的增长率，经济周期也将继续存在。但是，实际经济周期理论的进步也仅此而已。

同货币经济周期理论一样，实际经济周期理论也完全排除了凯恩斯主义经济学中的非自愿失业概念。按照凯恩斯的解释，劳动需求随总需求的变动而变动。总需求不足时，出现衰退。衰退时，劳动需求下降，导致失业。潜在的工人虽然愿意按照现行工资工作，但得不到工作。这种失业属于非自愿失业范畴。当然，凯恩斯承认非自愿失业的存在，决无意承认失业的真正根源。事实上，他竭力把失业说成是主观心理因素造成的。但是，新古典宏观经济学连凯恩斯说的非自愿失业都不承认。在他们的模型中，失业都是自愿的，根本不存在非自愿失业范畴。因而把工人失业的原因推到工人身上，说是由于工人为了在一个时期多挣工资而自愿在另一个时期多享受闲暇的结果。

实际经济周期学派设计的跨时期闲暇替代这一传动机制是一种理论上的虚构，根本经不住实践的检验。一个基本事实是，工人在经济危机时失业，不是他们主动辞职去享受闲暇，而是被解雇的，是被抛进失业大军的。例如，美国 1933 年失业率高达 25.2%，英国 30 年代初失业率为 20%，数以千万计的失业者在饥饿线上挣扎，难道是为了更多地享受闲暇吗？对于这一违反基本事实的理论，就连某些西方学者也承认："事实并不有力地有利于这一说法，原因是，在整个经济周期中，实际工资的变化很小。因此，人们并不是因较高工资明显地多工作。"①

实际经济周期理论强调供给，这确实使它区别于强调需求冲击的经济周期模型。但是，只着眼于供给的经济周期模型同只着眼于需求的经济周期模型一样，都失之偏颇。单独用供给或单独用需求都说明不了经济周期。从表面上看，危机似乎是流通领域中供给大于需求的结果。但这只是现象，这不是仅仅只对流通领域的片面研究所能回答得了的。必须进而研究生产领域，从揭示资本主义的基本矛盾入手，才能得出科学的结论。

实际经济周期理论问世不久，就引起了不少西方经济学家的怀疑。"许多经济学家，甚至某些最著名的新古典经济学家，都对实际经济周期方法的现实意义表示怀疑。首先，他们怀疑供给冲击重要得足以解释现实的经济周期。其次，他们注意到，实际经济周期的主张者没有试图

---

① 道恩布希、费希尔：《宏观经济学》，纽约，1990 年，第 691 页。

找出引起经济周期的特定冲击或者解释诸如货币和价格这样一些重要的宏观经济变量的行为。"①

三　新凯恩斯主义

在凯恩斯主义陷入无法摆脱的困境时，一个新的主张政府干预的学派在 80 年代出现了，这就是新凯恩斯主义经济学。

"新凯恩斯主义经济学"在英语中是 new Keynesian economics。"新凯恩斯学派"在英语中是 new Keynesians，或 new Keynesian economists，或 new Keynesian shcool。应注意，这里的新凯恩斯学派在英文文字上和含义上都不同于也曾译作新凯恩斯学派的 neo-Keynesianeconomists，后者指托宾、莫迪利安尼、索洛以及其他凯恩斯主义者。②

现在，在西方经济文献中，同新凯恩斯主义经济学（new Keynesian conomics）相对应的是原凯恩斯主义经济学（original Keynesiane economics），同新凯恩斯主义者（new Keynesians）相对应的是原凯恩斯主义者（original Keynesians）。

新凯恩斯学派的主要成员有：哈佛大学的格雷戈里·曼丘和拉里·萨默斯，麻省理工学院的奥利维尔·布兰查德和朱利奥·罗泰姆伯格，哥伦比亚大学的艾德蒙·费尔普斯，伯克利加州大学的乔治·阿克洛夫和珍妮特·耶伦，斯坦福大学的约瑟夫·斯蒂格利茨，威斯康星大学的马克·格特勒，以及普林斯顿大学的本·伯南克。格雷戈里·曼丘和戴维·罗默编的《新凯恩斯主义经济学》两卷集是有代表性的新凯恩斯主义论文集。

（一）基本假设

非市场出清假设是新凯恩斯主义的最重要的假设。这一假设来自原凯恩斯主义。非市场出清假设使新凯恩斯主义和原凯恩斯主义具有相同的基础。这一假设同新古典宏观经济学的市场出清假设完全相反。市场出清和非市场出清两种截然不同的假设使新古典宏观经济学和新凯恩斯主义经济

---

① 戈登：《宏观经济学》，伦敦，1990 年版，第 205 页。

② 克莱默：《和经济学家的谈话》，新泽西，1988 年，第 vii、95 页，"新凯恩斯主义"这一术语可以追溯到帕金 1982 年和费尔普斯 1985 年的著作，参见［美］《经济学文献杂志》1990年 9 月号，第 1115 页。

学成为两种对立的理论。

新凯恩斯主义经济学认为，基于市场连续出清假设的新古典经济周期模型是不现实的，只有把经济周期模型建立在非市场出清的假设之上，才能具有现实意义。理由是，在衰退时，工人不可能都按现行工资卖掉他们愿意卖掉的全部劳动。这不是因为他们拒绝现行工资下的工作机会，而是找不到工作。同样，在衰退时，厂商不可能都按现行价格卖掉他们愿意卖掉的全部产品。这不是因为他们拒绝现行价格下的销售机会，而是卖不出去。总之，在衰退或萧条时，工人和厂商不可能都按照现行工资和价格卖掉他们愿意卖掉的全部劳动和产品，这是事实。市场出清假设违背这一事实，而非市场出清假设的现实意义就在于承认这一事实。

非市场出清的基本含义是，在出现需求冲击或供给冲击之后，工资和价格不能迅速调整到使市场出清。缓慢的工资和价格调整使经济回到实际产量等于正常产量的状态需要一个很长的过程，例如，需要几年时间。在这一过程中，经济处于持续的非均衡状态。

同是非市场出清模型，原凯恩斯主义和新凯恩斯主义之间也存在着差别。原凯恩斯主义非市场出清模型假定名义工资刚性，而新凯恩斯主义非市场出清模型则假定工资和价格黏性，或工资和价格调整缓慢。

值得注意的是，新凯恩斯主义的基本假设中包括经济当事人的最大化原则，即厂商使利润最大化和家庭使效用最大化原则。这一假设来自传统的微观经济学。而且，新凯恩斯主义也有理性预期假设。

经济当事人的最大化原则和理性预期两个假设使新凯恩斯主义突破了原凯恩斯主义的框子。这两个假设是新凯恩斯主义和新古典宏观经济学所共有的。这表明新凯恩斯主义想解决原凯恩斯主义经济学和传统的微观经济学的矛盾，试图在微观经济学基础上重建宏观经济学。

（二）工资和价格粘性的理论基础

新凯恩斯主义模型的关键在于工资和价格黏性或工资和价格缓慢调整的假设。工资和价格缓慢调整使市场不能连续出清。因此，工资和价格黏性的理论基础是新凯恩斯主义者必须集中力量解决的重大问题。新凯恩斯主义试图在利润最大化和理性预期的基础上对此提出微观经济学的解释。

新凯恩斯主义区分了名义黏性和实际黏性。如果名义工资和名义价格的调整不能顺利进行，也就是，如果名义工资和名义价格不能按照名义需求的变动而相应变动，就存在名义黏性。和名义黏性不同，实际黏性是一种工资相对于另一种工资的黏性，一种工资相对于另一种价格的黏性，一种价格相对于另一种价格的黏性。新凯恩斯主义经济学家对名义黏性和实际黏性提出了各种各样的解释。解释名义黏性的理论有"菜单成本论"、"长期劳动合同论"等，解释实际黏性的有"隐含合同论"、"效率工资论"等。下面依次考察这些理论。

1. "菜单成本论"

在新古典模型中，厂商被假定是完全竞争厂商，因而是价格的接受者。他们可以选择产量，但不能控制价格。与此不同，在新凯恩斯模型中，厂商被假定是垄断竞争厂商，因而是价格的决定者。像汽车、钢铁、机电、石油、铁路、航空等行业的厂商可以选择价格，但不能控制销售量，也不能根据供求情况不断调整价格。原因是，厂商每次调整价格都要花费成本。例如，研究和确定新的价格，编印价目表，通知销售人员，更换价格标签等等，全都有成本支出。新凯恩斯主义者把这类成本叫作"菜单成本"。新凯恩斯主义者断言，小小的菜单成本会带来巨大的社会成本，即造成经济周期。他们的解释是这样的：当需求下降时，为了避免衰退，厂商必须生产同以前相等的产量，这就要降低边际成本，降低价格。厂商是否降低价格，取决于菜单成本和利润的关系。如果厂商获得的利润大于菜单成本，厂商就会降低价格。否则就不会。因此，菜单成本的存在使厂商不愿经常地改变价格。这样就阻碍价格的下降。在厂商不降低价格的情况下，产量就会下降。产量下降给社会造成的损失比厂商可能蒙受的损失大得多，是后者的若干倍。这就是厂商追求利润最大化的理性决策给社会带来的不利后果。厂商选择的不降低价格的利润最大化决策引起社会损失，被称为"宏观经济的外在性"。如果厂商一起降低价格，社会福利就会增进。然而，并没有"一只看不见的手"把厂商降价后社会获得的利益的一部分归还给厂商，因而厂商不会去做像降低价格这样的符合社会最大利益的事。这种现象被称为"协调失灵"。

2. "长期劳动合同论"

美国的汽车、钢铁、电机、铝、橡胶、建筑、航空、铁路、货运等许多行业是高度工会化的。服装、饮食、零售等行业主要是非工会化的行业。在工资模式上，非工会化行业的工人常常效仿工会化的行业。在工会化的行业中，劳资双方一般签订为期三年的劳动合同。这就造成了每三年谈判一次工资的周期。但是，合同的谈判和签订不是同步的，而是错开的。在三年的周期中，每年都有新的合同签订，每年也都有合同满期。影响工资谈判的因素有预期的劳动生产率增长率、通货膨胀率、失业率和其他可比工人的工资率等。劳资双方对这些因素都要进行调查研究，因而谈判是要花费成本的。罢工对劳资双方带来的损失会更大。而长期劳动合同对厂商和工人都是有利的，可以降低谈判成本，减少罢工次数。所以，追求最大化的厂商和工人都愿意通过谈判签订为期几年的长期劳动合同，预先规定厂商和工人的未来行为。结果是排除了适应条件变化而迅速调整工资的可能性。关于名义工资与名义 GNP 的关系，劳动合同有完全指数化和不完全指数化的不同规定。完全指数化合同导致工资的实际黏性。不完全指数化合同导致工资的名义黏性。美国的长期劳动合同完全指数化的很少，大部分是非完全指数化的。新凯恩斯主义者认为，由于存在长期的重叠的和时间错开的合同制度，造成工资的名义黏性，使工资率不能适应总需求的变化进行迅速调整，结果导致产量和就业的波动。这样，长期劳动合同的存在就被认为是经济周期的根源。他们还认为，长期合同也造成了宏观经济的外在性，因为签订合同的厂商和工人并不支付这种合同施加于社会的成本。

　　同上述说法联系密切的是新凯恩斯主义的成本黏性论。如前所说，新凯恩斯主义的厂商是垄断竞争厂商。当需求下降时，为了避免衰退，厂商必须在使利润最大化的价格下保持同以前一样的产量。这就要求降低边际成本，从而降低价格。但是，固定合同的存在阻碍边际成本下降。这就是成本黏性。边际成本有两类：一类是劳动的边际成本，另一类是原料的边际成本。由于长期劳动合同的存在，工资固定，因而劳动的边际成本不易下降。同时，由于厂商和原材料供应商之间的价格合同的存在，价格固定，因而原材料的边际成本也不易下降。边际成本黏性和边际成本灵活性对经济的影响是不同的。如果边际成本具有灵活性，产品价格也就具有灵活性。需求下降时，价格下降幅度可能较大，产量下降则可能很小。相反，如果边际成本是黏性的，价格也就是黏性的。需求下降时，价格不易下降，产量下降的幅度则可能很大。结果是，即使不存在菜单成本，经济衰退也会发生，也会给社会带来巨大损失。

　　3. 隐含合同论

　　新凯恩斯主义解释实际黏性的说法之一是隐含合同论。其含义是，厂商和工人之间虽然没有签订正式合同，但是他们之间存在某种非正式的协议。凯恩斯主义者阿瑟·奥肯模仿亚当·斯密的"看不见的手"的说法，把厂商和工人之间的隐含合同称为"看不见的握手"。隐含合同论假设厂商和工人都厌恶风险，因为风险给他们带来收入的不稳定。工人为厂商工作，厂商向厌恶风险的工人提供稳定的收入以使利润最大化。这是就固定收入而言的。至于工资相对稳定但就业高度变化的情况，隐含合同论则把政府发放的失业救济金加进收入之中，以保持固定收入的说法。新凯恩斯主义者认为，这种隐含合同论就是对实际工资黏性的微观经济学的解释。

4. 效率工资论

这一理论把注意力放在作为激励手段的工资上面。认为，厂商的生产函数中的劳动投入要乘上效率因子。效率因子取决于相对工资率，即相对于其他厂商工资率所支付的工资率。开始时，工资率提高1%，效率因子的提高将高于1%。这意味着劳动成本下降。这样，厂商会继续同意提高工资率，直到均衡点为止。均衡点上的工资为均衡工资。这时，工资提高1%，效率因子也提高1%。过均衡点以后，工资率提高1%，效率因子的提高将低于1%。均衡工资被称为效率工资。这时单位效率的劳动成本达到最小值。

新凯恩斯主义认为，厂商不愿意降低工资，因为降低工资实际上会提高单位产出的工资含量。相反，厂商愿意向工人支付高于均衡工资的工资，以保持效率。相对工资率高时，工人的生产率高；他们努力工作，很少消极怠工；他们安心于现有岗位，不想跳槽；厂商可以吸引高水平的工人，降低培训成本，如此等等。效率工资论是新凯恩斯主义者对实际黏性所作的一种解释。它说明，需求下降时，厂商的反应并不是降低工资率。存在失业时，厂商并不愿意按低于现行工资的工资雇用失业者来代替在业工人。这样，在存在失业的情况下，工资就不会迅速调整到使市场出清。

（三）新凯恩斯主义经济周期模型

新凯恩斯模型分为不变价格加成的新凯恩斯模型和可变价格加成的新凯恩斯模型。为了节约篇幅，这里只考察不变价格加成的新凯恩斯模型。

图 3 表示不变价格加成的新凯恩斯模型。左图中有两条劳动需求曲线：一条是向下倾斜的观念的劳动需求曲线，另一条是有效率的劳动需求曲线（TSKNI）。观念的劳动需求曲线是厂商在每一实际工资下愿意雇用多少工人的劳动需求曲线。有效率的劳动需求曲线是厂商在现行实际工资下不能卖掉它们想要卖掉的产量时的劳动需求曲线。

由于工资黏性的存在，工资率固定为 W_0；由于价格黏性的存在，价格水平固定为 P_0。这样，实际工资就固定为 W_0/P_0。当投资和消费等支出减少时，右图中的总需求曲线从原总需求曲线向左移动到新的总需求曲线，使经济从原均衡点 E_0 向左移动到点 K。这一点是新总需求曲线和不变加成的总供给曲线的交点。这时产量从 Q^N 下降到 Q_1。相应地，在左图中，厂商减少雇用人数，从 N_0 减少到 N_1。由于实际工资固定为 W_0/P_0，厂商离开了观念的劳动需求曲线，而向有效率的劳动需求曲线移动。有效率的劳动需求曲线包括两个线段。第一个线段 TS 位于 N_1 的左边，同观念的劳动需求曲线相重合。第二个线段从 S 垂直下降到 K 直至 N_1。这段垂线同就业量 N_1 相对应。厂商由于卖不掉就业量 N_0 所生产的产量，所以就不再沿观念的劳动需求曲线移动，而只能沿有效率的劳动需求曲线移动。

在原凯恩斯模型中，总供给曲线具有正斜率，向右上方倾斜，如图 3 右图中的原总供给曲线所示。

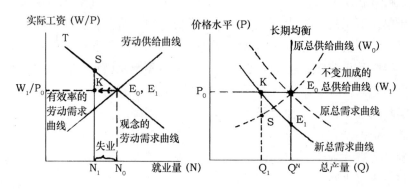

图3　凯恩斯模型中总供给曲线

与此不同，在不变加成的新凯恩斯模型中，总供给曲线是一条水平线。如右图中标有不变加成字样的总供给曲线所示。

新凯恩斯模型被称为非市场出清模型。右图中的 K 点并不是市场出清的均衡点。这时，产品市场存在超额供给，如右图中 K 和 E_0 之间的距离所示。相应地，劳动市场也存在超额供给，如左图中 K 和 E_0 之间的距离所示。在新凯恩斯主义的非市场出清模型中，不仅工资黏性是产量波动的重要根源，而且价格黏性也同样是产量波动的重要根源。

总之，在新凯恩斯模型中，由于工资黏性和价格黏性，工人面临非自愿失业，厂商面临非自愿的销售约束。这就出现衰退。

新凯恩斯主义认为，经济不会永远处于非均衡状态。工资和价格黏性并不意味着工资和价格是永远固定的。厂商和工人对经济衰退都不满意。过几个月或几年之后，劳动合同和价格合同都将重新签订。在存在失业的情况下，工资率会下降到 W_0 以下。在存在产品超额供给的情况下，价格会下降到 P_0 以下。工资和价格下降的压力使不变加成的总供给曲线向下移动，同新需求曲线相交于 E_1。E_1 点上的产量 Q^N 和原来 E_0 点上的产量相同。由于产量回复到原来的水平，厂商便增加雇用人数，使就业量回复到原来的就业量 N_0。不过，产量和就业量的回复是一个缓慢的过程。

新凯恩斯主义模型的结论是：总需求的减少在短期内会降低实际产量和价格水平，但在长期内只会降低价格水平。新凯恩斯主义模型中的这一结论同原凯恩斯主义模型中的下一结论是完全一致的：总需求的增加在短期内会提高实际产量和价格水平，但在长期内只会提高价格水平。

（四）新凯恩斯主义的政策含义

西方经济学家对经济周期的不同解释，表明了他们各自对包括财政政策和货币政策在内的稳定政策的不同观点。新凯恩斯主义的经济周期模型的政策含义完全是凯恩斯式的。在新凯恩斯模型中，经济回复到正常产量是一个缓慢的过程。这暗示了稳定政策对恢复总需求的积极作用。新凯恩斯主义认为，刺激总需求是必要的，不能等待工资和价格向下的压力带来产量的回升，因为这是一个长期的痛苦过程。

新凯恩斯主义论证工资和价格黏性，承认协调失灵，承认没有一只看不见的手可以使厂商的行为符合社会利益，就是要为政府干预提供微观基础。夏时制被认为是协调失灵时政府干预的成功例证。夏季，所有商店都想改变营业时间，但谁也不敢这样做，因为每家商店都想跟其他商店同时开门和关门。政府颁布夏时制法令，便解决了单个商店无法协调行动的困难。

新古典宏观经济学认为，只有没有预期到的货币冲击或价格突然变化会影响实际产量。与此不同，新凯恩斯主义经济学认为，预期到的和没有预期到的货币冲击都影响实际产量，价格突然变化对实际产量只有很小的影响。

（五）分析和评论

新凯恩斯主义在理论上的尝试，是把传统的微观经济学和凯恩斯主义的宏观经济学结合起来，为宏观经济学提供微观基础。原凯恩斯经济学缺少微观基础，因而受到新古典宏观经济学的尖锐批判。新凯恩斯主义汲取了原凯恩斯主义在理论上遭到惨败的教训，接受了新古典宏观经济学的挑战，抛弃了原凯恩斯主义在最大化行为和预期问题上的旧观点，避开了新古典宏观经济学的批评。在经济当事人追求最大化和理性预期的假设下，新凯恩斯主义用一套比较圆通的说法坚持了非市场出清这一凯恩斯模型的核心内容。这就为国家干预经济的学说重新争得了一个生存和发展的空间。

新凯恩斯主义就其核心内容来说，本质上是原凯恩斯主义在现代的翻版，就像新古典经济学是"古典"经济学在现代的翻版一样。导致非市场出清的工资和价格黏性是新凯恩斯主义试图在理论上进行解释的中心问题，而稳定政策的有效性则是新凯恩斯主义试图通过统计检验加以论证的中心问题。

新凯恩斯主义对工资和价格黏性提出了形形色色的理论说明。从西方经济学的角度看，这比没有任何理论说明的原凯恩斯主义的名义工资刚性的武断的论断当然要显得完善一些。但是，西方经济学家发现，新凯恩斯主义者提出的工资和价格黏性的原因太多了，以致使人们莫衷一是，无法了解何者是主要原因，更无从了解工资和价格黏性是否有统一的原因。

新凯恩斯主义关于工资和价格黏性的解释有的颇为幼稚，有的完全没有顾及历史。小的菜单成本引起大的经济周期的说法一提出来就受到新古典宏观经济学家的嘲笑。尽管后者的工资的微小变动造成产量和就业量的巨大变动的说法也同样可笑，但他们毕竟认识到，菜单成本实在太小了，不能解释大萧条期间社会为什么会容忍 25% 的失业。长期劳动合同论和隐含合同论也都经不住历史的检验。长期劳动合同论是用工会在工资谈判中的作用来说明的。可是，在若干行业实现工会化之前，经济周期早已是规律性的现象。隐含合同论是要用政府失业救济金来解释的。可是，政府失业救济金只是在 1938 年才引入美国，因而无法解释 1929—1933 年的大危机以及在这以前的经济危机。相比之下，效率工资论在解释工资黏性方面似乎站得住一些。然而，作为经济周期的根源，这种说法仍然是错误的。效率工资论实际上是说，经济危机的原因在于工人要保持较高的工资。这同实际周期理论的跨时期闲暇替代说的本质一样，都把经济危机的受害者说成是直接责任者。

不过，人们也可以看到，新凯恩斯主义者多少有一种现实感。这就是，他们承认厂商追求的私人利益同社会利益相冲突，承认资本主义制度下协调失灵，承认微观层次上的厂商利润最大化决策造成宏观层次上的严重社会后果。而这正是新古典宏观经济学家所最缺少的东西。

以非市场出清为特点的新凯恩斯主义经济周期模型和以市场出清为特点的新古典宏观经济学经济周期模型是对立的，然而，在经济周期的根源这一根本问题上，二者却有异曲同工之妙。它们都不敢深入到资本主义制度内部去寻找经济危机和经济周期的真正根源，而是企图用现象掩盖事物的本质。

新凯恩斯学派的理论正在创立之中，它能否成功地为国家干预经济的学说提供一个被西方经济学界认可的微观经济学基础，现在做结论还为时过早。然而，有一点可以肯定，新凯恩斯主义对政府干预经济的学说的重新表述会受到西方国家的政府、经济界和学术界的重视。它不像原凯恩斯主义那样宣传宏观经济政策或"微调"可以有效地防止和医治失业和通货膨胀，而是倾向于一种较为温和的说法，即：没有紧缩政策，通货膨胀会更加严重；没有扩张政策，失业会更为严重。新凯恩斯主义者的这种说法比新古典学派的政策无效论也许会赢得更多的支持者。

四　几点思考

市场出清还是非市场出清，政府失灵还是市场失灵，政策无效还是政策有效，这是新古典宏观经济学和新凯恩斯主义经济学的理论观点和政策主张分歧的关键所在。新古典学派相信市场经济有充分的自我调节或自我矫正的力量（工资和价格有充分的灵活性），市场能连续出清，经济能经常处于均衡状态。与此相反，新凯恩斯学派认为市场经济缺乏充分的自我调节或自我矫正的力量（工资和价格黏性），市场不能连续出清，经济有可能处于持续的非均衡状态。新古典学派既然相信市场经济能连续出清因而能经常处于均衡状态，就必然会得出政府失灵的结论。他们认为，政府干预经济不仅于事无补，而且危害很大，因此政府最好不要卷入经济。与此相反，新凯恩斯主义既然不相信市场经济能连续出清因而能经常处于均衡状态，就必然会得出市场失灵的结论。他们认为，如果没有政府干预，经济恢复均衡将是一个漫长的痛苦过程，失业和（或）通货膨胀将更为恶化。同经济理论分歧相联系的是政策主张的分歧。新古典学派断言政府干预经济的宏观经济政策无效，新凯恩斯学派则坚持政策有效。新凯恩斯学派和新古典学派最初的论战就是围绕政策无效性命题展开的。新凯恩斯学派和新古典学派之争的实质在于如何看待资本主义市场经济。在这个问题上，新古典学派的理想主义超越了现实感，新凯恩斯学派则较少沉缅于理想主义而较多地面对资本主义现实。

新凯恩斯学派和新古典学派的争论看来还会持续下去。争论结果尚难逆料。然而，可以肯定的是，新古典经济学的货币经济周期学派占据上风的时期已经成为过去，新凯恩斯主义已经成为新古典宏观经济学的强大对手和劲敌。关于政策无效性命题的统计检验的结果有利于新凯恩斯主义而不利于新古典宏观经济学。非市场出清比市场出清较为接近资本主义现实。国家干预主义也比自由主义更适合国家垄断资本主义的需要。就这些方面而言，新凯恩斯学派在今后某一时期占据上风是有可能的。一般说来，当资本主义经济比较稳定、经济危机和失业不十分严重的时候，自由主义容易抬头；相反，当经济危机和失业严重的时候，政府干预经济的理论和政策主张往往会得到大量的拥护者。

新古典学派和新凯恩斯学派各自把工资—价格灵活性和工资—价格黏性当作是宏观经济分析的关键。他们都刻意求新，在提高分析技术上下功夫，建立了许多复杂的数学模型，以致使一般读者望而却步。然而，他们对宏观经济的运行并没有提出多少真正有科学依据的新见解。他们都不了解社会总资本再生产和流通的条件，都不从资本主义经济内部联系中寻找经济危机和周期的根源。美国宏观经济学家布林德说："许多相当聪明的人在宏观葡萄园中一直进行着长时间的辛勤劳动，以期开发出更经得住批评的理论的和经济计量学的新品系，许多新技术已经装进了我们的工具箱。今天要成为一名真正的现代宏观经济学家，你的技术行装就必须比一二十年前的更加沉重。难道我们对宏观经济如何运行真的比过去知道得多了吗？我是不相信的。"[1] 西方学者的这一番话确实耐人寻味。

《中国社会科学》1993 年第 2 期

---

[1] 布林德：《争论中的宏观经济学》，纽约，1989 年，第 101 页。

社会主义市场经济与公有制为主体

苏 星[*]

摘要 本文认为，市场经济不能脱离社会制度。社会主义市场经济是和社会主义基本制度结合在一起的，其基本标志就是以公有制为主体。坚持以公有制为主体，具有两方面的意义：一是对社会主义必须实行单一公有制模式的否定；二是表明在中国不能搞私有化。以公有制为主体、多种经济成分共同发展这样一种格局，应当长期稳定下去。公有制的实现形式是指资产的经营方式或组织形式。股份制是现代企业的一种组织形式。不能把对国有企业的股份制改造和私有化等同起来。股份制不是企业改革的唯一形式。股份制要发挥优势，还需要有好的外部环境以及自身管理水平的提高。

一 社会主义市场经济的基本标志是以公有制为主体

我国正在建立社会主义市场经济体制。市场经济是在商品经济的基础上形成的。对市场经济和商品经济的关系，在我国理论界至少有三种看法：（1）商品经济就是市场经济；（2）商品经济是内容，市场经济是形式；（3）市场经济是商品经济高度发展的产物。我基本上同意第三种看法。商品经济产生得比较早，有了商品交换和商品生产，就有商品经济了。当时，占统治地位的还是自然经济。资本主义制度完成了自然经济向商品经济的过渡，不仅使产品成为商品，而且使一切生产要素都成为商品，在这个基础上，培育和发展了劳动力市场、金融市场、房地产市场和

---

* 苏星，1926 年生，中共中央党校副校长、经济学教授。

技术信息市场，形成了市场体系。因此，资本主义经济被称为市场经济。

市场经济不是对商品经济的否定，相反地，它是以商品经济发展为基础的。在我国某些少数民族地区，自然经济所占比重还比较大，在那里，首先要发展商品经济，只有商品经济发展了，才有可能建立社会主义市场经济体制。市场经济是由市场供求调节的经济，或者说，是由市场供求配置资源的经济。在计划经济体制下，供求变化也影响资源配置，但由于价格是固定的，供过于求，表现为积压；求过于供，表现为脱销，只能根据积压和脱销来调整生产计划。在许多商品长期供不应求的情况下，便实行凭票、凭证分配。在市场经济条件下就不同了，价格是由市场供求变化决定的。市场供求变化决定价格高低，价格的升降反过来又影响供求。价格是围绕价值波动的。供过于求，价格下跌，当跌到价值以下时，生产者亏了，一部分生产要素会转移到其他部门；求过于供，价格上涨，当涨到价值以上时，生产者赚了，就会把一部分生产要素吸引到这个部门来。所以，供求调节，就是价值规律这只"看不见的手"在那里调节。我们说，市场经济是市场对资源配置起基础性作用，实质上是价值规律对资源配置起基础性作用。当然，价值规律的自发调节，难免会有盲目性或无政府状态，这就需要国家的宏观调控。社会主义市场经济，也是市场经济，同样是由市场供求变化，也就是价值规律调节的经济。在这一点上与资本主义国家的市场经济没有本质的区别。正是从这一点出发，邓小平一再指出，不能把市场经济等同于资本主义，社会主义也可以搞市场经济。

社会主义国家的市场经济和资本主义国家的市场经济有没有区别呢？有。市场经济不能脱离社会制度，资本主义国家的市场经济是和资本主义制度结合在一起的。社会主义国家的市场经济是和社会主义基本制度结合在一起的。社会主义基本制度包括许多方面，在经济上主要是以公有制经济为主体。社会主义市场经济的基本标志，就是以公有制为主体。现在世界上所有实行市场经济的国家都是以私有制为基础的，正在向市场经济过渡的原来的社会主义国家，绝大多数也在推行私有化。我国则不同，既要实行市场经济，又要保持公有制经济为主体。这是前无古人的创举。在我国搞市场经济，肯定能成功，因为是大势所趋。但社会主义市场经济能否成功，关键在于能否坚持以公有制经济为主体。

现在，有截然相反的两种观点。一种，认为公有制和计划经济是一体的，要坚持公有制为主体，就得实行计划经济，不能实行市场经济。我不同意这种观点。在我国，计划经济在历史上曾经发挥过积极作用，今后也还需要利用计划作为经济手段。但是，几十年的经验证明，这种体制并不成功。中共十一届三中全会以后，实行改革开放，逐步使计划经济体制转变为市场经济体制，在不到 20 年的时间里，我国国民经济已经发生了举世瞩目的变化：困扰我们多年的"短缺经济"变为买方市场；在总体上，人民生活上了一个新的台阶，外国朋友到中国来，感到变化很大，国内绝大多数人对市场经济是满意的。这证明，我们的路子走对了，没有理由再回到计划经济的老路上去，事实上已经回不去了。另一种，认为我国实行市场经济，不应该也不可能坚持公有制经济为主体，迟早得实行私有化。我也不同意这种观点。我们的目标，是建立社会主义市场经济体制，必须坚持公有制为主体，不能实行私有化。如果实行私有化，即使建立了市场经济，也不是社会主义市场经济了。这两种观点，来源是一个，还是固守社会主义只能实行计划经济，只有资本主义才能实行市场经济的老看法。这些观点，早已被现实经济生活所否定。至少在本世纪 30 年代以后，资本主义已经不再排斥计划，50 年代以后，社会主义也不再排斥市场了。正是根据这种变化，邓小平指出："计划经济不等于社会主义，资本主义也有计划；市场经济不等于资本主义，社会主义也有市场。计划和市场都是经济手段。"[1]

二　以公有制经济为主体、多种
经济成分共同发展

在社会主义初级阶段，坚持实行以公有制为主体、多种经济成分共同发展，是邓小平建设有中国特色的社会主义理论的一个重要内容。1985年以后，他多次讲过这个问题。他说："社会主义有两个非常重要的方面，一是以公有制为主体，二是不搞两极分化。公有制包括全民所有制和集体所有制，现在占整个经济的百分之九十以上。同时，发展一点个体经济，吸收外国的资金和技术，欢迎中外合资合作，甚至欢迎外国独资到中国办工厂，这些都是对社会主义经济的补充。"[2] 邓小平同志的这一段话

---

① 《邓小平文选》第 3 卷，第 373 页。
② 同上书，第 138 页。

表明：公有制包括全民所有制和集体所有制，公有制为主体不是全民所有制为主体；当时，公有制已经是主体。

邓小平同志提出坚持以公有制为主体，具有两方面的意义：

第一，是对社会主义必须实行单一公有制模式的否定。苏联曾经把单一公有制的实现，当做建成社会主义的标志。我们提出党在过渡时期的总路线，目的也是在中国建立单一的公有制。在这方面，我们比苏联彻底，苏联还保存了一些个体经济，我国经过"文化大革命"，"割资本主义尾巴"，个体经济几乎被搞光了。但所有社会主义国家的实践都证明，单一的公有制形式，是不利于社会生产力发展、市场繁荣和人民生活改善的。一方面，这种所有制形式不利于调动其他经济成分的积极性。而在社会主义初级阶段，只有发挥多种经济成分的积极性，才能使经济全面发展，市场不断繁荣。我国市场最繁荣的时候，都是公有制为主体、多种经济成分并存的时候。另一方面，也不利于公有制经济本身的发展。没有其他经济成分的竞争，公有经济没有压力，缺乏活力，"皇帝的女儿不愁嫁"，很难改善经营管理。改革开放以来，其他经济成分迅速发展，公有经济面临着在竞争中求生存、在竞争中求发展的局面，经营管理水平大大提高了。

第二，表明在中国不能搞私有化。我们要建设有中国特色的社会主义，必须坚持以公有制经济为主体。只有这样，才能巩固人民民主专政和社会主义的经济基础，逐步实现共同富裕，防止两极分化，不会产生新的资产阶级。

经过19年的改革开放，在我国已经形成了以公有制为主体、多种所有制并存的所有制格局。这样一种格局，应当长期稳定下来，至少在社会主义初级阶段，不要去试图改变这种格局。

改革开放以来，个体经济、私人经济、外资经济迅速发展，公有经济中集体经济（主要是乡镇企业）也发展很快，国有企业的发展相对要慢一些，但并未改变公有经济的主体地位。1996年，全国国内生产总值中，国有经济占40.8%，集体经济占35%，两项相加占75%左右。怎样才算是保持公有制为主体？江泽民同志在党的十五大的报告中明确指出："公有制的主体地位主要体现在：公有资产在社会总资产中占优势；国有经济控制国民经济命脉，对经济发展起主导作用。这是就全国而言，有的地方、有的产业可以有所差别。公有资产占优势，要有量的优势，更要注重质的提高。国有经济起主导作用，主要体现在控制力上。"同时指出：

"只要坚持公有制为主体，国家控制国民经济命脉，国有经济的控制力和竞争力得到增强，在这个前提下，国有经济比重减少一些，不会影响我国的社会主义性质。"

社会主义公有制主要有两种形式，全民所有制和集体所有制。它们是历史形成的。全民所有制是通过没收或赎买剥削阶级的资产建立起来的，是全体劳动者的公有制。集体所有制是通过个体劳动者的合作化建立起来的，是部分劳动者的公有制。由于国家是全民的代表，全民所有制也称国有制。公有制，还包括中外合资和股份制企业中的国有成分和集体成分。

公有制的实现形式，是指资产的经营方式或组织形式，这可以有许多种。我们用过的就有：国有国营、承包、租赁和股份制。股份制又有股份有限公司、有限责任公司，等等，还有大型企业集团。江泽民同志在党的十五大报告中指出："公有制实现形式可以而且应当多样化。一切反映社会化生产规律的经营方式和组织形式都可以大胆利用。要努力寻找能够极大促进生产力发展的公有制实现形式。"改革开放以来的经验表明，想单用某一种形式搞活国有企业是很困难的。

资本主义国家也有国有经济。由于国家的性质不同，它同社会主义国家国有企业的性质是不同的。恩格斯说："现代国家，不管它的形式如何，本质上都是资本主义的机器，资本家的国家，理想的总资本家。它愈是把更多的生产力据为己有，就愈是成为真正的总资本家，愈是剥削更多的公民。工人仍然是雇佣劳动者，无产者。"[1] 这个论断并没有过时。正因为如此，在资本主义国家，国有企业的兴起或者实行私有化，归根到底，都是以资产阶级的利益为转移的。当某一部门的产业需要国家扶植时，就实行国有化，当这一部门产业成熟，国有工业企业扶植产业的任务已经完成，就可以用私有化的办法退出该产业而让位给私营企业去竞争。在那里，私有、国有都不改变资本主义所有制，当然也不会动摇其经济基础。

在社会主义国家，国有经济对整个经济起主导作用。对国有经济实行私有化，必然动摇社会主义的经济基础。这是社会主义制度和资本主义制度不同的地方。

---

① 《马克思恩格斯全集》第20卷，第303页。

三 股份制是现代企业的一种组织形式

股份公司是资本集中和生产社会化的产物。资本主义早期的资产经营方式，是采取独资或合伙的形式（现在按企业数量两者所占的比重还很大，美国在四分之三以上）。在这种形式下，资本及其企业的所有权和经营权都属于个人（一个资本家或几个资本家），两者是统一的。随着资本集中和生产社会化的发展，资本主义基本矛盾的日趋尖锐，独资和合伙的形式已经不完全适应生产力发展的要求，于是就出现了股份制。股份制冲破了私人资本的局限性，成为社会资本。在股份制企业里，资本的所有权和经营权分离了，所有权归股东，企业作为法人，则拥有了处置企业财产的权利，即企业的经营权。这是一个重大的变化。马克思认为，由于股份公司的成立，"那种本身建立在社会生产方式的基础上并以生产资料和劳动力的社会集中为前提的资本，在这里直接取得了社会资本（即那些直接联合起来的个人的资本）的形式，而与私人资本相对立，并且它的企业也表现为社会企业，而与私人企业相对立"①。社会资本的出现，打破了个人资本的局限，加速了资本的集中，增加了企业的稳定性，降低了融资成本，对资本主义经济的发展起了巨大作用。现在，资本主义国家的大公司、跨国公司都是股份制企业。资本主义国家的股份制企业，仍然是资本主义企业。第一，社会资本不过是联合起来的个人资本（第二次世界大战以后，资本主义企业向职工和居民发行小额股票，并不影响股份制企业的性质），资本的属性没有改变；第二，股份公司作为法人，所属资产在形式上是归全体股东"共有"的，但本质上还是私有财产，因为股权归私人所有。因此，资本主义国家的股份公司，既不是"公有制"，也不是"社会所有制"，仍然是资本主义私有制。马克思说："在工业上运用股份公司的形式，标志着现代各国经济生活中的新时代。一方面，它显示出过去料想不到的联合的生产能力，并且使工业企业具有单个资本家力所不能及的规模；另一方面，不应当忘记，在股份公司中联合起来的不是单个人，而是资本。由于这一套做法，私有者变成了股东，即变成了投机家。资本的积聚加速了，其必然结果就是，小资产阶级的破产也加速了。

① 《马克思恩格斯全集》第25卷，第493页。

特种工业巨头出现了，他们的权力同他们的责任则成反比，因为他们只对他们所有的那一大宗股票负责，而支配的却是公司的全部资本。"① 马克思的这一段话，把资本主义股份公司的本质和作用说得再清楚不过了。

股份制，一方面是资本集中的产物，一方面也反映了社会化大生产的要求。这种资本组织形式，资本主义可以用，社会主义也可以用。因此，不能把对国有企业的股份制改造和私有化等同起来。

我国的国有企业的体制改革，是从扩大企业自主权开始的。体制改革以前，我国实行的是计划经济体制。这种体制的最大弊端，是计划一直管到企业。结果，一是把企业管死了；一是形成了一个庞大的经济管理机构。因此，转换国有企业经营机制，必须扩大企业自主权，使企业成为自主经营、自负盈亏、自我发展、自我约束的商品生产者和经营者。同时，必须转变政府职能，实现政企职能分开。1984 年，中共中央《关于经济体制改革的决定》规定，今后各级政府部门原则上不再直接经营管理企业，就是根据这一要求作出的。

为了实现政企职能分开，使国有企业的所有权和经营权分离，我们在资产经营方式上曾作过多种探索。开始是搞承包制，后来是利改税，利改税第二步走不通，又回头来搞承包，并开始股份制试点。

我国的股份制试点，是 1984 年在上海、沈阳、北京、广州等城市开始的。当时，规范化的股份公司并不多。但争论很大，有人认为，搞股份制，就是实行私有化。特别是看到俄罗斯的所谓无偿私有化办法以后，更容易把股份制和私有化联系起来。虽然看法不同，股份制试点仍在扩大，1990 年和 1991 年分别在上海和深圳建立了证券交易所。1992 年 1—2 月，邓小平在视察南方的重要谈话中，专门谈到股份制问题。他说："证券、股市，这些东西究竟好不好，有没有危险，是不是资本主义独有的东西，社会主义能不能用？允许看，但要坚决地试。"并且说："社会主义要赢得与资本主义相比较的优势，就必须大胆吸收和借鉴人类社会创造的一切文明成果，吸收和借鉴当今世界各国包括资本主义发达国家的一切反映现代社会化生产规律的先进经营方式、管理方法。"② 这里，当然也包括股份制。

---

① 《马克思恩格斯全集》第 12 卷，第 37 页。
② 《邓小平文选》第 3 卷，第 373 页。

社会主义市场经济与公有制为主体

根据邓小平重要谈话的精神，1992 年 10 月，中共十四大确定了经济体制改革的目标是建立社会主义市场经济体制。1993 年 11 月 14 日，中共十四届三中全会通过了《中共中央关于建立社会主义市场经济体制若干问题的决定》。《决定》说：现代企业按照财产构成可以有多种形式。国有企业实行公司制，是建立现代企业制度的有益探索。《决定》讲了规范的公司的优点和不同投资主体可以采取不同的形式。特别指出，生产某些特殊产品的公司和军工企业应由国家独资经营，支柱产业和基础产业中的骨干企业国家要控股。《决定》还指出，实行公司制不是简单更换名称，也不是单纯为了筹集资金，而要着重于转换机制，要通过试点，逐步推行，绝不能搞形式主义，一哄而起。我认为，《决定》颁布以后，股份制的问题在理论上和实践上已经基本解决了。在理论上否定了搞股份制是私有化的看法，在实践上则为股份制改造规定了若干原则和具体进行的步骤。1994 年 7 月 1 日正式实施《中华人民共和国公司法》。按《决定》和《公司法》去做，股份公司是可以健康发展的。但是，在此以后，还是有人把股份制和私有化联系起来。因此，江泽民同志在中共十五大报告中特别指出："不能笼统地说股份制是公有还是私有，关键看控股权掌握在谁手中。国家和集体控股，具有明显的公有性，有利于扩大公有资本的支配范围，增强公有制的主体作用。"在这方面，我们已经有若干成功的实例。

现代企业按照资产构成可以有多种形式，公司制并不是唯一的形式。公司制也不等于股份制。建立规范化的股份制企业，需要具有许多条件。从 100 户试点企业的结果看，到 1996 年底，除一户解体，一户被兼并，其余 98 户企业大体按以下四种形式改制：（1）由工厂制直接改制为多元股东持股的公司有 17 户。其中，股份有限公司 11 户，有限责任公司 6 户；（2）由工厂制企业改为国有独资公司的有 69 户。其中，先改制为国有独资公司，再由国有独资公司作为投资主体，将生产主体部分改制为股份有限公司和有限责任公司的有 29 户；（3）由原行业主管厅局"转体"改制为纯粹控股型国有独资公司的有 10 户；（4）按照先改组、后改制的原则进行结构调整，实行资产重组改组的 2 户。这大部分还是方案，在实施过程中，会有各种变化，但由此可以看出，建立股份制企业并不是轻而易举的。

股份制企业有利于所有权和经营权的分离，有利于提高企业和资本的经济效益，但不是只要采取这种组织形式，就立即可以提高经济效益。就是说，不是"一股就灵"。经营不好，股份制企业经济效益也上不去。资本主义国家的股份制企业不是也有破产的吗？为了使股份制企业显示出它的优势，一方面，要按照社会主义市场经济的要求，转变政府职能，实现政企分开，把企业生产经营管理的权利切实交给企业。另一方面，要鼓励、引导企业和社会的资金投向技术改造，面向市场开发新产品；加强科学管理，形成有效的激励和制约机制；建设好企业领导班子。实践证明，一个企业只要有一个好的外部环境（主要是政企分开），有好的领导班子，特别是有好的经理、厂长，有好的经营管理机制，有好的产品，就可以在国内外市场竞争中占据优势。企业改组为股份制企业以后，也必须在这些方面下功夫。

《中国社会科学》1997 年第 6 期

比较优势与发展战略

——对"东亚奇迹"的再解释

林毅夫　蔡昉　李周[*]

摘要　本文认为，在经济发展的战略选择上，除了立足于赶超重型工业优先发展战略或进口替代战略以外，还有一种更为成功的经济发展道路，即比较优势战略，这是日本和亚洲"四小龙"实现经济成功的核心所在。比较优势战略使得经济发展在每个阶段上都能发挥当时资源禀赋的比较优势，从而维持经济的持续增长并提升资源禀赋的结构。文章指出，实行比较优势战略要求发挥市场机制作用；发挥政府维护市场竞争性和规则性的经济职能，并特别表现在产业政策的制定和实施上。比较优势战略与金融危机没有必然联系，而且在某种程度上具有防范和抵御金融危机的作用。

在经济上赶超先进国家，几乎是所有落后国家和地区的热切愿望。然而，几乎所有实行赶超战略的经济，大都陷入诸如日益加深的城乡贫困化、旷日持久的高通货膨胀以及积重难返的经济结构失衡的困境之中。如果这种赶超战略是唯一的选择，我们又没有发现任何采取其他战略成功地实现赶超发达经济的事例，则还不能说赶超战略失败了，只能说这种战略的推行和结果是无法回避的。

然而，事实并非如此。一些没有采取赶超战略的发展中国家和地区，

---

　　* 林毅夫，1952年生，北京大学中国经济研究中心主任、教授；蔡昉，1956年生，中国社会科学院人口研究所所长、研究员；李周，1952年生，中国社会科学院农村发展研究所副所长、研究员。

反而取得了快速的经济增长，成为世界经济发展中的明星。第一个成功的事例发生在日本，紧随其后的是地处东亚的韩国、新加坡、中国的台湾和香港。在过去数十年，这些经济以与其他发展中经济相同的起点，实现了完全不同的发展绩效，成为世界经济中高速、持续经济增长的典型，被誉为"东亚奇迹"。[①] 这些成功的发展事例，是否代表了一种可供替代的发展战略，这种发展战略的不同之处何在，它对经济发展理论提供了哪些新的知识，以及当东南亚金融危机发生之后这种发展战略是否还站得住脚，是本文尝试回答的问题。

一 对"东亚奇迹"的不同解释

与大多数发展中经济一样，日本和亚洲"四小龙"也是自第二次世界大战后从较低的经济发展水平上起步的。特别是亚洲"四小龙"国家和地区，其工业化水平在 50 年代初期仍然很低，资本和外汇十分稀缺，人均国民生产总值只有 100 美元左右。但是，这些经济在二三十年的时间里持续、快速增长，并且随着资本、技术的积累，它们又逐步发展资本、技术密集型的产业，成为新兴工业化经济，进入或接近发达经济的行列。值得指出的是，在这些经济中，高速增长还伴随着收入分配的相对均等、经济结构的优化以及一系列社会福利指标的提高。

关于日本、东亚"四小龙"何以能够成功地实现经济快速增长从而达到赶超发达经济的目标，学术界存在着种种不同的解释。有不少研究者的解释已经超出了经济范畴，以为这些经济的成功与经济因素无关。其中一种是从文化的角度进行解释。例如，有人观察到日本和亚洲"四小龙"都深受儒家思想的影响，认为勤恳耐劳和奉行节俭的儒家文化是这些经济实现成功赶超的原因。[②] 如果事实真正如此，其他国家实现经济成功发展的机会就相当有限了，因为文化是不同的，而且难以在短期内发生变化。然而问题在于，这些国家和地区长期以来就一直在儒家文化的濡染之下，但为什么它们并没有在 16、17 世纪率先实现现代化和经济发展？此外，同样受到儒家文化影响的许多其他国家并没有实现同样的经济成功，而许

---

① 世界银行：《东亚的奇迹》，中国财政金融出版社 1995 年版。
② 金耀基：《东亚经济发展的一个文化诠释》，《信报财经月刊》1987 年第 11 期。

许多多与儒家文化无缘的国家却更早地实现了经济现代化？[①]

　　第二种解释是由一些从政治地理的角度观察问题的学者做出的。他们认为，由于长期的东西方冷战，美国和西方国家向日本和亚洲"四小龙"提供了大量的投资和援助，以期减弱社会主义阵营对这些国家和地区的影响，同时美国也更加乐于向这些国家和地区转移知识、技术和开放市场。[②] 然而，当年卷入冷战的国家远不止这些实现成功赶超的经济，为什么成功者寥寥？按照这个逻辑，亚洲的菲律宾和大量拉丁美洲国家都应该在这个成功者的名单上；而恰恰是这些国家成为经济发展不成功的典型事例。可见，由于冷战的需要而形成的政治因素对经济发展的影响，充其量可以视为促进成功的经济发展的辅助性因素，而远非决定性因素。

　　从经济学角度解释东亚成功原因，吸引了许多经济学家的兴趣，并提供了各种不同的假说。我们可以将这种种观点归纳为三类。提出第一种假说的学派以世界银行的经济学家为代表[③]。他们认为这些经济的成功是由于实行了自由市场经济，价格扭曲较少，资源配置得当且效率高。但这种解释过于理想化了，因而远远不能令严肃的观察者满意。因为人们同时很容易观察到，事实上，这些经济同样存在着明显的政府干预，竞争障碍乃至价格扭曲和贸易保护也是存在的。例如，中国台湾地区、韩国和日本都曾经积极地采用了进口限额和许可证、信贷补贴、税收优惠、公共所有制等等手段，以培育和保护其幼稚产业。

　　与此恰好相反，以麻省理工学院经济学家 Alice Amsden 和英国经济学家 Robert Wade 为代表的另一学派提供的解释是，这些经济的成功是由于

　　① 如果要说儒家文化的影响，中国应该执天下之牛耳。但是，近代中国经济落后的历史表明，作为儒家文化的发源地，她的经济发展绩效并未得益于这种文化传统。相反，有着类似的思想方法的文化极端主义者，却知耻于落后挨打的民族地位，喊出了"打倒孔家店"的口号。可见，用儒家文化解释不了"李约瑟之谜"，也无法回答东亚奇迹产生之谜，正如这种解释本身就否定了用所谓"新教伦理与资本主义精神"对著名的"韦伯之疑"（Weber, 1991）所作解释的有效性一样。

　　② Haggard, S., "The Politics of Industrialization in the Republic of Korea and Taiwan", in Hughes, H. (ed.), Achieving Industrialization in Asia, Cambridge: Cambridge University Press, 1988; Woo, J. E., Race to the Swift: State and Finance in Korean Industrialization, New York: Columbia University Press, 1991.

　　③ World Bank, The East Asian Miracle: Economic Growth and Public Policy, New York: Oxford University Press, 1993; James, William E., Seiji Naya and Gerald M. Meier, Asian Development: Economic Success and Policy Lessons, San Francisco: ICS Press, 1987.

政府有意识地扭曲价格、限制市场的作用、利用产业政策来扶持某些关键性的战略产业。这些干预的确存在，可是，许许多多存在着经济干预和扭曲价格的经济，却往往成为经济发展最不成功的例子。许多推行赶超战略的国家，就以其发展经验表明这种理论假说缺乏说服力。

第三种假说把日本和亚洲"四小龙"经济发展的成功归结为这些国家实行了外向型发展政策。由于实行外向型发展战略需要介入国际竞争，所以一个国家或地区的产业必须具备竞争力，从而必须是有效率的。① 因此，这种观点认为，国际贸易对于经济发展的成功是至为关键的。然而，需要质疑的是，经济的外向型究竟是经济发展的结果，还是导致经济发展的原因？如果是后者，完全可以不惜代价地人为推行出口鼓励型的发展政策，提高贸易在经济中的比重，以便达到经济发展的目标。实际上，那些推行赶超战略的国家，也经常把鼓励出口作为其赶超的一个手段。但由于采取的是扭曲价格和汇率以及直接补贴的办法鼓励出口，就不可避免地导致资源配置的失误，经济仍然陷入重重困境。最近一些经济研究也发现出口比重和一个经济总要素生产率的提高并没有显著的关系。②

二 一种可供替代的发展战略

任何一种有效的理论，一方面需要在逻辑上具有内部的一致性，另一方面需要在经验检验中站得住脚。上述关于日本和亚洲"四小龙"成功地实现经济赶超的解释，无疑都触及事物现象本身的某个方面，但都没有揭示事物的本质，因而相互之间是矛盾的，而且各自的解释力都在这种矛盾中彼此抵消了。因此，我们所要提出的理论解释应该是一种能够包容上述假说的。

从日本和亚洲"四小龙"的发展经验来看，它们的经济发展是一种循序渐进的过程。一个与赶超战略截然不同的特点就是，它们在经济发展的每个阶段上，都能够发挥当时资源禀赋的比较优势，而不是脱离比较优势进行赶超。表1表明，这些经济在其不同的发展阶段上，由于不同的比

---

① Krueger, A. O., Economic Policy Reform in Developing Countries, Oxford: Basil Blackwell, 1992.

② Lawrence, Robert Z. and Daid E. Weinstein, "Trade and Growth: Import-led Or Export-led? Evidence from Japan and Korea" (Memo), 1999.

较优势，形成的主导产业也不一样。一个共同的规律是，随着经济发展、资本积累、人均资本拥有量提高，资源禀赋结构得以提升，主导产业从劳动密集型逐渐转变到资本密集型和技术密集型，乃至信息密集型上面。

表1　　　　　日本和"四小龙"的关键产业与发展阶段

	日本	韩国	中国台湾地区	中国香港地区	新加坡
纺织	1900年至30、50年代		60年代和70年代	50年代初	60年代初，70年代
服装、成衣	50年代		60年代	50年代至60年代	
玩具、表、鞋			60年代至70年代	60年代至70年代	
炼制		60年代初（推动）			
钢铁	50年代至60年代	60年代末70年代初（推动）			
化工	60年代至70年代	60年代末至70年代			
造船	60年代至70年代	70年代			
电子	70年代	70年代末至80年代	80年代		70年代
汽车	70年代至80年代	80年代			
电脑与半导体	80年代	80年代末			
银行与金融				70年代末至80年代	80年代

资料来源：Ito, Takatoshi, "Japanese Economic Development: Are Its Features Idiosyncratic or Universal?", paper presented at the XI th Congress of International Economic Association at Tunis, December 17 – 22, 1995。

　　无论是日本还是亚洲"四小龙"，在其经济发展过程中都没有明确地宣布过它们实行怎样的发展战略。毋宁说，除了中国香港之外，这些经济在发展的早期，都曾经尝试推行进口替代政策或者说作为次级进口替代阶段的重化工业优先发展政策。如果照那样的道路走下去，我们今天也许没有机会讨论所谓的"东亚奇迹"了。但是，这些经济与其他发展中经济不同之处在于，由于这些经济感受到赶超战略的高成本和沉重代价，因而较早地放弃了与其比较优势相抵触的赶超战略，转而按照各自的资源禀赋条件，积极发展劳动密集型产业，从而增加了出口和经济的外向型程度，达到了比较优势的充分利用。虽然它们对这种发展战略从未明确表述，但是可以看出其特点是主导产业在发展过程的每一个阶段都遵循了经济学中所说的"比较优势原则"，因此，我们称之为比较优势战略。

日本和亚洲"四小龙"为什么能够不同于其他发展中经济，而在较早的阶段上放弃赶超战略呢？经济学家也尝试做出解释。而我们将这些经济与那些固守赶超战略的经济作比较时，会发现两者截然不同之处在于前者的人均自然资源占有水平很低，同时人口规模较小。赶超战略是一种效率很低、浪费很大的发展道路，一个经济能够在多久的时期持续推行赶超战略，通常取决于两个因素。第一是人均自然资源的丰裕程度。自然资源可供无偿开发的程度，决定了一个经济在低效率的发展战略下得以延续的时间长短。第二是人口的规模。人口规模的大小决定了对资源浪费的人均负担程度，相对小的人口规模就无法维持长期的资源浪费。

日本和亚洲"四小龙"由于经济规模太小、人均拥有的自然资源太少，在发展的早期，政府每次想要推行重工业优先发展战略时，马上就遇到财政赤字增大、外贸收支不平衡、通货膨胀过高的难题，因而无法坚持下去，只好放弃政府的积极干预，而由企业自由选择。企业要实现利润最大化这个目标，在选择技术和产业时，就必须以充分利用经济中资源禀赋的比较优势为出发点。日本和亚洲"四小龙"遵循比较优势发展经济，是在政府放弃了赶超战略后企业自发选择的结果。可见，它们都没有把按照比较优势发展经济作为一种主动的政策选择。但是，既然它们成功的经验表明遵循比较优势原则可以快速地发展经济，作为后来者，就应该以此作为替代传统赶超战略的一种主动的战略选择。

从这里我们也可以看到赶超战略与比较优势战略之间的一个最重要的差别。无论是早期重商主义者、德国的历史学派经济学，以及"霍夫曼定律"，还是第二次世界大战之后传统发展经济学中五花八门的发展战略的倡导者，以及推行形形色色赶超战略的实践者[1]，都把产业结构和技术

---

[1]　80年代世界银行邀请那些曾经以某种发展理论和政策而著称一时的经济学家以及一些评论家，回顾了他们理论的实施效果，后来形成文集。迈耶等：《发展经济学的先驱》，经济科学出版社1988年版。

结构的差异看作是发达经济与落后经济之间的根本差别。于是，发展经济学文献中的"大推进理论"或"中心—外围理论"，实践中的重工业优先发展战略或进口替代战略，都把提升一个经济的产业结构和技术结构视为经济发展和赶超发达经济的同义语①。为了提升产业结构和技术结构，这些国家或地区高度动员有限的资源，人为地扶持一两个资本密集型的产业。

问题在于，产业结构和技术结构的升级，都是经济发展过程中的内生变量，即它们仅仅是发展的结果，或者说是一个经济中资源禀赋结构变化的结果。资源禀赋结构是指一个经济中自然资源、劳动力和资本的相对份额。自然资源通常是给定的；劳动力增加的速度取决于人口的增长率，国家之间并无巨大的差异，一般在1%—3%之间；所以，唯一可以有巨大的增长差异的资源是资本。有的国家可以达到年平均20%—30%的资本积累速度，而有的国家仅能达到10%甚至更低的年平均资本积累率。如果这种差异持续一个较长的时期，譬如说一个世纪，将会产生巨大的不同。因此，当我们讨论资源禀赋结构的提升时，事实上是指资本相对丰裕程度的提高。

在发展的早期阶段或当今的发展中国家，资源结构的特征是资本的严重缺乏。在通过扭曲要素价格和其他经济管制人为推行重工业化的情况下，所能做到的也仅仅是把有限的资本倾斜地配置到几个产业上，与此同时必须压抑其他产业的发展。由此必然产生的几个问题是：

第一，以牺牲经济整体进步为代价的少数产业的赶超，不足以支持资源结构的升级或总体经济实力的提高。受保护产业没有竞争力，利润低，经济剩余少；受压抑产业没有资本，也难以形成有效的生产力，因此也提供不了足够的资本积累。在这种状况下，资源结构的升级最终只能落空。苏联就是一个典型的例子。由于推行重工业优先发展战略，国家用强制性计划手段动员资源，使其军事工业和空间技术产业得到高度发展，在冷战期间堪与超级大国美国媲美，其工业产值与发达经济比较也不算低，但在以人均国民生产总值衡量的综合国力和资源结构水平上，苏联与美国等发

---

① "发展不可避免的先决条件就是工业化"（普雷维什语，见伊特韦尔、米尔盖特、钮曼编《新新帕尔格雷夫经济学大辞典》，经济科学出版社1992年版，第1001页），而"重工业的发展就是工业化的同义语"（尼赫鲁语，见孙培均主编《中印经济发展比较研究》，北京大学出版社1991年版，第51页）就是最典型的一些说法。

达资本主义国家相比，差距并未缩小。更重要的是，苏联在民生工业上极端落后，人民生活水平长期得不到改善。第二，赶超战略所扶持的产业部门，由于不符合资源禀赋的比较优势，只好完全依赖于扭曲价格和国家保护政策才得以生存。在缺乏竞争的条件下，它们固然可以成长起来，并在统计意义上改变国家的产业结构状况，但这些产业必然是缺乏效率的，毫无竞争能力可言。中国在改革过程中，国有企业特别是那些资本密集型产业的国有企业所面临的窘境就证明了这一点。第三，在赶超战略下，违背比较优势所形成的畸形产业结构与劳动力丰富的资源结构形成矛盾。这种偏斜的产业结构大大抑制了对劳动力的吸收，形成资源利用的二元性质，使广大人民不能均等地分享经济发展的好处，相当大规模的人口处于贫困之中。第四，赶超战略着眼于在前沿上赶超与发达经济之间的技术差距。然而，既然不能改变资源结构，某些产业资本密集程度的提高，必然降低其他产业的资本密集程度，也就不能在整体上缩小与发达经济在资本和技术水平上的差距。

由此可见，经济发展的真实涵义不是几个重工业产业鹤立鸡群式的增长，而是国家综合国力的提高。具体来说，对于一个处于落后地位的经济来说，所要寻求的发展应该是资源结构的提升或人均资本占有量的增加，产业结构的升级、技术水平和收入水平的差距只是这个过程的自然结果。

日本和亚洲"四小龙"经济由于人均自然资源和人口规模的制约，对这种牺牲大部分产业而集中扶持少数产业的做法所带来的巨大代价承受力较低，所以较早地放弃了赶超战略。企业从利用其劳动力丰富的优势出发，发展劳动密集型产业，反而使资源禀赋结构的提升速度加快；作为其人均资本拥有水平提高的结果，产业结构和技术结构得以更快地升级（见表1），最终进入发达经济的行列。实际上，按照比较优势来发展经济的原则，不仅适用于劳动力相对丰富的经济，对于那些自然资源丰富的国家和地区也同样适用①。

---

① 以澳大利亚、新西兰的发展绩效与拉丁美洲的阿根廷、乌拉圭等国相比较，是十分有说服力的。在上世纪末和本世纪初，这些国家的经济发展水平大致相同。由于澳大利亚和新西兰在随后的经济发展中充分利用了自然资源丰富的比较优势，制造业在国民经济中的比重并不高，但却跻身于发达国家的行列；而不顾自身资源比较优势、推行赶超战略的阿根廷和乌拉圭却从当时的发达国家行列倒退到中等发达国家的地位，虽然拥有更高的制造业比重，人均国民生产总值却大大低于前两个国家。

三　比较优势战略与资源禀赋结构的提升

经济发展归根结底是要改变资源结构，即增加资本在资源禀赋中的相对丰富程度。资本来自于积累，而社会资本的积累水平取决于经济剩余的规模，后者又依赖于生产活动的绩效和特点。如果一个经济的产业和技术结构能充分利用其资源禀赋的比较优势，那么这个经济的生产成本就会低，竞争能力就会强，创造的社会剩余也就会多，积累的量也就会大。我们可以把一个社会中的生产性活动分为社会生产性活动和私人生产性活动，社会生产性活动可以增加整个社会可用的产品或服务总量，而私人生产性活动虽能增加个人的收益，但有时未必能增加社会的产品和服务总量。寻租行为是造成私人的生产性活动与社会的生产性活动不一致的一个主要原因。例如，如果政府可以利用权力设定一项生产限额，就会使该产品的国内生产者获得更高的利润。因而，相关的生产者就会采取各种手段去说服政府官员设定和执行这个生产限额。这类寻租活动消耗社会资源增加个人收益，但并不增加社会产出，因而是有益于私人的活动而对社会有害。如果每个人的私人生产性活动同时也是社会生产性活动，社会产出就会较多，可供积累的剩余也会较多。我们将论证如果一个经济充分发挥其比较优势，私人的生产活动和社会的生产活动将会取得一致。

除此之外，积累的水平还决定于储蓄倾向，在同样的经济剩余水平下，储蓄倾向越高，社会资本的增加就会越多，资源禀赋结构的升级也就越快。一个发展中经济若能充分发挥其比较优势，储蓄倾向也会较高。传统的经济增长理论也强调资本积累，甚至把储蓄率和投资率的作用强调到决定一切的地步。[1] 但是，最重要的增长理论没有提出的问题在于：怎样增加社会剩余总量及怎样才能使所有的生产活动从社会的角度看是生产性的、竞争性的，以及如何才能提高储蓄率。

从理论上看，一个国家怎样才能发挥其比较优势呢？根据赫克歇尔—

---

[1] Harrold, Roy F., "An Essay in Dynamic Theory", Economic Journal, 1939, p. 1433; Domar, Evsey, "Capital Expansion, Rate of Growth, and Employment", Econometrica, 1946, pp. 137 – 147; Solow, Solow, Robert M., Growth Theory: An Exposition, Oxford: Oxford University Press, 1988.

俄林模型，[1] 如果一个国家劳动资源相对丰裕，该国的比较优势就在于劳动密集型产业。如果这个国家遵循比较优势，发展轻工业即劳动密集型产业为主的产业，由于生产过程使用较多的廉价的劳动力，减少使用昂贵的资本，其产品相对来说成本就比较低，因而具有竞争力，利润从而可以作为资本积累的量也就较大。

要使整个社会都能够对比较优势作出正确的反应，就需要有一个能够反映生产要素相对稀缺性的要素价格结构。即在劳动力相对丰富的禀赋条件下，劳动力价格应该相对便宜；而在资本变得相对丰裕的禀赋条件下，资本就相应地成为相对便宜的要素。如果一个经济中的要素价格结构能够充分反映各种要素的相对稀缺性，企业就会自动地作出调整，即在其产品和技术的选择中尽可能多使用便宜的生产要素，从而实现比较优势。必须指出的是，要素相对稀缺性在要素价格结构上的准确反映，必然是市场竞争的结果，任何人为的干预和计划机制都做不到这一点。所以，世界银行经济学家把亚洲"四小龙"发展的成功归结为市场机制作用的解释是有一定道理的。

日本和亚洲"四小龙"实行的是市场经济，政府又较早地放弃了赶超战略，因此，各种产品和要素的价格基本上由市场的供给和需求竞争决定，能够较好地反映各种要素的相对稀缺性，企业在做产品和技术选择时就能利用各个发展阶段显现出来的比较优势。此外，政府不对价格的形成进行干预，还可以减少社会中的寻租行为。这样，企业和个人要增加收益就只能通过提高技术水平和管理水平，私人的生产性活动也就会是社会的生产性活动。同时，在发展中国家，资本是稀缺的要素，利率如果由市场竞争来决定必然高，由于利率同时也是现在消费和未来消费的相对价格，利率高则现在消费的相对价格高，未来消费的相对价格低，因而会抑制现在消费，增加储蓄倾向。

由于生产要素和产品的价格都是由市场竞争决定的，能够反映产品和要素的供求状况和相对稀缺性，微观经营单位在依据这样的价格信号从事经营和生产的过程中，会对通过市场价格传递的关于产品和要素的供求状况及相对稀缺性做出反应，并相应于一定的市场需求和资源禀赋

---

① Ohlin, B., Interregional and International Trade, Cambridge, MA: Harvard University Press, 1968.

状况进行产品结构和技术选择。从全社会的角度来看，这样的产品和技术选择的结果就是形成了与特定的资源禀赋相适应的产业结构和技术结构。同时，一个微观经营单位要想生存和发展，除了通过寻找更廉价的投入品、开辟新的市场、改进经营管理、选择适宜技术等途径实现微观上的技术创新之外别无他途。因此，微观经营单位不仅要密切关注当前的市场，利用当前的适宜技术从事生产，还要研究和预测将来的市场以及未来的比较优势。静态比较优势的发挥使经济发展速度加快，资本积累的速度将远高于劳动力和自然资源增加的速度。因此，资本将由相对稀缺逐渐变成相对丰富，资本的价格将由相对昂贵逐渐变成相对便宜。企业为了竞争的需要，就要根据相对价格信号的变化，调整产业和技术结构，实现动态的比较优势。

在劳动力相对丰富的经济中，推行比较优势战略不仅能通过静态和动态比较优势的利用实现有效率的增长，而且能通过充分利用丰富的劳动力资源使劳动者充分就业。随着经济增长，劳动力变得相对稀缺，工资水平则不断提高，劳动者因而可以从经济的增长中不断受益；而"赶超战略"优先发展的是资金密集的产业，能创造的就业机会少，劳动者无法充分就业，工资水平将长期受到抑制，使劳动者难以分享增长的果实。因此，与赶超战略相比，比较优势战略才真正可以实现公平与效率的统一。

在这样的制度环境下，每一个企业乃至整个经济结构都发挥比较优势，其产品的国际和国内竞争力都必然是较高的。同时，这种发展战略也必然通过国际贸易来发现和实现自身的比较优势，并利用国际贸易提高本国产业和企业的效率，因而是外向型的。可见，用经济外向型特征来解释日本和亚洲"四小龙"经济成功的说法，也正确地观察到了这个重要的现象，只是未能理解这种现象是充分利用比较优势发展经济的结果，而不是这些国家和地区经济发展成功的原因。

四　政府在经济发展中的作用

政府在经济发展过程中的适当作用，也是实行比较优势战略的题中应有之义。政府在经济发展中的作用是什么，政府应该如何发挥其促进经济发展的作用，是经济理论和经济政策讨论中一个旷日持久的论题。

例如我们前面所讨论过的，日本和亚洲"四小龙"经济快速增长的奇迹，在经济研究的文献中，既可以用于支持新古典经济学强调市场作用和企业家个人积极性、反对政府干预的主张，又常常被用来证明政府通过产业政策干预市场的成功。刘易斯概括了这个关于政府在经济发展中的作用的悖论："如果没有一个明智的政府的积极促进，任何一个国家都不可能有经济进步，……另一方面，也有许多政府给经济生活带来灾难的例子，以致于要写满几页警惕政府参与经济生活的话也是很容易的。"更确切地说，"政府的失败既可能是由于它们做得太少，也可能是由于它们做得太多"①。

然而，从实行比较优势战略出发，就能够使我们既认识到政府在经济发展中的作用所在，又能够将政府作用界定在适宜的范围内。我们可以在与赶超战略的比较之中来理解这一点。在实行赶超战略的情况下，为了支持一些不具自生能力的产业的发展，对经济进行人为的干预，使市场和价格信号扭曲，是这种战略的内生要求。因此，政府作出不恰当的行为以至伤害经济发展过程，几乎是必然的，而且除非改变这种发展战略，否则这种灾难性的政府干预是无法纠正的。

而在实行比较优势战略的情况下，发展战略内生的要求是使市场充分运行，价格信号正确。因此，政府的作用首先在于维护市场的竞争性和规则。由此而提出的这些政府经济职能包括：

（1）建立市场规则和实施反垄断法。这是保证市场机制充分发挥作用的关键，因为一旦市场被垄断，价格信号和比较优势信息就会被扭曲，企业也就难以按照比较优势进行投资决策。从这个意义上看，政府的职能不仅不在于消除市场竞争和限制价格机制的作用，相反是保护这种竞争，从而让价格机制发挥最充分的资源配置作用。

（2）采取独立的货币政策和财政政策降低经济发展过程中的过度波动。在价格机制调节生产和消费的过程中，经济波动有时是难以避免的，这时市场需求的信息会发生紊乱，生产者和创新者会感到无所适从，这就需要政府发挥职能以反周期政策最大限度地减少波动。显然，这也不是任何意义上的否定市场竞争和价格机制。

（3）采取适当的方式，参与建设和投资于那些具有某种外部性的产业，以及那些需要较大规模的初始投资或需要较长建设周期的项目，例如教育、

---

① 阿瑟·刘易斯：《经济增长理论》，上海三联书店、上海人民出版社 1994 年版，第475—576 页。

卫生、交通运输和能源等必要的基础设施部门。这样可以为社会经济活动建设起必要的基础设施，降低经济活动和市场机制运行的交易成本。

通过比较优势的发挥，可以化解稀缺资源不足所造成的瓶颈制约，资源结构升级要快于实行其他发展战略的情形，从而产业结构和技术结构的变化速度将十分迅速。比较优势战略加快产业结构和技术结构升级的这个特点，对政府提出了除了维护市场秩序的许多迫切的额外要求，特别表现在产业政策的制定和实施上面。下面分别根据实行比较优势战略的经济和实行赶超战略的经济的相关经验，对产业政策的本质、内容以及与赶超战略的经济计划之间的差别作一些概括。

首先，随着资源禀赋结构的变化，产业结构和技术结构也要相应发生变化。现实中存在各种各样的产业与技术可供选择，为了产业结构升级的目的，无论企业家还是政府，都需要有关于哪些技术或产业最能充分利用比较优势以及新的产品市场潜力有多大、可能存在的竞争状况等一系列信息。然而，信息是一种准公共品。任何企业固然可以投资于某种活动去取得这种信息，但信息一旦取得，其传播成本接近于零，最佳的社会方案应该是让所有企业知晓。此外，信息的收集、传输和处理过程具有规模经济。因此，自然而然地，政府应该充当这个集信息收集、处理和发布的职能于一身的角色，并把处理过的信息以产业政策的形式公布于社会，作为企业进行产业和技术升级时的参考。实行比较优势战略条件下的产业政策是一种指导性的，其主要特征与其说是要求企业家去做什么或怎样做，不如说是提供一些可能的机会供企业家们选择。

其次，实施这种产业政策需要政府履行社会协调的职能。当资源禀赋的升级要求一个社会的产业随之升级时，所需的投资范围十分广泛。由于资金的限制、风险和外部性的存在，单个企业不会在所有的领域进行投资，但有时这种投资活动的不配套会导致社会最佳投资机会的丧失。例如，要从以农业为主导的产业结构升级为轻加工业为主导的产业结构，教育、交通运输、商业、流通基础设施及进出口活动等都要有所变化；而从轻加工业升级为资本、技术密集型的产业，教育、科研和资本市场等方面也需要相应调整。而单个企业不能胜任这种协调职能。政府的作用就在于通过决定朝哪个方向努力、对需要采取的行动进行分析以及提供引导和支持，帮助单个企业就其自身状况和经济发展前景作出最有利的投资决策，并同时达到社会上各个企业投资活动之间的协调。由于这种政府引导是协调性的，以资源禀赋结构的变化为依据，而不是强制性和扭曲性的，因而不会距离当前比较优势太遥远，从而可以避免严重的决策失误。

最后，提供一定的财政支持以补偿企业进行产业创新和技术创新时面临的外部性。对那些遵循政府产业政策的企业来说，其创新活动必然具有外部性：即由于政府并不总是正确的，所以它们的创新活动可能成功，也可能失败。如果成功了，其他企业可以随之跟进，而使超额利润很快消失；如果创新失败，表明这个社会的比较优势尚未达到如此高的阶段，或是技术方向选择、市场需求判断等不正确，但其他企业却得以避免重蹈覆辙。结果，创新的企业付出成本，其他企业则因获得的信息而坐享收益。由于无论是成功还是失败，这种创新活动及其经验对于社会都有价值，因此，如果政府不能给创新企业提供一种补偿，实际所发生的创新将会比社会最佳方案所要求的少。所以，政府需要通过减免税收或贴息等补偿形式，鼓励这种具有创新性质的投资活动。

以上分析表明，如果仅仅限于获取信息提供中的规模经济以及对创新活动中的外部性提供补贴，政府的经济职能乃至干预活动就是必要的，也是有效的。前述关于日本和亚洲"四小龙"成功经验的政府干预学派也像盲人摸象一样，反映了日本和亚洲"四小龙"发展成功经验的一个侧面。但这个学派未能看到，政府的这种干预是在比较优势变化、产业结构升级过程中用来补偿创新企业所要面临的外部性，而不是像实行赶超战略那样用来保护、扶持不具自生能力的产业。

归纳起来，产业政策的成功必须同时满足两个条件：一方面，产业政策提供了经济比较优势的动态变化趋势的信息；另一方面，这一政策目标又不能和现有的比较优势相距太远。19世纪后期德国依靠政府"铁与血"的强制政策成功地实现了赶超英法的经验，常常被作为政府成功干预经济的论据。这里必须把握的是，德国是在与英国、法国具有大体相似的资源禀赋条件、比较优势接近而且经济发展水平相差不多的情况下进行"赶超"的[①]。20世纪50年代日本提出重工业优先发展战略时，其人均国民生产总值已达美国的1/4以上[②]，而且日本开始发展的重工业是劳动力相

---

① 1870年德国的人均国内生产总值接近于英国的60%，而比法国略高（Maddison, Angus, Monitoring the World Economy, 1820—1992, Paris：OECD, 1995, pp. 194, 196）。

② Maddison, Angus, Monitoring the World Economy, 1820—1992, Paris：OECD, 1995, p. 197.

对密集的造船、炼钢等产业。事实上，日本和"四小龙"的经验与社会主义国家及拉美经济的教训表明，政府产业政策目标必须是可见的近期比较优势。如果目标过于遥远，为追求该目标就不可避免地要扭曲要素的相对价格。而当干预目标是"近"的和可见的，就可以使这种政府作用是顺应市场的（Market Conforming）而不是扭曲市场的（Market Distorting）。

具体来说，着眼于近期比较优势，政府不会使过多的资源用于干预本身。因为政府的管理行为作为一种资源也是有限的，如果政府过多地直接干预和替企业作决策，必然造成"该干的没干，不该干的干糟了"。政府着眼于可见的比较优势，可以适宜地界定其作用范围，使其对产业的引导在大多数情况下只是通过与企业的信息交换进行的。由此形成东亚经济的产业政策与社会主义国家及拉美经济的赶超战略最根本的分界。

五　比较优势战略与金融危机

在人们探讨和争论日本和亚洲"四小龙"经济发展成功之谜的时候，1997 年的亚洲金融风暴几乎波及所有我们考察的这几个经济，以致人们要提出这样的疑问：金融危机与这些经济所实行的发展战略是否有某种联系。同样，本文作者在总结并推荐了这些经济所实行的比较优势战略之后，也不可回避地要对上述问题作出解释。让我们先从金融危机产生的原因和发生机理讨论起。

人们通常看到，金融危机与资本的跨国流动有着直接关系。在经济高速增长且有良好的预期的情况下，投资以及信贷行为高度活跃是十分自然的。如果经济活动是健康的，投资可以依赖于生产增加得到偿还，跨国的资金流动不致酿成灾难性的金融危机。从东南亚和日本、韩国的经历看，金融危机的直接导因是银行的不良贷款过高，而不良贷款比例过高则是由于泡沫经济的破灭和产业发展政策的失误所致。

经济的泡沫状态（bubbles）是指一种或几种资产的价格持续上涨，并以继续涨价的预期吸引人们专门从事这些资产的买卖活动以牟利，而对这些资产使用本身不再关心。① 泡沫经济可分为房地产泡沫和股市泡

---

① 伊特韦尔、米尔盖特、钮曼编：《新新帕尔格雷夫经济学大辞典》，经济科学出版社1992 年版，第 306 页。

沫。房地产泡沫在日本、韩国以及东南亚国家和地区几乎无所不在。亚洲国家和地区人口密度较大，土地资源相对稀缺。随着社会总需求的增长，房地产业对土地的需求不断增长，加上这些国家和地区经济活动的区域分布过度集中，使得土地成为这些经济中供给弹性最小的要素。在经济增长十分迅速的情况下，人们预期土地价格会不断上涨，从而大量资金被投入房地产业，以期获得不断增加的资本收益，并进一步刺激地产价格上涨。股票市场泡沫产生的机理与房地产泡沫相似。在短期内，股票的供给弹性很小。当经济增长处于上升期时，人们看到股票价格普遍上涨。为了赚取价格上涨的资本所得，大量资金涌入股市，进一步推动股价狂涨。

泡沫经济的持续受两个因素影响：第一是受可用来投资的资金总量大小的影响；第二是受社会对经济增长的实际预期和心理预期的影响。从静态的角度讲，当一个社会可动员的资金达到极限时，房地产和股票的价格就不会继续上涨，因为投资于房地产不仅有风险，资金也有机会成本。这时就会有人率先抛售，导致价格下跌，其结果是导致更多人抛售。从动态的角度讲，价格上涨快时，社会上过多的资金被用于房地产投机，生产性投资越来越少，生产的竞争力就会降低，经济增长会停滞，对供给弹性小的房地产和股票价格上涨的预期也就会从乐观变为悲观。与此同时，房地产供给的增加会使其价格达到高位后迅速跌落的时点很快到来，从而泡沫的破灭成为必然。

不过，泡沫经济本身未必一定导致金融危机。如果用于泡沫经济的投机资金都是投资者自己的，这种破灭还不会导致银行危机。然而，当投资人看到房地产和股票价格不断上涨，就会冒险以购买的房地产和股票作抵押，向金融机构借款进一步投机。这种不断自我加强的预期也会使银行和其他金融机构大量贷出资金，甚至直接投资于房地产和股票市场。一旦在泡沫经济破灭时房地产和股票的价格大幅度跌落，抵押品的价格会跌落到其作为抵押品贷款时的价格之下。投资者收不回投资，银行收不回贷款，就形成大量坏账。此时是否形成银行危机，还要看每一笔贷款中投机者自有资金的比重以及整个银行资产的结构状况。所以，问题还涉及银行资产结构和监管体制。如果对以房地产和股票作抵押的贷款没有限制，或者整个银行体系的资金可用于房地产和股票抵押贷款的比例没有限制，或者虽有限制却监管不力，在泡沫增长时，投资者有意愿用贷款来进行投机，银行等金融机构存在着道德风险①，就会有大量银行资金流向投机领域。结果一旦经济泡沫破灭、不良贷款变成坏账，就会出现银行危机。

如果投入到泡沫产业中的资金全部是国内储蓄，当泡沫经济破灭时，银行危机还不会演变为东南亚所出现的货币危机。一旦外资直接进入投机性产业或通过金融机构进入到投机性产业，就会吹起更大的泡沫。当经济增长放慢从而预期发生变化时，或者一旦遇到某种外生的变化，譬如说政府不再能够对一系列失败的投资进行挽救，投资人便一下子无比悲观。如果货币可自由兑换，资金可以自由流动，挤兑和撤资便会发生。在资本具有很强的流动性的条件下，迅速的资本外流加快了金融体系的崩溃。在实行固定汇率制的条件下，为了维持汇率稳定，中央银行通常要进行干预，外国金融投机家于是便有机可乘。例如投机者向国内银行借本币，到国际市场上抛售，政府就要用外汇储备托市。但国内储蓄者看到国内金融机构的危机，在外国投机者攻击本国货币时，很可能产生信心危机，进而会随着金融投机家抛售本币。当中央银行把有限的外汇耗尽而无力托市时，汇率就会像自由落体一样直线跌落，从而出现东南亚金融危机中的货币危机和支付危机。

银行不良贷款比例过高的第二个原因是政府产业政策失误。政府为了扶持没有竞争力的赶超部门，以人为方式压低银行利率，并指令银行贷款支持这一类型的项目，但这些项目自我积累的能力很低，在用完国有银行的有限资金后，要继续扩张就不得不大量向国外举债。可是，资本密集、技术密集型的项目到底不是资金相对稀缺的东亚国家的比较优势之所在，在政府的支持下这一类型的产业可以建起来，但和发达国家相比生产成本较高，只有以亏本的方式才能把产品卖出去，从而导致投资于该类型项目的企业无力还本付息，国内外的银行贷款变成呆账、坏账。

这样，金融机构可贷资金开始减少，银行资金紧缩，利率提高，还不起银行贷款的企业增加；可贷资金进一步减少，利率进一步提高，金融机构的不良资产便迅速膨胀起来。一方面，这种膨胀一旦到了储蓄者对某一

---

① 克鲁格曼（Krugman，1998）把金融体制中的问题归结为金融中介机构行为中的道德风险问题（moral hazard），即由于金融机构明确或暗含地受到政府的信用保障，因而缺乏投资者的监督。在金融中介人主要使用储蓄者的钱的情况下，形成"赚了是我的，赔了是储蓄者的"这样一种机会主义态度。所以，在选择投资方向时，这些金融中介往往不是采取风险中性的态度来选择预期收益最大的项目，而是选择收益最大但风险也最大的项目。

家银行失去信心时，该银行就会出现挤提而崩溃。而一二家银行的崩溃经常会产生多米诺骨牌效应，使许多家银行同时发生挤提，从而爆发金融危机。另一方面，如果经济中已存在房地产泡沫和股市泡沫，银行可贷资金减少，利率上升，投资和消费需求下降，经济增长减缓，也可能导致前面论述的经济泡沫的破灭而引发金融危机。

如果一个经济的总体投资是根据比较优势进行的，产业结构不存在问题，企业效益好，产品具有竞争力，资金积累就快，或者可以较少地依赖外债，或者有较高的偿债能力和信誉度，就可以维持其经济增长率，房地产和股市泡沫也可能不致破裂；即使泡沫破灭而且出现银行危机，由于整个经济仍有竞争力，外贸继续增长，货币危机和支付危机也不至于出现。在这场东亚金融危机中，日本和中国台湾就属于这种类型。

这次受到金融危机冲击的泰国、马来西亚、印度尼西亚和韩国等国家，恰恰在上述几个方面都具备陷入危机的条件。房地产泡沫在东亚国家和地区上自日本、韩国，下到泰国、马来西亚、印尼，几乎无一幸免。此外，银行将可贷资金投向效益低的行业和企业，也是普遍现象。而政府对金融机构的发展和贷款额的发放几乎没有限制，对银行体系缺乏监管，甚至政治性贷款和家族化经营相结合，导致腐败现象丛生，从而大量贷款流入房地产等泡沫经济领域。一遇信心危机或国外投机者狙击，金融机构大批破产，坏账激增。这些国家又在国内金融监管制度尚未健全的情况下实行了金融自由化以及固定汇率政策，结果在经济增长放慢后出现了泡沫经济破灭，银行危机、货币危机和支付危机一齐并发。

从上述金融危机形成的机理来看，比较优势战略与金融危机并不具有必然联系。首先，泡沫经济的产生是任何经济快速增长时都可能发生的事情。比较优势战略可以加快经济增长，所以也会产生泡沫经济。其次，从泡沫经济的破灭来看，比较优势战略并不必然带来这种破灭。相反，如果一个经济始终如一地坚持发挥其自身的资源比较优势，经济高速增长的可持续性就强，从而就可以延缓泡沫经济破灭的时间。最后，从泡沫经济转化为银行危机，以及银行危机转化为货币危机这两个形成金融危机的关键转化来看，如果能加强银行监管，减少银行资金流入房地产和股票市场，那么即使泡沫破灭也不至于出现银行危机和货币危机等。遵循比较优势战略也具有防范金融危机的作用。产业的竞争能力强、获利能力高，即使向银行借款来发展，也不至于形成大量的呆账、坏账。在坚持比较优势的条件下，产业的资金密集程度与资源禀赋结构是相适应的，必要的资金大多来自国内储蓄，即可降低对外债的依赖程度，因此也就不会出现货币危机和支付危机。

在了解到比较优势战略并不必然导致金融危机，也不会加大发生金融危机的可能性，相反在某种程度上具有防范和抵御金融危机的作用的同时，东南亚金融危机的发生也为我们关于比较优势战略和东亚奇迹的讨论提供了两点新的经验：

第一，比较优势战略有助于把政府的干预限制在尽可能小的程度上，但并不意味着可以自然而然地摆脱金融风险。对于任何一种经济发展方式来说金融风险事实上都是存在的，因此，严格的银行监管制度是十分必要的。

第二，从日本和亚洲"四小龙"的总体经济发展过程来看，特别是与许多推行赶超战略的发展中国家相比较来说，这些经济无疑实行的是一种我们前面概括的发展战略模式——比较优势战略。然而，这些经济也并不是同等程度地遵循比较优势原则；同时，即使就同一个国家和地区来讲，也并不是在每个发展阶段上同等程度地遵循比较优势原则①。因此，在发展的绩效上，在经济结构的健康程度上，从而对于金融危机的防范能力上，这些经济之间显然存在着很大的差别。

银行监管不力，在韩国和日本最为典型。例如，日本的主银行体制允许银行持有企业的股份。在泡沫经济条件下，资产膨胀使银行和其他金融机构提高了贷款能力，从而进一步向泡沫产业如不动产业大举投资。一旦泡沫经济消失，银行和金融机构持有的股票和地产迅速贬值，使其资本金急剧收缩，不动产贷款也大都成为坏账。而韩国的情形则是，政府着眼于扶持超大型企业集团，在产业政策的引导下无限制地对这些企业集团贷款，形成很高的资产负债率。而产品竞争力不足，企业经营效率低下，与这种金融的软预算约束相结合，导致企业偿债能力很差。

比较中国台湾地区和韩国的发展模式和经验最为典型。同为亚洲"四小龙"，自60年代台湾地区和韩国都曾经有很高的经济增长率，在70年代以前都曾以劳动密集型产业为主，发挥了资源比较优势。然而，以后

---

① 日本产业政策偏离比较优势从而遭到抵制、未能成功的事例可参见 Ito, Takatoshi, *The Japanese Economy*, Combridge, MA, London：The MIT Press, 1982, p. 202。

两者采取了不尽相同的发展战略，从而在经济体制上也大相径庭。韩国政府大力发展资本密集型产业，扶持超大规模的企业集团。研究者早在80年代初就发现，韩国企业的集中度大大高于中国台湾地区，甚至高于日本，[1] 自那以后，这一特点几乎有增无减。与韩国热衷于建立超级大企业相反，许多中国台湾地区企业常常选择为美国和日本企业的配套供货，而不是创立自己的品牌。其结果反而是中国台湾地区产业的利润率高，企业资金雄厚，经济内部积累能力强、速度快，新的投资项目规模一般不超出岛内资本市场所能动员的资金规模，因而外债很少。所有这些特征，都大大降低了金融风险。正因如此，尽管中国台湾地区经济也有泡沫的迹象[2]，但经济和出口仍可维持适度的增长，房地产和股市泡沫并未受东南亚金融危机影响而破灭。即使中国台湾地区将来像日本经济增长那样，由于从缩小与发达国家技术差距的高速度增长期转向技术趋于成熟的慢速增长期，从而泡沫经济破灭，也不至于立即转变为货币危机和支付危机，像泰国、马来西亚和印度尼西亚那样立即发生大的崩溃。

六　总结

无论是过去创造经济奇迹的经验，还是在金融危机中的表现，比较优势战略都显示其维持持续经济增长的优越性，而这种战略是日本和亚洲"四小龙"经济成功的核心所在。由此表明，除了立足于赶超的重工业优先发展战略或进口替代战略之外，还有一种更为成功的经济发展道路。把这种道路总结为比较优势战略，有助于我们准确地理解这种成功经验，从而更好地理解实行赶超战略失败的原因。由此，实施这种发展战略就可以从不自觉的行为变为自觉的行为，从"必然王国"走向"自由王国"。

《中国社会科学》1999 年第 5 期

---

① 世界银行：《东亚的奇迹》，中国财政金融出版社 1995 年版，第 66 页。
② 根据美林证券台湾分公司的估计，台湾银行贷款的 40% 被用于房地产投资，与发生金融危机的东南亚经济不相上下；全部金融贷款中有 2/3 是以土地作抵押的，这个比例是日本的 2 倍。

论中国经济增长与波动的新态势

刘树成[*]

摘要 本文指出，近年来，在亚洲金融危机和国际金融动荡的大背景下，"软着陆"之后的中国经济仍保持了较快的增长，但经济增长率已连续几年呈下滑之势。究其原因，是因为当前中国经济运行正处在体制转轨的深化期、长时间高速增长后的调整期和由全面短缺到阶段性买方市场的转变期，三大转换的交叠重合使经济回升的难度明显加大。作者认为，经过这一轮重大调整，中国经济未来增长与波动将可能出现"缓起缓落"与"长起短落"的新态势。

关键词 经济增长与波动 "谷—谷"法 三大转换 微波化

一 改革前后中国经济波动的比较

经济的周期波动，既不是从人类社会一开始就有的现象，也不是商品经济所特有的范畴，亦不是资本主义经济所独具的特征。正如马克思指出，它是"现代工业特有的生活过程"。"现代工业这种独特的生活过程，我们在人类过去的任何时代都是看不到的，即使在资本主义生产的幼年时期也不可能出现。"[①] 就一般商品经济来说，卖与买的时空对立，即供与求的时空脱节，只是包含了经济周期性地发生危机或波动的可能性，"这种可能性要发展为现实，必须有整整一系列的关系，从简单商品流通的观

---

* 刘树成，1945 年生，中国社会科学院经济研究所所长、研究员。

① 马克思：《资本论》第 1 卷，人民出版社 1975 年版，第 694 页。

点来看，这些关系还根本不存在"。① 在经济周期波动由可能性变为现实性的"整整一系列的关系"中，具有物质性和本源性的关系就是现代机器大工业逐步成为社会生产的主导力量。现代机器大工业的特点在于，它使生产规模具有巨大的、突然跳跃式的膨胀力和收缩力。而这种膨胀力和收缩力在农业、牧业及工场手工业为主的社会中是不具有的。因为农业、牧业和工场手工业，其生产规模的扩张和技术的进步比较缓慢。特别是农牧业，其生产过程的周期较长，并且在很大程度上受自然条件的影响，不可能像机器大工业的生产那样能够在较短的时间内大规模地、突然跳跃式地膨胀和收缩。在机器大工业生产的基础上，产生了现代的经济周期波动。当然，经济体制、经济总量规模、生产力发展水平和产业结构等一系列经济体系的内在因素，以及政府的宏观调控政策、重大的科技进步、国际经济动荡、严重自然灾害等一系列外在的冲击因素，都会给经济周期波动带来影响，使每一轮波动或不同时期的波动具有不同的特点。正如美国著名经济学家萨缪尔森所说的那样："没有两个经济周期是完全一样的。但它们有许多相似之处。虽然不是一模一样的孪生兄弟，但可以看得出它们属于同一家族。"②

新中国在 20 世纪 50 年代初期完成了国民经济恢复之后，从 1953 年起开始大规模的经济建设，进入工业化历程，由此也开始了马克思所说的"现代工业特有的生活过程"——社会生产的扩张与收缩、一起一伏的相互交替运动。中国经济的波动，以 GDP 增长率为代表，1953—1998 年的 46 年中，按照"谷—谷"法划分，共经历了 9 轮波动（见表 1 和图 1③）：第 1 轮波动：1953—1957 年，历时 5 年；第 2 轮波动：1958—1962 年，历时 5 年；第 3 轮波动：1963—1968 年，历时 6 年；第 4 轮波动：1969—1972 年，历时 4 年；第 5 轮波动：1973—1976 年，历时 4 年；第 6 轮波动：1977—1981 年，历时 5 年；第 7 轮波动：1982—1986 年，历时 5 年；第 8 轮波动：1987—1990 年，历时 4 年；第 9 轮波动：1991—1998 年，历时 8 年（其中，在第 1 轮和第 5 轮波动中，包含有两个较小的波动；因 1999 年尚未过完，本文的考察均截止到 1998 年）。

---

① 马克思：《资本论》第 1 卷，人民出版社 1975 年版，第 133 页。

② ［美］保罗·A. 萨缪尔森、威廉·D. 诺德豪斯：《经济学》，中国发展出版社 1992 年版，第 313 页。

③ 资料来源：历年《中国统计年鉴》。

表1 中国经济的增长与波动

波动序号	年份	GDP 增长率（%）	波动序号	年份	GDP 增长率（%）
1	1953	15.6	6	1977	7.6
	1954	4.2		1978	11.7
	1955	6.8		1979	7.6
	1956	15.0		1980	7.8
	1957	5.1		1981	5.2
2	1958	21.3	7	1982	9.1
	1959	8.8		1983	10.9
	1960	-0.3		1984	15.2
	1961	-27.3		1985	13.5
	1962	-5.6		1986	8.8
3	1963	10.2	8	1987	11.6
	1964	18.3		1988	11.3
	1965	17.0		1989	4.1
	1966	10.7		1990	3.8
	1967	-5.7	9	1991	9.2
	1968	-4.1		1992	14.2
4	1969	16.9		1993	13.5
	1970	19.4		1994	12.6
	1971	7.0		1995	10.5
	1972	3.8		1996	9.6
5	1973	7.9		1997	8.8
	1974	2.3		1998	7.8
	1975	8.7			
	1976	-1.6			

　　以上第1—8轮波动，平均每轮波动的时期长度为4.75年，而第9轮波动期为8年，这一问题我们暂且存而不论。现在，先让我们以1978年为界（见图2），考察一下改革前后中国经济波动所呈现出的不同特点。这主要表现在以下4个方面：

　　1. 峰位

　　这是指每轮波动内波峰年份的经济增长率。它表明每轮波动的高度，亦即每轮波动中经济扩张的强度。但如果峰位过高，扩张过强，往往会导致其后的波谷过深；而如果峰位过低，扩张微弱，则表明经济增长乏力。

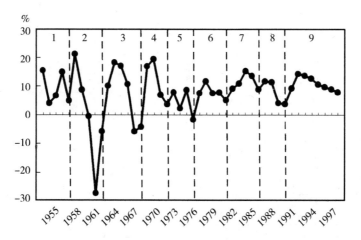

图1 中国经济增长率的9轮波动（1953—1998）

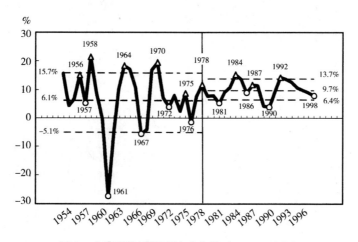

图2 中国经济增长率波动曲线（1953—1998）

每轮波动内的峰位均以适度为好。改革前共有 5 轮半波动，其平均峰位即各波峰年份（1956 年、1958 年、1964 年、1970 年、1975 年、1978 年）经济增长率的平均值为 15.7%（见图 2 中最上方的水平虚线）；改革后共有 3 轮半波动，其平均峰位（1984 年、1987 年、1992 年）为 13.7%，比改革前下降了 2 个百分点。这说明，改革后中国经济的增长在一定程度上减少了盲目扩张性。

2. 谷位

这是指每轮波动内波谷年份的经济增长率。它表明每轮波动的深度，亦即每轮波动中经济收缩的力度。谷位的状况也称作波动的性质。波动的性质有两类：如果谷位为负，即波谷年份的经济增长率为负值，GDP 出现绝对量的下降，称作古典型波动；如果谷位为正，即波谷年份的经济增长率为正值，则称为增长型波动。改革前的波动以古典型为主，改革后均转变为增长型。改革前的平均谷位，即各波谷年份（1957年、1961 年、1967 年、1972 年、1976 年）经济增长率的平均值为 -5.1%（见图 2 中最下方的水平虚线）；改革后的平均谷位（1981 年、1986 年、1990 年、1998 年）为 6.4%，比改革前上升了 11.5 个百分点。改革前后相比较，谷位的上升极为显著。这说明，改革后中国经济的增长增强了抗衰退力。

3. 平均位势

这是指每轮波动内各年度平均的经济增长率。它表明每轮波动总和的经济增长水平。改革前的 1953—1978 年，GDP 年均增长率为 6.1%（见图 2 中位于中间的水平虚线）；改革后的 1979—1998 年为 9.7%，比改革前上升了 3.6 个百分点。这说明，改革后中国经济的总体增长水平有了很大的提高。

4. 波幅

这是指每轮波动内经济增长率上下波动的幅度。它表明每轮波动中高低起伏的剧烈程度。波幅可分为上升期波幅与下落期波幅。上升期波幅是指前一轮波谷与本轮波峰之间的离差；下落期波幅是指本轮波峰与本轮波谷之间的离差。改革前的上升期波幅平均为 19.3 个百分点，改革后为 7.7 个百分点，减少了 11.6 个百分点；改革前的下落期波幅平均为 21.7 个百分点，改革后为 6.8 个百分点，减少了 14.9 个百分点。改革前后相比较，波幅的减小极为明显。这说明，改革后中国经济的增长增强了稳定性。

二 第 9 轮波动：三大转换的交叠重合

现在我们回过头来看第 9 轮波动。其波动的时间长度为 8 年，比前 8 轮的波动期均长，在经济增长率的下落期由过去的平均 2.5 年，延长至 6 年。在这一轮波动中，1991—1992 年为上升期，1993—1998 年为下落期。其中，1993—1996 年，中国经济的运行成功地实现了"软着陆"。① 随后，中国经济的增长与波动又呈现出了新的特点，这就是：其一，在亚洲金融危机和国际金融动荡的世界大背景下，中国经济仍保持了较快的增长，既没有出现亚洲一些国家和地区那样严重的负增长，也没有重蹈我国历次波动中经常出现的"大起大落"的覆辙；其二，经济增长率虽仍处于较高的位势（7%以上），但已出现了连续几年的下滑。

那么，为什么"软着陆"之后经济增长率继续下滑，或者说，为什么"软着陆"之后经济增长率的启动和回升难度加大？这是因为近几年来我国经济的运行出现了一系列的新情况和新问题。除了东亚金融危机、国际金融动荡以及世界范围内的经济结构调整等国际因素的影响以外，就国内因素来看，归纳起来，可以这样说，我国经济运行正处于体制转轨的深化期、长时间高速增长后的调整期、由全面短缺到阶段性买方市场的转变期这三者交叠重合的时期，或者说是体制背景转换、增长态势转换、市场环境转换这三大转换交叠重合的时期。

（一）体制转轨的深化期

经济的波动在向上转折时与向下转折时即启动时和刹车时具有不对称的特点。在原有的计划经济体制下和体制转轨初期，是"启动容易刹车难"；而在经济体制改革有了实质性的深化，市场机制的作用日益增强的情况下，则是"刹车容易启动难"。

为什么在原有的计划经济体制下和体制转轨初期"启动容易刹车难"？这主要是因为资金约束软化。经济体制改革之前和改革之初，投资为"财政主导型"，并且财政资金的使用是无偿的。20 世纪 80 年代中期，经过初步改革，国有企业实行了固定资产投资的"拨改贷"和流动资金的"全额信贷"，投资转为"金融主导型"。但银行资金名义上是有偿使用的，而实际上则是"借钱可以不还"，即银行担当了"二财政"或"准财政"的角色，投资由过去的"吃财政的大锅饭"转向"吃银行的大锅饭"。这样，每当经济需要启动时，只要一注入资金，一放松银根，各地区、各部门、各国有企业都会争先恐后地去争夺资

---

① 参见刘国光、刘树成《论"软着陆"》，《人民日报》1997 年 1 月 7 日。

金，经济一启就动。而当需要刹车时，各地区、各部门、各国有企业都不愿意立即罢手，唯恐先刹车者吃亏。整个经济的高速扩张，直到难以为继时才不得不急刹车。这就是说，在原有体制下，资金的闸门易开不易关。从新中国成立以来历次的启动看，每次启动伊始，经济增长率在年度之间的上升跳跃非常大。1954—1992 年，经济增长率的上升年份共 17 年（见表1）。在这 17 年中，经济增长率年度之间的上升跳跃在 3 个百分点以下的年份，即微幅上升的年份，只有 4 年，占全部经济增长率上升年份的24%；而经济增长率年度之间的上升跳跃在 3 个百分点及其以上的年份，多达 13 年，占76%，这其中，经济增长率年度之间的上升跳跃在 5 个百分点及其以上的年份，即强幅上升的年份，就有 9 年，占全部经济增长率上升年份的53%。这就形成了原有体制下的投资饥渴、盲目扩张冲动和经济波动的大起大落。

为什么在市场机制的作用日益增强的情况下"刹车容易启动难"？美国著名的研究经济波动问题的学者哈伯勒曾指明了市场经济条件下的这种不对称特点。他说："通过银行方面的限制信用，总是可以使扩张由此停顿、收缩过程由此开始的。但是单单凭了使信用代价低廉和供给额充裕的办法，却不一定能使收缩迅速遏止。……由此可见，在高潮转折点与低潮转折点之间，存在着某种参差情况，对向上转折进行解释时所采取的方式，跟对向下转折时所采取的，应有所不同。"[①] 在市场机制起作用的情况下，之所以"刹车容易启动难"，主要是因为资金约束硬化，一是借钱必须要还，二是投资必须考虑赢利。当经济波动处于波谷阶段时，投资前景不被看好，不论是银行放贷还是企业借款，都必然要谨慎行事。而当经济扩张需要刹车时，企业和银行都唯恐刹车不及而吃亏。这就是说，在市场机制下，资金的闸门易关不易开。

就中国目前的情况来说，在"软着陆"的过程中和"软着陆"之后，特别是受东亚金融危机的警示，我国金融领域的市场化改革加速深化，由此，使资金约束由软变硬。资金约束的硬化，一方面，消除了长期以来投资饥渴和盲目扩张冲动的体制基础，对于抑制经济波动的大起大落具有深远的、积极的意义；另一方面，也存在着一时还不适应的情况。这包括三

---

① ［美］哈伯勒：《繁荣与萧条——对周期运动的理论分析》，商务印书馆 1988 年版，第406 页。

个方面的不适应：（1）企业的不适应。一是企业吃惯了"财政的大锅饭"和"银行的大锅饭"，一时还不适应"借钱必须要还"的硬约束；二是国有企业的历史债务包袱很沉重，一时还不能做到轻装上阵；三是企业还没有建立起与经济效益、风险责任相对应的激励机制，企业作为独立的投资主体尚未成熟。加之经济增长率的连续下滑和通货紧缩，使投资缺乏赢利的好前景，企业出现"惜借"的倾向。（2）银行的不适应。一是银行当惯了不负盈亏的"出纳"，尚未形成积极主动地去追寻和判断哪些投资项目能赢利的能力；二是银行亦有沉重的不良债权的包袱；三是银行也还没有建立起与经济效益、风险责任相对应的激励机制，银行作为商业性的经营主体也尚未成熟，加之投资的前景不被看好，使银行出现"惜贷"的倾向。（3）资本市场还处在发育的过程中，远未成熟，因而使直接融资渠道还很狭窄。

综合以上分析，本来在市场机制起作用的情况下就存在着"刹车容易启动难"的不对称特点，加之我国的资金约束刚刚开始硬化，这次"软着陆"之后的启动是我国在市场化改革特别是金融领域改革有了实质性的深化，但整个市场机制尚未成熟的背景下的第一次启动，各方面都需要一个适应与完善的过程，这就更加大了启动的难度。由此，我们所得到的政策启示是：在我国目前的体制条件下，单靠降低利率和放松银根的手段，或由财政力撑整个的启动，都是难以奏效的。要使经济稳健地回升，必须通过进一步深化国有企业改革和金融体制改革，促进社会主义市场经济所需要的微观主体的成熟。这其中，特别是要激活社会与民间的投资积极性，激活中小企业的投资积极性。

（二）长时间高速增长后的调整期

中国 GDP 的年均增长速度，改革前的 1953—1978 年的 26 年里，为 6.1%；改革后，1979—1990 年的 12 年中，高达 9%；1991 年到"软着陆"成功之前的 1995 年，即"八五"时期，更高达 12%；1979—1998 年这 20 年中，为 9.7%。改革开放以来，伴随着我国经济长时间的高速增长，必然会逐渐累积下来某些经济结构的失衡，其中，最值得重视的是社会总产品最终使用结构的失衡，即积累与消费的比例关系的失衡。

社会总产品的最终使用结构，主要是指在国内生产总值中资本形成与最终消费各自所占的比重，即资本形成率与最终消费率的比例关系。这一比例关系是社会再生产能否顺畅运行的最基本、最综合的比例关系，是比其他的结构问题（如供给面的产业结构、产品结构，需求面的消费结构、投资结构等）层次更高或更具基础性的结构问题。① 在投资效益为一定的情况下，长期而高速的经济增长，必然依托着高的资本形成率，相对应的就是低的最终消费率。如果资本形成率过高，而最终消费率过低，则会引起社会总产品最终使用结构的失衡，造成消费市场相对狭小，从而使投资失去目标，整个社会再生产不能正常运行。图3给出了我国按1952年不变价计算的1952—1996年最终消费率、资本形成率、净出口和误差率三条曲线②。从中我们看到，最终消费率在1981—1996年呈现下降趋势，在1981年为61.2%，1996年下降为51.4%，下降了9.8个百分点。需要说明的是，在长时间的高速增长中最终消费的绝对额是在不断扩大的，而我们这里所说的是最终消费在GDP中所占的相对份额的缩小。与此相对应的是，1981—1996年，资本形成率平均高达41%，特别是1993年、1994年、1995年，更分别高达42%、43%和45%。图4和图5给出了根据世界银行资料所绘出的1962—1996年中国、韩国、泰国、日本的总消费率（含统计误差率）、国内总投资率曲线③。与我们的周边国家相比，韩国和泰国的总消费率也是长期呈下降的趋势，而它们的总投资率也长期呈上升的趋势。这表明，我国和韩国、泰国一样，同属于"高投资率、低消费率"的增长模式。但是韩国的总消费率在1988年降到61%之后，逐渐有了一个上升趋势；泰国的总消费率在1991年下降到64%之后，也保持了一个平稳的态势；而我国的总消费率却一直下降到1996年的56%，这在世界各国已属极低的总消费率了。根据世界银行所列出的有关国家的资料，1996年，总消费率最低的是新加坡（49.5%），我国略高于新加坡，而低于马来西亚（58.1%）、泰国（64.7%）、韩国（65.8%）、印度尼西亚

---

① 参见王洛林、刘树成、刘溶沧《进一步启动经济应着眼于提高最终消费率》，1999年3月10日《经济参考报》；《论如何进一步启动经济》，《财贸经济》1999年第4期。
② 资料来源：按1952年不变价的计算，使用了最终消费指数和资本形成总额指数。这两个指数源于中国国家统计局国民经济核算司编《中国国内生产总值核算历史资料》，东北财经大学出版社1997年版。
③ 资料来源：中国经济信息网。

（66.8%）。日本曾在 1965—1970 年呈现出"高投资率、低消费率"的增长态势，这期间，日本的国内总投资率由 31.88% 上升到 39.02%，总消费率由 66.72% 下降到 59.7%。但随后其国内总投资率呈下降趋势，总消费率呈上升趋势。

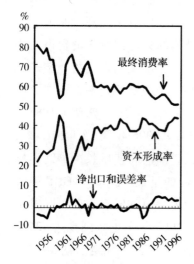

图 3　中国最终消费率、资本
　　　形成率、净出口率曲线

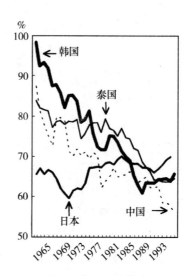

图 4　各国总消费率

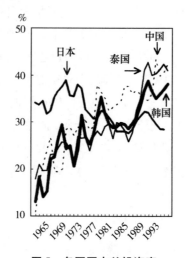

图 5　各国国内总投资率

为了恢复社会总产品最终使用的正常比例关系，就需要有一个调整过程。在调整过程中，经济增长速度会暂时降低一些，但会为今后的稳健增长打下良好的基础。在这个调整过程中，要求提高投资效益，控制和降低资本形成率（注意：不是降低投资绝对额），提高最终消费率，以打开国内消费市场，为投资的复苏创造空间。由此，我们可得到的政策启示是：为了提高最终消费率，一方面，要从收入角度入手，提高城镇中低收入者的收入和农民的可支配收入；另一方面，要从支出角度入手，尽快建立有利于降低居民支出预期的社会保障体系，以激活现有的储蓄。

（三）由全面短缺到阶段性买方市场的转变期

改革开放以来我国经济长时间的高速增长，也必然使综合国力大为增强。我国基本改变了过去长期存在的商品短缺状况，出现了阶段性、结构性、区域性的供大于求的买方市场局面，这是一项具有根本性、历史性意义的重大转变。

所谓"阶段性"的供大于求是指，一方面，我国人均 GDP 尚处于 800 美元左右的世界低收入国家水平，这时的供大于求还只是低收入阶段上的买方市场；另一方面，当前的供大于求是在居民现有和预期收入水平以及现有和预期支出水平上，仅在一般的"吃、穿、用"消费达到阶段性饱和的情况下出现的；再一方面，当前的供大于求是在经济波动处于波谷阶段时出现的。

所谓"结构性"的供大于求是指，一方面，当前的供大于求是由于在过去高速增长过程中盲目投资、重复建设因而一部分生产能力出现过剩而形成的；另一方面，在"吃、穿、用"本身由低档次向高档次的升级中，在由"吃、穿、用"低层次向"住、行"高层次的升级中，在由商品性消费向服务性消费的升级中，以及在由一般性产品向高质量、多品种、高科技含量和高附加值产品的升级中，供给结构的变化还不适应需求结构的变化，不适应市场激烈竞争的需要，还远远未达到全面的供大于求的状况。

所谓"区域性"的供大于求是指，适合于在城镇使用的一般性消费品虽然出现了饱和现象，但适合于在农村使用的一般性消费品还由于农民收入的限制以及供给方面、服务方面的诸多原因尚没有被满足。

阶段性买方市场的形成，给经济的启动带来了相当的难度，一方面经济增长速度不会再像过去严重短缺条件下那样高，而另一方面经济增长方式则要求由数量型扩张转向质量型、效益型提高。由此，我们得到的政策启示是：要想在供给面有所突破，就必须依靠技术进步与知识创新，推进产业结构、产品结构的调整和升级。同时，在居民收入水平不断上升但尚未达到一个更高、更富裕水平的阶段，大力发展第三产业是既可推进经济增长，又可解决社会就业问题的重要途径。

三 中国经济未来增长与波动的态势

如上所述，近年来，我国经济运行的国内外环境已经发生了一系列深刻的、重大的变化。但与此同时，我们不应忘记，还有一些长期性的重要因素尚未发生变化，或尚未发生根本性的变化。这主要是：（1）基本发展因素。目前，我国人均 GDP 水平仍很低，仍属低收入国家，我国经济的发展仍处于工业化和现代化的进程之中。（2）城乡二元结构与就业因素。到目前，我国的工业化进程推进得较快，而城市化进程则推进得较慢，大量劳动力还附着在农村，城乡二元结构的矛盾很突出。大量农村劳动力需要转移和城镇下岗职工的增多，给经济增长既带来了压力，又带来了动力。（3）地域因素。我国地域辽阔，有着巨大的、潜在的国内市场，产业结构的梯度推移有着广阔的空间。以上这些因素，是促使中国经济在21 世纪初叶仍能保持一个较快增长的重要因素。我们必须坚持邓小平所提出的"发展才是硬道理"①的根本指导思想，以改革促发展，在发展中进行调整，靠发展来解决前进中的各种困难。

在发展的总前提下，未来几年内，我国经济增长率的波动有可能出现一种微波化的新态势，即"缓起缓落"、"长起短落"。在 1953—1990年的前 8 次波动中，波动的轨迹总起来说还表现为"大起大落"和"短起短落"。"大起大落"是指在波动的空间幅度方面，峰位很高，谷位很低，改革之后的 1981 年、1990 年的两次波谷，其谷位仍然偏低（分别为 5.2% 和 3.8%）；"短起短落"是指在波动的时间长度方面，上升期很短，下落期亦很短。而在 1991—1998 年的第 9 轮波动中，波

---

① 《邓小平文选》第 3 卷，人民出版社 1993 年版，第 377 页。

动轨迹有新变化。一是由过去的"大起大落"变为"大起缓落",峰位仍很高,但谷位已上升;二是由过去的"短起短落"变为"短起长落",上升期很短,下落期延长。总结我国自己的历史经验教训和借鉴各国的经验教训,在跨世纪的未来几年中,我国经济的增长与波动应努力实现一个新的良好轨迹:一是由过去的"大起大落"和"大起缓落"转变为"缓起缓落",使过去那种峰谷反差鲜明、年度间起伏很大的波动,变形为峰谷模糊、年度间起伏较小的波动;二是由过去的"短起短落"和"短起长落"转变为"长起短落",使景气上升期延长,下落期缩短。

我们注意到,20世纪80年代以来,美国的经济波动出现了微波化的新趋势。二战后,在美国经济波动的历程中,已出现过三次较长的景气繁荣期。第一次是1961年2月—1969年12月,历时106个月(8.8年);第二次是1982年11月—1990年7月,历时92个月(7.7年);第三次是1991年4月—1999年10月,已历时103个月(8.6年),目前仍保持着一定的增长态势。特别是后两次景气繁荣期,中间只相隔了很短的几个月,连续起来看,这两次景气繁荣期从1982年11月—1999年10月,共延续了17年。根据美国学者史蒂文·韦伯(Steven Weber)的分析[1],美国经济的微波化主要得益于当代经济的6个因素的变化:一是生产的全球化。它使供求之间的联系跨越了国界,而在全球范围内连通起来。二是金融的全球化。它使资本跨国流动,使资金来源更加多样化。三是就业性质的变化。在就业的产业分布上,由制造业向服务业转移;在就业方式上,由终身性就业向时段性就业转变。从而,减缓了就业的波动。四是政府政策的变化,即更有力地推行了市场自由化的政策。五是世界新兴市场的迅速发展。亚洲等新兴市场国家经济的迅速发展,产生了巨大的需求,提供了广阔的市场。六是信息技术的迅猛创新,大大加快了信息传输的速度,提高了信息的质量,使企业的经营决策更加科学化;特别是先进的信息技术系统使企业建立起严密的供给链,将产品的供给和市场需求更加紧密地衔接起来,大大减少了供求在时空上的脱节,减少了库存变化对整个生产的冲击。

当然,经济波动的微波化并不等于经济运行将会进入无波动状态。当

---

[1]　Steven Weber, "The End of the Business Cycle?", Foreign Affairs, July/August, 1997.

美国经济在 20 世纪 60 年代处于二战后的第一次长期景气繁荣时，曾经流行过一本书，名叫《经济周期过时了吗?》，作者的观点是肯定的。然而，接踵而来的便是 1970 年、1974—1975 年、1980 年、1982 年的 4 次经济衰退。在 20 世纪 90 年代的这次长期景气繁荣中，史蒂文·韦伯又以《经济周期结束了吗?》为题撰写文章，然而，他的回答并不是说经济的周期波动已不复存在，而是说将趋向微波化。这一结论是可信的，而且未来中国的经济波动也将印证这一点。

《中国社会科学》2000 年第 1 期

中国的外资经济对增长、结构升级和竞争力的贡献

江小涓[*]

摘要 到 21 世纪初期，外资经济已经成为中国经济中的一个重要组成部分，与国有经济、集体经济、民营经济等经济成分共同推动着中国经济的长期、持续发展。本文描述、分析外资经济对中国经济发展做出的重要贡献。外资经济的贡献体现在对 GDP 增长、技术进步和产业结构升级、扩大出口和提升出口商品结构、增强研究与发展能力的贡献等许多重要的方面。结论是，外资经济不仅推动着中国经济的持续增长，而且改变着中国经济增长的方式，提高了中国经济增长的质量。

关键词 外资经济 增长 结构 竞争力

一 中国经济增长的重要资金来源

中国自 20 世纪 70 年代末期开始吸引外商直接投资（FDI），截至 2001 年底，中国已累计批准设立外商投资企业 390484 户，合同外资金额达 7459.09 亿美元，实际使用外资金额达 3954.69 亿美元。

对于资金短缺的发展中国家来说，FDI 作为外部资金来源，是跨国公司对东道国经济增长做出的最主要、直接的贡献之一。对于国内储蓄率较高、有较强投资能力的发展中国家来说，吸引外资的主要作用体现在提升东道国产业的竞争力方面。对我国来说，跨国投资在上述两个方面的作用同时存在，各自的影响程度随时间推移而有所变化。

---

* 江小涓，女，1957 年生，中国社会科学院财贸经济研究所研究员。

（一）重要的资金来源

70年代末期以来，FDI作为外来资金来源，在我国固定资产投资额中所占的比重总体上呈现较大幅度上升的趋势。到90年代中期达到最高点，此后有所下降。2001年，FDI在中国固定资产投资总额中所占的比重为10.54%，表1是90年代各年的情况。我国吸引的FDI总量中，有60%左右投向工业，2000年，FDI在工业固定资产投资总额中所占的比重为24.06%，已占工业投资的1/4。

表1　　　　　　　　实际使用外资额占全社会固定资产投资的比重

年份	全社会固定资产投资总额（亿元人民币）	全社会固定资产投资总额（折合亿美元）	实际使用外资金额（亿美元）	外资占全社会固定资产投资的比重（%）
1991	5508.80	1001.60	43.66	4.36
1992	8080.10	1465.22	110.08	7.51
1993	13072.30	2268.71	275.15	12.13
1994	17042.30	1977.34	337.67	17.08
1995	20019.30	2397.23	375.21	15.65
1996	22974.00	2763.22	417.26	15.10
1997	25300.00	3059.57	452.57	14.79
1998	28457.00	3437.29	454.62	13.23
1999	29876.00	3608.00	403.18	11.17
2000	32619.00	3944.26	407.15	10.32
2001	36898.00	4445.54	468.46	10.54

资料来源：根据《中国统计年鉴（2001）》中的数据计算，2001年的数据由外经贸部外资司提供。

（二）改善投资质量

自20世纪90年代后半期开始，中国国内资金短缺的状况逐步改善，银行资金出现了连续数年较大数额的存差。同期出现的还有绝大多数商品的供过于求、多数行业生产能力过剩和国内企业经济效益的持续下滑。与此同时，外商在华投资的数量持续保持在年400亿美元以上，外商投资企业对国内市场的占有率不断上升，在一些行业已经达到较高比重。这些问题重叠在一起，引起了如下争论：中国为什么还要持续较大数额利用外资？

此时吸引外商直接投资最重要的意义，是提高资金的配置效率和促进资产质量的改善。因为提高资产质量所需的创造性资源如人力资本、技术水平、技术开发与使用能力、国际市场开拓能力、管理能力、对客户需求的理解能力等，都会随着跨国公司的投资一同进入国内。从这种角度看，内资不是外资的替代物。

利用外资对资产质量改善的促进作用主要体现在以下两个方面。

1. 形成高质量的新增资产

我国工业产出/投资比率较低，是长期存在于我国工业发展中的问题，一直没有得到较好的解决。有大量的建设项目投产后，产品缺乏市场竞争力，不少新建企业一投产就亏损，表明投资形成的资产质量不高。外商投资设立新企业，给国内带来了新产品、新技术、新观念、新的管理能力和新的国际市场渠道，新项目的竞争力较强，形成了高质量的增量资产。

2. 提升存量资产的质量

我国现在资产存量中，有大量的低质量资产。通过吸引外资，有可能将部分低质量的存量资产变成高质量的存量资产。在一些案例中，外国投资者并没有投入多少资金，而只是通过改变管理、营销和内部分配方式等"软件"，就改变了企业的亏损状况，改善了存量资产的质量。

资产质量的优劣可以用许多指标表示，但最基础性的指标，是较高的产出/投资比率和较高的盈利/投资比率。图1是2001年的一些相关指标，可以看出，在我国工业中，外商投资企业的资产仅占全部工业资产的10.54%，但其所提供的工业增加值占24.57%，工业利润总额占29.19%，应交增值税占25.69%，利润总额占31%。也就是说，外商投资企业以1/10的资产，创造出1/4的增加值和增值税将近1/3的利润。表明外商投资企业的投资/产出效率和盈利/投资效率明显高于我国工业部门的整体水平。

吸引外资提升我国资产质量这个主线，将贯穿于本文以下部分，后面部分我们将分别从增长贡献、技术进步、结构升级、出口商品竞争力提高等多方面进行分析。

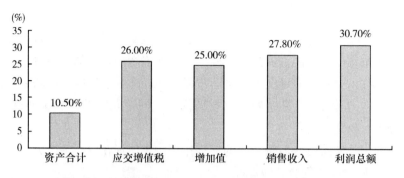

图1 外商投资企业的投入产出指标比较（2000年）

二 外商投资企业对 GDP 增长的直接贡献

自 20 世纪 90 年代末期以来，外商投资对 GDP 增长的直接贡献持续增加，其中对工业增加值的贡献最突出。

工业是我国对外资开放较早、开放领域较宽的产业，是吸收外商直接投资最多的产业。截至 2000 年底，外商在工业领域的投资，占全部合同外资金额的 60.87%。外商集中投资于工业领域，使外商投资企业对工业增长的贡献突出。2001 年，全国工业增加值为 26950 亿元，其中外商投资企业提供的工业增加值为 6622 亿元，外商投资企业工业增加值占全部工业增加值的比重为 24.57%（见表 2）。当年全国工业增加值同比增长了 9.9%，外商投资企业增长了 11.9%，在全国工业增加值增长的 9.9 个百分点中，外商投资企业贡献了 3.908 个百分点。如果以工业增长速度为1，外商投资企业的贡献率达到 39.1%。

表2　　　　　　　**外商投资企业提供的工业增长值**

年度	全国*		外商投资企业		
	工业增加值（亿元）	同比增幅（%）	工业增加值（亿元）	同比增幅（%）	占全国比重（%）
1998	20046	8.8	3835	12.7	19.13
1999	20307	8.9	4201	12.9	20.69
2000	23685	11.4	5333	14.6	22.52
2001	26950	9.9	6622	11.9	24.57

注：　* 口径为全部国有及年产品销售额 500 万元以上的非国有工业企业。

资料来源：根据国家统计局和外经贸部提供数据计算。

2001年，我国GDP增长了7.3%，其中工业增长贡献了3.8个百分点，贡献率达52%。据前面计算，外商投资企业对工业增长的贡献率为39.1%。折算后，外商投资工业企业对我国GDP的贡献率为20.3%，即GDP增长的1/5。

现有的统计资料中，没有将第三产业中外商投资企业的产出比重列出。一个可能的估算方式，是假定FDI在第三产业中的投资/产出比例，与FDI在工业中的投入/产出比例相同，然后推算外商投资企业对第三产业增长的贡献率，最后折算成对GDP的贡献率。按此推算，2001年外商投资企业对第三产业增长的贡献率为17.6%，折算成对GDP的贡献率为5.9%。

由于第一产业中外商投资的比例很低，可以忽略。因此工业和第三产业中外商投资企业的贡献率之和可以视为外商投资企业对GDP的贡献率。两者相加，外商投资企业对GDP增长的贡献率为26.2%。也就是说，2001年我国GDP增长的7.3个百分点中，外商投资企业贡献了1.9个百分点。数据表明，外商投资企业已经成为我国国民经济增长的重要贡献者。

三 对技术进步和结构升级的贡献

(一) 外商投资企业大量引进先进技术

在整个20世纪80年代，我国外商直接投资以港、澳、台中小投资者为主，占我国外商投资总额的75%左右①。即使美国、日本、欧盟等国家和地区在华投资，也以中小型项目为主。总体上看，这些企业的技术水平并不高出我国企业的平均水平。20世纪90年代以来，大型跨国公司在中国的投资增加很快，外商投资的技术水平明显上升，大多数FDI都与某种形式的技术转移联系在一起。第一，引进先进技术含量较高的资本货物和加工工艺，并高效率地使用这些资本货物和工艺，提升了国内产业的技术

---

① 香港和澳门是中国的特别行政区，台湾是中国的一个省。在本文中，为了简洁和使统计资料有连续性，将来自其他国家的投资和来自港、澳、台的投资统称为外商投资，将它们的投资企业统称为外商投资企业。

水平。第二，引进新产品，使符合需求、高技术含量和高附加值的产品在
我国制造业产出中的比重增加。第三，引进能够高效率使用先进技术的管
理能力。跨国公司在引进先进技术的同时，也引进了有效使用这些先进技
术的管理能力。第四，通过多种方式产生技术外溢效应，对国内关联产业
的技术进步产生积极的推动作用。第五，引进研发能力。最近几年，跨国
公司在我国投资了较多的带有设计和研发功能的项目，其中有多个项目是
全球性的独立研发中心。我国已经是发展中国家接受跨国研发投资最多的
国家之一。

2000 年到 2001 年，笔者主持了一个系列的调研项目，对北京、上
海、深圳、苏州 127 家跨国公司在华投资企业进行了访谈和问卷调研，企
业的技术水平是调研的重要内容之一。调研的结果如下。

首先，绝大多数跨国公司投资企业提供了母公司的先进和比较先进的
技术。以跨国公司母公司作为参照，外商投资企业的技术水平被划分为母
公司最先进的技术、母公司比较先进的技术和母公司的一般技术。被调研
的企业中，使用母公司比较先进技术的企业最多，有 57 户，占总数的
45%；使用母公司最先进技术的企业次之，有 53 户，占总数的 42%；两
者相加，使用母公司最先进和比较先进技术的企业占总数的 87%。有 17
户企业使用母公司的一般技术，仅占总数的 13%。

其次，多数跨国公司投资企业提供了填补国内空白的技术。当以国内
企业的技术水平作参照时，外商投资企业的技术被划分为填补国内空白技
术、国内先进技术和国内一般技术。被调研企业中，引进国内空白技术的
企业共 83 家，占总数的 65%；其余为使用先进技术的企业，44 家，占总
数的 35%。没有企业使用属于国内一般水平的技术。

此项调研样本量较大，具有代表性。可以看出，利用外资对引进先进
技术发挥了重要作用。

（二）FDI 产生的技术外溢效应

外商投资企业不仅自身使用先进技术，而且通过技术外溢效应，对国
内企业的技术进步也产生积极的推动作用。技术外溢的主要途径有技术扩
散效应、技术竞争效应和技术应用效应。

1. 技术扩散

技术扩散是指跨国公司所具有的技术能力从外商投资企业内部向外部

扩散，主要方式有：

（1）人才流动：人才在外资企业和内资企业之间的流动，是跨国公司技术外溢十分重要的途径。随着国内企业的环境不断改善和创业条件的完备，形成有利于人才在企业之间流动的体制环境和政策环境，是促进跨国公司技术外溢的重要措施。

（2）当地配套：通过国内配套，跨国公司的有关技术能力会向我国企业转移。当技术标准较高的跨国公司向我国企业购买零部件和原材料时，会对配套产品的质量、技术和性能提出较高要求，还可能提供相应的技术标准和技术援助，有时还会共同投资开发，以保证供货企业的技术与产品水平达到配套要求。前面部分提到的包括127户外商投资企业的调研项目中，有74家在国内有配套企业①，其中有51家以各种方式对配套企业提出要求和提供帮助，占样本企业69%。按照出现的频率，这51家外商投资企业帮助国内配套企业提高技术水平和产品竞争力的主要方式依次为：提出新的质量标准、提供技术帮助、投资入股开发技术、共同出资开发（见表3）。

表3　外商投资企业为国内配套企业提供帮助的主要方式（样本数：51）

提供帮助的方式*	应答的企业数（家）	占样本企业的比例（%）
提出质量标准	40	78.4
提供技术帮助	33	64.7
投资参股开发技术	12	23.5
共同出资开发技术	6	11.8

注：　*　各种提供帮助的方式可以复选。

（3）技术交流：有些外商投资企业的技术水平明显高于我国同类企业，国内企业模仿比较困难，这些企业对国内同行采取比较开放的态度，如接受国内同类企业参观学习、为其培训技术骨干、主持专业领域的学术研讨会等，这种技术示范也很有效果。

（4）技术合作：有些跨国公司在华与中国的科研机构和大学合作建

---

①　只计算比较重要的零部件原材料供应商，不含电力、用水、运输等基础设施和服务业的配套。

有专门的研发机构，如加拿大北方电讯公司与北京邮电大学合作设立的北邮—北方电讯电信发展研究中心，SMC 中国有限公司与清华等三所大学合作设立的以双方命名的 SMC 气动实验室，罗克韦尔中国公司与清华等10 所大学合作设立的以双方命名的联合实验室等。这种合作式研发机构，研究课题由双方共同商定，既进行企业所需的研发项目，也进行部分基础性研究工作。

（5）技术示范：当使用先进技术的跨国公司投资企业落户东道国时，所使用的技术会通过设备、产品、人员接触、客户技术资料等许多有形和无形的方式，对东道国同类企业和技术相关的企业产生影响。

2. 技术竞争

当面临跨国公司投资企业的竞争时，原先处于国内领先地位甚至垄断地位的企业为了保持市场竞争力，会加快技术开发的速度和提升技术水平。跨国公司竞争产生的压力，是我国通信设备、汽车、工程机械、电站设备等许多行业中的内资企业不断提升技术水平的重要推动力。近两年，随着我国金融、保险、电信服务、批发零售商业等行业对外开放的程度不断加深，这些行业提高效率和改善服务的进展明显加快。

3. 技术应用

我国有一些产业和产品，在最终产品的设计、集成和组装上达到了较高水平甚至世界先进水平，但由于国内配套企业提供的零部件、原材料和加工工艺达不到高质量的要求，使整个产品的质量和档次下降；如果依赖大量的进口零部件和原材料，又会使产品的成本大幅度上升，甚至从财务的角度看不可行。外商投资企业进入相关的配套行业，生产了高质量、低成本的零部件和原材料，使国内已经具有的最终产品制造技术具备了应用的可能性，提升了国内产业的技术水平。

（三）FDI 推动中国产业结构的升级

跨国公司在华投资的另一个重要作用，是大大加快了国内产业结构的升级。我国高新技术产业的较快发展是其中一个重要方面。

过去几年，我国高新技术产业得到迅速发展。1996—2000 年，我国高新技术制造业年均增长 21.2%，高于同期全部工业产值增长速度 11 个百分点。高新技术产业迅速发展的一个重要因素，是吸引了较多的跨国投资，外商投资高新技术企业已经成为推动我国高新技术产业发展的主力军之一，占有举足轻重的地位。据海关统计，2001年，外商投资企业出口的高新技术产品，在我国高新技术产品出口额中占82%。2000年，北京、上海、深圳、苏州四个城市合计，外商投资高新技术企业的产值和利润分别占高新技术产业产值的65%和79%（见图2）。

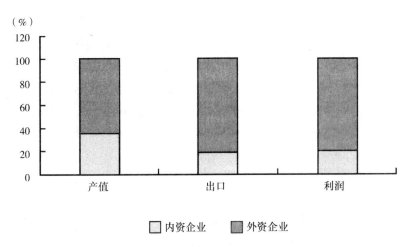

图2　外商投资企业在我国高新技术产业中的地位

资料来源：笔者2001年主持的一项高新技术产业调研课题。

四　从制造到研发：新近出现的趋势

（一）跨国公司在华建立研发机构的概况

过去多年，外资在中国受到的主要批评意见之一，是其在中国投资形成了较大规模的制造能力，但并未将技术开发能力带进中国。这种现象近几年有明显改变。20世纪90年代中期以来，外商在华建立的研发机构增加较快，在华研发不断上规模、上水平。到2001年底，据不完全统计，设在北京的跨国公司独立研发机构已达34家，上海设立了41家，深圳设立了18家，苏州设立了7家。

跨国公司在华设立的独立研发机构多为外商独资的研发机构，主要集中在信息通信、生物制药、精细化工、运输设备制造等行业，包括微软、英特尔、IBM、诺基亚、摩托罗拉、爱立信、朗讯、富士通、宝洁、惠普、联合利华、诺和诺德、SUN、通用汽车、大众汽车、松下、

东芝、北方电讯、雀巢、阿尔卡特、拜耳、米其林轮胎等大型跨国
公司。

（二）外商投资研发机构的水平迅速提升

在外商在华设立研发机构的开始阶段，多数研发机构规模小，研发项目的水平不高①。但这种状况在最近一两年发生明显变化。摩托罗拉、宝洁、诺基亚等企业的在华研发中心已经是全球性的中心。贝尔阿尔卡特有限公司将在上海组建拥有 3500 余名研发工程师、具有国际先进水平的信息技术开发中心。就连转移技术行为迟缓的日本企业，也开始积极行动起来。东芝目前在日本国内有 500 人的开发规模，计划在 2003 年，将在日本和中国分别把有关设计开发技术人员扩大到 1000 人。三菱电机也计划到 2003 年，将在中国的设计开发人员增加到 300 人。打算在中国设计开发半导体的日本企业还有富士通、NEC、松下电器、索尼等半导体产品用户企业。

（三）跨国公司在华设立研发机构的主要原因

跨国公司在我国设立研发机构并不断提升研发机构的水平，是由中国自身的优势和中国在其全球战略格局中地位的变化所决定的。

1. 中国市场的重要性

跨国公司在我国的投资增加很快，中国已经成为一些著名跨国公司的主要海外市场乃至全球的主要市场。芯片制造商英特尔就认为，中国市场可能将在 2002 年或 2003 年超越日本，成为英特尔最大的亚洲市场。为了使其产品和技术适应我国国内市场的技术结构和需求特点，在当地从事开发与研究活动变得十分必要。

2. 制造与研发的依存性

最近几年，在我国设立的制造基地，已经是一些跨国公司全球最大的制造基地，对于有些研发需要靠近制造基地的产业和产品来说，逐步将这类研发项目转向中国，是一个必然的趋势。以芯片设计和生产线的关系为例，芯片设计企业需要芯片生产线提供流片服务。因此，有强大芯片制造能力的地区，对芯片设计业会产生强大的吸引力。

---

① 参见江小涓《外资企业在中国的研发行为研究》，《科技导报》2000 年第 9 期。

3. 技术进步使研发活动全球化成为可能

信息和电讯技术的进步使得跨国公司在全球任何一地设立的子公司，与跨国公司全球体系及时交换资料成为可能，从而使研发活动可以分散于全球不同地点进行。海外研发机构可以通过跨国公司内部的网络，同步获得母公司体系内研究与开发的资源、数据和专门技术。

4. 利用我国的科研能力和人才

在发展中国家，我国的科技水平相对较高，人工成本相对较低，人才优势十分突出。利用我国的科技能力和人才，是跨国公司在我国设立研发机构的重要原因。微软总裁比尔·盖茨坦言，在中国设立微软在亚洲的第一个研究院，是因为中国有许多非常优秀的人才。

发达国家的跨国公司在发展中东道国大量设立研发中心这种趋势，以往并不存在。可以说，中国作为东道国，引导着这个新趋势的产生和发展。

五　对中国出口竞争力的贡献

（一）对出口总额增长的贡献

中国20世纪90年代出口的大幅度增长，在很大程度上得益于外商投资企业出口的快速增长。外商投资企业的出口额从1991年的120.47亿美元上升到2001年的1332.35亿美元，占全国出口总额的比重从1991年的16.75%上升到2001年的50.10%（见表4）。

（二）对出口商品结构升级的贡献

外商投资企业不仅出口总量增长快，而且出口了大量的高新技术产品，提升了出口商品结构。

外商投资企业一直是我国高新技术产品出口的主力军并保持高速增长。1996年，外商投资企业高新技术产品出口额为74.21亿美元，2001年已增加到378.81亿美元。外商投资企业出口的高新技术产品在我国高新技术产品出口额中的份额有明显提高，从1996年占58.6%，上升到2001年占81.5%，已经成为我国高新技术产业出口的绝对主力。

表4　　　　　90年代以来外商投资企业进出口额及占全国比重

年度	进出口			进口			出口		
	全国 （亿美元）	外商投资企业 （亿美元）	比重 （%）	全国 （亿美元）	外商投资企业 （亿美元）	比重 （%）	全国 （亿美元）	外商投资企业 （亿美元）	比重 （%）
1991	1357.01	289.55	21.34	637.91	169.08	26.51	719.10	120.47	16.75
1992	1655.25	437.47	26.43	805.85	263.87	32.74	849.40	173.60	20.44
1993	1957.03	670.70	34.27	1039.59	418.33	40.24	917.44	252.37	27.51
1994	2366.21	876.47	37.04	1156.15	529.34	45.78	1210.06	347.13	28.69
1995	2808.48	1098.19	39.10	1320.78	629.43	47.66	1487.70	468.76	31.51
1996	2899.04	1371.10	47.29	1388.38	756.04	54.45	1510.66	615.06	40.71
1997	3250.60	1526.20	46.95	1423.60	777.20	54.59	1827.00	749.00	41.00
1998	3239.23	1576.79	48.68	1401.66	767.17	54.73	1837.57	809.62	44.06
1999	3606.49	1831.33	50.78	1657.18	858.84	51.83	1949.31	886.28	45.47
2000	4743.08	2367.14	49.91	2250.97	1172.23	52.10	2492.12	1194.41	47.93
2001	5097.68	2590.98	50.08	2436.13	1258.63	51.70	2661.55	1332.35	50.10

资料来源：根据《中国统计年鉴》和《中国外资统计》中的数据计算。2001年数据由海关总署提供。

愈是高技术含量、高附加值的产品，外商投资企业的地位愈是重要。电子计算机产业和移动通信产业是增长速度和出口增长最快的两类高新技术产业，外商投资企业对生产和出口贡献突出。2000年，外资企业的出口占计算机出口额的84%，占计算机整机出口的92.5%。计算机出口排名前五名的企业都是外商投资企业。2000年，移动通信设备出口28.3亿美元，其中外商投资企业的出口额为27.3亿美元，占移动通信设备出口总额的96.4%。出口排名前五名的企业也都是外商投资企业。

图3是外商投资企业出口地位的几项重要指标一览图，概括表明了外商投资企业对我国出口增长和出口商品结构升级的重要贡献。

六　入世后的新趋势：全球制造基地的形成

（一）制造业依然是投资热点

2001年，外商在华直接投资明显加快速度，外资合同金额和实际利用外资均有明显增长。全年外资合同金额691.91亿美元，实际利用外资额 468.46 亿美元，比 2000 年分别增长 10.43% 和 14.9%。实际投资额中，仍有 2/3 以上的投资投向制造业部门。

即使是关税下调幅度大、非关税措施取消较多的行业，外商也表现出较强的投资意愿。石化、轿车、IT 产品等几个行业，是我国承诺关税下调幅度较大、非关税措施取消较多、较快的行业，也是 2000 年和 2001 年外商投资最密集的行业。石化行业中，过去两年，BP 阿莫科、巴斯夫、拜耳、英荷壳牌集团、埃克森美孚等全球石油石化行业的跨国巨头，都在中国有数亿美元、数十亿美元的大项目签约或开工。汽车行业中，通用集团、大众集团、福特集团、丰田公司、戴－克集团、本田公司、雷诺日产集团以及宝马公司这些全球汽车业的巨头，都在中国有新的合资企业或新的车型问世。IT 产业中的跨国巨头在我国进行的较大规模新投资项目或扩资项目更是比比皆是，包括英特尔、摩托罗拉、微软等国际巨头在中国的大规模投资。这些事例清楚地表明，关税水平下降和非关税措施的取消，并没有使海外跨国巨头在华战略发生显著变化，它们并没有准备更多地向中国出口而不向中国投资，即没有出现"贸易替代投资"的战略调整。

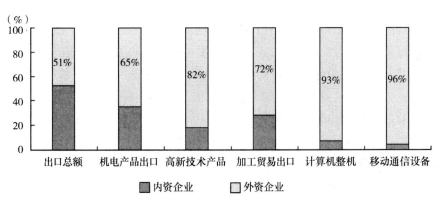

图 3　外商投资企业在我国出口中的地位

注：除计算机整机和移动通信设备两项指标为 2000 年数据外，其余均为 2001 年数据。

（二）跨国公司提升在华投资的技术水平的产业档次

随着跨国公司在华投资企业产品和技术的升级，中国在继续保持劳动密集型产业优势的同时，在高技术含量、高附加值产品上的优势也开始形成。

许多跨国公司正在把更高附加值、更高技术含量的制造业进一步转移到中国。东芝在更多的领域引进新技术新产品，在华投资已由以往集中于家电、机电、能源领域转向信息技术及软件领域，并将在今后加大 IT 业方面的投资；日立公司决定，从 2001 年到 2005 年，对华投资战略将实施大转移，重点投向 IT 产业；索尼在无锡生产高级笔记本电脑；奥林巴斯和三洋在广东生产数码相机；日立制作所在北京成立了家电开发部门；索尼将在上海成立音像机器用软件开发部门；佳能将在江苏开发中级数字复印机，等等。

美国和欧洲的跨国公司出现同样的趋势。由北京首钢集团和美国 AOS 半导体公司等合资，计划在 10 年内投资 100 亿美元建成 6 条到 8 条 8 英寸和 12 英寸芯片生产线；柯达公司已经将全球的 Easyshare 数码相机生产转移到上海；摩托罗拉公司增资 19 亿美元，用以建设天津半导体集成生产中心和亚洲通信产品生产基地；诺基亚公司在北京兴建的"星网工业园"已经开张，希望这个工业园区可以成为未来中国制造和开发电信设备的中心，使诺基亚所有主要产品都能在中国生产；阿尔卡特增资上海贝尔有限公司并取得控股地位后，将其全球先进技术和产品向在华合资企业和中国市场全面开放，上海贝尔阿尔卡特有限公司将全面获得阿尔卡特开发的最新技术和产品。2002 年 2 月份的《财富》杂志，报道了对阿尔卡特亚太区总裁罗恩－斯皮希尔的访谈，在被问及阿尔卡特在中国是否还有一些产品无法生产时，罗恩－斯皮希尔总裁想了想说："没有了，在中国阿尔卡特可以生产任何一种想要生产的产品。"

总之，跨国公司继续在华大量投资，提升在华投资的技术与结构水平，为我们带来了短缺的资金、技术、管理经验、全球营销网络等资源，这些资源与我们原有的市场优势、产业基础优势和低成本优势结合在一起，将大大提升中国制造业的国际竞争力，在未来五年到十年的时间内，中国将有许多加工组装型制造业通过集成全球优势生产要素，成为全球重要的制造中心。

七　新环境中外资监管的重点与政策导向

（一）新的变化与新的监管框架

跨国公司的市场垄断倾向，是人们长期担心的一个问题。不过到目前为止，外商投资企业的垄断行为在我国没有成为一个普遍而严重的问题。但是，随着一些跨国公司在华投资规模的不断扩张，跨国公司的垄断倾向有可能增强。

当然，所有的商业性公司都在追逐利润最大化，而不论其是国内公司还是全球性公司。如果市场监管力量薄弱，无论跨国公司还是国内企业，都有可能采取不正当甚至违法的行为谋利，包括损害消费者的利益和损害公平竞争的原则。但是，跨国公司规模巨大，掌握着先进技术，有强大的研发能力，有全球融资、生产和分销能力。依靠这些优势，与国内企业相比，跨国公司影响市场的能力更强。当其具备市场影响力而且管制框架薄弱时，跨国公司不会不去尝试利用这种力量，获得垄断地位。

重要的新变化有：第一，FDI将会以购并方式参与我国竞争性领域中大型国有企业的改革，以往这些案例主要发生在中小企业。第二，服务业对外资的开放程度大大提高，银行服务、保险服务、证券服务、电信服务等领域，都扩大对外资开放。这些行业在国内市场上始终没有开展充分竞争，国内企业的竞争力相对较弱，这与制造业开放前国内市场已有较为充分的竞争的状况不同。第三，我国一些具有自然垄断性质的产业也开始对外资开放，如电信、铁路、资源开采、电力等，外资收购拥有自然垄断地位的企业必然对竞争产生影响。这类领域的开放我们刚开始起步，但从国际经验特别是发展中国家和转轨国家的经验看，在外商并购投资涉及自然垄断行业时，开放必然伴随着管制结构和管制规则的变动，利益冲突和经验不足有可能引起很大的争议和出现垄断的倾向。

坚持在可能竞争的行业中引入和强化竞争，仍然是最有效的监管思路。

1. 形成国内竞争者

形成能够与跨国公司投资企业相竞争的国内企业，是保持市场竞争性的一个重要方面。目前国内企业在与外商投资企业的竞争中，有些方面的地位不平等，仅仅冗员问题和债务问题，国有企业的负担就要重得多，而在进入限制、融资条件、市场地位等方面，非国有企业受到许多不公平的待遇。今后要形成一个有效的市场竞争环境，需要为国内企业创造与外商投资企业平等的竞争环境，包括政策环境平等和体制环境平等。

2. 形成跨国公司投资企业之间的竞争

有些领域，由于技术和资金壁垒很高，国内企业在短期内还不能具备竞争力，在这种情形下，一个产品和服务领域中至少要引进三家跨国公司投资，使不同外商投资企业之间形成竞争。这是我国过去多年积累的重要经验：一个行业中由一家外商投资企业垄断与有几家外商投资企业相互竞争，企业的行为是很不相同的。

3. 垄断行业对外开放与行业管理体制改革相结合

随着技术变化与管理能力的提高，一些原先具有自然垄断性质的行业，正在转为竞争性的行业，电信运营的变化就很典型，这些行业在改革和开放中要尽量引进竞争性的因素。在一些仍然典型的自然垄断行业中，如城市供水供电、缺乏其他竞争性运输网络的公路、铁路等行业中，竞争机制在短期内难以形成，因而关于价格和收益率的谈判过程、决定机制和监督方式，就成为新的监管体制的核心内容。

4. 加强对并购行为的监管能力

加强对外商并购过程本身的监管，是另一个重要的新问题。跨国收购兼并，是一项专业性很强的业务，具体操作方法很多，涉及的专业知识面广，经验性很强。当国内资本市场进一步开放后，产权市场成为一个高度流动和技术性很强的市场，回避监管的办法也很多，国内的经验和人才明显不足。需要尽快引进和培养监管人才，制定反垄断法和防止不正当交易法，约束外国投资者可能出现的不正当并购行为。

（二）集中力量，制定和实施开放条件下的产业技术政策

在全球一体化趋势加快的大背景下，全球技术与产业竞争也并不是完全市场化的竞争。特别是一些与国家经济与军事安全有关的行业和领域，从来都不是完全竞争的技术领域。即使在发达国家，政府也对少数此类关键技术和产业给予各种方式的扶持。

作为一个发展中大国，一些与国家经济与军事安全有关的行业和技术，政府的扶持与支持必不可少，在这些关键技术领域占有一席之地、形成自主的技术能力，事关我国经济军事安全和长期发展潜力。因此，在扩大开放的同时，政府要与产业界和科技界共同努力，尽快制定明确、有效的国家技术与产业发展战略。

从各国的情况看，与国家安全有关的许多高新技术是以商业利益为目的研制出来的，因此，不能认为所有与国家安全相关的重大技术都是政府应该投资的领域，而无限制地扩大政府对高新技术研发和产业化的投资。

诸如包括微电子电路、集成式半导体产品、计算机软件、机器人、光学纤维、超导技术、生物技术等，都是商业导向的两用技术。如果将这些行业都纳入需要国家投资支持、国内独立自主发展的产业之中，就明显超出了政府的投资能力。更不利的可能后果是，这些行业中的企业由于受到政府的保护和支持，无法形成市场竞争力，最终会对产业和企业的发展产生负面影响。因此，以国家安全为目标的政府行为，应该集中于商业利益不足以刺激国内制造和研发，同时商业导向的跨国投资和技术交易被禁止、限制或有可能被禁止、限制的领域。目标有限才能集中力量，取得突破并具备长期滚动跟踪和发展的能力。

参考文献：

中华人民共和国对外经济贸易合作部：《中国对外经济贸易白皮书（2001）》，中国社会科学出版社 2002 年版。

中华人民共和国海关总署：《中华人民共和国海关统计年鉴》，中华人民共和国海关总署《海关统计》编辑部 1993—2001 年版。

中国对外经济贸易年鉴编辑委员会：《中国对外经济贸易年鉴》，中国对外经济贸易出版社 1999—2001 年版。

王志乐主编：《著名跨国公司在中国的投资》，中国经济出版社 1996 年版。

王洛林主编：《中国外商投资报告（2000）》，中国财政经济出版社 2000 年版。

江小涓、杨圣明、冯雷主编：《中国对外经贸理论前沿》，社会科学文献出版社 2001 年版。

陈宏伟：《GE 与中国共成长》，《中国外资》2002 年第 1 期。

联合国贸发会议：《世界投资报告（2000）》（中译本），中国财政经济出版社 2001 年版。

《中国社会科学》2002 年第 6 期

非竞争型投入占用产出模型及其应用

——中美贸易顺差透视

Lawrence J. Lau 等[*]

摘要 本文构建了一种能够反映中国加工贸易特点的非竞争（进口）型投入占用产出模型，提出了一个国家全部出口与分部门、分大类商品的单位出口对国内增加值和就业的拉动效应的计算方法，从数学上证明了出口总值等于出口商品所包含的完全国内增加值与完全进口额之和，并据此编制了 2002 年中美两国的非竞争（进口）型投入占用产出表，测算和分析了中美两国出口对各自国内增加值和就业的影响。

关键词 非竞争（进口）型投入占用产出模型 加工出口 非加工出口 国内增加值

一 问题的提出

改革开放以来，中国经济[①]快速增长。2001 年至 2006 年，国内生产总值（GDP）的年均增长率为 10.1%，进出口总额的年均增长率约为

---

* 本文的作者为：Lawrence J. Lau（Stanford University，香港中文大学），陈锡康、杨翠红（中国科学院数学与系统科学研究院），Leonard K. Cheng（香港科技大学），K. C. Fung（University of California at Santa Cruz），Yun-Wing Sung（香港中文大学），祝坤福、裴建锁、唐志鹏（中国科学院数学与系统科学研究院）。

Lawrence J. Lau（刘遵义），1944 年生，香港中文大学经济系教授（中国香港，新界，沙田）。

本文受香港特别行政区第一任行政长官董建华先生、香港中文大学和国家自然科学基金委资助（No. 60474063），特此致谢！美国国际贸易委员会官员王直博士（Dr. Wang Zhi, International Trade Commission of the United States）曾为本文提供很好的意见，特此致谢！同时感谢匿名评审专家对本文提出的宝贵意见！

① 本文对中国所作的研究如无特殊说明，均特指中国内地。

28.1%，且出口的增长速度快于进口，2006 年出口总额年增长率达到 27.2%。[①] 2005 年，中国进出口总额和出口总额均超过日本，居世界第三，仅次于美国和德国。[②] 目前，中国已成为美国的第三大贸易伙伴，美国则超过日本，成为仅次于欧盟的中国的第二大贸易伙伴。对外贸易的高速增长推动了中国的经济发展和就业，然而在市场不断扩大、贸易量持续增加的同时，中美贸易摩擦问题日渐突出，并成为两国经贸关系发展中不容忽视的问题。据美国普查局公布的数据，2006 年美国对中国贸易逆差达 2325 亿美元[③]，居美国贸易逆差伙伴之首。据中国国家统计局公布的数据，2006 年中国对美国的出口额为 2035 亿美元，从美国的进口额为 592 亿美元，贸易顺差为 1443 亿美元。[④] 中美贸易顺差的持续扩大引起了广泛的争议。考虑到统计误差、统计口径的差异，以及中美对出口额的统计中均未包括从香港的再出口等问题，一些学者如冯（K. C. Fung）等人[⑤]，提出了一系列修正方法重新估测中美贸易差额，即将进出口数据均转换为出口国的离岸价格（Free on Board，FOB）、考虑香港再出口的影响、扣除香港中间商对转口货物的转口加价。然而，我们认为，修正之后的数据仍是对出口总额的一种调整。

就中国对外贸易的研究而言，目前也大多局限于使用出口总额来评估其对中国国内经济的影响。例如，林毅夫、李永军运用计量经济方法，通过建立联立方程组，测度了出口对中国经济的影响，得出了出口对中国国内经济拉动作用很大的结论；[⑥] 王直研究了中国加入 WTO 对世界贸易方

---

① 中华人民共和国国家统计局编：《中华人民共和国 2006 年国民经济和社会发展统计公报》，2007 年 2 月 28 日公布。

② 中华人民共和国国家统计局编：《中国统计年鉴 2006》，中国统计出版社 2007 年版，第 1028 页。

③ http://www.census.gov/foreign-trade/Press-Release/2006pr/12/ft900.pdf.

④ 中华人民共和国国家统计局编：《中华人民共和国 2006 年国民经济和社会发展统计公报》，2007 年 2 月 28 日公布。

⑤ K. C. Fung, and Lawrence J. Lau, "New Estimates of the United States-China Bilateral Trade Balances", *Journal of the Japanese and International Economies*, Vol. 15, 2001, pp. 102 – 130; K. C. Fung, and Lawrence J. Lau, "Adjusted Estimates of United States-China Bilateral Trade Balances: 1995 – 2002", *Journal of Asian Economics*, Vol. 14, 2003, pp. 489 – 496; K. C. Fung, Lawrence J. Lau and Yanyan Xiong, "Adjusted Estimates of United States-China Bilateral Trade Balances: An Update", *Pacific Economic Review*, Vol. 11, 2006, pp. 299 – 314.

⑥ 林毅夫、李永军：《对外贸易与经济增长关系的再考察》，北京大学中国经济研究中心讨论稿系列，2001 年。

式的影响，认为加入 WTO 对中国自身的经济发展益处最大，同时其他国家，除了经济结构类似于中国的南美、东南亚国家之外，也都将因为中国的加入而获益。[①] 我们认为，以上研究均没有考虑出口对中国或双边国家国内增加值贡献的差异。而事实上，准确测度出口对各国国内增加值和就业的影响，具有非常重要的意义。在这方面，投入产出模型是一个很好的工具。

根据对进口商品的处理方法的不同，投入产出模型可以分为两种：竞争（进口）型投入产出模型和非竞争（进口）型投入产出模型（以下简称"竞争型投入产出模型"和"非竞争型投入产出模型"）。在竞争型投入产出模型中，各生产部门消耗的中间投入部分没有区分哪些是本国生产的，哪些是进口的，假定二者可以完全替代，只在最终需求象限中有一个进口列向量。因而，此类投入产出模型无法反映各生产部门与进口商品之间的联系。非竞争型投入产出模型的中间投入，则分为国内生产的中间投入和进口品中间投入两大部分，反映了二者的不完全替代性。由于竞争型投入产出表存在的不足，许多学者选择使用非竞争型投入产出表作为分析工具，如 D. 胡梅尔斯、石井和 K – M. 易（D. Hummels，J. Ishii & K – M. Yi），提出了垂直专门化（Vertical Specialization）的问题，并利用非竞争型投入产出表计算了经合组织（OECD）成员国的垂直专门化率，[②]该研究引起了国际经济界的广泛重视。平新乔等根据胡梅尔斯等提出的定义和公式对中国的垂直专门化率做了深入研究，认为从 1992 年到 2003 年的12 年间，中国出口贸易中的垂直专门化率有了大幅提高。[③] 沈利生、吴振宇运用非竞争型投入产出表，探讨了出口对中国国内经济的拉动作用，认为外贸对 GDP 增长的贡献逐年上升，但贡献系数有下降趋势。[④] 这些研究或者考虑的仅仅是出口总额，或者没有区分加工贸易和非加工贸易。在中

① Zhi Wang，"The Impact of China's WTO Accession on the Patterns o f World Trade"，*Journal of Policy Modeling*，Vol. 25，2003，pp. 1 –41.

② D. Hummels，J. Ishii，and K – M. Yi，"The Nature and Growth of Vertical Specialization in World Trade"，*Journal of International Economics*，Vol. 54，2001，pp. 75 – 96.

③ 平新乔等：《中国出口贸易中的垂直专门化与中美贸易》，《世界经济》2006 年第 5 期。

④ 沈利生、吴振宇：《利用投入产出模型测算外贸对经济的贡献》，载许宪春、刘起运主编《中国投入产出理论与实践》，中国统计出版社 2004 年版，第 268—280 页。

国的对外贸易中, 加工贸易占有很大比重。① 因此, 本文区分了加工贸易和非加工贸易对国内经济的影响, 并据此提出了能够反映中国加工贸易特点的非竞争 (进口) 型投入占用产出模型 (以下简称 "非竞争型投入占用产出模型") 。②

现代国际贸易发展的一个重要特点是国家间的分工和联系日益广泛、深入, 在一个国家出口品的生产过程中, 经常大量使用其他国家或地区的进口品作为中间投入。因此可以说, 一个国家的出口品是很多国家共同生产的结果。一个国家的出口品可以分为国内成分和国外成分两个部分。进而, 一个国家的出口总额也可以分为两大部分, 即出口品的完全国内增加值和出口品的完全进口额, 即完全国外增加值。

海关统计数据表明③, 中国出口的商品中大部分是加工出口, 通常只是对其他国家或地区的产品作最后的加工或装配, 例如中国加工装配出口的计算机中就包含进口的芯片、存储器、驱动器、键盘、软件等。中国的出口实际上是相关国家和地区共同的出口, 对中国而言, 此类出口所产生的国内增加值很低。因此, 准确计算出口商品的国内增加值和国外增加值, 是研究中国出口的特点和透视中美贸易摩擦的基础。

本文以下的论述主要集中在两个方面。第二部分, 讨论反映加工贸易特点的非竞争型投入占用产出模型, 提出单位出口对国内增加值和就业的拉动效应的计算方法, 并从数学上严格证明出口总值等于出口所带来的完全国内增加值和完全进口额之和, 以及在此情况下完全需要系数的计算方法。第三部分, 编制中美两国 2002 年的投入产出表, 并就中美两国的出口对各自国内增加值与就业的影响进行计算和比较。

---

① 中华人民共和国国家统计局编:《中国统计年鉴 2006》, 中国统计出版社 2007 年版, 第 735 页。

② 1998 年到 2001 年, Lawrence J. Lau、Leonard K. Cheng、K. C. Fung 和陈锡康等合作, 曾经编制了中国 1995 年区分加工出口和非加工出口的非竞争型投入产出表, 计算了出口对中国国内增加值和就业的拉动作用, 得到如下结果: 1995 年出口 1000 美元对中国国内增加值的直接影响为 240 美元, 完全影响为 545 美元。2006 年, 我们构建了中国 2000 年、2002 年和美国 2002 年扩展的对外贸易投入产出表, 并据此分别计算了中、美两国出口对其本国国内增加值和就业的影响。在该项研究过程中, 我们提出了能够反映加工出口特点的非竞争型投入占用产出模型。

③ 中华人民共和国海关总署编:《中国海关统计年鉴 2002》, 中国海关出版社 2003 年版, 第 12 页。

二 反映加工贸易特点的非竞争型投入占用产出模型

（一）应用非竞争型投入产出模型计算出口对国内增加值和就业的影响

为了计算出口对国内增加值和就业的影响，我们需要应用非竞争型投入产出模型（见表1）。迄今为止，国家统计局编制的投入产出表均为竞争型投入产出表，所以我们首先需要编制非竞争型投入产出表。

表1　　　　　　　　　　非竞争型投入产出模型

产出 / 投入		中间使用		最终使用					国内总产出或进口
		国内生产 1, 2, …, n	中间使用合计	消费	资本形成总额	出口	其他	最终使用合计	
中间投入 国内产品中间投入	1,…,n	X_{ij}^{D}		F^{DC}	F^{DI}	F^{DE}		F^{D}	X
进口品中间投入	1,…,n	X_{ij}^{M}		F^{MC}	F^{MI}			F^{M}	X^{M}
中间投入合计									
最初投入 固定资产折旧、劳动者报酬、税金、利润		V							
增加值合计									
总投入		X^{T}							

注：右上标 D 代表国内产品，M 代表进口品，T 表示矩阵转置，DC 表示国内产品用于国内消费，MC 则表示进口产品用于国内消费，其余类推；X_{ij}^{D} 和 X_{ij}^{M} 分别表示第 j 部门生产过程中对第 i 部门国内产品和进口品的中间消耗量；F^{D} 和 F^{M} 分别表示国内产品和进口品的最终使用列向量；X^{M} 为进口品量的列向量。

非竞争型投入产出模型水平方向有两组均衡方程式，即国内产品生产与使用量相等的方程组和进口品生产与使用量相等的方程组：

$$\sum_{j=1}^{n} X_{ij}^{D} + F_i^{D} = X_i \qquad (i = 1, 2, \cdots, n) \tag{1}$$

$$\sum_{j=1}^{n} X_{ij}^{M} + F_i^{M} = X_i^{M} \qquad (i = 1, 2, \cdots, n) \tag{2}$$

其中，F_i^D 和 F_i^M 分别表示国内产品和进口品的最终使用数量，X_i 和 X_i^M 分别表示第 i 部门国内产品和进口品的数量。

令：$A^D = [a_{ij}^D] \equiv [X_{ij}^D/X_j]$ 为国内产品直接消耗系数矩阵；$A^M = [a_{ij}^M] \equiv [X_{ij}^M/X_j]$ 为进口品直接消耗系数矩阵。

式（1）和式（2）可以简写为：

$$A^D X + F^D = X \tag{3}$$

$$A^M X + F^M = X^M \tag{4}$$

根据投入产出理论，$A_V = [a_{Vj}] \equiv [V_j/X_j]$，代表直接增加值的行向量；$B_V = (b_{V1}, b_{V2}, \cdots, b_{Vn})$，代表完全国内增加值的行向量，则完全国内增加值的计算公式为：

$$B_V = A_V (I - A^D)^{-1} \tag{5}$$

同时可以得到：

$$X = (I - A^D)^{-1} F^D = B^D F^D \tag{6}$$

其中，$B^D = (I - A^D)^{-1}$，是非竞争型投入产出模型中的完全需求系数矩阵；矩阵 B^D 的元素表示生产一个单位最终需求所需要的国内产品的总产出。

在上述模型基础上可以用如下公式计算出口对总产出、国内增加值和就业的影响：

$$\Delta X = (I - A^D)^{-1} \Delta E \tag{7}$$

$$\Delta V = A_V \Delta X = A_V (I - A^D)^{-1} \Delta E = B_V \Delta E \tag{8}$$

$$\Delta L = A_L \Delta X = A_L (I - A^D)^{-1} \Delta E = B_L \Delta E \tag{9}$$

其中，ΔX 表示总产出列向量的增量；ΔE 表示出口列向量的增量；ΔV 表示国内增加值的增量；ΔL 表示就业增量；A_L 表示直接就业系数的行向量，$A_L = [a_{Lj}] \equiv [L_j/X_j]$，$L_j$ 为在 j 部门就业的劳动力数量；B_L 表示完全就业的行向量，其中 $B_L = A_L (I - A^D)^{-1}$。

从式（8）我们可以得出 ΔV，即单位出口拉动的全部国内增加值等于完全增加值的行向量 B_V 乘以出口列向量的增量；同样，从式（9）我们可以得到 ΔL，即单位出口拉动的全部国内就业量等于完全就业的行向量 B_L 乘以出口列向量的增量 ΔE。

（二）应用非竞争型投入产出模型计算出口商品所包含的完全进口额

1. 直接进口消耗系数和完全进口消耗系数

在产品生产中消耗的原材料、能源和部件等，为直接消耗。直接进口消耗系数 $a_{ij}^M = X_{ij}^M / X_j$，表示第 j 部门单位产品生产过程中直接消耗的第 i 部门进口品的数量。在原材料、能源和部件等生产中又消耗了进口产品，这就形成了对进口品的间接消耗。完全进口等于直接消耗进口和所有间接消耗进口的总和。我们可以用以下公式计算完全进口消耗系数：

$$b_{ij}^M = a_{ij}^M + \sum_{k=1}^{n} b_{ik}^M a_{kj}^D \quad (i, j = 1, 2, \cdots, n) \tag{10}$$

可写为矩阵形式如下：

$$B^M = A^M + B^M A^D$$
$$B^M = A^M (I - A^D)^{-1} = A^M B^D \tag{11}$$

其中，$B^M = \begin{bmatrix} b_{ij}^M \end{bmatrix}$ 为完全进口消耗系数矩阵。

2. 出口商品消耗的直接进口额与完全进口额的概念和定义

我们以钢为例来解释出口商品的直接进口额和完全进口额的概念。钢在生产过程中消耗的进口品是钢对进口品的直接消耗。炼钢过程中要消耗国产的生铁、焦炭等投入品，这些投入品生产中也消耗进口品，这是钢对进口品的第一次间接消耗。在生铁、焦炭等生产过程中还要消耗国内生产的矿石和煤等，在矿石和煤等生产中又要消耗进口品，这是钢对进口品的第二次间接消耗。这个过程可以无限地进行下去。钢的完全进口额等于直接进口额和所有间接进口额的总和。图 1 描述了完全进口产生的过程，其中包括无穷多次的间接进口投入。

我们定义直接进口额系数为某个部门生产一个单位产品所直接投入的所有进口中间产品的总和。令 a_{Mj} 为第 j 部门的直接进口额系数，它等于第 j 部门的直接进口消耗系数的总和[1]，即：

---

[1] Xikang Chen, Leonard K. Cheng, K. C. Fung and Lawrence J. Lau, *The Estimation of Domestic Value-Added and Employment Induced by Exports: An Application to Chinese Exports to the United States*, Working Paper, Department of Economics, Stanford University, Stanford, California 94305, June, 2001. The paper was also presented at the AEA meeting, Boston, January, 2005; and mimeo, Stanford University.

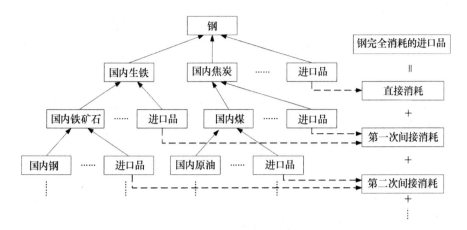

图1 钢的完全进口额示意图

$$a_{Mj} = \sum_{i=1}^{n} a_{ij}^{M} \qquad (j = 1, 2, \cdots, n) \tag{12}$$

或者:

$$A_M = uA^M \tag{13}$$

其中, $A_M = (a_{M1}, a_{M2}, \cdots, a_{Mn})$, 是一个行向量; u 代表各元素值为 1 的行向量, 即 $u = (1, 1, \cdots, 1)$ 。

我们定义完全进口额系数为某个部门生产一个单位产品所投入的直接进口额和所有间接进口额之和。令 b_{Mj} 表示第 j 部门单位产出的完全进口额系数, 则:

$$b_{Mj} = a_{Mj} + \sum_{i=1}^{n} a_{Mi} a_{ij}^{D} + \sum_{i=1}^{n} \sum_{k=1}^{n} a_{Mk} a_{ki}^{D} a_{ij}^{D} + \sum_{i=1}^{n} \sum_{k=1}^{n} \sum_{s=1}^{n} a_{Ms} a_{sk}^{D} a_{ki}^{D} a_{ij}^{D} + \cdots$$
$$(j = 1, 2, \cdots, n) \tag{14}$$

式 (14) 右端第一项为第 j 部门单位产出的直接进口额系数, 第二项为第 j 部门单位产出的第一次间接进口额之和, 第三项为第 j 部门单位产出的第二次间接进口额之和, 以此类推。第 j 部门单位产出的完全进口额系数等于单位产出的直接进口额系数与所有 n 次间接进口额系数的总和。式 (14) 可以写为如下矩阵形式:

$$\begin{aligned} B_M &= A_M + A_M A^D + A_M A^D A^D + A_M A^D A^D A^D + \cdots \\ &= A_M (I + A^D + A^{D2} + A^{D3} + \cdots) \\ &= A_M (I - A^D)^{-1} \end{aligned} \tag{15}$$

其中，$A_M = (a_{M1}, a_{M2}, \cdots, a_{Mn})$，$B_M = (b_{M1}, b_{M2}, \cdots, b_{Mn})$，分别表示单位产出的直接进口额系数行向量和完全进口额系数行向量。

3. 出口总额等于完全进口额和完全国内增加值之和

在本节中我们将证明各部门的完全增加值系数等于 1 减去完全进口额系数，即

$$b_{Vj} = 1 - b_{Mj} \qquad (j = 1, 2, \cdots, n)$$

也就是要证明：

$$B_V = u - B_M \tag{16}$$

由式（5）和式（15）我们得到：

$$B_V + B_M = A_V (I - A^D)^{-1} + A_M (I - A^D)^{-1} = (A_V + A_M)(I - A^D)^{-1}$$

因为对于任何一个部门而言，中间消耗系数和增加值系数之和等于单位矩阵，即：

$$u A^D + u A^M + A_V = u \tag{17}$$

由此我们得到：

$$
\begin{aligned}
B_V + B_M &= (A_V + A_M)(I - A^D)^{-1} \\
&= (A_V + u A^M)(I - A^D)^{-1} \\
&= (u - u A^D)(I - A^D)^{-1} \\
&= u(I - A^D)(I - A^D)^{-1} \\
&= u
\end{aligned}
\tag{18}
$$

式（18）表明，各部门的完全国内增加值系数与完全进口额系数之和都等于 1。由此可以得出一个重要结果，即一个国家的出口总额等于出口的完全国内增加值和完全进口额之和。应用完全国内增加值和完全进口额之间的关系，我们也可以通过式（16）计算出口中包含的完全国内增加值。

以中国为例，每生产 1000 美元的出口纺织品，消耗的直接进口额为 326.5 美元，消耗的一次间接进口额为 44 美元、二次间接进口额为 9.3 美元、三次间接进口额为 3.5 美元……把消耗的直接进口额和所有间接进口额加总得到，每生产 1000 美元的出口纺织品消耗的完全进口额为 394.7 美元。由式（16）得出，每生产 1000 美元的出口纺织品的完全国内增加值等于 605.3 美元（1000 − 394.7），与应用式（5）所得结果完全相同。

　　根据胡梅尔斯等提出的概念，垂直专门化表示出口品生产中使用的进口品数额，垂直专门化率表示单位出口品生产中所使用的进口品数额。某个部门出口品的直接垂直专门化率也就是该部门单位出口品生产中所使用的直接进口额之和，而某个部门出口品的完全垂直专门化率也就是该部门单位出口品生产中所使用的完全进口额之和。一个国家出口品的垂直专门化率等于各部门的垂直专门化率的加权平均数（以出口结构系数为权数）。我们所研究和计算的单位出口品的完全国内增加值系数等于1减去垂直专门化率，也就是说，完全进口额系数等于垂直专门化率。[①]

（三）反映中国加工贸易特点的非竞争型投入占用产出模型

　　投入产出分析的优点是以棋盘式平衡表形式反映国民经济中几百个部门的产品生产与消耗之间的相互联系，包括直接联系与间接联系。利用它可以计算部门间的关联度，研究某个部门最终需求变动和产品价格变动对其他所有部门的影响，计算各种类型的完全消耗系数、前向关联系数、后向关联系数和各种乘数等。然而，传统的模型也存在一些迫切需要解决的问题，例如，占用与产出之间的联系。投入产出分析中的投入是指生产过程中的消耗，占用是指在生产中长期使用的物品，如固定资产、流动资产、劳动力、科技和教育、自然资源等的拥有状况。占用是进行生产过程的前提和基础。我们不仅要研究部门间产品的投入与产出的关系，而且要研究占用与产出、占用与投入之间的数量关系。基于陈锡康提出的投入占用产出模型（Input-Occupancy-Output Model，或译为 Extended Input-Output Model with Assets），[②] 结合当前中国对外贸易的特点，本文提出了一类能够反映中国加工贸易特点的非竞争型投入占用产出模型（见表2）。

---

　　① 王直博士在讨论中曾指出完全国内增加值与垂直专门化率的关系。

　　② Xikang Chen, "Input-Occupancy-Output Analysis and Its Application in China", in Manas Chattezji and Robert E. Kuenne（eds.）, *Dynamics and Conflict in Regional Structural Change*, London: Macmillan Press, 1990, pp. 267 – 278; Xikang Chen, "Input-Occupancy-Output Analysis and Its Application in the Chinese Economy", in Shri Bhagwan Dahiya（ed.）, *The Current State of Economic Science*, Rohtak: Spellbound Publications, Pvt. Ltd., 1999, pp. 501 – 514; Xikang Chen, Jue Guo, and Cuihong Yang, "Extending the Input-Output Model with Assets", *Economic Systems Research*, Vol. 17, 2005, pp. 211 – 225.

表2　　　　区分加工出口和非加工出口的非竞争型投入占用产出模型

产出 投入			中间使用				最终使用					国内总产出或进口
			用于国内需求的生产	加工出口生产	非加工出口生产及其他	中间使用合计	消费	资本形成总额	出口	其他	最终使用合计	
			$1,2,\cdots,n$	$1,2,\cdots,n$	$1,2,\cdots,n$							
投入部分	国内产品中间投入	用于国内需求的生产 $1,\cdots,n$	X^{DD}	X^{DP}	X^{DN}		F^{DC}	F^{DI}	0		F^{D}	X^{D}
		加工出口生产 $1,\cdots,n$	0	0	0		0	0	F^{PE}		F^{P}	X^{P}
		非加工出口生产及其他 $1,\cdots,n$	X^{ND}	X^{NP}	X^{NN}		F^{NC}	F^{NI}	F^{NE}		F^{N}	X^{N}
	进口产品中间投入 $1,\cdots,n$		X^{MD}	X^{MP}	X^{MN}		F^{MC}	F^{MI}			F^{M}	X^{M}
	中间投入合计											
	增加值		V^{D}	V^{P}	V^{N}							
	总投入		$(X^{D})^{T}$	$(X^{P})^{T}$	$(X^{N})^{T}$							
占用部分	资金 其中：外资		K^{D}	K^{P}	K^{N}							
	劳动力		L^{D}	L^{P}	L^{N}							
	自然资源等 其中：耕地、水资源											

注：右上标 D、P、N 和 M 分别表示国内产品、加工出口、非加工出口和进口；X^{D}、X^{P} 和 X^{N} 分别表示 D、P 和 N 总产出的列向量；F^{D}、F^{P} 和 F^{N} 分别表示 D、P 和 N 最终需求的列向量；右上标 DD 表示国内产品用于国内使用，DP 表示国内产品用于加工出口，DN 则表示国内产品用于非加工出口及其他；X^{DD}、X^{DP} 和 X^{DN} 分别表示国内产品作为 D、P 和 N 的中间投入矩阵；X^{ND}、X^{NP} 和 X^{NN} 分别表示非加工出口及其他产品作为 D、P 和 N 的中间投入矩阵；F^{DC} 和 F^{DI} 表示作为消费和资本形成总额的国内产品的列向量，$F^{D}=F^{DC}+F^{DI}$；F^{PE} 表示加工出口产品用作出口的列向量，$F^{P}=F^{PE}$，加工出口生产全部用于出口，故中间使用及其他最终使用均为零；F^{NC}、F^{NI} 和 F^{NE} 分别表示非加工出口及其他作为消费、资本形成总额和出口的列向量，$F^{N}=F^{NC}+F^{NI}+F^{NE}$；$X^{MD}$、$X^{MP}$ 和 X^{MN} 分别表示进口产品作为 D、P 和 N 的中间投入的矩阵；F^{MC} 和 F^{MI} 表示进口产品作为消费和资本形成总额的列向量；V^{D}、V^{P} 和 V^{N} 分别表示 D、P 和 N 中各部门增加值的行向量；L^{D}、L^{P} 和 L^{N} 分别表示 D、P 和 N 中各部门劳动力就业的行向量。

1. 区分加工出口和非加工出口的非竞争型投入占用产出模型

中国的出口可以分为两种类型：加工出口和非加工出口。加工出口包括两种方式：来料加工装配出口和进料加工出口。举例来说，根据海关公布的数据，[①] 2002 年中国出口总额为 3255.97 亿美元，其中加工出口 1799.28 亿美元，非加工出口 1456.69 亿美元。加工出口占全部出口总额的 55.3%。加工出口中，来料加工装配出口为 474.74 亿美元，进料加工出口为 1324.54 亿美元。2002 年中国加工出口生产中直接消耗的进口产品约占加工出口的 67.9%。

2002 年，外商投资企业的出口占中国出口总额的 52.2%。[②] 基于中国出口结构的特点，为了准确计算出口对中国国内增加值和就业的影响，我们在投入产出模型中把生产活动分为三个部分：用于国内需求的生产（D）、用于加工出口的生产（P）、用于非加工出口的生产和外商投资企业的其他生产（N，以下简称非加工出口生产及其他）。我们之所以不将外商投资企业的其他类型生产放入 D，正是基于上述事实及以下两点考虑：一个是其产品的很大部分主要用于间接出口，即为出口生产提供中间投入品（原料和部件等），剩下作为国内生产部门的中间投入比重很小；一个是外资企业产品的投入结构与出口生产的结构类似，与用于国内需求的生产的结构不同。

由表 2 的水平方向我们可以得到国内产品 D、加工出口 P、非加工出口及其他 N 和进口 M 的如下供求关系方程：

$$X^{DD} + X^{DP} + X^{DN} + F^D = X^D \tag{19}$$

$$F^P = X^P \tag{20}$$

$$X^{ND} + X^{NP} + X^{NN} + F^N = X^N \tag{21}$$

$$X^{MD} + X^{MP} + X^{MN} + F^M = X^M \tag{22}$$

由垂直方向我们可以得到如下方程：

$$uX^{DD} + uX^{ND} + uX^{MD} + V^D = (X^D)^T \tag{23}$$

$$uX^{DP} + uX^{NP} + uX^{MP} + V^P = (X^P)^T \tag{24}$$

$$uX^{DN} + uX^{NN} + uX^{MN} + V^N = (X^N)^T \tag{25}$$

---

① 中华人民共和国海关总署编：《中国海关统计年鉴 2002》，中国海关出版社 2003 年版，第 12 页。

② 同上书，第 14 页。

其中，u 表示所有元素为 1 的行向量。

代入直接消耗系数矩阵，则式（19）、式（20）、式（21）和式（22）可以写成如下形式：

$$A^{DD}X^D + A^{DP}X^P + A^{DN}X^N + F^D = X^D \tag{26}$$

$$F^P = X^P \tag{27}$$

$$A^{ND}X^D + A^{NP}X^P + A^{NN}X^N + F^N = X^N \tag{28}$$

$$A^{MD}X^D + A^{MP}X^P + A^{MN}X^N + F^M = X^M \tag{29}$$

其中，$A^{DD} = [A_{ij}^{DD}] \equiv [X_{ij}^{DD}/X_j^D]$，$A^{DP} = [A_{ij}^{DP}] \equiv [X_{ij}^{DP}/X_j^P]$，$A^{DN} = [A_{ij}^{DN}] \equiv [X_{ij}^{DN}/X_j^N]$，$A^{ND} = [A_{ij}^{ND}] \equiv [X_{ij}^{ND}/X_j^D]$，$A^{NP} = [A_{ij}^{NP}] \equiv [X_{ij}^{NP}/X_j^P]$，$A^{NN} = [A_{ij}^{NN}] \equiv [X_{ij}^{NN}/X_j^N]$，$A^{MD} = [A_{ij}^{MD}] \equiv [X_{ij}^{MD}/X_j^D]$，$A^{MP} = [A_{ij}^{MP}] \equiv [X_{ij}^{MP}/X_j^P]$，$A^{MN} = [A_{ij}^{MN}] \equiv [X_{ij}^{MN}/X_j^N]$。

完全需要系数、完全国内增加值系数和完全就业系数的计算方法式（26）至式（28）可以写成以下形式：

$$\begin{bmatrix} (I - A^{DD}) & -A^{DP} & -A^{DN} \\ 0 & I & 0 \\ -A^{ND} & -A^{NP} & (I - A^{NN}) \end{bmatrix} \begin{bmatrix} X^D \\ X^P \\ X^N \end{bmatrix} = \begin{bmatrix} F^D \\ F^P \\ F^N \end{bmatrix}$$

这样我们可以得到：

$$\begin{bmatrix} X^D \\ X^P \\ X^N \end{bmatrix} = \begin{bmatrix} (I - A^{DD}) & -A^{DP} & -A^{DN} \\ 0 & I & 0 \\ -A^{ND} & -A^{NP} & (I - A^{NN}) \end{bmatrix}^{-1} \begin{bmatrix} F^D \\ F^P \\ F^N \end{bmatrix}$$

上面方程可以写成：

$$\overline{X} = (I - \overline{A})^{-1} \overline{F} \tag{30}$$

$$\overline{X} = \overline{B}\overline{F} \tag{31}$$

式（30）和式（31）为扩展的投入产出模型，其中：

$$\overline{X} = \begin{bmatrix} X^D \\ X^P \\ X^N \end{bmatrix}, \overline{A} = \begin{bmatrix} A^{DD} & A^{DP} & A^{DN} \\ 0 & 0 & 0 \\ A^{ND} & A^{NP} & A^{NN} \end{bmatrix}, F = \begin{bmatrix} F^D \\ F^P \\ F^N \end{bmatrix}$$

$$\overline{B} = (I - \overline{A})^{-1} = \begin{bmatrix} (I - A^{DD}) & -A^{DP} & -A^{DN} \\ 0 & I & 0 \\ -A^{ND} & -A^{NP} & (I - A^{NN}) \end{bmatrix}^{-1} \text{是扩展的列昂惕}$$

夫逆，或者说是扩展的完全需要系数矩阵。

我们可以得到：

$$\begin{bmatrix} (I - A^{DD}) & -A^{DP} & -A^{DN} \\ 0 & I & 0 \\ -A^{ND} & -A^{NP} & (I - A^{NN}) \end{bmatrix}^{-1} = \begin{bmatrix} B^{DD} & B^{DP} & B^{DN} \\ B^{PD} & B^{PP} & B^{PN} \\ B^{ND} & B^{NP} & B^{NN} \end{bmatrix}$$

其中：

$$B^{DD} = (I - A^{DD})^{-1} + (I - A^{DD})^{-1}A^{DN}B^{NN}A^{ND}(I - A^{DD})^{-1} \tag{32}$$

$$B^{DP} = (I - A^{DD})^{-1}A^{DP} + (I - A^{DD})^{-1}A^{DN}B^{NN}\left[A^{NP} + A^{ND}\right.$$
$$\left.(I - A^{DD})^{-1}A^{DP}\right] \tag{33}$$

$$B^{DN} = (I - A^{DD})^{-1}A^{DN}B^{NN} \tag{34}$$

$$B^{PD} = 0, \ B^{PP} = I, \ B^{PN} = 0 \tag{35}$$

$$B^{ND} = B^{NN}A^{ND}(I - A^{DD})^{-1} \tag{36}$$

$$B^{NP} = B^{NN}\left[A^{NP} + A^{ND}(I - A^{DD})^{-1}A^{DP}\right] \tag{37}$$

$$B^{NN} = \left[I - A^{NN} - A^{ND}(I - A^{DD})^{-1}A^{DN}\right]^{-1} \tag{38}$$

其中，B^{DD}、B^{DP} 和 B^{DN} 分别表示 D、P 和 N 的单位最终需求对 D 的完全需要系数矩阵；B^{PD}、B^{PP} 和 B^{PN} 分别表示 D、P 和 N 的单位最终需求对 P 的完全需要系数矩阵；B^{ND}、B^{NP} 和 B^{NN} 分别表示 D、P 和 N 的单位最终需求对 N 的完全需要系数矩阵。

我们的目标是分别得到 D、P 和 N 的单位最终需求（如出口等）对 V（增加值）、M（进口产品）和 L（就业）的完全需要系数矩阵。我们提出了通过两种不同的途径得到 D、P 和 N 单位最终需求的完全增加值系数的计算公式。[①] 对进口产品和就业的完全需要系数矩阵的计算公式完全相同，不再赘述。

最后得到两张汇总表：D、P 和 N 的各类直接消耗系数矩阵公式（见

---

① 因篇幅有限，本文省略了单位最终需求完全增加值系数的具体推导过程。

表3）和各类完全需要系数矩阵公式（见表4）。

表3 各类直接消耗系数矩阵公式

	D	P	N
D	A^{DD}	A^{DP}	A^{DN}
P	$A^{PD}=0$	$A^{PP}=0$	$A^{PN}=0$
N	A^{ND}	A^{NP}	A^{NN}
M（进口产品作为中间投入）	A^{MD}	A^{MP}	A^{MN}
V（增加值）	A_V^D	A_V^P	A_V^N
L（就业）	A_L^D	A_L^P	A_L^N

利用表4最后两行中的 B_V^P、B_V^N 和 B_L^P、B_L^N 的公式，就可以计算增加一个单位加工出口和非加工出口所产生的完全国内增加值和完全就业量，而单位出口所产生的完全进口额等于1减去完全国内增加值。

表4 各类完全需要系数矩阵公式

	D	P	N
D	B^{DD}	B^{DP}	B^{DN}
P	$B^{PD}=0$	$B^{PP}=I$	$B^{PN}=0$
N	B^{ND}	$B=^{NP}$	B^{NN}
M	$B^{MD}=A^{MD}B^{DD}+A^{MN}B^{ND}$	$B^{MP}=A^{MD}B^{DP}+A^{MP}+A^{MN}B^{NP}$	$B^{MN}=A^{MD}B^{DN}+A^{MN}B^{NN}$
V	$B_V^D=A_V^DB^{DD}+A_V^NB^{ND}$	$B_V^P=A_V^DB^{DP}+A_V^P+A_V^NB^{NP}$	$B_V^N=A_V^DB^{DN}+A_V^NB^{NN}$
L	$B_L^D=A_L^DB^{DD}+A_L^NB^{ND}$	$B_L^P=A_L^DB^{DP}+A_L^P+A_L^NB^{NP}$	$B_L^N=A_L^DB^{DN}+A_L^NB^{NN}$

三 2002年中美两国出口对各自国内增加值和就业的拉动效应计算

（一）数据来源

我们编制了中国1995年、2000年和2002年与加工贸易有关的非竞争型投入占用产出表。同时，基于美国商务部经济分析局发布的 U 表

(Use Table) 和 V 表（Make Table）等资料①，我们编制了美国 2002 年的非竞争型投入占用产出表。

我们从中国海关总署、国家统计局、香港海关及美国普查局、美国商务部经济统计署等机构收集了相关的数据。中国海关总署提供了大量的重要数据，如《中国海关统计年鉴》（2000—2006）、2002 年分商品的加工装配进出口货物量值表和分商品的来料加工进出口货物量值表等。中国国家统计局提供了许多重要的数据资料，如《2002 年中国投入产出表》，以及出口商品消费表、投入产出部门和海关统计（H. S. 编码体系②）匹配表、从 FOB 到生产者价格转换矩阵的重要数据、《2004 年中国经济普查资料》、以工业部门分类的外商投资企业的主要指标、《劳动力统计报告》、《中国统计年鉴》（2000—2006），等等。香港海关提供了以下重要数据：中国内地经香港再出口至美国的数据和美国经香港再出口至内地的分商品数据，美国至中国内地的出口中再出口的统计数据差异比重，以及相应的中国内地至美国及其他国家和地区的出口中再出口的统计数据差异比重。美国普查局及美国商务部经济统计署等提供了诸如 1996—2004 年美国进出口数据详表等主要资料。

（二）部分计算结果及其应用价值

利用本文所讨论的能够反映加工出口特点的非竞争型投入占用产出模型和方法，我们得到如下结果（见表5）。③

---

① http://ww w. bea. gov/ bea/ dn2/i-o_ annual. htm.

② H. S. 编码体系是由世界海关组织主持制定的一部供海关、统计、进出口管理及与国际贸易有关各方共同使用的商品分类编码体系，全称《商品名称及编码协调制度》。商品分类说明详见海关总署关税征管司编制《中华人民共和国海关统计商品目录》，中国海关出版社 2006 年版。

③ 我们还得出了按生产者价格计算的各部门出口 1000 美元商品对增加值和就业的拉动效应、出口商品按离岸价格（FOB）计算的各部门出口 1000 美元商品对增加值和就业的拉动效应、出口品按 H. S. 九十八大类商品组分类的每 1000 美元出口对增加值和就业的拉动效应。我们不仅计算了中国与世界的出口贸易对国内增加值和就业的影响，而且计算了中国对美国出口（区分对美直接出口和包括通过香港再出口两种情况），以及美国对中国出口（同样区分两种情况）对国内增加值和就业的影响。因篇幅有限，没有一一列出。

表5 中美两国出口（以生产者价格计算）对各自国内增加值和就业的影响

2002 年	拉动效应			
	直接增加值（美元）	完全增加值（美元）	直接就业（人年）	完全就业（人年）
中国全部出口（1000 美元）	204	466	0.0952	0.2416
其中：加工出口	166	287	0.0448	0.1106
非加工出口	240	633	0.1421	0.3632
中国出口至美国（包括从香港再出口，1000 美元）	177	368	0.0623	0.1642
其中：加工出口	168	300	0.0475	0.1180
非加工出口	210	606	0.1145	0.3274
中国出口至美国（直接，1000 美元）	180	390	0.0673	0.1797
其中：加工出口	166	292	0.0455	0.1126
非加工出口	211	605	0.1149	0.3265
美国全部出口（1000 美元）	452	885	0.0046	0.0095
美国出口至中国（包括从香港再出口，1000 美元）	418	865	0.0045	0.0094
美国出口至中国（直接，1000 美元）	430	867	0.0045	0.0094

注：本文关于中美两国出口对国内增加值和就业的影响是在中美两国有关部门 2006 年 8 月以前公布的数据资料基础上计算的，今后可能会随着数据的进一步更新有所修改。

1. 中美两国出口对各自国内增加值的影响

2002 年中国对美国 1000 美元的出口可以带来的直接国内增加值（中国 GDP）为 177 美元，间接国内增加值为 191 美元，即带来的完全国内增加值为 368 美元。同时，2002 年美国对中国 1000 美元的出口可以带来美国的直接国内增加值为 418 美元，间接国内增加值为 447 美元，即给美国带来的完全国内增加值为 865 美元。美国对中国的单位出口对其国内增加值的贡献，是中国对美国出口对中国国内增加值贡献的 2 倍多。

近年来，中国对美国出口货物总值约为美国对中国出口货物总值的 4 倍，但以国内增加值来衡量的话，则中国对美国出口仅为美国对中国出口的 2 倍左右。[①] 由此可以看出，不能仅仅把对外贸易总额作为衡量一个国家或地区对外贸易的唯一经济指标，而应当同时计算出口中所包含的国内增加值和进口品价值；即不仅要从总产值角度来衡量，而且要从增加值角度来衡量。

---

① Lawrence J. Lau, Xikang Chen, Leonard K. Cheng, K. C. Fung, Jiansuo Pei, and Yun-Wing Sung, Zhipeng Tang, Yanyan Xiong, Cuihong Yang, and Kunfu Zhu, *The Estimation of Domestic Value-Added and Employment Generated by U. S. -China Trade*, Working Paper No. 2, Institute of Economics, The Chinese University of Hong Kong, 2006.

2. 中美两国出口对各自国内就业的影响

2002 年中国对美国 1000 美元的出口给中国带来的完全就业（包括直接就业和间接就业增加）为 0.1642 人年。同时，2002 年美国对中国 1000 美元的出口给美国带来的完全就业为 0.0094 人年。中国对美国出口对中国国内就业的拉动是美国对中国出口对美国国内就业拉动的 17 倍之多。与美国相比，中国出口更多的劳动密集型产品，反映了中国实际工资率较低和劳动力相对充裕的现实。虽然中国劳动力充裕，劳动力价格远远低于发达国家，但我们绝不能因对外贸易的优势在于劳动力资源充裕而自喜，因为贸易的最终目的是改善人民的生活水准。中国目前大量出口国际产业链的低端产品，所获得的利润和增加值是极为微薄的。由于加工出口比重很大，出口所产生的效应远较出口总额小。长期出口劳动密集型产品还会阻碍贸易产品的结构升级，造成发达国家始终把我们锁定在生产结构底端的局面。通过本文提出的非竞争型投入占用产出模型的计算，我们更加真实地看到了中国和发达国家在对外贸易方面的利害得失。

四 小结

目前在对外贸易中主要使用出口总值来衡量出口的规模，但随着国际贸易和分工的日益发展与渗透，一个国家或地区的出口经常包含从很多国家或地区进口的原材料和部件，因此，计算出口商品所包含的国内增加值和国外增加值，对于正确反映一个国家的实际出口规模、研究国际贸易的平衡问题具有重要的作用，也可以为中国政府制定对外贸易政策提供有效的参考。

基于此，本文提出了核定出口商品中所包含的完全国内增加值和完全进口额的计算方法，并且证明了出口总值等于出口所带来的完全国内增加值和完全进口额之和。据此我们编制了 2002 年中美两国的非竞争（进口）型投入占用产出表，测算和分析了中美两国出口对各自国内增加值和就业的影响，得出如下结论：中国对美国出口货物总值约为美国对中国出口货物总值的 4 倍，但以国内增加值来衡量的话，则中国对美国出口仅为美国对中国出口的 2 倍左右；同时，与美国相比，中国出口更多的是劳动密集型产品，这也反映了中国实际工资率较低和劳动力相对充裕的现实。

利用本文的方法和模型，不仅可以计算一个国家的总出口对国内增加值和就业的影响，而且可以计算分部门、分大类商品的单位出口对国内增加值和就业的影响。相关部门和研究机构还可以利用本文构建的投入占用产出模型，计算各个生产部门所使用的占用品中内源和外源的占用量比重，及其对各类污染物排放量的影响，并进一步构造单目标或多目标的优化模型，为优化中国的出口产品结构、调整和改善中国的产业结构、加强国家经济安全提供有益的借鉴。

参考文献：

Batey, P. W. J. , and M. J. Weeks, "An Extended Input-Output Model Incorporating Employed, Unemployed, and In-migrant Households", *Papers of the Regional Science Association*, Vol. 62, 1987.

Hummels, D. , D. Rapoport, and K-M. Yi, "Vertical Specialization and the Changing Nature of World Trade", *Federal Reserve Bank of New York Economic Policy Review*, Vol. 4, No. 2, 1998.

Bohlin, L. , and L. M. Widell, "Estimation of Commodity-by-Commodity Input-Output Matrices", *Economic Systems Research*, Vol. 18, 2006.

Leontief, Wassily W. , "Quantitative Input and Output Relations in the Economic System of the United States", *Review of Economic Statistics*, Vol. 18, 1936.

Leontief, Wassily W. , et al. , *Studies in the Structure of the American Economy*, New York: Oxford University Press, 1953.

He, Shiqiang, and Polenske, K. R. , *Interregional Trade, the Heckscher-Ohlin-Vanek Theorem and Leontief's Paradox*, paper presented to the 12th International Conference on Input-Output Techniques, New York City, 1998.

Hertel, Thomas (ed.), *Global Trade Analysis: Modeling and Applications*, New York: Cambridge University Press, 1997.

张燕生、刘旭、平新乔：《中美贸易顺差结构分析与对策》，中国财政经济出版社2006 年版。

《中国社会科学》2007 年第 5 期

碳预算方案：一个公平、可持续的国际气候制度框架[*]

潘家华　陈　迎[**]

摘　要　全球温室气体减排已有一定的科学认知和国际政治意愿。由于涉及经济代价和发展权益，全球温室气体减排的国际制度框架均难于兼顾公平与可持续性双重目标。以气候安全的允许排放量为全球碳预算总量，设为刚性约束，可以确保碳预算方案的可持续性；将有限的全球碳预算总额以人均方式初始分配到每个地球村民，满足基本需求，可以确保碳预算方案的公平性。根据历史排放和未来需求进行碳预算转移支付，设计相应的资金机制，使碳预算方案具有效率配置特征。不同于分时段、临时目标的《京都议定书》途径，这样的碳预算方案是一个全面涵盖的整体性一揽子方案。然而，由于气候变化问题已泛政治化，许多技术性问题需要国际政治与外交谈判才能解决。

关键词　碳预算方案　公平　可持续性　国际气候制度

引　言

气候变化问题是当前全球热点问题，全球应对气候变化的国际制度和行动必将对未来世界经济和国际政治产生长远而深刻的影响。2007 年底在印尼巴厘岛召开的《联合国气候变化框架公约》（United Nations Frame-

---

* 本研究受到 "UN—China Climate Change Partnership Framework" 项目的资助。中国社会科学院研究生院博士生王文军、硕士生李晨曦参与了部分研究工作。作者感谢两位匿名审稿专家提出的宝贵意见，当然，文责自负。

** 潘家华，经济学博士，中国社会科学院城市发展与环境研究中心研究员；陈迎，工学博士，中国社会科学院城市发展与环境研究中心副研究员。

work Convention on Climate Change，UNFCCC）第 13 次缔约方会议达成了
《巴厘行动计划》，[①] 在公约下启动了促进长期合作行动的谈判进程，[②] 目
标是到 2009 年底在丹麦哥本哈根召开的第 15 次缔约方会议上，就 2012
年后的国际气候制度达成新的协议。当前国际气候谈判的五大关键要素
是：对全球长期合作行动的共同愿景（shared vision）、减缓（mitigation）、
适应（adaptation）、技术和资金，[③] 其中的核心问题是如何反映各国具体
国情，公平地进行温室气体减排义务的分担或排放权分配，并通过相应的
国际机制保障其实施。中国作为发展中大国，在国际气候谈判中的地位举
足轻重，也面临日益强大的国际压力。

现有《京都议定书》模式，以 1990 年的排放为基础，通过谈判确定
发达国家各自的减排义务。[④] 本文跳出现有京都模式的思维定式，基于人
文发展基本碳排放需求理论与方法，[⑤] 研究形成全球温室气体减排的碳预
算方案。该方案不仅能够更好地体现气候公约确立的"共同但有区别责
任"的原则，而且能够实现全球中长期的减排目标，是构建更为公平、
有效的国际气候制度的一个综合方案。

---

① UNFCCC，*Bali Action Plan*，http://unfccc. int/.

② 目前，国际气候谈判采用双轨并行的模式：一是公约下的长期合作行动特设工作组（Ad
Hoc working Group on Long-term Cooperative Action under the Convention，AWG-LCA），二是在《京
都议定书》下就发达国家和转轨经济（Economies in Transition）国家后续承诺期减排义务进行谈
判的特设工作组（Ad Hoc Working Group on Further Commitments for AnnexI Parties under the Kyoto
Protocol，AWG – KP），二者共同推动国际气候谈判进程。参见 http://unfccc. int/。

③ 人类社会应对气候变化主要有减缓和适应两大途径。减缓是指减少温室气体排放或增加
碳汇的人为活动，适应是指自然或人为系统对新的或变化的环境做出的调整。根据《巴厘行动计
划》的规定，共同愿景应包括一个减排温室气体的全球长期目标。减缓包括所有发达国家的减缓
承诺、发展中国家适合国情的减缓行动，以及减少发展中国家毁林和森林退化导致的排放问题。
适应行动是为减少所有缔约方的脆弱性而采取的各种行动，包括防灾减灾、风险管理、促进多元
化等。技术和资金是指以支持减缓和适应行动为目的的技术开发和转让以及提供资金资源与投资
支持的行动。

④ 《京都议定书》规定，在特殊情况下，少数国家允许选择其他基准年。《京都议定书》
主要缔约方达成的减排目标为：欧盟减排 8%，日本 6%，美国 7%。其中，欧盟作为整体承诺的
减排目标通过内部谈判进一步分解到各成员国，如英国减排 12.5%，德国 21.7% 等。2001 年，
美国宣布退出该议定书，因此其在议定书下的减排义务不具有法律效力。详细情况参见《京都议
定书》文本。http://unfccc. int/。

⑤ Pan Jiahua，"Fulfming Basic Development Needs with Low Emissions—China's Challenges and
Opportunities for Buidding a Post – 2012 Climate Regime"，in Taishi Sugiyama，ed.，*Governing Cli-
mate：The Struggle for a Global Framework beyond Kyoto*，International Institute for Sustainable Develop-
ment（IISD），2005，pp. 87 – 108.

一　碳预算方案的基本理念和公平含义

从经济学的角度看，大气具有全球公共物品的属性，具有消费的非排他性和非竞争性。如果不加以管理，将可能上演"公地悲剧"，对全球环境造成难以逆转的严重影响。温室气体主要来自人类活动，尤其是大量化石燃料的燃烧，在全球能源系统仍以化石能源为主的情况下，温室气体排放是人类社会发展难以避免的"副产品"，因此，为了保护全球气候系统，大气容纳温室气体排放的有限的环境容量成为一种稀缺资源。温室气体排放权与一般经济学意义上的产权（如土地等的产权）有本质不同，主要表现在大气空间具有均质性特征，一旦排放就均匀扩散到大气层中，其所造成的影响是全球性的。而土地资源有级差，土地等级不同，土地收益便不同，地租额也就不同。且土地资源不存在主权争议，不涉及发展权益的分配；而温室气体的主权属性尚未明确，也不可能进入市场交易。因此，国际社会有必要通过谈判达成国际气候制度，促进有限碳排放权资源的合理使用，使全球福利最大化。

迄今为止，国际上对于 2012 年后国际气候制度下的减缓问题已经提出了许多方案，[1] 其中多数是发达国家学者提出的，[2] 由于受到国家立场的局限，这些方案都难以兼顾公平和可持续原则，即使是为发展中国家利益考虑的方案，也难以从根本上体现发展中国家的国情和根本利益。

比如，英国全球公共资源研究所（Global Commons Institute，GCI）提出的"紧缩趋同"（Contraction & Convergence，C&C）方案，[3] 设想发达国家与发展中国家从现实出发，以人均排放量为标准，逐步实现人均排放量趋同，最终在未来某个时点实现全球人均排放量相等。这种方案从公平

---

① 政府间气候变化专门委员会（Intergovernmental Panel on Climate Change，IPCC）的第四次评估报告（AR4）对此有全面详细的介绍。详见 IPCC，"Climate Change 2007：Mitigation of Climate Change"，Contribution of Working Group III to the Fourth Assessment Report of the Intergovernmental Panel on Climate Change，2007。

② D. Bodansky，S. Chou and C. Jorge-Tresolini，"International Climate Efforts beyond 2012," *Pew Center on Global Climate Change*，Dec. 2004，http://www. pewclimate. org/docUploads/2012% 20new. pdf. Accessed on July 2，2009.

③ Aubrey Meyer，"GCI Briefing：Contraction & Convergence"，*Engineeg Sustainability*，01/12/2004.

角度看，默认了历史、现实以及未来相当长时间内实现趋同过程中的不公平。虽然符合发达国家占用全球温室气体排放容量完成工业化进程后向低碳经济回归的发展规律，但对仍处于工业化发展进程中的发展中国家的排放空间构成严重制约，因此，客观上并不公平。

巴西案文是考虑历史责任方案的代表。[①] 因为温室气体在大气中有一定的寿命期，今天的全球气候变化主要是发达国家自工业革命以来200多年间温室气体排放的累积效应造成的，因此，在考虑现实排放责任的同时，追溯历史责任，才能更好地体现公平。巴西案文原本只针对发达国家，后来发达国家学者将这一方案扩展到发展中国家。[②] 但是，这种基于历史责任的减排义务分担方法，只考虑国家的排放总量，而未考虑人均排放量；只强调污染者要为历史排放付费，而没有考虑处于不同发展阶段的各国当前及未来发展需求，因此，从公平角度看依然失之偏颇。瑞典斯德哥尔摩环境研究所（Stockholm Environment Institute，SEI）学者提出的温室发展权（Greenhouse Development Rights，GDR）框架认为，[③] 只有富人才有责任和能力减排，通过设置发展阈值，保障低于发展阈值的穷人的发展需求。该方法采用超过发展阈值的人口的总能力（经购买力平价调整的GDP）和总责任（累积历史排放）两个指标，对实现全球升温不超过2℃目标所需要的全球减排量进行减排义务分担。但是，该方法只考虑各国排放的历史责任，不考虑未来排放需求。而且，发展阈值的假设、累积历史排放的计算，以及所需统计数据的来源等问题也存在争议。

本文提出的碳预算方案依据人文发展理论，[④] 从人的基本需求的有限性和地球系统承载能力的有限性公理出发，强调国际气候制度应保障优先满足人的基本需求，促进低碳发展，遏制奢侈浪费，同时满足公平分担减

---

① 巴西案文是巴西政府在京都会议前夕向公约秘书处提交的一份有关减排义务分担方法的建议。Brazil, "Proposed Elements of a Protocol to the UNFCCC", presented by Brazil in response to the Berlin mandate, 1997（FCCC/AGBM/1997/MISC. 1/Add. 3），Bonn：UNFCCC. http://unfccc. int/cop4/resource/docs/1997/agbm/misc01a3. htm. Accessed on July 2, 2009。

② L. Pinguelli Rosa and S. Kahn Ribeiro, "The Present, Past, and Future Contributions to Global Warming of CO$_2$ Emissions from Fuels：A Key for Negotiation in the Climate Convention", *Climatica Change*, Vol. 48, 2001, pp. 289 – 308.

③ P. Baer, T. Athanasiou, S. Kartha and E. Kemp Benedict, "The Greenhouse Development Rights Framework：The Right to Development in a Climate Constrained World", 2008（revised second version），http://www. ecoequity. org/docs/TheGDRsFramework. pdf. Accessed on July 2, 2009.

④ A. Sen, *Development as Freedom*, Oxford：Oxford University Press, 1997.

排义务和保护全球气候的双重目标。① 碳预算方案从全球普遍认同的公平理念出发，提出公平原则应该具有以下几层含义。

首先，公平的本义是人与人之间的公平，这与人均排放方法的基本出发点是一致的。尽管当代国际社会是以国家政治实体为单元，通过政府间的国际气候谈判来解决气候变化问题，但是，伦理学上公平的本义，不是保障国家之间的"国际公平"，而是促进人与人之间的"人际公平"。这是因为衣、食、住、行、用等个人消费都要消耗能源，社会正常运转所必需的公共消费也需要消耗能源。在以化石能源为基础的能源体系还难以彻底改变的情况下，温室气体排放权显然是保障人生存和发展的基本人权的重要组成部分。

其次，促进人与人之间的公平，关键是保障今天生活在地球上的当代人的权利，使每个人都能公平地享有作为全球公共资源的温室气体排放权。温室气体排放归根到底来源于人的消费需求。事实证明，控制人口的政策对于减缓全球气候变化具有重要意义。② 这就需要选定基准年人口作为排放权分配的基础。我们认为，当代人是历史的传承，掌控着未来人口。如果以当代人作为排放权分配的基础，新增人口就不能获得新增的排放权，而只有通过"稀释"现有人口的人均排放权来保障新增人口的基本需求。如果未来人口减少也不削减已经分配的排放权，那么，相对现有人口人均排放权增加就可以使当代人享受到"人口红利"。这似乎是对未来人的不公平。但是，碳排放源自人的消费需求，合理的气候制度不应鼓励通过人口增加来获取更多的排放权，而且从技术外溢的后发优势看，由于技术进步，未来人获取同样的消费所需的碳排放会比当代人低。因此，以当代人口数量作为排放权分配的基础，符合公平要求。当然，排放权作为一种人权，人口迁移，排放权也相应迁移。

再次，促进人与人之间的公平，关键不是现实或未来的某个时点上流量（年排放量）的公平，而是包括历史、现实和未来全过程的存量公平，

---

① 潘家华：《满足基本需求的碳预算及其国际公平与可持续含义》，《世界经济与政治》2008 年第 1 期。

② Jiang Leiwen and K. Hardee, "How Do Recent Population Trends Matter to Clinlate Change", *Population Action International*, April, 2009, http://www.populatiOmction.org/PublicatiOns/Working_ Papers/ApriI_ 2009/population_ trends_ climate_ change_ FINAL. pdf. Accessed on July 2, 2009.

可以从历史评估起始年（例如 1900 年）到未来评估截止年（例如 2050 年）总累积排放量来衡量。温室气体排放是伴随工业化、城市化和现代化而迅速增加的，工业化、城市化进程的完成表明城市基础设施、房屋建筑和区域性的交通、水利等基础设施基本到位，一旦完成，无须继续增加，只需对存量维护和更新。发展中国家开始工业化进程较晚，历史上消耗排放权较少，积累的社会财富较少，其当代人的发展水平也较低，基本需求尚未满足的现象仍普遍存在，因而未来在实现工业化进程中的排放需求较大。历史排放与未来需求之间存在负相关关系，因此寻求从历史、现实到未来全过程的存量公平，较之默认历史排放不公平而只看未来剩余排放空间的分担方法，更具合理性。

最后，促进人与人之间的公平，需要反映各国的具体国情，充分考虑气候、地理、资源禀赋等自然因素对未来满足基本需求的影响，从而对碳排放量进行客观、必要的调整。

二　碳预算总额及其初始分配

如何兼顾保护全球气候的可持续性目标和保障每个人基本需求的发展目标？大致可以有两种不同思路：一种是"自下而上"的方法。这需要首先界定人的基本需求及其标准，根据各国国情对基本需求进行调整，然后在一定社会经济和技术条件下估算各国满足基本需求所需的碳排放量，经过加总得到全球总排放量，据此判断能否满足保护全球气候的长期目标。如果超出，就需要对基本需求的界定及其标准进行相应调整，形成反馈机制。[1] 另一种是"自上而下"的方法。这需要首先确定全球长期目标，从该目标出发计算满足全球长期目标的全球碳预算，将全球碳预算对各国进行公平分配，并根据各国具体国情进行必要的调整，然后各国在碳预算中约束碳预算方案：一个公平、可持续的国际气候制度框架下制定满足人的基本需求的发展和减排政策，判断其能否满足调整后的碳预算。如果不能满足，则需要对减排政策进行调整，由此形成反馈机制。[2] 前者的

---

① 朱仙丽：《人文发展基本需要的碳排放》，博士学位论文，中国社会科学院研究生院，2006 年。

② 潘家华：《满足基本需求的碳预算及其国际公平与可持续含义》，《世界经济与政治》2008 年第 1 期。

重点在于优先满足人的基本需求，计算过程相对烦琐，技术细节争议较多；而后者的重点是优先满足全球长期目标，计算过程相对简单易行。本文试图将"自上而下"和"自下而上"的方法结合起来，采用"自上而下"的方法，在确定全球减排目标的基础上，进行碳预算的分配、调整和转移；采用"自下而上"的方法，讨论各国现实排放趋势，以及如何在碳预算约束下满足其基本需求。

全球碳预算总量的确定，是一个科学认知不断深化和政治意愿达成共识的过程。作为一种制度框架的构建，为简化起见，我们以大略满足大气温室气体浓度450ppm当量水平的排放量作为碳排放预算额度，[①] 以当前的科学认知水平和政治意愿承诺作为研究方案的基础。联合国政府间气候变化专门委员会于2007年完成的第四次评估报告明确提出，到2050年全球温室气体至少要比当前削减50%。[②] 2008年7月八国集团峰会在其宣言中明确承诺，认可2050年全球排放减排50%的长期目标，以及斯特恩报告提出的2050年人均排放2吨碳的趋同目标，等等。[③] 本研究应用情境分析方法，以2005年为评估基准年，2050年为评估截止年，未来排放路径在满足全球减排目标的条件下设置了两种排放情境：A假设全球排放在2015年封顶，峰值高于2005年水平大约10%；B为全球排放在2025年封顶，峰值高于2005年水平大约20%（见图1）。

确定未来全球排放情境和相应排放路径之后，全球碳预算即是从起始年到评估年累积的全球排放总量，[④] 为简化起见，采用直接累计的计算方

---

① ppm，容量浓度单位，百万分之一。在全球未来排放情境的设计中，全球长期目标可以有多种不同的表达方式，例如，京都模式的排放目标是大气中温室气体稳定浓度为450ppm，欧盟倡导全球升温不超过2℃。排放、浓度和升温目标之间虽然存在一定的函数对应关系，但也不是一一对应，存在一定的不确定性。

② Core Writing Team, R. K. Pachauri, and A. Reisinger, eds., "IPCC Climate Change 2007 Synthesis Report," released on 17 November 2007, VaIencia, Spain, http://www.ipcc.ch/ipccreports/ar4 – syr. htm. Accessed on July 2, 2009.

③ N. Stern, "Key Elements of a Global Deal on Climate Change", *The London School of Economics and Politcal Science* (LSE), Aprn 30, 2008, http://www.lse. ac. uk/collections/granthamInstitute/publications/KeyElementsOfAGl0balDe aJ_ 30Apr08. pdf. Accessed on July 2, 2009.

④ 限于现有温室气体的统计数据，化石能源消费和工业生产过程排放的 CO_2 数据较之土地利用、土地利用变化和林业（Land Use, Land Use Change and Forestry, LULUCF）排放的 CO_2 以及非 CO_2 更为丰富、可靠，因此，本研究仅针对化石能源和工业生产过程排放的 CO_2。全球及各国历史排放数据均来自美国橡树岭国家实验室数据库，CDIAC, "Global, Regional and National Fossil Fuel CO_2 Emisions", http://cdiac. ornl. gov/trends/emis/meth_ reg. htm, updated on Aug. 27, 2008, Accessed on July 2, 2009。

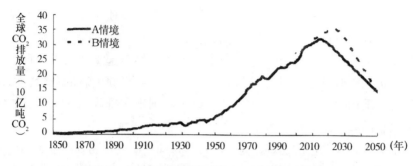

图1　全球化石能源排放的 CO_2 及未来排放情境

法，计算结果见表1。尽管英国的工业革命始于18世纪中叶，但当时的排放总量不大，而且当年的排放多已自然衰减，对当前的增温潜力几乎可以忽略不计。不仅如此，以1850年或1900年为起始年算起，差别也只有1.7左右，非常小。但随着全球经济发展，尤其是工业化发达国家的增多和工业化进程的加快，全球排放总量逐年增长。从1900年为起始年与从1960年为起始年算起，全球历史累积排放量相差大约23，差别变得比较明显。以2050年为评估截止年，1900年到2050年计151年，与 CO_2 在大气中的寿命期142年比较相近，因此选择以1900年为起始年，计算历史排放的累积责任可以明确看出发达国家与后发的发展中国家之间的巨大差异。在假设的 A 情境和 B 情境下，全球未来碳预算相差大约14%。同样，为了满足2050年相对2005年减排50%的目标，拐点出现越晚，拐点处的排放峰值越高，排放空间相对也越大。反之，拐点出现越早，拐点处的排放峰值越低，则排放空间相对也越小。

表1　　　　　　　　　　　　**全球碳预算**　　　　　　　　　单位：10亿吨 CO_2

起始年（Y）	全球碳预算 （Y—2050年）		历史实际 累积排放量 （Y—2004年）	未来碳预算 （Y—2050年）	
	A 情境	B 情境		A 情境	B 情境
1850	2311.1	2472.0	1143.5		
1900	2272.5	2433.4	1104.9		
1960	2019.1	2180.0	851.5		
2005				1167.6	1328.5

　　表1结果表明，在A情境下，1900—2050年的151年间全球碳预算约为2.27万亿吨CO_2，2005年全球总人口大约64.6亿，[①] 人均累积排放约为352.5吨CO_2，平均到每人每年的碳预算约为2.33吨CO_2。如果按B情境计算，1900—2050年这151年间，按2005年人口总量平均，人均累积总量为376.7吨CO_2，每人年均为2.5吨CO_2。

　　根据国际能源机构（International Energy Agency，IEA）2008年的估计，[②] 2006年能源燃烧所排放的CO_2，全球人均为4.28吨，发达国家（含已完成工业化的苏联、东欧国家）人均为11.18吨，而广大的发展中国家人均只有2.44吨。在《京都议定书》的基准年即1990年，全球人均排放为3.99吨，发达国家为11.82吨，发展中国家只有1.58吨；1990—2006年，发达国家的人均CO_2排放量下降了5.4%，而发展中国家的人均CO_2排放量增加了4.3%。即使是拒绝履行《京都议定书》承诺的美国，在此期间，尽管总量上增加了17.1%，但人均CO_2排放量也下降了2.3%。

　　按汇率计，1990年发展中国家每天人均GDP只有2.86美元（以2000年不变价格计），按世界银行每天人均2美元的生存收入要求，1999年发展中国家人均1.5吨CO_2的排放水平，尚不能满足生存需要。2006年2.44吨CO_2的排放水平，所对应的每天人均GDP，按汇率计（以2000年不变价格计）也只有4.85美元。尽管有的发展中国家收入水平已经较高，或者一些贫困国家或地区的富人收入或许也已经很高，但是从整体上看，发展中国家2006年的排放水平尚处于满足基本需求阶段。

　　如果要将大气温室气体浓度稳定在450ppm水平，全球人均年排放水平就只有2.33吨（情境A，2015年封顶）到2.5吨（情境B，2025年封顶）。这就意味着，为了保护全球气候，全球的碳预算总量在当前的技术经济和消费格局下只能满足65亿人口的基本需求。从公平的角度看，在全球有限的碳预算约束下，每一个地球村民均有分享保障基本需求的权利。从社会福利改进的角度看，在边际水平上，高收入群体的排放增量所带来的福利改善递减，甚至为负；而低收入群体的排放增量所带来的福利改善却处于递增阶段。[③] 这就意味着，高收入群体带有奢侈消费性质的高

---

　　① 全球及各国人口数据来自世界银行数据库。http://www.worldhank.org/。

　　② IEA, *CO_2 Emissions from Frel Combustion*, Paris：OECD Publishing, 2008.

　　③ Pan Jiahua, "Welfare Dimensions of Climate Change Mitigation", *Globl Enuironinental Change*, Vol. 18, No. 1, 2008, pp. 8 – 11.

排放，占用了低收入群体用于满足基本需求乃至生存的碳预算。由于全球
碳预算总额度相对于 65 亿规模的地球村民而言，在当前的技术经济及消
费模式下，已经没有多少可供奢侈浪费的空间，伦理学意义上的公平和经
济学意义上的福利改进，均要求有限的全球碳预算应该为地球村民人均分
享。因此，本文的全球碳预算初始分配，按全球人均核定。

　　由于各国人口规模相去甚远，以此为依据进行的各国碳预算初始分
配表明，一个国家在总体上的温室气体排放空间取决于其基准年人口占
全球总人口的比例。为了说明碳预算在各国之间的分配及调整情况，我
们依据国际气候谈判主要国家和国家集团的划分，选取了一些典型国家
进行深入分析。在《联合国气候变化框架公约》附件 I（以下简称附件
I）国家中重点考察欧盟、加拿大、日本、俄罗斯、美国、澳大利亚，
其中欧盟重点考察法国、德国、意大利、英国。[①]《联合国气候变化框
架公约》非附件 I（以下简称非附件 I）国家中重点考察巴西、中国、
印度等发展中大国，以及韩国、墨西哥、南非等工业化程度较高的其他
发展中国家。[②] 各国碳预算初始分配的计算结果如图 2 所示。由于人口
众多，中国和印度以国家政治实体为单元的碳预算初始分配总额最大；
而经济相对发达但人口相对较少的加拿大、澳大利亚按人口平均的初始
分配碳预算总量则相对较小。

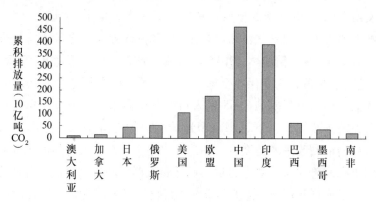

图 2　1900—2050 年各国碳预算初始分配情况：A 情境

①　附件 I 国家包括 39 个发达国家和经济转轨国家。经济转轨国家，指苏联、东欧国家。
②　非附件 I 国家包括除附件 I 国家外的其他发展中国家。

三 碳预算的调整与转移支付

从原则上讲，人们对碳排放的需求源于对能源的消费需求。在气候变化的国际谈判和全球气候制度构建中，均要求考虑各国的国情。[①] 碳预算的初始分配，只是简单人均，并未考虑国情特点。而国情特点，无外乎自然条件和社会经济状况两类。自然条件涉及气候、地理和能源资源禀赋等内容，而社会经济状况的核心是碳预算的供求平衡。具体来讲，人作为生物学个体，有一个适宜的温度范围。高或低于这一范围，社会经济乃至生命活动都将受到影响。显然，在极端高温和极端低温的情况下，保持一个适宜的温度范围所产生的碳排放，属于满足基本需求的范畴。同样，地广人稀地区与人口密集地区相比，前者用以满足交通基本需求的碳排放量要明显高于后者。而且，一个国家的能源资源是以高碳的煤炭为主，还是以较为清洁的石油、天然气为主，或者以零碳的核能、水能、风能、太阳能和碳中性（carbon neutral）的生物质能为主，[②] 对应于同样的能源服务，产生的碳排放显然有所不同。因此，需要根据排放的大致格局和相关的技术参数，对各国的初始碳预算分配进行调整。总体来讲，分析结果表明，各国的自然条件对碳预算的调整幅度并不大；而实际需求与碳预算初始分配之间的巨大反差，则需要通过转移支付来保持全球碳预算的总体平衡和各国碳预算的平衡。

（一）基于自然条件的初始碳预算调整

1. 气候因素

气候因素主要影响各国的建筑物耗能和碳排放。发达国家作为成熟经济体，建筑物能耗大约占其终端能源消费的1/3左右，其中用于供热和制冷的能耗约占建筑物能耗的1/2左右，因此，我们拿出全球碳预算的1/6进行调整。衡量各国自然气候条件和人口分布情况的重要指标是经人口加

---

① 在《联合国气候变化框架公约》和《京都议定书》中，均有明确条款强调考虑国情差异。

② 碳中性，是指绿色植物从大气中通过光合作用固定二氧化碳，又通过燃烧或腐烂释放二氧化碳。在平衡状态下，生物质能吸收和排放的二氧化碳等值。

权的采暖度日数（heating degree days）和制冷度日数（cooling degree days）。① 依据该指标进行调整的结果是，气候比较寒冷的国家如俄罗斯、加拿大和气候相对较热的国家如印度、印度尼西亚，碳预算都有所增加，而气候相对温和的国家如南非、澳大利亚、墨西哥、巴西，则碳预算略有减少，调整幅度在 - 10% — + 14% 范围内。

2. 地理因素

地理因素主要影响各国交通耗能和碳排放。发达国家作为成熟经济体，交通部门的能耗占其终端能源消费的 1/3 左右。人口的平均出行里程和运输距离与地域分布密切相关。因此，可将全球碳预算的 1/3，根据各国地理因素进行重新分配。衡量人口地域分布的重要指标是受人为活动影响的国土面积。② 依据该指标进行调整的结果是，地广人稀的国家如澳大利亚、加拿大、俄罗斯碳预算有较大上升，而人口密度较高的国家如韩国、日本、印度碳预算则略有减少，调整幅度在 - 14— + 62% 范围内。

3. 能源资源禀赋

资源禀赋，尤其是能源资源禀赋与能源消费结构有一定关系。发达国家凭借较强的经济实力可以摆脱资源禀赋的约束，如日本资源匮乏，几乎消费的所有石油都来自进口，但发展中国家的能源消费结构往往受到本国能源资源禀赋的极大制约。为了满足同样的能源需求，煤炭资源禀赋多或者以煤炭为主要能源的国家碳排放量更大。因此，需要对能源消费结构较重的国家予以补偿，但是，对能源消费结构较重国家的碳预算补偿应该适当，否则将不利于鼓励各国在促进低碳能源或可再生能源开发方面的努力。因此，我们拿出全球碳预算的 1/2，根据各国能源消费的碳强度指标，③ 对各国的初始碳

---

① 采暖度日数和制冷度日数是以 18℃ 为标准，将日平均气温距离该标准的差逐日累加并经人口加权计算得到。该指标综合反映了自然气候条件和人口分布状况，某些气候条件极端的地区因居住人口稀少对加权后的综合指标影响较小。该指标数据来自世界资源研究所。WRI, "Carhon Analysis Indicators Tool（CAIT）"，http://www.wri.org/project/cait。

② 该指标不同于国土总面积，因为交通是人为活动，没有人为活动的国土不会产生交通能源消耗和排放需求。该指标数据来自世界能源研究所（World Resources Institution，WRI）。WRI, "Carbon Analysis Indicators Tool（CAIT）"，http://www.wri.org/project/cait。

③ 采用 2004 年单位能源消费的碳排放数据衡量，能源消费总量来自世界能源研究所。WRI, "Carbon Analysis Indicators Tool（CAIT）"，http://www.wri.org/project/cait. 碳排放数据来源于美国橡树岭国家实验室数据库。http://cdiac.ornl.gov/trends/emis/meth_reg.htm。

预算分配方案进行了调整。结果显示，中国、印度和南非等少数几个以煤炭为主要能源的国家，碳预算有所增加；而碳强度较低的发达国家如法国、加拿大、意大利，以及部分使用生物质燃料较多的发展中国家如巴西、肯尼亚，碳预算略有减少，调整幅度在 −40% —— +25%。

综合来看，如图 3 所示，上述三个因素的调整在一定程度上有彼此抵消的作用，最终各国碳预算的总调整幅度为 −20% —— +78%，幅度有所收敛。与当前发达国家和发展中国家之间碳预算初始分配额度相差近 5 倍的现实相比，这一调整额度微乎其微。美国哈佛大学和澳大利亚国立大学学者在对本碳预算方案的反馈意见中提出，基于自然因素的调整实际意义可能不大，但其引发的争议却可能非常大。这是因为，第一，人类对自然条件有一个适应过程，可以不需要额外增加排放或只需要增加较少的排放（例如对气候因素的适应，生活在热带的人比较耐热）；第二，各国在调整的影响因素和幅度上，难以达成共识；第三，在经济全球化条件下，国际贸易至少可以消除部分自然资源禀赋的不利影响。①

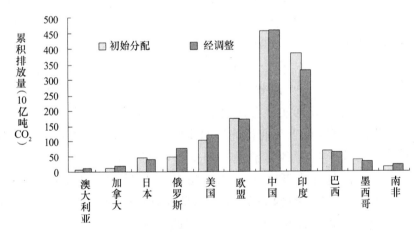

图 3　1900—2050 年基于自然条件进行的各国初始碳预算的综合调整：A 情境

---

① 2008 年 11 月 10 日，潘家华在哈佛大学肯尼迪政府学院举办专题研讨会，与会学者对有关问题展开了深入讨论。2009 年 4 月 15 日，其在堪培拉"澳中气候论坛"上的专题演讲也得到了与会者的热情反馈。

（二）基于实际需求的碳预算转移支付

要保护全球气候，稳定大气温室气体浓度，全球温室气体排放必须控制在全球碳预算额度内。那么，各国的实际排放和未来需求是否就在各国初始分配或基于自然条件调整后的碳预算总额之内呢？如果各国碳预算平衡，则全球总预算平衡；如果有国家出现赤字，亏缺部分必须要在其未来预算之外从其他国家的预算盈余中调剂，通过维持国家层面的碳预算平衡，达到全球碳预算总平衡的目标，从而确保全球气候的可持续性。这就意味着，国家之间需要进行碳预算的转移支付。

根据前面的计算结果，实现 2050 年全球减排 50% 的目标，在 A 情境假设下碳预算是人均年排放 2.33 吨 CO_2。从历史和现实排放数据可以发现，许多国家，尤其是发达国家的实际碳排放量均数倍于其碳预算；而有一些国家，多为发展中国家，历史排放远低于其碳预算水平，当前排放也多低于或接近其碳预算水平。例如，美国 1971 年人均排放量即达 21 吨 CO_2，2006 年虽有所降低，但仍高达 19 吨 CO_2；即使是能源效率较高的日本，1971 年也达 7.24 吨 CO_2，超出预算 2 倍，2006 年更是增加到 9.49 吨；欧盟成员国卢森堡，1971 年人均年排放更是高至 45.1 吨 CO_2，2006 年减少近一半，但仍然达到 23.64 吨 CO_2。也就是说，卢森堡当前一年的排放，需要其 10 年的碳预算。[①] 可见，不论是历史还是现在，发达国家均已出现高额碳预算赤字。而发展中国家由于工业化进程起步晚、进程慢、水平低，历史和现实排放多低于其碳预算额度。例如，印度 1971 年人均排放只有 0.36 吨 CO_2，即使是 2006 年，人均也只有 1.13 吨，有 50% 以上的年度预算盈余；孟加拉国 1971 年人均排放只有 0.04 吨 CO_2，到 2006 年，人均水平也只有 0.24 吨 CO_2，按此水平，孟加拉国 10 年的排放，才用掉一年的碳预算；中国 1971 年人均排放 0.95 吨 CO_2，有 60% 的年度预算盈余，到 2000 年人均排放水平已达 2.41 吨 CO_2，年度预算与使用大体持平，到 2006 年人均水平升至 4.27 吨 CO_2，年度排放已超出预算的 83%。

---

① IEA, *CO_2 Emissions from Fuel Combustion*.

以上考察的是历史上碳预算的平衡情况。未来情况将如何？多数发达国家历史上的赤字必然引起巨额的预算透支。例如，美国历史实际累积碳排放量已经是其总预算的2.6倍，英国为2.9倍。发展中国家未来的预算使用也将出现较大的分化。中国作为工业化程度已经较高的国家，随着工业化、城市化进程的加快和人民生活水平的提高，人均排放量还将进一步提高，未来的碳预算也将出现赤字。亚洲新兴工业化国家，如韩国和新加坡，2006年人均排放均已超过9吨CO_2。而那些工业化刚刚起步或尚未起步的国家，未来碳预算使用无疑会有大量盈余。

显然，碳预算的转移支付是必要的。首先，发达国家的历史欠账需要偿还，否则，预算难以平衡。其次，发达国家对未来的碳预算已全部透支，一些老牌的工业化国家如英国、美国等，已经没有任何预算可用，但是根据前面讨论的伦理学和经济学原理，基本需求的碳预算又必须保证。因此，从发达国家来讲，需要有碳预算的国际转移支付。对一些工业化程度较高的发展中国家来讲，未来超过碳预算的排放，也可能存在转移支付的必要，但是究竟选择历史盈余的自我跨期转移支付，还是选择国际转移支付，需要视具体情况而定。

由于全球总的碳预算是一定的，国家之间或国家跨期的碳预算转移支付是否可行，取决于是否有碳预算盈余的存在。从原则上讲，欠发达国家由于工业化程度低，商品能源消费有限，未来的工业化进程也存在较大的不确定性，历史和未来的碳预算均存在大量盈余。即使是这些国家在将来某一时间启动工业化进程，考虑到技术外溢的后发优势，同样的工业化发展，较之当前和过去的工业化，碳预算的需求也会大幅降低。当前工业化程度较高的发展中国家，未来的碳预算几乎不可能有盈余，还可能有赤字，但历史上的预算，应该有相当的盈余额可用。例如，韩国尽管进入21世纪，人均排放已高至9吨CO_2以上，但在1971年人均排放只有1.58吨CO_2。对于这样的国家，不同时间的碳预算可以进行国家内的跨期转移支付。对于未来严重透支的早期工业化国家，由于资金技术优势可能出现低碳乃至零排放的可能，加之未来人口下降出现的"红利"，[①] 这些国家未来碳预算需求并不一定会出现赤字。这

---

① 由于碳预算按2005年基年人口分配而不考虑未来人口增减，如果未来人口减少，则未来人均额度会增加；反之则减少。

就表明，欠发达国家的总体盈余、工业程度较高的发展中国家的历史盈余以及发达国家人口下降的"红利"和零碳技术选择，均表明碳预算的国际和跨期转移支付是可行的。

碳预算的转移支付，不仅必要而且可行。考虑到气候变化谈判和国际义务的分担，是以国家政治实体为单元出现的，因此本研究重点分析的不是一个国家内部的跨期转移支付，而是国际转移支付。后者包括两个方面：一是发达国家的历史预算赤字，二是保障发达国家国民未来基本需求的碳排放。这两次碳预算转移支付额度有多大？

为发达国家历史透支埋单的转移支付，规模约为 3100 亿吨 CO_2。保障发达国家每个人的基本需求进行的第二次碳预算转移支付，规模约为 1456 亿吨 CO_2。二者相加，碳预算转移的总规模约为 4556 亿吨 CO_2，相当于发展中国家每人每年 0.58 吨 CO_2，约占碳预算总额的 1/4。

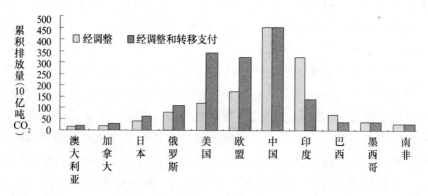

图 4 1900—2050 年以累积排放量衡量经调整和转移支付后的碳预算：A 情境

经过上述两次碳预算的转移支付，发达国家获得的碳预算，以累积排放衡量有明显的增加，如图 4 所示，美国由 1172 亿吨 CO_2 增加到 3411 亿吨 CO_2，欧盟由 1666 亿吨 CO_2 增加到 3207 亿吨 CO_2，均增长近 3 倍。若以年人均累积排放量衡量，发达国家明显高于全球碳预算的平均水平，突破了每个人公平享有碳预算的分配原则。如图 5 所示，全球碳预算是年人均 2.33 吨 CO_2，美国为 7.7 吨 CO_2，欧盟为 7.2 吨 CO_2。

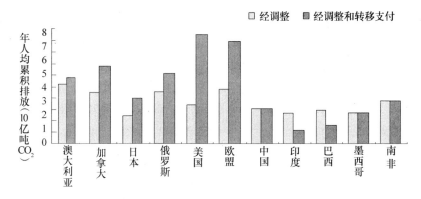

图 5　1900—2050 年以年人均累积排放量衡量经调整
和转移支付后的碳预算：A 情境

　　综合来看，对于由 39 个发达国家和转轨经济国家组成的附件 I 与其他发展中国家组成的非附件 I 这两大集团的碳预算而言，初始分配时二者碳预算的比例是 19.5∶80.5，[①] 经过自然因素调整后变为 21.0∶79.0，而经过发展中国家向发达国家进行历史赤字和未来基本需求两次大规模的碳预算转移后，该比例变为 40.5∶59.5，碳预算的实际使用和温室气体排放格局出现巨大变化。需要注意的是，发达国家的实际排放，可能还会高于此数字，因为发达国家的排放远高于其基本需求水平，而且为了保证其当前的发展水平不受影响，发达国家可能还会从市场上购买预算额度。

四　碳预算方案对特定国家有偏好吗

　　碳预算方案有其公平和可持续性的双重优势，表面上看起来似乎对人口众多的后发国家有利。诚然，这一方案对于人口众多而又后发的发展中国家而言，保障了其作为弱势一方的居民温室气体排放与发展的基本权益，而且，作为后来者，其不会再去重复早期工业化国家低能源效率排放的技术选择，高起点、高效率、低排放的优势使发展中国家尤其是欠发达国家历史和未来的碳预算都可能存在高额的盈余。因此，这一制度设计保障的是国际社会相对弱势群体的利益，[②] 符合发展中国家的发展需要。尤

① 初始分配以人均碳预算为标准，由于发展中国家人口众多，因此占据较大份额。
② ［美］约翰·罗尔斯：《正义论》，何怀宏等译，中国社会科学出版社 1988 年版。

其是碳预算的转移支付制度，如果能够获得资金和技术的回报，对于发展中国家的低碳发展，无疑更是利好。

正因如此，这一方案在国际上宣讲得到西方学者的第一反应就是该方案的出发点和落脚点都是为了中国的利益。① 但是，稍加分析就会发现，这一反应是肤浅的、带有偏见的。碳预算的理论基础是坚实的，方法是科学的，对世界上的每一个人、每一个国家都是适用的，并不是针对某个国家而设计的。当然，任何方案，具体到某个人、某个国家，其含义是明确的。它厘清了发达国家的历史责任，维护了发展中国家的基本权益，保障了包括发达国家富人在内的基本碳排放需求，且碳预算的转移支付与资金、技术回报相衔接，实现了可持续与经济效益的双赢。那么，具体到中国，该方案的含义何在？

首先从人口上看。尽管人口多，一个国家的预算额度就大，但是就每一个人而言，都是均等的，没有任何优势可言。中国自 20 世纪 70 年代实行计划生育政策以来，减少了约 4 亿人口的出生，但这并没有计算在碳预算之中。以 2005 年人口作为基数，是一个现实的客观选择，并非是因为中国在 2005 年人口数量最大。实际上，按国家计划生育委员会的预测，②中国人口将持续增长到 2033 年前后，届时峰值达 15 亿。新增的人口是没有预算配给额度的。从这一意义上讲，发展中国家由于人口尚在快速增长，未来人口将高于当前人口，而预算不会因人口增加而增加，这一基年选择，对发展中国家包括中国在内，并不是有利的。而对于发达国家，人口稳中有降，欧洲、日本未来的人口预测均低于当前人口水平，碳预算方案却并未因未来人口减少而削减配额，从这一意义上讲，该方案对这些成熟经济体应该更为有利。当然，美国、加拿大、澳大利亚和俄罗斯地大物博，人口密度低。本土人口自然增长与欧洲、日本类似，但人口迁入会导致这些国家人口的机械增长，由于碳预算方案允许排放配额随人口跨国移动。因此，这些国家人口机械增长的不利影响可基本排除。

其次，中国是一个相对后发的国家。中国当前工业化进程中的技术水平，远比 18 世纪、19 世纪和 20 世纪早期工业化国家当时的技术水平高。

---

① 例如，伯特·梅斯（Bert Metz），IPCC 第三工作组共同主席，曾明确表示这是人口众多的发展中国家的谋略，但后来全面了解情况后，原则上对此方案持认同态度。

② 国家计划生育委员会：《国家人口发展战略研究报告》，中国人口出版社 2007 年版。

但也要看到，当年的早期工业化国家，以侵略、殖民的手段从落后国家无偿抢掠大量资源，中国在半殖民地半封建社会时被割地赔款，表明早期工业化国家的资本积累，有大量的发展中国家的"贡献"。中国、印度在今天的工业化，以及欠发达国家将来的工业化，虽然具有后发的技术优势，但发展过程所伴随的碳存量的积累只能在本土实现。相对于工业化尚未起步的后发国家，中国当前的技术总体上是较高碳的，如果静态的总量的一次性的碳预算分配对这些国家有利的话，对中国的利好表现只能居中，并不突出。按照预算方案的总体设计，中国初始碳预算为 4588 亿吨 CO_2，经自然因素调整后为 4542 亿吨 CO_2，对中国的综合影响不大。由于中国是一个相对后发的国家，历史排放并不多。1900—2004 年，历史实际排放 842 亿吨 CO_2，只占预算总额的 18.5%；2005—2050 年，未来剩余碳预算大约为 3700 亿吨 CO_2。未来 46 年，时间不足总时间段的 1/3，而预算尚存总量的 81.5%，表面上看来，中国今后碳预算似乎很宽松，但中国的发展只能是渐进的，即使是不断提高能源效率、改善能源结构，也不可能在未来 46 年达到零排放。如图 6 所示，如果按照情境 1，中国的碳排放将在 2030 年封顶，比 2005 年增长 105%，2050 年比 2005 年增长 90%，未来累积排放将超过可用碳预算 801 亿吨 CO_2。只有通过低碳发展和国际合作，按照情境 2，努力实现 2030 年封顶，并将峰值控制在增长 55%，2050 年增长 45%，才能控制在碳预算内，并没有多余排放额度可供出售。中国 2006 年相比 1990 年碳排放总量净增长 154%，要实现情境 1、情境 2 到 2030 年封顶和相应的控制排放增长目标，中国面临的挑战比其他国家更为严峻。

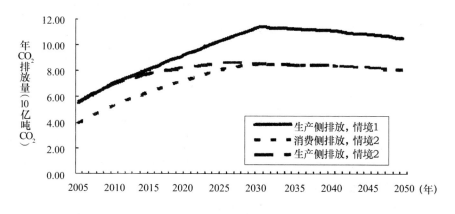

图6　2005—2050 年中国基于生产侧和消费侧的碳排放情境

当然，有分析表明，中国作为"世界加工厂"，目前大约有 30% 的能源消费和排放是商品的进出口造成的。[①] 如图 6 所示，如果以消费侧衡量，中国的碳预算约束大约增加了 8%。事实上，高能耗、高碳排放产品生产与消费不匹配的情况，在工业革命初期就出现了。英国工业革命时期，是全球纺织品的制造厂，其产品相当比例用于全球的消费，随后欧洲大陆、北美、日本先后都曾成为"世界加工厂"。中国当前是"世界加工厂"，20 年或 30 年后，印度或非洲可能取代中国成为"世界加工厂"。如果将"世界加工厂"的历史旧账和未来新账都拿出来算，无疑是十分困难的。而且，作为"世界加工厂"，通过规模化生产，国内消费部分的碳生产力也应该是有国际竞争力的。况且，消费侧排放的核算，并不能为中国带来大量的预算空间，还会引发不少争论。因此，在本文的碳预算方案中并没有特别强调生产与消费不匹配造成的排放差异。综上所述，碳预算并不对某一特定国家或国家集团有偏好，而是相对客观的。中国作为发展中人口大国，不可能获益于碳预算方案而减轻其国际减排压力。相反，碳预算作为一种硬约束，表明中国只能走低碳发展之路。

五　相关国际机制设计

碳预算方案涉及初始分配、调整、转移支付、市场、资金机制，以及报告、核查和遵约机制等，其实施需要一整套相应的国际气候制度。碳预算方案尽管有其理论和方法上的科学性，但作为一项全球温室气体减排的总体方案，许多内容仍然需要国际政治与外交谈判才能最终形成，本文只对一些关键机制加以讨论，包括市场机制、资金机制、遵约机制等。

（一）市场机制

碳预算方案，从根本上讲是一种"限额—贸易"方案（Cap and Trade），[②] 但是其限额表现在三个层次上：第一是全球层面，是为了保护

---

①　陈迎、潘家华、谢来辉：《中国外贸进出口商品中的内涵能源及其政策含义》，《经济研究》2008 年第 7 期。

②　欧盟的排放贸易方案和当前美国的排放贸易提案，均是约束总量，允许使用者市场交易配额。

全球气候，经科学论证和政治认同的温室气体排放总量；第二个层次是国家层面，是根据一国人口和自然社会经济调整后的国家碳预算总额；第三个层次是个人层面，由于碳预算是每个人的，是保障每个人的基本需求的，完全可以预算到人，且一旦预算核定，国际和人际的贸易原则上就可以进行。

由于发达国家当前的人均排放是碳预算额度的 3 倍以上，碳预算的转移支付只是保障基本需求，超出的部分，可以通过市场碳排放贸易来获取。一方面，发达国家可以较低代价获取额外碳预算满足其当前的消费需求；另一方面，发展中国家出让部分盈余的预算额度，可以获取必要的资金、技术，促进其低碳发展。未来国际碳市场的实际规模将取决于供求关系和各国的减排努力。如果需求旺盛而供给不足，则碳价格有上升趋势，不仅会刺激发展中国家强化国内减排行动，增加供给，发达国家也将扩大国际合作，实现海外减排。

碳预算的交易，也可以在一个国家内部实现，政府可以将预算额度以拍卖、配给等方式分配给企业或消费者，然后形成碳预算交易市场。当前的排放贸易主要是生产商之间。实际上，由于每个人消费水平的偏好不一，碳排放贸易也可以在消费者之间进行。

（二）资金机制

应对全球气候变化，需要从减缓和适应两个方面着手。减缓温室气体排放需要资金和技术，适应气候变化也需要资金和技术，尤其对于广大发展中国家而言，资金是一个大问题。

资金从何而来？碳预算方案提供了一个很好的资金机制。

第一，碳预算的转移支付。为了保持全球碳预算平衡，我们没有考虑其资产属性，既然碳是一种稀缺资源，就应该是有价的，其转移支付就意味着货币上的回报。当然，对于转移支付，我们需要考虑其特殊性。历史预算赤字是事实，但在 1992 年以前，温室气体排放没有列入控制之列，没有法律约束，排放不应负法律责任。然而当前大气中有相当的温室气体仍源自 1992 年以前的排放，对于这部分转移支付，价格可适当降低些。1992 年以来的排放是在法律认定温室气体排放有害的情况下实施的，针对此时的历史预算赤字进行转移支付的碳配额价格就应该高些。未来基本需求的转移支付，由于是基本需求用途，其价格当然不适宜用奢侈浪费排放的价格来要求货币回报。历史赤字和基本需求两次碳预算的转移支付，总量高达 4557 亿吨 CO_2。如果以当前国际市场每吨 CO_2 10 欧元估算，碳预算转移支付的总价值高达 4.6 万亿欧元，平均到未来每年约 1000 亿欧元，远远高于目前发达国家履行向发展中国家提供资金援助义务所贡献的数额。

第二，由于发达国家当前的人均排放居高不下，区区每人每年 2.33 吨 CO_2 的转移支付，只能保障基本需求，不够维持其当前的生活水平，发达国家必然有巨量的碳预算需求。2006 年，附件 I 国家人口总额为 12.67 亿，人均排放 11.8 吨 CO_2，每人平均买 5 吨 CO_2，即有 60 亿吨 CO_2 的预算交易，仍按每吨 CO_2 10 欧元计，总额将超过 600 亿欧元。

第三，如果发达国家不改变生活方式，零碳能源生产不能满足减排需要，则需要采用一种惩罚性的资金机制。这一机制是碳排放的累进税制。发达国家当前排放 11.2 吨 CO_2，基本需求的转移支付为 2.3 吨 CO_2，市场购买 5 吨 CO_2，尚有 5 吨 CO_2 超过预算。对于超出的部分，需要采用一种惩罚性机制来征收碳税。

征收碳税的依据是实际排放超过碳预算的程度，税率的上限是可再生能源的价格。因为如果税率达到可再生能源的价格，该缔约方就会选择以可再生能源替代传统能源，实现国内减排，而不会选择支付罚款。以美国为例，假设国际市场仅满足其一半的购买需求，未来累积排放将是碳预算额度的 2.6 倍。按每吨 CO_2 10 欧元计算，2005—2050 年合计应征税金总额接近 4000 亿欧元，平均到每年，大约为 87 亿欧元。这些资金应该注入现有资金机制或成立新的全球基金，以支持发展中国家的减缓、适应行动，促进技术转让。资金的使用和分配应考虑各国对碳预算转移的贡献。印度等国对碳预算转移贡献较大的国家将受益最多。必须指出的是，超过碳预算的部分，即使缴纳了罚款，也不意味着免除减排义务获得额外的碳预算，当前超出的碳预算要从其下一承诺期（2050 年前后）相应扣减，从长远来看，必须保证全球碳预算的平衡，否则无法实现保护全球气候的可持续性目标。欧盟的排放贸易制度就是这样一种安排。

（三）遵约机制

由于碳预算的刚性约束，各个国家必须要遵守约定，碳预算方案的公平和可持续特性才能得以体现。前面所讨论的惩罚性资金机制即遵约机制。但是，如何实施这一机制，尚有许多具体问题需要解决。比如，累进税率如何确定？税款由谁来收，是一国际机制，抑或国家征收？税款是国际统一使用，还是各国自己使用？是用于减排，还是用于适应？是用于发达国家，还是用于发展中国家？这些问题，都需要通过国际谈判协商解决。

总的来看，碳预算方案不仅在排放权分配、调整和转移中具有透明和可预见性，增强了方案的可操作性，而且在国际机制设计上与现有《京都议定书》的机制有很强的兼容性。第一，在确定长期目标基础上分阶段实施。上述机制设计是针对2005—2050年的，根据谈判进程，可以分为若干承诺期来执行。第二，拓展市场机制。所有国家都可以参与全球碳市场。第三，强化资金机制。现有资金机制是自愿的，碳预算方案下的资金机制规模扩大，且为强制性机制。第四，衡量、报告和核实机制。由于碳预算分配、调整和转移都是透明和可预见的，只要利用现有报告机制收集相关排放数据，对其是否满足碳预算进行定期评估，就不会在可衡量、可报告和可核实机制方面增加新的困难。第五，强化遵约机制。现有遵约机制很弱，实施碳预算方案需要在现有机制基础上引入强制罚款的资金机制，以强化遵约机制。

六　结论与讨论

本文提出的碳预算方案，秉承人文发展理念，是一个可操作的、兼顾公平和保护全球气候目标，且可量化的排放权分配及相关国际机制的一揽子方案。

确定合理的碳预算水平，面临发展目标与可持续性环境目标之间的取舍。发展目标重点是保障人的基本需求，而可持续性目标必须保护全球气候安全。后者作为硬约束，应该优先考虑。一方面，碳预算强调通用性，将人与人之间排放权的平等扩展到发展的全过程。除人口之外，各国在现阶段的经济社会发展水平及其相关的GDP、能源消费、排放水平等指标差异只是暂时的，并不作为排放权分配的主要依据。另一方面，碳预算也兼顾了差异性，考虑各国在自然环境方面的不同国情对碳预算做出调整，但无论如何，合理的调整幅度远远小于现实排放的差异。不仅如此，碳预算方案是一个一揽子综合方案，涵盖了发展全过程，不同于《京都议定书》类方案，一次只考虑一个时间段，目标也没有全局性。

碳预算建立了一个满足全球长期目标、公平体现各国差异的人均累积排放权标准。每个人都应该努力将个人的"碳足迹"控制在这个合理的范围之内，国家需要有相应的政策措施，保障其基本需求，遏制奢侈浪费，鼓励形成可持续发展的消费风尚。无论是发达国家，还是发展中国家，都有这个责任。

当然，碳预算方案的方法论还有待进一步研究和改进。例如，在上述计算过程中，所有累积排放的计算都采用了直接累积方法，从科学角度看，排放对大气中 CO_2 浓度的增加程度随时间衰减，应该引入衰减函数，采用衰减法进行累积排放的计算。但衰减函数的精确计算需要复杂的气候模式，尤其是涉及未来排放路径对大气浓度的影响，没有观测数据的校正，不确定性很大。[①] 从定性角度看，发达国家历史排放多，未来有条件大幅度减排，而发展中国家历史排放少，未来排放增长趋势明显。因此，引入衰减函数进行累积排放的计算，淡化了发达国家的历史责任，对发达国家是有利的。

碳预算方案的方法论中有一些参数的选择可能引起争议。例如，全球减排的长期目标、历史累积排放计算的起始年等。有些争议可以通过谈判来解决，有些则可进行敏感性分析，来研究这些参数对计算结果的影响。

但无论如何，碳预算方案是基于科学基础，将优先满足基本需求的公平原则与全球的可持续性目标结合起来，为构建 2012 年以后的国际气候制度而设计的一个完整方案。通过本文对碳预算方案的量化分析，有利于全球对以下重要事实达成一致，即全球碳排放要达到 2050 年减排 50% 的目标面临非常严峻的挑战，主要是因为发达国家历史、现实和未来都不可避免地超越碳预算，严重侵占了作为全球公共资源的排放空间。发展中国家尽管普遍低于碳预算，拥有发展和排放的权利，但为了保护全球气候安全的共同利益，也必须通过低碳发展为减缓气候变化作出贡献。构建

---

① UNFCCC，"ScientIfjc and Methodological Assessment of Contrjbutions to Climate Change"，Report of the Expert Meeting，Document number FCCC/SBSTA/2002/INF. 14，2002.

2012 年国际气候制度应该基于上述事实做出合理的制度安排，在公平和保护全球气候的前提下，通过国际合作实现全球应对气候变化的长期目标。这些政策含义对于打破当前国际气候谈判的僵局提供了一些有参考价值的新思路。

《中国社会科学》2009 年第 5 期

马克思主义危机理论和
1975—2008 年美国经济的利润率[*]

谢富胜　李　安　朱安东[**]

摘要　利润率的周期性下降揭示了经济周期波动的基本机制。将劳资斗争、价值实现和资本有机构成等因素纳入利润率公式，结合黄金非货币化条件下货币和信用因素，形成了对马克思主义危机理论新的综合。经验研究表明：1975—2008 年美国实体经济利润率并未有效恢复；非生产工人比重上升导致的利润份额下降是利润率周期下降的最主要原因，其根源是生产过程在 20 世纪 90 年代之前的重组和之后的弹性化。在利润率长期停滞条件下，20 世纪 90 年代初美国形成了新的金融化积累模式，不得不依赖流动性的增长，使美国经济更加脆弱。美联储促进金融化积累和维护美元作为准国际储备货币的合法性之间的内在矛盾必然引发当前的危机。

关键词　马克思主义　危机理论　利润率

一　引言

2007 年始于美国次贷市场的金融危机爆发以来，不同学派的学者对其根源进行了大量的研究。西方主流学者认为这场危机产生于市场失灵、监

---

[*] 美国劳工部劳工统计局的斯普拉格（S. Sprague）和格雷泽（J. Glaser）提供了未公布的美国非金融公司部门（NFCB）劳动小时数据，法国国家科学研究中心的杜梅尼尔（G. Duménil）和莱维（D. Lévy）教授在利润率计算上给予了热情的帮助，齐昊帮我们核对了数据并提出了改进意见，在此一并致谢，但文责自负。

[**] 谢富胜，中国人民大学经济学院副教授；李安，中国人民大学经济学院硕士研究生；朱安东，清华大学马克思主义学院副教授。

管不力、金融发展过度、信息不充分和贪婪或恐慌等因素，并认为这些因素并非内生于资本主义本身。这种自我指涉性（Self-Reference）的解释忽略了产生这些问题的结构性前提，在现象之间寻找因果联系。国外马克思主义学者则将其归因为 20 世纪 70 年代中期以来新自由主义的发展，特别是在此背景下金融业的过度发展，即"金融化"。虽然马克思主义的观点对于理解当前的金融危机占有方法论上的优势，但正如莱伯曼所警示的："我们怎么才能运用我们对基本矛盾的理解对危机进行更高深的分析；我们怎么才能避免不是苍白无力地重申资本主义就是危机和空谈总危机，就是摆出次贷危机、金融衍生品、援助计划、最新进展等无穷无尽的细节?"[①] 马克思主义经济学认为，利润率是资本主义宏观经济动态波动的重要决定因素。通过 1975—2008 年经验数据来分析美国经济中利润率的波动及其决定因素，能更好地甄别经济周期波动，尤其是本次危机的根源。

本文第二部分简要评述了国外马克思主义学者对当前危机的分析；第三部分在评述各种马克思主义经济危机理论的基础上，对利润率下降论和马克思主义的货币、信用和金融危机理论进行新的综合；第四部分计算 1975—2008 年美国非金融公司部门（Non-Financial Corporate Business，NF-CB）的季度利润率，通过初步和进一步分解揭示利润率下降的具体原因；第五部分分别计算 1975—2008 年美国 NFCB 部门参与金融活动后的年度利润率和金融部门的年度利润率，分析金融化的发展及其内在矛盾如何导致当前的危机；最后为结论和展望。

二　国外马克思主义学者对当前危机的分析综述

针对当前的美国金融危机，国外马克思主义学者对其性质、根源、传导机制进行了全面的分析，提出了不尽相同的理论解释。（1）生产过剩论。布伦纳和每月评论派认为，1973 年以来的长期生产过剩造成了经济停滞，迫使发达国家通过降息、放松管制、金融化和推动资本的全球投机等手段拉动经济增长和延缓危机的发生。但是，长期生产过剩背景下生产与消费的矛盾、金融化背景下投机与生产的矛盾、全球化背景下国家间的矛

---

① D. Laibman, "The Onset of Great Depression II", *Science & Society*, Vol. 73, No. 3, 2009.

盾最终引发了当前的金融危机。布伦纳将这一时期的生产过剩归因于来自日、欧和新兴经济体的竞争。每月评论派秉承了斯威齐和巴兰的垄断资本理论，认为垄断造成的消费和投资不足导致了生产过剩和停滞。① （2）金融化或金融掠夺论。20 世纪 80 年代以来，资本越来越多地转向金融领域，从金融渠道而非贸易和商品生产中获得了更多利润，形成了新的金融化积累模式。拉帕维查斯认为，由于产业资本对银行贷款的依赖下降了，金融化从控制产业资本转向了控制个人，银行通过不断扩张次贷等个人金融业务从家庭部门的收入中直接榨取利润，进行"金融掠夺"。② 迪姆斯基认为，金融化中的投机性和预期的不确定性造成了这种积累模式的不稳定性，抵押贷款市场中贷方设置的剥削性信用关系是当前危机的根源。当 2007 年利息率提高、房价下降和次贷违约率快速提高同时发生时，经济中的流动性和偿付能力遭到了致命的打击，进而通过证券化链条引发了整个金融系统的危机。③ （3）新自由主义体制失败论。科茨认为，放松管制、削减福利、私有化、打击工会和加剧劳动力市场竞争等措施，有利于增强资产阶级的力量，进一步扩大了社会的不平等。风险极高的金融投机催生了一系列大资产泡沫，形成了通过金融泡沫拉动经济增长的新自由主义社会积累结构。随着债务规模的扩大，经济中的债务负担和金融业的脆弱性不断加重，进而引发了危机。这意味着新自由主义体制已经到了穷途末路。④

生产过剩论正确地试图从产业资本运动中寻找危机的基础，却片面地将生产过剩归因于流通领域中的竞争或垄断程度。⑤ 虽然马克思肯定了竞争如何迫使资本家不断提高生产力和扩大再生产，也肯定了资本的集中与积聚将造成生产过剩和停滞，但是竞争或垄断程度只是表现资本主义生产内在规律的资本外部运动。金融化或金融掠夺论分析了危机最先爆发于金融领域的内在过程和具体机制，但未从产业资本和金融业相结合的角度解释金融化的内在矛盾，也未回答为何产业资本先于金融业出现问题却没有

---

① 布伦纳：《全球生产能力过剩与 1973 年以来的美国经济史》（上、下），《国外理论动态》2006 年第 2、3 期；J. Foster and F. Magdoff, *The Great Financial Crisis*, New York: Monthly Review Press, 2009。

② C. Lapavitsas, "Financialised Capitalism", *Historical Materialism*, Vol. 17, No. 2, 2009.

③ G. Dymski, "The Political Economy of the Subprime Meltdown", *Working-paper*, Sep. 2008.

④ ［美］科茨：《目前金融和经济危机》，《当代经济研究》2009 年第 8 期。

⑤ M. Lebowitz, *Following Marx*, Leiden: Brill, 2009, pp. 273 - 297.

爆发危机，以及为何美国的长期贸易逆差和资本流入没有提前诱发危机；
而且对金融化和资本全球流动的有效监管并不能从根本上避免危机的发
生。新自由主义体制失败论从 30 多年的较长视角分析了危机爆发的制度
背景，从宏观层面描述了引致危机的诸多因素，但没有结合经济运行过程
中各种因素的具体作用来分析资本积累过程的内在矛盾是如何引致危机
的。上述三种理论都结合新自由主义和金融化等资本主义的最新进展解释
了当前的金融危机，对于我们认识危机的根源和形成机理大有裨益。虽然
上述学者都坚持了马克思主义经济学的研究方法，但由于他们的研究角度
不同，这些理论解释缺乏一个统一的分析框架，甚至混淆了危机的原因、
形式和结果。与以研究经济活动为中心的西方主流分析方法不同，马克思
主义经济学着重以资本积累为中心的研究方法。我们需要以马克思的利润
率下降理论为基础，发展一个系统的马克思主义经济危机理论，并在实证
基础上更深刻地审视 30 多年来劳资之间以及资本与资本之间的矛盾运动
及其与危机的联系。

三　马克思主义经济危机理论：一项新的综合

马克思在其著作中从不同角度分析了资本主义经济危机，但没有对此
进行必要的整合。发展一个逻辑一致的、能解释现实的资本主义经济危机
的危机理论是马克思主义者的重要任务。在此过程中，后来的学者在解读
马克思文本的基础上逐渐形成了消费不足论、比例失调论、利润挤压论和
利润率下降论四个代表性理论流派，各持己见地寻求危机的主因，造成了
马克思主义危机理论的分野甚至相悖。[①] 同时，这些理论都着眼于产业资
本积累的内在矛盾，相对忽视了马克思对货币、信用和金融的研究。下面
我们根据曼德尔的分类，将上述危机理论分为单因论和多因论进行评述；
在此基础上，对马克思主义危机理论进行一项新的综合。

（一）　单因危机论述评

单因论主要有消费不足论、比例失调论和利润挤压论。（1）消费不

---

① 　许建康：《经济长波论及其各学派分歧的最大焦点》，《经济纵横》2009 年第 11 期；《新
帕尔格雷夫经济学大辞典》第 3 卷，经济科学出版社 1996 年版，第 409 页。

足论。考茨基和斯威齐等认为，资本主义生产的无限扩张既会超过全社会的总消费力，又会使工人阶级的消费力萎缩，最终引发消费不足的危机。① 卢森堡认为，资本主义经济将强迫一切非资本主义的社会阶级转变为新增的消费力，但终将面临全社会消费力的极限，以致引发消费不足的危机。② （2）比例失调论。杜冈和希法亭等认为，只有通过某种手段维持投资在不同部门和企业之间的比例性，才能保证资本积累的秩序。但是，由于投资是由个别资本家分散决策的，而且存在竞争或垄断、技术创新和消费结构变化等因素，因而这种比例性必然受到破坏，进而引发比例失调的危机。③ （3）利润挤压论。克罗蒂、格林和哈里森等认为，工人阶级力量的增强和过度积累导致的产业后备军缩小，将促使劳动生产率下降和实际工资率上升，进而提高收入分配中的工资份额。这将挤压总利润中用于积累的部分，使积累下降，最终引发危机。④

这三种单因的危机理论在马克思的文本中都能找到依据，因而都具有解释资本主义经济危机的合理性，但是上述危机理论都具有一定的片面性。（1）消费不足理论将剩余价值的实现问题简化为工人阶级的有限消费问题，但是没有考虑资本家相互之间的投资需求；卢森堡只是在资本一般的意义上说明危机，忽视了现实的危机只能产生于许多资本之间的竞争。⑤ （2）受制于竞争从外部施加的强制性，资本必须不断扩大再生产和追求自身的增殖，这使资本积累的不平衡性成为一种常态；比例失调是更深层次的危机的结果，而非原因。⑥ （3）消费不足和比例失调论实质上都是从价值实现角度寻找危机的根源，很容易导出修正主义的观点：似乎提高工资或用外部手段保持生产的比例性就能避免危机。实现问题在资本主义经济中始终存在，但是资本主义经济并非总处在危机之中，因此二者不

---

① ［日］伊藤诚：《价值与危机》，宋群译，中国社会科学出版社1990年版，第102页；［美］斯威齐：《资本主义发展论》，陈观烈、秦亚男译，商务印书馆1997年版，第10章。

② ［比利时］欧内斯特·孟德尔：《〈资本论〉新英译本导言》，仇启华、杜章智译，中共中央党校出版社1991年版，第177页。

③ ［比利时］曼德尔：《论马克思主义经济学》上卷，廉佩直译，商务印书馆1964年版，第386页。

④ ［日］伊藤诚：《价值与危机》，宋群译，中国社会科学出版社1990年版，第106页。

⑤ ［德］罗斯多尔斯基：《马克思〈资本论〉的形成》，魏埙等译，山东人民出版社1992年版，第70—79页。

⑥ ［加］M. C. 霍华德、［澳］J. E. 金：《马克思主义经济学史》，顾海良等译，中央编译出版社2003年版，第314、319页。

是危机的充分条件。（4）利润挤压只是危机前的短期现象，不是危机的直接原因。它在现实中将导致两个结果：或者资本用机器替代劳动力，从而降低对劳动力的需求和压低工资；或者资本加紧分化工人阶级以重夺优势。

以上三种理论都把危机归因于资本主义经济的一个方面，但是危机的原因却在于资本积累过程所固有的多重限制。危机的发生通常意味着供求关系、不同部门或企业之间的比例关系和劳资关系同时发生紧张，因此必须把三者相互结合起来才能正确地分析危机。

（二）作为多因论的利润率下降论：批评与辩护

按照马克思的定义，价值利润率（p）可用公式表达：

$$p = s/(c+v) \tag{1}$$

其中，s 为剩余价值，v 为可变资本，c 为不变资本。将（1）式的分子和分母同时除以 v，我们得到 $p = (s/v) / (c/v + 1)$，其中 s/v 为剩余价值率，c/v 为资本有机构成。马克思指出，资本追求价值增殖和相互之间的竞争不断提高资本有机构成，导致利润率在长期中下降，在促进人口过剩的同时，还促进生产过剩、资本过剩、投机和危机。[1]

资本有机构成提高引起利润率下降在马克思主义者中引起过激烈的争论，同时形成了三类批评：（1）利润率下降本身不会发生。因为个别资本仅在预期到利润率会提高时才采用新的生产方法，所以以技术创新为基础的积累不会使利润率下降——"置盐定理"；[2] 米克等学者用战后等时期利润率的上升反驳这一理论。[3]（2）利润率下降的内在机制并不确定。斯威齐认为马克思在这里假定剩余价值率不变，然而资本有机构成提高会提高劳动生产率，加之产业后备军扩大造成的工资下降，剩余价值率最终会提高，且不一定比有机构成提高得慢。[4] 新李嘉图主义者认为生产率提高将使不变资本贬值并进一步减弱资本有机构成的提高；有机构成提高本身

---

① 参见《马克思恩格斯全集》第 46 卷，人民出版社 2003 年版，第 270 页。

② ［日］置盐信雄：《技术变革与利润率》，骆桢、李怡乐译，《教学与研究》2010 年第 7 期。

③ ［加］M. C. 霍华德、［澳］J. E. 金：《马克思主义经济学史》，顾海良等译，中央编译出版社 2003 年版，第 319 页。

④ ［美］斯威齐：《资本主义发展论》，陈观烈、秦亚男译，商务印书馆 2000 年版，第 118—124 页。

有利于资本更有效地压制劳动，从而提高剩余价值率。① （3）利润率下降论缺乏整体性和历史性。一些学者认为利润率下降论忽视了生产和流通、剩余价值生产和实现之间的矛盾，且假定价值增殖的使用价值基础和资本积累的主导部门在长期中没有变化。相反，产业部门的多样化可以刺激资本积累，并使利润率恢复。此外，利润率下降论是一个不受具体历史时间约束的抽象趋势，与资本积累的现实动态无关。②

这些批评都没有全面地理解利润率下降论。（1）在动态过程中，个别资本采用新的生产方法会通过获得超额利润和扩大利润总量提高个别利润率，但是竞争会使新的生产方法普遍化，进而降低资本整体的平均利润率。③ 20 世纪 30 年代大萧条、70 年代滞胀危机等历史上的大危机发生前都伴有利润率的下降。④（2）马克思在分析剩余价值率、资本有机构成和利润率之间的联系时，并未简单地假定剩余价值率不变，他明确指出剩余价值率提高和利润率下降相结合是生产率提高在资本主义经济中表现出来的特殊性。⑤ 新李嘉图主义者的批评以比较静态学为基础，但是技术进步的长期动态趋势仍是资本替代劳动，这会进一步压低工资并提高资本有机构成。⑥（3）因为利润率下降反映了资本主义再生产过程的整体问题，所以弄清危机是集中在生产领域还是流通领域既基本上毫无意义，又可能混淆利润率下降的原因和表现形式。消费只是作为结果，而不是起决定作用的目的出现的。⑦ 资本有机构成提高正是技术创新和主导产业在长期中变化的体现，新部门在长期中同样不能避免资本有机构成的提高和利润率下降。⑧ 利润率趋向下降总是寓于资本积累的现实动态之中，并且在长波的

---

① ［英］本·法因、劳伦斯·哈里斯：《重读〈资本论〉》，魏埙等译，山东人民出版社1993年版，第64—71页。

② 孟捷：《马克思主义经济学的创造性转化》，经济科学出版社2001年版，第104—105页。

③ 参见《马克思恩格斯全集》第46卷，人民出版社2003年版，第294页、第3章（数学例子，第58—82页）、第267、263页。

④ G. Duménil and D. Lévy, "Why Does Profitability Matter", *Review of Radical Political Economy*, Vol. 25, No. 1, 1993.

⑤ 参见《马克思恩格斯全集》第46卷，人民出版社2003年版，第294页、第3章（数学例子，第58—82页）、第267、263页。

⑥ ［比利时］欧内斯特·孟德尔：《〈资本论〉新英译本导言》，仇启华、杜章智译，中共中央党校出版社1991年版，第172页。

⑦ 参见《马克思恩格斯全集》第26卷第2册，人民出版社1973年版，第573—574页。

⑧ 参见《马克思恩格斯全集》第46卷，人民出版社2003年版，第294页、第3章（数学例子，第58—82页）、第267、263页。

下降期和周期的衰落期表现出来。

在长期中资本有机构成的提高构成资本积累过程的真正限制。但在垄断资本主义阶段，不变资本的节约可能是技术高度发达的工业部门中企业竞争的核心，劳动高度密集型的服务业也可抵消有机构成的持续增长，因而有机构成趋向缓慢提高或相对稳定在一定的高度。① 因此，除资本有机构成外，还必须考虑马克思提到过的、促使利润率周期下降的另外两个因素：工资提高导致的剩余价值率下降以及商品价值实现问题。② 利润率下降理论实际上是一种多因论。

在资本主义经济中，利润率是决定资本家利润预期的主要因素。利润率通过利润预期和投资率影响总产量和就业量。在利润率下降条件下，为了保证利润量不变或增加，必须使投资增加的比例大于利润率下降的比例。但是不断增加的投资，达到一定程度时，又引起利润率的进一步下降，不仅降低资本家的利润预期，而且投资的增长也难以持续下去，最终引起经济中总产出和就业水平的下降。积累得越多就越难积累，只有通过一场危机才能恢复积累的秩序。利润率的周期性下降揭示了经济周期波动的基本机制；周期中蕴含的利润率长期下降趋势反映了资本积累的内在矛盾。正是在这个意义上，马克思认为利润率趋向下降规律是现代政治经济学中最重要的规律，是理解最困难的关系的最本质规律。③

（三）马克思主义危机理论：一项新的综合

利润率下降意味着积累状况的恶化并预示着危机，作为一种多因论的利润率下降论符合马克思的本意。进一步，现实的危机只能从资本的现实运动、竞争和信用中引出。④在简单商品经济中，始终存在着货币作为价值尺度与作为交易媒介的潜在矛盾。⑤ 在资本主义经济中，信用通过借贷资本、银行资本和虚拟资本等的具体运动扬弃了资本积累的限制，但同时

---

① ［美］施瓦茨：《资本主义的精妙剖析》，魏埙等译，山东人民出版社 1992 年版，第 292—293 页。

② ［美］斯威齐：《资本主义发展论》，陈观烈、秦亚男译，商务印书馆 2000 年版，第 167 页。

③ 参见《马克思恩格斯全集》第 31 卷，人民出版社 1998 年版，第 148 页。

④ 参见《马克思恩格斯全集》第 26 卷第 2 册，人民出版社 1973 年版，第 573—574、585 页。

⑤ D. Harvey, *The Limits to Capital*, Chicago：University of Chicago Press, 1982, Chap. 9.

使这些限制具有了最普遍的形式，进而引发危机，这一过程的基础仍然是货币。① 完备的危机理论既要将导致利润率下降的多种原因综合起来，又要将信用关系的具体运动考虑为引发危机的内生过程。

1. 利润率公式的新综合

为了利用统计资料从经验上甄别利润率下降的具体机制，国外诸多学者对马克思的价值利润率公式进行了新的分解，例如莫斯利、莱伯曼和莫汉等学者将利润率公式分解为利润份额和资本产出效率的乘积；而韦斯科普夫的方法综合并区分了利润份额、价值实现和有机构成等因素对利润率的影响，更适合我们当前的研究。② 按照韦斯科普夫的方法，利润率可表示为：

$$r = \Pi/K = (\Pi/Y) \times (Y/Y^*) \times (Y^*/K) \tag{2}$$

其中，r 为利润率，Π 为利润，K 为资本存量，Y 为产出，Y^* 为潜在产出；Π/K 为利润率，Π/Y 为利润份额，Y/Y^* 为产能利用率，Y^*/K 为产能资本比。工资份额上升将使利润份额下降；剩余价值实现困难及其引致的投资下降，最终表现为产能利用率下降。其他条件不变，这两种情况都会导致利润率下降。

（2）式的第三项可以被分解为：

$$Y^*/K = (Y^*/Y) \times (Y/W) \times (W/K) \tag{3}$$

其中，W 为工资总额。（3）式等号右侧的第三项是工资总额与资本存量之比，其倒数近似资本有机构成。其他条件不变，资本有机构成提高将通过产能资本比的下降而导致利润率下降。

（2）式 将前述部分独立的因素进行了整合，这些因素的相互作用造成了利润率的周期性波动。为了防止从公式出发，经验研究必须结合具体的货币、技术和劳资斗争来揭示三种因素在资本积累过程中的现实作用。

2. 货币、信用和金融与危机的发生

马克思揭示了资本积累规律的双重作用："随着资本主义生产方

---

① 参见《马克思恩格斯全集》第46卷，人民出版社2003年版，第685、276页；并参见本卷第242—251、279页。

② F. Moseley, "The Rate of Profit and the Future of Capitalism", *Review of Radical Political Economy*, Vol. 29, No. 4, 1997; D. Laibman, "The Falling Rate of Profit", *Science and Society*, Vol. 57, 1993; S. Mohun, "The Australian Rate of Profit", *Journal of Australian Political Economy*, No. 52, 2002; T. Weisskopf, "Marxian Crisis Theory and the Rate of Profit in the Postwar U. S. Economy", *Cambridge Journal of Economics*, Vol. 3, No. 4, 1979.

式的发展，利润率会下降，而利润量会随着所使用的资本量的增加而增加。"① 这必然导致"单个资本家为了生产地使用劳动所必需的资本最低限额，随着利润率的下降而增加"。② 资本加速积累的需要迫使资本家不得不更加依赖于生息资本；同时，达不到预付资本最低限额的大量分散的中小资本，由于利润预期的降低不得不进行各种金融投机；于是，催生了金融业的繁荣和泡沫。危机的发生以信用的扩张为先决条件。因此，关键是将实际因素和货币因素结合起来，分析危机的发生机制。

宇野学派将产业资本积累与借贷资本运动相结合，用负债式积累螺旋解释了危机的发生。③ 利润率的持续下降最终使得资本家无力还本付息，只能通过变卖资产或以债养债保全积累，负债规模恶性膨胀，从而形成恶性的负债式积累螺旋，债务链条破裂的普遍发生将引发危机。

宇野学派的负债式积累螺旋危机理论深刻地揭示了黄金货币化制度下的危机机制。但是布雷顿森林体系终结之后，美元成为不兑现黄金的准国际储备货币。美国金融管理当局的货币供给几乎摆脱了任何物质上的限制，可以借助于各种所谓的金融创新保证资本的积累能力。信用关系借助于金融化进一步扩大，把资本主义经济发展成为最纯粹最巨大的赌博欺诈制度。④ 产业资本既为了获得积累所需的货币资本而负债，又将负债用于运作各种金融资产以获得虚拟的利润和摆脱利润率下降的桎梏。金融资本不仅贷款给产业资本以参与剩余价值的分配，而且逐渐从一个适应产业资本积累的辅助系统，演变成使所有其他经济活动从属于自身的特权系统，使一切资本"都周期地患一种狂想病，企图不用生产过程作中介而赚到钱"。⑤ 金融化通过对整个社会关系领域的渗透不断再生产出新的金融积累能力，工人阶级通过负债和买卖金融产品使个人未来收入资本化。资本的国际流动在全球形成了投机热潮。

---

① 参见《马克思恩格斯全集》第 46 卷，第 685、276 页；并参见本卷第 242—251、279 页。

② 同上。

③ ［日］伊藤诚：《价值与危机》，第 102 页。

④ 参见《马克思恩格斯全集》第 46 卷，第 500 页。

⑤ 《马克思恩格斯全集》第 45 卷，人民出版社 2003 年版，第 67—68 页。

金融化无限制地创造信用货币的能力必然侵蚀作为价值尺度的货币基础。货币管理当局始终面临着通过信用创造维持资本积累与维护货币基础的合法性之间的深刻矛盾。金融本身并不产生新价值，其利润最终来源于产业资本的积累，因而金融业的持续发展依赖于新价值的不断流入。当产业资本越来越多地参与金融投机时，新价值的创造将被削弱，进而整个金融化过程将逐渐陷入停滞。货币管理当局不得不通过不断注入更多的货币符号延续金融化过程，用货币流通量的泡沫性膨胀掩盖实体经济运动的低迷。当货币管理当局为了维护本国资本的整体利益而不得不提高利率以捍卫货币基础的合法性时，债务链条的破裂将通过债务压缩机制引发危机。马克思主义危机理论的新综合表明，资本在积累过程中不断遇到自身的限制：实体资本的积累受到劳资斗争、价值实现和技术进步的影响而出现周期性波动；实体资本通过不断增强金融活动以改善资本盈利能力的同时，金融业自身也变为一个在经济活动中越发具有特权的积累机构；我们可以从经验上来分析实体资本参与金融活动后的利润率和金融部门本身的利润率；金融化的发展不仅进一步弱化了资本积累的能力，而且受到货币本身内在矛盾的限制。这些多重限制只能通过危机得以解决。

四　1975—2008 年美国实体经济利润率及其动态

为了延续韦斯科普夫的研究并与之比较，我们计算和分解了 1975—2008 年美国 NFCB 的实体经济季度利润率。在此期间，美国全部商业部门的收入中平均有 76.7% 来自企业部门，企业部门的收入中平均有 89.7% 来自 NFCB 部门，[①] 因而 NFCB 部门利润率反映了美国实体经济的发展状况。

（一）利润率的计算及其影响因素的初步分解

有很多不同的方法测算 NFCB 部门的利润率，我们按照韦斯科普夫和

---

① 根据美国商务部经济分析局编《国民收入和产出账户》表 1.13 和表 1.14 相关数据计算，http://bea.gov/national/nipaw eb/Index.asp, Nov. 12, 2009。

杜梅尼尔的方法进行了测算。[①] NFCB 部门实体经济利润率（r_{NFCB}）的分子为包含存货价值调整（IVA）和资本耗费调整（CCAdj）的税前利润加净利息支出；分母为固定资产（包括软件、设备和建筑物）加存货存量，即有形资产。r_{NFCB}不包含股票或债券的买卖或发行等金融活动的影响。马克思主义经济危机理论通常被用于分析税前利润率，它反映了 NFCB 部门创造全部新价值的能力。图 1 绘出了 NFCB 部门的实际产出和 r_{NFCB}。

$$r_{NFCB} = \frac{包含\ IVA\ 和\ CCAdj\ 的税前利润 + 净利息支出}{有形资产} \tag{4}$$

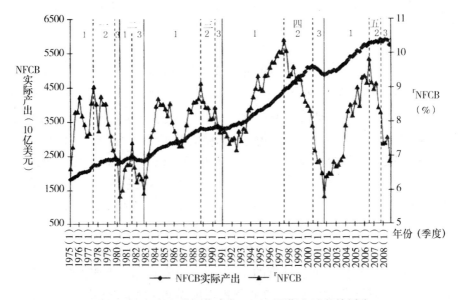

图 1　NFCB 部门实际产出和 r_{NFCB}：周期和阶段的划分

资料来源：利润率根据（4）式计算。其中的"包含 IVA 和 CCAdj 的税前利润"、"净利息支出"和 NFCB 部门实际产出，来自于美国商务部经济分析局编《国民收入和产出账户》表 1.14；有形资产来自于美国联邦储备委员会编《资金流量账户》表 B.102。http://federalreserve. gov/releases/z1/Nov. 12, 2009. 需要说明的是，本文中涉及的实际值都以 2005 年为基期进行了调整，1975—2000 年产业分类法为 SIC，2001 年后为 NAICS；除直接可得的季（年）度数据，季（年）度数据为当季各月（当年各季度）数据的平均值。

① T. Weisskopf, "Marxian Crisis Theory and the Rate of Profit in the Postwar U. S. Economy"; G. Duménil and D. Lévy, "The Real and Financial Components of Profitability", *Review of Radical Political Economics*, Vol. 36, No. 1, 2004.

图 1 表明：（1）实际产出长期上升，r_{NFCB} 明显周期性波动并存在某个稳定的范围，说明生产过剩论关于利润率在这一时期基本停滞的判断可能是恰当的。（2）每次 r_{NFCB} 的波动都先于实际产出的波动，且在 1991 年后波动更为剧烈，这可能与新经济下美国经济的金融化有关。

根据实际产出的波动，可将 1978—2008 年划分为五个周期；各个周期又可进一步划分为三个阶段：第一阶段从周期开始时的实际产出低谷到 r_{NFCB} 高峰，此时 r_{NFCB} 和实际产出同时增长，为扩张前期；第二阶段从 r_{NFCB} 高峰到实际产出高峰，此时 r_{NFCB} 开始下降、实际产出继续增长，为扩张后期；第三阶段从实际产出高峰到周期结束时的实际产出低谷，此时 r_{NFCB} 和实际产出同时下降，为收缩期。表 1 列出了周期和阶段的划分与各节点上的 r_{NFCB} 和实际产出。

表 1 表明：（1）我们划分的周期节点中只有四个不同于美国国民经济研究局（NBER）的划分，且最多相差两个季度，因而反映了美国经济的整体状况并与其他研究具有可比性。（2）r_{NFCB} 在每个收缩期开始前的第二阶段就已下降的事实，说明 r_{NFCB} 下降是实际产出下降的基础，因此第二阶段将是我们的分析重点。为了分析 1975—2008 年 r_{NFCB} 在长期和周期中波动的具体原因，我们根据式（2）中四个基本变量的经验数据，来分析各个因素在多大程度上说明了 r_{NFCB} 的波动。表 2 列出了这段时期的 r_{NFCB} 及其三个影响因素的平均值。

表 2 表明：（1）1975—2008 年 r_{NFCB} 平均约为 8.04%，明显低于 1945—1974 年按同一方法计算的 10.16%，说明 r_{NFCB} 在近 30 多年来并没有得到有效恢复。（2）r_{NFCB} 长期趋势表现出周期性的波动，从第一至第二周期趋于下降，在第三至第四周期趋于上升，但第四周期收缩期时又降至 5.80%，第五周期趋于下降。（3）Π/Y 从第二周期最低平均 16.01%，恢复到第三至第五周期的平均 17.5% 以上。这说明里根政府以来打击工会、削减福利和提高劳动力市场竞争程度等措施开始见效，这与科茨等的判断相吻合。（4）1975—2008 年 Y/Y^* 平均仅为 79.08%，明显低于 1948—1974 年的 83.55%，这说明价值实现问题更为严重。（5）Y^*/K 在第二周期下降，在第三至第四周期连续上升，这可能与 20 世纪 70 年代末 80 年代初用机器替代劳动和 90 年代以来 IT 技术的广泛应用有关，进一步分解将说明这是否反映了 K/W 对利润率的影响。

表 1　　　　　　　　NFCB 部门实际产出和利润率：周期和阶段的划分

周期	阶段	NBER 参考日期	本文日期	本文的节点	利润率（%）	实际产出（10 亿美元）
一	1	1975（1）	1975（1）	实际产出低谷	6.64	1810.9
	2		1977（3）	利润率高峰	9.04	2248.3
	3	1980（1）	1979（4）	实际产出高峰	6.98	2400.8
		1980（3）	1980（2）	实际产出低谷	5.82	2320.4
二	1	1981（3）	1981（3）	利润率和实际产出高峰	7.39	2488.3
	3	1982（4）	1982（4）	实际产出低谷	5.91	2351.8
三	1		1988（4）	利润率高峰	9.13	3314.8
	2	1990（3）	1990（2）	实际产出高峰	8.42	3352.5
	3	1991（1）	1991（1）	实际产出低谷	7.83	3298.8
四	1		1997（3）	利润率高峰	10.40	4412.2
	2	2001（1）	2000（3）	实际产出高峰	7.88	5117
	3	2001（4）	2001（4）	实际产出低谷	5.80	4863.1
五	1		2006（3）	利润率高峰	9.83	5789.9
	2	2007（4）	2007（4）	实际产出高峰	8.26	5904.1
	3		2008（4）	——	6.84	5736.7

资料来源：美国国家经济研究局编《经济周期参考日期》，http：//nber. org/cycles/cyclesmain. html/，Nov. 13，2009.

表 2　　　　利润率影响因素的初步分解：整个时期和各周期的平均值　　　　（%）

时期	整个时期	一	二	三	四	五
r_{NPCB}	8. 04	7. 85	6. 45	8. 01	8. 51	7. 88
Π/Y	17. 59	17. 82	16. 01	17. 84	17. 45	17. 55
Y/Y^*	79. 08	80. 47	74. 89	79. 52	80. 54	76. 20
Y^*/K	57. 76	54. 71	53. 83	56. 40	60. 44	59. 10

资料来源：Y/Y^* 来自美国联邦储备委员会编《工业生产和产能利用表》，http://federalreserve. gov/releases/g17/，Nov. 12，2009.

　　由于我们的研究目的是分析利润率及其影响因素的变化而不是水平，因而需要进一步计算 r_{NFCB} 和三个变量随时间的增长率。将（$\dot{x}$）定义为对任意变量 x 取对数，再对时间求导数（下同）。（2）式的增长率方程为：

$$r_{NFCB} = (\dot{\overline{\Pi/Y}}) + (\dot{Y/Y^*}) + (\dot{Y^*/K}) \tag{5}$$

表 3 列出了 NFCB 部门的利润率及其影响因素在各个阶段的增长率。

表3表明：（1）Π/Y 是 r_{NFCB} 周期波动的最主要原因，平均解释了第一阶段利润率上升的74.37%，第二阶段利润率下降的80.10%，第三阶段利润率下降的61.23%。第二阶段 Π/Y 的下降印证了马克思关于工资和工资份额在危机的准备时期会普遍提高的判断。[1]（2）Y/Y^* 是 r_{NFCB} 周期波动的第二位原因，但在第二周期第一阶段与利润率的上升出现了微弱的不一致。（3）Y^*/K 与 r_{NFCB} 的周期波动在大部分阶段中并不一致，其原因需要进一步分解说明。

表3   利润率影响因素的初步分解：各阶段的增长率   （%）

周期	一			二			三			四			五		
阶段	1	2	3	1	2	3	1	2	3	1	2	3	1	2	3
r_{NFCB}	3.10	-2.88	-9.10	4.78	-8.49	-4.48	1.81	-1.34	-2.45	1.09	-2.31	-6.11	2.78	-3.48	-4.74
Π/Y	2.01	-2.24	-6.17	4.44	-5.71	-3.13	0.95	-1.11	-1.14	0.66	-2.32	-4.15	2.81	-2.51	-2.56
Y/Y^*	1.23	-0.03	-3.15	-0.15	-3.16	-2.30	0.86	-0.49	-1.85	0.26	-0.35	-2.20	0.56	-0.20	-2.60
Y^*/K	-0.14	-0.61	0.22	0.49	0.38	0.96	-0.01	0.26	0.54	0.17	0.36	0.24	-0.59	-0.77	0.43

（二）利润率影响因素的进一步理论分析

利润率的影响因素包含价格因素和实际因素的两方面作用。W/Y（工资份额）表示 Π/Y 的相反变动，反映了产出品和工资品价格、实际工资率和实际劳动生产率的综合作用。K/W 与 Y^*/K 呈反方向变动，反映了资本品和工资品价格、实际资本劳动比和实际工资率的综合作用。为了具体地分析这些因素，有必要对相关变量做进一步分解。[2]

W/Y 可以被分解为：

$$W/Y = (p_w/p_y) \times [w/(y/L)] \tag{6}$$

其中：y 为实际产出，p_y 为产出价格指数，名义产出 $Y = y \times p_y$；w 为实际工资率，L 为劳动小时数，p_w 为工资品价格指数，名义工资 $W = w \times L \times p_w$；$y/L$ 为实际劳动生产率。可见，p_w/p_y 或 $w/(y/L)$ 提高将使工资

---

[1] 参见《马克思恩格斯全集》第45卷，人民出版社2003年版，第457页。

[2] 理论上，Y/Y^* 也可进一步分解为表示消费水平、投资水平和部门之间平衡性的变量，但由于与美国消费和投资结构、产业和企业之间的经济活动等有关的完备数据不可得，我们没有做进一步分解。

份额上升。（6）式的增长率方程为：

$$(\dot{W/Y}) = (\dot{p_w/p_y}) + (\dot{w}) - (\dot{y/L}) \tag{7}$$

$(\dot{W/Y})$ 和 $(\dot{\Pi/Y})$ 的关系是：

$$(\dot{\Pi/Y}) = (1 - \dot{W/Y}) = \frac{d (1 - W/Y) /dt}{(1 - W/Y)} = -\frac{d (W/Y) /dt}{\Pi/Y} = -\frac{W}{\Pi} \times (\dot{W/Y}) \tag{8}$$

2·Y^*/K 可以被分解为：

$$Y^*/K = (p_y/p_k) \times [(Y^*/L) / (k/L)] \tag{9}$$

其中，p_k 为资本品价格指数，Y^* 为实际产能，Y^*/L 为潜在实际劳动生产率。可见，p_y/p_k 或 $(Y^*/L) / (k/L)$ 下降将使 Y^*/K 下降。（9）式的增长率方程为：

$$(\dot{Y^*/K}) = (\dot{p_y/p_k}) + (\dot{Y^*/L}) - (\dot{k/L}) \tag{10}$$

进一步，Y^*/K 的下降间接地反映了 K/W 的上升。K/W 可以被分解为：

$$K/W = (p_k/p_w) \times [(k/L) /w] \tag{11}$$

其中，k 为实际资本存量，$K = k \times p_k$。可见，p_k/p_w 或实际资本—劳动比 (k/L) 提高将使 K/W 上升。（11）式的增长率方程为：

$$(\dot{K/W}) = (\dot{p_k/p_w}) + (\dot{k/L}) - (\dot{w}) \tag{12}$$

同时，K/W 提高在现实中通常伴随着技术创新、固定资本更新和更有效的管理，从而使 Y^*/L 提高。因而（10）式隐含了将 Y^*/K 下降归因于 k/L 提高的必要条件：k/L 提高应与 $(Y^*/L) / (k/L)$ 下降同时发生，并且 p_y/p_k 的变动不足以抵消 $(Y^*/L) / (k/L)$ 的下降。

将（5）、（7）、（8）、（10）和 $(\dot{Y/Y^*})$ 综合起来可得：

$$(\dot{r_{NFCB}}) = -\frac{W}{\Pi} \times [(\dot{p_w/p_y}) + (\dot{w}) - (\dot{y/L})] + (\dot{Y/Y^*}) + [(\dot{p_y/p_k}) +$$

$$(\dot{Y^*/L}) - (\dot{k/L})] \tag{13}$$

（三）利润率影响因素进一步分解的经验分析

为了从经验上分析 r_{NFCB} 波动的具体原因，我们计算了 W/Y、Y/Y* 和 K/W 所包含的价格因素和实际因素的增长率，结果如表 4 所示。为了甄别价格因素之间的关系，我们同时给出了 p_y、p_w 和 p_k 的增长率。表5列出了各因素增长率分阶段的平均值。

表4　　　　　利润率影响因素的进一步分解：各阶段的增长率　　　　（%）

| 周期 | 一 | | | 二 | | | 三 | | | 四 | | | 五 | | |
阶段	1	2	3	1	2	3	1	2	3	1	2	3	1	2	3
W/Y	-0.44	0.49	1.10	-0.85	1.16	0.62	-0.20	0.25	0.24	-0.15	0.51	0.68	-0.57	0.64	0.57
p_w/p_y	0.40	0.57	1.16	0.26	-0.40	-0.01	0.24	0.34	0.68	0.33	0.43	0.15	0.18	0.62	0.20
w	0.43	-0.25	-0.95	-0.28	0.55	0.35	0.19	-0.31	-0.29	0.05	0.88	0.31	0.01	0.28	0.47
y/L	1.27	-0.17	-0.90	0.82	-1.01	-0.28	0.63	-0.22	0.14	0.54	0.80	-0.22	0.76	0.26	0.10
Y/Y^*	1.23	-0.03	-3.15	-0.15	-3.16	-2.30	0.86	-0.48	-1.85	0.26	-0.35	-2.20	0.56	-0.20	-2.60
Y^*/K	-0.14	-0.61	0.22	0.49	0.38	0.96	-0.004	0.26	0.54	0.17	0.35	0.24	-0.59	-0.77	0.42
p_y/p_k	0.46	0.58	1.21	1.07	0.57	0.63	-0.03	0.39	-0.10	-0.21	-0.73	-0.35	0.05	-0.67	-0.39
Y^*/L	0.04	-0.14	2.25	0.97	2.16	2.02	-0.24	0.27	2.00	0.28	1.15	1.98	0.21	0.46	2.71
k/L	0.64	1.05	3.24	1.55	2.35	1.69	-0.26	0.40	1.35	-0.11	0.06	1.39	0.85	0.55	1.89
K/W	-0.65	0.15	1.82	0.51	1.62	0.72	-0.66	-0.03	1.07	-0.27	-0.51	1.28	0.61	0.33	1.61
p_k/p_w	-0.86	-1.15	-2.37	-1.33	-0.17	-0.62	-0.21	-0.73	-0.58	-0.11	0.31	0.20	-0.24	0.05	0.19
k/L	0.64	1.05	3.24	1.55	2.35	1.69	-0.26	0.40	1.35	-0.11	0.06	1.39	0.85	0.55	1.89
w	0.43	-0.25	-0.95	-0.28	0.55	0.35	0.19	-0.31	-0.29	0.05	0.88	0.31	0.01	0.28	0.47
p_y	1.10	1.87	2.44	2.16	1.59	1.18	0.55	0.84	0.67	0.33	0.18	0.31	0.52	0.14	0.11
p_w	1.50	2.44	3.59	2.41	1.19	1.17	0.79	1.18	1.35	0.66	0.61	0.46	0.71	0.34	0.31
p_k	0.64	1.29	1.22	1.08	1.02	0.55	0.58	0.45	0.77	0.55	0.91	0.66	0.47	0.81	0.50

资料来源：该表为 (7)、(10)、(12) 和 (13) 的计算结果，其中 W、Y 和 Y^* 来自于美国商务部经济分析局编《国民收入和产出账户》表 1.14；p_w 来自于美国劳工部劳工统计局编：《消费者物价指数》，http://bls.gov/cpi/，Nov. 12，2009；NFCB 部门名义产出和实际产出之比为 p_y；L 来自于美国劳工部劳工统计局的斯普拉格和格雷泽提供的未公布的美国 NFCB 劳动小时数据。k ＝（非住宅非金融企业实际固定资产 − 非住宅农业实际固定资产 + 住宅实际固定资产 + 实际存货），其中非住宅非金融企业实际固定资产、非住宅农业实际固定资产数据和住宅实际固定资产分别来自于美国商务部经济分析局编《固定资产》表 4.1、表 4.2 和表 5.1、表 5.2，http://bea.gov/national/fa2004/selecttable.asp，Nov. 12，2009；实际存货来自于美国联邦储备委员会编《资金流量账户》表 B.102 以及美国商务部经济分析局编《国民收入和产出账户》表 5.7.9。

表5　　利润率影响因素的进一步分解：各因素增长率分阶段的平均值　　　（%）

阶段	1	2	3	阶段	1	2	3	阶段	1	2	3
W/Y	-0.44	0.61	0.64	K/W	-0.09	0.31	1.30	Y^*/K	-0.02	-0.08	0.48
p_w/p_y	0.28	0.31	0.44	p_k/p_w	-0.55	-0.34	-0.64	p_y/p_k	0.27	0.03	0.20
w	0.08	0.23	-0.02	k/L	0.54	0.88	1.91	Y^*/L	0.25	0.78	2.19
y/L	0.80	-0.07	-0.23	w	0.08	0.23	-0.02	k/L	0.54	0.88	1.91

表 5 表明：（1）在扩张前期，实际劳动生产率的提高恢复了 NFCB 部门的盈利能力；资本品价格相对于工资品价格的下降使资本的有机构成下降；由于危机过后潜在实际劳动生产率的提高慢于实际资本劳动比的上升，而产出品价格相对于资本品价格并未很快上涨，产能资本比小幅下降，进而减弱了 r_{NFCB} 的提高。（2）在扩张后期，实际工资率的增长和工资品价格相对于产出品价格的更快上升，推动了工资份额的上升；实际资本劳动比的上升成为资本有机构成和产能资本比上升的主要原因。（3）在收缩期，工资品的价格上升和实际劳动生产率的下降，使工资份额继续趋于上升；实际资本劳动比的上升是资本有机构成上升的最主要原因；由于潜在实际劳动生产率的上升快于实际资本劳动比的提高，同时产出品价格比资本品价格上升得快，产能资本比趋于上升。为了揭示实际和价格因素导致 r_{NFCB} 下降的具体过程，下面我们结合表 4 详细分析各周期的第二阶段。

第一周期：（1）20 世纪 70 年代末高通胀下 p_w 的快速上升和福特制危机引起的 y/L 下降，推动了 W/Y 的上升；由于 1977—1979 年失业率平均达到了较高的 6.31%，[1] w 趋于下降。（2）生产过程的重组下企业用机器替代劳动提高了 k/L，这与 w 下降一起推动了 K/W 上升；但 p_w 的更快上涨减缓了这一过程。（3）福特制危机的持续和机器替代劳动导致的生产工人减少，使 Y^*/L 下降和 k/L 上升成为压低 Y^*/K 的主要原因；但高通胀下 p_y 的上升减弱了这一作用。（4）凯恩斯主义扩张总需求政策的延续使 Y/Y^* 的下降并不明显。

第二周期：（1）福特制危机的延续降低了 y/L，同时反凯恩斯主义政策有效压低了 p_w，二者推动了 w 和 W/Y 的上升。（2）资本主义生产过程重组提高了 k/L，并使 K/W 趋于上升；但通胀下降背景下 p_k 增长放缓，与 w 上升一起减缓了 K/W 上升。（3）p_k 增长放缓提高了 p_y 的相对增长程度，使 Y^*/K 上升；但非生产工人比例的上升进一步降低了 Y^*/L 的增长速度，一定程度减缓了 Y^*/K 的上升。[2]（4）国际债务危机引发的美国债务紧缩，使 Y/Y^* 下降较明显。

---

① 美国劳工部劳工统计局编：《失业率》，http://data. bls. gov/PDQ/servlet/SurveyOutput-Servlet? data_ tool = latest_ numbers&series_ id = LNS14000000，Nov. 19，2009。

② 非生产工人为高于生产线监工层级（line-supervisor level）的管理者。参见美国商务部普查局编《制造业年度普查》，http://census. gov/prod/2006pubs/am0531gs1. pdf，Nov. 19，2009。

第三周期：（1）1986 年以来打击工会的措施和美国通胀率的再次上升，使 p_w 提高较快，同时 w 趋于下降。生产过程向弹性化的转型进一步降低了生产工人的比例，从而使 y/L 趋于下降，这与 p_w 提高一起推升了 W/Y。（2）20 世纪 80 年代末以来，生产过程逐渐趋于弹性化，①直接增加非生产工人比例的大棒政策使 k/L 的增长趋于减缓，这与 p_w 上升和 w 下降一起压低了 K/W。（3）由于生产过程转型期中 y/L 和 Y^*/L 表现不佳，同时高通胀下 p_y 提高较快，Y^*/K 趋于上升。（4）1981 年以来美联储的连续降息促进了经济的复苏，进而减弱了 Y/Y^* 的下降。

第四周期：（1）新经济下失业率从 1992 年的最高 7.6% 降至 2000 年的 4% 左右，因而 w 趋于上升，但 IT 技术扩散、基础设施投资增加等因素引起的 y/L 提高，降低了 w 的相对提高程度；同时 p_w 上涨成为 W/Y 提高的主要原因。（2）IT 投资增长和新一轮固定资本更新推动了 k/L 和 p_k 的上升。但 w 的更快上升使 K/W 趋于下降。（3）资本节约型的 IT 技术的扩散，推动 Y^*/L 比 k/L 提高得更快，进而提高了 Y^*/K。（4）新经济下的繁荣使得 Y/Y^* 下降并不明显。

第五周期：（1）21 世纪初股市泡沫的破裂降低了股票期权给非生产工人带来的收益，同时 IT 投资的增长及其对生产率增长的贡献也趋于减弱，因而 w 和 y/L 的增长率趋于下降；p_w 上升是这阶段 W/Y 提高的主要原因。（2）新泡沫经济下投资的增加既提高了 p_k，又提高了 k/L，因而 K/W 趋于上升，但 w 的增长减弱了 K/W 上升。（3）生产工人比例的下降和 IT 技术对生产率增长贡献的下降，降低了 Y^*/L 相对于 k/L 的增长速度，加之 p_k 增长较快，因而 Y^*/K 趋于下降。（4）金融化带来的财富效应使 Y/Y^* 下降幅度很小。

五 1975—2008 年美国经济的金融化利润率与当前的危机

上述分析表明，1975 年以来美国生产过程的重组并没有使产业资本利润率得到根本性的恢复。借助于不兑现的美元的准国际储备货币地位，美

---

① 谢富胜：《企业网络》，《经济理论与经济管理》2006 年第 7 期；D. Gordon, *Fat and Mean*, New York：The Free Press, 1996, Chap. 3。

国资本积累模式逐渐发生转向：产业资本更加依靠金融活动维持盈利能力；金融资本逐渐脱离产业资本循环，形成以未来价值索取权的占有为基础的独立系统；不受限制的美元供给通过境外美元循环进一步促进这种资本自行增殖过程。但是金融化促进经济增长的积累模式与美元作为国际价值尺度的职能之间的内在矛盾始终存在，危机的发生表明这种积累模式必须回到它的货币基础。下面我们参照杜梅尼尔等开创的方法，对美国经济的金融化利润率进行测算和分析。①

（一）NFCB 部门参与金融活动后的利润率及其动态

NFCB 部门的实体经济活动和金融活动的划分具有一定程度的随意性，是否将与某些金融活动有关的现金流或资产算作利润或成本并没有公认的标准。为了在现有数据的范围内尽量完整地体现金融活动对利润率的影响，我们将 NFCB 部门参与金融活动后利润率（r^*_{NFCB}）的分子取为实体经济利润加净金融收入，净金融收入等于利息收入、股息收入、资产持有收益（包括共同基金收益和美国对外直接投资收益）和海外收益之和（即金融收入），减去利息和股息支出（即金融成本）；分母取为资产净值，即有形资产减去净负债（负债减金融资产），再加上外国在美直接投资；为了排除通胀对债务的影响，分子还加上了一个调整项，即通胀率乘以净负债。与杜梅尼尔的方法相比，股息支出在这里被算作金融成本的一部分在分子上予以扣除，这更好地体现了全部金融活动对积累的影响。为了比较，我们绘出了 NFCB 部门参与金融活动后的年度利润率和实体经济年度利润率，结果如图 2 所示。

$$r^*_{NFCB} = \frac{\text{包含 IVA 和 CCA dj 的税前利润} + \text{净利息支出} + \text{净金融收入} + \text{调整项}}{\text{有形资产} - \text{净负债} + \text{外国在美直接投资}} \qquad (14)$$

图 2 表明：（1）r^*_{NFCB} 基本上与 r_{NFCB} 同期波动。这说明 NFCB 部门的金融活动与实体经济活动具有很强的相关性。（2）r^*_{NFCB} 的波动幅度明显大于 r_{NFCB}，其波动幅度在 20 世纪 80 年代有所减小，但之后不断增大。这说明 NFCB 部门的金融不稳定性随着金融活动的增加逐渐加强。（3）r^*_{NFCB} 在长期中趋于下降。1975—1981 年 r^*_{NFCB} 高于 r_{NFCB}，此后始终低于后者。同时，二者的差距在 1982—1990 年基本稳定在约 2%，在 1991—2008 年逐渐

---

① G. Duménil and D. Lévy, "The Real and Financial Compo nents of Profitability".

增至 4. 94%。这说明 NFCB 的金融活动在 1975 年至 80 年代初开始增加，在 80 年代基本保持稳定，1991 年以后快速增加。这证实了我们对 NFCB 部门金融活动变化的判断。

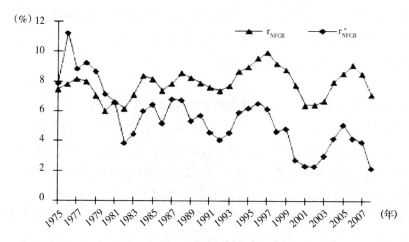

图 2　NFCB 部门的两种利润率

资料来源：r_{NFCB} 所用数据来源同图 1。r_{NFCB}^* 根据（14）式计算，其中净金融收入来自于美国商务部经济分析局编《国民收入和产出账户》表 1. 14 以及美国联邦储备委员会编《资金流量账户》表 R. 102 和表 F. 102；调整项中的通胀率来自于美国商务部经济分析局编《国民收入和产出账户》表 1. 1. 9；净负债和外国在美直接投资分别来自于美国联邦储备委员会编《资金流量账户》表 B. 102、表 L. 102。

　　导致 r_{NFCB}^* 周期波动和长期下降的最主要原因是利息和股息支出的变动。1975 年以来 NFCB 部门盈利能力长期无法恢复，内部融资不足以满足资本再生产所需的现金流。同时，受到"股东价值运动"的影响，NFCB 部门的行为越来越短期化，把越来越多的现金流投向了股票回购以操纵股价和拉升企业的账面价值，这进一步削弱了内部融资的能力。在这两方面作用下，NFCB 部门的金融缺口从 1975 年的 – 83. 6 亿美元增至 2008 年的 2324. 2 亿美元，[①]不得不依靠负债和发行股票等外部融资渠道获得资本再生产所需的现金流来维持积累和一定水平的利润率。但是，外部融资的代价是必须将越来越多的实体经济利润用于支付利息和股息。这不仅使得金

------

　　①　金融缺口 = 资产性支出 –（内部融资额 + IVA）。资料来源：美国联邦储备委员会编《资金流量账户》表 F. 102。

融成本占实体经济利润的比例从 1975 年的 73% 升至 2008 年的 115%，而且使金融成本超过了各项金融收入，使净金融收入从 1975 年的 –452 亿美元降至 2008 年的 –5908 亿美元，进而导致了 r^*_{NFCB} 的周期波动和长期下降。

（二）金融部门的利润率及其动态

金融部门的利润率表现了金融部门参与利润分配的地位。确定金融部门的范围必须满足两个条件：可以得到充分、可比的数据，计算出的利润率应该有意义。因为房地产部门的资产主要由家庭所有；各种基金不具有企业性质，不是独立的投资渠道，且其本身不创收；个人信贷机构为富人所有，采取委托管理形式，并非独立的企业部门；政府性金融机构不以盈利为目的，所以这些部门不适于计算利润率。因此，我们将金融部门限定为商业银行、储蓄机构、信贷机构、人寿和财产保险公司、证券化产品发行机构、金融公司和证券经纪机构这七个部门。有限定的金融公司部门（RFCB）利润率（r_{RFCB}）的分子为 RFCB 部门的税后利润、业主税后收入、股息收入、资产持有收益（包括共同基金收益、股权收益和美国对外直接投资收益）、海外收益和调整项（通胀率乘以净负债）之和；分母为资产净值，即有形资产减去净负债（负债减金融资产），再加上外国在美直接投资。为了比较，我们绘出了 RFCB 部门的年度利润率和 NFCB 部门参与金融活动后的年度利润率，结果如图 3 所示。

$$r_{RFCB} = \frac{税后利润 + 业主税后收入 + 股息收入 + 资产持有收益 + 海外收益 + 调整项}{有形资产 - 净负债 + 外国在美直接投资} \quad (15)$$

图 3 表明：（1）r_{RFCB} 基本上与 r^*_{NFCB} 同期波动，但 1991 年后的大部分年份明显高于 r^*_{NFCB}，显示 1991 年后美国形成新的金融化积累模式。（2）若不考虑 20 世纪 80 年代以来发生危机的时期，r_{RFCB} 长期中呈明显的上升趋势，表明美国经济的金融化确实促进了 RFCB 部门参与价值分配的地位的提升。（3）r_{RFCB} 的波动幅度明显高于 r^*_{NFCB}，在历次危机发生时都大幅度下降，并在 1991 年后波动得更为剧烈，如从 1999 年的 15.8% 降至 2001 年的 –2.1%，从 2006 年的 13.5% 降至 2008 年的 –12.3%。这说明金融化本身的发展具有高度的不稳定性。

1975 年后美国经济的金融化和 1991 年后新金融化积累模式的形成是美联储、金融业、NFCB 部门、家庭部门以及境外美元等多方面综合作用的结果，具体来看：（1）20 世纪 70 年代、80 年代初为了抑制通胀而维持

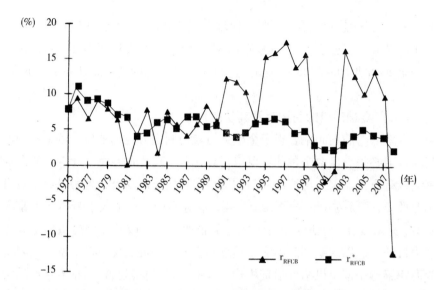

图3　RFCB 部门的利润率和 NFCB 部门参与金融活动后的利润率

资料来源：r_{RFCB}根据（15）式计算，其中税后利润股息收入分别来自于美国商务部经济分析局编《国民收入和产出账户》表6.19、表7.10；业主收入根据 Duménil & Lévy, "The Real and Financial Components of Profitability" 一文附录的方法进行计算，数据来自于美国商务部经济分析局编《国民收入和产出账户》表6.2、表6.4、表6.5、表6.8、表6.17 和表6.19，以及美国商务部经济分析局编《分产业核算的 GDP》，http://www. bea. gov/industry/xls/GDPbyInd VA SIC. xls. xls, Jan. 3, 2010；资产持有收益根据美国联邦储备委员会编《资金流量账户》表 F. 102、F. 109、F. 114、F. 115、F. 116、F. 117、F. 126、F. 127、F. 129、F. 229、L. 102、L. 109、L. 114、L. 115、L. 116、L. 117、L. 126、L. 127、L. 129 和 L. 229 进行计算；海外收益来自于美国联邦储备委员会编《资金流量账户》表 F. 102、L. 102 和 L. 229。有形资产来自于美国商务部经济分析局编《固定资产》表 3.1ES；净负债来自于美国联邦储备委员会编《资金流量账户》表 L. 109、L. 114、L. 115、L. 116、L. 117、L. 126、L. 127 和 L. 129；外国在美直接投资来自于美国联邦储备委员会编《资金流量账户》表 L. 229。

高利率政策导致的沃克尔冲击和 1975 年以来利润率未得到有效恢复的事实，促使美联储在 80 年代中期以后不得不连续降低短期利率以刺激经济，借贷成本的下降推动了金融部门的发展。（2）20 世纪 70 年代作为金融业核心的银行业的经营困境迫使金融监管做出让步，银行获准进入投资银行业和保险业等领域，尤其是将抵押贷款证券化并售出，其获利焦点也相应地从净利息边际转向了收取多种业务的中介费，这使得证券化和金融创新快速膨胀。（3）NFCB 部门利润率的下降迫使更多的资本投入无须经过生产过程就可获利的金融业。这拉升了 r_{RFCB} 并逐渐形成一种正反馈，将更多的资本引入金融部门，1975—2008 年 RFCB 部门和 NFCB 部门的资产净值之比增加了 127% 。（4）1975 年以来家庭部门实际收入增长的停滞提升了其两方面信贷需求：以劳动力再生产为目的的"贫穷需求"和以进一步弥补收入不足为目的的"投机需求"。尤其是 21 世纪以来次贷等个人抵押贷款和这些贷款支持的证券化产品的扩张，形成了抵押贷款—房地产市场—证券化—衍生品联动的金融链条。（5）20 世纪 70 年代后欧洲美元和石油美元的流入为美国经济的金融化供应了巨大的流动性。美国的国际贸易逆差使发展中国家获得了高额的美元外汇储备。为了保持本币的低汇率，预防资本突然外逃和增加外汇储备的收益，发展中国家将大量外汇储备购买以美元计价的资产，进而增加了美国金融市场上的货币流通并压低了长期利率。①

（三） 金融化的脆弱性、美联储的两难和当前的危机

美国经济的金融化是以不断扩大的企业、个人和国际负债为基础的。2000 年后美国经济逐渐步入了具有高度利息率弹性、风险极高的"庞齐金融"，同时通过金融化促进经济增长的需要和美元的国际价值尺度职能之间的矛盾不断加强。

1. 美国金融化的脆弱性

表 6 列出了 2000 年以来与美国经济的金融化有关的一些重要指标。

表6　　　　　　　　　　2000—2008 年美国经济金融化的重要指标

年份	NFCB部门利息支出占实体经济利润的比例（%）（1）	家庭债务支出占可支配收入的比率（%）（2）	美国贸易逆差（亿美元）（3）	外国持有的美国金融资产（亿美元）（4）	联邦基金利率（%）（5）	30 年期固定利率贷款利率（%）（6）	通胀率（%）（7）	美元与主要货币的实际汇率指数（8）
2000	72. 77	12. 30	4174. 26	10382. 24	6. 24	8. 06	3. 38	105. 08
2001	82. 93	12. 84	3982. 70	7828. 70	3. 89	6. 97	2. 83	112. 54
2002	69. 86	13. 09	4591. 51	7951. 61	1. 67	6. 54	1. 59	110. 92
2003	60. 71	13. 20	5215. 19	8583. 03	1. 13	5. 82	2. 27	97. 85
2004	47. 73	13. 26	6311. 30	15332. 01	1. 35	5. 84	2. 68	90. 86

① 齐昊：《国外马克思主义视角中的美国金融危机》，载柳欣、张宇编《政治经济学评论》2009 卷第 1 辑，总第 15 辑，中国人民大学出版社 2009 年版，第 149—165 页。

续表

年份	NFCB 部门利息支出占实体经济利润的比例（%）（1）	家庭债务支出占可支配收入的比率（%）（2）	美国贸易逆差（亿美元）（3）	外国持有的美国金融资产（亿美元）（4）	联邦基金利率（%）（5）	30 年期固定利率贷款利率（%）（6）	通胀率（%）（7）	美元与主要货币的实际汇率指数（8）
2005	47.05	13.70	7486.83	12473.47	3.21	5.87	3.39	90.67
2006	47.91	13.79	8035.47	20651.69	4.96	6.41	3.24	90.58
2007	56.27	13.87	7265.73	21294.60	5.02	6.34	2.85	86.40
2008	60.68	13.64	7060.68	5340.71	1.93	6.04	3.85	83.44

资料来源：（1）、（3）、（4）分别来自于美国商务部经济分析局编《国民收入和产出账户》表 1.14、7.11 和 4.1。（2）见美国联邦储备委员会编《家庭部门还本付息和贷款比率》，http://federalreserve. gov/releases/housedebt/default. htm，Jan. 6，2010.（5）见美国联邦储备委员会编《部分利率》表 H.15，http://federalreserve. gov/releases/h15，Jan. 6，2010.（6）见联邦住房抵押贷款公司编《30 年期固定利率贷款利率》，http://freddiemac. com/pmms/pmms30. htm，Jan. 6，2010.（7）见美国劳工部劳工统计局编《消费者物价指数》。（8）见美国联邦储备委员会编《外汇汇率》表 H.10，http://federalreserve. gov/releases/h10，Jan. 6，2010.

表 6 表明：（1）NFCB 部门维持负债式积累的前提是有足够的利润可以还本付息，2000—2004 年美联储的降息将 NFCB 部门的债务负担降低了 42%。但是 NFCB 部门经营策略上的短期化、组织上的分化和不稳定化以及金融上的投机化迫使其不断扩大债务规模甚至以债养债，2000—2006 年净负债占有形资产的比例从 2% 升至 7%，从而提高了积累的利息率弹性。（2）RFCB 部门对次贷等个人金融业务的推动使美国家庭债务支出占可支配收入的比例（Debt Service Ratio）在 2000—2007 年提高了 13%，同时家庭部门承担的总负债占可支配收入的比例在 2001 年后始终高于 100%。维持健康的个人债务关系的前提是个人有足够、稳定的可支配收入来偿付不断增加的本息。但是个人负债的增加实际上是以不确定性极高的未来收入作抵押的，极易因利息率提高、房价下降等冲击而使债务链条断裂。（3）流入美国的境外美元在 2001—2007 年增长了 172%。这扩大了借贷资本供给，降低了长期利率，并通过推动企业和个人负债的扩张增加了经济的脆弱性。国际主权和非主权主体向美国投资的意愿取决于国家利益、对美元计价资产收益的预期和汇率等多重因素。境外美元的堆积和

回流加大了美元贬值和美国通胀的可能性：2001—2007 年美元与主要货币的实际汇率指数下降了 23%，2002—2005 年通胀率上升了 113%。由于国际投资主体无法承担美元贬值导致的资产损失风险，同时美国金融化积累模式的基础越来越薄弱，2000 年以来的境外美元流入是不可持续的。

2. 美联储货币政策操作目标的内在矛盾

在一个利润主要通过金融活动形成的模式下，对于积累拥有战略地位的金融部门获得了政治和经济权力，经济政策因而必须反映金融化的规则。20 世纪 70 年代滞胀危机后，美联储认为应该通过控制金融不稳定性减弱经济的不稳定性，而控制金融不稳定性的渠道是调节货币流通量、控制通胀和稳定美元币值。美联储必须在维护美元作为国际储备货币的基础地位与促进金融化积累所需的流动性之间的矛盾下，小心翼翼地扶持投机行为并公开地促使其合理化。[①]

在现实中，由于金融创新使得货币流通量越来越难以直接控制，美联储选择通过调控利率间接地调节货币量。21 世纪初互联网泡沫破裂后，为了快速拉动经济复苏，美联储在 4 年内将短期利率从 6% 以上降至 1% 左右。这推动了 2000 年以来的金融化及其财富效应，同时使得美国经济中的货币量超出了其质的规定性所允许的范围：2000—2007 年 NFCB 部门的实际净增值增长了 14.72%，净增值增长了 30.52%，[②]而经济中的流动性（M_2）增长了 52.71%，[③]货币量的增加严重超过了经济中创造新价值的能力；境外美元的流入进一步促进了货币量的膨胀，推动美国的通胀率连续上升，并降低了美元在国内和国际上的价值。

3. 危机的发生

为了控制通胀和维系美元币值，美联储在 2004—2007 年将短期利率迅速提高了 271%。短期利率的提高加重了产业资本的利息负担，使 NFCB 部门利息支出占实体经济利润率的比例在 2005—2007 年后上升了约 9 个百分点，进而如图 2 所示，促使 NFCB 部门参与金融活动的利润率和实体经济利润率在 2005 年和 2006 年相继下降，减弱了经济增长的动力。

金融化在很大程度上依赖于经济中的借贷资本供给量，而充足的借贷

---

① 布伦纳：《高盛的利益就是美国的利益》，《政治经济学评论》2010 年第 2 期。

② 美国商务部经济分析局编：《国民收入和产出账户》表 1.14。

③ 美国联邦储备委员会编：《货币存量指标》表 H.6，http://federalreserve.gov/releases/h6/current/h6.htm，Jan. 17, 2010。

资本量取决于一定水平的长短期利差。如表6所示，2001年以来境外美元的大规模流入压低了美国的长期利率，因而一个较低的短期利率才能为银行提供合理的长短期利差。但是，2003年以来，美联储的升息使长短期利差从2004年的4.5%迅速降至2007年的1.32%。长短期利差的缩小不利于经济中流动性和信贷供给的扩大，进而增加了金融化的脆弱性和不可持续性。2007年，利息率的上升导致了家庭部门债务负担和次贷等贷款违约率的上升，进一步加重经济中的流动性问题和偿付能力问题，并最终通过证券化链条引发了一场全面的金融危机。

上述分析表明，促进金融化积累和维护货币基础合法性之间的内在矛盾是引发金融危机的直接根源。但金融化的发展导源于实体经济利润率的长期停滞。当产业资本试图通过金融活动恢复其利润率时，金融成本的提高反而压低了其实际得到的利润率。金融部门的发展必须依赖于新价值的不断流入，美联储宽松的货币政策短期内有利于金融化的持续，但同时也造成了整个经济中各个部门的脆弱性和风险的累积。美联储为了维护美元的地位和美国资本整体利益而调整货币政策的行为，引发了当前如此严重的金融危机。

我们认为，利润率在长期和周期中的波动是资本积累的核心机制；借助于韦斯科普夫的经典文献，可以将劳资斗争、价值实现和有机构成因素综合起来，用这些因素的相互作用解释利润率的波动或下降的具体根源；现实的经济危机必须将实际因素和货币、信用等金融因素结合起来；在利润率新综合基础上，我们发展了在黄金非货币化条件下经济危机从债务收缩型危机向金融化危机转化的逻辑框架。

经验研究表明：（1）1975年以来实体经济利润率并未得到有效恢复；利润份额的波动是利润率周期性波动的最主要原因；其具体机制在不同时期并不相同，资本主义生产过程在1991年之前的重组和1991年之后的弹性化，分别主要导致了机器和非生产工人对生产工人的替代，进而提高了工资份额；产能利用率是利润率周期性波动的第二位原因，在实体经济仍占主导的1991年前波动较大，在1991年后的金融化积累模式下对利润率波动的作用明显缩小；资本有机构成的波动与马克思的判断相一致，但资本品、消费品和产出品之间的比价关系在一定程度上抵消了有机构成对利润率的影响。（2）对非金融公司部门金融化利润率和有限定的金融部门利润率的分析表明，20世纪90年代初，美国形成了依靠金融活动进行积累的新模式。借助于信用制度维系经济增长，资本被迫通过金融化狂热地追求新的投资和新的冒险，使得虚拟经济严重脱离实体经济而过度膨胀，进一步导致整个利润率的下降和金融市场的脆弱性，回归货币基础的内在机制最终加速了矛盾的总爆发，引发当前如此严重的危机。

当前美国政府通过拯救金融系统来促进经济复苏，但不能从根本上解决矛盾。经济复苏的基础在于实体经济的赢利能力的恢复，而美国经济已经空心化和金融化了；赢利能力的提高必然要求提高工人的价值创造能力，进而必须建立劳资妥协的生产关系，但是美国生产过程的重组使工人原子化、就业弹性化了，必要的劳资协定难以达成，劳动利用效率难以得到实质性改进；美联储采取如此宽松的货币政策只会通过转嫁危机来暂时缓解自身的矛盾，但会加深世界资本主义体系的内部矛盾，这一矛盾将可能以体系内其他国家或地区的危机表现出来。社会化生产与资本主义占有的基本矛盾在资本运行的现象形态上，突出地表现为利润率趋于下降的规律。一方面，科学技术在生产中日益自觉的应用，资本技术构成的不断提高，表明社会生产力具有无限扩大的趋势和潜力。这正是资本保值增殖的基本手段，但却与资本积累的目的和动力发生了根本性的冲突。于是在另一方面，生产力发展在资本主义制度下却颠倒地表现为资本利润率趋于下降的规律，说明生产力的发展在根本上受到了资本占有社会化生产这一生产关系的限制，受到了"以广大生产者群众的被剥夺和贫穷化为基础的资本价值的保存和增殖"的限制。① 所以，资本积累"只能在一定的限制以内运动"，② 必然是非连续的过程，内存于资本主义生产方式的"各种互相对抗的因素之间的冲突周期性地在危机中表现出来。危机永远只是现有矛盾的暂时的暴力的解决，永远只是使已经破坏的平衡得到瞬间恢复的暴力的爆发"。③

《中国社会科学》2010 年第 5 期

---

① 《马克思恩格斯全集》第 46 卷，第 278 页。
② 同上。
③ 同上书，第 277 页。

中国外贸依存度和失衡度的重新估算

——全球生产链中的增加值贸易[*]

李　昕　徐滇庆[**]

摘要　GDP 与外贸数据的扭曲夸大了中国外贸依存度及外贸失衡度。GDP 的扭曲主要来自汇率法与购买力平价法估算的差异；贸易数据扭曲包括：关境统计的重复计算以及由产权问题导致的国际贸易物流与资金流的不一致。对 2007 年我国实际外贸依存度及其失衡度的重估显示：2007 年中国的外贸依存度从官方统计的 68.02% 下调为 31.59%，外贸失衡度也从官方统计的 10.13% 下调为 2.11%。所谓"中国操纵汇率"的指责是毫无根据的。

关键词　外贸依存度　外贸失衡度　加工贸易　外资产权

一　导论

外贸依存度，是进出口贸易总额与其国内生产总值（GDP）的比值，通常用来衡量一国或地区的经济对国际市场的依赖程度。人们还常常用出口减去进口之净额（或经常性账户余额）占国内生产总值的比重，评估贸易均衡程度，或称为外贸失衡度。如果说某个国家外贸出现扭曲，通常有两层意思：第一，外贸依存度太高；第二，外贸顺差（或逆差）太高，

---

　* 本研究得到国家社会科学基金青年项目"过度外部失衡参考性指标构建"（项目号 11CJL038）以及国家自然科学基金国际重大合作项目"利用反映加工贸易特点的非竞争进口型投入占用产出模型和 CGE 模型研究出口对国内增加值、国民收入及就业等影响"（项目号 70810107020）的支持，感谢匿名评审专家专业和客观的审稿意见，感谢北京大学国家发展研究院姚洋教授、余森杰教授组织的国际经济学讨论会。文责自负。

　** 李昕，北京师范大学国民核算研究院讲师；徐滇庆，加拿大西安大略大学教授、北京师范大学国民核算研究院客座教授。

也就是外贸失衡度太高。官方统计的我国对外贸易的货物与服务贸易依存度，从 20 世纪 80 年代的平均 19.7%，上升到 90 年代的平均 34.3%，并在 2006 年达到峰值 65.2%，此后虽有所回落，但 2011 年我国贸易依存度仍高达 50.1%。① 国内一些经济学家认为，"中国外贸依存度超过 60%，非降不可"。② 随着我国对外贸易依存度的不断提高，贸易顺差占我国国内生产总值的比重，也从 2000 年的 2.01% 上升到 2007 年峰值时的 7.59%。③ 国外有人据此指责中国政府操纵汇率。2010 年 3 月 24 日，美国彼得森国际经济研究所负责人伯格斯坦（C. Fred Bergsten）在美国国会作证时说，中国在 2007 年经常项目顺差超过 4000 亿美元，占中国 GDP 的 11%，说明人民币汇率被低估了。按照贸易权重法（Trade Weighted）的原则，人民币应升值至少 25%，以减少中美日益严重的贸易失衡。④

一般来说，外部失衡会因国内外资金价格差异而得到调整。然而，自 2005 年 7 月人民币启动第二次汇改至 2012 年 3 月，人民币对美元汇率加权平均升值超过 23%，⑤ 可是，官方统计的外贸依存度和外贸失衡度却依然居高不下。显然，统计数据和理论之间出现了矛盾。要么是经济理论错了，要么是统计数据错了。

本文第二部分讨论使用两种 GDP 核算法，对比外贸依存度和外贸失衡度的统计差异；第三部分讨论传统关境统计对出口增加值折返的重复计算问题；第四部分讨论产权归属对进出口数据的影响；第五部分在纠正重复计算、确认产权并且调整 GDP 之后，讨论中国的外贸依存度和外贸失衡度。

二　两种 GDP 统计对外贸依存度测算的影响

分别用汇率法和购买力平价法（PPP）测算的我国外贸依存度差别很

---

① 国家统计局编：《中国统计摘要（2012）》，中国统计出版社 2012 年版，第 63 页。

② 转引自沈利生《论外贸依存度——兼论计算外贸依存度的新公式》，《数量经济技术经济研究》2005 年第 7 期。

③ 国家统计局编：《中国统计摘要（2012）》，中国统计出版社 2012 年版，第 20—63 页。

④ C. Fred Bergsten, "Correcting the Chinese Exchange Rate: An Action Plan", Speeches, Testimony Papers, Peterson Institute for International Economics, Sep. 15, 2010, http://www. piie. corn/ publications/pubs_ year. cfm? ResearchTypeID = 7&ResearchYear = 2010.

⑤ "人民币对美元加权平均汇率—当月数"，宏观月度数据，中经数据库。

大。若采用汇率法计算，中国的外贸依存度在 2007 年高达 53.4%。如果采用购买力平价法计算，中国的外贸依存度在 2007 年只有 25.4%。两者相差超过一倍。

分别用购买力平价法及汇率法，计算世界主要发展中国家和主要发达国家 2000—2008 年外贸依存度的变化，如表 1 所示。若用汇率法计算，中国的外贸依存度虽然较高，但期间的均值仍低于加拿大、德国、荷兰等发达国家，与墨西哥持平；若用购买力平价法计算，中国的外贸依存度显著低于加拿大、法国、德国、意大利、日本、波兰、荷兰、西班牙、英国等发达国家，与许多发展中国家差不多。因此，无法得出在全球范围内我国外贸依存度严重扭曲的结论。

表 1　2000—2008 年世界主要发展中国家与主要发达国家的外贸依存度

单位:%

年份	2000	2001	2002	2003	2004	2005	2006	2007	2008
采用购买力平价法统计 GDP 计算的外贸依存度									
阿根廷	15.2	14.2	11.5	13.0	15.2	16.5	17.2	19.1	22.4
澳大利亚	25.6	23.0	23.5	26.0	29.7	33.3	35.7	38.6	46.7
巴西	9.2	9.1	8.2	9.0	10.9	12.4	13.3	15.5	19.1
加拿大	55.9	52.7	49.7	51.5	56.1	60.1	62.0	63.9	67.3
中国	15.1	15.3	16.8	20.5	24.6	26.8	28.7	30.5	32.2
法国	39.2	36.7	40.0	46.7	51.5	51.8	51.8	56.4	61.8
德国	48.3	47.1	48.5	58.4	67.6	69.6	75.6	84.3	91.5
印度	6.1	5.8	6.2	6.8	8.0	10.1	11.0	12.1	14.3
印度尼西亚	14.5	18.0	14.8	15.5	17.8	22.8	23.7	25.1	29.2
意大利	34.0	32.7	33.2	39.4	44.1	46.4	49.1	55.5	60.5
日本	26.7	22.9	22.4	24.6	27.8	28.7	30.0	31.1	35.6
墨西哥	27.3	32.0	30.8	30.3	32.1	34.4	36.9	37.9	39.7
荷兰	—	83.2	91.9	109.0	125.9	134.8	143.9	160.7	178.3
波兰	18.5	21.1	22.5	27.2	33.4	36.9	41.2	49.1	55.6
俄罗斯	13.3	13.4	13.0	14.9	18.0	21.7	24.8	27.5	33.7
西班牙	—	28.2	27.4	34.8	38.6	40.7	41.3	47.5	48.0
英国	40.6	37.0	37.4	40.3	44.0	46.5	50.9	49.1	49.0
美国	20.5	18.6	17.8	18.2	19.8	20.9	22.1	22.6	24.0

续表

年份	2000	2001	2002	2003	2004	2005	2006	2007	2008
采用汇率法统计 GDP 计算的外贸依存度									
阿根廷	18.1	17.5	33.4	33.5	37.0	37.7	37.7	38.3	39.0
澳大利亚	33.8	33.6	32.3	29.6	29.5	31.4	33.5	32.3	36.6
巴西	17.6	21.0	21.7	22.4	24.5	22.2	20.7	21.0	23.3
加拿大	68.5	68.1	65.4	59.8	60.2	60.0	58.3	56.8	58.3
中国	38.0	38.5	42.7	51.9	59.8	63.6	66.2	64.3	56.7
法国	45.2	43.7	44.8	43.8	44.4	45.0	45.1	45.1	45.9
德国	55.0	55.8	54.6	55.4	59.4	62.6	69.3	71.5	72.7
印度	20.1	19.7	21.5	22.4	25.0	30.5	33.6	33.0	39.0
印度尼西亚	43.9	59.5	42.6	39.9	45.1	56.4	50.0	48.8	51.9
意大利	43.2	42.5	40.3	39.5	40.2	42.6	45.3	47.0	47.5
日本	18.4	18.4	19.2	20.2	22.1	24.4	28.1	30.5	31.6
墨西哥	45.3	50.7	48.0	49.1	52.0	52.6	54.4	55.3	56.4
荷兰	—	102.4	104.9	104.0	111.1	120.4	129.5	134.1	137.7
波兰	42.8	45.4	48.0	56.3	64.0	62.9	68.5	72.1	70.4
俄罗斯	57.5	52.9	48.3	48.7	47.0	48.3	47.3	44.7	46.0
西班牙	—	44.1	39.6	41.2	41.0	42.5	42.5	44.6	41.8
英国	41.6	40.0	38.1	37.4	36.6	39.3	42.7	37.9	40.6
美国	20.5	18.6	17.8	18.2	19.8	20.9	22.1	22.6	24.0

注："—"表示数据缺失。

资料来源：World Economic Outlook，WEO 2010ed.，IMF，http://www.imf.org/external/pubs/ft/weo/2010/02/weodata/index.aspx.

在外部失衡方面，若按照购买力平价法计算，中国经常性账户余额（Current Account，CA）占 GDP 的比重（外贸失衡度）一直较低。1990—2000 年，CA/GDP 的均值仅为 0.69%；2001—2010 年，这个指标的均值上升到 2.60%；只有在 2008 年中国经常性账户余额与 GDP 的比重超过 5%，为 5.02%，2009 年随即下降至 2.86%（见表 2）。

表2   中国经常性账户余额占 GDP 的比重

年份	GDP （汇率法， 10 亿美元）	GDP （PPP， 10 亿美元）	经常账户 余额 （10 亿美元）	CA/GDP （汇率法,%）	CA/GDP （PPP,%）
1980	189.4	277.6	0.3	0.16	0.11
1985	306.7	526.9	−11.4	−3.72	2.17
1990	356.9	902.4	12.0	3.36	1.33
1995	728.0	1812.6	1.6	0.22	0.09
1996	856.1	2029.2	7.2	0.85	0.36
1997	952.7	2260.7	37.0	3.88	1.64
1998	1019.5	2469.1	31.5	3.09	1.27
1999	1083.3	2695.7	21.1	1.95	0.78
2000	1198.5	2985.4	20.5	1.71	0.69
2001	1324.8	3306.5	17.4	1.31	0.53
2002	1453.8	3666.0	35.4	2.44	0.97
2003	1640.9	4119.4	45.8	2.80	1.11
2004	1931.6	4664.0	68.6	3.55	1.47
2005	2256.9	5364.2	134.0	5.94	2.50
2006	2712.9	6242.1	232.7	8.58	3.73
2007	3494.0	7338.1	354.0	10.13	4.82
2008	4521.8	8217.8	412.3	9.12	5.02
2009	4991.2	9137.4	261.1	5.23	2.86
2010	5926.6	10169.5	305.3	5.15	3.00

资料来源：World Economic Outlook，WEO 2010ed.，IMF，http://www.imf.org/external/pubs/ft/weo/2010/02/weodata/index.aspx.

在世界范围内比较，中国的外部失衡问题并不突出。表3选择了2009年全世界 GDP 规模最大的 50 个国家或地区，对其经常性账户余额占 GDP 的比重进行比较分析。

表3　　　　全球 GDP 规模排名前 50 的经济体外贸失衡度（2009）

排名	国家	CA（10亿美元）	GDP（PPP）（10亿美元）	CA／GDP（％）
1	挪威	44.5	263.4	16.91
2	新加坡	35.2	254.9	13.81
3	瑞士	38.7	349.8	11.06
4	瑞典	29.8	346.0	8.62
5	马来西亚	31.8	387.2	8.21
6	德国	188.6	2946.6	6.40
7	中国香港	18.0	304.8	5.89
8	中国台湾	42.9	734.7	5.84
9	荷兰	34.0	673.4	5.05
10	泰国	21.9	544.0	4.02
11	尼日利亚	13.2	346.9	3.79
12	沙特阿拉伯	21.0	596.0	3.52
13	日本	142.2	4082.6	3.48
14	以色列	7.0	205.8	3.39
15	奥地利	10.3	325.2	3.16
16	中国	261.1	9137.5	2.86
17	菲律宾	9.4	341.2	2.74
18	韩国	32.8	1322.7	2.48
19	委内瑞拉	8.6	355.2	2.41
20	俄罗斯	48.6	2677.8	1.82
21	孟加拉	3.6	230.7	1.54
22	阿根廷	8.4	588.0	1.43
23	印度尼西亚	10.6	969.9	1.10
24	智利	2.6	242.4	1.06
25	秘鲁	0.2	252.9	0.08
26	伊朗	0.0	846.2	0.00
27	墨西哥	-6.4	1545.8	-0.41
28	乌克兰	-1.7	293.5	0.59
29	印度	-25.9	3824.4	-0.68
30	埃及	-3.3	473.0	0.71
31	巴基斯坦	-4.0	444.4	-0.90

续表

排名	国家	CA（10亿美元）	GDP（PPP） （10亿美元）	CA/GDP（%）
32	哥伦比亚	−5.0	416.6	−1.20
33	巴西	−24.3	2016.8	−1.20
34	土耳其	−14.0	1022.3	−1.37
35	英国	−37.1	2172.0	−1.71
36	捷克	−4.8	268.2	−1.81
37	法国	−39.9	2152.4	−1.85
38	比利时	−7.8	393.1	−1.99
39	意大利	−41.0	1951.0	−2.10
40	南非	−11.3	509.4	−2.22
41	罗马尼亚	−7.0	305.4	−2.28
42	波兰	−17.2	721.9	−2.38
43	越南	−6.6	258.8	−2.55
44	美国	−376.6	14048.1	−2.68
45	加拿大	−40.0	1277.1	−3.13
46	澳大利亚	−43.9	865.0	−5.07
47	西班牙	−75.3	1481.1	−5.08
48	阿尔及利亚	−1.8	27.4	6.70
49	葡萄牙	−25.6	266.4	−9.61
50	希腊	−35.9	325.9	−11.02

资料来源：World Development Indicator，WDI 201led.，World Bank，http://data.worldbank.org/datacatalog/world-development-indicators/wdi‐2011。中国台湾资料来自World Economic Outlook，WEO 2010ed.，IMF，http://www.imf.org/external/pubs/ft/weo/2010/02/weodata/index.aspx。

2009年，中国的经常项目顺差占GDP的比重为2.86%，在GDP排名前50的国家或地区中仅排名第16位。忽略前15名而指责中国操纵汇率，显然是持双重标准。

三 按增加值统计法对贸易顺差与贸易失衡进行调整

（一）全值统计与增加值统计

改革开放以来，除个别年份外，海关统计的我国贸易顺差逐年扩大，从 1995 年的 167 亿美元上升到 2008 年峰值的 2981 亿美元。此后，受全球金融危机影响，贸易顺差有所回落，2011 年，我国贸易顺差总额约 1551 亿美元。[①]

在产品的全球化生产尚未发展前，国与国之间的贸易以一般贸易为主，流出一国的商品几乎全部由该国生产。随着全球经济一体化的深入，各国资源在世界范围内进行优化配置，产品的生产链也被最大限度地进行细分，中国、墨西哥等加工贸易比重较高的国家，按通关统计的对外贸易总值与按生产链增加值统计的对外贸易总值之间差异很大。根据库普曼、王和卫等（Koopman、Wang and Wei et al.）[②] 的估算，中国、墨西哥 2003 年的加工出口占全球加工出口总额的 85% 以上；其中，中国加工出口中，国外增加值比重约占 56%，墨西哥加工出口中，国外增加值比重高达 64%。

早在 1999 年，芬斯特拉等人（Feenstra et al.）[③] 的研究指出，中国出口到美国的加工产品顺差被错误地算入中国对美国的出口额中，夸大了美中逆差。此后，学界开始探索将出口总值分解为每一生产环节形成的增加值的统计方法。胡梅尔斯、石井和易（Hummels、Ishii and Yi）（简称 HIY）[④] 提出了测算一国直接及间接增加值出口的方法。国内学者平新乔[⑤]参照 HIY 法，利用中国 1992 年、1997 年和 2000 年投入产出表，对中美贸易中的"来料加工"程度进行测算。结果显示，中国对美国出口中的垂直专业化比重达 22.9%，2003 年美国从中国的进口额为 926 亿美元，但美国的生产与出口额中，大约 13000 亿美元与之有直接或间接的关系，按与中国的相关性平均 5% 推算，美国公司至少从中

① 国家统计局编：《中国统计摘要（2012）》，第 63 页。

② R. Koopman, Z. Wang and S. J. Wei, "How Much of Chinese Exports Is Really Made in China? Assessing Domestic Value-Added When Processing Trade Is Pervasive", NBER Working Paper No. 14109, June 2008, http://www.nber.org/paper/wl4109; R. Koopman, W. Powers, Z. Wang and S. J. Wei, "Give Credit Where Credit Is Due: Tracing Value Added in Global Production Chains", NBER Working Paper No. 16426, September 2010, http://www.nber.org/paper/w16426.

③ R. Feenstra, H. Wen, W. W. Tye and Y. Shunli, "Discrepancies in International Data: An Application to China—Hong Kong Entrepot Trade", *The American Economic Review*, Vol. 89, No. 2, May 1999, pp. 338 – 343.

④ D. Hummels, J. Ishii and K. Yi, "The Nature and Growth of Vertical Specialization in World Trade", *Journal of International Economics*, Vol. 54, No. 1, June 2001, pp. 75 – 96.

⑤ 平新乔：《产业内贸易理论与中美贸易关系》，《国际经济评论》2005 年第 9—10 期。

国拿走 600 亿美元的利润。虽然，HIY 方法可用于分析一国在垂直一体化生产网络中的地位，但使用标准 HIY 法测算出口的国内增加值需要两个关键假设。一是对于以出口为目的及以满足国内最终需求为目的的货物生产，其进口投入的程度必须是相等的。二是所有的进口中间投入，必须 100% 是国外增加值。前一种假设不适用于以加工贸易出口为主的发展中国家；后一种假设不适用于通过第三方转口，且进口中包含极大自身增加值份额的发达国家。为解决 HIY 法的不足，多丹、里夫拉尔和施魏斯古特（Daudin，Rifflart and Schweisguth）（简称 DRS）① 提出测算进口品中包含经过国外加工又返还国外的国内增加值，即出口品中折返的国内增加值份额。库普曼、鲍尔斯、王和易（Koopman，Powers，Wang and Wei）（以下简称 KPWW）② 在汲取 HIY 及 DRS 方法的基础上，提出将国民账户核算体系中的增加值统计法（Value Added）与传统通关统计法即含不同生产链中间投入品贸易的全值统计法（Gross Value）进行整合，通过构建全球多部门投入产出的数据库，将国内增加值统计从单一国家拓展至区域乃至全球，全方位地对一国贸易中国内与国外的增加值进行估算。根据 KPWW 的这一估计结果，以增加值统计的我国贸易顺差，较传统通关统计（或称全值统计）的贸易顺差低 37.5%。

若以经常性账户顺差占 GDP 的比重作为"失衡"程度的衡量指标，根据国际货币基金组织的世界经济展望数据库（World Economic Outlook，WEO 2011ed.），中国经常性账户失衡占全球失衡的份额已从 2003 年的 6.8%，上升到 2008 年峰值时的 24.3%，2009 年为 24.1%，2010 年回落至 19.9%。2010 年，全球失衡的约 1/5 来自中国。但这一传统全值统计法，并不能准确反映产品全球加工生产链中不同环节/地域的增值过程。按此法统计的贸易顺差，与按生产链增加值统计的贸易顺差的差异越来越大。

现举例说明（见图 1）。在加工贸易中，假设一家中国企业生产螺丝钉等一般零部件，创造的价值为 A。出口海外之后，其中有一部分（1 −

---

① G. Daudin, C. Riffart and D. Schweisguth, "Who Produces for Whom in the World Economy?" *Canadian Journal of Economics*, Vol. 44, No. 4, November 2011, pp. 1403 – 1437.

② R. Koopman, W. Powers, Z. Wang and S. J. Wei, "Give Credit Where Credit Is Due: Tracing Value Added in Global Production Chains".

α）A 用于海外的最终需求；另外一部分 αA 用于生产硬盘等零部件，该加工过程的增加值为 B。中国进口这些零部件的总价值为（αA + B）。这些进口零部件中，一部分（1 − β）（αA + B）用于国内的最终需求，另一部分 β（αA + B）用于生产电子产品，国内加工的增加值为 C，出口额为 β（αA + B）+ C。

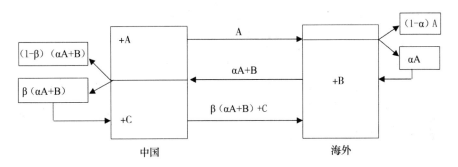

图 1　加工贸易中进出口统计

按照关境法统计，中国的总贸易额为（1 + αβ + α）A +（1 + β）B + C，贸易顺差为（1 + αβ − α）A −（1 − β）B + C，[①] 可是按照增值法统计，中国的总贸易额为 A + B + C，贸易顺差为 A − B + C。两种方法得出的经常项目的差距为 βB − α（1 − β）A（见表4）。

表4　　　　　　　　　　　　**两种统计方法的差额**

	关境统计法	增值法	两种方法的差额
出口	A + β（αA + B）+ C	A + C	αβA + βB
进口	αA + B	B	αA
贸易总额	(1 + αβ + α)A +(1 + β)B + C	A + B + C	α（1 + β）A + βB
贸易顺差	(1 + αβ − α)A −(1 − β)B + C	A − B + C	βB − α(1 − β)A

注：表中统计的贸易总额与贸易顺差均指中方。

---

① 此处，总贸易额等于进出口总额，即 A +（αA + B）+［β（αA + B）+ C］=（1 + α + αβ）A +（1 + β）B + C；贸易顺差等于出口减去进口，即 A +［β（αA + B）+ C］−（αA + B）=（1 + αβ − α）A −（1 − β）B + C。

显然，如果 $\dfrac{B}{A} > \dfrac{\alpha(1-\beta)}{\beta}$，那么中国的贸易顺差就可能被高估。海外生产的增加值越高，高估中国贸易顺差的可能性就越高。

两种统计方法出现差异的原因在于：首先，在统计中国进口时，关境统计重复计算了进口商品中的本国增加值的折返额（αA）。此部分已在先前一般零部件出口（A）中统计过了。其次，在统计中国出口时，关境统计重复计算了进口的海外增加值。这部分已在进口中计算过。由于对进口的本国增加值及出口的国外增加值这两部分的重复计算，导致关境统计的加工贸易进出口总额大于实际生产的总额。因此，有必要将增值法引入国际贸易核算体系，更合理地反映在全球生产链中不同地域和不同生产环节的增加值（以下简称增值）。只有这样，才能比较准确地描述多边贸易中各方的真实所得。

（二）增加值统计法对我国贸易总额与贸易顺差额的重新估算

增值法理论模型分为中国和海外两个部分，每个部分存在 N 个可贸易部门，生产 n 种产品，且每个贸易品均可被直接用于最终需求或作为其他产品生产的中间投入，两部分贸易完全自由化，不存在贸易壁垒。按照 KPWW 方法，整理 2002 年和 2007 年全球投入产出表，分解中国贸易增值中的国内与国外份额。

首先，根据投入产出表的横向平衡关系：

总产出 = 中间需求 + 最终需求

= （国内生产需求 + 海外生产需求）+（国内最终需求 + 出口）

即 $X_C = (A_{CC}X_C + A_{CW}X_W) + (Y_{CC} + Y_{CW})$ (1)

其中，下标 C 指代中国，W 指代海外。X_C 和 X_W 是 N×1 的产出向量，代表中国与海外 N 个可贸易部门的总产出。Y_{CC} 和 Y_{CW} 是 N×1 最终需求向量，分别代表中国最终需求与中国对海外的出口。A 代表 N×N 直接消耗系数矩阵，其中 A_{CC} 表示中国总产出中消耗本国产品的直接消耗系数矩阵，A_{CW} 的下标代表 C 对 W 的投入，即海外产出中消耗中国产品的直接消耗系数矩阵。上式（1）可拓展成两部分组成的区域投入产出模块（Inter-regional Input-Output Table，IRIO）：

$$\begin{bmatrix} X_C \\ X_W \end{bmatrix} = \begin{bmatrix} A_{CC} & A_{CW} \\ A_{WC} & A_{WW} \end{bmatrix} \begin{bmatrix} X_C \\ X_W \end{bmatrix} + \begin{bmatrix} Y_{CC} + Y_{CW} \\ Y_{WC} + Y_{WW} \end{bmatrix} \qquad (2)$$

（2）式可进一步改写成里昂惕夫逆矩阵形式（Leontief Inverse Matrix）：

$$\begin{bmatrix} X_C \\ X_W \end{bmatrix} = \begin{bmatrix} I-A_{CC} & -A_{CW} \\ -A_{WC} & I-A_{WW} \end{bmatrix}^{-1} \begin{bmatrix} Y_{CC}+Y_{CW} \\ Y_{WC}+Y_{WW} \end{bmatrix} = \begin{bmatrix} B_{CC} & B_{CW} \\ B_{WC} & B_{WW} \end{bmatrix} \begin{bmatrix} Y_C \\ Y_W \end{bmatrix} \quad (3)$$

$$\begin{bmatrix} B_{CC} & B_{CW} \\ B_{WC} & B_{WW} \end{bmatrix} = \begin{bmatrix} (I-A_{CC}-A_{CW}(I-A_{WW})^{-1}A_{WC})^{-1} & B_{CC}A_{CW}(I-A_{WW})^{-1} \\ (I-A_{WW})^{-1}A_{WC}B_{CC} & (I-A_{WW}-A_{WC}(I-A_{CC})^{-1}A_{CW})^{-1} \end{bmatrix} \quad (4)$$

其次，根据投入产出表中的列向平衡关系：

总产出 = 中间投入 + 价值增值

即：$X = \hat{\Phi}X + V$ \quad (5)

此处，V 即 V_C 和 V_W，代表 $1 \times N$ 的价值增值向量，$\hat{\Phi}$ 表示中间投入率向量的对角矩阵。根据式（3），式（5）可改写成：$V = (I-\hat{\Phi})X = (I-\hat{\Phi}) \cdot B \cdot Y$。$(I-\hat{\Phi})$ 代表总产出的增值率，以符号 $\hat{V}$ 表示，$(I-\hat{\Phi}) \cdot B$ 代表最终需求的增值率，即 $\hat{V} \cdot B$。其中，$\hat{V}_C = u(I-A_{cc}-A_{wc})$，$\hat{V}_w = u(I-A_{ww}-A_{cw})$，$u$ 为 $1 \times N$ 的单位行向量。

其中，$\hat{V} = \begin{bmatrix} \hat{V}_c & 0 \\ 0 & \hat{V}_w \end{bmatrix}$，$\hat{V}B = \begin{bmatrix} \hat{V}_c B_{CC} & \hat{V}_c B_{CW} \\ \hat{V}_W B_{WC} & \hat{V}_W B_{WW} \end{bmatrix}$。$\hat{V}_c B_{cc}$ 表示中国最终产品中中国的增值率；$\hat{V}_w B_{wc}$ 表示中国最终产品中海外的增值率。同理，$\hat{V}_C B_{CW}$ 代表海外最终产品中中国的增值率；$\hat{V}_W B_{WW}$ 代表海外最终产品中海外的增值率。假设中国或海外生产所产生的增值为单位值，则：$\hat{V}_c B_{CC} + \hat{V}_W B_{WC} = \hat{V}_c B_{CW} + \hat{V}_W B_{WW} = u$，$u$ 是 $1 \times N$ 的单位向量。

设 E 代表最终产品出口，$E = \begin{bmatrix} E_c & 0 \\ 0 & E_W \end{bmatrix}$。$E_c$ 代表中国对海外的最终产品出口，E_W 代表海外对中国的最终产品出口（即中国的最终产品进口）。因此，贸易进出口可通过贸易额乘以增值率得到：

$\hat{V}B \cdot E = \begin{bmatrix} \hat{V}_c B_{CC} E_c & \hat{V}_c B_{CW} E_W \\ \hat{V}_W B_{WC} E_c & \hat{V}_W B_{WW} E_W \end{bmatrix}$，代入 B，$\hat{V}$ 表达式得到：

$$\hat{V}_C B_{CC} E_C = [I-u(A_{WC}+A_{CC})][I-A_{CC}-A_{CW}(I-A_{WW})^{-1}A_{WC}]^{-1}E_C \quad (6)$$

$$\hat{V}_W B_{WC} E_C = u[A_{WC}-A_{CW}(I-A_{WW})^{-1}A_{WC}][I-A_{CC}-A_{CW}(I-A_{WW})^{-1}$$

$$A_{WC}]^{-1}E_C \tag{7}$$

$$\hat{V}_C B_{CW} E_W = u[A_{CW} + A_{WC}(I - A_{CC})^{-1}A_{CW}][I - A_{WW} - A_{WC}(I - A_{CC})^{-1}$$
$$A_{CW}]^{-1}E_W \tag{8}$$

$$\hat{V}_W B_{WW} E_W = [I - u(A_{CW} + A_{WW})][I - A_{WW} - A_{WC}(I - A_{CC})^{-1}A_{CW}]^{-1}E_W \tag{9}$$

此处，$\hat{V}_C B_{CC} E_C$ 和 $\hat{V}_W B_{WW} E_W$ 分别代表中国出口商品中国内创造的增值，以及海外对中国出口中海外创造的增值。$\hat{V}_C B_{CW} E_W$ 和 $\hat{V}_W B_{WC} E_C$ 分别表示海外向中国出口中使用中国产品作为中间投入品的增值（即中国进口中本国增值的折返），以及中国向海外出口中使用海外产品作为中间投入品的增值（即海外进口中海外增值的折返）。

按照关境统计法，中国贸易总额公式为：

$$总出口 + 总进口 = E_c + E_w = (\hat{V}_C B_{CC} + \hat{V}_W B_{WC})E_C + (\hat{V}_W B_{WW} +$$
$$\hat{V}_C B_{CW})E_W \tag{10}$$

按照增值统计法，中国贸易总额公式：

$$国内增加值出口 + 国外增加值进口 = \hat{V}_C B_{CC} E_C + \hat{V}_W B_{WW} E_W \tag{11}$$

采用两种统计方法计算贸易总额的主要区别在于——对折返增值的处理。中国对海外出口本国增值创造的产品（$\hat{V}_C B_{CC} E_C$）包括两部分内容：一是用于海外的最终需求，一是作为中间投入品用于海外的生产。后者在被用于国外生产后，又可通过海外对中国的出口再次折返回中国，即作为中国进口中本国增值的折返（$\hat{V}_C B_{CW} E_W$）。由于这部分折返的增值在中国对海外出口中已被计入本国的增值创造，$\hat{V}_C B_{CW} E_W \in \hat{V}_C B_{CC} E_C$，同理，$\hat{V}_W B_{WC} E_C \in \hat{V}_W B_{WW} E_W$。由此可见，关境统计对增值的折返部分进行了重复计算。由于增值折返现象仅仅出现于加工贸易，加工贸易比重越高，重复计算的程度越大。虽然加工贸易进出口占中国贸易总额的比重，从 1998 年峰值时的 53.4% 下降到 2011 年的 35.8%，[①] 但加工贸易仍占中国贸易总额的 1/3 以上，使用传统的关境统计，会在一定程度上夸大中国的贸易总额。

---

① 数据来自宏观年度数据，中经数据库。

在计算贸易顺差的时候，关境统计法的公式：

$$总出口 - 总进口 = E_C - E_W = (\hat{V}_C B_{CC} + \hat{V}_W B_{WC})\,E_C - (\hat{V}_W B_{WW} + \hat{V}_C B_{CW})\,E_W \tag{12}$$

增值统计的中国贸易顺差公式：

$$国内增加值出口 - 国外增加值进口 = \hat{V}_C B_{CC} E_C - \hat{V}_W B_{WW} E_W \tag{13}$$

在贸易顺差的统计上，关境统计法与增值统计法的差异为：

$$\hat{V}_W B_{WC} E_C - \hat{V}_C B_{CW} E_W$$

如果 $\hat{V}_W B_{WC} E_C > \hat{V}_C B_{CW} E_W$，即中国向海外出口中使用海外产品作为中间投入品的价值，大于海外向中国出口中使用中国产品作为中间投入品的价值时，关境统计的贸易顺差就会大于增值统计的贸易顺差。

依据 2002 年和 2007 年中国和世界的国内投入产出表及进口投入表，分别以关境法和增值法，对比分析中国贸易总额与贸易顺差。中国和世界的国内投入产出表用于计算 A_{CC}、A_{WW}、E_C 和 E_W；中国和世界的进口投入表用于计算 A_{WC} 及 A_{CW}。

中国国内生产与进口的直接消耗系数矩阵，来自国家统计局国民经济核算司编制的 2007 年中国非竞争型投入产出表。[1][2] 全球生产与进口的直接消耗矩阵根据经济合作与发展组织（OECD）和欧盟（EU）投入产出数据库汇总而来。样本包括中国、欧盟 27 国、巴西、加拿大、印度尼西亚、日本、韩国、挪威、南非和美国。

从表 5 可以清楚地看出，随着生产国际化程度的不断加深，中国对外出口中海外增值的比重不断上升，平均值从 2002 年的 11% 上升到 2007 年的 15%，五年提高了 4 个百分点。与此相对应，中国进口国内增值折返的平均比重，也从 2002 年的 12% 上升到 2007 年的 16%。全球经济一体化使得国际贸易相互依存程度不断加深。

---

① 陈锡康、杨翠红等编：《投入产出技术》，科学出版社 2011 年版，第 212 页。
② 由于中国编制含加工信息的非竞争型投入产出表始于 2007 年，没有 2002 年官方公布的非竞争型表。在此，本文假设 2000—2002 年间，国内生产的进口消耗比重固定不变，利用 OECD 公布的中国 2000 年进口直接消耗系数矩阵，对 2002 年进行近似替代。

表5　　　　　中国各部门 2002 年和 2007 年国内、国外增值率　　（单位:%）

年份	出口国内增值率 $(\hat{V}_C B_{CC})$		出口国外增值率 $(\hat{V}_W B_{WC})$		进口国内增值率 $(\hat{V}_C B_{CW})$		进口国外增值率 $(\hat{V}_W B_{WW})$	
	2002	2007	2002	2007	2002	2007	2002	2007
农林牧渔业	0.94	0.93	0.06	0.07	0.09	0.13	0.91	0.87
开采洗选业	0.93	0.88	0.07	0.12	0.07	0.10	0.93	0.90
食品制造及烟草加工业	0.91	0.90	0.09	0.10	0.12	0.17	0.88	0.82
纺织业	0.85	0.82	0.15	0.18	0.18	0.24	0.82	0.76
服装鞋帽皮革制品业	0.85	0.82	0.15	0.18	0.15	0.20	0.85	0.80
木材及家具制造业	0.89	0.84	0.11	0.16	0.15	0.20	0.85	0.80
造纸文教用品制造业	0.89	0.83	0.11	0.17	0.19	0.16	0.81	0.84
石油、炼焦加工业	0.92	0.86	0.08	0.14	0.45	0.45	0.55	0.55
化学工业	0.87	0.82	0.13	0.18	0.15	0.23	0.85	0.77
橡胶及塑料制造业	0.86	0.80	0.14	0.20	0.13	0.21	0.87	0.79
非金属矿物制品业	0.90	0.85	0.10	0.15	0.12	0.20	0.88	0.80
金属冶炼及压延加工业	0.87	0.82	0.13	0.18	0.14	0.26	0.86	0.74
金属制品业	0.86	0.81	0.14	0.19	0.10	0.19	0.90	0.81
通用、专用设备制造业	0.84	0.79	0.16	0.21	0.10	0.24	0.90	0.76
办公设备、计算机制造业	0.64	0.63	0.36	0.37	0.17	0.21	0.83	0.79
电气机械及器材制造业	0.84	0.78	0.16	0.22	0.16	0.22	0.84	0.78
电子设备制造业	0.74	0.70	0.26	0.30	0.18	0.23	0.82	0.77
仪器仪表制造业	0.74	0.73	0.26	0.27	0.14	0.16	0.86	0.84
机动车及设备制造业	0.86	0.79	0.14	0.21	0.18	0.28	0.82	0.72
其他运输工具	0.83	0.78	0.17	0.22	0.14	0.23	0.86	0.76
其他制造业	0.90	0.86	0.10	0.14	0.14	0.18	0.86	0.82
工艺品及其他制造业	0.93	0.86	0.07	0.14	0.11	0.16	0.89	0.84
建筑业	0.87	0.84	0.13	0.16	0.10	0.15	0.90	0.84
机动车辆销售及维修	0.93	0.93	0.07	0.07	0.05	0.09	0.95	0.91
批发业	0.93	0.93	0.07	0.07	0.05	0.07	0.95	0.93
零售业	0.93	0.93	0.07	0.07	0.04	0.07	0.96	0.93
住宿和餐饮业	0.93	0.91	0.07	0.09	0.07	0.10	0.93	0.90

续表

年份	出口国内增值率 ($\hat{V}_C B_{CC}$)		出口国外增值率 ($\hat{V}_W B_{WC}$)		进口国内增值率 ($\hat{V}_C B_{CW}$)		进口国外增值率 ($\hat{V}_W B_{WW}$)	
	2002	2007	2002	2007	2002	2007	2002	2007
陆路运输业	0.94	0.91	0.06	0.09	0.08	0.12	0.92	0.88
水路运输业	0.92	0.89	0.08	0.11	0.26	0.28	0.74	0.72
航空运输业	0.90	0.85	0.10	0.15	0.17	0.22	0.83	0.78
其他综合技术服务业	0.92	0.89	0.08	0.11	0.06	0.10	0.94	0.90
邮政、计算机服务	0.91	0.91	0.09	0.09	0.05	0.08	0.95	0.92
金融业	0.95	0.95	0.05	0.05	0.03	0.06	0.97	0.94
房地产业	0.97	0.97	0.03	0.03	0.01	0.03	0.99	0.97
租赁和商务服务业	0.84	0.83	0.16	0.17	0.04	0.06	0.96	0.94
居民和其他服务业	0.94	0.91	0.06	0.09	0.05	0.08	0.95	0.92
教育	0.94	0.91	0.06	0.09	0.03	0.04	0.97	0.96
卫生、社会保障	0.89	0.83	0.11	0.17	0.05	0.07	0.95	0.93
文化、体育和娱乐业	0.93	0.89	0.07	0.11	0.06	0.08	0.94	0.91
公共管理和社会组织	0.94	0.89	0.06	0.11	0.05	0.07	0.95	0.93
平均	0.89	0.85	0.11	0.15	0.12	0.16	0.88	0.84

资料来源："2002 年中国竞争型投入产出表"，"2007 年中国非竞争型投入产出表"，OECD STAN Analysis，EUstat，http://www.oecd.org/sti/industryandglobalisation/stanstructuralanalysisdatabase.htm。

中国对外出口中含国外增值比重较高的部门集中在办公设备和计算机制造业、电子设备制造业、仪器仪表制造业、机动车及设备制造业、通用与专用设备制造业以及电气机械及器材制造业。其产品出口中，国外增值的比重为 26.3%，也就是说超过 1/4 的出口增值不是在中国国内产生的。在 2002—2007 年期间，国外增值比重年均增长较快，增速平均高于 1 个百分点的部门：有机动车及其设备制造业、工艺品及其他制造业、电气机械及器材制造业和橡胶及塑料制造业。这些部门的国际化程度在近年来得到显著提高。

表6　　　　　　　以关境统计及增值统计的 2002 年、2007 年

中国贸易总额及贸易顺差　　　　（亿元，当期价格）

年份	2002				2007			
行业	总额—关境	总额—增加值	顺差—关境	顺差—增加值	总额—关境	总额—增加值	顺差—关境	顺差—增加值
农林牧渔业	1155	1068	−207	−175	2994	2654	−1662	−1411
开采洗选业	2117	1973	−1221	1136	10979	9883	−9699	−8753
食品制造及烟草加工业	1421	1279	366	354	3494	3016	331	412
纺织业	4410	3724	2392	2075	9479	7705	7712	6363
服装鞋帽皮革制品业	2716	2316	1473	1255	5837	4766	4749	3898
木材及家具制造业	423	370	84	83	984	820	599	512
造纸文教用品制造业	691	576	−300	−228	1208	1007	−185	−162
石油、炼焦加工业	674	466	−148	16	2218	1451	−682	−134
化学工业	4449	3791	−2045	−1707	12573	9861	−3738	−2624
橡胶及塑料制造业	1273	1096	728	625	3770	3005	1871	1505
非金属矿物制品业	616	548	220	201	1861	1567	1106	965
金属冶炼及压延加工业	2278	1965	−1129	−964	9965	7764	873	1080
金属制品业	1778	1563	523	428	4556	3703	3004	2446
通用、专用设备制造业	4543	3987	−1400	−1337	13849	10710	792	804
办公设备、计算机制造业	1555	1105	390	141	13012	8641	7084	3967
电气机械及器材制造业	4050	3412	−24	−15	8017	6228	1446	1124
电子设备制造业	9241	7543	−785	−977	25380	18617	−1468	−1951
仪器仪表制造业	1987	1617	−364	−409	6738	5384	−1452	−1519
机动车及设备制造业	739	613	−348	−276	3569	2683	−334	−123
其他运输工具	911	771	−1	−13	2702	2095	614	499
其他制造业	1766	1581	1433	1294	6568	5585	2887	2571
工艺品及其他制造业	439	391	−330	−290	83	71	47	41
建筑业	184	163	25	19	630	530	188	157
机动车辆销售及维修	67	62	67	62	106	99	106	99
批发业	1962	1820	1962	1820	3104	2888	3104	2888
零售业	504	467	504	467	797	742	797	742
住宿和餐饮业	358	332	351	325	1260	1140	213	204
陆路运输业	462	433	275	261	986	888	438	411

续表

年份	2002				2007			
行业	总额—关境	总额—增加值	顺差—关境	顺差—增加值	总额—关境	总额—增加值	顺差—关境	顺差—增加值
水路运输业	673	604	538	505	1897	1686	1800	1616
航空运输业	555	492	332	308	2035	1675	553	521
其他综合技术服务业	120	111	120	111	363	323	168	149
邮政、计算机服务	146	135	68	60	271	246	24	20
金融业	298	288	−254	−246	215	203	−43	−39
房地产业	0	0	0	0	0	0	0	0
租赁和商务服务业	1684	1507	180	67	6822	6019	214	−164
居民和其他服务业	68	64	−7	−7	107	98	−23	−22
教育	25	24	3	3	73	69	−22	−22
卫生、社会保障	0	0	0	0	62	54	22	16
文化、体育和娱乐业	1516	1411	518	476	977	883	85	67
公共管理和社会组织	31	29	11	10	20	18	2	1
加总	57886	49698	3999	3186	169561	134777	21521	16154
核减比率（%）	14.1		20.3		20.5		24.9	

注："总额—关境"表示关境统计法计算的我国进出口总额，计算方法为公式（10）；"总额—增加值"表示增值法计算的我国进出口总额，计算方法为公式（11）；"顺差—关境"表示关境法计算的我国进出口差额，计算方法为公式（12）；"顺差—增加值"表示增值法计算的我国进出口差额，计算方法为公式（13）。由于我国投入产出表中的单位为万元人民币，因此中国对世界其余国家的出口，以及中国从世界其余国家的进口（即世界其余国家对中国的出口）均以人民币为单位。其中，核减比率 =（关境法统计数据 − 增加值法统计数据）/关境法统计数据。

资料来源："2002 年中国竞争型投入产出表"，"2007 年中国非竞争型投入产出表"，OECD STAN Analysis，EUstat，http://www. oecd. org/sti/industryandglobalisation/stanstructuralanalysisdatabase. htm。

从表 6 可见，第一，按照关境法统计 2002 年中国贸易总额为 57886 亿元，而按照增值法统计的贸易总额是 49698 亿元。如果采用关境法，重复计算的部分达 8188 亿元，也就是说，中国的贸易总额被高估了 14.1%。2007 年，按照关境法与增值法统计的贸易总额相差 34784 亿元。关境法统计将中国贸易总额高估了 20.5%，核减比率较五年前上升 6.4 个百分点。

第二，2002 年，按照关境法统计的中国贸易顺差为 3999 亿元，而按增值法统计的中国贸易顺差为 3186 亿元，两者相差 813 亿元。关境法统计将中国的贸易顺差高估了 20.3% 。2007 年，关境法统计的贸易顺差为 21521 亿元，按增值法统计的贸易顺差为 16154 亿元，两者相差 5367 亿元。关境法统计将中国贸易顺差高估了 24.9% ，该比率在五年内上升 4.6 个百分点。

对于不同的产业部门，采用关境法统计贸易顺差所造成的差异各不相同。按照核减比率从大到小排列，办公设备及计算机制造业最为严重，随后是纺织业、服装鞋帽皮革制造业、金属制品业等 11 个制造业部门。2007 年，采用增值法统计的办公设备及计算机制造业顺差规模为 3967 亿元，可是，采用关境法统计的顺差达 7084 亿元。后者对该部门贸易顺差的核减比率超过 78% 。其余部门顺差被高估的程度介于 12.3% 到 28.6% 之间。此外，除部分产业的贸易顺差被高估外，电子设备制造业及仪器仪表制造业的逆差被低估了。按增值法统计，2007 年电子设备逆差为 1951 亿元，而关境统计的逆差为 1468 亿元，被低估了 24.8% 。在仪器仪表制造业，中国的逆差被低估约 4.4% 。

以地域概念为基础的关境统计，无法正确反映各国的实际增值，在进出口统计中不可避免地带来重复计算。这种重复计算不仅扭曲了各国贸易总额，也扭曲了各国的贸易依存度，夸大了贸易失衡度。关境法对中国、墨西哥等国的贸易顺差的扭曲最为严重。为了避免在国际贸易统计中出现重复计算，有必要将增值法引入国际贸易核算体系，从而比较客观地反映全球生产链中不同地域和不同生产环节的增值分布。

四　按产权调整的外贸失衡度

国际贸易的可持续性取决于资金流。即国际贸易不仅要考虑产品生产的地域，还要考虑其产权归属。[1]

---

[1]　例如，美国 Syracuse University Jason Dedrick 指出："iPhone 和 iPad 所创造的利润绝大部分都被苹果公司和经销商拿走了，制造商只分得了极小的一部分。许多消费者并不知道苹果在全球的供应采购链是如何分布的，都以为中国是苹果产品的主要制造商，实际情况并非如此，中国只是苹果生产链条上一个极小的环节而已。"参见周明喜《外媒：苹果价值链严重外倾 一部 iPad 仅 $10 留给中国》，人民网，2012 年 2 月 2 日，http://finance.people.corn.cn/GB/70846/17003736.html。

为了准确地描述现实世界，必须在国际贸易中区分资金流和物流。由于跨国公司的产权结构相当复杂，关境统计无法区分进、出口商品的产权归属，不能指望海关提供外贸企业的资金流信息。为了区分资金流和物流，我们尝试从国际贸易的投入产出表出发，另辟蹊径。本文以2007年非竞争型投入产出表为例，利用外资出口企业初始股权结构信息，对我国加工贸易与非加工贸易总增加值中非劳动力报酬部分进行整理。

（一）数据来源及处理步骤

1. 数据来源

本文分析的有关贸易数据，特别是双边进出口数据来自联合国WITS - COMTRADE数据库。不同出口企业的期初股权结构的数据来自《企业家名录》，其中包括43911家与外资有关的企业（外资独资、中外合资及中外合作三类）。在此，对外商独资企业以100%的外资产权处理，中外合资与中外合作企业统一用50%的产权处理方法。如果一个企业是中美合资企业，其注册资本为100万元，则此处统一将100万元注册资本中的50%，即50万元归入美方。

2. 部门分类

第一，根据2004年中国经济普查数据调查代码①（I_ 0610—I_ 4690），将505个制造行业分为八大部门，分别是：各种金属矿及非金属矿采选、冶炼业（I_ 0810—I_ 1100），食品加工及烟酒制造业（I_ 1310—I_ 1690），轻工业（I_ 1711—I_ 2452），纺织业、制帽、皮革、木制品行业（I_ 2511—I_ 3090），石油、化工制造业（I_ 3111—I_ 3199），建材制造业（I_ 3210—I_ 3499），炼铁、炼钢及各种金属压延加工业（I_ 3511—I_ 4290），各种设备、工具、仪器等专用及通用机械制造业（I_ 4411—I_ 4690，I_ 06110—I_ 0790）。②

第二，根据中国标准产业分类，将2007年竞争型投入产出表42个部门中与制造业有关的24个行业，分为本文所考察的八大部门（具见表7）。

---

① 密西根大学中国信息研究中心，http://chinadatacenter. org/Data/ServiceContent. aspx？id = 1568。

② 中国标准产业分类（CISIC）四位码中的前两位，例如，轻工业（17—24）表示产业标准分类中1711—2452均归为轻工业部门。

表7　　　　　　　　2007 年中国竞争型投入产出表制造业部门分类

一级分类	部门名称	调查代码	考察部门归类
02	煤炭开采和洗选业	06	8
03	石油和天然气开采业	07	8
04	金属矿采选业	08—09	1
05	非金属矿及其他矿采选业	10	1
06	食品制造及烟草加工业	13—16	2
07	纺织业	17	3
08	纺织服装鞋帽皮革羽绒及其制品业	18—19	3
09	木材加工及家具制造业	20—21	3
10	造纸印刷及文教体育用品制造业	22—24	3
11	石油加工、炼焦及核燃料加工业	25	4
12	化学工业	26—30	4
13	非金属矿物制品业	31	5
14	金属冶炼及压延加工业	32—33	6
15	金属制品业	34	6
16	通用、专用设备制造业	35—36	7
17	交通运输设备制造业	37	7
18	电气机械及器材制造业	39	7
19	通信设备、计算机及其他电子设备制造业	40	7
20	仪器仪表及文化办公用机械制造业	41	7
21	工艺品及其他制造业	42	7
22	废品废料	43	7
23	电力、热力的生产和供应业	44	8
24	燃气生产和供应业	45	8
25	水的生产和供应业	46	8

资料来源：国家统计局国民经济核算司编：《中国地区投入产出表（2007）》，中国统计出版社2011年版。由于官方的国家统计局国民经济核算司只公布了2007年竞争型投入产出表，有关2007年含出口加工信息的中国非竞争型投入产出表来自国家统计局国民经济核算司、中科院数学与系统研究院、北京大学中国经济研究中心和美国国际贸易委员会联合申请的国家自然科学基金重大国际合作项目，属项目成果之一。

3. 加工贸易出口数据处理

我国外贸出口中，对加工贸易外资的拆分步骤如下。第一步，将2007 年我国竞争型投入产出表，重新调整为包含加工贸易及进口中间投入数据的非竞争型投入产出表；① 根据表8分类，将其中24 个制造业部

---

① 齐舒畅、王飞、张亚雄：《我国非竞争型投入产出表编制及其应用分析》，《统计研究》2008 年第5 期。

门整理为八大部门。第二步，根据调整好的非竞争型投入产出表，计算增加值总额中的劳动者报酬与非劳动者报酬比重。并按这两种比重调整非竞争型投入产出表中加工贸易的出口额。第三步，首先，将505个制造行业中的外商控股企业出口交货值占总出口交货值的比重，视为相应的外资部分（其中，中外合资企业视50%外资股权，中外合作企业视50%外资股权，外商独资企业视100%外资股权），剩余为内资部分。其次，将第二步整理好的加工贸易出口额中非劳动者报酬部分，根据比重拆分为内资和外资。第四步，依据第三步计算结果，将加工贸易出口中非劳动者报酬的外资部分，根据企业所有权结构，进一步细分为具体国家。

依照以上四步，估算我国制造业加工贸易出口中产权属于外资的份额，并以此调整我国与各主要贸易伙伴的贸易失衡（见图2）。

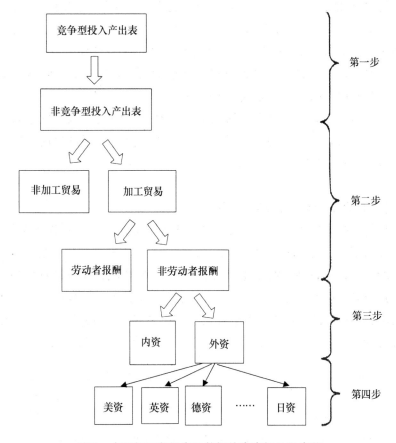

图2　中国加工贸易出口数据外资产权处理步骤

4. 进口数据处理

在此，我们不考虑进口品的产权隶属问题，不区分进口商品中的外资所占比重，主要有以下两个原因。第一，进口分最终需求进口及中间投入品进口两类。根据国家统计局国民经济核算司最新估算的 2007 年非竞争型投入产出表，在我国制造业中间总投入中，加工制造业进口品的中间投入部分比重仅为 4.86%，比重较小。第二，在海关有关贸易方式的定义中，来料加工，或称"来料装配贸易"，是指由外商提供全部或者部分料件，中方按对方要求进行加工装配，成品交对方销售，中方收取加工费；进料加工，或称"进料加工贸易"，指中方用外汇购买进口的料件，加工后的成品或半成品再外销出口的交易形式。2007 年我国海关统计的进口总值为 9560 亿美元，其中来料加工 892 亿美元，占进口总值的 9.3%；进料加工 2793 亿美元，占 29.2%；其他贸易方式进口额 5875 亿美元，占 61.5%。由于来料加工的全部产权及进料加工的部分产权属于外资，这里权且假设进料加工的 50% 隶属国外，则进口中约有 23.9%（9.3% + 50% × 29.2%）的产权应从中方成本中剔除。

进口商品中属于中间投入的比重为 4.86%，中间投入中的来料加工及进料加工的外资比重为 23.9%，综合以上两点，我国进口商品中的外商所有权比重仅为 1.16%（4.86% × 23.9%），在此姑且不予考察。

（二）资金流与物流的具体调整结果

与传统的竞争型投入产出表不同，非竞争型投入产出表将中国的国内生产分为用于国内需求的生产、加工出口的生产、非加工出口的生产这三种生产类型，然后再分别描述其间的投入/消耗情况，并可进行贸易增加值、就业等一系列指标的测算。[1] 采用非竞争型投入产出模型，可以更准确地反映出口对国内增加值和就业的影响，并以此估算我国对外出口中的物流与资金流情况。表 8 是简化了的非竞争型投入产出表结构。

---

[1] Lawrence J. Lau：《非竞争型投入占用产出模型及其应用——中美贸易顺差透视》，《中国社会科学》2007 年第 5 期。

表8 区分加工贸易与非加工贸易的非竞争型投入产出表

投入 ＼ 产出			中间使用			最终使用			
			用于国内需求的生产	加工出口生产	非加工出口及其他生产	消费	资本形成总额	出口	其他
			1, …, 8	1, …, 8	1, …, 8				
国内产品中间投入	用于国内需求的生产	1, …, 8							
	加工出口生产	1, …, 8					X		
	非加工出口及其他	1, …, 8					XI		
进口品的中间投入		1, …, 8							
中间投入合计									
总增加值	劳动者报酬			I	V				
	生产税净额			II	VI				
	固定资产折旧			III	VII				

资料来源：Lawrence J. Lau 等：《非竞争型投入占用产出模型及其应用——中美贸易顺差透视》，《中国社会科学》2007 年第 5 期，第 98 页，表 2。

中国出口商品的投入可以分为劳动投入和非劳动投入（包括资本、技术、品牌、专利等回报）。由于来料加工的生产过程发生在中国，劳动力投入产生的劳动报酬绝大部分应归为中方收入。而在加工贸易中，非劳动报酬归企业产权所有者拥有，其中有相当一部分属于外国投资者。非劳动报酬理应按照跨国公司的股份结构来分配。因此，必须在非竞争型投入产出表中，区分加工贸易出口部分的劳动报酬与非劳动报酬，然后将非劳动报酬按照各国占有股份的比例分配。

首先，在出口总增加值中计算加工生产与非加工生产的劳动者报酬比重，并分别记为 α_i 和 $\alpha_i{}'$。其余为加工生产与非加工生产中，非劳动者报酬在价值增值中的份额，分别记为 β_i 和 $\beta_i{}'$。根据表 9 结构，计算出总价值增值中的劳动与非劳动报酬比重。加工贸易出口中劳动者报酬比重为：

$$\alpha_i = \frac{\text{I}_i}{\text{I}_i + \text{II}_i + \text{III}_i + \text{IV}_i} \quad (i = 1, \cdots, 8), \text{非劳动者报酬比重：} \beta_i = 1 - \alpha_i;$$

非加工贸易出口中劳动者报酬及非劳动者报酬的比重分别计为：$\alpha_i' = \dfrac{V_i}{V_i + VI_i + VII_i + VIII_i}$（$i = 1，\cdots，8$），$\beta_i' = 1 - \alpha_i'$。根据国家统计局国民核算司等整理的 2007 年中国非竞争型投入产出表数据，本文对八大主要制造业的加工贸易与非加工贸易中，劳动增加值（即劳动报酬）与非劳动增加值（即其他生产要素的回报）情况进行了整理（详见表9）。

表9　中国各类制造业中加工贸易与非加工贸易的劳动投入与非劳动投入

单位：亿元

	加工贸易出口		非加工贸易出口	
	劳动报酬	非劳动报酬	劳动报酬	非劳动报酬
1. 各种矿采选、冶炼	65.78	74.77	67.26	102.16
2. 食品、烟酒	202.13	335.44	483.79	977.81
3. 轻工业	2539.89	3219.50	5865.07	8233.65
4. 石油、化学制品	1009.51	2106.27	1604.06	3742.80
5. 建材制造	77.22	123.35	476.33	818.05
6. 专用、通用机械制造	141.19	462.18	1213.96	3455.12
7. 铁、钢及金属压延加工	12235.10	21657.14	5640.77	10248.72
8. 能源工业	6.82	19.94	123.90	321.78
合计	16277.64	27998.59	15475.14	27900.09

资料来源："2002 年中国竞争型投入产出表"，"2007 年中国非竞争型投入产出表"，OECD STAN Analysis，EUstat，http://www.oecd.org/sti/industryandglobalisation/stanstructuralanalysisdatabase.htm。

根据43911 个外资企业成立之时的初始股权信息，[①] 将 43911 个企业所属的 505 个部门，按企业主营业务整理为本文考察的八大制造业部门。其中，$\bar{f}_i$，$i = 1，\cdots，8$，为本文整理的八大制造业部门外资所占比重的均值。

$$\bar{f}_i = (0.237 \quad 0.412 \quad 0.329 \quad 0.359 \quad 0.308 \quad 0.238 \quad 0.416 \quad 0.189)^{T}$$

按照非劳动者报酬中的外资部分的计算公式：$X_i \times \beta_i \times \bar{f}_i$，估算出加工贸易出口中产权不属于中国的份额。其中，X_i 为 i 部门的加工出口额，

---

① 商务部：《2010 中国外资企业名录（中国外商投资企业名录中英文对照）》，商务部出版社2010 年版。由于中外合作企业与中外合资企业的股权结构随时间变化，在无法获取详细外资出口企业股权结构信息的基础上，本文只能用初始注册股权信息进行替代。

β_i 为 i 部门产出中的非劳动力增加值部分，$\bar{f}_i$ 为 i 部门的外资比重，三项乘积代表我国加工出口中非劳动力增加值中的外资额，具体结果见表 10。

表 10　中国各制造业部门加工贸易出口中非劳动力报酬的内、外资份额

单位：亿元

	内资	外资
1. 各种矿采选、冶炼	57.04	17.73
2. 食品、烟酒	197.38	138.07
3. 轻工业	2160.29	1059.21
4. 石油、化学制品	1350.84	755.43
5. 建材制造	85.38	37.98
6. 专用、通用机械制造	352.20	109.97
7. 铁、钢及金属压延加工	12656.01	9001.13
8. 能源工业	16.16	3.78
总计	16875.30	11123.29
折合美元	1462.82	

资料来源："2002 年中国竞争型投入产出表"，"2007 年中国非竞争型投入产出表"，OECD STAN-Analysis，EUstat，http://www.oecd.org/sti/industryandglobalisation/stanstructuralanalysisdatabase.htm。

2007 年中国工业制成品进口为 7128.6 亿美元，出口为 11562.7 亿美元，剔除出口中产权属于外资的 1462.82 亿美元，中国工业制成品外贸顺差额应该从原来的 4434.1 亿美元下降至 2971.3 亿美元，下降幅度 32.99%。这就是说，中国工业制成品贸易顺差中，将近 1/3 的产权不属于中国企业。

在 2007 年中国制造业总出口中，所有权调整之后属于外资的部分为 1462.82 亿美元，也就是说，大约有 12.65% 的制造业出口商品的产权不属于中国。其中约 1342.47 亿美元的出口值产权属于美、英、日、法、意等 17 国所有。[1] 表 11 列举了 2007 年中国和美国八大主要制造业贸易产权

---

　　[1]　由于《2010 中国外资企业名录（中国外商投资企业名录中英文对照）》只涵盖出口企业与日本、韩国、比利时、英国、德国、法国、意大利、荷兰、西班牙、美国、瑞典、瑞士、俄罗斯、加拿大、澳大利亚、新西兰及奥地利等 17 国外资的初始股权信息，因此本文考察的外资即为这 17 国资本。根据《中国统计年鉴》"我国同各国（地区）海关货物进出口总额"栏目（中华人民共和国国家统计局编，中国统计出版社 2008 年版），2007 年我国贸易顺差总额为 2618.26 亿美元，其中与 17 国的顺差额高达 1923.44 亿美元，占我国顺差总额的 73.5%。可以说，这 17 个样本国在较大程度上反映了我国的外贸情况，重新评估其与中国双边贸易中的资金隶属关系，能较好地反映我国真实的对外贸易顺差。

的调整情况。

表 11　　　　　　　2007 年中、美主要制造产业贸易产权调整　　　　单位：10 万美元

	对美进口额	对美出口额	原中美顺差	产权调整比例(%)	美资企业出口额	调整后出口额	调整后顺差
各种矿采选、冶炼	12805.2	2745.9	-10059.3	48.7	1337	1409	-11397
食品、烟酒	27940.9	36866.7	8925.7	56.6	20867	16000	-11941
轻工业	31432.3	420412.5	388980.3	26.1	109728	310685	279253
石油、化学制品	130945.4	176812.9	45867.5	63	111392	65421	-65525
建材制造	4940.5	31887.4	26946.9	36.2	11543	20344	15404
专用、通用机械制造	17495.2	62596.3	45101.1	74	46321	16275	-1220
铁、钢及金属压延加工	362817.4	1587730.4	1224913.1	26.3	417573	1170157	807340
能源工业	2.8	3097.1	3094.3	63.6	1970	1127	1125
合计	588379.5	2322149.2	1733769.5	—	720731	1601418	1013039

　　资料来源：进出口贸易数据来自 WITS – COMTRADE Database，产权调整比例根据《2010 中国外资企业名录（中国外商投资企业名录中英文对照）》估算。

　　2007 年，中美双边进口额和出口额分别为 693.9 亿美元和 2326.8 亿美元，美方逆差为 1632.9 亿美元。美方拥有产权的中国贸易出口额约 720.73 亿美元。在机械制造业、石化和专用、通用的出口商品中，美资企业拥有的产权比例较大。根据所有权隶属进行调整，中美贸易顺差额应该从 1632.9 亿美元调整为 912.17 亿美元，调整幅度达 44.14%。即中美贸易顺差额中有 44% 左右的产权属美国企业。中国和美国之间确实存在着贸易失衡，但是其数值远远低于根据海关数据计算出来的失衡度。

　　如果剔除在出口商品中产权属于外资企业的部分，以 2007 年为例，中国经常性账户余额从 3718 亿美元下降至 2225 亿美元。经常性账户占 GDP 的比重，如按汇率法计算，由 10.13% 下降为 6.67%；如按购买力平价法计算，由 5.22% 下降为 3.13%，其他年份的数据都低于 3%。

表 12　　　　　所有权调整后中国经常性账户占 GDP 的比重（2007）

	GDP（汇率法）（10 亿美元）	GDP（PPP）（10 亿美元）	经常性账户余额（10 亿美元）	CA/GDP（%，汇率法）	CA/GDP（%，购买力平价法）
调整前	3382. 4	7719. 4	371. 8	10. 13	5. 22
调整后	3382. 4	7179. 1	225. 5	6. 67	3. 13

资料来源：笔者整理。

采用未经调整的 2007 年购买力平价数据，中国的经常性账户余额占 GDP 的比例，在全球最大的 50 个经济体中位居第 13 名。如果剔除外资产权部分，中国的排名降低到第 17 位。与世界其他国家相比，中国的经常性账户余额占 GDP 的比重一直位于基本合理的区域之内。显然，以经常性账户余额占 GDP 的比重为依据，所谓"中国操纵汇率"的指责缺乏根据。

五　对外贸依存度和外贸失衡度的校正

综上所述，GDP 数据存在扭曲，采用汇率法可能低估中国 GDP。由于中国的加工贸易顺差占有很大的比重，因此会出现重复计算导致的误差。此外，在中国出口产品中有相当大的一部分产权属于外资。在研究外贸失衡程度的时候，必须剔除产权属于外资的部分。在计算中国外贸依存度和失衡度的时候，必须进行这三个方面的调整。

经常性账户余额表示为 CA_{mn}；贸易总额表示为 TR_{mn}，在这里，m = 1，2。m = 1 表示采用统计年鉴上的数据；m = 2 表示扣除加工贸易重复计算后的数据来自表 13。n = 1，2；n = 1 表示未经产权调整的海关公布的物流数据；n = 2 表示按照产权归属调整之后的数据。如此分解之后，共有四个 CA_{mn} 和 4 个 TR_{mn}。

CA_{11} 表示按照统计资料上的经常性账户余额，既没有扣除加工贸易重复计算，也没有考虑产权问题。CA_{22} 表示扣除了加工贸易重复计算，再进行产权归属调整之后的经常性账户余额。在经常性账户余额四个数值当中，CA_{11} 最大，CA_{22} 最小。表 13 和表 14 分别对外部失衡以及贸易总额进行了调整。

表 13　　　　　　　　　校正 2007 年我国经常性账户余额（CA）　单位：亿美元，当期价格

	m = 1	m = 2
n = 1	3718	3012
n = 2	2255	1549

注："CA_{11}" = 3718 亿美元来自《中国统计摘要（2012）》；"CA_{12}" = 2255 亿美元，即在公布数据基础上进行产权调整后的数据；"CA_{21}"代表在公布数据基础上剔除加工贸易重复计算部分，根据表 7，利用增加值核算，2007 年我国贸易顺差从 21521 亿元调整为 16154 亿元，调整总额为 5367 亿元人民币，折合 705.8 亿美元（根据当期美元兑人民币加权汇率 7.604 计算，数据来自《中国统计摘要（2012）》），因此，CA_{21} = 3718 - 705.8 ≈ 3012 亿美元；"CA_{22}"即对经常性账户进行产权与增加值核算的双重调整，其等于 3718 - 1463 - 705.8 ≈ 1669 亿美元。

资料来源：WEO 2011ed.、IMF 数据库及作者整理。

扣除在 2007 年出口商品额中产权属于外资的部分即 1462.82 亿美元之后，中国的经常性账户顺差从 3718 亿美元下降为 2255 亿美元。在此基础上，如果再扣除加工贸易重复计算部分，经常性账户顺差进一步下降为 1549 亿美元。

表 14　　　　　　　　　校正 2007 年我国贸易总额（TR）　　单位：亿美元，当期价格

	m = 1	m = 2
n = 1	23769	23312
n = 2	23623	23166

注："TR_{11}"表示采用《中国统计摘要（2012）》提供的我国 2007 年货物与服务贸易总额；"TR_{21}"表示利用增加值法扣除关境统计中的重复计算后，我国 2007 年货物与服务贸易总额；"TR_{12}"表示剔除商品出口所有权不属于本国的部分后，我国 2007 年货物与服务贸易总额；"TR_{22}"表示利用增加值法扣除关境统计中的重复计算及产权调整后，我国 2007 年货物与服务贸易总额。

资料来源：WEO 2011ed.、IMF 数据库及作者整理。

根据分解后的数据计算，外贸依存度和外贸失衡度共有 16 个不同的组合。CA_{11}/GDP_{ex} 表示采用汇率法计算 GDP，在没有进行任何调整情况下计算出来的外贸失衡。在 16 个选择中，它的分子最大、分母最小，必定是最大的一个。CA_{22}/GDP_{PPP} 表示采用 PPP 法计算的 GDP，在扣除进出口重复计算、进行产权调整之后的外贸失衡度。在 16 个选项中，它的分母最大、分子最小，必定是最小的一个。同样，TR_{11}/GDP_{11} 表示采用汇率法，在没有进行任何调整情况下，计算出来的外贸依存度，在诸多数值中最大。

TR_{22}/GDP_{23}表示采用 PPP 法，将服务业调整到中低收入国家平均水平，[①] 扣除进出口重复计算，进行产权调整之后的外贸依存度，其数值最小。

表15　　　　　中国贸易总额和经常项目占 GDP 的比重（2007）　　　单位:%

（单位：亿美元，当期价格）	贸易总额占 GDP 比重				经常项目占 GDP 比重			
	TR_{11} (23769)	TR_{12} (23623)	TR_{21} (23312)	TR_{22} (23166)	CA_{11} (3718)	CA_{21} (2255)	CA_{12} (3012)	CA_{22} (1549)
GDP_{ex} (34942)	68.02	67.61	66.72	66.30	10.13	6.45	8.62	4.43
GDP_{ppp} (73338)	32.41	32.21	31.79	31.59	5.07	3.07	4.11	2.11

数据来源：作者整理。

在表 15 中有 16 个参数，其中有四个参数特别值得关注。TR_{11}/GDP_{ex}（官方汇率法统计的中国对外依存度）为 68.02%；TR_{22}/GDP_{PPP}（全口径调整后的中国对外依存度）为 31.59%；CA_{11}/GDP_{ex}（官方汇率法统计的外贸失衡度）为 10.13%；CA_{22}/GDP_{PPP}（全口径调整后的中国外贸失衡度）为 2.11%。按照官方统计数据，2007 年中国对外贸易 68.02% 的依存度，在比较典型的 20 个发达国家和发展中国家中排名第 7。当进行全口径调整之后，使用增值法对进出口进行核算以避免"重复计算"，同时通过调整服务业比重而对 GDP 进行修正，结果显示，调整后的中国外贸依存度仅为约 31.59%，在所选的 20 个国家中排名第 18 位（见表 16）。

表16　　　　　　　各国外贸依存度比较（2007）　　　　　单位:%

排名	国家	外贸依存度
1	马来西亚	199.4
2	越南	169.6
3	泰国	138.5
4	德国	87.3
5	菲律宾	86.6
6	韩国	82.3
7	中国	68.0
8	南非	65.5

---

① 将服务业调整到中低收入国家平均水平的测算，因篇幅受限，本文未展开讨论，有兴趣的读者可直接向作者索取其评估。

续表

排名	国家	外贸依存度
9	意大利	58.2
10	墨西哥	57.4
11	英国	56.3
12	法国	55.3
13	印度尼西亚	54.8
14	俄罗斯	51.7
15	土耳其	49.8
16	阿根廷	45.0
17	印度	44.9
18	日本	33.6
19	美国	28.8
20	巴西	25.2

资料来源：原始数据来自 WDI 2011ed. 。

按照官方数据计量的外贸失衡度，2007 年中国经常项目顺差占 GDP 的比重为 10.13%，在选取的 20 个国家中位居第二。如果采用购买力平价法统计 GDP，并且将服务业比重调整到中低收入国家的平均值，扣除在加工贸易中的重复计算，扣除出口商品中产权属于外资的部分，中国经常项目顺差占 GDP 的比重从 10.13% 下降为 2.11%，在样本中的排名从第二位下降至第九位（见表 17）。

表 17　　　　　各国经常性账户余额占 GDP 的比重（2007）　　　单位:%

排名	国家	经常性项目余额占 GDP 的比重
1	马来西亚	15.9
2	中国	10.1
3	德国	7.5
4	泰国	6.3
5	俄罗斯	6.0
6	日本	4.8
7	菲律宾	4.8
8	阿根廷	2.8
9	印度尼西亚	2.4
10	韩国	2.10

续表

排名	国家	经常性项目余额占 GDP 的比重
11	巴西	0.1
12	印度	− 0.6
13	墨西哥	− 0.9
14	法国	− 1.0
15	意大利	− 2.4
16	英国	− 2.5
17	美国	− 5.1
18	土耳其	− 5.9
19	南非	− 7.0
20	越南	− 9.8

资料来源: 原始数据来自 WDI 2011ed。

按照官方统计数据，将 2007 年 94 个主要国家和地区的外贸依存度和外贸失衡度放在一起，从图 3 中可见。中国的经常性账户余额占 GDP 的

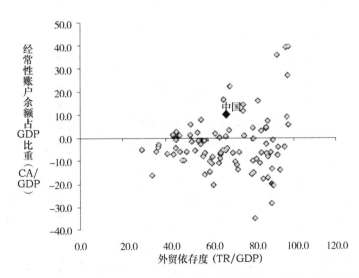

图 3　中国外贸依存度和外贸失衡度在全球各国的相对位置（原始值）

注: 考察样本包括全球 94 个主要国家和地区的数据。经常性账户余额占 GDP 的比重此处选取的是 CA_{11}/GDP_{ex}，对外贸易依存度指标为上文讨论的 TR_{11}/GDP_{ex}。

资料来源: World Development Indicator, WDI 2011ed., World Bank, http://data.worldbank. org/ datacatalog/world-development-indicators/wdi – 2011.

比重较高，对外贸易依存度也较高，但是与其他国家相比，这两个指标都高于中国的国家和地区还有不少。即使按照这组数据，也很难得出中国外贸依存度和外贸失衡度特别异常的结论。

如果扣除加工贸易重复计算，中国的外贸顺差显著减少。在 94 个国家和地区当中，中国对外贸易的依存度和失衡度都处于较为正常的状态。

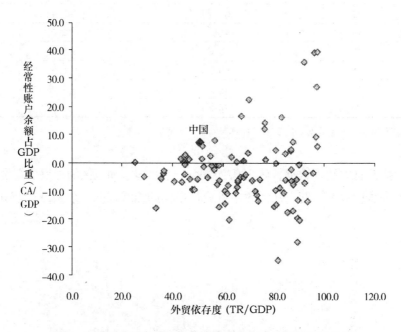

图 4　中国外贸依存度和外贸失衡度在全球各国的相对位置

（扣除重复计算部分）

注：考察样本包括全球 94 个主要国家和地区的数据。经常性账户余额占 GDP 比重此处选取的是 CA_{21}/GDP_{ex}，对外贸易依存度指标为上文讨论的 TR_{21}/GDP_{ex}。

资料来源：World Development Indicator, WDI 2011ed. , World Bank, http:// data. worldbank. org/datacatalog/world-development-indicators/wdi – 2011.

在扣除加工贸易导致的重复计算之后，如果再剔除其中那些产权属于外资的出口，中国经常性账户顺差占 GDP 的比重和对外贸易依存度都大幅度下降。

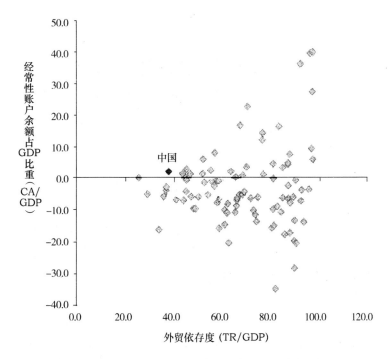

图5 中国外贸依存度和外贸失衡度在全球各国的
相对位置（全口径调整）

注：考察样本包括全球94个主要国家和地区的数据。经常性账户余额占 GDP 比重此处选取的是 CA_{22}/GDP_{23}，对外贸易依存度指标为上文讨论的 TR_{22}/GDP_{23}。

资料来源：World Development Indicator，WDI 2011ed.，World Bank，http://data. world-bank. org/datacatalog/world-development-indicators/wdi – 2011.

可见，在扣除加工贸易的重复计算和剔除产权属于外资的出口之后，中国的外贸依存度并不高，也不存在严重的外贸失衡，指责"中国操纵汇率"是毫无根据的。

《中国社会科学》2013 年第 1 期

中国公有制主体地位的
量化估算及其发展趋势[*]

裴长洪[**]

摘要 以不同生产资料所有制的经营性资产价值量作为衡量主次地位的边界标准，估算第一产业公有制与非公有制的资产规模及其比重变化，并在前人估算的基础上，延伸估算第二和第三产业两种所有制的资产规模及其比重变化。结果发现：截至2012年，中国三次产业经营性总资产约为487.53万亿元，其中公有制经济的资产规模是258.39万亿元，占53%；第二、第三产业非公有制经济占增加值和就业规模的比重分别为67.59%和75.20%。这表明，公有制资产仍占主体，非公有制经济贡献占优，中国社会主义基本经济制度充满活力，从而为我国社会主义初级阶段的所有制改革和坚持"两个毫不动摇"的政策提供了理论依据。

关键词 公有制 主体地位 资产 量化估算 包容性

党的十八大报告对我国社会主义初级阶段的基本经济制度有许多重要论述。报告指出，首先，要完善社会主义市场经济体制，完善公有制为主体、多种所有制经济共同发展的基本经济制度；其次，要毫不动摇地巩固和发展公有制经济，推行公有制多种实现形式；还强调，要毫不动摇地鼓励、支持、引导非公有制经济发展。[①] 党的十八届三中全会通过的《中共

---

　* 本文为2011年国家社会科学基金特别委托项目"社会主义初级阶段基本经济制度研究"（编号11@ZH006）的一项主要成果。

　** 裴长洪，经济学博士，中国社会科学院经济研究所研究员。

　① 胡锦涛：《坚定不移沿着中国特色社会主义道路前进　为全面建成小康社会而奋斗》，载《中国共产党第十八次全国代表大会文件汇编》，人民出版社2012年版。

中央关于全面深化改革若干重大问题的决定》（简称《决定》）进一步指出："公有制为主体、多种所有制经济共同发展的基本经济制度，是中国特色社会主义制度的重要支柱，也是社会主义市场经济体制的根基。"① 理解和认识这些论述，显然要清楚两个基本前提：一是改革开放 35 年后，我国的公有制主体地位是否还存在，该如何衡量；二是在"两个毫不动摇"的前提下，公有制和非公有制经济是否都有充分发展的空间，而不会出现相互排斥、相互替代的局面。本文试图回答这两个问题。

一　对已有研究的评述：理论与方法

改革开放以来，随着所有制改革的深入，关于公有制与非公有制的概念及其界定、衡量方法和计算，已经有过大量讨论。归纳起来，这些讨论主要集中在以下几个方面。

（一）关于公有制与非公有制的概念及其界定

从所有制的内涵方面分析，多数研究者都倾向于认为，在自然形态上，应以物质生产资料即物质生产要素的所有权，界定和区别两种所有制；在价值形态上，以资产、资本②及其权益作为划分不同所有制的决定因素。但由于多数研究者并未具体计算不同所有制经济的数量规模，在资产与资本这两个概念上，往往不做区分。从所有制的外延方面分析，多数研究者都倾向于把国有企业、集体企业以及混合所有制企业中的国有成分和集体成分，归于公有制经济；而把个体工商户、私营企业、外商企业以及混合所有制企业中的私人成分、外资成分，归于非公有制经济。党的十五大报告明确了公有制经济的含义和范围，即"公有制经济不仅包括国有经济和集体经济，还包括混合所有制经济中的国有成分和集体成分"，"公有资产占优势，要有量的优势"，这是公有制经济主体地位的主要体现之一。③ 以国有经济和民营经济近似地替代公有制和非公有制经济，这

① 《中共中央关于全面深化改革若干重大问题的决定》，人民出版社 2013 年版，第 7—8 页。

② 这里所说的"资本"，实际是资本金的概念，而不是生产关系的概念。

③ 江泽民：《高举邓小平理论伟大旗帜　把建设有中国特色社会主义事业全面推向二十一世纪》，载《江泽民文选》第 2 卷，人民出版社 2006 年版，第 19 页。

一方法虽然对于获取连续数据，以刻画非公有制经济发展轨迹具有一定的便利，但这种以经营者身份进行划分的基本方法既不准确，也不科学，且严重低估了公有制经济在国民经济中的地位。特别是在当前我国公有制的实现形式多样化、经济形式和经营形式多样化的情况下，既不能按照市场主体（例如工商注册登记的种类）简单地归类公有制和非公有制，更不能另立新标准，如按照经营管理者身份来划分二者，而只能坚持资产的所有者属性这一基本标准。如果不按此基本标准划分公有制与非公有制经济，势必高估非公有制经济，进而低估公有制经济在国民经济中的地位和作用，甚至有时会造成以为公有制"消失"或"萎缩"的假象。测算公有制主体地位最直接也最准确的指标，就是估算公有资产是否占有"量的优势"，也就是相对于非公有制经济，公有制经济资产在社会总资产中是否维持在50%以上。

以资产作为衡量公有制经济主体地位的主要指标，不仅是政策需要，也具有深厚的理论依据。马克思主义经典作家在讨论所有权概念时，大多数使用的都是"物权"上的概念，即物质生产资料的所有权。如马克思在讨论未来新社会的基本特征时，将其概括为"一个集体的、以生产资料公有为基础的社会"。[①] 长期以来，物质生产资料所有权的概念一直被延续使用，这与20世纪上半叶以前，各种非物质形态的生产条件（如各种无形资产、商标、营销网络、计算机软件、技术知识等），在社会生产中尚未占据重要地位有很大关系。随着技术进步和当代资本主义生产方式的变化，各种非物质手段愈来愈成为资本生产关系依以建立的重要因素。因此，所有权的内涵和外延都更加丰富了。发达国家的某些跨国公司，可以仅仅凭借品牌和供应链来组织国际化生产，因而能够较少依赖甚至不依赖资本金投入的股权控制，更无须建立具有物理外观的物质生产设施。对此，马克思似乎有所预见。他有时也把所有权的内涵说得较为宽泛，"消费资料的任何一种分配，都不过是生产条件本身分配的结果……既然生产的要素是这样分配的，那么自然就产生现在这样的消费资料的分配"。[②] 这里他没有使用生产资料的概念，而使用了"生产条件"乃至"生产的

---

① 《马克思恩格斯选集》第3卷，人民出版社2012年版，第363页。
② 同上书，第365页。马克思在《资本论》第一卷第二十四章阐述资本主义积累的历史趋势时指出："私有制作为社会的、集体的所有制的对立物，只是在劳动资料和劳动的外部条件属于私人的地方才存在。"（《资本论》第1卷，人民出版社2004年版，第872页）

要素"这一外延更宽泛的概念。

需要指出的是，经过 30 多年的发展，我国农村家庭联产承包责任制在内容和性质上发生了很大变化，现实情况越来越复杂。一方面，它保留了土地和其他农林牧渔等生产资源的集体所有制；另一方面，经过多年积累，农户自有的生产工具、经营手段不断增加，已经基本取代农业生产中村集体在这方面的作用。在这两种财产占有关系共同支撑农户家庭经营活动的背景下，农村经济的性质越来越接近混合所有制经济，无论是将农村经济简单归类为集体经济（至少不是纯粹的），还是归为非公有制经济（哪怕加上"广义"的帽子），都缺乏坚实的现实基础和理论基础。因此，区分农村经济公有与非公有的所有制关系，只能愈来愈从财产属性及其计量来界定，而愈来愈不容易从市场主体本身、经营活动本身来判别。即便如此，由于农村土地集体所有权在农村家庭承包制经营的各种生产条件中占据支配地位，现实中的农业生产经营更不应被定义为"非公有制经济"。

（二）关于现阶段公有制与非公有制经济比重的衡量与计算

除了核算范围，数据、指标与计算方法也是核算公有制与非公有制经济结构涉及的主要问题。在数据选择上，常用的统计资料包括：《中国统计年鉴》中按登记类型划分的规模以上工业企业数据，经济普查数据，《中国国有资产监督管理年鉴 2012》中由中央和省一级政府国资委系统管辖的国有企业数据，《工商行政管理统计汇编》中按市场主体划分的注册资本数据，国有及国有控股非金融两类企业总资产和净资产数据等。显然，这些数据或者覆盖面不全，或者统计口径不精准，[1] 或者缺乏连续性，因此基于此对公有制经济的估算也就相对缺乏科学性、准确性和连续性。如工业企业数据和国有经济数据不能全面反映公有制经济的全貌；经济普查数据虽然全面，但缺乏连续性；而按市场主体与按出资人划分的口径之间又不一致，从而使对公有制经济规模的估算较为困难。因此，在经济普查数据基础上，运用其他数据进行有效补充，是目前条件下能够实现的最优选择。在指标选择上，郭飞认为有狭义和广义两种资产衡量标准，狭义是指经营性净资产，广义资产的外延还包括资源性资产；[2] 赵华荃运用注册资本对公

---

[1] 郭飞：《深化中国所有制结构改革的若干思考》，《中国社会科学》2008 年第 3 期。

[2] 同上。

有制主体地位进行了量化分析；① 陈永杰归纳了不同所有制企业的实收资本；② 李成瑞选择实收资本来量化公有与非公有制经济的资本结构，并结合就业和国内生产总值，说明公有制经济主体地位的状况。③ 净资产是总资产与负债额之差，它只是衡量资产质量的指标之一，在衡量资产量特别是说明公有制主体地位上，不能完全反映公有制经济能够掌控支配的所有资源，在公有制经济资产负债率相对较高的情况下，更是如此。从衡量资产质量的角度讲，企业净资产虽然能体现资产的最终结果，但作为资产质量，更应该反映企业总资产的增值能力，即其资产的盈利能力、产出能力等效率指标。注册资本虽然资料完整，但其是根据市场主体进行划分的，与出资主体还有所差异。另外，注册资本与实际资产状况（实收资本）也不完全一致，根据公司法规定，注册资本可以一次性也可以分期缴纳，因此，注册资本属于应然概念，并不是实然概念。再加之，不同所有制企业或不同性质出资人的行为往往也不一致，所以仅使用注册资本，也不能很好地衡量公有制经济的主体地位。从计算方法看，大多数论者都直接将已有数据进行分类加总，缺乏以适当方法对混合所有制经济进行合理的分解，从而不能准确地刻画公有制经济在国民经济中的比重。

2012 年，杨新铭和杨春学吸收了李成瑞依据第一次经济普查的数据，对不同所有制比重进行估算的经验，同时指出，他估算方法中的假设条件将高估非公有资本在混合所有制企业中的比重，导致低估公有资本的比重。④ 这两位学者的贡献主要体现在两个方面。第一，运用两次经济普查数据中的总资产，作为度量公有制与非公有制经济资产结构的主要指标，全面刻画公私经济在国民经济中的地位。第二，在估算资本结构时，将法人资本（即混合所有制经济）中的公私结构按照实收资本结构的比例关系进行了分解，弥补了前人估算在这方面的缺陷，并根据全国第二次经济普查的数据，对 2008 年我国第二、第三产业总资产与实收资本的所有制结构进行了估算。最后得出的结论是，第二、第三产业中，公有制与非公有制资产分别占总资产的 52.46% 和 47.54%。这一研究结果具有开创性

---

① 赵华荃：《关于公有制主体地位的量化分析和评价》，《当代经济研究》2012 年第 3 期。

② 陈永杰：《完善基本经济制度表述》，《财经》2012 年第 22 期。

③ 李成瑞：《关于我国目前公私经济比重的初步估算》，《探索》2006 年第 4 期。

④ 杨新铭、杨春学：《对中国经济所有制结构现状的一种定量估算》，《经济学动态》2012 年第 10 期。以下提到杨新铭、杨春学的研究，均出自此文。

的贡献，它不仅为我国公有制主体地位的测度，提供了定量的数据支持，而且提供了继续进行研究的主要方法。这项研究也有不足，一方面，它只计算到 2008 年，此后情况是否有变化，无从知晓。虽然总资产可以确切反映不同所有制经济控制的经济资源的总量，是衡量公有制主体地位的最佳指标，但从数据上看，只有经济普查数据能满足要求，而到目前为止，我国仅有 2004 年和 2008 年两次普查数据，缺乏连续性，也不便于进一步的延伸估算。因此，如何利用相关指标和已有公开数据，弥补普查数据中总资产指标缺乏连续性的不足，就成为当前估算公有制和非公有制经济结构的重要课题。另一方面，它没有计算第一产业，原因在于计算的困难程度很高，且没有与普查数据相应的直接数据。将第二、第三产业资产状况进行延伸估算，并结合第一产业的资产结构，才能比较全面地刻画国民经济中的公私所有制经济结构。本文试图在这两方面作出拓展，以弥补前述研究的不足。

二 对第一产业公私资产规模及其比重的估算

第一产业基本是农林牧渔业，对其全面估算难度很大，其中农业（主要是种植业和家庭养殖业）占比重最大，大体可以反映农林牧渔业的基本面貌，所以，本文选取种植业（不排除附带有家庭养殖业）作为第一产业的估算对象。

我国农业的基本情况是，耕地属于集体所有，以行政村为单位的集体组织或村民委员会通常还有一定规模的集体资产；承包耕地的农户一般拥有耕作、养殖和运输的工具；为农户提供耕种、收获服务的农业机械一般也都属于个人所有或合伙所有，属于集体所有的农机队已经寥若晨星。基于此，我们对农户和集体资产进行了估算。

（一）农村非土地的公私资产结构

先看农户的资产规模。根据《中国统计年鉴 2012》的数据，2011 年我国平均每个农户的资产规模大约 1.6 万元。[①] 根据笔者从农业部农村固

[①] 中华人民共和国国家统计局编：《中国统计年鉴 2012》，中国统计出版社 2012 年版，第472 页。

定观察点 2012 年农村情况调查①中获取的相关数据，加工整理出以下农户和农村村级组织资产情况，如表 1 和表 2 所示。按照这个调查，2012 年我国平均每个农户的资产为 1.9 万元，这与国家统计局的调查结果相差不大，能够对应。我国大约有 26376 万农户，② 农户总资产大约 5.01 万亿元。

表 1	2012 年我国农户资产抽样调查表	单位：万元
年末拥有生产性固定资产原值	27508.3015	
其中：役畜、种畜、产品畜	3456.7502	
铁木农具	932.8740	
农林牧渔业机械	4545.5643	
工业机械	2354.4441	
运输机械	8448.6516	
生产用房	5414.4813	
设施农业固定资产	943.8562	
其他	1411.6798	

注：共有样本农户 20150 户，因各种原因不符合统计计算的农户为 5800 户，实际样本农户为 14350 户。2012 年平均每户固定资产原值为 1.9 万元。样本户分布全国 31 个省市自治区（缺台湾省及港、澳特别行政区）。其中，东部 10 省市占 30.1%；东北 3 省占 13.8%；中部 6 省占 22.8%；西部 12 省区市占 33.3%（其中陕、甘、宁、青、新、西藏 6 省区占全部样本户数的 15.5%）。

资料来源：农业部农村固定观察点 2012 年农村情况调查。

再看集体资产规模。根据农业部农村固定观察点 2012 年农村情况调查，我国村级（原集体）组织资产规模（不含耕地）的调查结果，如表 2 所示。

---

① 该调查每年两次录入台账，表 1、表 2 数据系 2012 年下半年录入的数据。
② 我国农村农户数量只能从中华人民共和国农业部编的《新中国农业 60 年统计资料》（中国农业出版社 2009 年版）中，查到 2008 年数据，根据 2004 年至 2008 年农户数量年平均增加 0.687%，推算出 2012 农村农户数量。

表2   **2012年我国农村村级组织的集体资产**   单位：万元

村集体年末存有固定资产原值		170796
按使用形式分	村委会管理的资产原值	91538
	发包或出租的资产原值	79258
按物质形态分	房屋、场地	62739
	农林牧渔业机械	3048
	工业和建筑业机械	18041
	运输机械	3731
	动力和电力设备	8479
	水利设施	10850
	饮水设施	4814
	垃圾、污水处理设施	601
	大型沼气池	844
	其他	57649

注：共有样本村309个，不符合统计标准的村12个，实有样本为297个。2012年平均每村固定资产原值为575万元。样本村分布全国31个省市自治区（缺台湾省及港、澳特别行政区）。其中，东部10省市占27.3%；东北3省占12.1%；中部6省占22.6%；西部12省市区占38%（其中陕、甘、宁、青、新、西藏6省区占全部样本村的17.8%）。与表1农户抽样分布相比，样本村在欠发达地区比重偏高，因此对村集体资产估算的结果可能偏低。

资料来源：农业部农村固定观察点2012年农村情况调查。

    2012年我国行政村村委会有55万个左右，[①] 估算下来，村级集体资产规模大约为3.16万亿元。除了村集体外，近年来农村新型集体经济组织——专业合作社发展迅速。据统计，2012年农村农民专业合作社资产达到1.1万亿元。[②] 根据定义，农民专业合作社是在农村家庭承包经营基础上，同类农产品的生产经营者或者同类农业生产经营服务的提供者、利用者，自愿联合、民主管理的互助性经济组织，因此，农民专业合作社与股份合作企业相似，应该是公有经济，纳入公有经济计算。结合这两部分，农村公有资产2012年的总额约为4.26万亿元。

———————————

    ① 我国村委数量只能从中华人民共和国农业部编的《新中国农业60年统计资料》中，查到2008年数据，根据2004年至2008年村委会数量年平均下降1.94%，推算出2012年村委会数量。

    ② 中华人民共和国国家工商行政管理总局：《全国市场主体发展总体情况》（2012），http://www.saic.gov.cn/zwgk/tjzl/zxtjzl/xxzx/201301/p020130110600723719125.pdf。

基于此，2012 年农村公有经济资产与农户资产的公私结构是 45.95：54.05。显然，扣除耕地，农村公有制经营性的资产总额，已经小于农户私有经营性资产总额。

（二）耕地资产价值估算

实际上，农村价值最大的资产是包括耕地在内的农用土地。且不论当前城镇化进程中的非农用地，就是第一产业最主要的耕地价值也是不可忽视的。虽然，按照价值量对耕地的资产估算是困难的，而且，对于是否以耕地资产归属来衡量不同所有制的资产数量，也存在不同看法，[1] 但笔者认为，耕地与矿产、森林等资源性资产不同，它是资源性资产，但已被人类开发利用，因此又是经营性资产，而且是农业中最重要的经营性资产。在中国经济社会的长期变革中，它一直是生产力与生产关系矛盾斗争中主要的物质生产资料所有权对象。在十八届三中全会《决定》中关于对自然资源资产进行确权登记的对象中也没有包括耕地，只列出荒地。特别是近几年来，随着城镇化的推进，我国农村发生的农户耕地的转包现象已经日益增多，耕地转包"租金"已经形成较为透明的市场价格。它的资产属性已经十分鲜明，这为估算耕地资产价值提供了一个相对近似的工具。根据农业部农村固定观察 2012 年农村情况调查，各地耕地转包的"租金"价格见表3。

表3 2012 年我国农村农户耕地转包租金调查统计

作物	调查省份	样本户	转出户	转出户的比例（%）	户均转出土地（亩）	转出土地亩均租金（元/亩）
玉米	吉林、辽宁	758	27	3.56	5.13	334
水稻	湖南、江西	825	86	10.42	1.09	301
小麦	山东、河南	776	75	9.66	1.84	371

注：表中的样本户数都少于调查村表中的样本户数。其中有两个原因：（1）回收的农户表少于发出的调查表；（2）剔除了那些以其他作物为主的样本户，表中样本户都是以玉米、水稻和小麦为主要种植作物的农户。政府发放的各种生产补贴（每亩 70—100 元），转出户都留给了自己，租金中不包括生产补贴。

资料来源：农业部农村固定观察点 2012 年农村情况调查。

---

[1] 主要原因是怎样看它的资源属性，如果只强调其资源性，忽视其经营性，就会认为，不应该把这样的资源性资产加总到公有制经济中。

　　根据表 3，耕地转包的"租金"为每亩 300—370 元，由于政府发放的生产补贴留在了转出户，所以实际上压低了"租金"价格。考虑这个因素，实际"租金"价格应为 400—470 元，按照我国商业银行现行一年期的固定利率计算，每亩耕地价格应为 1.33 万—1.57 万元，全国 18.06 亿亩耕地，[①] 耕地总资产为 24.02 万亿—28.29 万亿元。随着农业市场化进程的加速，农产品价格必然呈现逐渐上升的趋势，这无疑会推升耕地租金。另外，耕地是不可再生资源，具有很大的升值潜力。而且目前农村土地转包"租金"并非严格意义的地租，只是一种低估租金的参照物。因此，耕地价格以 28 万亿元计算，应是有把握的。

　　综上，农村集体经济财产应包括集体性质资产 4.26 万亿元和土地价值 28 万亿元，合计 32.26 万亿元，而农户资产 5.01 万亿元，二者占比的结构为 86.56 : 13.44。由此可见，由于耕地的集体所有制，我国农村公有制在资产比重上具有压倒性的优势。

（三） 耕地资产价值估算的经济学依据

　　我国现行的农村耕地属于农民集体所有，农民集体所有的土地由本集体经济组织的成员承包经营，从事农业生产。虽然，耕地已经承包到户，但土地资产只能记入公有资产，而不能记入农民私人资产。首先，宪法规定农村土地归集体所有，所有权性质是法律规定的，把承包地记入私人资产，于法理上说不通。其次，不能因为农村集体组织（或村委会）不向农民征收"地租"，就说明前者已经放弃其所有权。不仅如此，以往村组织向农民征收的钱款，并不是经济学意义上的地租，说"地租"只是一种习惯说法或借用的说法。原因在于，马克思关于资本主义地租的理论分析有两个前提。其一，地租是剩余价值分配的一个形式。其二，在土地私有制度下，市场交换是土地租金的实现机制。我国农村集体土地作为一个村庄或农村社区全体农民共同所有的经营性财产，农民凭借其所有者一员的权利，从集体得到按人口平均分配使用土地的权利，这种使用权的获得不是通过

---

　　① 根据《中国统计年鉴 2012》的数据（第 465 页），可查到 2008 年全国耕地数据为 1.217159 亿公顷，按照每年减少 2000 万亩（约折 134 万公顷）计算，2012 年应为 1.203759 亿公顷，约合 18.06 亿亩。

市场交换来配置的，因此也难以产生经济学意义上的地租。农村土地承包制家庭向集体或村组织交纳的钱款，在集体经营还有生产服务功能和其他社区服务功能的情况下，是一种劳动交换；同时村组织还有管理土地发包和代行政府管理的公共服务功能，因此也需要有一种管理费来补偿这种服务劳动。所以，过去交纳的钱款有一个正规的名称，叫做"村集体提留"，而不叫"地租"；"村集体提留"包括公积金、公益金和管理费等项。随着村组织生产与公共服务功能的弱化，农民交纳这种钱款愈来愈失去合理性，从而趋于消失。随着土地承包期的延长，管理土地发包的服务也愈来愈弱化，最后只剩下代行政府管理的一些功能。按道理，这种费用应由政府承担，不应由农民交纳，在减轻农民负担的呼声中，这种交费最终被取消是必然的结果。过去村组织代行政府管理向农民摊派的钱款，具有一定强制性，它更像是农业税的附加"税收"，却没有"地租"的影子。

然而，当集体成员因职业流动原因，其耕地使用权向其他成员转让时，这种行为则是通过市场实现的，而且，被转让的土地也仅能用于农业生产用途，由此产生的转让费用（带有议价结果的性质），就有了相当程度上土地租金的属性，特别是当这种行为发生在集体成员与非集体成员之间时，这种属性越发明显。不过，由于集体中的成员并不能以个人身份完全代表其承包土地的所有权，所以，这种转让费用也不可能是完全意义上的土地租金，而只能具有"准租金"意义。随着承包期限的延长和土地使用权转让市场的发育成熟，这种"准租金"就有接近完全意义土地租金的趋向。因此，上述地租资本化和土地价格的计算，在这里具有估算的经济学依据。其估算价格可以近似地等同于农业用地的地价，因而构成了上文估算耕地资产价值的客观基础。

三 对第二、第三产业不同所有制经营性资产的延伸估算

杨新铭、杨春学估算（以下简称"估算"）认为，从 2004 年到 2008 年，第二、第三产业中公有制资产比重趋于下降，但仍然占总资产半数以上，这个判断延伸至 2012 年是否还成立？本文试图在"估算"的基础上，依据近几年经济发展特点所能提供的一些经济变量关系，对第二、第三产业部门公有制与非公有制经营性资产的数量进行延伸估算。估算截至

2012 年，以便进一步验证，依据估算所做的判断是否还成立。

（一）第二、第三产业公私资产结构估算方法与结果

估算 2012 年公私所有制经济结构的基础数据，仅有截至 2008 年的两次经济普查数据，其与所有制结构有关的数据是实收资本和注册资本，要延伸估算到 2012 年，实收资本数据没有来源，只能选取能够获得数据并在经济性质上与其相一致的注册资本数据（来源见表 6），它与实收资本之间保持着基本稳定的关系。① 注册资本是企业成立时，在工商部门登记注册的资本额，实收资本则是投资者作为资本实际投入企业的各种资产，包括货币、实物、无形资产等。实收资本在规定投入年限末期与注册资本一致，当变化超过 20% 时，对注册资本进行变更。无论实收资本还是注册资本，都与企业总资产在内容上基本一致，但前者在量上要小于总资产。二者的差额为企业负债和所有者权益中的资本公积、盈余公积与未分配利润。企业总资产 = 总负债 + 所有者权益。实际上，无论是资本公积、盈余公积，还是未分配利润，都是按照实收资本的比例在投资者之间进行分摊的，因此，按照实收资本来确定所有者权益应该是合理的。从理论上讲，负债是在企业净资产的基础上产生的，如银行贷款是以企业净资产为基础的。因此，净资产与总负债之间的关系应该是比较固定的。这里企业的"净资产 = 所有者权益 = 总资产 – 总负债"，基于上述关系，可见企业实收资本与总资产之间存在较为固定的比例关系，但不同年份之间应有所差异，这是由信用发展程度不同引起的。随着金融深化程度越来越高，核心资产（净资产）占总资产的份额会越来越小。

基于企业实收资本与注册资本之间较为稳定的比例关系，本文依据 2004 年和 2008 年两次普查的企业总资产和注册资本的数据，计算了二者之间的比例，而根据两年比例关系的变化，计算了平均增长率，用以计算 2008 年以后各年的比例关系，再用注册资本推算企业总资产。在计算连续数据的过程中，隐含地假定各年的变化是匀速的。但这不影响跨度相等的 2012 年的数据。另外，从数据的可得性来看，运用注册资本测算企业总资产是目前唯一可行的方法。

---

① 据赵华荃测算，"'注册资本'数值为'实收资本'的 80% 左右"。赵华荃：《关于公有制主体地位的量化分析和评价》，《当代经济研究》2012 年第 3 期。

实际上，注册资本与总资产之间的关系也因企业所有制不同而有所不同，如表4所示。整体上讲，内资企业资金（本）的到位率高于外资企业，公有制经济注册资本的到位率高于非公有制经济；股份合作企业总资产对注册资本的倍率最高，私营企业的这一倍率最低。以2008年为例，内资实收资本是内资注册资本的84.74%，个人资本的实收资本是私有企业注册资本的66.44%，外商资本的实收资本是注册资本的72.07%。随着金融改革深化和信用制度发展，企业自有核心资本占其所能控制的资产的比重将越来越低，这就是为什么总资产对注册资本的倍率从2004年到2008年越来越高的原因。根据表4的数据，我们可以得到从2004年到2012年各年总资产与注册资本之间的关系，这就为进一步估算总资产奠定了基础。

表4　2004年和2008年企业总资产对注册资本的倍率（总资产/注册资本）

年份	2004	2008
国有企业	6.35	9.98
集体企业	6.06	7.15
股份合作企业	12.11	19.43
公司制企业	4.09	6.00
私营企业	1.81	2.19
外资及港澳台企业	2.25	3.03

资料来源：根据"第一次全国经济普查主要数据公报（第一号）"和"第二次全国经济普查主要数据公报（第一号）"相关数据计算得到。而《中国经济普查年鉴2008》的数据是按照产业给出的，很多产业并没有给出资产数据，因此，按照《中国经济普查年鉴2008》加总数据会小于"普查公报"所给出的涵盖全部产业的数据。其中，公有制和非公有制经济合计数据根据杨新铭、杨春学《对中国经济所有制结构现状的一种定量估算》（《经济学动态》2012年第10期）提供的数据计算得到。

表5　　2004—2012年总资产对注册资本的倍率（总资产/注册资本）

年份	2004	2005	2006	2007	2008	2009	2010	2011	2012
国有企业	6.35	6.79	7.25	7.74	8.27	8.83	9.43	10.08	10.76
集体企业	6.06	6.47	6.91	7.38	7.88	8.42	8.99	9.61	10.26
股份合作企业	12.11	12.93	13.81	14.75	15.76	16.83	17.98	19.20	20.51
公司制企业	4.09	4.37	4.67	4.99	5.33	5.69	6.08	6.49	6.94
私营企业	1.81	1.94	2.07	2.21	2.36	2.52	2.69	2.88	3.07
外商投资企业	2.25	2.41	2.57	2.74	2.93	3.13	3.34	3.57	3.81

资料来源：根据表4计算得到。

表6　　　　　　　　　**2004—2012 年不同所有制企业注册资本额**　　　　单位：万亿元

年份	2004	2005	2006	2007	2008	2009	2010	2011	2012
国有企业	4.74	4.47	4.64	4.77	4.78	4.90	5.24	5.66	6.12
集体企业	0.86	0.75	0.70	0.67	0.62	0.56	0.53	0.50	0.48
股份合作企业	0.16	0.16	0.18	0.22	0.23	0.25	0.27	0.27	0.27
公司制企业	9.87	10.88	12.45	15.43	17.14	20.62	23.89	29.06	32.74
私营企业	4.79	6.13	7.60	9.39	11.74	14.64	19.21	25.79	31.10
外商投资企业	6.03	6.65	7.55	8.79	9.03	9.59	10.65	11.17	11.83
总计	27.05	29.71	33.87	40.11	44.51	51.72	61.18	74.14	82.54

资料来源：国家工商行政管理总局出版的该局编：《工商行政管理统计汇编》2005—2011 年各册，与该局公布的《全国市场主体发展总体情况》（2012）。

表6 是根据《工商行政管理统计汇编》提供资料整理出的 2004—2012 年不同所有制企业的注册资本额，结合表5，可以计算得到 2004—2012 年它们的总资产变化情况，如表7 所示。我们首先判断估算结果。根据两次普查，2004 年和 2008 年第二、第三产业的总资产分别为 96.7 万亿元和 207.8 万亿元，而估算结果分别为 99.88 万亿元和 193.54 万亿元，误差率为 3% 和 6%，在接受范围内。其间，不同所有制企业资产额都呈上升趋势。其中，私营企业发展最为迅猛。2012 年，其资产总额将近 96 万亿元，比 2004 年总资产扩大了近 10 倍。其次是公司制企业，2012 年的总资产是 2004 年的 560%。需要指出的是，这里的公司制企业主要是由公有制经济通过公司股权多元化改制而来的，因此，其总资产的快速增加必然会抑制国有企业、集体企业以及股份合作制企业资产的扩张速度。2012 年，国有、集体与股份合作制企业的总资产分别为 2004 年的 219%、95% 和 296%，慢于外资企业的发展速度。2012 年，外商投资企业资产总额达到 45 万亿元，是 2004 年的 3.3 倍。从总体上看，不同所有制企业的资产都呈较快增长。总资产实际上是不同所有制拥有或控制的经济资源数量，我们面临与杨新铭和杨春学同样的问题，公司制企业作为混合所有制经济，其资产属性需要区分，因此，需要做进一步分解，即区分公司制企业中的公有制成分与非公有制成分。

表7　　　　　　　2004—2012 年不同所有制企业资产估算结果　　　　　单位：万亿元

年份	2004	2005	2006	2007	2008	2009	2010	2011	2012
国有企业	30.10	30.30	33.65	36.94	39.50	43.30	49.40	57.03	64.65
集体企业	5.20	4.84	4.85	4.92	4.85	4.73	4.74	4.84	4.93
股份合作企业	1.90	2.04	2.42	3.23	3.65	4.14	4.77	5.19	5.60
公司制企业	40.40	47.56	58.17	76.98	91.34	117.39	145.25	188.74	232.23
私营企业	8.70	11.89	15.74	20.76	27.72	36.95	51.76	74.23	96.70
外商投资企业	13.58	16.00	19.38	24.11	26.47	30.01	35.63	39.89	44.16
总资产合计	99.88	112.64	134.22	166.94	193.54	236.53	291.56	369.92	448.28

资料来源：根据表2和表3数据计算得到。

由于缺乏公司制企业内部不同所有制成分的具体数据，对这种混合所有制经济，只能进行公有制与非公有制经济成分的内部分解。通过计算杨新铭、杨春学划分 2008 年混合所有制经济总资产时的数据，我们得到其按公私所有制经济成分各占 65% 和 35%。通过计算 2004 年普查资料中的实收资本结构，公私经济成分各占混合所有制经济的 63% 和 37%，如表8 所示。因此，在我们的估算中，2004—2007 年按照 63% 比重，估算混合所有制经济中的公有制经济资产总额，其在 2008 年及其后的资产总额，按照 65% 的比重估算。

进一步分析，整个国民经济中公有制经济总资产应包括国有企业、集体企业和公司制企业中的公有经济成分。此外，根据《中国统计年鉴2012》的定义，股份合作企业是以合作制为基础的集体经济组织。其资产也应计入公有制经济。基于此，公有制与非公有制经济总资产应由式（1）和式（2）表示。

公有制经济总资产＝国有企业＋集体企业＋股份合作企业＋公司制
　　　　　　　企业中的公有制成分　　　　　　　　　　　　（1）
非公有制经济总资产＝私营企业＋外商投资企业＋公司制企业中的
　　　　　　　非公有制成分　　　　　　　　　　　　　（2）

表8			2004 年混合所有制企业实收资本结构			单位:%
所有制分类	合计	国家资本	集体资本	私人资本	港澳台资本	外商资本
国有独资公司	100	98.5	0.7	0.3	0.3	0.2
其他有限责任公司	100	36.2	15.1	47.2	0.5	1
股份有限公司	100	52	8.4	32.5	2.6	4.5

资料来源:根据"第一次全国经济普查主要数据公报(第一号)"相关数据整理得到。

根据式(1)、式(2),结合公司制企业中公有与非公有制经济权重,计算得到 2004—2012 年公有制与非公有制经济的资产总额及结构。结果表明,2004 年到 2012 年,公有制经济不断发展,资产总额不断扩大,但其在国民经济中的比重则呈现逐年下降的趋势。2004 年,公有制经济资产占 62.73%,非公有制经济只占 37.27%;而到 2012 年,公有制经济资产占比下降到 50.44%,非公有制经济资产占比则上升到 49.56%。这一结果再次表明,所谓的"国进民退"即使在 2008 年国际金融危机爆发后,依然没有出现。其间政府巨量投资的结果,并没有改变公有制经济资产占比不断下降的趋势。这意味着,政府投资除了形成公有制资产外,更多地拉动了非公有制经济特别是私营企业资产的形成。虽然公有制经济资产依然保持着微弱优势,但其与非公有制经济之间的差距越来越小。然而在 2008 年以后,公有制资产占国民经济比重的下降速度明显减缓。这意味着,所有制结构调整进入了相对稳定阶段。结合公有制与非公有制经济总资产的绝对数和占比看,上述长期趋势的出现,并不是因为公有制经济发展慢了,而是公有制经济特别是国有企业大量转制为混合所有制的公司制企业,同时非公有制经济特别是私营企业迅猛发展的结果。

表9	2004—2012 年公有制与非公有制经济资产结构								
年份	2004	2005	2006	2007	2008	2009	2010	2011	2012
总资产合计(万亿)	99.88	112.64	134.22	166.94	193.54	236.53	291.56	369.92	448.28
公有制经济资产(万亿)	62.65	67.15	77.57	93.59	107.37	128.48	153.34	189.73	226.13
非公有制经济资产(万亿)	37.23	45.49	56.65	73.35	86.16	108.05	138.22	180.19	222.15

续表

年份	2004	2005	2006	2007	2008	2009	2010	2011	2012
公有制经济资产占比（%）	62.73	59.62	57.79	56.06	55.48	54.32	52.59	51.29	50.44
非公有制经济资产占比（%）	37.27	40.38	42.21	43.94	44.52	45.68	47.41	48.71	49.56

资料来源：根据表4和公式（1）、公式（2）计算得到。

（二）对第二、第三产业公私资产结构估算的说明

尽管上文对第二、第三产业进行了延伸估算，但以下几点仍需要说明。

第一，上述核算过程并没有将个体工商户纳入其中。显然，个体工商户的资产属性应当划入私人所有范围，因此这里把它计入非公有制经济。据统计，2012年个体工商户资产总额达到1.98万亿元，[①] 如果将其归入非公有制经济，公有制经济资产占比将下降到50.22%，而非公有制经济占比将上升为49.78%。

第二，正如表7所显示，以公司制企业为代表的混合所有制经济，其资产数量增长极快，规模最大。2012年，其资产数量占所有第二、第三产业经营性总资产的51.8%，居各类企业之首，而且，国有经济成分在其中占优势。这些数据和分析恰好为党的十八届三中全会决定中关于混合所有制经济是基本经济制度重要实现形式，有利于国有资本放大功能、增强国有经济活力、控制力、影响力的深化改革部署，提供了实践依据。

第三，本部分在估算第二、第三产业中公有制企业资产时，并没有将公有与非公有制经济经营所占的土地资产进行对比估算。这是因为，与耕地相比，城镇非农用地的权利结构更加复杂。

首先，非农生产与农业生产有两个很不同的特征：一是农业生产的季节性与产品生产周期与非农生产不同。二是农业生产的固定设备往往是流动的，附着在土地上的固定资产较少，农用地可以裸租，可以分不同面积和分年度出租；非农生产的设施、设备以及最主要的固定资产都是附着在土地上的，非农用地不可能裸租或随意分割出租，更不可能分年度出租。

---

① 该数据引自中华人民共和国国家工商行政管理总局：《全国市场主体发展总体情况》（2012），http://www.saic.gov.cn/zwgk/tjzl/zxtjzl/xxzx/201301/p020130110600723719125.pdf。

非农生产主要是通过土地上附着的固定资产来实现的，因此，在非农部门中，土地以外的资产价值更引起关注。

其次，在现实中，不同时期、不同企业获取使用土地的方式不同，使得不同所有制企业经营所占的土地资产价值估算存在困难。改革开放以前，公有制企业为绝对主体，非农用地的行政划拨（转让费用几乎可以忽略不计）是其获取土地使用权的主要方式。改革开放以来，随着非公有制经济快速发展，特别是招商引资的需要，在与外商合作过程中，土地作为重要资产成为参与分配资产和股权的重要手段，其价值于是被"发现"。对于国有企业等公有制经济而言，其土地使用权的来源复杂：既有在改革开放前后，从国有土地的行政划拨得到的，也有从农地征用中通过行政划拨得到的；还有从非农用地"招拍挂"中通过转让使用权得到的。而对于非公有制企业来讲，非农用地基本都是通过"招拍挂"，或其他市场交易行为获得的，一般在其投资中包含了土地使用权的支出。非农用地使用权转让的价格在不同年代变化较大，每个企业土地按"历史成本"或"公允价值"计量的差距千差万别，难以识别，已经不可细分，所以只能按照"历史成本"来核定。鉴于获得土地使用权的方式不同，公有与非公有制企业的土地使用权资产很难以统一的口径进行估算。对于通过"招拍挂"或其他市场交易行为获得的土地使用权，无论是公有制企业，还是非公有制企业，它们经营所占用土地资产的估算相同，变化也一致，在相对比重上也不会产生偏差。而原来通过各种低价和无偿方式得到土地使用权的公有制企业，在90年代中期以后，随着股份制改革成为公有制改革的主要潮流，其土地使用权价值也被"发现"，作为计算企业资产和股权分配的内容，已被分别计入不同所有制所属的资产范围。原来农村中的乡镇企业已经基本股份化，城市中公有企业也已基本从竞争性领域中退出，现在剩下的主要就是行政垄断行业以及基础设施行业中的国有企业土地资产如何计算的问题。上文对第二、第三产业中公有制企业资产的估算，确实漏掉了这部分资产，但要加入这方面的估算已经没有可能，因为这些国有企业究竟占用多少土地，既无直接数据，也无可参考的间接依据。因此，我们对第二、第三产业公有制企业资产的估算是偏低的。这意味着我国国有企业的所有制改革，在资产的相对比重上仍然有一定空间。

四 公有制主体地位对非公有制
经济贡献的包容性

上文分析表明，公有制经济主体地位，只能以公有制经济经营性资产占国民经济总资产的比重来量化衡量，以经营性资产衡量的公有制经济，在 2012 年仍然占据着主体的地位。其中，公有制经济在第二、第三产业只保持基本相当的地位，但在第一产业中拥有绝对优势。需要说明，公有制经济主体地位和公有制经济贡献不同。公有制经济资产主体地位并不意味着公有制经济在就业、产出（GDP）等方面也占主体地位。2013 年"两会"期间，全国工商联负责人披露，2012 年非公有制企业利润达到 1.82 万亿元，五年来其利润增长年均达 21.6%，非公有制企业在城镇基础设施投资所占的比重超过 60%，税收的贡献超过了 50%，GDP 所占比重超过了 60%，就业贡献超过 80%，在新增就业中，它的贡献达到了 90%。[①] 但不能仅据此就推断，现阶段公有制主体地位已经不存在。在农业中，集体土地所有制保障着我国农户承包经营的运行和基本的农业生产条件。在第二、第三产业中，公有制的主体地位与公有制在就业、产出以及税收方面的贡献不匹配的现实，是由公有制经济分布在大量基础设施领域、公益性部门以及关系国计民生的要害部门，属于资本、技术密集型产业和公益事业，以及其经济外部性需要所致。这恰恰说明，公有制经济与非公有制经济在国民经济中交错分布、和谐共处、共同发展的现实。因此，必须毫不动摇地巩固和发展公有制经济，同时也必须毫不动摇地鼓励、支持和引导非公有制经济发展。

为了科学说明公有制与非公有制经济共同融于我国国民经济，同等重要，需要对公有制与非公有制经济的贡献，特别是对就业和产出（GDP）中的公有制与非公有制结构进行科学划分。杨新铭、杨春学估算的另一重要结果是，从 2004 年到 2008 年，在公有制资产比重占优的条件下，非公有制经济产出（增加值）和吸收就业的比重趋向上升，并给出了测算产出与就业中公私所有制经济结构的方法。这为我们进一步估算 2008 年以后二者的产出与就业结构奠定了基础。

---

① 王钦敏：《2012 非公有制企业利润总额达 1.82 万亿》，2013 年 3 月 6 日，http://finance. sina. com. cn/china/20130306/162014740336. shtml。

（一）经济产出（增加值）的估算

根据杨新铭、杨春学的估算方法，计算 GDP 公私所有制经济结构的基础数据，为第二、第三产业增加值总额、不同所有制经济的总资产和资本产出弹性共三项。根据各年《中国统计年鉴》，计算得到 2008 年至 2012 年第二、第三产业的增加值总额，如表 10 所示。

表 10　　　　　　2008—2012 年第二、第三产业增加值测算　　　单位：万亿元

年份	第二、第三产业增加值	资产总额
2008	28.03434	207.80
2009	30.56768	236.53
2010	36.09792	291.56
2011	42.53953	369.92
2012	46.65685	448.28

资料来源：增加值数据来自相关年度的《中国统计年鉴》，各年资产总额引自表 9。

这里需要解释为什么国内生产总值与总资产之间存在差异，且总资产远比国内生产总值大。国内生产总值是按市场价格计算的一个国家或地区所有常驻单位在一定时期内生产活动的最终成果。即 GDP = 总产出 - 中间投入。为了能够与资产负债表相对应，再来看按收入法计算的 GDP，GDP = 劳动者报酬 + 生产税净额 + 固定资产折旧 + 营业盈余，这四部分对应的是应付职工薪酬、应缴税金、固定资产折旧和应付利润等。显然，GDP 实际上也只涵盖了资产负债表的部分内容，既不是总资产，也不是总负债。因此，GDP 远小于总资产。实际上，总资产是一个存量概念，它是该计算口径自身历年累加的结果；而 GDP 是流量的概念，仅为一年的数据，为货币形式的资产，其中相当部分用于当年的生活消费。

对于如何计算不同所有制企业的资本产出弹性，杨新铭、杨春学在其文章中选择前人计算得到的 2003—2005 年平均资本产出弹性进行估算。为了更准确反映近年来资本产出弹性的变化（不同所有制经济的效率差异），本文运用历年工业企业分省数据，利用柯布—道格拉斯生产函数，对 2009—2012 年国有及国有控股工业企业、私营工业企业、外商投资工

业企业进行回归，得到资本产出弹性的拟合值（见表11）。通过对三组弹性按总资产规模进行加权平均计算，得到混合所有制工业企业的要素产出弹性。最后，对各种所有制工业企业按总资产规模，进行加权平均计算，得到总体的工业企业要素产出弹性。出于稳健考虑，设集体所有制弹性等于全国总体水平。

表11　　　　　　2009—2012年各类企业的资本产出弹性表

年份	2009	2010	2011	2012
国有企业	0.8736	0.9555	0.8713	0.8724
集体企业	0.7388	0.7050	0.6396	0.6874
混合所有制企业	0.7676	0.7287	0.6574	0.7104
私营企业	0.5053	0.4341	0.3921	0.4451
外商及港澳台企业	0.9376	0.8424	0.8453	0.8903
总资本产出弹性	0.7388	0.7050	0.6396	0.6787

根据资本产出弹性定义式（3）：

$$\eta = \frac{\Delta GDP}{GDP} \times \frac{K}{\Delta K} \qquad (3)$$

其中，η 为资本产出弹性，GDP 为产出即增加值，ΔGDP 为产出增量，K 为资产总额，ΔK 为资产增量。根据式（3）可以得到式（4）：

$$GDP = \frac{\Delta GDP}{\eta} \times \frac{K}{\Delta K} \qquad (4)$$

进而有式（5）：

$$GDP_t = \frac{GDP_t - GDP_{t-1}}{\eta} \times \frac{K_t}{K_t - K_{t-1}} \qquad (5)$$

整理后得到式（6）：

$$GDP_t = \frac{GDP_{t-1}}{1 - \eta \dfrac{K_t}{K_t - K_{t-1}}} \times \frac{K_t}{K_t - K_{t-1}} \qquad (6)$$

例如，2009年 GDP 的计算公式：

$$GDP_{2009} = \frac{GDP_{2008}}{1 - \eta \times \dfrac{K_{2009} - K_{2008}}{K_{2009}}}$$

　　杨新铭、杨春学给出了 2008 年不同所有制企业创造的增加值总值，见表 12 第二行。实际上，2008 年第二、第三产业增加值的总值为 28.03 万亿元，与表 12 第二行合计结果存在误差。我们以 28.03 ÷ 26.67 = 1.051156 为调整系数，对各分项进行调整，调整后的结果由表 12 第三行给出。

表 12　　　　　　　　　2008 年不同所有制企业增加值　　　　　单位：万亿元

增加值总额	国有企业	集体企业	混合所有制企业	私营企业	港澳台与外资企业	合计
调整前	4.07	0.34	8.46	6.79	7.01	26.67
调整后	4.28	0.36	8.89	7.14	7.37	28.03

资料来源：杨新铭、杨春学：《对中国经济所有制结构现状的一种定量估算》，《经济学动态》2012 年第 10 期。

　　结合表 4、表 11 和表 12 第三行以及公式（6），计算得到 2009—2012 年不同所有制企业的增加值总额。鉴于股份合作制企业与集体企业性质相同，作合并处理。处理后，计算得到 2008—2012 年不同所有制企业的增加值，见表 13。

表 13　　　　　　　2008—2012 年不同所有制企业创造的增加值　　　　单位：万亿元

年份	2008	2009	2010	2011	2012
国有企业	4.28	4.63	5.25	5.95	6.63
集体企业	0.36	0.37	0.39	0.40	0.41
混合所有制企业	8.89	10.72	12.46	14.68	16.94
私营企业	7.14	8.17	9.33	10.58	11.80
外商及港澳台企业	7.37	8.28	9.55	10.50	11.49
估算值合计	28.03	32.17	36.98	42.12	47.28
实际值合计	28.03	30.57	36.10	42.54	46.69

　　从估算结果看，估算结果与实际值非常接近。这说明，我们的估算方法是可信的。为了更加准确，对表 13 中 2008—2012 年数据，按照表 12 的方法进行调整，调整结果见表 14。

表 14　　　　　　2008—2012 年不同所有制企业创造的增加值调整　　单位：万亿元

年份	2008	2009	2010	2011	2012
国有企业	4.28	4.40	5.13	6.01	6.55
集体企业	0.36	0.35	0.38	0.40	0.41
混合所有制企业	8.89	10.18	12.16	14.83	16.73
私营企业	7.14	7.76	9.10	10.69	11.66
外商及港澳台企业	7.37	7.87	9.33	10.61	11.35
合计	28.03	30.57	36.10	42.54	46.69

接下来分解和计算混合所有制中公有制和私有制成分的增加值，先按照不同所有制经济的增加值，计算混合所有制企业中公有制与非公有制成分的增加值，然后再将合计值与表 14 混合所有制企业的增加值进行对照，将差异根据混合所有制企业中公私资产比例进行分解。估算结果如表 15 所示。

表 15　2008—2012 年混合所有制企业公有制与非公有制成分创造的增加值

单位：万亿元

年份	2008	2009	2010	2011	2012
混合所有制企业	8.89	10.18	12.16	14.83	16.73
公有成分	3.85	4.40	5.53	7.09	8.18
非公有成分	5.04	5.78	6.64	7.74	8.55

结合表 14 和表 15，可以计算得到第二、第三产业中公有与非公有制经济增加值的总量与结构，计算公式如下：

$$GDP_{pu} = GDP_{SOE} + GDP_{COE} + GDP_{MOEpu} \tag{7}$$

$$GDP_{pr} = GDP_{POE} + GDP_{FOE} + GDP_{MOEpr} \tag{8}$$

式（7）中，GDP_{pu}、GDP_{SOE}、GDP_{COE} 和 GDP_{MOEpu} 分别表示公有制经济、国有企业、集体企业，以及混合所有制企业中公有制经济成分创造的增加值总量。式（8）中，GDP_{pr}、GDP_{POE}、GDP_{FOE} 和 GDP_{MOEpr} 分别代表非公有制经济、私营企业、外商及港澳台企业，以及混合所有制企业中非公有制经济成分创造的增加值总量。根据公式（7）、式（8）以及表 14、表 15，计算得到第二、第三产业中，公有制经济与非公有制经济创造的增加值总量及结构。

表16　　　　　　　2008—2012年第二、第三产业增加值（GDP）的
公有制与非公有制经济结构

年份	2008	2009	2010	2011	2012
GDP_{pu}（万亿元）	8.49	9.15	11.03	13.50	15.13
GDP_{pr}（万亿元）	19.55	21.41	25.07	29.03	31.55
合计（万亿元）	28.03	30.57	36.10	42.54	46.69
GDP_{pu}占比（%）	30.28	29.94	30.56	31.75	32.41
GDP_{pr}占比（%）	69.74	70.06	69.44	68.25	67.59
合计（%）	100	100	100	100	100

从表16可以看出，2008年国际金融危机爆发后，公有制和非公有制经济创造的产出总量虽然都在上升，但公有制经济所占比重呈现明显的上升趋势，特别是2009年以后，其在2012年的GDP占比，已由2009年的29.94%上升到32.41%，而非公有制经济的占比则由70.06%下降到67.59%。这一结果恰恰佐证了所有制结构调整进入相对稳定期的判断。之所以会出现这种变化，一方面是因为国际金融危机爆发以后，政府大规模刺激政策的主要渠道是公有制经济，即政府投资主要由公有制经济完成；另一方面，非公有制经济受金融危机的冲击较大，出现了大量私有企业停产歇业现象，导致在企业资产总体没有减少的情况下，产出比重的下降。此外，公有制经济特别是国有企业在投资需求拉动下，生产效率开始回升，逐渐与非公有制经济接近。必须指出，这种变化是政府应对危机、推出一系列刺激政策的结果，不具有持续性。一旦危机冲击消除，经济恢复正常，非公有制经济的产出仍会有更大的发展。另外，尽管非公有制经济创造增加值的比重近年来有所下降，但依然占据着产出的主体地位，即使比重最低的2012年，其增加值依然是公有制经济的两倍。

需要说明，运用资本产出弹性估算各种所有制增加值的方法，也有不足之处。本文运用这种方法是考虑到，它可以比较客观地表现不同所有制经济的微观效率，避免前人研究中因直接运用实收资本结构划分GDP，从而隐含了假定不同所有制经济效率一致的前提。但其不足之处在于，首先，测算虽然避免了各所有制经济效率相同的隐含假定，但仍存在关于不同所有制经济的技术进步同步的假定。实际上，技术进步被证明与资本、劳动同样重要，甚至是更重要的投入要素，而且不同所有制经济的技术进步偏好，显然存在较大差异，但在估算中并没有将其纳入分析，这就会使

资本承载太多的内容。其次，在估算资本产出弹性时，使用的是工业经济数据，来自《中国统计年鉴》，其统计的是全部国有以及国有控股和规模以上非国有企业的数据。显然，这对于国有经济是全覆盖的，而对于非国有工业企业，因绝大多数不是规模以上企业，而且劳动密集型特征明显，这会高估非国有企业的资本产出弹性，进而高估非国有经济增加值的产出。

（二）就业构成的估算

与增加值不同，就业在公开统计的数据中有较为详细的数据，如表17所示。将其简单归类整理，即可得到表18。

表17　　　　　　　　2008—2011年不同所有制单位就业人员　　　　　　单位：万人

年份	国有单位	城镇集体单位	股份合作单位	联营单位	有限责任公司	股份有限公司	私营企业	港澳台商投资单位	外商投资单位
2008	6447	662	164	43	2194	840	5124	679	943
2009	6420	618	160	37	2433	956	5544	721	978
2010	6516	597	156	36	2613	1024	6071	770	1053
2011	6704	603	149	37	3269	1183	6912	932	1217

注：国有单位人员包括行政事业单位人员，有些研究把它计入（如方明月等：《中国工业企业就业弹性估计》，《世界经济》2010年第4期），本文在计算中也采取同样的方法。

资料来源：《中国统计年鉴2012》。

表18　　　　　　　2009—2012年不同所有制单位就业人员　　　　　　单位：万人

年份	国有单位	集体企业	混合所有制企业	私营企业	外商及港澳台企业
2009	6420	778	3426	5544	1699
2010	6516	753	3673	6071	1823
2011	6704	752	4489	6912	2149
2012	6851	739	—	7719	2420

注：集体企业包括城镇集体企业和股份合作企业，混合所有制包括联营、有限责任公司、股份有限公司。2012年数据根据2009—2011年平均增长率计算得到。鉴于下文估算混合所有制企业的就业，此处省略估算。

根据表18，只要将混合所有制企业就业分解为公有制与非公有制部分，即可计算整个经济就业中公有与非公有制经济两者的吸纳比例。与测算混合所有制经济增加值结构相似,测算混合所有制经济中公私就业吸纳比例,同样需要有就业产出弹性的计算。为此,我们同样运用历年工业企业分省数据,利用柯布—道格拉斯生产函数,对 2009—2012 年国有及国有控股工业企业、私营工业企业、外商投资工业企业进行回归,得到劳动产出弹性的拟合值(见表19)。为简化计算,我们假设国有企业劳动产出弹性与集体企业相同。

表19   2008—2012 年不同所有制企业的劳动产出弹性

年份	2008	2009	2010	2011	2012
国有企业	0.4169	0.3618	0.2982	0.3389	0.3280
私营企业	0.5304	0.6340	0.6940	0.7066	0.7460
外资企业	0.0739	0.1740	0.2693	0.2733	0.3425

我们首先估计公有制与非公有制经济的劳动产出弹性,并以此代替混合所有制企业中公有与非公有制经济成分的劳动产出弹性,如式(9)和式(10)所示:

$$\eta MOE_{pu} = \eta_{SOE} \times \frac{E_{SOE}}{E_{SOE} + E_{COE}} + \eta_{COE} \times \frac{E_{COE}}{E_{SOE} + E_{COE}} \tag{9}$$

$$\eta MOE_{pr} = \eta_{POE} \times \frac{E_{POE}}{E_{SOE} + E_{FOE}} + \eta_{FOE} \times \frac{E_{FOE}}{E_{POE} + E_{FOE}} \tag{10}$$

其中,ηMOE_{pu} 和 ηMOE_{pr} 分别为混合所有企业中公有制成分和非公有制成分的劳动产出弹性;η_{SOE}、η_{COE}、η_{POE} 和 η_{FOE} 分别为国有企业、集体企业、私营企业和外商及港澳台企业的劳动产出弹性;E_{SOE}、E_{COE}、E_{POE} 和 E_{FOE} 分别为国有企业、集体企业、私营企业和外商及港澳台企业的就业总量。根据式(9)和式(10),计算得到公有制和非公有制经济成分的劳动产出弹性,如表20 所示。

表20   2009—2012 年公有制经济与非公有制经济劳动产出弹性

年份	2009	2010	2011	2012
公有制经济劳动就业弹性	0.3618	0.2982	0.3389	0.3280
非公有制经济劳动就业弹性	0.5261	0.5959	0.6038	0.6497

根据劳动产出弹性定义式（11）：

$$\eta_E = \frac{\Delta GDP}{GDP} \times \frac{E}{\Delta E} \tag{11}$$

其中，η_E 为劳动产出弹性，E 为就业量，ΔE 为就业变化量，进而有式（12）：

$$\eta_{E_t} = \frac{GDP_t - GDP_{t-1}}{GDP_t} \times \frac{E_t}{E_t - E_{t-1}} \tag{12}$$

其中，η_{E_t} 为第 t 期的劳动产出弹性，GDP_t 和 GDP_{t-1} 分别为第 t 期和第 $t-1$ 期的 GDP，E_t 和 E_{t-1} 分别为第 t 期和第 $t-1$ 期的就业量，整理式（12）得到式（13）：

$$E_t = \frac{E_{t-1}}{1 - \eta_{E_t} \times \left(\dfrac{GDP_t - GDP_{t-1}}{GDP_t} \right)} \tag{13}$$

根据杨新铭、杨春学对混合所有制企业的估计结果，划定 2008 年就业数量，并以此为基础，结合式（13）和表15、表20，计算得到混合所有制企业中公有与非公有制成分的就业吸纳数量。结果与实际值有差距，将差异按照混合所有制增加值的公有制与非公有制的比例，进行分解和调整，调整结果见表21。

表21　　　2008—2012 年混合所有制企业中公有与非公有制经济成分就业吸纳数量　　　单位：万人

调整前	2008 年	2009 年	2010 年	2011 年	2012 年
公有制成分	1074	1340	1427	1542	1613
非公有制成分	2003	2148	2328	2546	2713
合计	3077	3488	3755	4089	4326
实际值	—	3426	3673	4489	—
调整后	2008 年	2009 年	2010 年	2011 年	2012 年
公有制成分	1074	1313	1390	1734	1613
非公有制成分	2003	2113	2283	2755	2713
合计	3077	3426	3673	4489	4326

根据表21和表18，可以计算城镇单位就业的公有与非公有就业结构（见表22）。其中，2008'年的数据引自杨新铭、杨春学的估算。从中可发现，2009 年以来，公有制经济就业量逐年上升，但其就业占比基本稳定，

没有发生剧烈波动。这主要是因为，城镇就业中大量非公有制经济未统计在单位就业中，公有制经济就业的上升被城镇就业总量所稀释，故表现得不明显。但不可否认，公有制经济吸纳就业的能力远小于非公有制经济，特别在城镇大量灵活就业方面。

表22　　　　2008—2012年城镇公有制与非公有制经济就业结构

年份	2008	2009	2010	2011	2012
城镇就业总数（万人）	—	33322	34687	35914	37102
公有制就业人数（万人）	—	8511	8659	9190	9203
非公有制就业人数（万人）	—	24811	26028	26724	27899
公有制经济占比（%）	24.5	25.54	24.96	25.59	24.80
非公有制经济占比（%）	75.8	74.46	75.04	74.41	75.20

注：鉴于表17所给出的就业数据是城镇单位就业人数，并不是城镇总就业人数，它只包含了公有制经济就业全部和非公有制经济就业的一部分，因此有：城镇非公有制经济就业人数＝城镇就业总数－城镇公有制经济就业总数。

综合产出和就业，我们可以得出一个明确的结论，无论是创造的增加值，还是就业，公有制经济的贡献都远小于非公有制经济，但这并不能作为否定生产资料公有制主体地位的依据。这是因为，公有制经济和非公有制经济在分布领域上的较大差异，形成了竞争合作的关系。而且，公有制经济在经济生活中带动非公有制经济快速发展，这是非公有制经济得以作出上述贡献的基础。这说明，公有制经济和非公有制经济都是社会主义市场经济的重要组成部分，都是我国经济社会发展的重要基础。公有制经济在维持资产占主体地位的同时，保障了非公有制经济对国民经济作出更大贡献。

五　对我国所有制结构发展趋势的若干思考

综上所述，截至2012年，我国三次产业经营性总资产约为487.53万亿元（含个体工商户资产），其中公有制经济的经营性资产规模是258.39万亿元，占53%。实际上，由于我国社会制度的社会主义性质，公有制在非经营性领域的资产规模相当可观。根据李扬等人关于我国主权资产负债的研究，[①] 本文估算的三次产业经营性总资产，实际上还不包括：政府在中央银行的存款及储备资产、国土资源性资产（耕地除外）、行政事业单位国有资产和全国社会保障基金的国有资产等非经营性资产，所以，实际上的公有制资产比本文估算的仍然要大得多。如果扣除国土资源性资产，2010 年我国国有的非经营性资产仍然有 30.7 万亿元，假定 2012 年其资产规模保持 2010 年的水平（实际上只会增加），那么我国社会总资产规模将达 518.13 万亿元（不含耕地以外的未开发利用的资源性资产），其中公有制资产 288.99 万亿元，占比达到 55.78%。国家在非经营性领域的资本形成和资产规模，是经营性领域效率提高的外部化成本，经营性领域的企业效率在很大程度上依赖这种社会支持条件。因此从经济意义上考察所有制结构，不能把这一重要部分忽略掉。

笔者的估算表明，无论从理论还是现实情况看，我国公有制与非公有制的衡量，都只能以资产所有的社会制度属性作为尺度。投入要素或经济活动结果，如就业结构、增加值、利润和税收比重等，可以在不同经济主体和经营实体中分别计算，它们可以解释各种财产关系交织而实现的结果，但不能解释所有制的区分。以经营管理者的身份来区分所有制更是不恰当的。按照资产衡量，现实中我国公有制占主体的地位是不容置疑的。从长远看，我国公有制经济的主体地位也是有保障的。

首先，经过 30 多年改革，我国所有制变化已经进入稳定发展期，尽管今后将继续深化所有制结构改革，但发生大幅度剧烈变化的经济条件已经不存在。其次，国家宏观调控中使用的公共投资手段，将不断为公有制补充新的资本形成。再次，农村耕地集体所有制是保障公有制主体地位的重要因素。以这种认识坚持我国公有制的主体地位，具有很大的包容性。它可以充分发挥非公有制经营效率的活力，可以容纳非公有制经济在产出、吸收就业、提供税收等方面比公有制更大的贡献。只有坚持这种认识，"两个毫不动摇"的政策，才有可靠的理论依据。具体来讲，影响所有制结构变化的稳定因素包括以下方面。

第一，我国不同所有制的资产扩张已经从快速发展期进入稳定增长期，这是判断未来所有制结构变化的重要基础条件。2004 年以后，以 2008 年为分界点，注册资本的变化经历了两次上升周期（见图 1）。2008

---

① 李扬等：《中国主权资产负债表及其风险评估》，《经济研究》2012 年第 6、7 期。

年以后注册资本的快速上涨与政府刺激政策密切相关，这种刺激显然并不能持续，2012 年注册资本增长率再次大幅度下滑。总资产增长率的变化过程与注册资本增长率变化过程一致。这说明，与经济周期相吻合，与我国经济增长的结构性减速阶段的到来相对应，[①] 我国第二、第三产业总资产与注册资本将以 2012 年为新的分界点，整体进入稳定扩张期。这必然导致所有制结构变化进入相对稳定期。

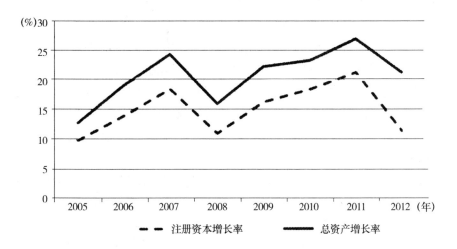

图 1　注册资本与总资产增长率（2005—2012）

　　第二，所有制结构调整从快速变化进入优化调整期。所有制结构调整以 2008 年为分界点，也分为两个阶段。这期间以资产来衡量的公有制和非公有制各自比重的变化，其方向是相同的，但速度已经有很大差异。在第一阶段（2004—2008），第二、第三产业中以资产衡量的公有制比重，从 62.73% 下降至 55.48%，非公有制从 37.27% 上升为 44.52%；但在第二阶段（2009—2012），第二、第三产业中以资产衡量的公有制比重仅从 54.32% 下降至 50.44%，非公有制比重仅从 45.68% 上升至 49.56%。这说明，我国所有制结构的调整已经从大面积、大幅度的变化，进入优化调整期，公有制以资产来衡量的主体地位稳定。今后深化所有制改革的着力点是积极发展混合所有制经济，这既有利于不同所有制经济和谐发展，也

---

　　① 关于经济增长的结构性减速，参见袁富华《长期增长过程的"结构性加速"与"结构性减速"：一种解释》，《经济研究》2012 年第 3 期。

不会削弱公有制主体地位。

第三，在资产的相对比重上，继续深化国有企业的所有制改革仍然有一定空间。虽然我国第二、第三产业中，公有制资产相对于非公有制仅保持微弱的优势，但国有企业占用土地资产的"价格发现"，将支持所有制结构继续合理调整。改革开放以来，国有土地（包括从农用地征收后转变用途的国有土地）的"价格发现"，主要是通过"招拍挂"这种典型的市场交换方式实现的。这种市场交换与农地转让市场的不同点是：（1）转让期限长，为40年、50年甚至70年；（2）非农用地转让价格远远高于农用地转让价格。期限长是因为附着在土地上的固定资产的折旧期限长，土地使用权期限应尽可能与固定资产使用年限相匹配。土地价格高是因为非农生产的经济效益远远高于农业，因此土地价格在农业与非农业之间差距很大。而且，非农用地转让的"价格发现"机制与农业也明显不同。前者通过一次性转让的交易来确定土地价格，后者可以通过小面积地租和地租资本化的方式来"发现"。

国有土地转让前，通常需要进行土地整理（所谓"三通一平"或"七通一平"），被整理的土地随即获得级差地租1，这就推高了土地转让价格（为了招商引资，土地所有者往往以放弃级差地租1作为优惠）。获得土地转让的使用者有两种经营倾向，或直接在土地上投资固定资产，直接从事生产经营，或在建筑了标准厂房或某类经营性设施后，分割转让连带着土地的这些厂房或设施，并以此获得租金，其中包括在土地上连续投资产生的级差地租2，以及厂房和经营性设施的折旧补偿。级差地租的出现，使非农用地的价格攀升到极高程度。加上在现实生活中，无论资本主义国家，还是社会主义的中国，土地的"用途管制"都是不可避免的，甚至西方发达国家对土地的"用途管制"更严格。严格的"用途管制"，也扩大了农用地与非农用地转让市场的价格鸿沟。

在农用地转为非农用地的征地补偿中，政府规定的补偿款当然不是市场交换价格，但它也是一种"价格"，只是这种价格难以还原为经济学意义上的地租。现实生活中，这种"价格"高于农业内部的土地转让价格，又大大低于非农业部门的土地转让市场价格。根据2004年修订的《中华人民共和国土地管理法》第47条，征收耕地的补偿费用包括土地补偿费、安置补助费以及地上附着物和青苗的补偿费。征收耕地的土地补偿费，为该耕地被征收前三年的平均年产值的6—10倍。征收耕地的安置补助费，每公顷最高不得超过被征收前三年平均年产值的15倍。简单地说，这种"价格"不超过平均年产值的30倍，2013年以前，大体以1000—1500元为亩均年产值的中位线，每亩征地合计的补偿款为3万—4.5万元，明显低于非农用地转让的市场价格。国家通过征地和转变土地用途，获得了巨大的土地级差收益，但是，这个土地级差收益又隐藏在通过行政划拨获得土地使用权的国有企业和事业单位中。这显然是不合理的。根据十八届三中全会决定，未来的改革将建立城乡统一的建设用地市场，保障农民公平分享土地增值收益。在实行股份制改革以后，上述土地级差收益相当部分已经阳光化、资本化和社会化，国有部门土地资产被低估的状态已经大大减轻。但毋庸讳言，曾经获得土地行政划拨好处，但又尚未实行股份制改革的国有企事业单位，其土地资产被低估、被隐藏的现象依然存在，这是第二、第三产业中公有制资产估算偏低的原因，因此在资产的相对比重上，国有企业在所有制结构改革上仍然有继续深化的空间。例如通过股份制改革，发展混合所有制经济，国有企业仍然有可能合理减持国有股权，以充实社会保障基金。这并不必然导致国有经营性资产数量减少，原因就是这部分土地资产的"价格发现"，它提供了"改革红利"。

第四，坚持"两个毫不动摇"，必须坚持公有制经济资产主体地位与非公有制经济对产出、就业等贡献主体地位的共同存在与共同繁荣。公有制经济资产的主体地位是我国社会主义制度的产权基础和物质保障，是实现共同富裕的重要基础，是社会功能实现的重要载体，同时也是带动非公有制经济发展的强劲动力。非公有制经济在产出、就业、税收等领域贡献的主体地位，是非公有制经济存在、发展的前提。公有制与非公有制经济之间资产主体地位与贡献主体的错位，是二者分布领域差异的必然结果，也是市场主体效率与经济外部性的客观要求。十八届三中全会决定中关于国有资本加大对公益性企业的投入，为公共服务作更大贡献的要求，也是根据这种分布差异的规律作出的。公有制经济与非公有制经济的发展，因而不是简单地此消彼长，而是形成竞争合作的关系。公有制经济资产主体地位和非公有制经济贡献主体地位的并存，是公有制经济与非公有制经济共同发展的前提和基础。

第五，我国农村耕地的集体所有制是保障我国公有制主体地位的另一重要条件。按照上述估算，2012年我国第一产业的总资产为37.27万亿元，其中公有制占32.26万亿元，占比达到86.6%。在第二、第三产业中公有制相对非公有制资产，它们所占比重的差距已不大的现实情况下，保持农村耕地的集体所有制性质，对于保障公有制经济在量上的优势地位具有特殊意义。这说明，坚持农村土地集体所有，是确保我国社会主义基本经济制度的重要边界，在土地集体所有制度前提下实行的土地农户承包制度，以及保障其承包经营权占有、使用、收益、流转及抵押、担保等权能，都是搞活农业和农村经济的重要制度建设，两者都需要坚持和完善。

坚持现行农村土地集体所有，并进一步发展集体经营、合作经营等多样化公有形式的经济实体，不仅是社会主义公有制度在数量优势上的要求，更是我国现代化建设的实际需要，是实现工业化、城镇化和城乡一体化进程中的重要制度保障。世界上首先城镇化的英国和欧盟国家，其实现用了 200 年，美国用了 100 年，拉美国家用了 50 年，中国自改革开放才 30 多年。与许多国家相比，中国城镇化的特点首先在于，我国是在人口不可能大量输出境外的条件下开始城镇化的，一方面农村人口向城镇转移，另一方面在经济不景气时期，人口又向农村回流。世界上一些国家的城镇化是靠向海外移民来消化农村"过剩人口"的。例如，英国资本主义发展进程中的城镇化，1815 年至 1930 年的 115 年间，向海外移民达到了 1870 多万人。[①] 拉美国家的城镇化进程中，其"过剩人口"存在的突出表现不是向海外移民，而是城市中大量出现的"贫民窟"现象。在国际金融危机冲击期间，我国东部不少企业停工歇业，1.6 亿农民工中，有 2000 万人因金融危机失业返乡。[②] 这一状况，是近十几年来罕见的。作为农民工最终仍可依赖的社会生活保障，如果没有农村耕地集体所有制的吸纳功能，滞留城镇的失业人口就将聚居城市，形成与一些拉美国家相似的"贫民窟"，引发严重的社会问题。

其次，由于我国工业化进程覆盖的人口和区域量大面广，工业反哺农业、城市反哺乡村的历史阶段的到来，较其他国家要晚且慢，因此不可能快速、大幅地提高农产品价格，以及采取其他超越国力的国家政策扶持农业，以平衡农业人口和城市人口的收入水平，不可能以此手段，避免因土地私有化而出现土地兼并、农民失业之历史悲剧的重演。日本和韩国在城

---

① Chris Williams, ed., *A Companion to Nineteenth-Century Britain*, Malden, MA: Blackwell Pub., 2004, p. 281.

② 汪孝宗等：《农民工调查：2000 万人因金融危机失业返乡》，《中国经济周刊》2009 年 3 月 2 日。

镇化中，政府均采取了力度很强的这些反哺政策，加上农民在流通、金融领域的合作经济制度，保护了小规模农地的私有耕作制度，避免了土地兼并和失地农民的大规模发生，农户收入大幅度提高，并与制造业工人工资的差距大为缩小。而我国 2012 年的城乡人均收入水平分别为 24564.7 元和 7916.6 元，基本是 3∶1。[①] 我国提高农产品价格的过程需要较慢节奏和较长过程，国家的政策扶持需要加强，但不能超越国力，新型农业经营主体的培育也需要较长的过程，不可能在较短时间内使农户收入水平接近城市居民。如果实行土地私有制，必然使收入低的困难农户难以保有土地而被兼并，最终出现大量失地农民，拉美的"贫民窟"现象也就同样会出现在中国。

《中国社会科学》2014 年第 1 期

[①] 中华人民共和国国家统计局编：《中国统计年鉴 2013》，中国统计出版社 2013 年版，第 378 页。

附录　入选论文目录

（按刊发时间编排）

编 后 记

　　2015 年，《中国社会科学》走过 35 年历程。自 1980 年创刊以来，《中国社会科学》始终旗帜鲜明地坚持马克思主义指导，坚持正确的政治方向和学术导向；始终注重对基础理论和重大现实问题的深入研究，推动对全局性、战略性和前瞻性问题的研究，刊发了一大批优秀文章；始终密切关注学术研究前沿，推动跨学科研究，倡导学科之间的交流和对话，对新时期中国学术发展发挥了无可替代的推动和引领作用。

　　为庆祝《中国社会科学》创刊 35 周年，我们特别从历年刊发的论文中选出部分论文，编成这套论文集。编选原则是希望所收录的论文，既能代表当代中国哲学社会科学研究不同时期的最优秀成果，又能展现新时期学术发展脉络和中国哲学社会科学发展的基本规律；既通过学术表达轨迹折射中国道路的前进方向，同时也不回避时代的局限和存在的问题，以为学习和研究当代中国学术史提供一份可资参考的文献。入选论文按照马克思主义、哲学、政治学·公共管理·国际关系、社会学、法学、文学·语言学、历史学、经济学等学科予以编排，同一学科的论文则以刊发时间为序。书末另附以刊发时间为序的全部入选论文目录，以便读者检索。鉴于刊物编辑规范不同时期变化较大，在编辑过程中，除纠正个别明显的舛误，并对字体、格式等做必要的统一外，其余一仍原貌。

　　论文集由《中国社会科学》编辑部按学科提出初选论文，经中国社会科学杂志社领导班子集体审定。中国社会科学杂志社总编室负责论文集的初编、校对及相关组织工作。中国社会科学出版社对论文集的出版给予了大力支持，在此谨致衷心的感谢。

《中国社会科学》编辑部

2016 年 6 月